Internet & Politik

Claus Leggewie und Christa Maar (Hrsg.)

Internet & Politik

Von der Zuschauer- zur Beteiligungsdemokratie?

Bollmann

Die Herausgeber

Claus Leggewie, Professor für Politische Wissenschaften an der Universität Gießen und erster Inhaber des 1995 neu geschaffenen Max Weber-Lehrstuhls am Center for European Studies der NYU, lebt und arbeitet als Publizist und Autor in New York. Er ist Herausgeber der Zeitschriften *Transit* (Wien) und *Blätter für deutsche und internationale Politik* (Bonn). Autor u. a. von *Die Republikaner* (1989), *Über das Böse* (1994) und *Die 89er* (1996). Zuletzt erschien von ihm *America first?* (1997).

Dr. Christa Maar ist Gründerin und Präsidentin der Burda-Akademie zum dritten Jahrtausend. Herausgeberin zahlreicher Bücher, darunter *Die Technik auf dem Weg zur Seele* (1996 mit Ernst Pöppel und Thomas Christaller) sowie *Virtual Cities* (1997 mit Florian Rötzer).

Beide gemeinsam verfaßten die sogenannte »Münchner Erklärung«, die im Frühjahr 1997 der Öffentlichkeit präsentiert wurde und die Politiker und Bürger dazu aufrief, gemeinsam das Internet zu zivilisieren und die Informationsgesellschaft aktiv mitzugestalten [http://www.akademie3000.de/politics].

Inhalt

Das Netzvolk

Netzkompetenzen

Netzmanager

Netzpraxis

Anhang

Zur Einführung

Internet & Politik
oder: Von der Notwendigkeit einer engagierten und ergebnisorientierten Debatte
von Christa Maar

Aus der Perspektive des ausgehenden 20. Jahrhunderts erscheint die Welt der 80er Jahre als eine, die noch »in Ordnung« war: Die Ideologie des Blockdenkens hielt für alle eine Nische bereit, es gab klare Unterscheidungen in gut und böse, Freund und Feind, demokratisch und undemokratisch. Arbeit schaffte Reichtum, und Technologie brachte Fortschritt. Und wer dennoch gute Gründe hatte, mit den bestehenden Verhältnissen unzufrieden zu sein, der konnte Wut und Ärger gegen Konkretes richten, gegen Mauern, Minen oder Amtsstuben. Die staatsbürgerliche Phantasie hatte noch eine Richtung: »Schnipp-schnapp, Kabel ab« – wie gemütlich klingt aus heutiger Sicht dieser Slogan der Gegner des Kabelfernsehens, der suggerierte, man könne mit einer veritablen Schere die Entwicklung einer bahnbrechenden Technologie aufhalten.
Die Revolution kam denn auch von der anderen Seite. Nach dem Niedergang des realen Sozialismus führte die Entwicklung der Telekommunikationstechnologien im Verbund mit der Globalisierung privater und öffentlicher Beziehungen zu größeren Umwälzungen, als einzelne radikale Veränderungen der vorangegangenen Jahrzehnte sie zusammen genommen erreicht hatten. Auf dem Weg ins nächste Jahrtausend befinden wir uns wieder einmal auf der Suche nach neuen Orientierungsmarken, weil die alten zu einem großen Teil überholt sind.
Wir ahnen bereits, welche immense Herausforderung an unser kulturelles und zivilisatorisches Selbstverständnis die neuen Möglichkeiten der interaktiven Medien darstellen, weil sie schon jetzt das gesamte Informations- und Kommunikationswesen verändern. In den angelsächsischen Ländern werden dementsprechend seit Jahren im Auftrag der Regierungen Überlegungen angestellt, welche Veränderungen sich durch die neuen Technologien bei Verwaltung und Politik ergeben und welche Art von Gesellschaftsvertrag herauskommen wird, wenn die Bürger Meinung und Stimme via PC elektronisch abgeben können. In Deutschland hingegen sind solche Überlegungen höchstens ansatzweise zu erkennen, wie man hierzulande überhaupt das Gefühl hat, daß die Brisanz des Themas von der Politik noch gar nicht richtig wahrgenommen wurde.

Es geht im großen und ganzen darum, mit dem durch die neuen Medien erzwungenen Paradigmenwechsel intellektuell und moralisch umgehen zu lernen. Die Fragen, die sich in diesem Zusammenhang stellen, betreffen den Kern des neuzeitlichen Demokratieverständnisses. Mit dem vorliegenden Buch stellen die Herausgeber und Autoren diese Fragen zur Diskussion. Es baut auf den Ergebnissen des dritten internationalen Kongresses der Burda Akademie zum Dritten Jahrtausend auf, der unter dem Titel »Internet & Politik – Die Modernisierung der Demokratie durch die elektronischen Medien« im Februar 1997 in München stattfand und in der Öffentlichkeit eine große Resonanz gefunden hat. [1]
Es wurde drei Tage lang intensiv referiert und diskutiert. Mit der Vorstellung einer »Münchner Erklärung«,[2] die den Anspruch auf informationelle Grundversorgung und Selbstbestimmung in der künftigen Wissensgesellschaft betont und dafür einen Forderungskatalog aufstellt, gelang es darüber hinaus auch, den Benutzern der neuen Medien in der technologiepolitischen Debatte mehr Stimme und Gewicht zu verleihen, als dies bisher der Fall war. Auf der Basis der »Münchner Erklärung« hat sich inzwischen der Verein »Münchner Initiative Internet und Politik« gegründet. Die darin versammelten Wissenschaftler setzen sich für eine demokratische und nachhaltige Entwicklung der Wissensgesellschaft ein und initiierten zu diesem Zweck Projekte, Workshops und Konferenzen.
Mit dem vorliegenden Buch wird das Thema Internet und Politik erstmals in systematischer Form einem breiten Publikum zugänglich gemacht. Der Band ist in thematische Schwerpunkte unterteilt. Der in Deutschland und den USA lehrende Politikwissenschaftler Claus Leggewie führt den Leser in das Thema ein. Er greift die Hauptaspekte, die in den Beiträgen des Buches einzeln behandelt werden, auf und stellt sie in einen systematischen Zusammenhang. Der Text geht insbesondere auf die Rolle ein, die der Staat bei der Entwicklung von Infrastruktur, Inhalten und Medienkompetenz hat, und setzt sich kritisch mit der Frage nach dem Einfluß der neuen Medien auf die Demokratie in ihrer jetzigen Form auseinander. An diese Einleitung schließt der technikgeschichtliche Teil **Das Netz der Netze** an. Wenn man sich klarmacht, wie jung die zur Debatte stehenden Technologien noch sind und wie wenig Gesichertes über ihre nächste Zukunft ausgesagt werden kann, dann nimmt man dankbar zur Kenntnis, daß wir bei aller Langsamkeit und Anpassungsunwilligkeit anscheinend doch in der Lage sind, in relativ kurzer Zeit relativ große Schritte zu machen, um einen einigermaßen lockeren Umgang mit den neuartigen Werkzeugen zu erlangen. Insofern haben der Rückblick von Robert

Cailliau und der Ausblick von Herbert Kubicek durchaus etwas Tröstliches.

Im zweiten Teil geht es um die **Demokratische Informationsgesellschaft**: Welche Rolle spielen die Netzbenutzer, die Bürger, in der Wissensgesellschaft des 21. Jahrhunderts? Fördert das Netz die Weiterentwicklung der Demokratie oder verstärkt es bestehende Spaltungstendenzen in der Gesellschaft? Es ist spannend, die Diskussion um das scheinbar immer gleiche und unlösbare Dilemma zu verfolgen: Auch 250 Jahre nach Adam Smith und David Ricardo weiß man offenbar nicht, ob und in welchem Maße ein freier Markt demokratische Qualitäten von selbst hervorbringt oder ob man zu ihrem Schutz die starken Institutionen eines selbstbewußten Staats benötigt. Fachleute aus unterschiedlichsten Bereichen bemühen sich in diesem Kapitel um eine inhaltliche Ausfüllung dessen, was die Diskussion bisher eher nur schlagwortartig belebt hat: Was ist direkte Demokratie (Kleger)? Wie demokratisch ist eine elektronische Demokratie, in der alle über alles jederzeit per Mausklick abstimmen können (Grossman)? Führt die globale Vernetzung und die Liberalisierung der Märkte zu mehr Chancengleichheit (Dyson) oder nicht vielleicht im Gegenteil zu noch mehr Ungleichheit (Schiller und Barber)?

Der dritte Teil des Buches, mit **Netzpolitik** überschrieben, befaßt sich mit Politik- und Regulierungsfragen: Was sollte und was darf Politik tun, wo sollte sie eingreifen, an welcher Stelle wären Eingriffe kontraproduktiv? Für den Aufbau der notwendigen technologischen Infrastruktur wird die Frage nach den richtigen oder falschen politischen Entscheidungen am Beispiel so unterschiedlicher Länder wie der Bundesrepublik Deutschland (Zorn) und Ungarns (Szendrei) untersucht. Um Regulierungsfragen geht es auch in jenen Beiträgen, die nationale oder supra-nationale Schutzräume einfordern (Graham und Bangemann), um kriminellen Handlungen vorzubeugen oder den Schutz privater Daten gewährleisten zu können (Simitis). Auf Dauer, so der amerikanische Ökonom Eli Noam, werden wir nicht darum herumkommen, für diese besonders sensiblen Bereiche ein global verbindliches Regelwerk zu errichten. Wie schwierig und auf lange Sicht unmöglich Versuche sind, das Internet auf nationaler Ebene regulieren zu wollen, zeigt das Beispiel der chinesischen Regierung (Sieren): Einerseits versucht die Regierung, das Netz politisch »sauber« zu halten, indem sie die Zugänge kontrolliert und massenhaft Zensursoftware einsetzt; auf der anderen Seite schafft sie gerade durch den Einsatz von Blockierungssoftware für amerikanische Anbieter eine ideale Möglichkeit, auf dem Zukunftsmarkt China eine Marktposition zu besetzen.

Die Autoren des Kapitels **Der vernetzte Staat** versuchen zu ergründen, wie sich Staat, Verwaltung und andere politische Instanzen miteinander vernetzen und welchen Nutzen sie für sich und die Bürger daraus ziehen können. An dem in Europa wenig bekannten Beispiel des kanadischen Information Highway Advisory Council wird gezeigt, wie die kanadische Regierung durch ein institutionalisiertes Mitspracherecht von Bürgergruppen versucht, die Angebote des nationalen Communication Highway bürgernah und praxisorientiert zu gestalten (Simpson/Faruqui). Für den deutschen Bereich diskutiert der Staats- und Verwaltungswissenschaftler Jens-Joachim Hesse die Frage nach Effizienz und Bürgernähe, die Stadtforscher Holger Floeting und Bussow Grabow bewerten die Qualität von Online-Angeboten deutscher Städte, und der Bundestagsabgeordnete Jörg Tauss geht der Frage nach, inwieweit Internet und E-Mail in der Lage sind, den Dialog zwischen Bürger und Politik zu fördern.

Im nächsten Teil des Buches geht es um **Das Netzvolk**, die Bürger also, und die Frage nach der Möglichkeit, sie mit Hilfe der neuen Medien stärker und direkter am politischen Diskussions- und Entscheidungsprozeß zu beteiligen. Daß Bürger bei qualifizierter politischer Beratung durchaus in der Lage sind, über Dinge, die von öffentlichem Interesse sind, verantwortungsvoll zu diskutieren und abzustimmen, zeigt der Erfolg entsprechender Pilotprojekte in den USA (Fishkin und Slaton). Solche Projekte in größerem Umfang durchzuführen, würde voraussetzen, daß Möglichkeiten geschaffen werden, daß alle Bürger sich beteiligen können. An überzeugenden Konzepten, Ansätzen und Initiativen, das Netz zu einem Medium für alle Bürger zu machen, mangelt es nicht: Sie gehen aus von Bürgergruppen, die das Netz als Chance sehen, ihre Belange selbst zu organisieren (Lovink und Schuler), von Koalitionen zwischen privaten und öffentlichen Institutionen, um die Schulvernetzung voranzubringen (Schmid), oder von Interessensverbänden, die sich stellvertretend für alle Bürger für die Durchsetzung öffentlicher Interessen einsetzen (Clement/Shade). Der Beitrag des Marburger Soziologen Rainer Rilling, der selbst ein vorzügliches politisches Netzwerk eingerichtet hat und hier einen Überblick über die spezifischen Probleme bei politischer Netzkommunikation gibt, vervollständigt diesen Teil des Buches.

Das Kapitel **Netzkompetenzen** geht der Frage nach, welche Fähigkeiten Netzbenutzer für einen sinnvollen Umgang mit den neuen Medien benötigen. Die Hirnforscher Israel Rosenfield und Ernst Pöppel erörtern zu diesem Zweck die für Kommunikation und Lernen maßgeblichen menschlichen Vorbedingungen. Da Informationen an sich bedeutungslos sind, weil sie erst im kontextuellen Zusammenhang zu Wissen werden, ist eine wichtige Frage auch die nach dem Stellenwert des Wissensmanagements: Wie müssen Informationsstrukturen beschaffen und Lernumgebungen gestaltet sein, damit nachhaltig gelernt werden kann und Information zu Wissen wird (McClintock und Mandl/Reinmann-Rothmeier)? Intelligente Suchprogramme und die neuen Push-Technologien können uns zwar dabei unterstützen, uns in den chaotischen Strukturen des Netzes besser zurechtzufinden (van de Velde), doch auch der lernfähigste elektronische Assistent schafft es bisher nicht, kontextuelle Bezüge zwischen den Informationen herzustellen. Dafür ist noch immer der menschliche Kopf nötig. Nicht nur aus diesem Grunde ist es wichtig, über die zentrale Rolle nachzudenken, die die öffentlichen Bibliotheken und ihre gut ausgebildeten Fachkräfte in Zukunft bei der Wissensvermittlung spielen könnten (Schleihagen). Eine weitere Nutzerkompetenz betrifft die Sicherstellung von Authentizität, Integrität und Vertraulichkeit elektronischer Information. Hier existieren bereits intelligente technische Lösungen, und ihr flächendeckender Einsatz ist nur eine Frage der Zeit (Huhn/Pfitzmann).

Da die Entwicklung des Netzes und der Anwendungen sehr viel Geld kostet und da auf der anderen Seite nicht abzusehen ist, ob und wie die hohen Anlaufkosten wieder hereingeholt werden können, hängt die Antwort auf die Frage, wie sich das Internet zu einem Medium für alle Bürger entwickeln kann, zu großen Teilen am zukünftigen Engagement der Industrie. Dazu äußern sich im Kapitel **Netzmanager** eine Reihe von Vertretern der deutschen Industrie. Bei aller Profitabilität, die sie natürlich im Auge haben (müssen), bekennen sie sich doch auch engagiert zu ihrer gesellschaftlichen Verantwortung und sind durchaus bereit, auch in Projekte zu investieren, die keinen unmittelbaren Profit versprechen (Roy und Vöge), oder eine Vorreiterrolle bei der Umsetzung neuer Denkmodelle zu übernehmen (Mangold und Teltschik) und die Tragfähigkeit neuer Entwicklungen auszuloten (Gerlach).

Da die weitere Entwicklung an der praktischen Umsetzung und Gestaltung der Netze hängt, war es den Herausgebern darüber hinaus auch wichtig, in diesem Buch einige praktische Netz-Beispiele etwas genauer vorzustellen, um dem Leser einen Eindruck von der Vielfalt der möglichen Ansätze zu vermitteln. Die im Teil **Netzpraxis** beschriebenen privaten politischen Projekte, Regierungs-Websites, Bürgernetze, virtuellen Rathäuser, Schulnetze und Online-Bibliotheken stellen zwar nur einen Ausschnitt aus dem riesigen Angebot dar, das im Netz zu diesen Themen bereits vorhanden ist, aber dürfen im doppelten Sinne des Wortes als beispielhaft gelten.

Insgesamt hoffen wir, daß das Buch helfen kann, die Herausforderung der neuen Technologien anzunehmen, indem Themen aufgegriffen werden, die darauf warten, in einem engagierten und ergebnisorientierten öffentlichen Dialog aufgenommen zu werden.

Ich möchte mich bei allen, die an der inhaltlichen Vorbereitung des Kongresses – und damit auch des Buches – mitgewirkt und mich nach Kräften unterstützt haben, bedanken. Insbesondere gilt mein Dank Christoph Bieber, Thomas Christaller, Wolfgang Engler, Georg Franck, Andrew Graham, Larry Grossman, Helmut Holzapfel, Claus Leggewie, Detlef B. Linke, Geert Lovink, Peter Mambrey, Heinz Mandl, Hans Ulrich Obrist, Ernst Pöppel, Florian Rötzer, Christoph Sachsse, Sebastian Stier, Ralf-Eric Streibl, George Weidenfeld.

Die Tagung wäre nicht zustande gekommen ohne das großzügige Engagement der Firmen, die sie finanziell unterstützt und damit die hochkarätige Besetzung und die inhaltliche Qualität ermöglicht haben. Mein besonderer Dank gilt der Bayerischen Landesbank, BMW, der BUNTEN, debis Daimler Benz InterServices, der Deutschen Telekom, FOCUS, Microsoft, SIEMENS NIXDORF, Sun microsystems und Vebacom.

Anmerkungen

1 Die interdisziplinäre Form der Tagung und der Themenzusammensetzung spiegelt das Hauptziel der 1994 gegründeten Akademie wider: Sie will ein interdisziplinärer *think tank* sein, der Fachleuten aus verschiedenen Wissens- und Gesellschaftsbereichen ein Forum zum gemeinsamen Nachdenken über wichtige Zukunftsfragen sowie die Möglichkeit bietet, die Ergebnisse in die politische Debatte einzubringen. Die Akademie hat mit ihren Workshops, Vortragsreihen und Kongressen in den vergangenen drei Jahren gezeigt, daß man Zukunftsprobleme theoretisch anspruchsvoll und zugleich auch praxisbezogen diskutieren kann. Informationen zur Akademie-Arbeit: [http://www.akademie3000.de/overview/index.html]; Informationen und Materialien zur Tagung: [http://www.akademie3000.de/overview/conf/politics/index.html].
Bücher zu Akademie-Tagungen: Christa Maar, Ernst Pöppel, Thomas Christaller (Hrsg.), *Die Technik auf dem Weg zur Seele – Forschungen an der Schnittstelle Gehirn/Computer*, Rowohlt 1996; Christa Maar, Florian Rötzer (Hrsg.), *Virtual Cities – Die Neuerfindung der Stadt im Zeitalter der globalen Vernetzung*, Birkhäuser 1997.

2 Münchner Erklärung im Wortlaut: [http://www.akademie3000.de/overview/conf/politics/declaration/foren.html]

Demokratie auf der Datenautobahn

oder: Wie weit geht die Zivilisierung des Cyberspace?

von Claus Leggewie

»Can we build a new kind of politics?
Can we construct a more civil society with our
powerful technologies? Are we extending the evolution
of freedom among human beings? Or are we nothing
more than a great, wired babble pissing into the digital wind?«
Jon Katz, *Wired*

»More people use infoseek finding
Pamela Anderson than Bill Clinton. Sorry for that, Bill.«
***infoseek*-Anzeige am Tag der Wiederwahl des US-Präsidenten**

1. Internet und Politik – ein Problemaufriß

Im Januar 2000 kann schon alles vorbei sein. Der »Super-GAU« der Informationsgesellschaft träte ein, wenn die Computer an der Wende zum neuen Jahrtausend auf »1900« zurückschalten und ein heilloses Chaos ausbrechen würde. Ein solches Fin de siècle ist zwar unwahrscheinlich, aber eine heilsam nüchterne Perspektive auf die Dummheit der Technologie und die künftige Entwicklung des Netzes. Schon heute klagen viele Nutzer, regelmäßige wie gelegentliche, über Staus auf dem »Information Superhighway«, der auch viele andere Versprechen nicht gehalten hat (Siegele 1997). Doch vermutlich wird das Internet, wenn auch nicht in den derzeit prognostizierten Raten, weiter expandieren, und bereits in der nächsten Dekade dürften noch erheblich mehr Menschen einen wachsenden Teil ihrer Arbeits- und Freizeit »im Netz« verbringen. Arbeit, Aus- und Weiterbildung werden sie genau wie Warenbestellungen, Geldüberweisungen und Behördenverkehr telematisch erledigen und sich nicht zuletzt auch via Internet unterhalten, das heißt privat korrespondieren und amüsieren. Der PC ist tot, es lebe das Internet, heißt die Parole, und dabei werden TV und Computer vermutlich zusammenwachsen.[1]

Es liegt nahe, daß dann auch Staatsbürger politische Informationen aus dem Netz beziehen und ihre Rechte und Pflichten digital ausüben werden

– von der Lektüre der »Tageszeitung« bis zum »Gang« zur Wahlurne. Der gesamte politische Prozeß, von der primären Information über die Modalitäten der Meinungs- und Willensbildung bis zur kollektiven Entscheidung, ist von den neuen Informations- und Kommunikationstechnologien affiziert. Ob das »gut« oder »schlecht« für die liberale Demokratie sei, ist bereits die falsche Frage, die bislang zu ebenso euphorischen wie apokalyptischen Prognosen geführt hat. Weder wird dank des Internet ein »neues athenisches Zeitalter« anbrechen noch wird an ihm die repräsentative Demokratie zugrundegehen.

In Sachen »elektronische Demokratie« war zu viel von neuer Technik und zu wenig von Demokratie die Rede. Verfechter wie Verächter des Internet taten so, als nutze oder schade eine neue Technologie »der« Demokratie per se. Andere wiederum argumentierten, als sei der demokratische Prozeß von den jeweils vorherrschenden Medien gar nicht betroffen. Technikdeterminismus und -indifferenz werden durch schlichte historische Evidenz widerlegt: Unverkennbar hat sich politische Meinungs- und Willensbildung unter der Ägide audio-visueller Medien, vor allem des Fernsehens, nachhaltig verändert – genau wie zuvor schon durch die Erfindung des Telephons. Doch ebenso gewiß sind gute und schlechte Seiten der Massendemokratie nicht dem Fernsehen allein zuzuschreiben – oder auch nur hauptsächlich diesem. Das Internet ist ein neues Multimedium, dessen Innovation ironischerweise »nur« in der Zusammenfassung aller bekannten Kommunikationsformate besteht – von der mündlichen Konversation bis zur Satellitenkommunikation in tendenziell jedem Winkel der Erde –, die es zu einem Monomedium zusammenfaßt und dabei herkömmliche Sender-Empfänger-Hierarchien verändert. Diese Umstellung von Breitband- auf Netzwerkkommunikation kommt einer Revolution gleich (Bonchek 1997).

Zur vollen Entfaltung kam sie jedoch erst als Folge der politischen Revolution von 1989, die eine »Zivilisierung des Cyberspace« (Miller 1996) ermöglichte. Die aus vorrangig militärischen Zwecken entstandene Geheimtechnologie wurde zur zivilen Nutzung freigegeben, als kein »Reich des Bösen« mehr im Wege stand. Die amerikanische Rechnerkapazität wurde nicht verschrottet, sondern in die Kanäle der Bewußtseinsindustrie konvertiert. Vor der Ausdehnung des World Wide Web war das Netz eher von autonomen Newsgroups und Diskussionsforen charakterisiert, die sich auf die Verbreitung von Nachrichten konzentrierten, welche in den konventionellen Medien unterblieben oder zu kurz kamen. Das heutige Design des Internet sieht bereits anders aus: Mittlerweile wuchsen Computertechnologie und

Unterhaltungselektronik zusammen, womit zugleich die kulturelle und die ökonomische Sphäre verschmolzen, und Unternehmen nicht nur zu Marktführern, sondern auch zu politischen Machthabern aufstiegen. Damit sind Ordnungsmuster entstanden, die eher zur Zentralisierung und Schließung der neuen Medien führen, wie man an »intelligenten Agenten« und Hyperlink-Strukturen im WWW bereits erkennen kann (Rilling 1997). Der Traum der Pioniere und Hacker von der undomestizierbaren Anarchie der Netze dauerte nicht lange.

Jede Anwendung von Technik setzt soziale und politisch-administrative Interventionen voraus, also Organisationen, die Netze zugänglich machen, unterhalten und verwalten, und sie zeitigt institutionelle Folgen, die nur teilweise beabsichtigt sind. In jedem Fall beeinflußt der »Eigensinn« der Computernetze die altbekannten Kommunikationsmedien Geld und Macht. Technische Protokolle und soziale Verhaltenskodizes remodellieren Eigentumsverhältnisse, Entscheidungsprozesse und die Verteilung strategischen Wissens, das heißt den Geldverkehr der Märkte und das Wissenssystem genauso wie den politischen Machtkampf. Dabei geht es weniger um Eigentumstitel und materielle Ressourcen. Wenn die zu Tode gedroschene Formel überhaupt einen Sinn haben soll, dann ist die Wissens- oder Informationsgesellschaft als eine zu definieren, in der Reichtum, Macht und Ansehen, also soziale Struktur und Differenz, nicht mehr über »altmodische« Formen der Stoffumwandlung erzeugt werden, sondern über symbolische Zeichensetzung und Imagination (Münker/Roesler 1997, Bühl 1997).

Die (ebenso sinnentleerte) Metapher der Datenautobahn rückt die Entwicklung des Internet technikgeschichtlich ins Licht der großen Eisenbahn- und Autobahnnetze und verweist auf die Dynamik früherer Transport- und Kommunikationsrevolutionen in der Geschichte der Industrialisierung. Während Eisen- und Autobahnen (und in der Verlängerung Fluglinien) jedoch wirkliche Räume hergestellt haben, duplizieren elektronische Netze diese im 19. und 20. Jahrhundert geschaffenen (trans-)kontinentalen Geographien und relativieren sie ebenso wie die Zeitzonen des Globus, also den Stoff, aus dem (internationale) Politik gemacht war. Raumbezogene mikro- und makrosoziale Gruppen und Gemeinschaften werden »virtuell«, geometrische oder mechanische Bestimmungen des Raumes – vorgestellt als ein mit materiellen Dingen angefüllter Container – werden abgelöst durch die Realität einer körperlosen Matrix. Annähernde Gleichzeitigkeit und Weltpräsenz kommen kosmopolitischen Utopien nahe, die Rede von der »Weltgesellschaft« ist keine bloße Metapher mehr.

Immer wenn neue Informationsmedien aufkamen, nahm die Debatte kultur- und politikpessimistische Züge an. Auch das Internet hat Kassandras und falsche Propheten auf den Plan gerufen, und die postmoderne Kulturkritik hat ein pseudo-philosophisches Niveau erreicht, das dem Gegenstand kaum angemessen ist (Druckrey 1996, nettime 1997). Doch dürfte in bezug auf die »elektronische Demokratie« die Zeit der übertriebenen Hoffnungen und Befürchtungen vorüber sein – die empirische, wirklichkeitsbezogene Analyse hat eingesetzt. Bei der Bewertung von möglichen Effekten und Potentialen computervermittelter Kommunikation muß man stets vom gegenwärtigen Zustand demokratischer Gemeinwesen ausgehen, in welche die neuen Multimedia-Anwendungen hineinwirken, statt deren aktuelle Defizite auf die neuen Medien zu projizieren und Idealbilder der gegebenen demokratischen Kommunikation mit Zerrbildern künftiger Medien zu konfrontieren. Das meiste, was als verheerende Folge des Internet der Politik prognostiziert worden ist (elektronischer Populismus, Informationsüberschwemmung, Ende der Öffentlichkeit, Erosion staatlicher Souveränität, Schwächung des Repräsentationsprinzips und dergleichen), all jenes trifft man bereits unter den Bedingungen herkömmlicher politischer Kommunikation an. Und wer (fälschlicherweise!) Beteiligungsschwäche und mangelnden Gemeinsinn der »Netizens« rügt, sollte die Partizipationsdefizite der real existierenden Zuschauerdemokratie und das Vordringen populistischer Stimmungsmache heute nicht verschweigen.
Dieser Vorrang der wirklichen Demokratie vor der virtuellen Technologie gilt auch für die Szenarien künftiger Entwicklung. Multimedia kann man im politischen Betrieb repräsentativer Massendemokratien so oder so einsetzen, und buchstäblich niemand – weder die Hardware- und Software-Produzenten noch die großen Telekommunikations- und Medienkonzerne noch die politischen Eliten oder einzelne Bürger und Bürgerinitiativen – vermag sie in eine bestimmte Richtung zu steuern. Man sollte von einer Vielzahl von *checks and balances* und einer komplexen Wechselwirkung der einzelnen Akteure ausgehen und eine Vielzahl nicht-intendierter Wirkungen privater und staatlicher Steuerungsversuche einkalkulieren. Die Richtung des Internet ist noch offen, aber alle »Experimente«, die diverse Akteure im und mit dem Internet anstellen, haben präjudizierende, vielleicht irreversible Wirkung. Insofern fragt sich, wie weit der begonnene Zivilisierungsprozeß gedeihen kann – ob er sich mit der kommerziellen Anwendung schließt oder der *res publica* und autonomen Bürgerkommunikation öffnet.

Das Internet ist originär nicht zu politischen Zwecken erfunden, erprobt und entwickelt worden, auch wenn Newsgroups, Usenet und ähnliche Experimente der »Framers« in diese Richtung zielten. Politische Materien und öffentliche Angelegenheiten werden im Internet noch stärker um die knappe »Ressource Aufmerksamkeit« buhlen müssen (Frank 1998), und die heutige Wirklichkeit des Internet läßt sich in dem nüchternen Satz resümieren: »Das Netz ist unpolitisch« (Rilling 1997). Das Netz ist alles mögliche, aber bestimmt kein *zoon politikon*. Wie in anderen Phasen kapitalistischer Entwicklung auch, ergeben sich die Wirkungen der neuen Medien eher en passant, also als Neben- und Folgewirkungen. Doch sollte man die politischen »Sternstunden des Internet« nicht vergessen: Studenten in Belgrad (und, weniger spektakulär, ein Jahr später auch in Gießen, Marburg und so weiter) organisierten ihren Protest digital, und auch die Zapatistas in Mexiko und andere Oppositionsbewegungen nutzen die Resistenz der Netze gegen zentrale Aufsicht und Kontrolle. Es mag als gutes, wenn auch nicht hinreichendes Omen für die Demokratie im nächsten Jahrhundert angesehen werden, daß Diktatoren und autoritäre Regime das Internet nicht mögen.
Mittlerweile haben auch klassische institutionelle Akteure – Regierungen, Parlamente, Parteien, Interessenverbände, Nicht-Regierungs-Organisationen, gemeinnützige Vereine und Stiftungen – Informationen »ins Netz gelegt«, und sie bieten dabei gelegentlich Rückkanäle an. In dieser Interaktivität besteht die Differenz zu den herkömmlichen Kommunikationsformaten wie Zeitungen und Rundfunk- bzw. Fernsehsendungen. *Gatekeeper* und Meinungsführer sind damit leichter zu umgehen, womit die bekannten »intermediären Instanzen« tendenziell an Bedeutung verlieren.

Der Durchbruch der neuen Medien, im Zusammenhang mit der Globalisierung im allgemeinen, bietet Gelegenheit, so gut wie alle Fragen des Politischen neu zu überdenken.[2] Bisher werden die Effekte des Internet meist negativ apostrophiert:

• die Entgrenzung der verfaßten Form der politischen Gemeinschaft, des Nationalstaates, und sein Autoritäts- und Kontrollverlust im Verhältnis zur globalen Ökonomie;

• die Zerfaserung des öffentlichen Raumes in unverbundene Teilöffentlichkeiten;

• der Repräsentationsverlust politischer Eliten in den Netzwerkstrukturen.

Weniger besorgt und neutraler formuliert kann man vermuten, daß erstens neue Regulierungsformen auf transnationaler Ebene (nicht nur auf dem Gebiet der Telekommunikation, sondern auch der Sozial-, Wirtschafts- und Menschenrechtspolitik) entstehen werden, zweitens ein weiterer »Strukturwandel der Öffentlichkeit« bevorsteht, und drittens eine größere Autonomie der Bürgerschaft gegenüber der politischen Klasse zu erwarten ist. In jedem Fall kann man bereits sagen, daß computervermittelte Kommunikation Politik voraussetzt, verändert und herausfordert. »Politik« hat dabei viele Facetten, die im Englischen in den Begriffen *policy, politics* und *polity* eingefangen sind.

In unserem Fall sind *policies* vor allem staatliche Interventionen, welche die neuen Medien mit Gesetzgebung, staatlicher Finanzierung und persuasiven Mitteln zu gestalten suchen, was die Telekommunikationspolitik im engeren Sinne betrifft, aber auch Wirtschafts- und Industriepolitik, Bildungspolitik, Sozialpolitik und andere Politikbereiche einschließt. Hierbei ist zu berücksichtigen, daß politisch-administrative Apparate, welche die Computer-Medien steuern, sich ihrer zunehmend selbst bedienen, was die ironische Pointe dieser Steuerung darstellt. Politik für (oder gegen) das Netz tendiert mit anderen Worten fast automatisch zur vernetzten Politik, die zunehmend inter-, supra- und transnationale Dimension bekommt.

Politics bezeichnet den Prozeß der Artikulation und Aggregation von Interessen durch politische Akteure und den darüber ausgetragenen Konflikt. Hier spielen Regierungen, politische Parteien, Interessenverbände und die Medien selbst eine Rolle, aber auch gesellschaftliche Akteure, die sich unabhängig davon artikulieren. In diesem Fall muß man sowohl die vertikale Interaktion zwischen politischen Eliten und dem Volk (*top-down*) im Auge behalten wie die »Aufwärtskommunikation« (*bottom-up*) und die horizontale Kommunikation von Bürgern untereinander, die aus der Sicht institutioneller Eliten oft als »vorpolitischer Raum« verkannt wird, aber als »Subpolitik« immensen Einfluß auf das politische Geschehen hat.

Gewissermaßen über diese Fragen der Staatsintervention und des Interessenkonflikts tritt der *polity*-Aspekt, die politische Verfassung von Wissensgesellschaften oder »elektronischen Demokratien«. Das betrifft Art und Qualität der politischen Regime und vermutliche Wirkungen digitaler Technologien auf die Fundamente der repräsentativen Demokratie, die seit 1989, in unterschiedlicher Ausprägung und Intensität, zur unangefochtenen Standardform der Weltgesellschaft geworden ist, zugleich aber unter dem Verlust ihrer »internen und externen Effizienz« leidet. Legitimität und Effektivität politischen Handels werden in Zweifel gezogen.

Unter diesen drei Aspekten soll politische Kommunikation im Internet im folgenden ausführlicher behandelt werden, wobei die empirische Basis für Beschreibung und Analyse schmal ist: Wer wann was zu welchem (politischen oder anderen) Zweck im Internet tut, bleibt nach bisherigem Wissen die große Unbekannte. Das Gros der Erfahrungen entstammt den Vereinigten Staaten, wo mit Netz-Politik, *top-down* wie *bottom-up*, am längsten experimentiert worden ist. Die Bundesrepublik Deutschland ist nicht nur ein technologischer Nachzügler, sondern vor allem netzpolitisch ein Entwicklungsland, was der Verfassung ihrer *civic culture* nach 1945 und der »partizipatorischen Revolution« der 60er und 70er Jahre zuwiderläuft. Inwiefern amerikanische Beispiele, die durch das Präsidialsystem und dezentrale Graswurzel-Initiativen sowie eine insgesamt weniger etatistische Kultur geprägt sind, auf Europa übertragbar sind, ist fraglich (Kleinsteuber / Hagen 1997). Doch haben die politischen Kulturen Westeuropas vor allem nach 1945 – zum Besseren wie zum Schlechteren – einen Prozeß der »Amerikanisierung« durchlaufen – Fernsehwahlkämpfe zählen genauso dazu wie Bürgerinitiativen. Insofern verdienen vor allem solche Netz-Experimente eine kritische Würdigung, welche die interaktive Qualität computervermittelter Kommunikation in den Vordergrund rücken und unter dem ausdrücklichen Anspruch des *citizen empowerment* stehen. Dies ist eine nur schwer ins Deutsche übersetzbare normative Vorgabe »starker Demokratie« (Barber 1984), die demokratiepolitisch unabweisbar erscheint, wenn man nicht allein auf die Befähigung der politischen Eliten in der »Führerdemokratie« (Max Weber) fixiert ist.

2. Regulative Politik für (und gegen) das Netz: Kontrollverlust des Nationalstaats?

Beginnen soll die folgende *tour d'horizon* gleichwohl aus der Vogelperspektive. Anders als die forsch vorgetragenen »Unabhängigkeitserklärungen« libertärer Netz-Propagandisten und verzagte Ohnmachtsbekundungen von Politikern suggerieren, entzieht sich das Netz keineswegs der Regulierung; es ist kein auto-evolutionäres System, das sich Gesetz, Geld und guter Worte, also den üblichen Steuerungsmedien prinzipiell entzieht. *Governance*, wie der regelnde Eingriff in den wirtschaftlichen und kulturellen Prozeß genannt wird, ist keineswegs am Ende, wobei allerdings die Omnipotenz-Phantasien von Politikern, die eine »Internet-Polizei« und Cyber-Patrouillen gegen Netzbeschmutzer einsetzen, wirklichkeitsfremd erscheinen. Vieles, was im »power container« demokratischer Nationalstaaten steuer- und kontrollierbar war, hat sich in die Weite grenzverachtender Netzwerke verflüchtigt. Diese Schwierigkeit, steuernd in die Entwicklung des Internet einzugreifen, illustriert den generellen Verlust der »externen Effizienz« staatlicher Eingriffe in die wirtschaftliche, technische und kulturelle Entwicklung im allgemeinen und den Kontrollverlust des Nationalstaates als der dafür zuständig erklärten Institution im besonderen.[3]

2.1 Infrastrukturpolitik: Der Staat als Geburtshelfer

Wer den Nationalstaat als »Opfer« der Informatisierung ansieht, übersieht dabei allerdings, daß nationale Staatsapparate bei der Entwicklung und Gestaltung des Internet eher als »Täter« aufgetreten sind. Der Staat kann sogar als Hebamme des Internet betrachtet werden, insofern die Konversion der bis dahin überwiegend militärischen Zwecken dienenden Computertechnologie für breite zivile Nutzung durch Entscheidungen vor allem der US-Regierung erleichtert worden ist. Das Netz in seiner heutigen Gestalt ist nicht allein technischen Erfindungen und Erprobungen der Telekommunikationsbranche und privater Netz-Entwickler zu verdanken, sondern genauso diversen Vorgaben staatlicher Industrie- und Technologiepolitik. Diese stand immer in enger Kooperation mit privaten Akteuren, das heißt, sie war neo-korporatistisch organisiert und auf internationale Diffusion ausgerichtet.
Selbst wo staatliche Politik, vor allem auf dem Gebiet der Telekommunikation, explizit als Deregulierung angelegt war, bestätigte sich diese Initiativfunktion des Gesetzgebers. Nach dem jeweiligen Ausmaß der vorbehaltenen staatlichen Aufsicht über die Entwicklung der Netze lassen sich Stile der Technologiepolitik in demokratischen und semi-demokratischen Systemen typologisieren. Sie reichen von autoritären Kontrollen und »Brandmauern« (wie in der VR China oder in Singapur) über Versuche, öffentlich-rechtliche Rundfunksysteme im Netcast-Bereich zu reproduzieren (wie in den deutschen Bundesländern), bis zu einer vor allem in den USA praktizierten *Laisser-faire*-Politik, welche die Entstehung von Oligopolen im Kommunikationssektor begünstigt hat. Etatistische Interventionsmodelle definieren das Internet als kollektives Gut, dessen Angebot und Nachfrage sie autoritativ zu regeln versuchen, indem sie Netzinfrastruktur bereitstellen, staatliche Aufträge erteilen oder private Anbieter subventionieren. Auch eine staatliche Vorreiterrolle (z.B. durch den Einsatz computervermitttelter Kommunikation bei der Verwaltungsrationa-

lisierung) hat entsprechende Steuerungseffekte.[4] Die US-Regierung hat sich insgesamt jedoch gegen zuviel Staat entschieden und setzt stattdessen auf ökonomische Anreize und Gratifikationen. Das Interesse der Technologieproduzenten an einem möglichst großen Markt konvergiert jedoch nicht reibungslos mit dem Bedürfnis nach informationeller Grundversorgung. Demokratische Politik muß dafür sorgen, daß Kommunikationsungleichheit abgebaut wird und die neuen Medien *common carriers* (Universaldienste) bleiben. Idealbild ist das Internet als allgemeines, freies, billiges, leicht zugängliches und bedienbares Medium – und davon ist es weit entfernt.

Nationalstaaten oder supranationale Agenturen behalten sich mit anderen Worten »Kompetenzkompetenzen« vor. Diese reichen von dem Versuch, die informationelle Grundversorgung durch möglichst preiswerten Netzzugang für alle herbeizuführen bzw. zu garantieren, über die Garantie von Datenschutz und -sicherheit bis hin zur Aufrechterhaltung einer letzten »Schlüsselgewalt« (*clipper chip*) im Bereich der Kryptographie; sie berühren ferner bildungspolitische Initiativen wie »Schulen ans Netz« und nicht zuletzt die Konzentrationskontrolle. Der im Herbst 1997 entbrannte Konflikt zwischen dem amerikanischen Justizministerium und der Firma Microsoft demonstriert, daß der (nationale) Staat seine Kontrolle keineswegs aufgegeben hat und »technisch« getarnte Schließungen zu vermeiden sucht.

2.2 Normative Steuerung: Der Staat als Wächter

Staatliche Agenturen betätigen sich ferner als Garanten und Kontrolleure des Internet, indem sie Meinungsfreiheit sichern bzw. beschränken. Ein besonders kontrovers diskutiertes Problem ist, wie man mit Verboten bzw. Anreizen zur Selbstregulierung den Inhalt von Information beeinflussen kann, vor allem bei Gewaltverherrlichung, Pornographie und politischem Extremismus – Fragen, die vor allem in Deutschland im Vordergrund stehen. Dabei kann man, je nach Definition des zu schützenden Guts, drei unter Umständen konträre Absichten verfolgen. Steht, wie im deutschen Verständnis von Staats- und Verfassungsschutz, die Gefährdung der »freiheitlich-demokratischen Grundordnung« im Mittelpunkt, werden staatliche Einrichtungen diese gegen Angriffe von Bürgern zu verteidigen suchen, was im Fall links- oder rechtsextremer Propaganda im Internet versucht worden ist. Nach der angelsächsischen Tradition, zweites Beispiel, verhält es sich in der Regel umgekehrt: Hier steht weit mehr der Schutz des individuellen Bürgers bzw. von Minderheiten vor staatlichen Übergriffen im Zentrum, wie der geharnischte Protest von Bürgerrechtlern gegen gesetzliche Beschränkungen der Meinungsfreiheit zeigt. Hier geht es um »privacy«, also den Schutz der aus historischen Gründen weit ausgelegten Privatsphäre des individuellen Bürgers, dort um die (ebenfalls aus historischer Erfahrung abgeleitete) Sorge um die Integrität der öffentlichen Ordnung. Gesetzgeber und Staatsanwälte werden – drittens – hier wie dort aktiv, wenn sich Individuen gegenüber Eingriffen anderer Individuen oder Gruppen nicht allein schützen können. Es ist dabei nicht einzig den konkreten Umständen der Gefährdung, sondern vor allem der jeweiligen politischen und Rechts-Kultur geschuldet, wie die Akzente gesetzt werden. Von besonderer Bedeutung ist der »Schutz der Jugend vor Schmutz und Schund«, wobei der Fall CompuServe genau wie das amerikanische Kommunikationsgesetz von 1996 Einfallstore für illiberale Kontrollmanie waren.

Ging es bei den bisher thematisierten Regulierungsversuchen des Staates oder para-staatlicher Einrichtungen vor allem um die Bereitstellung technischer Infrastruktur oder um die Herstellung eines Kräftegleichgewichts zwischen sozialen Gruppen, steht hier normative Steuerung im Mittelpunkt. Diese Probleme sind weder demokratiepolitisch noch kommunikationstheoretisch neu und auch in bezug auf die alten Medien niemals befriedigend gelöst worden. Was als »obszön« definiert wird, war immer schon der neuralgische Punkt der Kunst- und Meinungsfreiheit, und »Extremismus«-Verdacht ist der Lackmustest für politische Grundrechte, genauso wie die Überwachung von »Terrorismus« und »organisierter Kriminalität« für Datenschutz und informationelle Selbstbestimmung. Alle drei Fragen haben sich am Internet neu entzündet, wobei nicht die (Straf-)Tatbestände neu waren, wohl aber die Form, in der durch Beweglichkeit der Akteure und den transnationalen Charakter des Internet die staatliche Wächter-Rolle infrage gestellt wurde.

2.3 Erstes Fazit: Anachronistische Souveränität und Re-Regulierung

Auch insofern demonstriert das Internet die »anachronistische Souveränität« der Nationalstaaten. Wer und vor allem wo ist der »Gesetzgeber« für eine Weltwirtschaftsordnung, und wer setzt wo »Regeln« im Internet weltgesellschaftlich durch? Diese Frage berührt das elementare Prinzip legitimer Herrschaft und die Effizienz kollektiver Entscheidungen durch gewählte Volksvertretungen, insofern der größte Teil der Verkehrsregeln der Datenautobahn »technisch« von inter- und transnationalen Expertengremien bzw. durch technologische Vorentscheidungen der privatkommerziellen Software-Produzenten festgelegt worden ist. Im 19. und frühen 20. Jahrhundert waren die an kollektiven Entscheidungen über Volksvertreter Beteiligten grosso modo mit den von diesen Entscheidungen Betroffenen identisch. Dies ist aufgrund dreier, sich gegenseitig verstärkender Entwicklungen heute generell nicht mehr der Fall:

- Selbst unbedeutend erscheinende Entscheidungen nationaler, regionaler und sogar kommunaler Volksvertretungen wirken über die Grenzen dieser Entscheidungsräume hinaus, das heißt, einheimische Bürger unterliegen anderswo gefällten, durch sie (oder überhaupt) nicht demokratisch legitimierten Entscheidungen.
- Globale Problemlagen von unüberschaubarer zeitlicher Reichweite – bei gleichzeitig hoher symbolischer Präsenz (Beispiel: Umweltkatastrophen) – erschweren es, Mehrheitsentscheide den Volksvertretungen zuzuordnen, die sie ad hoc getroffen haben (Rechenschaftspflicht), bzw. sie erneut zu beraten und gegebenenfalls neu zu treffen (Reversibilität).
- Die kollektive Identität des *demos* als politische Gemeinschaft ist problematisch geworden, da ihm ein gemeinsames kulturelles Fundament als Grundlage gegenseitiger Anerkennung fehlt.

Kultureller Pluralismus, Kolonisierung der Zukunft und Globalisierung führen dazu, daß die Rechte »Fremder«, »Auswärtiger« und Nachlebender, die von mehrheitlich gesetzten *faits accomplis* nachhaltig betroffen sind, verletzt werden, also auch die »innere Effizienz« bzw. Legitimität des demokratischen Prozesses ausgehöhlt wird. Das Internet wird von Skeptikern als weitere Risikotechnologie angesehen. Man kann die Problematik freilich umgekehrt aufziehen: Erst weltweite, leicht zugängliche Kommunikation eröffnet Chancen, globale Probleme, wie Umweltverschmutzung, die Transaktionen transnationaler Konzerne, Banken- und Börsengeschäfte, transnationale Migration und dergleichen, mit »Fremden« und »Auswärtigen« zu thematisieren, zu diskutieren und eventuell zu beheben. Das Internet, das vorwiegend als Problem-Verursacher angesehen wird, kann diesbezüglich als Problem-Löser wirken, zumal wenn dank seiner horizontalen Struktur nicht allein die »Gipfel«-Kommunikation selbsternannter »Informationseliten«, sondern Expertise »von unten« zirkuliert und das Prinzip ökologischer Nachhaltigkeit einbezogen wird, das auch »Nachlebende« virtuell berücksichtigt.

Drei Szenarien sind in bezug auf die Regulierung der Netze denkbar: protektionistische nationale Gesetzgebungen, die zentrale, grenzüberschreitende Gesetzgebung »von oben«, oder eine Pluralität miteinander konkurrierender, emergenter Regulierungen »von unten«. Allein letztere sind der Netzwerkstruktur der Weltgesellschaft genau wie den neuen Medien adäquat (Post/Johnson 1997). Insofern sind die globalen Organisationsschritte des Internet (wie Domain-Verwaltungen, technische Standards und Protokolle und dergleichen) exemplarisch für »post-nationale« Governance. Dabei sind Nationalstaaten erstens als Akteure in den transnationalen Verhandlungsarenen präsent, zweitens können nationale Staatsapparate und lokale Gemeinschaften partikulare Regelungen treffen.

Das Internet wird bevorzugt von Unternehmen eingesetzt, die transnationale Reichweite haben und sich damit Konkurrenzvorteile schaffen. Diese Beweglichkeit entzieht sie der staatlichen »Gewerbeaufsicht« und anderer Hoheitsrechte von Nationalstaaten, was Arbeits- und Sozialrecht, Besteuerung, Arbeitsschutz und Arbeitnehmerrechte anbetrifft. Dies akzentuiert wiederum die notorische »Heimatlosigkeit« des Kapitals und trifft vor allem die an Standorte gebundene Redistributionsfunktion der Wohlfahrtsstaaten, die nämlich voraussetzt, daß Unternehmen wie Arbeitnehmer am »Firmensitz« Gewerbe- und Einkommenssteuern entrichten, die staatliche Institutionen dann in Ausgaben für Sicherheit, Infrastruktur, Bildung und Umweltschutz umverteilen. Es ist bereits absehbar, daß die direkte Besteuerung von Lohneinkommen und Unternehmensgewinnen marginal wird, und Staatseinnahmen sich im wesentlichen aus der indirekten Besteuerung von Konsumgütern alimentieren, während öffentliche Güter zugleich auf privat-kommerziellem Wege zur Verfügung gestellt werden. Dies ist typischerweise auch für computervermittelte Kommunikation der Fall, und man wird Gebührenordnungen und Besteuerungsmodalitäten für Transaktionen im Internet als weitere Exempel transnationaler Regulierungsregime betrachten können.

Als erstes Fazit läßt sich also ziehen, daß sowohl die »realistische« Sicht von der Persistenz nationaler Staatlichkeit als auch die »idealistische« Sicht eines sich selbst steuernden Kommunikationsmarktes, der auf staatliche Regulierung verzichten kann, falsch sind. Ähnlich wie im Fall der globalen Finanz- und Wertpapier-Regulierung gegenüber Banken und Börsen, behalten staatliche Agenturen einen Handlungsspielraum bei der Bereitstellung, Modellierung und Weiterentwicklung der Kommunikationstechnologien. Nationale Staaten, allen voran die »imperiale Republik« USA, sind mit anderen Worten aktive *global players*. Damit wird sich regulative Politik weit mehr auf supra- und transnationale Ebenen verschieben, auf denen sie, neben den privaten Oligolopen und – in weit geringerem Maße – digitalen Bürgerinitiativen und Nicht-Regierungs-

Organisationen, als ein Verhandlungspartner unter anderen (und kaum noch als Primus inter Pares) auftritt. Wie zudem die unauffällige, aber nicht irrelevante Rolle der »Informations-Initiative« der Europäischen Union zeigt, entsteht auch im Kommunikationsmarkt ein Mehr-Ebenen-System, in dem nationale Staatsapparate nach außen als Wettbewerber, nach innen als Supervisoren auftreten. Sektorale, korporatistische Kartelle von transnationalem und regionalem Zuschnitt kann man durchaus als Ausdruck einer Re-Regulierung werten. Zwar sind diese, wieder ähnlich wie bei den Finanzmärkten, vor allem auf die Investoren angelegt, aber gerade diese rufen angesichts der hohen Sensibilität und Interdependenz der Weltwirtschaft nach einem Monitoring durch sektorale Politik. Die staatliche Architektur wandelt sich damit: Politisch-administrative Akteure gehen Allianzen mit internationalen Markt-Akteuren ein, die übrigens – wie im Falle der Telekom-Gesellschaften oder der öffentlich-rechtlichen Fernsehanstalten – vor wenigen Jahren selbst noch parastaatliche Akteure waren. Diese Koalitionen agieren jenseits der territorialen Grenzen, in denen regulative Politik bis ins zweite Drittel des 20. Jahrhunderts eingebettet war. Viele »einheimische« Akteure sind nicht an diese strategischen Allianzen angeschlossen, und ganze Nationalstaaten, deren politische und wirtschaftliche Akteure die Entwicklung der neuen Medien verpaßt haben, haben einen schweren Stand. Aus der hier gewählten Perspektive des *citizen empowerment* besteht eine ausgesprochen mißliche Asymmetrie zwischen den privatwirtschaftlichen und staatlichen Akteuren auf der einen Seite und der kaum kollektiv organisierten (und schwer organisierbaren!) Masse der Nutzer der Neuen Medien. So gesehen ist die 1989 eingeleitete Zivilisierung des Cyberspace bereits auf halber Strecke stehengeblieben. Bevor wir darauf zu sprechen kommen, soll noch skizziert werden, wie sich staatliche Akteure selbst durch den Anschluß an das Internet technisch aufgerüstet haben.

2.4 Politik mit dem Netz: Der vernetzte Staat

Es ist schon auf den ironischen Umstand hingewiesen worden, daß politisch-administrative Einrichtungen, die das Internet national und weltweit regulieren, sich der neuen Kommunikationstechnologien selbst bedienen und das Internet dabei »intern«, als administratives Intranet, einsetzen. Was zunächst als beiläufige Binnenrationalisierung der Verwaltungen erscheint und dem Konkurrenzdruck privater Dienstleister entspringt, wirkt, insofern es im Netz kein »Außen« und »Innen« mehr gibt, auf Hierarchien und Verkehrsformen von Verwaltungen selbst zurück.

Konventionelle, oft noch obrigkeits- und anstaltsstaatlich vorgegebene Ressort-Strukturen werden aufgemischt, das heißt, neue Kommunikationstechnologien sind Hebel zur »Verschlankung« staatlicher Bürokratien, was den Dienstleistungscharakter der öffentlichen Verwaltungen akzentuiert. Dies kann Ressortzuständigkeiten (etwa zwischen Wirtschaftsförderung und Umweltschutz) revolutionieren und Informationshierarchien einebnen. Die den neuen Medien inhärente Interaktivität legt eine solche Umorientierung nahe, wobei sich Bürokratien auf eine »kundenorientierte«, im privaten Sektor selbstverständlichere Aufgabenstellung erst einstellen, zugleich aber auch im Auge behalten müssen, daß die Bereitstellung öffentlicher Güter etwas anderes bleibt als ein kommerzielles Angebot privater Service-Einrichtungen.
Das Verlangen nach größerer Responsivität der Verwaltung (»Bürgernähe«) ist in den USA, ähnlich auch in Skandinavien und den Niederlanden, im Recht der Bürger auf Akteneinsicht, also als staatliche Informationspflicht, institutionalisiert worden. Gesetzliche Auflagen wie der Freedom of Information Act von 1966 sollen der Geheimniskrämerei und Undurchsichtigkeit der Ministerial- und Kommunalbürokratien ein Ende setzen; erst wenn administrative Entscheidungsabläufe für den »einfachen Bürger« (und übrigens auch für den »einfachen Abgeordneten«) nachvollziehbar sind, wird die allseits reklamierte Bürgerbeteiligung an Gesetzgebung und Verwaltungsakten möglich. Das Konzept der Informationspflicht erscheint der Administration selbst als zeitraubende Behinderung der Rationalität von Entscheidungsprozessen, und in der Tat kann man Beispiele dafür finden, in denen die Fachexpertise dem common sense der Bürgerschaft überlegen war. Allerdings belegen Gegenbeispiele die Weltfremdheit von Verwaltungen, und zur Rationalität exekutiver Entscheidungen gehört, von vornherein soviel Sachverstand der Bürger wie möglich einfließen zu lassen und durch Kooptation und Konsultation, gegebenenfalls auch durch Einbeziehung und Mitwirkung an administrativen Projekten nachträglichen Widerstand gegen implementierte Entscheidungen zu mindern. Das Engagement von Bürgerinitiativen, das sich an großtechnischen Projekten wie Autobahn- und Flughafenbau, Atom- und Wideraufbereitungsanlagen und dergleichen entzündete, drückte nicht nur den berechtigten Zweifel an der jeweiligen Expertise aus, sondern auch ein Unbehagen an unzeitgemäßer »Arroganz der Macht«.
Die Veröffentlichung von Regierungsdokumenten wird durch elektronisch-digitale Publikation erheblich erleichtert. Als Modellprojekt wird vor allem der THOMAS-Dienst der Library of Congress hervorgehoben,

mit dem Gesetzestexte und Beratungsprotokolle des Kongresses in Washington D.C. allgemein zugänglich gemacht werden. Auf der ganzen Welt gehen Regierungen und Parlamente dazu über, ihre Aktivität auch in digitaler Form zu publizieren, darunter der deutsche Bundestag und die Bundesregierung. Genau diese Erhöhung der Transparenz stimuliert aber die Mitwirkung interessierter Bürger am Entscheidungsprozeß selbst, in Gestalt elektronischer Petitionen oder Mediationsverfahren, aber auch durch elektronische Abstimmungen und Plebiszite.

Frühzeitige Interventionen in das Verwaltungshandeln werden durch die neuen, interaktiv ausgelegten Informationstechnologien erleichtert, aber sie stecken, wohin man auch blickt, noch in den Kinderschuhen. Die Transformation des bürokratischen Anstaltsstaates in einen responsiven Netzwerkservice ist keine Kleinigkeit, sondern nicht weniger als eine Revolution des überkommenen Staatsbegriffs. Bisher beschränkt sich das administrative Handeln im Netz überwiegend auf digitale Informationssysteme auf Abruf; synchrone und symmetrische Tele-Kooperation, die Bürger von Beginn an als Sachverständige in administrative Prozesse integriert, ist Zukunftsmusik, die Verwaltungschefs schon aus »Kostengründen« ungern vernehmen.

Die Zahl der Bürger, die so viel Zeit haben und sich die Mühe machen, in komplexe Entscheidungsprozesse einzusteigen, wird sicher begrenzt sein. Es werden sich also vor allem Lobby-Gruppen, die spezielle Interessen verfolgen, dieser Möglichkeit der Einflußnahme bedienen und etwa elektronische Kampagnen initiieren, um ihre Ziele zu erreichen. Dies ist in pluralistischen, nach Gruppeninteressen strukturierten Demokratien weder neu noch illegitim. »Einfache«, nicht-organisierte Bürger nehmen eher an den auf der ganzen Welt als lästig empfundenen »Behördengängen« Anstoß und werden folglich die Erstellung »elektronischer Formulare« zur Beantragung von Personal- und Sozialversicherungsdokumenten, Anmeldung von Kraftfahrzeugen, Müllabfuhr und dergleichen begrüßen sowie Beschwerden und Reklamationen auf diesem Wege absetzen. Kundenorientierte Verwaltungen werden zukünftig also als Informationsbörsen auftreten, indem sie etwa städtische Service-Stellen rund um die Uhr erreichbar machen oder auf spezielle Angebote zur Wirtschaftsförderung hinweisen. Dieser interne Umbau der Verwaltung und das Bemühen um »Bürgernähe« konvergieren in den derzeit in Entwicklung befindlichen Bürgerinformationssystemen auf städtischer und Gemeindeebene.[5]

Daß Netz-Gestalter gern die Form der digitalen Stadt wählen, reproduziert das uralte Bedürfnis nach »Anschluß« und möglichst zwanglosen

Kontakt, aber auch die Neigung zur Begrenzung, Spezialisierung und Besonderheit, mit denen man spezifische Identitäten aushandeln kann. Damit aktualisiert die virtuelle Stadt »Vermischung und Verwischung« (Georg Simmel) – kulturelle Differenzierungen, die reale Städte historisch immer auszeichneten. So sehr ihre physische Struktur virtualisiert ist, so zäh verteidigen die Erfinder der digitalen Städte nicht allein die Metaphorik der Urbanität. Cybercafés als Kaffeehäuser und Salons der digitalen Welt mögen sich als Modeerscheinungen entpuppen, aber sie sind Symbole einer auf echte Reziprozität angelegten Stadt-Kultur. Pessimisten halten die quasi-urbane Oberfläche der Homepages digitaler Städte für bloße Maskerade; für sie ist Telekommunikation pseudo-urbane Stadtflucht. Doch vielleicht können Telepolis-Projekte für die Wiederbelebung auch der realen Stadt sorgen, wie die Effekte mancher Community Networks in den USA und Europa gezeigt haben. In elaborierten Bürgerinformationssystemen ist zum einen postmoderne Netzwerkpolitik realisiert, die man am Wettbewerbs- und Supervisionsstaat von heute generell beobachten kann, zum anderen stellt ihre horizontale und interaktive Struktur politische Öffentlichkeit her. Diese steht im Mittelpunkt des folgenden Abschnitts.

3. Politik im Netz: Strukturwandel der Öffentlichkeit?[6]

In den Usenets, die als Miniaturöffentlichkeiten auftraten, und in digitalen Städten kommt die Bürgerschaft selbst ins Spiel. Amerikanische Promoter der »starken Demokratie« haben das Internet als elektronische Wiederbelebung der *town hall meetings* erprobt, an denen sich nun auch Auswärtige und nicht physisch anwesende Personen beteiligen können. Ziel ist, das von den intermediären Instanzen der »elektronischen Republik« dominierte »Agenda-setting« in die Hände der Bürger und Wähler zu legen und die Deliberation öffentlicher Angelegenheiten auf lokaler, nationaler und sogar globaler Ebene zu ermöglichen.[7] Die Frage ist, welche Art von politischer Öffentlichkeit das Internet konstituiert.

3.1 Virtuelle Parteizentralen?

Beginnen wir mit jenem Bereich der Meinungs- und Willensbildung, der nach heutiger Sicht »oben« verortet wird: »Verlautbarungen« politischer Parteien, die ihre potentielle Wählerschaft über Programme, konkrete Maßnahmen und mittelfristige Vorhaben unterrichten. Mittlerweile sind die meisten Parteien der westlichen Demokratien ans Netz gegangen –

von den mitgliederstarken *catch-all-parties* oder Volksparteien bis hin zu links- oder rechtsradikalen Sekten. Vergleicht man dieses Angebot mit konventioneller Kommunikation, wirkt das meiste wie »digitales Glanzpapier« (Bieber 1996), das den spezifischen Potentialen interaktiver Kommunikation nicht gerecht wird, weil es an Responsivität und Reziprozität mangelt. So veranstalten die deutschen Parteien zwar Diskussionsforen über den »Euro« und andere demoskopisch relevante Materien, aber die sie selbst betreffende Kandidatenaufstellung für den 1998 zu wählenden Bundestag haben sie nicht transparent gemacht. »Mehr vom selben« drückt ein Bestreben nach symbolischer Modernisierung der politischen Kommunikation aus, die Parteien über den Anschluß ans Netz demonstrieren. Sie halten sich damit, ähnlich wie die alten Medien, eine Option offen, die sie freilich peu à peu in Usancen der digitalen Kommunikation hineinsozialisieren kann. Damit würden Parteien, von Mitglieder-, Akzeptanz- und Mobilisierungsschwund bedroht, potentiell offener für die echte demokratische Diskussion unter Einschluß von Nicht-Mitgliedern und politischen Gegnern, und sie könnten ihre originäre Rolle im Prozeß der Meinungs- und Willensbildung bekräftigen, die sie in den vergangenen Jahrzehnten an die elektronischen Medien verloren haben. Das wird ihren Kommunikationsstil in Richtung Nachrichtendienst verlagern und ihren Mobilisierungsstil bewegungs- oder bürgerinitiativförmiger gestalten. Ein Beispiel für derart offene Parteistrukturen ist der »Virtuelle Ortsverein der SPD« (VOV).

Es handelt sich dabei um einen 1996 auf Initiative eines Bundestagsabgeordneten (Tauss, SPD) gegründeten Verein, der als Newsgroup begann und bis heute mit Anerkennungsproblemen in der eigenen Partei und Fraktion ringt – was schon daran zu erkennen ist, daß er auf beider Homepage nicht vertreten ist. Er ist, dank seiner Zugänglichkeit via Cyberspace (Mitglieder können »Menschen auf der ganzen Welt« werden), nicht an räumliche Organisations- und Entscheidungsstrukturen der SPD (wie Ortsvereine alten Stils) gebunden, das heißt, in ihm konfligieren parteilich gebundene Rekrutierungs- und Willensbildungsprozesse mit überparteilichen Themeninteressen, die über das offene Angebot des VOV und seine Anbindung an nicht parteigebundene Internet-Dienste automatisch präsent sind. Damit ist der VOV, der nach eigenen Angaben zu 85 Prozent aus Parteimitgliedern besteht, ein Modell für ein offeneres Diskussions- und Rekrutierungsverhalten der Parteien. Vorschläge wie »Schnuppermitgliedschaft«, Einbeziehung von Nicht-Mitgliedern in Beratungs-, gegebenenfalls auch Entscheidungsprozesse der Partei und die

Einführung von Vorwahlverfahren (*primaries*) bei der Listenaufstellung zielen in die gleiche Richtung. Der Begriff der »Parteibasis« verändert dadurch seine Bedeutung; sie erweitert sich in den Bereich der politisch nicht gebundenen Wählerschaft hinein, die als Quelle externen Sachverstands herangezogen wird, was freilich die »Parteilinie« verschwimmen läßt. »Virtuelle Parteizentralen« schaffen also eine Kommunikationsstruktur, die dem herkömmlichen Organisationsprinzip und Selbstverständnis von Parteien widerspricht, aber durchaus zeitgemäß ist.

Die amerikanischen Präsidentschafts- und Kongreßwahlen 1996 waren die ersten von größerer Bedeutung, in denen auch *cybercampaining* eine gewisse Rolle gespielt hat. Internet-Enthusiasten hatten einen Durchbruch annonciert, mußten diese Einschätzung nach Ablauf der Wahl jedoch korrigieren. Weniger als zehn Prozent der Wähler besorgten sich Informationen über die Kandidaten via Internet, und die Persuasion mit digitalen Mitteln rangierte bei den Wahlkampfmaschinen der politischen Parteien, Kandidaten und Interessengruppen noch weit hinter den konventionellen Methoden. Für die aktivsten Netzbürger stellte das Internet eine herausragende Informationsquelle dar, aber auch für sie war es nicht die primäre Mobilisierungsressource (Bimber 1997, Bieber 1997). Der amerikanische Wahlkampf fand dabei auf zwei Ebenen statt: Newsgroups und Mailinglists erreichten die besonders aktive und aufmerksame Anhängerschaft, das WWW erschloß die unentschlossene und zugleich mit dem Internet wenig vertraute Wählerschaft. Im ersten Segment dominierten unbekanntere Kandidaten und kleinere Parteien, im zweiten erwartungsgemäß die beiden großen Parteien sowie die Reform Party von Ross Perot, die professionelle Webmaster beschäftigten und aufwendige Homepages einrichteten. Auf ihnen waren die konventionellen Wahlkampfmethoden und -materialien reproduziert: Man fand knappe, schlagwortartige Darstellungen von »Philosophy and Positions« der Parteien bzw. Kandidaten, nachrichtenartige Briefings über deren Erfolge bzw. die Fehlleistungen der Rivalen, Mobilisierung für Partei- und Wahlkampfveranstaltungen oder Bestellformulare für Werbematerial. Links erlaubten, zwischen der lokalen und nationalen Ebene hin- und herzuspringen, wobei diese formale Dezentralisierung den zentralen Wahlkampfstäben eher mehr Einflußmöglichkeiten auf die lokale Ebene und das Wahlkampfgebaren der Kandidaten gab. Mit digitalen Medien kann man schneller auf Veränderungen reagieren als mit gedrucktem Material oder TV-Spots.

Nach Einschätzung der Webmaster selbst brachte die relativ aufwendige Internet-Präsenz keine nennenswerten Vorteile für Kandidaten und gab in knappen Rennen nicht den Ausschlag. Virtuelle Parteizentralen ersetzen reale Finanz- und Organisationsschlagkaft (noch) nicht. Daraus den Schluß zu ziehen, das Internet werde nicht das politische Kampagnen-Medium der Zukunft, wäre verfrüht – man liefe Gefahr, sich ebenso wie die Skeptiker zu irren, die zu Beginn der 50er Jahre dem Fernsehen diese Rolle abstritten. Womöglich sind die Netizens von heute die Pioniere der politischen Kommunikation von morgen, und immerhin bekunden nach amerikanischen Umfragen fast neun von zehn Wählern Interesse, mit Volksvertretern über E-Mail und Internet zu kommunizieren. Hinzu kommt, daß die Parteiapparate in digitale Ausstattung investiert haben und sie auch in Vorwahlkampfzeiten weiternutzen; insofern ist damit zu rechnen, daß sie schon aus Wirtschaftlichkeitsgründen auch in »heißen Phasen« eingesetzt werden. Dabei kann man kritisch sagen, daß sie eine netzspezifische Form noch gar nicht gefunden haben, sondern eher herkömmliche Formate imitieren und duplizieren, deren ästhetisch-formale Dimension die meisten Netz-Enthusiasten eher enttäuschte. Im Augenblick stehen bei der Kommunikation zwischen Wählern und Wahlkämpfern individuelle Kommunikationsakte im Vordergrund; kollektive Mobilisierung spielt noch keine große Rolle. Es herrscht bei den Parteien Unsicherheit, wie äquivalente Wahlkampfmethoden per Internet aussehen könnten – was sind digitale »Massenwurfsendungen«, wie organisiert man »Fernsehduelle« im WWW, wie spricht man spezielle Zielgruppen, darunter vor allem unentschiedene Wähler, mit elektronischer Post an? Wenn also zu erwarten ist, daß sich Internet-Kampagnen intensivieren und verankern werden, ist damit nicht notwendigerweise eine Veränderung des Kampagnenstils zu erwarten, sondern vielleicht eher: plus ça change, plus c'est la même chose…

Das gilt auch für den Kommunikationsstil der alten Medien, die neuerdings ans Netz gegangen sind. So kann man etwa *Spiegel* oder *Focus* bereits sonntags auszugsweise im Netz lesen; auch präsentieren viele lokale und überregionale Print- und Breitbandmedien ihr Nachrichtenmaterial online bzw. haben spezielle Online-Dienste und -Magazine (wie *allpolitics*, CNN / *Time, Slate*, Microsoft / NBC, *Wired, Telepolis*) errichtet. Doch dominiert darin noch die traditionelle Sender-Empfänger-Kommunikation über reziproke Diskussionsforen. Gleichwohl und ohne übertriebene Erwartungen hegen zu wollen: Die herkömmlichen Meinungsführer der politischen Kommunikation – Parteien, Printmedien und Radio / Fernsehen – haben Konkurrenz bekommen. Wenn es einen Kanal gibt, um sich an ihnen vorbei zu informieren und eine politische Meinung zu bilden, dann wird er benutzt werden. Und genau dies ist der tiefere Grund, warum sich die Parteien und die alten Medien selbst ins Informations- und Diskussionsnetz hineinbegeben, obwohl ihr Online-Engagement mangels Werbeeinnahmen und Stimmenrenditen noch nicht rentabel ist: um das traditionelle Monopol der politischen Klasse und der »breaking news« zu verteidigen.

3.2 Digitale Bürgerinitiativen?

Wie eine den neuen Medien angemessene Kampagne aussehen könnte, zeigt die Mobilisierung gegen staatliche Zensurmaßnahmen im Netz. Die Electronic Frontier Foundation und andere Bürgerrechtsgruppen starteten Mitte der 90er Jahre die Blue Ribbon Campaign für Rede-, Presse- und Versammlungsfreiheit in der Online-Welt. Jeder Netzbenutzer konnte Bildschirm-Ikonen wie das blaue Band auf seine Homepage laden oder eigenen elektronischen Mitteilungen beifügen; das Symbol, den roten Bändern der Anti-AIDS-Bewegung nachempfunden, verbreitete sich rasch und weltweit und unterstützte damit den mit politischen und rechtlichen Mitteln ausgefochtenen Kampf der Bürgerrechtsgruppen vor allem gegen das 1996 vom amerikanischen Kongreß verabschiedete Communications Decency Amendment zum Telekommunikationsgesetz. Dieses wurde, nicht zuletzt aufgrund der elektronischen Öffentlichkeitsarbeit, 1997 als verfassungswidrig aufgehoben.

Hier soll nicht die bereits behandelte Zielsetzung solcher Kampagnen, sondern ihre bewegungsförmige Struktur analysiert werden. Als Beispiel läßt sich die Mitte 1997 veranstaltete »Internet-Aktion gegen eine Kryptographie-Regelung« nehmen; sie richtete sich gegen die vom deutschen Bundesinnenminister vorgesehene Verpflichtung, privat erzeugte Schlüssel (Kryptographie) bei staatlichen Behörden zu hinterlegen. Auf der Web-Seite krypto.de fand man eine almanachförmige Einführung in das Thema Kryptographie, das Gesetzgebungsvorhaben und die Stellungnahmen der Bundestagsparteien sowie generelle Informationen zur Verschlüsselungsproblematik. Die restriktiven Regelungen wurden skandalisiert: Das geplante Gesetz sei »ungefähr so, als müßte man seinen Hausschlüssel bei der Polizei hinterlegen, damit die, falls man ein Krimineller ist, die Wohnung durchsuchen kann«. Mit dem Appell »Verhindert ein Kryptographie-Gesetz!« war ein gemeinsames Interesse formuliert, symbolisiert durch das Schlüsselloch als Sinnbild der Verletzung der Privatsphäre. Neben allgemeinen Informationen (Links zu elektronisch publizierten Zeitungs- und Zeitschriftenartikeln und Archiven) wurden auch technische Informationen zu Verschlüsselungsprogrammen angeboten. Es fehlten jedoch echte Mobilisierungsmöglichkeiten, etwa elektronische Petitionen und Unterschriftenaktionen, und auch die Verbindung zu allgemeinen (wie dem VOV) oder speziellen, etwa vom Deutschen Bundestag eingerichteten Diskussionsforen. So waren die Elemente einer digitalen Ressourcenmobilisierung nur ansatzweise gegeben: Die von einer Kerngruppe betriebene Homepage erzeugte mit ihren Informationen und Stellungnahmen ein neues thematisches Interesse und bestimmte einen politischen Gegner. Daraus und aus der verwendeten Symbolik entstand eine gewisse kollektive Identität, doch fehlte die Bildung von Allianzen mit Organisationskernen und auch die internationale Verknüpfung mit den weitaus besser gerüsteten amerikanischen Initiativen. Am Ende des Jahres waren die Homepage und die elektronische Bürgerinitiative praktisch erloschen, ironischerweise vor allem, weil die spezifischen Mittel (Chats und Foren) der neuen Medien zu wenig genutzt wurden.

Gleichwohl hat schon diese »kollektive Episode« im Netz gezeigt, welche spezifischen Mobilisierungs-Potentiale das Internet aufweist. Soziale Bewegungen werden es künftig mit großer Wahrscheinlichkeit stärker einsetzen, wie die Organisation von Protesten der Belgrader Studenten 1996, die Streikbewegung an deutschen Universitäten im Jahr 1997 und viele internationale Beispiele belegen können. Das Internet wird zum Instrument partizipatorischer Demokratie, wenn und falls es die »Kosten« politischer Beteiligung senkt und spezielle Vorteile schafft. Im Verhältnis zu alten wie neuen sozialen Bewegungen sind digitale Bürgerinitiativen kaum noch auf Face-to-face-Kontakte und auf massenhafte Versammlung im öffentlichen Raum angewiesen, was ihre Struktur zugleich fluider und fragiler macht. Es gelingt ihnen jedoch, räumliche Grenzen, also die »dilemmas of scale« schneller zu überschreiten; Ausbreitung und Koordination von Protest erfolgen reibungsloser und können sich auch von peripheren Regionen aus in Zentren hineinentwickeln. Die Beherrschung des neuen Mediums wird selbst zum Mobilisierungsanreiz: Es zieht Personen an, die vor allem ein »technisches« oder auch ästhetisches Interesse am Internet zeigen. Nicht zufällig ist die bisher größte Mobilisierung in westlichen Demokratien um solche Themen herum entstanden, die mit der Gestalt und Entwicklung der neuen Medien selbst zu tun haben (wie etwa Kryptographie und Datenschutz); doch trotz und entlang dieser Selbstreferentialität sind politische Spaltungs- und Konfliktlinien entstanden, die auch zur politischen Koalitions- und Allianzbildung geführt haben.

3.3 Von Konsumenten zu Netizens: Public-Interest-Groups

Digitale Bürgerinitiativen können wichtige autonome Organe der politischen Meinungs- und Willensbildung werden; sie dürften am effektivsten sein, wo »wirkliche« Verdichtungen mit virtuellen Knotenpunkten zusammenkommen. Am stärksten profitiert haben von den neuen Medien bisher auf diese selbst bezogene Public-Interest-Groups, also private, gemeinnützige Organisationen wie das beispielhafte Washingtoner Center for Democracy and Technology (CDT). Dieses Zentrum hat sich aus der breiter und lockerer angelegten Electronic Frontier Foundation (EFF) entwickelt und organisiert Kampagnen und Lobbyarbeit in bezug auf und in Konfrontation mit den politischen Entscheidungszentren, hier insbesondere US-Kongreß und Präsidial-Administration. Solche Vertretungen öffentlicher Interessen spielen im politischen System der Vereinigten Staaten, das weniger von Parteien dominiert ist als die meisten politischen Kulturen Europas, eine herausragende Rolle – als Bindeglied zwischen Graswurzel-Organisationen der »Zivilgesellschaft« und dem politischen Zentrum. Dabei übernehmen sie, als Ergänzung oder Ersatz der Wahlkampfmaschinen, eine wichtige Rolle bei der Thematisierung und Mobilisierung der öffentlichen Meinung und treten als Kontrolleure der Machteliten in Politik, Wirtschaft und Medien auf. In dieser Funktion betätigen sie sich auch als Lobby unterrepräsentierter Interessen gegenüber Exekutive, Legislative und Judikative, darunter ethnische, soziale, kulturelle und religiöse Minderheiten, die in der veröffentlichten Meinung (auch im Internet) schlecht repräsentiert sind.

Das CDT, das hier aus einer ganzen Reihe ähnlicher Vereinigungen (siehe auch Kapitel »Netzpraxis«) herausgegriffen werden soll, wurde 1994 in Washington D.C., also in bewußter Nachbarschaft zum bundesstaatlichen Machtzentrum, gegründet. Es ist nicht gewinnorientiert und wird von den Finanzbehörden als gemeinnützig anerkannt. Getragen wird es von einer Reihe prominenter Einzelpersonen, allen voran der durch seine Arbeit in der EFF bekannt gewordene Präsident Jerry Berman, sowie durch Bürgerrechtsgruppen und thematisch verwandten Stiftungen, die, wie es im ersten Jahresbericht 1996 heißt, »öffentliche Politiken entwickeln, die demokratische Werte und in der Verfassung verankerte Bürgerrechte im Internet und anderen Kommunikationsmedien erhalten und befördern wollen«. Unterstützt wird das CDT, auch finanziell, von einer Reihe von Software- und Hardwarefirmen, das heißt, es versucht, Synergieeffekte zwischen technischer und Demokratieentwicklung zu schaffen und arbeitet kooperativ, aber autonom mit der Industrie zusammen. Seine Mission verfolgt das CDT mit verschiedenen Mitteln:

• erstens mit Informationsbeschaffung und Forschung, was eine breite Expertise in allen mit Telekommunikation im weiteren Sinne zusammenhängenden Fragen begründet;
• zweitens durch Koalitionsbildung, die durch permanente Konsultation und Austausch zwischen politischen Institutionen, der Industrie und der akademischen und breiteren Netz-Gemeinschaft gefördert wird;
• drittens durch Auftritte bei Hearings und Mitarbeit in Beratungskommissionen zu Gesetzentwürfen und Verwaltungsvorschriften;
• viertens als Beistand oder Kläger bei Rechts- und Verfassungsklagen;
• fünftens durch die technische und juristische Beratung von Online-Diensten der Graswurzel-Gemeinschaften;
• sechstens mit Publikationen, vor allem im Internet. (Die CDT Homepage ist mehrfach prämiert worden, das Archiv ist eines der besten der Welt).

In Europa sind derartige *public interest groups* weniger verbreitet, was zum einen mit der Vorherrschaft der Parteien und mit speziellen Interessen gewidmeten Verbänden zu tun hat, zum anderen mit der größeren Skepsis der Bürgerinitiativen gegenüber diesem Typüs inklusiver und industrienaher Koalitionsbildung, schließlich auch mit der geringeren thematischen Aufmerksamkeit, die Telekommunikations- und Technologiepolitik als Bürgerrechts-Thema genießt. Dennoch hat sich z.B. auch in Deutschland ein ganzer Kranz von Initiativen gebildet, die sich für die Sicherstellung der informationellen Selbstbestimmung der Bürger durch allgemeinen, freien und kostengünstigen Zugang zu den Netzen einsetzen. Zu erwähnen sind FifF, IMD, FoeBud, DIGI, ComLink und andere sowie die »Wartburg-Erklärung« vom Januar 1997 und die »Münchner Erklärung« vom Februar 1997. Was diesen Initiativen fehlt, ist erstens die stärkere Vernetzung mit existierenden Bürgerinformationssystemen, zweitens eine Institutionalisierung als Public-Interest-Group, welche auch eine gewisse Professionalisierung herstellt und solide Dienstleistungen für die »Netz-Szene« erbringt, die in der Auseinandersetzung über Telekommunikationspolitik kaum vernehmbar ist. Das hängt sicher mit der diffusen Struktur der Netzbenutzer zusammen, wirkt aber vor dem Hintergrund der in Europa und Deutschland gerade an der Implementation von Risikotechnologien gewachsenen Bewegungskultur befremdlich. Dieses Manko hat dazu geführt, daß der Disput über informationelle Grundrechte technokratisch ausgetragen wird oder sich auf kulturphilosophische Fragen beschränkt. Die Interessenvertretung der Netz-Konsumenten ist in den Vereinigten Staaten deshalb erheblich effektiver als in Europa.

3.4 Deliberative Demokratie oder elektronischer Populismus?

Mit den bisher skizzierten Initiativen »von oben« hat sich das Verhältnis von Bürgern und Parteien bzw. Medien noch nicht grundlegend verändert, auch wenn Einfallstore für Aufwärtskommunikation offen stehen. Stärker als in Europa wird in den Vereinigten Staaten deshalb auch mit Versuchen experimentiert, »starke Demokratie« und Bürgerbeteiligung mit Hilfe der neuen Medien zu fördern und zu praktizieren. Demokratische Selbstregierung bedeutet nicht allein die Anwendung der Mehrheitsregel, sondern, in der klassischen Formulierung von John Stuart Mill, »government by discussion«, also Mehrheitsentscheidung nach zwangloser, ausführlicher und abwägender Diskussion möglichst vieler Betroffener, wie es dem Ideal »deliberativer Demokratie« entspricht.[9] Diesem folgen zum einen die erwähnten digitalen Stadt-Experimente, zum anderen neue Ansätze wie Minnesota E-Democracy und zahlreiche Community Networks. Sie zeigen, wie sich mit Hilfe des Internet lokale Kommunikation verdichten, zum anderen über ihre parochialen Grenzen und Rituale hinausgreifen kann.

Das Internet ist in diesem Sinne als Instrument des Übergangs von der TV-dominierten Zuschauerdemokratie in die Beteiligungsdemokratie empfohlen und erprobt worden. Die Erfahrungen mit »offenen Kabel-Kanälen« zeigen, daß die Bereitstellung eines Rückkanals in den neuen Medien nicht per se Partizipationseffekte bringt; häufig scheiterten die Angebote an mangelnder Partizipationsbereitschaft der Bürger selbst. Nur sehr begrenzt schaffen neue technische Möglichkeiten eo ipso »Lust auf Beteiligung«: Eine apathische Bürgerschaft wird das Internet genauso kalt lassen wie alle anderen suboptimal genutzen Beteiligungschancen. Erst wenn also die politische Konjunktur von »Enttäuschung« (oder »Abwanderung«) auf »Engagement« umschaltet und dieses sich nicht auf aggressive Bekundungen von »Politikverdrossenheit« oder Sanktionswahlen beschränkt, stehen interaktive, horizontale Netzwerkmedien bereit, sofern sie, zweitens, die Transaktionskosten im Vergleich zu konventionellen Beteiligungsmedien senken. Ob das der Fall sein wird, hängt mit anderen Worten nicht vom Zustand der Technik, sondern der demokratischen Gemeinwesen ab. Ob das Internet tatsächlich Beteiligungsvorteile bietet, ist bisher nur postuliert oder negiert worden, ohne es empirisch in Fallstudien zu prüfen.

Statt dessen stehen eine Menge Vorurteile im Raum, die damit beginnen, im Netz fände zum größten Teil »just talk« statt, also belangloses Geplapper auf niedrigem Informations- und Deliberationsniveau – ein Einwand, der sich bei flüchtigen Einblicken in Bürgernetze und chat-rooms ergeben mag, der aber nur stichhaltig ist, wenn zu belegen wäre, daß dieses tatsächlich »schmutziger«, also krauser, uferloser, weniger fokussiert und verantwortungsloser ist, als es in »wirklichen« Bürger- und Parteiversammlungen oder in politischen Debatten in Rundfunk und Fernsehen der Fall ist. Der Verdacht liegt nahe, daß man deren Exzesse auf die neuen Medien projiziert oder sich auf Negativbeispiele schlechten Benehmens kapriziert, die mit der größeren Anonymität der Netze zusammenhängen, wo man Dialoge in der Tat leichter beenden oder unter falschen Namen und Vorzeichen diskutieren kann als von Angesicht zu Angesicht. Doch nie sind Vor- und Nachteile computervermittelter Kommunikation bisher einem echten Vergleichstest mit jener in konventionellen Medien unterzogen worden.

Überdies bringen Vorbehalte über den schlechten Stil der Netzkommunikation die lebensfremde Perspektive der Diskurstheorie zum Ausdruck. Sie übersieht, daß jede demokratische Kommunikation »schmutzig« und immer »bloß« Unterhaltung ist – Klatsch, Entertainment und Deliberation. Politische Argumentation verbindet stets scheinbar »unpolitische« Dimensionen des bloßen Fühlens, Dafürhaltens und Glaubens mit Commonsense, qualifiziertem Wissen und strategischen Absichten, die eher egoistische Partikularinteressen als Kollektivgüter verfolgen. Theorien der öffentlichen Sphäre, die auf klassische Vorbilder wie die Agora, den Salon oder die Paulskirche verweisen, transportieren derartige Idealisierungen. Zugleich überbewerten sie die physische Präsenz der Diskursteilnehmer als Conditio sine qua non echter demokratischer Kommunikation, das heißt, sie pflegen eine vorindustrielle Kirchturmidylle des *town hall meeting*, die sich schon lange an den »dilemmas of scale« massengesellschaftlicher Problemlagen und überlokaler Interdependenzen stößt.

Aber auch die Protagonisten »freier Netze« und eines ungeregelten Austauschs »aller mit allen« verkennen die Wirklichkeit. Den Begriff Information, so zentral er für die vermeintliche Informationsgesellschaft ist, verwenden sie meist unreflektiert und oberflächlich, genau wie es den Promotoren in der Medienbranche schon reicht, wenn irgend etwas »thematisiert« worden ist. Information setzt jedoch mehr oder weniger explizite Urteilskraft voraus. Typischerweise werden hier zwei konträre Klagen laut: Informationsmangel und Informationsüberflutung. Bürger beschweren sich, daß ihnen »niemand etwas sagt« – und gleichzeitig, daß sie ein Thema langsam satt haben. Beides löst, wo nicht Apathie, Hunger nach weiterer (»mehr« oder »besserer« oder »richtiger«) Information aus. Nimmt man die bloße Zahl der Mitteilungen und Veröffentlichungen im Zeitablauf, dürfte die Menschheit heute quantitativ besser informiert sein als in allen Gesellschaften zuvor. Doch offenbar gibt es »kritische Massen« von Information, die eine Urteils- und Entscheidungsbildung erleichtern und zur Orientierung beitragen – zu wenige »Daten« desorientieren genauso wie zu viele. Angesichts dieser Komplexität ist pragmatische Selektion von Information also die schlichte Voraussetzung, aber auch die Kunst des gut informierten Bürgers. Im Zentrum der Debatte um Für und Wider der Informationsgesellschaft muß demnach die Fähigkeit des Durchschnittsbürgers demokratischer Gesellschaften stehen, sich autonom ein kritisches Urteil zu bilden. Dazu zählt, mögliche Folgen des eigenen Tuns oder Lassens im Kontext der Handlungen anderer abwägen zu können – ein Prozeß, der eingeübt, organisiert und moderiert werden muß. Die Erfahrungen mit der Zivilisierung oder »Veredelung« der Meinungsbildung, die Experimente mit deliberativen Meinungsumfragen und Televoting gemacht haben, sind in dieser Hinsicht eher ermutigend. (Dazu auch die Beiträge von Slaton und Fishkin in diesem Band.)

3.5 Zweites Fazit: Netizens – virtuelle Gemeinschaft *und* neue politische Öffentlichkeit?

Die Kritiker des Internet als eines politischen Mediums beunruhigen vor allem zwei Entwicklungen der »elektronischen Republik«: die Fragmentierung von Öffentlichkeit und das Scheitern politischer Vergemeinschaftung. Auch beklagen sie die durch die neuen Medien ob ihrer mangelnden Verbreitung verschärfte Spaltung in »Informationseliten« und »Habenichtse« und damit den elitären Charakter der Netzkommunikation. Das führt zu der Frage, wie die »Netz-Szene« sozio-demographisch zusammengesetzt und politisch orientiert ist.[10]

Im April 1997 verkündete Jon Katz in *Wired* die »Geburt einer digitalen Nation«. Er stilisierte die Netzbenutzer als »post-politische« Gemeinschaft, die die übliche, weltanschauliche Kodierung von rechts versus links hinter sich läßt – die pädagogisch-interventionistische, auf den Wohlfahrtsstaat fixierte Linke ebenso wie die intolerante Ideologie der konservativen Revolution, deren Marktorientierung sie freilich in manchen Punkten teilt. Im amerikanischen Sinne sind die Netizens demnach weder liberal noch konservativ, sondern libertär gesonnen, wobei sie Aufgaben wie den Umweltschutz nicht allein dem Markt oder Unternehmerhandeln überlassen und ökonomischen Machtballungen mißtrauen, wie sie für *Corporate America* typisch sind. Der *homo connectus* scheint damit weit mehr ein *homo politicus* zu sein, als ihm gewöhnlich nachgesagt wird: Netzbürger sind als wandlungsorientierte, optimistische, tolerante Demokraten zwar nicht in der Mehrheit, dürften aber als Trendsetter angesehen werden.

Solche Hypothesen widersprechen dem üblicherweise von den Netzbewohnern gezeichneten Bild: apathisch bis paranoid, ausschließlich an speziellen Eigeninteressen interessiert und in exklusiven Teilöffentlichkeiten marginalisiert. Vielmehr ist die Online-Welt weit näher am politischen Mainstream und von den bestinformierten und beteiligungsfreudigsten Bürgern westlicher Demokratien bevölkert. Umfragen und Marktanalysen zeigen, daß sie überwiegend jung, männlichen Geschlechts und überdurchschnittlich akademisch gebildet sind; sie stellen eine Minderheit dar, die in jüngster Zeit allerdings rasch wächst und ihre augenfälligsten Abweichungen vom Bevölkerungsdurchschnitt abbaut.[11] Netzbenutzer werden weiblicher und älter, wobei das Niveau der formalen Bildung ausschlaggebend bleibt, und das Netz entwickelt sich vom reinen Studententreff und Knotenpunkt der »super-connected« zum Massenmedium in nuce. Angestellte aus der EDV-Branche und dem Mediensektor überwiegen. Knapp die Hälfte der deutschen Internet-Nutzer erhält Zugang über Online-Dienste wie T-Online, AOL und CompuServe, der Rest zu etwa gleichen Teilen via Arbeitgeber bzw. Universität und Schule. Das sind die Gewinner der Informationsgesellschaft, und sie werden bemüht sein, ihre speziellen Kompetenzen zu Schlüsselqualifikationen aufzuwerten; andere können, wenn der allgemeine, freie, öffentliche und kostengünstige Zugang nicht erweitert wird, als Verlierer durch den Rost fallen, sofern (und nur sofern!) die neuen Medien die ihnen zugeschriebene Bedeutung in der Arbeits-, Freizeit- und Lebenswelt bekommen und damit automatisch auch zu Medien politischer Kommunikation aufsteigen werden.

Aus demokratietheoretischer Sicht ist jede »Kommunikationsungleichheit« ein Problem, wenn auch kein sonderlich neues. Der Kern der Aktivbürgerschaft, die als Meinungsführer das Zentrum der politischen Öffentlichkeit bildet, und der Anteil der Bürger, die sich über die Ausübung staatsbürgerlicher Grundrechte (vor allem Teilnahme an Wahlen) hinaus in konventioneller (z. B. durch Mitgliedschaft in Parteien und Teilnahme an Versammlungen) oder unkonventioneller Weise (durch Petitionen, Demonstrationen, andere Aktionen und in Bürgerinitiativen) am demokratischen Prozeß beteiligten, war zahlenmäßig stets gering und ist seit den 70er Jahren in fast allen westlichen Demokratien gesunken. Gewiß besteht ein Zusammenhang zwischen sozioökonomischen Ressourcen und politischer Beteiligung bzw. zwischen sozialer Ungleichheit und Bürgersinn, indem ressourcen- und prestigeschwache Statusgruppen sich in aller Regel weniger für Politik interessieren und schwächer an politischen Diskussionen und Entscheidungen beteiligen. Aber die politische Gleichberechtigung der Bürger, die im allgemeinen Wahlrecht ohne Zensuseinschränkungen garantiert ist, setzt keine egalitäre Sozialstruktur voraus, sondern korrigiert soziale Ungleichheit durch das Prinzip »one man – one vote« (oder: voice). Das bedeutet nicht, daß man die elitäre Komposition der Netizens hinnehmen sollte. Sie kann nur überwunden werden, wenn Knotenpunkte und Terminals für einkommens- und bildungsschwache Gruppen sowie Minderheiten eingerichtet werden und Medienkompetenz vermittelt wird. Nach dem gegenwärtigen Stand kann aus der Gesamtheit der Netz-Konsumenten jedoch noch kein repräsentativer »demos« oder »mini-populus« geschnitten werden, und insofern bleiben Netze auf partielle Deliberation und punktuelle Partizipation zugeschnitten.

Nicht allein mangelnde Repräsentativität, auch der »private« Charakter des Internet legt einige Gedanken zu der Frage nahe, welche Form politischer Öffentlichkeit sich im virtuellen Raum konstituiert. Klassische Theorien trennen die private Sphäre von den auf öffentlichen Plätzen deliberierenden, »zum Publikum versammelten Privatleuten« (Habermas 1995); nur dort stelle sich politische Gleichheit und die *res publica* her. Das Internet ist nicht einmal entfernt als »öffentlich-rechtliches« Medium konzipiert und gilt als Tummelplatz reiner Privatinteressen. Ferner beruhte die klassische Öffentlichkeit, die im Zeitalter der bürgerlichen Revolution entstand und auf noch ältere Formen, etwa die Agora, zurückverwies, auf der mündlichen Kommunikation persönlich anwesender Teilnehmer einer Stadtversammlung bzw. auf den schriftlichen Diskursen des gebildeten Bürgertums, das sich mittels Journalen, Büchern und Salon-Debatten verständigte; die subkulturellen Gegenöffentlichkeiten der Gewerkschafts- und Bildungsvereine des »vierten Standes« kamen hinzu. In einem ersten »Strukturwandel der Öffentlichkeit« wurde diese elitäre oder subkulturelle Nah-Kommunikation in der Massendemokratie durch Printmedien und elektronische Breitbandmedien erweitert und anonymisiert.

Am klassischen Ideal gemessen, ist Öffentlichkeit, ähnlich wie Deliberation, bedroht, zerstückelt, zerstört, und die elektronische Republik eine Horrorvision. Doch um das Internet als politische Sphäre begreifen zu können, sollte man diese Idealperspektive, die historisch niemals verwirklicht war, aufgeben und nach den neuen und tatsächlichen Verständigungs- und Solidaritätsleistungen fragen, die der gelegentliche wie gezielte Austausch privater Netzteilnehmer über Fragen des hypothetischen Gemeinwohls erbringt. Und hier dürfte das Internet nicht schlechter, teilweise auch besser abschneiden als die alten Medien der Massendemokratie. Das Stadtversammlungsformat politischer Öffentlichkeit ist eine Fiktion, die Trennung von privat und öffentlich eine unrealistische Konstruktion. Paradoxerweise besteht der öffentliche Gebrauch des Internet vor allem in der Vernetzung jener Sphäre, die klassische Theorien von Öffentlichkeit als nicht-öffentlich denunziert haben, das heißt im Schutz von »privacy« gegen staatliche Informationsblockaden und private Kommunikationsmonopole. Deshalb reklamiert der Kampf um Universaldienste und der Widerstand gegen Kryptographiegesetze und Zensur mehr als eine x-beliebige Dienstleistung; das Verlangen nach informationeller Selbstbestimmung ist heute geradezu der Kern von »Öffentlichkeit«. Ihre vermeintliche Zersplitterung entspricht zugleich einer weniger logozentrischen und homogenisierenden Fassung dieser Sphäre, wie sie kulturell pluralistischen Gesellschaften gemäß ist. Wenn Öffentlichkeit bedroht ist, dann weniger durch das Internet, das in Teilen als »autonome Teilöffentlichkeit« fungiert, als vielmehr durch Machtballungen der veröffentlichten Meinung, die schon zum Strukturwandel der klassischen Öffentlichkeit beigetragen haben und die Autonomie der Netzwerke heute auf ähnliche Weise bedrohen.

Ob sich auf diese Weise eine *public sphere* neuen Typs konstituiert, hängt wesentlich vom Charakter der Netzgemeinden und ihrer wechselseitigen Kommunikation ab. Auch »Öffentlichkeit« und (private) »Gemeinschaft« sind bisher schematisch und unhistorisch als Gegensätze konstruiert worden. Die vom Internet-Visionär Rheingold postulierten »virtual communities« sind aus dieser Sicht als isolierte und bornierte Wohlfühl-Gemeinschaften abgetan worden. Gemeinschaften werden üblicherweise als soziale Gruppen definiert, die direkten, physischen Kontakt von Angesicht zu Angesicht und Kommunikation von Mund zu Ohr pflegen, wobei dieser Kontakt nicht zufällig und ephemer sei, sondern der Verfolgung gemeinsamer Anliegen und Interessen diene und eine gemeinsame kollektive Gemeinschaftsidentität stifte. Gemeinschaften kann man vielleicht als Gruppen kennzeichnen, bei denen sich wenig Dissens oder Protest regt, wenn ein ernannter oder zufälliger Sprecher dieser Gruppe in Wir-Form redet. In diesen Wir-Empfindungen und Wir-Forderungen aktualisiert sich kollektive Identität, die durch Rituale der Selbstvergewisserung und gegenseitigen Binnenanerkennung verstärkt und nicht zuletzt durch die Abgrenzung von »Anderen« konstituiert wird. Gemeinschaften unterscheiden sich damit grundsätzlich von Marktverkehr (mittels Geld) und bürokratischer Organisation; sie beruhen auf gewachsenen Normen und Vertrauensverhältnissen. Solche Gemeinsamkeiten sind, mangels Zwangsmaßnahmen gegen Abweichler, immer fragil und temporär. So stark das Wir-Gefühl verbindet und Unterschiede verwischt, so lebendig bleiben antagonistische Mechanismen der Rivalität, der Konkurrenz und des Streits.

War über Jahrzehnte hinweg die vermeintliche »Vermassung« und Nivellierung der Horror der kritischen Kommunikationsforschung, so ist es heute sehr viel eher die Furcht vor angeblicher Fragmentierung, also vor zuviel Pluralismus, was freilich auch Angst vor zuviel Freiheit und Individualisierung widerspiegelt. Das Internet wird die neue Sehnsucht nach »Gemeinschaft« kaum zufriedenstellen. Dazu sind die Ausstiegskosten aus virtuellen Gemeinschaften zu gering und ihre Lebensdauer zu beschränkt. Warum aber sollte man sich vor diesen Eigenheiten der virtuellen Mikro-Gemeinschaften fürchten? Wenn öffentliche Angelegenheiten in der »elektronischen Republik« zu kurz kommen und man generell zu wenig Gemeinsinn feststellt (beide Annahmen sind fraglich!), dann werden neue Technologien beidem nicht aufhelfen. Doch Beispiele aus der Praxis von Newsgroups, MOO's und anderen Community Networks zeigen, daß sie eine relativ stabile, dauerhafte und verbindliche Kommunikation entwickelt haben, die – genau wie »klassische« Privatzirkel mit öffentlicher Geltung – die Inhalte und Modalitäten ihrer Diskurse reflektieren und genauso zu Subjekten politischer Kommunikation werden. Der Gewinn des Internet bestünde vor allem darin, daß es partielle Öffentlichkeit und temporäre Gemeinschaft zwischen Leuten herstellen kann, die sich fern stehen – was angesichts globaler Interdependenzen unbestreitbar ein Fortschritt wäre.

4. Von der Beratung zur Entscheidung: Direkte Demokratie?

Vorzüge und Schwierigkeiten eines computerassistierten Deliberationsprozesses sind oben deutlich geworden. Er hängt jedoch gewissermaßen »in der Luft« bzw. verliert an Attraktivität, wenn er sich auf das mehr oder weniger fundierte politische Räsonnement beschränkt, aber nicht zum Fundament oder Telos des demokratischen Prozesses vordringt: der kollektiv bindenden Entscheidung. Die Analyse der Experimente zeigt, daß das Interesse an Beteiligung zunimmt, wenn sie auf eine verbindliche Konklusion zulaufen, wenn es mit anderen Worten tatsächlich »um etwas geht«. Konsensdemokratische Modelle streben das Ideal der Zustimmung aller zu einem deliberativ ausgehandelten Kompromiß an. Ein triftiger Einwand dagegen besteht in der Vernachlässigung der antagonistischen bzw. kompetitiven Komponente von Entscheidungsprozessen, bei denen sich ein Standpunkt durchsetzen soll, oder auch in der Rationalität einer klaren Mehrheitsentscheidung, bei der Minderheitenmeinungen berechtigterweise nicht zu Geltung kommen sollen; ferner in der Langwierigkeit dieser Aushandlung, die in pluralistischen Gesellschaften niemals einstimmig enden wird. Politik trägt dezisionistische Züge: Entschieden werden muß, und zwar in sachlich gebotenen Zeiträumen, nach denen kaum noch neue Einsichten zu erwarten sind bzw. das jeweils anstehende Problem sich in negativer Weise verschärft oder von selbst erledigt hat. Deliberation ist mit anderen Worten kein Selbstzweck, und Mehrheitsentscheidungen, die etwa probeweise im Sinne eines noch nicht endgültig bindenden Meinungsbildes durch Abstimmung herbeigeführt werden, gehören selbst zum Deliberationsprozeß – man wird anders argumentieren, wenn man erfährt, daß die eigene Meinung hoffnungslos unterlegen ist. Die heuristische Trennung von Information, Deliberation und Entscheidung löst sich im realen demokratischen Prozeß auf.

Solche Überlegungen führen zu der Frage, inwieweit »Wählen per Mausklick« eine Option der digitalen Demokratie oder sogar ihr eigentliches Ziel sein kann.[12] Wahlen zwischen Kandidaten und Parteien bzw. eine Direktentscheidung über in Referenden vorgelegte Materien per Computer werfen eine Reihe von Problemen auf. Der symbolisch-rituelle Charakter einer Wahl, bei der sich Bürger zu bestimmten Stunden in spezielle Wahllokale begeben und dort, in aller Öffentlichkeit, ihre geheime Stimme abgeben, ist beeinträchtigt. Gleichwohl ist diese rituelle Funktion des Wahltags durch Routinierung und die zunehmend populäre Briefwahl bereits verwässert. Es ist also kaum eine Profanisierung dieser republikanischen Übung, wenn Wähler nicht mehr in fremder Umgebung den Umschlag mit ihrem Votum in einer Wahlurne versenken können, sondern zu Hause auf einen Knopf drücken – genau wie bei Wahlmaschinen, die zur Rationalisierung und Beschleunigung des Auszählungsvorgangs eingerichtet worden sind.

Auch wenn man die symbolische Dimension eines Wahlvorganges außer Haus, der die essentiellen Voraussetzungen von Wahlen (also ihren absolut geheimen und akkuraten Verlauf) bestätigt, nicht unterschätzen soll, wiegt schwerer, daß es in vielen liberalen Demokratien eine signifikant sinkende Wahlbeteiligung gibt. Während Kritiker des *electronic voting* also eine Beeinträchtigung des demokratischen Rituals befürchten, erwarten sich Befürworter im Gegenteil eine praktische Aufwertung des Wahlaktes selbst, wenn er sich einfacher per Telefon oder Mausklick durchführen läßt, und sie reklamieren, daß einfacher zu handhabende Wahlen höhere Beteiligung aufwiesen. Unter diesem Gesichtspunkt reduzieren sich die Sorgen auf technische Fragen. Von einer effektiven Garantie korrekter elektronischer Wahlen ist man ziemlich weit entfernt, so daß eine Verallgemeinerung dieser Option erst infrage käme, wenn elektronisch abgegebene Stimmen nicht geändert werden können; ferner muß sichergestellt sein, daß niemand mehrfach wählt, Stimmen nicht auf falsche Konten umgeleitet und auf ihre Urheber zurückverfolgt werden können, und der Auszählungsprozeß transparent ist. Die bisher entwickelten Verfahren sind nicht nur zu unsicher, sondern mit der Beschränkung auf ja/nein-Optionen auch zu inflexibel, um z.B. Kandidaten in Listen einfügen oder streichen zu können.

Fortschritte der digitalen Signatur und Verschlüsselung sind jedoch zu erwarten, die elektronisches Wählen mit derselben Garantie und Sicherheit ermöglichen wie konventionelle Wahlverfahren (und elektronischen Geldverkehr), was, ähnlich der Briefwahl, zu einem Gewöhnungs- und Routinierungsprozeß führen dürfte. Die Wahl per Mausklick wird sich also bei entsprechendem technischen Fortschritt peu à peu parallel zum herkömmlichen Wahlakt entwickeln. Man wird im übrigen nur wenige Protagonisten finden, die das Internet exklusiv zum Medium direkt-demokratischer Abstimmung machen und es an die Stelle der Repräsentationsorgane liberaler Demokratien setzen wollen. Volksentscheide und Referenden werden vielmehr in der Schweiz und in den Vereinigten Staaten als Mittel eingesetzt und anderswo nachgefragt, um eine Dosis direkter Bürgerentscheidung in das System der repräsentativen Demokratie einzufügen – und genau dazu bietet das Internet, zunächst auf lokaler Ebene und bei genau definierten und eingeschränkten Entscheidungsalternativen, ein probates technisches Mittel.

Das Menetekel des »elektronischen Populismus« oder des »mob rule« (James Madison) malen vor allem jene Vertreter und Funktionäre der Elitendemokratie an die Wand, die generell Angst davor haben, Entscheidungen in die Hand des Souveräns zurückzulegen. Die Forderung danach, auch in demagogischer Form, wird eher noch zunehmen, je stärker sich die politische Klasse in ihre Wagenburg zurückzieht. Hinter dieser Angst steckt ein bisher kaum bedachtes, systematisches Problem, das durch das Internet wiederum nur symbolisiert, aber nicht hervorgerufen worden ist: Im virtuellen Raum bzw. in netzwerkartigen Strukturen einer realen Weltgesellschaft erodieren alle bisher üblichen Repräsentationsformate. Was ist ein »Wahlkreis« im Cyberspace, und wie lassen sich Knotenpunkte im Netz überhaupt noch repräsentieren? Wen repräsentieren Netzbenutzer, außer sich selbst? Repräsentation ist ein ingeniöser und bewährter Mechanismus der Reduktion politischer Komplexität; die Vertretung einer Gruppe von Bürgern, Wählern und Interessenten ist dabei jedoch an soziale und räumliche Grenzen gekoppelt, die im virtuellen Raum zwar nicht obsolet, aber flüssiger und ephemer werden. Damit bricht nicht unbedingt ein »postrepräsentatives Zeitalter« an, wie Zolo (1997) unterstellt, und die aufgeworfenen Dilemmata müssen nicht zu der Resignation führen, die man bei politischen Theoretikern von rechts bis links antrifft.

5. Zusammenfassung: Übertriebene Hoffnungen und grundlose Befürchtungen

Das Fazit fällt angesichts der anfänglichen Euphorie nüchtern und vor allem, was Norm und Desiderat des *citizen empowerment* anbetrifft, ambivalent aus: Die virtuelle Gesellschaft, die mit dem Vordringen computervermittelter Kommunikationstechnologien entsteht, wird auch den politischen Prozeß verändern, und zwar auf allen Ebenen, von der Grundinformation über die Meinungs- und Willensbildung bis zur kollektiv bindenden Mehrheitsentscheidung. Das Internet ist nicht für ihn geschaffen worden, sondern als Markt- und Spielplatz. Der Bürger fährt auf der Datenautobahn mit, aber bislang nur auf der Kriechspur. Business und Entertainment haben ihn überholt und bestimmen die Verkehrsordnung. Politische Materien bilden im Netz nur eine kleine Nische, wobei der größte Teil noch aus Expertenkommunikation innerhalb der politischen Klasse, also unter Ministerialbürokratien, Parteien und Journalisten, besteht – mehr Intranet als Bürgerforum. Die wohl unausweichliche Transformation des Internet vom Pull- zum Push-Medium kann horizontale Bürgerkommunikation und ihre Rückkoppelung in die Zentren politischer, ökonomischer und kultureller Macht weiter marginalisieren. Große Hoffnungen auf einen qualitativen Sprung von der Zuschauer- in

die Beteiligungsdemokratie waren übertrieben; oft wurden sie auch nur geweckt, um das fortbestehende Oligopol der traditionellen Top-Agenturen der Meinungs- und Willensbildung zu kaschieren. Das Internet wird zum Angebotsmarkt, dessen Gestaltung wesentlich den großen Telekommunikations- und Medienkonzernen überlassen bleibt, weil die Forderung nach informationeller Grundversorgung vernachlässigt wurde. Diese Einäugigkeit war der größte Fehler der bisherigen Technologiepolitik, die sich zu stark der Wirtschaftsförderung und Sicherheitspolitik widmet und – zum eigenen Schaden – das demokratische Potential ignoriert. Nur dank einer »List der Vernunft« kann der Igel den Hasen einholen. Gut informierte, deliberationsfähige und beteiligungswillige Bürger werden mehr Raum im Cyberspace bekommen, wenn sich das Internet, ähnlich wie das Fernsehen seit den 50er Jahren, zum Massenmedium entwickelt, und wenn sie die niemals ganz zu verschließenden Spielräume zugleich als Netizens artikulieren. Politische Öffentlichkeiten waren stets Angelegenheit einer Minderheit von Aktivbürgern und wurden nur erweitert unter dem Druck sozialer Bewegungen. Das technische Potential der Netze liegt bereit, um einen eventuellen Beteiligungsschub von unten zu fördern und die Repolitisierung des Internet einzuleiten. Geschieht dies nicht, liegen faszinierende Möglichkeiten größerer Beteiligung, intelligenter politischer Kommunikation und direkter Demokratie brach.
Ebenso übertrieben wie die Hoffnungen waren auch die Befürchtungen bezüglich der systemsprengenden Wirkung der neuen Risikotechnologien. Weder beeinträchtigen sie als solche die Regulierungsfunktion staatlicher Institutionen, noch bewirken sie automatisch die Zerfaserung der politischen Öffentlichkeit, und erst recht nicht führt ausgerechnet der im Netz praktizierte Anspruch auf mehr Mitwirkung zur Aushöhlung der repräsentativen Demokratie. Diese Institutionen stehen seit langem unter einem Druck, der vor allem durch Globalisierung der Kapitalmärkte ausgelöst worden ist und in Reaktion darauf populistischer und autoritärer Politik Vorschub leistet. Man schlage folglich nicht den Sack, wenn man den Esel meint – das Medium ist nicht die Botschaft. Das Internet ist vielmehr, so oder so, ein Medium der »realexistierenden« Weltgesellschaft, und insofern unter günstigen Umständen geeignet, neue, netzwerkartige Regulierungsmuster zu generieren, wie sie im Telekommunikationsmarkt exemplarisch (und ausgesprochen verbesserungsfähig!) entwickelt wurden. Besser als jedes andere Medium ist es geeignet, lokale Öffentlichkeiten zu verdichten und grenzüberschreitende Arenen der Meinungsbildung herzustellen, und so kann es schließlich dazu dienen,

den politischen Prozeß insgesamt wieder mit größerer Legitimität auszustatten. Bürger gelten im Netz weitgehend als Störenfriede. Das sollten sie sich nicht zweimal sagen lassen.

Anmerkungen

1 Zum Verhältnis von Demokratie und Technologie Abramson 1988, Sclove 1995, Grossman 1995, ein guter Gesamtüberblick bei Hagen 1997: 58ff., dort auch weitere Literatur. Ferner die Beiträge in *Media Culture & Society*, 18:2, 1996 und *Social Research*, Bd. 64, H. 3 (1997) sowie den *Jahrbüchern Telekommunikation und Gesellschaft* 1995-1997.

2 Das gilt aber bisher noch kaum für die Politikwissenschaft in Deutschland, die dem Thema wenig Beachtung geschenkt hat, dazu Buchstein 1997 und Kühnhardt 1996 sowie Kleinsteuber 1996 und Hagen 1997.

3 Grundlegend jetzt Loader 1997, zum folgenden Sassen 1996, 1997, Strange 1996, Lütz 1997.

4 Die von Clinton/Gore aufgezogene National Information Infrastructure umfaßte – weit besser als die Europäische Informationsinitiative der EU-Kommission oder ihre deutschen Entsprechungen – Technikförderung, Verwaltungsreform (»Reinventing Government«) und Bildungspolitik, womit Schulen, öffentliche Bibliotheken und Universitäten einbezogen waren; außerdem zielte sie, z.B. mit Hilfe von Net Days, stärker darauf ab, den US-Bürgern den praktischen und konkreten Nutzen der neuen Medien zu demonstrieren, während sich europäische Initiativen eher auf die inner-administrative Vernetzung konzentrieren; vgl. Kahin/Keller 1997 und Kubicek u.a. 1997.

5 Dazu Kubicek 1996 und die Beiträge zur Anhörung der Enquêtekommission des Deutschen Bundestages (i. E.); zur Telepolis vgl. Weiske/Hoffmann 1997.

6 Zu diesem Abschnitt Habermas 1995, Benhabib 1997, Calhoun 1997, Dahlgren 1995.

7 Vgl. Arterton 1987, und die im Kapitel »Netzpraxis« vorgestellten Beispiele TAN+N [http://www.auburn.edu/~tann.html]; Democracy and Internet Workgroup [http://www.sas.upenn.edu/~eumansky/net.dem.html]; Democracy Net [http://www.ned.org/]; Democracy Online Report [ftp://ftp.uni-stuttgart.de/pub/org/Multimedia-Enquete/related]; Democracy Resource Center [http://www.ned.org/page_4/resources.html]; Electronic Frontier Foundation [http://www.eff.org/blueribbon.html].

8 Zum folgenden Bowen 1996, Casey 1996, Bieber 1997, Kleinsteuber 1996, Rash 1997.

9 Dazu ausführlich Leggewie 1997 und Hill 1998, Doheny-Farina 1996, Bonchek 1996, Bowen 1996.

10 Dazu beispielsweise Schiller 1996 und sein Beitrag in diesem Band, ferner in bezug auf die Dritte Welt das Interview mit Subbiah Arunachalam (Indian Institute of Technology) in [http://www3.zeit.de], 19.12.1997.

11 Umfragen: [http://www.w3b.de]; [www.w3b.de]
(Fittkau/Maas). Über den erstmaligen Einsatz des Internet als Umfrageinstrument berichtet der *Tagesspiegel-Interaktiv*, 15.10.1997.

12 Corrado/Firestone 1996, Bimber 1997, Margolis u. a. 1997.

Literatur

Abramson, Jeffrey B. u.a. (1988): *The Electronic Commonwealth. The Impact of New Media Technologies on Democratic Politics*, New York.

Arterton, Christopher F. (1987): *Teledemocracy: Can Technology Protect Democracy?*, Newbury Park.

Barber, Benjamin (1984, dt. 1994): *Strong Democracy: Participatory Politics for a New Age*, Berkeley.

Bimber, Bruce (1996): »The Internet and Political Transformation« [http://www.sscf.ucsb.edu/~survey1/poltran2.htm].

Ders. (1997): »The Internet and Political Communication in the 1996 Election Season. Research Note« [http://www.sscf.ucsb.edu/~survey1/mobilize.htm].

Bohman, James (1996): *Public Deliberation. Pluralism, Complexity, and Democracy*, Cambridge/Mass.

Bollmann, Stefan/ Christiane Heibach (Hrsg.) (1996): *Kursbuch Internet. Anschlüsse an Wirtschaft und Politik, Wissenschaft und Kultur*, Mannheim.

Bonchek, Mark (1995): »Grassroots in Cyberspace: Using Computer Networks to Facilitate Political Participation« [http://www.ai.mit.edu/projects/ppp/pubs/95-2-2.html].

Ders. (1997): *From Broadcast to Netcast: The Internet and the Flow of Political Information*, Cambridge/Mass.

Bowen, Charles (1996): *Modem Nation. The Handbook of Grassroots Activism Online*, New York.

Bredekamp, Horst (1996): »Cyberspace, ein Geisterreich«. In: *Frankfurter Allgemeine Zeitung*, »Bilder und Zeiten«, 3.2.1996.

Browning, Graeme (1997): *Electronic Democracy. Using the Internet to Influence American Politics*, Witton/CT.

Buchstein, Hubertus (1996): »Bittere Bytes: Cyberbürger und Demokratietheorie«. In: *Deutsche Zeitschrift für Philosophie*, Bd. 44, H.2., 583-607

Bühl, Achim (1997): »Die virtuelle Gesellschaft. Ökonomie, Politik und Kultur im Zeichen des Cyberspace« [http://www.uni-wh.de/de/wiwi/virtwirt/theorie/ buehlt.htm].

Calhoun, Craig (ed.) (1993): *Habermas and the Public Sphere*, Cambridge/Mass.

Casey, Cris (1996): *The Hill on the Net. Congress Enters the Information Age*, Boston.

Corrado, Anthony/ Charles M. Firestone (eds.) (1996): *Elections in Cyberspace: Toward a New Era in American Politics*, Washington D.C.

Dahl, Robert (1989): *Democracy and Its Critics*, New Haven.

Dahlgren, P. (1995) *Television and the Public Sphere: Citizenship, Democracy and the Media*, London.

Debation, Bernhard (1997): »Elektronische Öffentlichkeiten. Über Informationsselektion und Identität in virtuellen Gemeinschaften«. In: FIFF-Kommunikation, H. 4, 23-26.

Doheny-Farina, Stephen (1996): *The Wired Neighborhood*, New Haven - London.

Timothey Druckrey (ed.) (1996), *Electronic Culture. Technology and Visual Representation*, New York.

Franck, Georg (1998): *Ökonomie der Aufmerksamkeit*, München.

Grossman, Lawrence K. (1995): *The Electronic Republic, Reshaping Democracy in the Information Age*, New York.

Hagen, Martin (1997): *Elektronische Demokratie. Computernetzwerke und politische Theorie in den USA*, Münster.

Hill, Kevin A. (1998): *Cyberpolitics. Citizen Activism in the Age of the Internet*, New York

Johnson, David R. »The New ›Civic Virtue‹ of the Internet« [http://www.cli.org/paper4.htm].

Kahin, Brian/James Keller (eds.) (1995): *Public Access to the Internet*, Cambridge/Mass.
Dies. (1997): *Coordinating the Internet*, Cambridge/Mass.
Kleinsteuber, Hans J. (Hrsg.) (1996): *Der Information-Superhighway*, Opladen.
Kleinsteuber, Hans J./Hagen, Martin (1997): »Konzepte elektronischer Demokratie in den USA und Deutschland« [http://www.evlka.de/extern/loccum/netztagung.html].
Kubicek, Herbert (1996): »Bürgerinformationssystem. Stand und Perspektiven im Rahmen multimeedialer Stadtinformation« [http://ww.infosoc.informatik.uni-bremen...et/fgtk/OnlineInfos/Difu/Difu.html].
Kubicek, Herbert u.a. (Hrsg.) (1997): *The Social Shaping of Information Superhighways. European and American Roads to the Information Society*, Frankfurt – New York.
Leib, Volker/Raymund Werle (1997): »Wissenschaftsnetze in Europa und den USA. Die Rolle staatlicher Akteure bei ihrer Bereitstellung« [http://www.evlka.de/extren/loccum/netztagung/for_2.html].
Loader, Brian D. (ed.) (1997): *The Governance of Cyberspace*, New York - London.
Ders. (ed.) (1998): *Cyberspace Divide: Equality, Agency, and Policy in the Information Society*, New York-London.
Lütz, Sabine (1997): »Die Rückkehr de Nationalstaates? Kapitalmarktregulierung im Zeichen der Internationalisierung von Finanzmärkten«. In: Politische Vierteljahresschrift, Bd. 38, H. 3, 475-497.
Margolis/Michael u.a. (1997): »Campaining on the Internet. Parties and Candidates on the World Wide Web in the 1996 Primary Season«. In: *The Harvard International Journal of Press and Politics*, Bd. 2, H. 1, 51-79.
Miller, Steven E. (1996): *Civilizing Cyberspace. Policy, Power, and the Information Superhighway*, Reading/Mass.
Müller-Doohm, Stefan (1997): »Öffentlichkeit und die Ausdifferenzierung des Systems der Kommunikationsmedien«. In: O. Jarren (Hrsg.): *Öffentlichkeit XX*, Baden-Baden.
Münker, Stefan/Alexander Roesler (Hrsg.) (1997): *Mythos Internet*, Frankfurt a. M.
nettime (Hrsg.) (1997): *Netzkritik. Materialien zur Internet-Debatte*, Berlin.
Neymanns, Harald (1996): *Internet: Chancen und Möglichkeiten demokratischer Nutzung*, Ms. Berlin.
Post, David G. (1995): »Anarchy, State, and the Internet: An Essay on Law-Making in Cyberspace«; [http://www.law.cornell.edu/jol/post.html].
Ders. (1997): »Governing Cyberspace«. In: Wayne Law Review (i. E.).
Ders./David R. Johnson (1997): »The New Civic Virtue of the Net: Lessons from Models of Complex Systems for the Governance of Cyberspace«; [http://www.cli.org.paper4.htm].
Rilling, Rainer (1996): »Internet und Demokratie«. In: WSI Mitteilungen, Bd. 50, H.3, 194-205.
Sassen, Saskia (1996): *Loosing Control? Sovereignty in the Age of Globalization*, New York.
Schuler, Douglas (1996): *New Community Networks. Wired for Change*, Reading/Mass.
Sclove Richard E. (1995): *Democracy and Technology*, New York-London
Strange, Susan (1996): *The Retreat of the State. The Diffusion of Power in the World Economy*, Cambridge/Mass.
Thornton, Alicia (1997): »Does Internet Create Democracy?« [http://www.wr.com.au/democracy/thesis.htm].
Vowe, Gerhard (1997): »Zwischen Anarchie und Zensur – Zur Regulierung internationaler computervermittelter Kommunikation« [http://www.evlka.de/extern/loccum/netztagung/for_4.html].
Weiske, Christine /Ute Hoffmann (1997): »Die Erlebniswelt als Stadt. Über reale und digitale Städte«; [http://Duplox.wz-berlin.de/docs/stadt.html].

Das Netz der Netze

Mißt man es an der Anzahl von Artikeln und Büchern, die sich ihm widmen, ist das Internet zwar in aller Munde, doch bleibt meist im Dunkeln, um was es sich dabei genau handelt. Der Informatiker **Herbert Kubicek**, einer der herausragenden Kenner des Netzes, beschreibt in seinem Beitrag den Ist-Zustand des »Netzes der Netze« und zeigt mögliche Perspektiven seiner Entwicklung auf. Herausragendes Charakteristikum des Internet ist, daß es ein »individualisiertes Massenmedium« darstellt, das die Kapazitäten der »alten« Informations- und Kommunikationstechnologien bündelt. Es kann alles, was diese können, und genau diese Synergie ist es, die das »Mehr« ausmacht. Die Struktur des Netzes ist grundsätzlich offen, doch zeigt der Autor, daß laufend technische und politische Entscheidungen getroffen werden, die seine zukünftige Erscheinung vorwegnehmen. Entscheidend in diesem Zusammenhang wird sein, wie sich die Kooperationen zwischen den Institutionen entwickeln, die seine neuen Techniken anwenden und dies mit sozialer Phantasie und politischer Klugheit tun sollten. Es ist nicht nur das Internet, das sie dazu nötigt, »zwingende Konsequenzen aus unsicheren Analysen« zu ziehen.

Wie und wohin sich das »Netz der Netze« in Zukunft entwickeln wird, ist auch aus anderen Gründen ein Prozeß mit offenem Ausgang. Die Zahlen, die über Nutzer und Nutzung in Umlauf sind, weichen stark voneinander ab, und die Szenarien, die Voraussagen für zwei, fünf oder gar dreißig Jahre zu treffen versuchen, weisen naturgemäß große Fehlerquellen auf. Die Zahl der Anschlüsse, Server und Nutzer sagt vergleichsweise wenig aus über zukünftige sozio-technische Entwicklungen. Insofern lohnt es sich, mit **Robert Cailliau**, dem Leiter des World Wide Web-Büros beim CERN in Genf, einen Blick zurück auf die Entwicklung des Netzes zu tun. Der historische Überblick dieses Internet-Pioniers der ersten Stunde zeigt, wie ein Teil der ursprünglichen Vision teils an der politischen Naivität der Technologen, teils an der technischen Borniertheit der politischen Entscheidungsträger scheiterte. Cailliau hat wohl recht, wenn er meint, die »zwei Kulturen« müßten noch viel voneinander lernen, soll die Offenheit des Netzes nicht auf Dauer gefährdet sein.

Das Internet 1995–2005
Zwingende Konsequenzen aus unsicheren Analysen
von Herbert Kubicek

Aussagen über die zukünftige Entwicklung von Medien zu machen, war immer schon riskant. Es gibt weit mehr Fehlprognosen als zutreffende Vorhersagen über die Entwicklung des Telefons, des Radios, des Fernsehens, von BTX oder ISDN. Im Falle des Internet wird eine fundierte Prognose zusätzlich dadurch erschwert, daß erstens keine einheitliche Vorstellung darüber existiert, was das Internet genau ist – das Spektrum reicht von einer bestimmten Technik oder Technologie über einen soziotechnischen Komplex bis hin zu einer Ideologie im Sinne einer Weltanschauung –, und daß die Entwicklungen zweitens so schnell verlaufen, daß man den aktuellen Stand der Dinge kaum erfassen kann. Allerdings zeigt die Geschichte der Medienentwicklung auch, daß es von der ersten technischen Realisation bis zur massenhaften Nutzung im Alltag ein langer Weg ist und daß zehn Jahre von daher einen noch überschaubaren Zeitraum bilden.
Die folgenden Ausführungen versuchen zunächst, den Gegenstandsbereich durch eine begriffliche Differenzierung zu strukturieren, um anschließend auf der Basis eines theoretischen Medienmodells Wahrscheinlichkeiten und Reichweiten von Prognosen konkreter zu bestimmen. Obwohl die Erkenntnismöglichkeiten als sehr begrenzt einzuschätzen sind, können daraus dennoch zwingend logische und praktische Handlungsempfehlungen abgeleitet werden.

1. Internet – Technik, Funktion und Anwendung

Wenn heute in den Medien, in Aussagen von Politikern und auch in vielen wissenschaftlichen Beiträgen von »dem« Internet die Rede ist, so ist dabei Unterschiedliches gemeint. Internet bedeutet Vernetzung zwischen Netzen oder Netz der Netze, doch ist nicht immer klar, was genau mit »Netz« gemeint ist (vgl. auch Riehm und Wingert 1995).
Technologisch ist das Internet vor allem ein Protokoll für die Datenübertragung in Rechnernetzen, das im Gegensatz zu den herstellerspezifi-

schen Protokollen die Vernetzung von Rechnern mit unterschiedlichen Betriebssystemen ermöglicht. Das Internet-Protokoll TCP/IP (Transport Control Protocol/Internet Protocol) ist ein offener De-facto-Standard, der sich gegenüber den von internationalen Standardisierungsgremien entwickelten OSI-Normen, wie Werner Zorn in seinem Beitrag näher ausführt, für viele überraschend durchgesetzt hat. Das so genormte Datenübertragungssystem baut seinerseits auf physischen Telekommunikationsnetzen auf und dient dem Transport von Diensten und Anwendungen, die es selbst nicht bestimmt. Es ist insofern nach unten und nach oben offen (vgl. Abb. 1).

Man kann die Implementierung dieses Protokolls in einem Netz von Knotenrechnern als Internet, als Netz der Netze im engeren Sinne begreifen. Anders als bei den übrigen Netzen für die Datenübertragung, die von Computerkonzernen oder Telefongesellschaften in den 70er Jahren aufgebaut wurden, arbeitet dieses Netz mit einem Verfahren der Paketvermittlung nach dem Prinzip des Zwischenspeicherns und Weiterleitens (*Store and Forward*) durch die beteiligten Knotenrechner. Wenn Daten von *A* nach *Z* übertragen werden sollen, werden sie in kleine Pakete unterteilt, und der Rechner *A* schickt diese Pakete an den Rechner *B*. Dieser sucht einen nächsten Knotenrechner und übermittelt diesem diese Pakete. So wird eine Datei über eine ganze Reihe von Stufen jeweils zwischengespeichert und weitergeleitet. Dies kann im Falle elektronischer Post Sekunden, Minuten oder auch Stunden dauern, je nachdem, wie die beteiligten Rechner programmiert sind und betrieben werden. Wie Robert Cailliau in seinem Beitrag näher ausführt, unterscheidet sich ein derartiges Netz grundlegend von den leitungsvermittelnden Telefonnetzen. Das Telefonnetz erlaubt Synchronität und garantiert Bandbreite, bietet aber keine Garantie der Übermittlung, beispielsweise weil der Adressat zur Zeit des Anrufs nicht abhebt. Das Internet arbeitet asynchron und garantiert keine Bandbreite, dafür garantiert es aber die Übermittlung zum Rechner des Adressaten.

Die Funktion des Internet kann am ehesten mit der des Briefpostsystems verglichen werden. Die Knotenrechner sind vergleichbar den Brief- und Paketverteilanlagen. Die Datenpakete entsprechen den Briefen und Paketen. So wie die Post Straßen, Schienen und Flugverkehrswege nutzt, so benutzt das Internet vorhandene Telekommunikationsnetze. Knotenrechner und vor allem Teilnehmerrechner sind an das Telefonnetz, das Datex-P-Netz oder im Ausland zunehmend auch an das Kabelfernsehnetz angeschlossen. So wie die Post zum Teil eigene Postflugzeuge unterhält, werden für das Internet vor allem zwischen den Hauptknoten auch exklusive

Standleitungen geschaffen. Dort, wo andere Verkehrswege mitgenutzt werden, können die Postautos in den allgemeinen Stau geraten. Und wenn zu viele Postautos gleichzeitig herumfahren, können sie bei gegebener Straßenlage selbst einen Stau produzieren.

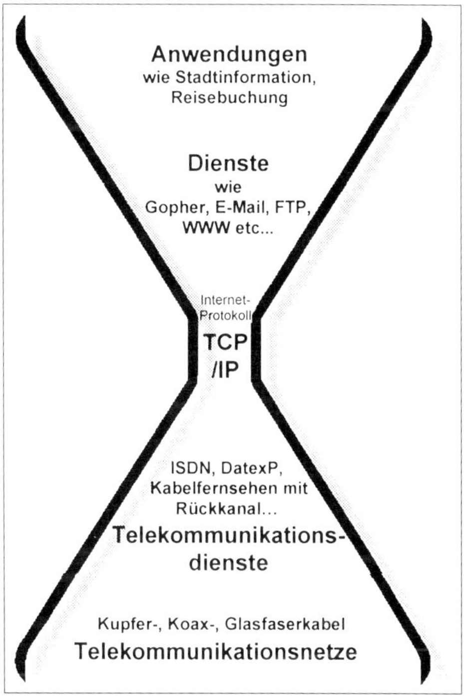

Abb. 1: Das Internet-Protokoll zwischen Telekommunikationsnetzen und Anwendungen

Dieser Vergleich soll vor allem drei Punkte verdeutlichen:
Wenn, erstens, heute geklagt wird, das Internet sei zu langsam, habe nicht genügend Bandbreite etc., dann ist dies keine Frage des Internet oder Internet-Protokolls, sondern eine Frage der vom Internet benutzten Telekommunikationsnetze. Für kürzere Wartezeiten beim Abruf von grafikintensiven Web-Seiten benötigt man größere Bandbreiten bei den Telekommunikationswegen zu den Teilnehmern und zwischen den Knoten. Dies ist eine Frage der Kosten und Preise, und das Ganze ist zudem für den einzelnen Teilnehmer meist mit einer Reihe von Umstellungen bei Endgeräten, Hard- und Software verbunden.
Das Internet ist, zweitens, mit der asynchronen Paketvermittlung nach dem Prinzip des *Store and Forward* ein sehr ökonomisches Netz, da die Telekommunikationswege von mehreren Teilnehmern gleichzeitig genutzt werden. Telefonieren und Fernsehen sind jedoch Dienste, die eine synchrone Übertragung erfordern. Wie Cailliau in seinem Beitrag betont, ist das Internet dafür nicht geeignet. Wollte man das gesamte Transportsystem so umstellen, daß auch eine synchrone Übertragung möglich wäre, dann ginge ein großer Teil dieser ökonomischen Vorteile verloren.
Drittens: Das Internet bestimmt ebensowenig wie das logistische Netz der Post, welche Dienste angeboten und für welche Anwendungen diese Dienste genutzt werden. Das Netz der Brief- und Paketverteilanlagen kann für Briefsendungen, Postkarten, Massendrucksachen oder Päckchen genutzt werden. Der Paket-Dienst wird von Privatpersonen, aber auch von Versandhäusern genutzt.

Als Dienst bezeichnet man in der Telekommunikation eine standardisierte Form der Übermittlung mit definierten technischen Eigenschaften und Schnittstellen für Endgeräte sowie in der Regel infrastrukturellen Zusatzleistungen wie Adressierungssystem, Tarifierungssystem, Teilnehmerverzeichnis und ähnliches. Internetdienste in diesem Sinne bedeuten

- elektronische Post (E-Mail), Listserver und Newsgroups;
- Dateiübertragung (File Transfer, FTP);
- Ferneinwahl in Rechner (Remote Login über Telnet);
- Dokumentenabruf (Gopher, World Wide Web);
- Echtzeit-Austausch von Textmitteilungen (Internet Relay Chat, IRC).

Alle diese Dienste arbeiten nach dem »Client-Server-Prinzip«, das heißt, wesentliche Funktionen werden von den Servern (Rechner mit entsprechender Software) erfüllt, die dann von Clients (in der Regel übliche PCs mit entsprechendem Client-Programm) in Anspruch genommen werden. Das für die obigen Dienste notwendige Client-Programm ist bisher kostenlos für fast alle gängigen Betriebssysteme zu erhalten. Man braucht als Nutzer ein E-Mail-Programm, ein Client-Programm für den File Transfer und einen Web-Browser. Fast alle diese Programme sind mittlerweile in die Web-Browser integriert. Deren neueste Versionen und Zusatzfunktionen erscheinen inzwischen in derart schneller Abfolge, daß die Kompatibilität der Client-Programme untereinander und mit den Servern wieder abnimmt. Auch stellt die Client-Software selbst zunehmend spezifische Anforderungen an die Hardware. Während E-Mail und News auf fast jedem Rechner laufen, benötigen die neuesten Versionen der WWW-Browser sogenannte Multimedia-PCs mit entsprechend umfassender Ausstattung. Bei den statistischen Angaben über Internetanschlüsse wird oft nicht zwischen den in Anspruch genommenen Diensten differenziert. Ein beträchtlicher Anteil der Nutzer dürfte von der Ausstattung her gar nicht in der Lage sein, das World Wide Web zufriedenstellend zu nutzen, und sich entsprechend nur auf den E-Mail-Dienst konzentrieren.

Die genannten Internetdienste werden von unterschiedlichen Nutzergruppen für unterschiedliche Anwendungen und Inhalte genutzt. Wenn von demokratischer Kultur, Netzgemeinde oder »Netizens« die Rede ist, dann sind damit meistens Menschen gemeint, die News-Dienste und Chats zur Diskussion von Themen verwenden, an denen sie gemeinsam interessiert sind. Ihre Interessen haben jedoch wenig gemein mit denen von Verlagen und Dienstleistungsunternehmen, die Informationsangebote im World Wide Web bereitstellen. Die Analogie zur Nutzung des Postsystems gilt auch hier.

Wichtig ist allerdings zu erkennen, daß es diese Anwendungen sind, die für alle einen potentiellen Nutzen darstellen und den technischen Aufwand rechtfertigen. Die Anwendungen bestehen aus einer ganzen Reihe von Elementen, die weit über die Technik hinausgehen. Um deren Entwicklung abzuschätzen, erscheint ein Blick auf die Entwicklung anderer Medien sinnvoll (vgl. auch Kubicek, Schmid und Wagner, 1997).

2. Der brüchige Zusammenhang zwischen Technik und Anwendungsprognose

Der Begriff »Medien« wird zumeist in zwei grundlegend verschiedenen Bedeutungen verwendet. Buch, Telefon, Radio, Fernsehen und Computer sind technische Artefakte, die Informationen transportieren können. Begriffe wie Presse und Rundfunk verweisen auf die technischen Grundlagen, meinen darüber hinaus aber auch den institutionellen Komplex aus Korrespondenten, Nachrichtenagenturen, Verlagen, Werbeagenturen, Vertriebsstellen sowie entsprechende rechtliche Regelungen und Aufsichtsgremien. Man kann die jeweils zugehörige Technik als technischen Kern oder Medium erster Ordnung bezeichnen. Um diesen Kern herum haben sich dann im Laufe der Zeit unterschiedliche Institutionen und Nutzungsmuster entwickelt, die zu ganz verschiedenen Medien zweiter Ordnung geführt haben. Im Verlauf dieses sozio-ökonomischen Entwicklungsprozesses wurde dann auch die Technik selbst immer wieder weiterentwickelt.

Viele Prognosen zu Beginn einer medientechnischen Innovation haben versucht, dem Medium erster Ordnung ein bestimmtes Medium zweiter Ordnung zuzuordnen, und lagen damit meistens falsch (vgl. Carey 1993; Flichy 1995; Latzer 1997). Während in den USA der Erfinder des Telefons, Graham Bell, die spätere Nutzung seiner Erfindung zutreffend erkannte, glaubte man in Europa am Anfang des Jahrhunderts, die praktische Bedeutung des Telefons läge in der Übertragung von Musik. In Budapest wurde 1898 eine »Telefonzeitung« eingerichtet, die Musik, Theater und Nachrichten übertrug und nach fünf Jahren 6000 Teilnehmer hatte. Das Radio hat als interaktives Medium der Radioamateure begonnen und wurde erst später zum Mittel einseitig gerichteter Verteilkommunikation. Der Erfinder des Phonographen, Thomas Edison, dachte, daß seine Erfindung vor allem dazu genutzt werden würde, um Texte auf Schallplatten zu sprechen und diese wie Briefe zu versenden. Er sah die Hauptnutzer-

gruppe im geschäftlichen Bereich. Die entsprechenden Diktiergeräte haben sich jedoch nicht durchgesetzt.
Diese Beispiele sind deswegen so bedeutsam, weil gerade der Wandel bei Telefon und Radio zeigt, daß auf demselben technischen System sowohl Individual- als auch Verteilkommunikation organisiert werden kann und die technische Struktur die Nutzung noch nicht einmal in dieser kategorialen Hinsicht vorherbestimmt. Auch beim Internet sollte man daher mit Prognosen über dessen zukünftige Anwendung und Nutzung vorsichtig sein.

3. Der Unterschied zwischen Spitze und Breite

Nach dem Zweiten Weltkrieg wurden schon mehrfach große wirtschaftliche oder gesellschaftliche Hoffnungen an elektronische Medien geknüpft (vgl. Kubicek, Schmid und Wagner 1997). So sollten die ersten Großrechner als Computer-Versorgungsbetriebe genutzt werden und – vergleichbar der Bereitstellung von Gas, Wasser und Strom – von kommunalen Rechenzentren aus den Zugang zu allen Informationen ermöglichen. Kabelfernsehen sollte als Zweiwege-Medium Behördengänge ersparen, die Ratssitzungen ins Wohnzimmer bringen und die Kommunikation in der Nachbarschaft beleben. Bildschirmtext sollte die Datenfernübertragung für jeden in jedweder Form ermöglichen. Offene Kanäle sollten ebenso wie die unabhängige Videoproduktion eine selbstbestimmte Form der Kommunikation und Präsentation unabhängig von Staat und Kommerz schaffen. Die Techniken wechseln, die Hoffnungen bleiben die gleichen.
Bei all den genannten technischen Innovationen ist es beeindruckend zu sehen, was sie leisten und wie sie funktionieren. Auf Messen und Ausstellungen haben sie entsprechende Aufmerksamkeit erzeugt, und in der Fachwelt lösen sie jeweils heftige Diskussionen aus. Und stets gibt es eine Gruppe der sogenannten »Early Adopters« (Frühanwender), die keine Mühe scheuen, die neuen technischen Möglichkeiten auszuprobieren. Dies gilt aktuell für alle Nutzungsvarianten des World Wide Web – einschließlich der Anwendungen, für die es nicht entwickelt wurde. Das sind insbesondere Internet-Telephonie, Push-Dienste, Web-TV, Videokonferenzen, Telebanking und Teleshopping.
Wenn alle diese Dienste in Pilotanwendungen realisiert werden, wird dies in den nächsten zehn Jahren zu vielen und auch völlig unerwarteten Innovationen führen. Ob sich jedoch im Laufe der Zeit Millionen Men-

schen in Deutschland dazu bereit finden, das Internet zu nutzen und sich zu diesem Zweck einen Anschluß, den dazu erforderlichen Telekommunikationsanschluß und die entsprechende Geräteausstattung (PC, Modem, Software) anzuschaffen, ist eine ganz andere Frage. Die meisten Menschen entscheiden dies nach dem Kriterium, ob ihnen eine solche Investition etwas bietet, das die bereits genutzten Medien gar nicht, nicht so gut oder nicht so preiswert bieten. Das heißt, es muß entweder etwas völlig Neues oder aber etwas Bekanntes in einem besseren Preis-Leistungsverhältnis geboten werden. Und dieser Anreiz muß so groß sein, daß gewohnte Verhaltensweisen geändert werden. Dies gelingt nur dann, wenn auf der Seite der Anbieter und bei der erforderlichen Infrastruktur entsprechende Anreize und förderliche Bedingungen geschaffen werden.

4. Bestimmende Faktoren bei der Institutionalisierung neuer Medien

Das folgende Modell soll einige für die Institutionalisierung als relevant erachtete Faktoren herausstellen. Der historischen Erkenntnis folgend wird zwischen der technischen und der inhaltlich-soziokulturellen Ebene unterschieden. Beide, so die zentrale Annahme, müssen bei Sendern und Empfängern, Anbietern und Nutzern eingebettet sein und infrastrukturell unterstützt werden (vgl. Abb. 2).
Der technische Kern ist, obwohl er für unterschiedliche Anwendungen genutzt werden kann, nicht autonom gestaltbar, sondern auf weitere technische Infrastrukturen angewiesen. Es ist leicht, mehr Bandbreite für das Internet zu fordern, um beispielsweise Videofilme in Bildschirmgröße abrufen zu können; doch Tatsache ist, daß man für breitbandige Anschlüsse bis zum Teilnehmer denselben Ausbau des Telekommunikationsnetzes wie für das interaktive Fernsehen benötigt. Letzteres ist wegen der enorm hohen Investitionskosten und einem unausgewogenen Kosten-Nutzen-Verhältnis vorerst von der Tagesordnung gestrichen. Push-Dienste und Web-TV wird man ohne Zweifel in den nächsten Jahren verstärkt in den Universitätsnetzen und Corporate Networks der großen Unternehmen einsetzen, weil die Telekommunikationsinfrastruktur in beiden Fällen betrieblich geplant wird. Im Bereich der Privathaushalte werden sicherlich ebenfalls Push-Dienste und Videos zum Einsatz kommen, aber eine ökonomisch relevante Konkurrenz zum Fernsehen wird daraus auf absehbare Zeit nicht entstehen. Der Trend beim Fernse-

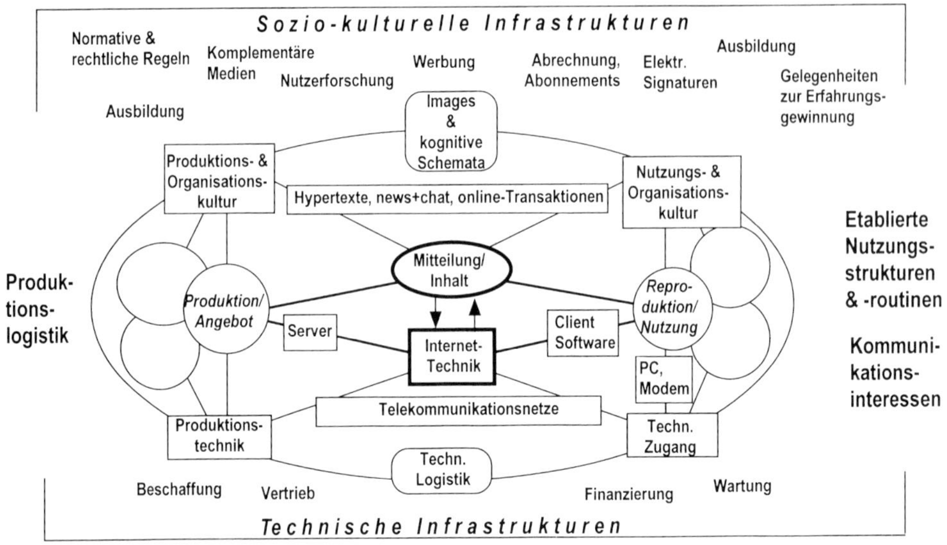

Abb.2: Einbettung von Medien am Beispiel Internet

hen geht ja in Richtung noch größerer Bildschirme, die noch mehr Bandbreite benötigen. Im Internet hingegen wird mit zunehmendem Verkehr die Bandbreite schon für graphikintensive Web-Präsentationen mit kleinen Audio- und Videosequenzen knapp werden. Internet über Kabelfernsehnetze kann hier Abhilfe schaffen und wird, wie bereits gesagt, im Ausland auch zunehmend angeboten. In Deutschland behindert jedoch der Doppelbesitz der Deutschen Telekom AG, die Eigentümer sowohl des Fernsprechnetzes wie des Kabelfernsehnetzes ist, solche Innovationen, die in anderen Ländern durch den Wettbewerb unterschiedlicher Netzbetreiber gefördert werden.

Für die massenhafte Nutzung des Internet – worunter wir mehr als 50 Prozent der Haushalte verstehen – ist auf der technischen Ebene nicht nur die Bandbreite der Telekommunikationsbasis maßgeblich. Wichtig ist auch, daß die beim Teilnehmer zu installierende Technik ähnlich einfach zu beschaffen, zu installieren und zu nutzen ist, wie dies bei Radio, Fernseher und Telefon einmal der Fall war. Die Schwierigkeiten, die viele Haushalte mit dem Programmieren ihres Videorecorders haben, markieren für den normalen Nutzer die Grenze der Verständlichkeit.

Schließlich muß eine neue Technik auch in die Alltagsroutine integriert werden. Das Fernsehen hat den Alltag ganz erheblich verändert. Das beginnt bei der Wohnungseinrichtung, betrifft aber auch Fragen des Zusammenlebens in einer Wohnung.

In der sozialwissenschaftlichen Technikforschung wird zur Erklärung, warum sich CDs sehr viel schneller und breiter durchgesetzt haben als Online-Dienste, auf den Unterschied zwischen *inkrementalen* und *radikalen* Innovationen hingewiesen (vgl. Wittke 1997). Die Anbieter konnten für die Durchsetzung der CD die gesamte für die Schallplatte entwickelte Produktionsorganisation und Vertriebslogistik fortführen. Die Nutzer konnten bei ihren musikalischen Präferenzen und Orientierungsmustern bleiben und mußten auch ihre Wohnungseinrichtung und ihre Nutzungsgewohnheiten nicht verändern, da ja lediglich die technische Herstellung und Wiedergabe des Tonträgers ersetzt wurde. Bei Online-Diensten hingegen muß alles neu entwickelt werden, angefangen von der Technikausstattung der Nutzer und geeigneten Inhalten über die Produktionsorganisation und Vertriebslogistik bis hin zur kognitiven Neuorientierung von Anbietern und Nutzern, was Sinn, Relevanz und Qualität von Informationen und Dienstleistungen anbetrifft.

Hinzu kommt, daß Medien Erfahrungsgüter sind, man kann also ihren Nutzen erst beurteilen, wenn man in der Praxis Erfahrungen gemacht hat. Daß PC-Verkauf und CD-ROM-Verbreitung stärker zunehmen als der Absatz von Modems oder die Zahl der registrierten Online- und Internetanschlüsse, läßt möglicherweise darauf schließen, daß PC und CD-ROM für viele Menschen leichter bewertbar sind als Online-Dienste und Internet. Zwar wird von der Industrie das Aufkommen eines einfachen Netzcomputers in Aussicht gestellt, doch zeichnet sich die aktuelle Entwicklung mit fast monatlich neuen Programm-Versionen und Anwendungen eher durch eine Zunahme an Komplexität aus. Vor allem setzt die Nutzung des World Wide Web im wesentlichen größere Recherche- und Auswahlfähigkeiten voraus, als man sie für Zeitunglesen und Fernsehen benötigt, wo uns Redaktionen die Arbeit zu einem großen Teil abnehmen. Das neue Medium hat inhaltlich seine spezifischen Codes und kognitiven Strukturierungselemente, die der Nutzer erst erlernen muß, um sie entschlüsseln zu können. Die Zunahme von Medienkompetenz ist daher ein Schlüsselfaktor für die weitere Verbreitung der Internetdienste.

Auf der Ebene der Inhalte ist die Situation noch viel unübersichtlicher. Es gibt mittlerweile im Internet beinahe alles, was in anderen gedruckten oder elektronischen Medien auch existiert. Es existiert umgekehrt dort kaum etwas, das es nicht bereits auf anderer technischer Grundlage gibt und insofern wirklich neu ist (vgl. Abb. 3).

Telebanking, Teleshopping und elektronische Auskunftsdienste gibt es in Datex-J, Bildschirmtext oder bei CompuServe und AOL seit Jahren. Dis-

Kommunikation, Transaktion	Private Haushalte	Unternehmen	Öffentliche Verwaltung
Private Haushalte	E-Mail News Foren IRC	Infoabruf Buchen / Reservieren Teleshopping elektronische Dienstleistungen Unterhaltung (Spiele, Lotterie)	Anfragen Anträge Beteiligung an Planung Meinungsäußerungen
Unternehmen	Werbung	Bestellen, Abrechnen	Meldungen
	Lieferung von Infowaren	Suche nach Geschäftspartnern Lieferaustausch	Anfragen, Anträge
Öffentliche Verwaltung	Mitteilungen, Abrufe	Mitteilungen Standort-Marketing	Anfragen Weiterleitung und Austausch von Daten

Abb. 3: Anwendungen von Internetdiensten

kussionen zu vielen Themen hätte man, wenn es ein starkes Interesse daran gegeben hätte, seit langem in Mailboxen führen können. Elektronische Umfragen und Abstimmungen werden im Fernsehen mit Hilfe des Ted-Systems ebenfalls seit Jahren durchgeführt, sind prinzipiell aber nicht auf dieses Medium beschränkt. Auf der anderen Seite erfordern kleine Verbesserungen, die mit Hilfe des Internet möglich sind, oft eine Umstellung auf mehreren Produktionsstufen. Um etwa ein Kleid in einem Online-Versandhauskatalog von allen Seiten betrachten zu können, muß beispielsweise nicht nur die fotografische Technik angepaßt, sondern das Kleid muß für die Aufnahme von allen Seiten auch anders genäht werden. Wirklich neue Anwendungen machen grundlegende Umstrukturierungen der Produktionsorganisation zumeist über mehrere Stufen der Wertschöpfungskette notwendig und würden mehr oder weniger tief in die bestehenden Verfahren der elektronischen Datenverarbeitung eingreifen, die aus vielerlei Gründen nicht kurzfristig geändert werden können. Es fehlt bisher an überzeugenden Ideen für wirklich neue und nützliche Anwendungen – und selbst wenn es sie gibt, ist mit langen Umsetzungszeiten zu rechnen. Neben den betrieblichen Innovationen sind ja auch Infrastrukturen erforderlich, die z. B. elektronische Transaktionen sicher machen und dem Datenschutz Rechnung tragen. Elektronischer Handel, Online-Reservierungen und -Buchungen werden erst dann massenhaft genutzt werden, wenn elektronische Authentifizierung und Verschlüsselung im Textverarbeitungsprogramm oder im Browser enthalten sind und ihre Anwendung mit Mausklick erfolgen kann, und wenn man, um eine elektronische Signatur für die Authentifizierung zu erhalten, nicht weiter gehen muß als bis zur nächsten Bank- oder Postfiliale.

Wenn Internetanwendungen gegenüber dem, was mit den vorhandenen Medien möglich ist, einen echten Mehrwert schaffen sollen, erfordert dies in der Regel neue Kooperationsformen zwischen bestehenden Institutionen. Die elektronische Abwicklung von Kontakten mit der öffentlichen Verwaltung, die auf vielen Wunschlisten neuerer Befragungen ganz oben steht (vgl. z.B. INRA 1997), könnte einen solchen Zusatznutzen schaffen, wenn man beispielsweise beim Umzug die alte und die neue Adresse nur ein einziges Mal in ein elektronisches Formular der Meldestelle eintragen müßte, und die Angaben dann automatisch in die Formulare für die Kfz-Ummeldung, die Renten- und Krankenversicherung sowie in den Postnachsendeantrag und all die anderen Mitteilungen übertragen werden würden, die bei diesem Anlaß fällig sind – und wenn man die verschiedenen Mitteilungen dann auch noch mit einem einfachen Klick an die jeweiligen Adressaten schicken könnte. Diese müßten allerdings, um die Formulare mit ihren jeweiligen Anwendungsprogrammen abzustimmen, kooperieren und die Formulare in einem virtuellen Umzugsbüro hinterlegen. Dagegen steht, daß in der Verwaltung seit zwei Jahrzehnten mit sehr mäßigem Erfolg an der Entwicklung einheitlicher Formate für den Datenaustausch gearbeitet wird und selbst die meisten Wirtschaftsbranchen mit dem Rechnungs- und Bestelldatenaustausch nicht recht weiterkommen (vgl. Kubicek 1993). Sehr viel leichter wird es hingegen sein, Diskussionen mit Politikern zu realisieren. Das Interesse an Diskussionen wird in der genannten europaweiten Umfrage jedoch als sehr gering eingestuft. Das dürfte daran liegen, daß nicht erkennbar wird, wie solche Diskussionen die konkreten Entscheidungen beeinflussen könnten. Partizipation ist ja auch Aufwand und lohnt sich aus der Sicht der Bürgerinnen und Bürger nur, wenn die Chance besteht, etwas zu bewirken. Partizipationsmöglichkeiten über das Internet müssen daher mit realen Entscheidungsproblemen und -prozessen, etwa bei der Stadtentwicklungs- oder Bauleitplanung, verknüpft werden. Dies erfordert eine mehr oder weniger aufwendige Umgestaltung dieser Prozesse und eine entsprechende Moderation.

Die Beispiele zeigen, daß das Internet für die meisten Menschen erst dann einen echten Zusatznutzen schafft, wenn die Anwendungen auf beiden Seiten fest in der realen Welt eingebettet sind, und daß dazu soziale Innovationen erforderlich sind. Bei aller technischen Faszination darf nicht vergessen werden, daß Mediennutzung in erster Linie eine soziokulturelle Evolution ist. Bei Presse oder Rundfunk wissen wir heute schon gar nicht mehr, wie die dahinter stehende Technik genau funktioniert. Nur die »Early Adopters« haben ein Interesse an der Technik selbst und nutzen sie auch in erster Linie dafür, um sich über technische Fragen miteinander auszutauschen (vgl. IST-Online 1996). In dieser Hinsicht unterscheiden sie sich von den übrigen Menschen genauso wie die frühen Radio-Amateure von den späteren Radiohörern. Für die normalen Nutzer gilt: Solange die Technik selbst noch ein Problem darstellt, wird ihre Einbettung in den Alltag nicht gelingen, was Voraussetzung ist, um sie massenhaft als Gebrauchsgegenstand zu nutzen.

5. Einige zwingende Schlußfolgerungen

Wozu das Internet von wem wie genutzt wird, hängt – neben technischen Innovationen und Infrastrukturmaßnahmen – vor allem von den Anwendungen ab, die ihrerseits soziotechnische und -kulturelle Innovationen darstellen und damit schwer planbar sind – oder wenn sie geplant werden, auf unterschiedlichste Widerstände stoßen. Andererseits entstehen sie aber auch manchmal völlig überraschend. Alle noch so aufwendig erstellten Marktforschungsstudien sind zur Zeit nicht in der Lage, dauerhaft rentable und breit genutzte Anwendungen im Bereich der Privathaushalte nachzuweisen. Ob es um Wirtschaftswachstum und Arbeitsplätze oder um demokratische Teilhabe geht, so ist dafür eine breite Nutzung erforderlich, die aber offensichtlich nicht von selbst entsteht.

Schätzungen des Online-Potentials werden in jüngster Zeit nach unten korrigiert. Eine kürzlich vorgelegte Allensbach-Studie rechnet in Deutschland auch längerfristig nur noch mit einem Potential von 8 Millionen Menschen unter den heute Vierzehn- bis Vierundfünfzigjährigen (BDZV-report Multimedia). 12 Millionen werden von den Autoren dieser Studie als »Unkalkulierbare« bezeichnet, 19,7 Millionen als »Nicht-Potential« abgeschrieben. Die ca. 20 Millionen Menschen, die älter als vierundfünfzig Jahre sind, wurden erst gar nicht befragt. Ein Potential von 8 Millionen entspricht nur 10 Prozent der Bevölkerung. Insofern sind alle Graphiken, die das exponentielle Wachstum der Internetrechner und -teilnehmer zeigen, irreführend. Die Diffusion von neuen Medien folgt stets einer S-förmigen Kurve. Die entscheidende Frage ist, wann die Kurve für das Internet aus der exponentiellen Phase in die Sättigungsphase abknickt. Die hier vertretene Auffassung geht davon aus, daß es weder prinzipiell »Unerreichbare« noch eine automatische Karriere der »Computerkids« zu »Onlinern« gibt. Entscheidend für den Verlauf der Kurve ist vielmehr, daß interessante Angebote und ausreichend Gelegenheiten, diese kennenzulernen, entstehen und daß potentielle Nutzer auch genügend Möglichkeiten haben, die erforderlichen Fähigkeiten durch Übung zu erwerben. Die bisher verfolgte angebotsorientierte Telekommunikations- und Medienpolitik, die davon ausgeht, daß durch eine Minimierung der Verpflichtungen Angebote entstehen, die sich dann ihre Nachfrage schaffen, kann dies nicht erreichen. Das gelingt schon auf der Angebotsseite nicht, wo mehr aktive Förderung für bereichsübergreifende Kooperationen notwendig wäre. Der öffentliche Bereich könnte hier mit nützlichen Anwendungen Vorbilder liefern. Hinzukommen muß aber vor allem eine nachfrageorientierte Politik, die die genannten Hindernisse auf der Nutzerseite überwindet. Die bisherige Zurückhaltung der Nutzer als Technik- oder Innovationsfeindlichkeit zu interpretieren, ist etwas zu schlicht. Die staatlichen Bildungssysteme und die öffentlichen Bibliotheken, die für die Verbreitung des Buchdrucks und das Wachstum des Büchermarkts maßgeblich waren, sind ja auch nicht von den Verlegern geschaffen worden. Die Initiative »Schulen ans Netz« des Bundesforschungsministeriums ist ein kleiner Schritt in die richtige Richtung. Er reicht jedoch nicht aus, um den Schülern eine wirkliche Medienkompetenz durch Erfahrung zu vermitteln. Und den 90 Prozent der Bevölkerung, die nicht mehr zur Schule gehen, hilft diese Initiative ebenfalls nicht. In den USA wird den öffentlichen Bibliotheken für den Erwerb von Medienkompetenz fast derselbe Stellenwert beigemessen wie den Schulen und ihre Ausstattung entsprechend derjenigen der Schulen gefördert. Eine andere Möglichkeit besteht darin, alle Dienststellen der öffentlichen Verwaltung als Zugangsstellen für die elektronische Abwicklung von Anliegen einzurichten. Das würde längerfristig nicht nur die Verwaltungskosten senken, sondern gleichzeitig auch Erfahrungs- und Übungsmöglichkeiten mit den neuen Medien bieten. Auch Volkshochschulen, Tagesstätten für Senioren und viele andere gemeinnützige Einrichtungen kommen in Frage, um Dienstleistungen im Netz anzubieten und damit zum Zugangsort zu werden.

Wenn der Anspruch glaubhaft sein soll, daß man mit den neuen Medien die demokratische Entwicklung fördern will, dann muß in der Tradition eines dualen Systems neben den Marktkräften komplementär auch der

Zugang durch öffentliche Einrichtungen gefördert werden. So wie in der Vergangenheit Bibliotheken, Volkshochschulen, öffentlich-rechtliche Rundfunkanstalten und andere Einrichtungen erfunden wurden, müssen diese Einrichtungen nun weiterentwickelt oder neue Einrichtungen wie Bürgernetzvereine oder Medienwerkstätten ins Leben gerufen werden. Dies ist nicht am grünen Tisch und auf Tagungen möglich, sondern nur durch praktische Experimente. In den USA hat das Handelsministerium das Telekommunikations- und Informations-Unterstützungsprogramm aufgelegt, das gemeinnützigen Einrichtungen Komplementärmittel zur Verfügung stellt, damit sie ausprobieren können, wie sie neue Techniken für ihre eigenen Aufgaben nutzen oder ihrer »Community« Zugangsmöglichkeiten verschaffen können (vgl. Kubicek, Dutton und Williams 1997). Voraussetzung für die Förderung ist der Nachweis, einen solchen Prozeß organisieren zu können, sowie die Anwerbung von Mitteln anderer Stellen. Was inhaltlich entwickelt werden soll, ist hingegen nicht vorgegeben und für die Auswahl auch insoweit zweitrangig, als ja etwas Neues ausprobiert werden soll. Eine besondere Bedeutung wird der lokalen Ebene beigemessen, weil hier am ehesten der soziokulturelle Zusammenhang zu finden ist, in den die Techniknutzung eingebettet werden muß. Bundes- und Länderprogramme müssen allerdings für die Infrastrukturen sorgen, die geeignet sind, solche lokalen Lernprozesse entstehen zu lassen. In Deutschland kommt der Internet-Dienst der Bayerischen Staatsregierung, Bayern Online, mit seiner Förderung der Bürgernetzvereine diesen Anforderungen am nächsten.
Dieses Beispiel zeigt auch, daß zunächst, wenn auch in veränderter Rolle, mehr Staat notwendig und der Ruf nach weniger Staat in dieser frühen Innovationsphase kontraproduktiv ist. Eine Fortsetzung der auf Deregulierung und Privatisierung gerichteten Politik wird zu einer Zersplitterung von Technik und Infrastruktur führen und damit eine Massenanwendung behindern. Was an Förderprogrammen notwendig wäre, liegt quer zu den üblichen deutschen Vorgehensweisen, doch ohne Innovationen in der politischen Programmatik sind weder neue Märkte und Arbeitsplätze noch mehr Demokratie zu erreichen. Bestenfalls entstehen dadurch mehr Fernsehkanäle, die dann zwar digitale Bildqualität, aber vermutlich ebensowenig demokratieförderliche Inhalte aufweisen wie die real existierenden Kabelfernsehkanäle. Die Münchner Erklärung und die aus ihr hervorgegangene Münchner Initiative lassen hoffen, daß diese Erkenntnis in verschiedenen gesellschaftlichen Gruppen wächst und zu entsprechendem Handeln führt.

Literatur

BDZV-report Multimedia: »Sechs Millionen Deutsche mit Online-Interesse«. Nr. 5/97, 30. Juli 1997, S. 2-3.

Carey, J.: »Looking Back to the Future – How Communication Technologies Enter American Households«. In: J.V. Pavlik; E.E. Dennis (Hrsg.): *Demystifying Media Technology*. Mountain View/Cal. etc. 1993, S. 32-39.

Flichy, P.: *Dynamics of Modern Communication*. London etc., 1995.

INRA: *Eurobarometer 461. Information Technology and Data Privacy*. Report produced for the European Commission, DG »Internal market and financial services«. Brüssel, Januar 1997.

IST-Online 1996: Internet-Umfrage April-Juni 1996. Karlsruhe, 1996.

Kahin, B.: »Das Internet in wirtschaftlicher Perspektive aus US-amerikanischer Sicht«. In: H. Kubicek u.a. (Hrsg.): *Die Ware Information – Jahrbuch Telekommunikation und Gesellschaft* 1997. Heidelberg, 1997, S. 170–183.

Kleinsteuber, Hans. J. (Hrsg.): *Der »Information Superhighway«*. Opladen, 1996.

Kubicek, Herbert: »Organisatorische Voraussetzungen des branchenübergreifenden elektronischen Datenaustauschs – Neue Aufgaben für Wirtschaftsverbände?« In: Kubicek, H. und P. Seeger (Hrsg.): *Perspektive Techniksteuerung*. Berlin, 1993, S. 143-168.

Kubicek, Herbert: »Duale Informationsordnung als Sicherung des öffentlichen Zugangs zu Informationen«. In: *Computer und Recht*, Heft 6, 11. Jg., 1995, S. 370-379.

Kubicek, Herbert: »Deutschlands dritter Anlauf in die Informationsgesellschaft«. In: Bulmahn, E. u. a. (Hrsg.): *Informationsgesellschaft – Medien – Demokratie*. Marburg, 1996, S. 241-268.

Kubicek, Herbert; Dutton, William H.; Williams, Robin (Hrsg.): *The Social Shaping of Information Superhighways. European and American Roads to the Information Society*. Frankfurt a. M./New York, 1997.

Kubicek, Herbert; Schmid, Ulrich; Wagner, Heiderose: *Bürgerinformation durch »Neue« Medien*. Opladen, 1997.

Latzer, M.: *Mediamatik – Konvergenz von Telekommunikation, Computer und Rundfunk*. Opladen, 1997.

Riehm, Ulrich; Wingert, Bernd: *Multimedia – Mythen, Chancen und Herausforderungen*. Mannheim, 1995.

Werle, Raymund; Lang, Christa (Hrsg.): *Modell Internet? Entwicklungsperspektiven neuer Kommunikationsnetze*. Frankfurt a.M., 1997.

Wittke, Volker: »Online in die Do-it-yourself-Gesellschaft? Zu Widersprüchlichkeiten in der Entwicklung von Online-Diensten und denkbaren Lösungsformen«. In: Werle, 1997.

Zur Technikgeschichte des Internet

Stichworte eines Surf-Pioniers

von Robert Cailliau

1990 haben sich der heutige Direktor des World Wide Web-Konsortiums Tim Berners-Lee und ich entschieden, eine Netzanwendung, die Dokumente im weltumspannenden Rechnerverbund Internet zugänglich macht, »World Wide Web« (WWW) zu nennen. Das war lange, bevor das WWW begann, die Entwicklung des Internet selbst zu beschleunigen. Seit 1990 ist zwar noch nicht viel Zeit vergangen, aber trotzdem sind die Begriffe »Web« und »Internet« bereits Synonyme geworden. Das ist eine unglückliche Entwicklung, da sie ein tiefes Mißverständnis seitens der Öffentlichkeit offenbart. Folgendes kleines Internet-Brevier soll deshalb helfen, Fehleinschätzungen dieser Art zu korrigieren. Wenn Sie tiefer in die Materie eindringen wollen, seien Ihnen die im Anhang angeführten Bücher empfohlen. Keines erfordert besondere Computerkenntnisse.

Aufschluß über eine spezifische Besonderheit des Internet liefert ein Vergleich mit dem Telefonsystem, bei dem es sich um ein leitungsvermitteltes System handelt: Wenn Sie jemanden anrufen, steht Ihnen für die ganze Zeit des Anrufs eine Leitung von Ihrem Telefon zum Telefon Ihres Gesprächspartners zur Verfügung. Wenn keine Verbindung zustande kommt, dann kann das verschiedene Ursachen haben: Das Telefon Ihres Partners ist besetzt, oder alle Leitungen sind belegt. Aber wenn die Verbindung hergestellt ist, haben Sie die volle Kontrolle über die Leitung und deren Kapazität zur Datenübertragung (Bandbreite): Wenn Sie sprechen, wandern die Signale mit Lichtgeschwindigkeit ans andere Ende der Leitung, ohne daß eine andere Verbindung stören würde.

Das Internet hingegen ist ein sogenanntes paketvermitteltes System: Wenn Sie eine digitale Botschaft von Ihrem Computer an einen anderen schicken, dann spaltet sich das Datenknäuel in kleine »Pakete« auf, die einzeln und unabhängig von einem Rechner zum nächsten wandern, bis sie schließlich beim Empfänger ankommen – ähnlich einer Serie von Postkarten. Sie haben keine Kontrolle darüber, welche Route diese Pakete nehmen und in welcher Reihenfolge sie ankommen (und dann wieder in die richtige Reihenfolge gebracht werden müssen). Je nach »Verkehrsaufkommen«, das die Knotenrechner des Internet gerade zu bewältigen ha-

ben, setzen sich die Pakete in unterschiedlichste Richtungen, mitunter um den Globus herum in Marsch, um doch garantiert beim Empfänger anzukommen. Da Sie aber weder Sendezeit noch Marschroute kennen, wissen Sie nicht, wann die Botschaft beim Empfänger eintrifft.
Beim Telefon ist die Bandbreite garantiert – die Verbindung aber nicht immer möglich. Beim Internet ist die Bandbreite dagegen vom gesamten Verkehrsaufkommen abhängig, während die Verbindung gewissermaßen immer steht.
Unglücklicherweise sind beide Systeme vollkommen inkompatibel! Was das eine gut kann, beherrscht das andere nur ansatzweise. Was wir in Zukunft brauchen, ist ein Kombisystem: eine feste Durchsatzrate (Bandbreite) wie beim Telefon und eine sichere Zustellung wie beim Internet. ATM (Asynchronous Transfer Mode) stellt aus heutiger Sicht das einigende System der Zukunft dar.

Eine kurze Geschichte des Internet

Ab 1960: Die paketvermittelte Übertragung wird unabhängig voneinander in den USA und in England erfunden. Erst dadurch ist eine Verbindung von mehreren Computern möglich, wobei aber noch spezifische Hardware notwendig ist.
1973: Vinton G. Cerf und Bob Kahn entwickeln das Konzept des Internet: Sie verbinden bereits existierende paketvermittelte Netzwerke, indem sie ein einziges »Internet-Protokoll« (IP) einführen.
1973: Louis Pouzin richtet für Forschungszwecke in Frankreich ein ähnliches paketvermitteltes Netzwerk ein: Cyclades.
1974: Veröffentlichung des vollständigen Protokolls: TCP/IP.
1980: DARPA macht TCP/IP zur Public Domain – ein Schritt, der entscheidend für die Verbreitung des Protokolls ist.
1984: Das Europäische Laboratorium für Teilchenphysik CERN stellt erste Internet-Verbindungen her.
1989: Tim Berners-Lee schlägt ein Projekt vor, das alle existierenden Datenressourcen des CERN verbinden soll (Hypertext).

Vorgeschichte

Eine Technologie wie das Web entsteht nicht aus dem Nichts: Manche seiner Elemente blicken bereits auf eine lange Geschichte zurück. Im Fall des Web konvergieren drei Technologien:

Hypertext	**Personalcomputer**	**Netzwerke**
Stanford 1960	Engelbart 1964	1950
Ted Nelson 1965	Allen Kay (Xerox) 1970	Internet TCP/IP(DARPA 1970)
Xanadu 1980	Alto (Xerox) 1973	Ethernet (Xerox)
NoteCard (Xerox)	Apple II 1979	CERN/HEP 1981
Mac Hypercard 1985	Macintosh 1984	MacTCP 1994
CERN 1990 – Tim Berners-Lee – WWW		

Bemerkenswert dabei ist, daß die innovativsten Unternehmungen anscheinend die wirtschaftlich am wenigsten erfolgreichen sind. Vielleicht liegt das daran, daß sich innovative Menschen nicht mit Marketing-Fragen befassen. Wir sehen daher hier ein Spektrum, das von äußerst innovativen, jedoch in der breiten Öffentlichkeit unbekannten Unternehmen (Xerox PARC) bis hin zu sehr bekannten, aber nicht besonders innovativen Unternehmen (Microsoft) reicht.

1989 CERN: Tim Berners-Lee und Robert Cailliau schlagen unabhängig voneinander ein Netzwerk-Hypertext-Projekt für die internationale Zusammenarbeit auf dem Gebiet der Hochenergiephysik vor.
1990: Robert Cailliau und Tim Berners-Lee erarbeiten gemeinsam einen Vorschlag für ein Hypertext-Projekt am CERN. Name: »World Wide Web«. Das System läuft Ende des Jahres auf dem NeXTStep-Betriebssystem (grafischer Browser/Editor und Server). Ohne das NeXT-Entwicklungssystem hätte es unseren Schätzungen nach ungefähr fünfmal so lange gedauert, das Web funktionsfähig zu machen, wie die große Verspätung zeigt, mit der Browser für andere Plattformen (Windows, Apple Macintosh) auf den Markt kamen.
1991: CERN stellt den ersten »Line-mode«-Browser im Internet kostenlos zur Verfügung – ein entscheidender Schritt, da sich auf diese Weise genügend Programmierer mit der Technologie vertraut machen konnten.

Am 12. Dezember 1991 nimmt der erste Server am Stanford Linear Accelerator Center (SLAC) in den USA seinen Betrieb auf.
1992: Immer mehr Menschen werden auf die Technologie aufmerksam. Am Ende des Jahres existieren bereits ca. 50 Server.
1993: NCSA stellt den Browser Mosaic vor – der Beginn der Farbbilder! Zwar ist er weder der erste Browser für die grafische Unix-Benutzeroberfläche X-Windows noch der erste graphische Browser überhaupt, aber er stellt erstmals Bilder im Text (In-line-Images) dar. Da er zudem leicht zu installieren ist, findet er rasche Verbreitung.
Die Fraunhofer Gesellschaft und CERN schlagen der Europäischen Kommission das erste Projekt vor, das ganz auf der Web-Technologie basiert.
Ende des Jahres gibt es weltweit ca. 250 Server.
Die Website des Honolulu Community College ist die populärste Site.
1994: Die amerikanischen Unternehmen beginnen sich für das Web zu interessieren: Risikokapitalgeber und junge Unternehmer gründen CommerceNet. CERN organisiert die erste internationale Konferenz über Web-Technologie. Aus den Statistiken ist klar ersichtlich, daß das WWW die Expansion des Internet vorantreibt.
Im Dezember verläßt Tim Berners-Lee CERN und wird Leiter des WWW-Konsortiums am MIT (Massachusetts Institute of Technology). Die meisten anderen europäischen Entwickler folgen nach.
Ende des Jahres gibt es weltweit ca. 2500 Server.
1995: Die Entwicklung in Europa verlagert sich vom CERN zum INRIA (*Institut National de Recherche en Informatique et en Automatique*, Paris), da die Weiterentwicklung des Web besser zu einem Institut für Informatik paßt.
Im Juli hat die Anzahl der Server in der Welt die der Minitel-Server in Frankreich überholt. Das Web ist noch immer klein, und das Minitel-System ein gutes Beispiel dafür, was man alles tun könnte.
Für Europa stellt sich das Netz als verpaßte Gelegenheit dar.
Ende des Jahres gibt es weltweit mehr als 50000 Server, d. h., die Entwicklung verläuft mehr als exponentiell: nicht e^x, sondern x^x!
1996: Die ACM (Association for Computing Machinery) verleiht ihren Software System Award an Tim Berners-Lee und Robert Cailliau für die Entwicklung des WWW, an Marc Andreesen für die Erfindung des Browsers Netscape und an Eric Bina für die Erfindung des Browsers Mosaic. Interessanterweise waren es anfangs vor allem Künstler (Festival für Elektronische Kunst, Locarno) oder die USA, die die Preise vergaben.
Die ersten Gerichtsverfahren wegen des Verbreitens bedenklicher Inhalte beginnen.

Die fünfte Internationale Konferenz zum WWW (INRIA, Paris) zieht mehr als 2 000 Teilnehmer an. Das Web-Konsortium kommt in Schwung: Es zählt bereits mehr als 150 Mitglieder.
Die Statistiken sprechen von 400 000 Servern am Jahresende!
1997: Sechste Internationale WWW-Konferenz SLAC & Stanford in Santa Clara, Kalifornien.
Das Web-Konsortium hat viele neue Technologien entwickelt. Die Öffentlichkeit und die Politiker sind aber noch immer sehr schlecht informiert.

Die Wurzeln

Das Internet verdankt seine Entwicklung einigen grundsätzlichen Vorstellungen, von denen die Menschen, die es vorangetrieben haben, erfüllt waren:

- freier Standard (TCP/IP);
- Gemeinschaft gleichgesinnter Menschen mit profunden Computerkenntnissen und akademischem Hintergrund;
- auf gemeinnützige Interessen, nicht auf Profit ausgerichtete Vorstellungen von Zusammenarbeit – was zählt, sind die Resultate der Arbeit;
- Bereitstellen und Vernetzen statt Verkaufen von Information;
- Zusammenarbeit einander respektierender Kollegen in offener Umgebung.

Weder Internet noch Web hätten in einer auf Wettbewerb und Kommerz ausgerichteten Umgebung entwickelt werden können. Kein monopolistischer Telekommunikationskonzern, kein kommerzielles Softwareunternehmen wären dazu in der Lage gewesen.

Gefahren

Da das Internet mittlerweile nicht nur von Mitgliedern der ursprünglichen Gemeinschaft bevölkert wird, sieht es sich verschiedenen Gefahren ausgesetzt:

- Abschottung in Markenstandards: Dies wäre ein Rückfall in die Zeiten der vielen inkompatiblen Systeme, die die Menschen in begrenzte Welten einsperrten und die jeweils nur einen kleinen Teil der global verfügbaren Information bedienten.
- Fragmentierung des Standards: Während die Systeme scheinbar kompatibel wären, würde in Wirklichkeit dasjenige Unternehmen die Oberhand gewinnen, das über die attraktivsten nicht-standardgemäßen Erweiterungen verfügt. Dies würde de facto zu ungleichen Wettbewerbsbedingungen führen.

• Zunahme an Kompliziertheit: Dies würde die Nutzer verwirren oder sogar aus der Informationsgesellschaft ausgrenzen.
• Konflikt zwischen paketvermittelten und leitungsvermittelten Systemen: Das ist ein technisches Problem, das man lösen kann. Die Internet-Technologie ist für bestimmte Aufgaben schlicht ungeeignet (Telefon, Video), während das Telefonsystem beim Internet-Protokoll versagt.
• Verlagerung von der Abstraktion (Text) zur Visualisierung (Bild): Dieser aktuelle Trend, der von Marketingphilosophien gestützt wird, geht auf Kosten der Verständlichkeit.
• Bedrohung der Privatsphäre: Je schneller Verschlüsselungsverfahren für jeden Nutzer zur Verfügung stehen, desto besser. Nur dadurch kann die Privatsphäre effektiv geschützt werden und wird das Netz für den Verbraucher sicher.

Warum im CERN?

Warum wurde das Web ausgerechnet im CERN, einem Labor für ausgesprochen intensive Grundlagenforschung, entwickelt?
1953 wurde mithilfe der Unesco eine Körperschaft gegründet, die der Wissenschaft im Nachkriegs-Europa zu einem Neubeginn verhelfen sollte: der »Conseil Européen pour la Recherche Nucléaire« (CERN). Dieser Rat errichtete ein Laboratorium auf neutralem Schweizer Boden, das den Namen dieser Körperschaft beibehielt, tatsächlich aber ein »Europäisches Labor für Teilchenphysik« war. CERN wird von 19 europäischen Staaten finanziert, verfügt über ca. 2850 Mitarbeiter, wovon aber nur 100 in der Forschung tätige Physiker sind.
CERN ist die älteste in Betrieb befindliche Großforschungseinrichtung in Europa. Die Labors liegen in der Nähe von Genf, in Frankreich und der Schweiz. Der LEP-Teilchenbeschleuniger (Large Electron Positron Collider) des CERN hat einen Umfang von 27 Kilometern und ist damit die weltgrößte Forschungsapparatur. Am CERN führen etwa 6000 Gastwissenschaftler ihre Experimente durch. Für diese Gruppe von internationalen Wissenschaftlern wurde das Web ursprünglich entworfen.
Grundlagenforschung im Bereich der Pysik geschieht vornehmlich im Rahmen großer Gemeinschaftsprojekte. Wir bedienen uns in dieser kollaborativen Umgebung vornehmlich sehr heterogener Spitzentechnologien, wobei man, was Sensortechnik, Material, Computer und Netzwerke anbetrifft, in jeder Richtung bald an die Grenzen der Kompatibilität stößt. Kompatibilität erzielt man aber nicht etwa dadurch, daß alle die gleiche materielle Ausrüstung haben, sondern daß es einheitliche Interfaces gibt.

Die Gemeinschaft der Wissenschaftler, die im Bereich der Hochenergiephysik (HEP) tätig sind, ist relativ klein und über die ganze Welt verstreut. Ihre Mitglieder verfügen alle über sehr gute Computerkenntnisse und sind es gewohnt zusammenzuarbeiten. Man könnte sagen, die HEP-Gemeinschaft ist eine Informationsgesellschaft im Miniaturformat, deren Mitglieder dauernd auf unterschiedlichste Weise Unmengen von Daten austauschen. Die Bedürfnisse der HEP-Gemeinschaft waren der fruchtbare Boden für die Erfindung des Web. Ähnlich ideale Bedingungen für das Web wären höchstens noch bei den Astronomen und Molekularbiologen zu finden gewesen.

Credo des Internet

Es ist vielleicht interessant zu wissen, daß die Ingenieure des Internet von Anfang an eine sehr anarchische Gruppe waren, die keine hierarchischen Strukturen akzeptierte und über Arbeit und Projekte am liebsten im direkten Gespräch diskutierte. Dabei wurden Ideen ausgetestet und alle ideologischen Konzepte verworfen. Als Motto für ihre Arbeit hatten sie sich den Ausspruch gewählt: »Wir glauben nicht an Könige, Präsidenten und politische Wahlen. Wir glauben an das Miteinander und den freien Datenfluß.« Wir erkennen hier den Beginn einer anderen Art von Gesellschaft: Weg von hierarchischen Entscheidungsstrukturen, Politik und Management – alles, was in festzementierten Strukturen funktioniert, wird als Zeitverschwendung angesehen. Respekt erlangt, wer gut funktionierende Systeme entwickelt und sich in Informatik und Netzwerktechnik auskennt. In der ständig vernetzten Welt braucht man nicht zu reisen, man e-mailt. Man braucht weder Anzüge noch Zeremonien, sondern eine funktionierende Software. Das »Management« eines Projekts übernehmen die Computer. Sie zeigen, was funktioniert und was nicht und wo Verbesserungen angesagt sind. Und für die Menschen gilt: Entweder bist du ein guter Programmierer, oder du bist hier fehl am Platz.

Zivilisatorische Herausforderungen

Wenn jeder mit jedem jederzeit mit geringem Kostenaufwand kommunizieren kann, bringt das für unsere Zivilisation eine Reihe von sozialen Umwälzungen und Fragen mit sich, die diskutiert werden müssen:

- Wird das Beschäftigungsniveau steigen?
- Werden sich die Menschen besser fühlen?
- Wird das allgemeine Bildungsniveau steigen?
- Wird die Welt ein sicherer Ort sein?

- Welche Regeln brauchen wir, und wie können wir sie durchsetzen?
- Was passiert mit dem Dienstleistungssektor?
- Wer hat die Macht?
- Probleme mit Geldüberweisung, Zahlung, Authentifizierung im globalen Netz;
- Probleme mit Pornographie, Gewalt, extremistischer Propaganda, Terrorismus, Werbung.

Individualistische Hacker-Technologien werden diese und ähnliche Fragen nicht lösen, das geht nur gemeinschaftlich. Wir müssen neue Formen der Gemeinschaft bilden.

Schafft das Internet Gemeinschaft?

Der französische Philosoph Pierre Lévy unterteilt die Kommunikationssysteme in drei große Kategorien:
Radiale Systeme: Radio, TV, Zeitungen, Bücher: Die Information fließt von einem einzigen Punkt aus, es gibt so gut wie kein Feedback.
Transversale Systeme: Telefon. Die Information fließt zwischen den Teilnehmern, und es gibt ein unmittelbares Feedback. Nachteil: Es sind in der Regel nur zwei Personen beteiligt. Außerdem erhält man keine automatische Aufzeichnung der Kommunikation.
Internet & Web: Information fließt asynchron in alle Richtungen. Die Information wird aufgezeichnet. Feedback ist grundsätzlich möglich und hängt von den individuellen Bedürfnissen ab; die Feedback-Rate ist frei wählbar. Da viele Menschen miteinander kommunizieren, bilden sich Gemeinschaften.

Erziehung

Internet und Web bieten heute vor allem Information. Es entstehen aber auch schon die ersten Meta-Server: Suchmaschinen, Programme, die Inhalte intelligent aufbereiten, Server, die die Inhalte anderer Server interpretieren. So ergießt sich immer mehr Wissen ins Web.
Damit Menschen dieses Wissen auch nutzen können, müssen sie sich mit den neuen Paradigmen und der neuen Rhetorik (Hypertext) vertraut machen: Sie müssen lernen, wie man das neue Medium schreibt und liest.
Da Bildung und Forschung die wesentlichen Antriebsfedern für den Prozeß des Lernens sind, müssen wir eine von kommerziellem Druck unabhängige Bildungsinfrastruktur schaffen und allen Schülern und Studenten gleiche Zugangsmöglichkeiten geben.

Zugang

Wichtig ist, daß der Zugang zum Netz auch weiterhin auf der Basis einfacher, weltweit gültiger Standards wie Internet, Simple Text, HTTP, HTML (im Falle des Web) funktioniert. Einfachen Technologien ist der Vorzug zu geben. Eine Zunahme an Komplexität und Diversität würde zu Inkompatibilitäten führen. In dieser Frage spielt das Web-Konsortium als neutrale Standardisierungsinstanz eine wichtige Rolle. Es definiert die gemeinsame Lingua franca des Web im Protokoll (HTTP) und in der Beschreibungssprache (Markup language, HTML).

Inhalt

Was die Inhalte anbetrifft, ist Europa im Netz nur sehr schwach vertreten. Obwohl die europäische Forschung bei der Entwicklung des Internet eine große Rolle gespielt hat und das Web an einem europäischen Institut erfunden wurde, erfolgte der Einsatz hier nur sehr langsam.
Wie ein amerikanischer Kollege einmal sagte: »Vergessen wir nicht, daß Europa ein Land ist, das immer noch Probleme mit der Kompatibilität seiner Elektrostecker hat.«
Die kulturelle und sprachliche Vielfalt auf unserem Kontinent ist ein beträchtliches Hindernis bei der Verbreitung von Wissen im Netz. Wir mögen diese Vielfalt lieben, aber sie hat einen Preis, den wir bereit sein müssen zu zahlen. Und wir müssen uns darüber klar sein, daß wir ihn zahlen – und das auch offen aussprechen.
Solange wir nicht gebildeter sind als unsere globalen Mitbewerber, befinden wir uns intellektuell und wirtschaftlich in einer Position der Schwäche. Es ist nicht möglich, europäische Inhalte zu quotieren; man muß den Europäern sowohl ihre eigene lokale Kultur als auch die globale Web-Kultur vermitteln, und letztere spricht nun einmal Englisch.

Schule

Diejenigen, die Bildungsinhalte schaffen, sind die Schüler, Studenten und Lehrer. Man muß ihnen die Gelegenheit geben, für das Web Inhalte zu entwickeln und bereitzustellen. Voraussetzung ist eine neue Lehrer-Schüler-Gemeinschaft: Die Lehrer übernehmen die Rolle von Mentoren, Schriftstellern, Vorbildern und Ratgebern, die Schüler und Studenten werden zu Lehrern ihrer Altersgenossen.
Stellen wir also einen Internet-Router in jede Schule! Konkret verbinden sich damit folgende Forderungen:

- Die Schüler haben 24 Stunden lang ohne Modem Zugang zum Internet.

• Jede Schule betreibt ihren Web-Server selbständig und ist damit unabhängig vom Support einer Universität oder einer anderen zentralen Institution.

• Die Netzkosten werden nicht von der Schule oder den Eltern, sondern vom Staat getragen.

Das ist heutzutage der Mindeststandard für eine sinnvolle Vernetzung, alles andere ist Zeitverschwendung. Man sollte sich von dem Gedanken lösen, eine solche Maßnahme sei zu teuer, und vielmehr überlegen, wie teuer es wird, wenn wir dieses Geld nicht in die Schulen investieren.

Offizielle Einrichtungen des Web

Die Web-Technologie wird heute von zwei Stellen bestimmt:

Das Entwicklungs-Konsortium W3C [http://www.w3.org/]

Das Konsortium besteht aus über 160 kommerziellen und akademischen Mitgliedern. Es finanziert ein Team von Entwicklern für die Herstellung von Web-Standards. Die Mitglieder des Teams sind über die ganze Welt verstreut. Einzelne Mitglieder arbeiten am INRA, am MIT (Massachussetts Institute of Technology, USA) und an der Keio-Universität (Japan). Leiter des Konsortiums ist Tim Berners-Lee, Vorsitzender ist Jean-François Abramatic.

Das Conference Committee IW3C2 [http://www.iw3c2.org/]

Dies ist ein Gremium, das sich aus Personen zusammensetzt, die die Entwicklung des Web und seine Anwendungen fördern. Es organisiert eine Serie von akademischen Konferenzen, die 1994 in Genf begann. Die Mitglieder dieses Gremiums entwickeln weder kommerzielle Produkte noch wenden sie sich an den Durchschnittsnutzer. Wichtigster Teil jeder Konferenz ist die Präsentation aktueller Arbeiten. Dabei werden neue Ideen und Anwendungen frisch aus den Laboratorien diskutiert. Das W3C ist bei den Präsentationen dieser Konferenzen ebenfalls vertreten.

PICS – ein Resultat des Konsortiums

Nachdem das Web immer wieder wegen fragwürdiger Inhalte angegriffen wird, sucht das Konsortium nach Möglichkeiten, Inhalte zu kontrollieren, ohne Zensur auszuüben.

Was heißt das konkret? Im Fall des Web bedeutet Zensur: Der Staat entscheidet darüber, was gut und was schlecht ist, und der Bürger selbst hat keinerlei Möglichkeit, individuelle Kontrolle auszuüben. Kontrolle im Web bedeutet hingegen: Der Bürger entscheidet selbst, welche Information er erhalten will, und schützt seine Kinder vor unerwünschten Inhalten selbst.

Die für letzteres entwickelte Technologie heißt PICS (Platform for Internet Content Selection). Dabei wird zwischen den Browser und den inspizierten Web-Server ein Bewertungs-Server zwischengestaltet. Die Vorgehensweise ist einfach:

• Eine Institution (Elternvereine, Kirchen, akademische Institutionen, Regierung, etc.) installiert einen oder mehrere Server, die eine Bewertung (Rating) anderer Server oder auch einzelner Dokumente vornehmen. Die Server tun dies, indem sie Noten vergeben. (A, B, PG, R, X, Xx oder einfach 1, 2, 3, 4, ...)

• Der Nutzer wählt sich nun einen oder mehrere dieser Rating-Server aus und teilt seinem Browser die Liste dieser Server mit. Wenn man sehr großes Mißtrauen hat, kann man auch einen eigenen Rating-Server installieren.

• Der Nutzer bestimmt nun seinerseits eine Schwelle der Bewertung, die nicht überschritten werden darf, wenn zum Beispiel ein Kind mit der Maus spielt.

• Wenn dies nach der Installation der Bewertungssoftware passiert, geschieht folgendes: Jedes Mal, wenn ein Kind mit der Maus ein Link anklickt, leitet der Web-Browser die Web-Adresse des angewählten Dokuments an die Kontroll-Software (Rating-Censor) im PC weiter, die nun alles blockiert, was die gewählte Beurteilungsschwelle übersteigt. Dieser Privat-Zensor fragt den Rating-Server, welche Beurteilung das angeforderte Dokument erhalten hat. Der Rating-Server schickt seine Beurteilung zurück, und der Rating-Censor im PC vergleicht diese Beurteilung mit der voreingestellten Bewertungsschwelle und entscheidet, ob das gewünschte Dokument durchgelassen oder blockiert wird. Wird es durchgelassen, fordert der Web-Browser das Dokument beim Dokumenten-Server an, der das Dokument schickt – wobei dieser nichts von dem ganzen Beurteilungsprozeß weiß. Tatsächlich können verschiedene Rating-Server ein und demselben Server bzw. den von ihnen verwalteten Dokumenten unterschiedliche Noten zuteilen.

Die Eleganz dieses Systems liegt darin, daß es auf unterschiedliche Weisen funktioniert: Man kann einen Rating-Server einrichten, der die nach Meinung eines Nobelpreisträgers besten Physik-Abhandlungen liefert, einen anderen, der die besten pornographischen Bilder liefert, einen dritten, der Angestellte am Surfen durch nicht-arbeitsbezogene Inhalte hindert usw.

Fazit

Ich bin überzeugt, daß wir vor einer großen Umwälzung stehen. Wir haben uns von einer sehr rudimentären Gesellschaft der primitiven Jäger und Sammler hin zu einer Gesellschaft des Ackerbaus und Handwerks entwickelt. Wir haben einen Wandel von der Taktik zur Strategie, von der kurzfristigen Aktion in Teams zur langfristigen Planung in hierarchischen Strukturen vollzogen. Mit dem Netz tut sich eine völlig neue Gesellschaftsform auf, die mit beidem nichts mehr zu tun hat. Diejenigen, die bereits in dieser neuen Gesellschaft leben, haben Schwierigkeiten, mit den anderen, die noch außerhalb stehen, zu kommunizieren – so wie Nomaden und Bauern sich auch nicht wirklich verstehen konnten.

Politik ist eine Sache seßhafter Gesellschaften. Welche Rolle wird sie in einer Gesellschaft der Netznomaden spielen? Werden wir irgendwann alle Cyberindividualisten sein, die ihr Leben ungehindert von allen politischen Eingriffen führen werden?

Technologen sind politisch naiv. Politiker sind technologisch naiv. Machen wir also eine Schule auf, in der wir einander lehren und voneinander lernen können.

Demokratische Informationsgesellschaft

In den meisten Berichten, die sich mit dem Internet befassen, stehen Überlegungen der Wirtschaft und der Unterhaltungsbranche im Vordergrund. Im Mittelpunkt dieses Buches steht hingegen die Frage, ob das Internet Chancen für mehr Beteiligung der Bürger am politischen Prozeß bietet. Daß im Zentrum demokratischer Politik der gut informierte Bürger stehen soll, ist in den vergangenen Jahrzehnten überzeugend begründet und – mehr oder weniger erfolgreich – auch bereits von zahlreichen Bürgerinitiativen und Graswurzelorganisationen in aller Welt erprobt worden.
Den Autoren, die in diesem Kapitel zu Wort kommen, ist der Wunsch gemeinsam, den Bürgern mehr direkten Einfluß zu ermöglichen, wobei sie als Wissenschaftler, Unternehmer und Medienpraktiker von sehr unterschiedlichen Standorten und Erfahrungen ausgehen und zu ebenso verschiedenen Schlußfolgerungen kommen. Dabei geht es weniger um den Mythos der »athenischen Demokratie«, die der US-Vizepräsident Al Gore einmal in der für Amerika typischen Mischung aus »history and hope« als Zielvorgabe des Internet sehen wollte. Aber einige Autoren erkennen durchaus Chancen für eine »elektronische Republik«, die **Lawrence Grossman**, erfahrener Medienfachmann und einstiger Direktor des öffentlichen Fernsehsenders PBS, in seinem Beitrag in ihrer ganzen Ambivalenz skizziert. Der Schweizer Politikwissenschaftler **Heinz Kleger** verspricht sich vom Netz mehr Chancen für eine direkte und transnationale Demokratie als dies **Benjamin Barber**, herausragender Theoretiker der »starken Demokratie«, oder der Kulturtheoretiker **Herbert Schiller** tun. Die beiden letzteren sehen den »Wettbewerb der Inhalte« auf den Informationsmärkten, den die Unternehmer-Autorin **Esther Dyson** zum Kerngegenstand des Internet erhebt, als Bedrohung des demokratischen Gleichheitsgrundsatzes an. Einig sind sie sich auch in ihrer Kritik an allen monopolistischen Schließungsversuchen des Internet, gleich von welcher Seite sie ausgehen.
Es geht also um die Chancen der und um die Risiken für die Demokratie in der Informationsgesellschaft – und die an sich leere Vokabel erhält damit die notwendige Spezifikation.

Der Traum des Nebukadnezar

Demokratie in der Ära des Internet

von Lawrence K. Grossman

Im Alten Testament, im zweiten Kapitel des Buches Daniel, wird ein Traum des babylonischen Königs Nebukadnezar beschrieben, in dem die Ankunft eines ungewöhnlichen vierten Weltreiches prophezeit wird, das auf die drei legendären alten Königreiche aus Gold, Silber und Erz folgen werde. Dieses vierte Reich werde ein »geteiltes« sein, es werde teils aus Eisen, teils aus Tonerde bestehen und entsprechend fest und brüchig zugleich sein, da Eisen sich nicht mit Ton verbinde.

Das Bild vom »geteilten« Reich, das fest und brüchig zugleich ist, ist eine treffende Metapher für die Regierungsform, wie sie heute, am Ausgang des 20. Jahrhunderts, in den USA Gestalt annimmt. Durch die neuen elektronischen Medien ist erstmals eine Situation entstanden, in der ganz wörtlich die direkte Herrschaft des Volkes möglich geworden ist. Es ist eine hybride Regierungsform, die das »Eisen« unserer herkömmlichen repräsentativen Republik mit der »Tonerde« der direkten Demokratie verbindet. Daniel, der einflußreiche Interpret von König Nebukadnezars Träumen, dürfte einer der ersten und effizientesten politischen Berater gewesen sein. Die Beschreibung, die er vor vielen Jahrhunderten von Nebukadnezars Traum lieferte, beschreibt genau, wie die Regierungsform aussehen wird, mit der wir es im nächsten Jahrhundert zu tun haben werden.

Die Fernsehgeräte der nächsten Generation werden digitale, interaktive PCs sein, die die Bürger direkt mit der Stadtverwaltung, der Hauptstadt ihres Bundesstaats, dem Weißen Haus, den Abgeordneten im Kongreß und den meisten anderen staatlichen Institutionen auf lokaler, regionaler oder nationaler Ebene verbinden werden. Man wird selbstverständlich über den Fernseher auch Zugang zu E-Mail und Internet haben. Der Fernseher ist dann nicht mehr das passive Medium von heute, die »dumme Flimmerkiste«, die Bilder und Töne aussendet, sondern wird sich wie der Computer aktiv am gesellschaftlichen Wandel beteiligen. Das digitale Fernsehen macht es möglich, daß der normale Bürger an politischen Entscheidungen, die seine alltägliche Realität betreffen, wirklich teilhaben kann. Der Bürger wird damit erstmals, um es mit einem Wort von

Alexander Solschenizyn auszudrücken, »in die Lage versetzt, auf den Ablauf seines persönlichen Geschicks Einfluß zu nehmen«. Schon sehr bald werden die Fernbedienungen normaler Fernsehapparate nicht mehr nur zur Programmwahl, sondern auch zur Stimmabgabe bei politischen Wahlen genutzt werden können, und man wird in Echtzeit jede beliebige Nachricht von seinem Fernseher aus an jeden beliebigen Ort und Teilnehmer verschicken können. Es ist abzusehen, daß sich dadurch nachhaltig die Beziehungen zwischen der gewählten politischen Führung und den Wählern, zwischen Regierung und Regierten verändern werden.

Durch die rasche Ausbreitung der neuen Telekommunikationstechnologien und die sich parallel dazu entwickelnden zahllosen Bürgerinitiativen und politischen Interessensgruppierungen sind die Möglichkeiten für den Normalbürger, direkten Einfluß auf politische Entscheidungen zu nehmen, so groß geworden wie nie zuvor. Und dieser Trend zur direkten Demokratie beschleunigt sich gegenwärtig noch, obwohl wir gleichzeitig auch eine wachsende Desillusionierung gegenüber Politik und Politikern beobachten können, und die Bürger generell die Funktionsfähigkeit der repräsentativen Demokratie gering einschätzen. So ist es eine schöne Ironie des Schicksals, daß bei den Bürgern die Unzufriedenheit mit der Regierung und den Politikern zunimmt, je bedeutsamer ihre eigene Rolle im politischen Entscheidungsprozeß wird.

Die Menschen in den USA spüren, daß sie in ein neues Zeitalter eingetreten sind, in dem sie sowohl ihre Meinung zum Ausdruck bringen als sich auch an der Spitze der Regierung Gehör verschaffen können. In den USA wird mittlerweile keine wichtige politische Entscheidung mehr getroffen, ohne daß zuvor die Meinung der Öffentlichkeit eingeholt wurde. Sie ist zum Maß aller Dinge geworden. Täglich werden die Bürger sowohl von der Legislative wie von der Exekutive befragt, ob amerikanische Truppen an internationale Krisenherde entsandt werden sollen, auf welche Weise das Wohlfahrtswesen zu reformieren ist, oder wie man mit Einwanderungsproblemen, Verbrechen, Drogen, Steuern, Bildungswesen, Sozialversicherung oder mit Sex und Gewalt im Fernsehen umgehen soll. All das führt zu der in Nebukadnezars Traum vorhergesehenen »geteilten Regierung«, auf die ständig von der Öffentlichkeit Druck ausgeübt wird, so daß der Regierung in vielen Entscheidungsprozessen die Hände gebunden sind. Durch pausenlose Zielgruppen- und Repräsentativbefragungen in Radio- und Fernsehsendungen, über E-Mail, Fax und kostenfreie Nummern, die von den gewählten Politikern ebenso wie von den Lobbyisten in Auftrag gegeben werden, üben die amerikanischen Bürger heute in

einem bislang unbekannten Maß direkte Macht auf die Politik aus. Die Öffentlichkeit, nicht die Presse, ist nun die »vierte Gewalt« im Staat.
Zusammenfassend kann man sagen, daß die USA im Begriff sind, die erste »elektronische Republik« der Welt zu werden. Diese hybride Form der »geteilten« Regierung verdankt ihre Existenz zum einen der zunehmenden Tendenz zur Demokratisierung, zum anderen der explosionsartigen Ausbreitung der interaktiven, digitalen Telekommunikation. Das Zusammenwirken von Satelliten, Computern, Fernsehen, Telefon, Fax und Internet gibt bereits heute zehn Millionen US-amerikanischen Bürgern die Möglichkeit, mit Bürgern im ganzen Land zu kommunizieren, die politische Führung in Echtzeit zu hören und zu sehen sowie die gewählten Volksvertreter augenblicklich ihre Meinung wissen zu lassen. Zum ersten Mal können sich Millionen von Menschen in diesem riesigen, aus vielen unterschiedlichen Kulturen bestehenden Land unmittelbar an der politischen Entscheidungsfindung beteiligen.
Man spricht oft von den ökonomischen Auswirkungen der digitalen Telekommunikation, die große Entfernungen verschwinden lasse und gleichzeitig die landwirtschaftlichen und industriellen Grundlagen unserer Gesellschaft zerstören werde, um sie durch eine Dienstleistungs- und Unterhaltungsindustrie zu ersetzen. Nur selten ist bisher von den weitreichenden politischen Folgen die Rede, die das Zeitalter der digitalen Telekommunikation mit sich bringen wird, und mit denen sich unsere Gesellschaft im kommenden Jahrhundert auseinandersetzen muß. Sie betreffen sowohl die Struktur unserer demokratischen Staatsform als auch die Art und Weise, wie diese funktioniert. Beides wird einen tiefgreifenden Wandel erleben, der radikaler sein wird als alle Veränderungen seit der Gründung der Vereinigten Staaten. Wie die neue elektronische Republik am Ende aussehen wird, läßt sich heute noch nicht genau abschätzen. Doch zumindest ihre Umrisse zeichnen sich bereits deutlich ab. Doch wenig vorausschauend, wie wir nun einmal sind, betreiben wir unser politisches Tagesgeschäft weiter, als würde es alle diese Veränderungen nicht geben.
Von zentraler gesellschaftlicher Bedeutung für die elektronische Republik ist zum Beispiel, daß wir die Rolle der Telekommunikationsmedien neu definieren, die angetrieben werden von einem endlosen Bedürfnis nach Unterhaltung. Sie orientieren sich an den Werten der Sensationspresse, sind mitleids- und anspruchslos und haben schon lange ausgedient als Mittler verantwortungsvoller Information und Bildung. Obwohl wir dies alles wissen, verlassen wir uns aber weiter auf die durch Agglomeration

noch beständig weiterschrumpfende Zahl von globalen Unterhaltungsgiganten, die zwar gern ihre lukrativen Privilegien in Anspruch nehmen, jedoch in keiner Weise auch den damit für die Öffentlichkeit verbundenen Pflichten nachkommen. Zu diesen Pflichten würde es zum Beispiel gehören, die Bürger mit allem zu versorgen, was sie an Information brauchen könnten, um ihre neu gewonnene politische Macht auszuüben. Tatsache ist, daß die Ausgaben für seriöse Information, für Nachrichtendienste und investigativen Journalismus rückläufig sind, und der Löwenanteil des Geldes weltweit in die Unterhaltung fließt. Daran ändern die neuen Schlagzeilensender und Nachrichtentalkshows nichts. Das erdrückende Angebot aller nur erdenklichen Formen von Unterhaltung – ein Phänomen, das auch das Internet bereits erfaßt hat – hat sich lähmend auf die Vitalität unserer Demokratie gelegt. Mehrere hundert digitale Kanäle werden uns demnächst täglich 24 Stunden lang mit einer Flut von Zerstreuung überschwemmen, so daß dann der für die Demokratie lebensnotwendige Fluß öffentlicher Information vermutlich gänzlich versiegt – oder, was fast noch schlimmer wäre, zur kommerziellen Unterhaltung verkommt.

Bisher hat man uns im Hinblick auf die Telekommunikationsmedien die Wahl zwischen zwei Möglichkeiten suggeriert: Entweder diese Medien sind gänzlich im Besitz des Staates, oder sie sind im Besitz der wenigen globalen Unterhaltungsgiganten. Für die elektronische Demokratie wird aber etwas Drittes gebraucht, und das kann das Internet zur Verfügung stellen. Es müssen speziell auf die Bedürfnisse der Bürger zugeschnittene neue Kommunikationswege geschaffen und der Information Highway zu einem digitalen, interaktiven, öffentlichen Superhighway ausgebaut werden, der so gestaltet ist, daß er öffentliche Information und objektive Dokumentationen und Analysen für die Bürger zugänglich macht. Außerdem muß es auch einen öffentlichen Raum im Netz geben, an dem Bürgerversammlungen stattfinden und die Bürger mit den Politikern in Kontakt treten können. Die technischen Voraussetzungen dafür gibt es. Es geht jetzt darum, die vorhandene Chance zu nutzen und einen großen Schritt vorwärts zu tun. Das betrifft einmal unseren offensichtlich großen Bedarf an öffentlicher Kommunikation, zum anderen aber auch das enorme Nachholbedürfnis in puncto Bildung, das kennzeichnend ist für die USA. Wichtig ist vor allem, daß bald etwas getan wird, bevor sich auch das Internet und die anderen neuen Telekommunikationstechnologien in die bekannten Muster von Kommerz und Konsum einpassen.

Die Verwirklichung der elektronischen Republik setzt eine Reihe von politischen Reformmaßnahmen voraus, die den weitreichenden Einfluß

der in wenigen Händen konzentrierten Telekommunikationsindustrie eindämmt. Sie erfordert vom Bürger eine neue Verantwortlichkeit und dementsprechend auch eine bessere Bildung, denn er wird ja in Zukunft in die politischen Entscheidungsprozesse viel mehr eingebunden sein.
Durch die Telekommunikation ist eine Reihe von neuen Möglichkeiten der Bürgerteilnahme entstanden, die sich bereits verändernd auf die Wahlkampagnen wie auf die Verfassung ausgewirkt haben. Schon heute betrachtet man Wahlen im Vierjahresrhythmus als nicht mehr ausreichend, um das vorhandene Bedürfnis der Bürger nach Beteiligung zu stillen. Die Menschen haben das Gefühl, daß sie öfter und in kürzeren Abständen in den politischen Entscheidungsprozeß eingebunden werden müßten. Die digitale Telekommunikation wird aber nicht nur den demokratischen Wahlprozeß sehr stark verändern, sondern auch das, was wir unter einer politischen Gemeinschaft verstehen. Bisher definieren sich politische Gemeinschaften und Regierungen durch geographische Grenzen. In Zukunft wird eine Regierung eine ad hoc entstehende, problemorientierte Institution sein, und politische Gemeinschaften werden sich aus Menschen mit gleichen Interessen und Überzeugungen zusammensetzen, die sich – unabhängig von der Zugehörigkeit zu einem Wahlbezirk oder einer bestimmten Nachbarschaft – über Fragen wie Sozialleistungen, Einwanderung, Abtreibung, Rasse oder Schulgebet zusammenfinden, miteinander diskutieren und sich mit politischen Vertretern auf elektronischem Weg austauschen.
Wir müssen unser politisches System verändern und die Regierung an die durch die Telekommunikationsrevolution der 90er Jahre entstehenden neuen Bedürfnisse anpassen, wenn wir vermeiden wollen, daß unsere »zum Teil starke, zum Teil zerbrechliche« Republik irgendwann in der Zukunft in Demagogie und Anarchie abgleitet, was historisch gesehen noch das Schicksal jeder Republik war. Wir müssen uns darüber klar sein, daß die Demokratie der Zukunft nicht mehr das System sein wird, das wir kennen, in dem die Bürger alle paar Jahre eine Handvoll Volksvertreter wählen, denen sie dann alle wichtigen Entscheidungen überantworten. Wir bewegen uns unaufhaltsam auf eine direktere, demokratischere, aber möglicherweise auch für Demagogie anfälligere Demokratie zu, die die Form der repräsentativen Demokratie mit direkten, per Volksentscheid zustande kommenden Entscheidungen verbindet. In zehn Jahren wird es normal sein, daß sich die Bürger online in Wahllisten eintragen und online ihre Stimme abgeben – und das nicht nur alle vier Jahre, sondern viele Male im Jahr. Die Parlamentarier werden mit ihren Wählern von zu

Hause aus elektronische Versammlungen abhalten. Sie werden diese über Gesetzesvorhaben informieren, über die sie in der darauffolgenden Woche abstimmen sollen, und sie werden die Wähler auffordern, ihnen per E-Mail ihre Meinung und ihr Votum mitzuteilen.

Das Internet ist in der Tat ein außerordentlich effizientes Medium, um so etwas wie eine preiswerte und flächendeckende Information zu ermöglichen und die Bürger mit Fakten, Meinungen oder Gesetzesvorhaben vertraut zu machen. Es ist außerdem auch ein bemerkenswert effizientes Medium für alle möglichen Debatten auf lokaler, regionaler, nationaler und globaler Ebene. Es ist kostengünstig, und sein Zugang kann so gut wie nicht kontrolliert und noch schwieriger zensiert werden. Da es uns in die Lage versetzt, auch solche gesellschaftlichen Gruppen und Individuen miteinzubeziehen, die von den heutigen Massenmedien weitgehend ignoriert werden, schreibt man dem Internet zu Recht die Fähigkeit zur Wiederbelebung der Demokratie zu.

Das Internet ist außerdem ein Mittel, um die Kontrolle der Unterhaltungsgiganten über die Zugangs- und Übertragungswege wirksam zu unterlaufen. Es könnte damit eine potente Waffe nicht nur gegen die Dominanz und Macht der Großkonzerne sein, sondern auch gegen die totale Kommerzialisierung der Information. Ein nützliches Medium für die Verbreitung ist es ohnehin.

So stellt sich das Internet heute als geeignetes Instrument zur Übermittlung kommunaler, regionaler und überregionaler Nachrichten und Informationen dar; auf der anderen Seite erleben es die Menschen, die es nutzen möchten, oft als undurchdringliches Labyrinth, in dem es keine Sicherheit darüber gibt, woher die Information kommt und ob sie falsch oder richtig ist. Die Kommerzialisierung der Information wird das schnell verändern. Sie wird allerdings auch mit sich bringen, daß dann auch die öffentliche Information von privaten Unternehmen angeboten wird, und man für die elektronische Version von Gesetzen und Regierungsdaten, die man bisher kostenlos erhalten konnte, bezahlen muß. Hier gilt es politisch gegenzusteuern. Je mehr sich das Internet als Medium zur Ausübung staatsbürgerlicher Rechte durchsetzt, umso dringlicher gilt es sicherzustellen, daß die öffentliche Information nicht nur den Besserverdienenden, sondern allen Bürgern zur Verfügung steht. Mit anderen Worten: Es gilt dafür zu sorgen, daß ausreichende Kapazitäten für den öffentlichen Dialog zur Verfügung stehen, und daß alle Bürger Zugang zur öffentlichen Information, zu den staatlichen Institutionen und zum Internet besitzen.

Man geht heute allgemein davon aus, daß dem Medium Internet per se demokratische Tendenzen innewohnen und seine funktionale Anarchie es möglich macht, daß viele mit vielen kommunizieren können. Das Internet bildet damit die Antithese zu den streng hierarchischen Strukturen der traditionellen Medien. In einem Beitrag des politischen Kolumnisten Bill Frezza liest sich das so: »Das globale Netz unterscheidet sich radikal von allen anderen Mitteln, durch die menschliche Gesellschaften bisher miteinander in Verbindung standen. Im Gegensatz zu den Straßen des alten Rom, den Schiffen des British Empire oder den Massenmedien des 20. Jahrhunderts (...) wird das Internet zwar ebenfalls den Handel anheizen und die Kultur verbreiten, aber es wird niemals zum Erfüllungsgehilfen des Staates werden. Dieses dezentral strukturierte, sich selbst organisierende Netz der Netze, das sich jeglicher Form von zentraler Kontrolle widersetzt, ist immun gegen jede Art von Herrschaftsanspruch, die einzelne Personen oder Institutionen daran knüpfen.«
Was heute als sicher gilt, kann in zehn Jahren schon wieder falsch sein. Das Radio wurde einst auf eine ganz ähnliche Weise wahrgenommen. In der Tat läßt sich die Entwicklung des Internet in manchen Punkten mit der des Radios vergleichen. Es erregt im gleichen Maße die öffentliche Meinung, wie das zu Anfang das Radio tat, da es auf ähnliche Weise zukünftigen Nutzen und Profit verheißt und die Menschen aus diesem Grund zu Begeisterung und Neugier hinreißt. Und es herrscht eine ähnliche Verwirrung wie beim Radio bezüglich der Frage, wie sich seine rasch zunehmende Popularisierung in Gewinn ummünzen ließe. Die Parallelen gehen aber noch weiter. Das Radio wurde ursprünglich von der amerikanischen Navy als Kommunikationsmittel für Kriegsschiffe verstanden, das Internet wurde zu Anfang vom amerikanischen Verteidigungsministerium finanziert, weil es darin das geeignete Medium sah, um mit seinen zahlreichen Forschungsunternehmen zu kommunizieren. Wie das Radio wurde auch das Internet bald von normalen Nutzern entdeckt, für die es eine aufregende Spielwiese war, um die neuen Kommunikationsmöglichkeiten (zum Beispiel über lange Distanzen) auszuprobieren – was bei den staatlichen Institutionen, die das Netz zu ganz anderen Zwecke entwickelt hatten, große Überraschung hervorrief.
Welchen Nutzen hat nun eine direkte elektronische Demokratie? In diesem Zusammenhang können wir einiges von den Strukturen und Strategien lernen, die die Erfinder der Demokratie vor mehr als 2500 Jahren in Athen entwickelten. Ungeachtet der großen zeitlichen Entfernung und der anderen örtlichen Gegebenheiten, die die kleinen griechischen Stadt-

staaten von den massigen, aus heterogenen Einheiten bestehenden Nationalstaaten unserer Tage trennen, hat das demokratische Athen eine Reihe äußerst wichtiger staatlicher Neuerungen eingeführt, die sich im kommenden Jahrhundert als nützliche Modelle für unsere eigene elektronische Republik erweisen könnten.

Das politische System des antiken Griechenland hatte sehr viel mehr mit dem heutigen amerikanischen Rechtssystem zu tun, bei dem nach dem Zufallsprinzip ausgewählte Jurys über Recht und Unrecht entscheiden, als mit dem amerikanischen politischen System, bei dem alle Entscheidungen von gewählten Volksvertretern getroffen werden. Im antiken Griechenland wurden Bürger durch Los für die Mitarbeit in einem Bürgerausschuß bestimmt, in dem, je nach Bedeutung der Entscheidung, zwischen fünfzig und fünfhundert Personen über die anstehenden politischen Angelegenheiten berieten. Diese Bürgerausschüsse formulierten und empfahlen dann Maßnahmen für die Regierung, stellten politische Dringlichkeitslisten auf, hielten öffentliche Anhörungen ab und kontrollierten die Arbeit der Regierung.

Für die anstehende Modernisierung unseres politischen Systems empfiehlt es sich, sich die Praxis des alten Athen zum Vorbild zu nehmen. Dementsprechend müßten wir die Bürger durch Losentscheid in Bürgerausschüsse berufen, die dann die Aufgabe hätten, die anstehenden Fragen zu beraten und den Rat von Fachleuten einzuholen. Was die Behandlung so komplexer Themen wie Gesundheitswesen, Einwanderung, Reform des Sozialstaats, Steuerpolitik, Bildungswesen, Armut und Telekommunikation anbetrifft, müßten die Bürgerausschüsse dann Empfehlungen für die Legislative und die Exekutive ausarbeiten. Die Ausschüsse sollten nach dem Rotationsprinzip besetzt und ihre Mitglieder für die investierte Zeit finanziell entschädigt werden, so wie dies bei den Athenern der Fall war. Wenn diese Bürgerausschüsse angemessen in die traditionellen politischen Rahmenbedingungen eingebettet würden, könnten sie die Effizienz der gewählten politischen Vertreter steigern und wären auch gleichzeitig in der Lage, die Effizienz der Regierung zu überprüfen, die ihre Vorschläge ja in die Tat umsetzen muß. Die Arbeit der Bürgerausschüsse wäre mit Sicherheit auch ein gutes Mittel, der Politikverdrossenheit und Passivität der Bürger und dem wachsenden Einfluß kapitalkräftiger Interessensgruppen entgegenzuwirken.

Wen die Aussicht beunruhigt, daß einfache Menschen aus dem Volk außerordentlich schwierige und komplexe gesellschaftliche Probleme erörtern sollen, dem sei ein Artikel aus dem *Economist* nahegelegt, der darauf hinweist, daß die Kluft zwischen dem einfachen Volk und dem Parlament heute sehr viel kleiner ist, als sie zu Zeiten des großen britischen konservativen Denkers Edmund Burke[1] und noch lange Zeit danach war. Der politische »Artilleriebeschuß des Internet mit Vorstellungen, Fakten und Daten«, so der *Economist*, werde dem normalen Bürger auf jeden Fall eine bessere Ausgangsposition verschaffen, um die Arbeit der gewählten Volksvertreter beurteilen zu können und zu erkennen, wo sie sich irren, und natürlich werde sich der informierte Bürger dann auch irgendwann die Frage stellen, ob es wirklich eine gute Idee ist, daß man das Geschäft der Politik einem Haufen Politiker und Lobbyisten anvertraut: »Die Menschen sind nicht mehr ohne weiteres bereit, den gewählten Volksvertretern die Hochachtung entgegenzubringen, die diese aber traditionell von ihren Wählern erwarten«.

Wie gehen wir in einer politischen Umgebung, in der die direkte politische Macht der Bürger merklich zunimmt, damit um, daß sich andererseits eine große Mehrheit der Bürger überhaupt nicht am politischen Geschehen beteiligt? Das amerikanische Volk, dessen selbstloser Einsatz für das Gemeinwohl einst von Alexis de Tocqueville[2] gepriesen wurde, hat sich in den vergangenen Jahren zunehmend dem Ziel individueller Selbstverwirklichung und der Verfolgung egoistischer Einzelinteressen zugewandt. Für die Stabilität der elektronischen Republik wird aber entscheidend sein, daß es uns gelingt, ein neues Gleichgewicht zwischen öffentlichem und privatem Interesse herzustellen und das traditionelle Ideal einer Bürgerschaft wiederzubeleben, die willens ist, das Interesse des Gemeinwohls über die Verfolgung eigennütziger Interessen zu stellen. In der elektronischen Republik muß die Wahrnehmung staatsbürgerlicher Aufgaben zu einem festen Bestandteil des Alltags werden, ein Ziel, um dessen Verwirklichung sich die alten Griechen intensiv bemühten, während wir es fast ganz aus den Augen verloren haben. Die Wahrnehmung unserer staatsbürgerlichen Aufgaben kann sich nicht auf die Stimmabgabe am Wahltag beschränken, wie es heute der politischen Praxis entspricht. Und die wachsende Bedeutung des Internet und anderer interaktiver Medien, die zum Teil online, zum Teil offline genutzt werden, bietet eine hervorragende Möglichkeit, neue Formen von politischer Beteiligung ins Leben zu rufen.

Viele Menschen finden die zunehmende Bedeutung von Repräsentativumfragen bedauerlich, weil sie glauben, daß Politiker dadurch veranlaßt werden, ihr Handeln mehr an den Umfrageergebnissen als an politischen Prinzipien auszurichten. Dabei sollte es eigentlich selbstverständlich sein, daß man in einer Demokratie prinzipiell auf die Wünsche und Vorstellungen der Bürger hört und sie bei Entscheidungsfindungen zu Rate zieht. Es ist einigermaßen absurd, daß dies nur in Zeiten des Wahlkampfes geschieht, als ob die Leute zwischen den Wahlen keine Meinung hätten. In der Vergangenheit waren Wahlen das einzige Mittel, um den politischen Willen der Öffentlichkeit zu erkunden. In Zukunft, in der elektronischen Republik mit den neuen Möglichkeiten der Meinungserhebung, werden Bürgerbefragungen ein wesentliches Moment der politischen Willensbildung sein.

Die politischen Führer der elektronischen Republik werden über besondere Fähigkeiten verfügen müssen, um einerseits den widersprüchlichen Forderungen vielfältig aufgesplitterter Wählergruppen gerecht zu werden und gleichzeitig dem Gemeinwohl zu dienen. Es wird schwer sein, sich dem Druck der öffentlichen Meinung zu entziehen, und ihr nicht auch dann noch zu folgen, wenn sie offensichtlich falsch oder gar nicht informiert ist. Ähnlich schwer wird es für die Politiker werden, das Für und Wider sorgfältig gegeneinander abzuwägen, zu verhandeln, tragfähige Kompromisse zu erzielen oder eine einmal geäußerte Meinung zu ändern, wenn dauernd der prüfende Blick der Öffentlichkeit auf ihnen ruht. Die gewählte politische Führung muß in der Lage sein, das Richtige zu tun, auch wenn das Richtige vielleicht gerade unpopulär ist. Sie muß die Fähigkeit haben, mit ihren Wählern auch dann Kontakt zu halten, wenn sie mit den Entscheidungen, die sie trifft, bereits meilenweit voraus ist. Das Regierungsgeschäft wird in der elektronischen Republik unendlich viel schwieriger sein, weil die politische Führung ständig im Rampenlicht der öffentlichen Beobachtung steht und zur Verantwortung gezogen wird.

Nach Meinung des kanadischen Medientheoretikers Marshall McLuhan entwickelt die Politik mit der Beschleunigung des Informationsflusses »die Tendenz, vom Prinzip der Repräsentation und Delegation an gewählte Repräsentanten abzurücken und die gesamte Gemeinschaft direkt an den zentralen Entscheidungen zu beteiligen«. In den neunziger Jahren ließ sich das auf vielen Ebenen beobachten. Die Meinungsbefragungen haben in dieser Zeit um 4000 Prozent zugenommen. In den USA sind vor einiger Zeit die Staaten Kalifornien, Oregon und Colorado dazu übergegangen, wichtige politische Fragen immer häufiger durch die Bürger statt durch die gewählten Volksvertreter entscheiden zu lassen. In Kalifornien werden heute mehr Dinge in der Wahlkabine entschieden als auf dem Weg der parlamentarischen Gesetzgebung. Das hat zur Folge, daß für die

Lobbyarbeit bei den kalifornischen Bürgern inzwischen mehr Geld ausgegeben wird als für die Lobbyarbeit bei den Regierungsvertretern. Wenn es nur eine Handvoll Politiker ist, die die Entscheidungen fällt, dann kann man seine Interessen entweder legal durch Millionenspenden für den Wahlkampf vertreten, oder illegal, indem man sich mit seinen Millionen politische Vergünstigungen erkauft. Wenn aber das Wahlvolk selbst mit entscheidet, wird der Stimmenkauf – so sollte man meinen – sehr viel schwieriger, da niemand reich genug ist, um die Stimmen eines ganzen Volkes kaufen zu können. Die Realität sieht anders aus. Bei Entscheidungen, die massiv in wirtschaftliche Interessen eingreifen, wie etwa die gesetzlichen Regelungen für die Zigarettenindustrie, das Gesundheitsvorsorge-Programm oder Umweltvorschriften, haben sich die Interessensvertretungen jetzt einen neuen Weg geschaffen: Sie kaufen die Stimmen der Wähler über ihre Dominanz in den Medien. Der ungebremste Einsatz von Geld für die Durchsetzung politischer Interessen ist der eigentliche Skandal in der heutigen amerikanischen Demokratie. Wir müssen in der elektronischen Demokratie unbedingt politische Rahmenbedingungen schaffen, die einen fairen Verlauf der Bürgerbefragungen ermöglichen.

1994 hat der Staat Oregon die Stimmabgabe an der Wahlurne durch das Briefwahlverfahren ersetzt – und damit eine Rekordwahlbeteiligung erreicht. In naher Zukunft wird Wählen per TV- oder Computertastatur sowohl den Gang zur Wahlurne wie auch die Briefwahl ersetzen. Mit der Wahl der elektronischen Abstimmungsmethode kann theoretisch jeder Tag zum Wahltag werden, da die Bürger von jedem beliebigen Ort aus ihre Stimme abgeben können, unabhängig davon, ob sie gerade zu Hause, im Büro oder unterwegs sind. Und eine Abstimmung kann vor allem auch immer dann stattfinden, wenn die Politik eine Entscheidung der Bürger für notwendig hält. In der Schweiz etwa, wo es keine Fernwahl gibt, sind die Bürger viermal jährlich aufgerufen, bei wichtigen gesellschaftlichen Fragen ihr Votum abzugeben.

Ein Mehr an Demokratie kann allerdings auch leicht zu einem Zuviel und damit zur Gefahr für die Demokratie werden. Mehr Abstimmungen machen nur Sinn, wenn Bürger besser informiert sind. Nur informierte Menschen sind zu vernünftigen Entscheidungen in der Lage, die Bürger müssen also wissen, um was es geht, und bereit sein, sich zu engagieren und sich ernsthaft mit dem Für und Wider auseinanderzusetzen.

Bisher wurde die politische Macht von einer vergleichsweisen kleinen Gruppe ausgeübt, die sich aus der politischen, akademischen, journalistischen und wirtschaftlichen Elite zusammensetzt. Die große Masse der normalen Bürger spielte darin keine Rolle. Im Gegenteil, je mehr das Mitspracherecht ausgedehnt wurde, desto größer wurde die Kluft zwischen den sogenannten Experten und professionellen Politikern und der in Passivität verharrenden Masse der normalen Bürger. Nicht einmal diejenigen Bürger, die regelmäßig zur Wahlurne gehen, sind ausreichend über das politische Tagesgeschehen informiert und können politisch verantwortlich entscheiden. Und die Massenmedien tun nichts anderes, als die Passivität der Bürger noch zu verstärken.

Das Zeitalter des Internet wird dies verändern. Die elektronische Republik wird den einfachen Bürgern weit mehr Möglichkeiten einräumen, politische Verantwortung zu übernehmen. Wir können nur hoffen, daß parallel mit dem Zuwachs an politischer Verantwortung und Erfahrung bei vielen Bürgern die Bereitschaft wächst, sich in der politischen Arbeit zu engagieren. Aber hoffen allein genügt nicht; wir müssen auf jeden Fall zuerst einmal die Voraussetzungen dafür schaffen, *daß* Bürger sich engagieren können.

Die Gefahren, die die elektronische Republik für die Demokratie mit sich bringt, sind groß. Der amerikanische Republikaner Daniel Bernard hat sie vor 150 Jahren so beschrieben: »Die vielleicht schwerste Probe, auf die die Tugendhaftigkeit eines Volkes gestellt werden kann, entsteht dann, wenn jedermann an der Regierung beteiligt ist. Denn wenn jeder regiert, werden nur wenige bereit sein, sich regieren zu lassen oder Befehle entgegenzunehmen.« Das genau ist das Dilemma, vor dem wir jetzt stehen: daß an der Schwelle zum neuen Jahrtausend König Nebukadnezars Traum sich anschickt, tatsächlich in Erfüllung zu gehen.

»Wir sollten aus jeder Straßenecke ein öffentliches Forum machen, aus jedem Arbeiter, jeder Hausfrau und jedem Demonstranten einen Wähler, Wahlkämpfer und Schüler. Denn es ist das politische und gesellschaftliche Handeln, das den Menschen ihre Würde gibt.« Die »große Schule der Bürgertugenden«, die der schwarze Bürgerrechtler Martin Luther King forderte – im Zeitalter des Internet sollte sie endlich verwirklicht werden.

Anmerkungen

1 Edmund Burke (1729–97), britischer Politiker und Publizist, Gegner der rationalistischen Aufklärungsideale.

2 Alexis de Tocqueville (1805–59), französischer Politiker und Historiker. Bereiste 1831/32 im Auftrag der französischen Regierung die Vereinigten Staaten und propagierte daraufhin die Demokratie als zukünftige Organisationsform für zivilisierte Gemeinwesen. 1835 erschien *De la Démocratie en Amérique.*

Direkte und transnationale Demokratie

Die neuen Medien verändern die repräsentative Demokratie

von Heinz Kleger

Mit den folgenden Überlegungen möchte ich an eine politische Theorie der Bürgergesellschaft anknüpfen, in deren Mittelpunkt die Begriffe Zivilgesellschaft, Bürgergesellschaft, politische Gesellschaft, Demokratie sowie kooperativer und transnationaler Staat stehen. Während Bürgergesellschaft als umfassender Begriff sowohl die zivilcouragierten Bürger als auch die politischen Institutionen und Verfassungen einbezieht, umfaßt Zivilgesellschaft im engeren Sinne vor allem die aktiven Bürger und ihre Handlungszusammenhänge (Kleger 1996). Als sichtbarste Beispiele derartiger zivilgesellschaftlicher Handlungszusammenhänge wurden bisher hauptsächlich die neuen sozialen Bewegungen und der zivile Ungehorsam thematisiert (Kleger 1993). Beide waren nicht nur auf eine liberale Öffentlichkeit angewiesen, sie erweiterten sie auch und machten sie politisch fruchtbar. Als neueste Hoffnungsträger einer solchen zivilgesellschaftlichen Praxis treten seit kurzem die neuen Medien auf. Sie stellen selber zwar keine zivilgesellschaftliche Handlungsform dar, sie ermöglichen aber sowohl intensivierte alte Formen politischen Handelns als vor allem auch weitergehende zivilgesellschaftliche Organisierung. Außerdem beeinflussen die jeweiligen Kommunikationstechnologien die Formen der politischen Auseinandersetzung sowie deren Ergebnisse in erheblichem Maße. In den utopischen Visionen einer zukünftigen Informationsgesellschaft sollen sie das zivilgesellschaftliche Potential sogar auf der gesamtgesellschaftlichen und transnationalen Ebene steigern. Die institutionelle Seite der Bürgergesellschaft wird hier zugunsten einer geradezu hyperaktiven Zivilgesellschaft, welche die Bürger zu Aktivisten einer globalen Gesellschaft werden läßt, vernachlässigt. Nicht zufällig wird Thomas Paine (1737–1809) zum Helden dieser neuen Zeit stilisiert (Katz 1995). Paines radikale Version der Zivilgesellschaft (vgl. Paine 1973), die »universal society«, in der sich die Bürger als Mitglieder der einen Menschheit und somit als Bürger einer kosmopolitischen Demokratie sehen, soll und kann sich im Internet erfüllen.

Vergleicht man die neuen Medien mit den anderen Beispielen zivilgesellschaftlichen Engagements, dann fällt auf, daß sie räumliche Grenzen überschreiten. Der zivile Ungehorsam war explizit auf die Verletzung von Normen eines nationalstaatlich bestimmten Rechtssystems bezogen; die neuen sozialen Bewegungen gingen demgegenüber bereits vielfach sowohl in ihrer thematischen Ausrichtung als auch in ihrer Akteurskonstellation über den jeweiligen Nationalstaat hinaus. Die neuen interaktiven Medien sind darüber hinaus geradezu durch ihre transnationale bzw. globale Ausrichtung definiert. Aufgrund ihrer technischen Infrastruktur entziehen sie sich weitgehend nationalstaatlichen Regulierungen. Sollten sie außerdem zu einer Demokratisierung der nationalen Bürgergesellschaften beitragen, dann wird dies zwangsläufig mit der Ausgestaltung einer transnationalen Demokratie verbunden sein. Mit Hilfe der neuen Kommunikationstechnologien befände sich die Welt dann auf dem Weg zu einer globalen Zivilgesellschaft, bei deren Konzeptualisierung und Grundlegung der bürgerliche Radikalismus Paines tatsächlich schon weit über Tocquevilles »amerikanische Demokratie« hinausging. (vgl. Tocqueville 1835/40). Auf der anderen Seite ist eine solche Ausweitung der Demokratie auch erforderlich, um einen möglicherweise unkontrollierten globalen Autoritarismus auszuschließen, der mit neuen Medien und ihrer Kontrollmacht immer auch verbunden sein kann. Richard Falk fordert deshalb: »Die Durchsetzung eines solchen Projekts setzt die Mobilisierung und das Anwachsen transnationaler Kräfte voraus. Und seine Umsetzung erfordert die Schaffung neuer Institutionen und völkerrechtlicher Bestimmungen, mit denen der Cyberspace in ähnlicher Weise regiert wird, wie der moderne Staat die jeweils territorial begrenzten Gesellschaften regieren konnte« (Falk 1995).

1. Begriffe und Definitionen der Informationsgesellschaft[1]

Die neuen Medien sind der wesentliche Motor der Veränderung hin zu einer neuen Gesellschaftsform, der Informationsgesellschaft, welche die Industriegesellschaft ablösen soll. Ob wir eine Informationsgesellschaft sind oder nicht, hängt von den Bedeutungen ab, die wir diesem Begriff geben. Der Medienphilosoph Vilém Flusser unterscheidet zwei Bedeutungen. Zum einen kann man darunter »jene soziale Struktur verstehen, in welcher das Herstellen, Verarbeiten und Verteilen von Informationen eine zentrale Stellung einnimmt« (Flusser 1996). Geht man von dieser Definition aus, dann läßt sich unzweideutig feststellen, daß eine Informationsgesellschaft im Entstehen begriffen ist. Definiert man aber Informationsgesellschaft als »jene Daseinsform, in der sich das existentielle Interesse auf den Informationsaustausch mit anderen konzentriert« (ebd.), dann scheint es angesichts der Konkurrenz der Menschen untereinander, ihrer verwilderten Selbstbehauptung und Isolierung sowie des zunehmenden Autismus (autopoetischer Systeme) eher so, daß wir uns von einer Informationsgesellschaft wegbewegen. Allerdings sieht auch Flusser in der Telematik die Möglichkeit, daß »die utopische Informationsgesellschaft, worin wir uns verwirklichen können, technisch und von daher auch existentiell in den Bereich des Machbaren vordringt« (ebenda). Telematik ist eine Zusammensetzung der Worte Telekommunikation und Informatik. Die neue Wortschöpfung geht zurück auf die beiden Autoren Simon Nora und Alain Minc. Sie haben in ihrem Bericht an den französischen Präsidenten von 1978 über die Informatisierung der Gesellschaft festgehalten: »Die wachsende Verflechtung von Rechnern und Telekommunikationsmitteln, die wir Telematik nennen, eröffnet einen völlig neuen Horizont. Schon immer haben Kommunikationsmittel die Gemeinwesen strukturiert. (...) die Telematik wird nicht nur ein weiteres Netz darstellen, sondern vielmehr ein Netz neuer Art, das Bild, Ton und Informationsinhalte in vielschichtige Wechselbeziehungen treten läßt. Sie wird unser Kulturmodell verändern« (Nora/ Minc 1979). Telematik hat inzwischen von den Wörtern Cyberspace und Multimedia Konkurrenz bekommen. Nimmt man den Begriff Multimedia wörtlich, dann bedeutet er nichts weiter als eine Kombination unterschiedlicher Medien. Multimedia kann lokal (offline) oder über Telekommunikationsnetze (online) realisiert werden. Die letzte Bedeutung von Multimedia wird gegenwärtig immer mehr hervorgehoben. Cyberspace ist hingegen ein Begriff aus der Science fiction-Literatur der 80er Jahre. William Gibson hat ihn verwandt, um einen schwindelerregenden, gefährlichen Platz zu bezeichnen, an dem man virtuelle Erfahrungen machen kann, welche an Intensität die realen Erfahrungen übersteigen (Gibson 1984). Dieser Platz ist beherrscht von übermächtigen Konzernen, die ihn für ihre Zwecke benutzen. Im allgemeinen bezeichnet Cyberspace heute aber eine Umgebung, in der alle digitalen Medien miteinander im Austausch stehen. Sie setzt sich aus den Komponenten der virtuellen Realität und der Computernetzwerke zusammen. Unter Gesichtspunkten sozialer und politischer Theorie wird nun vor allem die Vernetzung bedeutsam. In diesem Sinne definiert der Computerpionier John Perry Barlow Cyberspace als »that place you are in when you are talking on the telephone« (Barlow 1996). Dies ist freilich eine weite Definition. Sie macht aber deutlich, worum es geht. Im Kern geht es nämlich um Kommunikation in einem gemeinsamen Raum mit anderen, die physisch nicht anwesend sind. Man kann deshalb Cyberspace auch technisch als Datenraum definieren, der sich durch die über Kabel- oder Satellitenverbindung vernetzten Computer bildet. Damit steht der Begriff auch für eine Reihe von bürgerlichen Träumen:

- die Welt vom Wohnzimmer aus entdecken zu können;
- alle Informationen auf einmal und in einem Rahmen zu bekommen;
- ein vollständiges Archiv des Wissens unserer Zeit, der Vergangenheit und Zukunft (einschließlich virtueller Spaziergänge in Städten und Bauwerken, die es noch nicht gibt);
- eine neue elektronische Agora (Brückmann 1996);
- alle Vorteile der Privatheit und des kulturellen Reichtums in Kombination mit den Möglichkeiten sozialer Kontakte genießen zu können.

Der Begriff »Internet« wird heute stellvertretend für die neuen Medien als Ganzes verwendet, weil es inzwischen das bekannteste Beispiel ist. Seine Definition enthält drei Komponenten:

- es ist ein Netzwerk von Netzwerken mit einem gemeinsamen Protokoll;
- es ist eine Gemeinschaft von Leuten, die dieses Netzwerk zu nutzen wissen und gleichzeitig weiterentwickeln;
- es ist eine Ansammlung von Ressourcen, die über dieses Netzwerk erreicht wird (Riehm/Wingert 1995).

Beeindruckend ist das inzwischen schon fast exponentielle Wachstum dieses Mediums. Mit einem weiteren starken Anwachsen ist alsbald zu rechnen, da immer mehr Personen in Schule[2] und Beruf in Kontakt mit dem Internet kommen. Es ist einer der spannendsten Wachstumsmärkte. Betrachten wir zunächst das Beispiel der Schweiz als Versuchsfeld direkter Demokratie, bevor wir zu einigen Überlegungen zur transnationalen Demokratie kommen.

2. Versuchsfeld Schweiz

Unter dem Titel »Erst wenige gingen ins Netz« mokiert sich SP-Nationalrat Vollmer über den behäbigen Umgang der Schweizer Politik mit dem Internet (Vollmer 1996). Sein Blick ist allerdings stark auf die Angebote von Parteien und Amtsträgern fixiert. Mittlerweile hat sich das Angebot deutlich vergrößert. Außerdem nutzen inzwischen zahlreiche gesellschaftliche Gruppen, kleinere und größere Bewegungen, Jugendparlamente und Volksinitiativen das Internet als Medium der Öffentlichkeit. Betrachtet man die Gesamtentwicklung, so kann von einer Behäbigkeit der Schweiz keine Rede sein, denn das Wachstum des Internet geht in etwa einher mit dem Gesamtwachstum (vgl. Abb. 1).

	Schweiz	Gesamt	Veränderung Schweiz	Veränderung Gesamt
Juli 1995	63795	6641541	0,00%	0,00%
Januar 1996	85844	9472224	34,56%	42,62%
Juli 1996	102691	12880699	19,63%	35,98%
Januar 1997	129114	16146360	25,73%	25,35%

Abb.1: Die Entwicklung des Internet in der Schweiz.
Gemessen wurde die »Host Distribution by Top-Level Domain«
Quelle: Network Wizard [http://www.nw.com/zone/]

Im Vergleich mit anderen europäischen Nationen rangiert die Schweiz sogar deutlich vor Ländern wie Belgien, Österreich oder Dänemark. Verschiedene Angebote und Versuche sind durchaus erwähnenswert: So etwa die Erweiterung der traditionellen Landsgemeinde um elektronische Mittel;[3] die versuchsweise Internetabstimmung über die Genschutz-Initiative;[4] ein WEB-gestütztes Diskussionssystem, das der Entwicklung und Förderung eines gesellschaftlichen Konsenses dienen soll.[5] Bei den Angeboten der Schweizer Städte, beispielsweise von Basel, sind leider die interaktiven Möglichkeiten, Verwaltungen und Behörden direkt zu kontaktieren, noch beschränkt – anders als dies beispielsweise bei der digitalen Stadt Amsterdam der Fall ist (lediglich die Kantonspolizei ist via E-Mail direkt zu erreichen). Unter dem Namen »Confoederatio Helvetica« findet sich das offizielle Angebot der Schweizer Bundesbehörden.[6] Die Hintergrundgrafiken sind gut gemacht und zeigen die Gebäude der Bundesbehörden. Die Informationen betreffen allerdings lediglich den organisatorischen Aufbau, über Personen ist wenig zu erfahren. Ebenso gilt hier die gleiche Kritik wie in bezug auf die Städte: Das Ganze ist meist eine Einbahnstraße, die vielbeschworene Interaktivität kaum existent. Die Beispielausdrucke des Bundesamtes für Statistik dagegen lassen Recherchen in unterschiedliche Richtungen und unter verschiedenen Kategorien zu.
Unter dem Titel »politics.ch. – die fünfte Gewalt« findet sich das polittheoretisch interessanteste Angebot im Kontext der real existierenden halbdirekten Demokratie. (Siehe auch Kapitel »Netzpraxis« in diesem

Buch.) Es handelt sich um eine interaktive Plattform der *Tages-Anzeiger*-Medien für die Schweizer Bundespolitik. Was die Räte in Bern tun, läßt sich nun durch das Internet in Erfahrung bringen. Es geht dabei weniger um direkte Demokratie auf elektronischem Wege als vielmehr darum, die Transparenz und Qualität der bestehenden Entscheidungsprozesse zu erhöhen. Das »electronic voting« ist in der Schweiz nicht aktuell. Das ist auch nicht weiter tragisch, schreibt Andreas Bucher, Initiator des Projektes, »denn erstens verfügen wir über eine zwar teure, aber durchaus funktionierende Schneckenpost, zweitens liegt der universelle Zugang zum Internet noch in weiter Ferne, und drittens scheint es zumindest zweifelhaft, ob das neue Medium die miserable Stimmbeteiligung der jüngeren Generationen tatsächlich verbessern« hilft (Bucher 1997). Die Stimmabgabe per Mausklick – die plebiszitäre Knopfdruckdemokratie – ist denn auch beileibe nicht der spannendste Aspekt einer elektronisch unterstützten Demokratie. Ausbaufähig ist hingegen die Möglichkeit, per Internet die Qualität der politischen Debatte zu verbessern, noch bevor es zur Willenskundgebung kommt. Hier setzt das Konzept von politics.ch. richtigerweise an. Es geht nicht darum, Abstimmungen zu simulieren. politics.ch will vielmehr die Durchsichtigkeit der komplizierten schweizerischen Milizpolitik für seine Bürger erhöhen. Das ist in der halbdirekten Proporz-Demokratie sogar dringlicher als anderswo, da die »weiche« Fraktionsdisziplin die Fronten der Parteien im Parlament eher diffus verlaufen läßt. Die parlamentarischen Auseinandersetzungen sind deswegen auch in der politischen Öffentlichkeit weniger bekannt, weil weniger auffällig; die direktdemokratische Öffentlichkeit ist anders strukturiert. Zudem vermögen die Ratsdebatten selbst interessierte Kreise weder rhetorisch noch inhaltlich besonders anzusprechen. politics.ch. hat deshalb zunächst einmal für alle 246 Abgeordneten des National- und Ständerates eine Karteikarte (Fiche) angelegt. In ihr sind Daten der Parlamentarier enthalten, die sich auf Alter, Ausbildung, Wohnort, Beruf, Interessenvertretung, Verwaltungsratsmandate und Einkommen beziehen. Die Fiche gibt außerdem Auskunft über deren Stimmverhalten bei wichtigen Namensabstimmungen. Ein Programm verknüpft diese verschiedenen Datenblätter und ermöglicht es auf diese Weise, das Parlament durch verschiedene Filter zu betrachten. Die Resultate erscheinen als Grafik wie als Liste von Einzelnamen. Dadurch läßt sich die politische Arbeit in den Räten nun genauer verfolgen. Ein weiteres Programm vergleicht sodann die Meinungen der Benutzer mit den Abstimmungsresultaten im Rat. Diese Datenbank wird ergänzt durch die Darstellung des durchaus nicht einfachen politischen Systems der kleinteiligen

Schweiz in Form einer multimedialen Grafik, welche den ganzen politischen Prozeß von der vorparlamentarischen Phase bis zum Vollzug abzubilden versucht. Dabei werden alle wichtigen Akteure, die heute schon im Internet präsent sind, erfaßt. Eine virtuelle Tour durchs Bundeshaus versucht schließlich auf visuellem Wege, die Menschen in diesen Prozeß quasi hineinzuziehen. Primär soll damit aber die Transparenz und Qualität des bestehenden politischen Entscheidungsprozesses erhöht und verbreitert werden. Erst sekundär geht es im Sinne von Trockenübungen darum, die Meinungen der Internetgemeinde zu verschiedenen Themen einzuholen. Um sich daran zu beteiligen, müssen dann allerdings die Benutzer genauso viel von sich preisgeben, wie sie es von den Politikern erwarten – direktdemokratische Verfahren müssen fair bleiben. Diese in Zusammenarbeit mit Informatikern angestrebte demoskopische Aufklärung bildet jedoch nicht den Hauptzweck von politics.ch.

Die Schweiz wäre natürlich nicht nur das ideale Labor für die Politologie im allgemeinen, sondern auch für die elektronische Demokratie im besonderen, da in keinem Land die Volksrechte so weit gediehen sind wie hier. Die demokratische Bewegung führte im Kanton Zürich (1869) die direktdemokratischen Rechte ein. Sie orientierte sich dabei nicht mehr an der altbekannten (athenischen) Versammlungsdemokratie, sondern schlug vielmehr Instrumente vor, die einer modernen Massendemokratie angepaßt waren: die Volksinitiative (verfassungsänderndes Volksbegehren) und das fakultative Referendum (Volksbegehren für eine Volksabstimmung über ein vom Parlament beschlossenes Gesetz). Diese immer noch gültige Verfassung ist bis heute die direktdemokratischste der Welt geblieben. Sie gibt einzelnen Bürgern und dem politischen Volk insgesamt Rechte und damit auch Kompetenzen, die in anderen demokratischen Systemen nicht einmal von den gewählten Abgeordneten ausgeübt werden können. So ist zum Beispiel schon das Initiativbegehren eines einzelnen Bürgers einer Volksabstimmung zu unterbreiten, wenn er dafür die Unterstützung von einem Drittel des Kantonsrates erhält; zudem wird jedes einzelne Regierungsmitglied direkt vom Volk gewählt. Die direkte Demokratie ist ein wichtiger – wenn nicht vielleicht sogar der wichtigste, alle Sprach-, Alters- und sozialen Gruppen umfassende – gemeinsame Nenner der schweizerischen politischen Identität. Verfügen Bürger und Bürgerinnen erst einmal über solche Rechte, so werden sie diese nicht mehr so leicht abgeben, was sicherlich das Regieren zu keiner einfachen und beneidenswerten Angelegenheit macht.

Zudem verfügt das Land über eine große Computerdichte. Der Bundesrat hat jedoch bisher entsprechende Vorstöße für eine seriöse Evaluation der elektronischen Stimmabgabe abgelehnt,[7] in dem er auf Sicherheitslücken verwies. Tatsächlich sind Probleme wie Anonymität oder mehrfache Stimmabgabe nicht leicht lösbar. Für Herbert Burkert, der sich an der Hochschule St. Gallen mit diesen Fragen befaßt, wäre der Grad der notwendigen Sicherheit durch eine Koppelung mit biometrischen Verfahren zu erreichen: Ein Fingerabdruck des Berechtigten aktiviert dann eine elektronische Chipkarte, die ihrerseits die erforderlichen Austauschprozesse in Gang setzt.[8]

3. Transnationale Demokratie

Die neuen Medien gehören ohne Zweifel zu den wichtigsten Schrittmachern der wirtschaftlichen und kulturellen Globalisierung. Die Innovationen im Bereich der Telekommunikation schaffen eine Grundlage für die Globalisierung insbesondere der Wirtschaft. Sie tragen auch zum relativen Bedeutungsverlust der Standorte bei und zur Verselbständigung der Finanzwelt gegenüber der Warenwelt. Solange die wirtschaftlichen Transaktionen stofflicher Art waren, war politisch-staatliche Kontrolle eher möglich. Die Tendenz zur Abbildung der Weltwirtschaft durch Datenströme statt durch Warenverkehr erschwert indessen die politische Regulierung und steigert demgegenüber die Bedeutung der Märkte. Der Neoliberalismus findet deshalb Ansatzpunkte für eine neue Art der Regimebildung. Soll dazu wiederum ein Korrektiv geschaffen werden, so ist dieses nur auf der Ebene einer anderen Interpretation und Handhabung von Regionalisierung sowie im Rahmen globaler Institutionen denkbar. Dies bedingt die Errichtung und Stärkung von Elementen transnationaler Demokratie (Kleger 1997). Transnationale Demokratie in meinem Verständnis bezieht sich auf die Erweiterung der Demokratie über nationalstaatliche Grenzen hinweg, ohne daß deswegen gleich von einer Aufgabe nationalstaatlich verfaßter Demokratien ausgegangen werden muß. Durch den Begriff »transnational« soll voreiligen Kurzschlüssen in diese Richtung vorgebeugt werden. Die Position, die ich konstruktiv vertreten möchte, meint Bürgergesellschaft als Inter-Subjekt der Zivilisation im Sinne einer Wir-Identität und Wir-Realität. Sie existiert sowohl national, subnational als auch international. Daher spreche ich in vorsichtiger Annäherung von ihrer Transnationalität, wobei beide Seiten des zusammengesetzten Begriffs gleichgewichtig betont werden, weil die Weltbürgergesellschaft jenseits souverän-verfaßter Nationalstaaten historisch-politisch gesehen ein Unding darstellen würde. Nationalstaaten sind de facto und de jure als transnationale Gliederungen verfaßt. In der Rezeption von Marshalls Citizenship-Theorie (Marshall 1992) wird oft übersehen, wie stark bei diesem Ansatz die nationale Dimension ist, welche sich als nationale Versicherungsgesellschaft ausdrückt. Neben den bürgerlichen, politischen und sozialen Rechten gehört zum Staatsbürgerschaftsstatus ein kollektiv verbindender Anspruch, ein Zugehörigkeitsgefühl, das freilich nicht nur aus irrationalen Gefühlen besteht, sondern vor allem aus der Wahrnehmung einer Gegenseitigkeit, die in einer gemeinsam bestandenen (Konflikt-)Geschichte wurzelt. Die Nation der Bürger wird dabei immer nur unterstellt. In Wirklichkeit ist sie in einem ständigen Transformationsprozeß, bei dem das utilitäre Element der Interessen mit dem historisch-identitären Moment der Solidarität verschränkt bleibt. Angesichts der europäischen Integration sind heute viele Nationen zu einer Neubestimmung herausgefordert. Das Konzept der Staatsbürgernation, welches durch die Willensnation noch verstärkt wird, knüpft an die Bürgergesellschaft an, mehr noch: hat sie zur Voraussetzung. Mit dieser Auffassung ist eine europakonstruktive und weltbürgerliche Position vereinbar, die mit langen Lernprozessen rechnet. Eine dringliche Frage ist heute die nach neuen transnationalen Zugehörigkeitsgefühlen, ohne daß sie mit fortbestehenden, ja möglicherweise sich in spezifischer Hinsicht noch verstärkenden nationalen und vor allem regionalen Zugehörigkeitsgefühlen kollidieren. Das größte Potential für die Errichtung einer transnationalen Demokratie bietet die EU, denn für eine Demokratisierung der Gemeinschaftsorgane gibt es bereits konkrete Anknüpfungspunkte wie zum Beispiel das Europäische Parlament, den Bürgerbeauftragten, das Petitionsrecht und die Unionsbürgerschaft. Transnationale Bürgerbewegungen für eine europäische Verfassungsinitiative gehen darüber noch hinaus (Erne/Gross/Kaufmann/Kleger 1995).

Die Debatte um den Einfluß der neuen Medien auf die Demokratie zeichnet sich durch einen hohen Grad an Polarisierung aus. Enthusiasten wie Kritiker sehen alle möglichen Versprechungen und Gefahren durch die neuen Medien heraufziehen. Meines Erachtens werden dabei sowohl die Möglichkeiten als auch die Risiken von manchen Autoren maßlos überschätzt. Die politische Theorie der Bürgergesellschaft geht demgegenüber nicht von überzogenen Erwartungen oder gar Utopien aus, sondern eher von neuen realistischen Möglichkeiten und dem kritischen Potential der Traditionen. Zwischen Philosophie und Geschichte stehend, ist sie eher bei der Zeitgeschichte angesiedelt, mithin bei einer problemorientierten Gegenwart, als bei der historischen Vergangenheit einerseits oder einer verheißenen utopischen Zukunft andererseits. Unter den Optimisten existieren verschiedene Vorstellungen, wie die neuen Medien zur Demokratisierung beitragen können. Die einen sehen in ihnen primär eine neue und bessere Ressource zur Information der Bürger; die anderen wollen eine Art elektronischer Knopfdruckdemokratie einrichten und sie vor allem im Bereich der politischen Entscheidungsfindung einsetzen. Es sind also zwei unterschiedliche Bereiche, in denen der Einsatzschwerpunkt des Internet für die Demokratie gesehen wird, und diese sollte man in der politiktheoretischen Diskussion auch nicht vermengen: den Bereich der politischen Meinungsbildung und den Bereich der politischen Entscheidungsfindung. Weniger enthusiastische Autoren sehen in den neuen Medien vor allem ein Instrument kritischer Gegenöffentlichkeit. Durch ihren leichten und kostengünstigen Zugang wird die schnelle Organisation von Bürgerbewegungen erleichtert. Die neuen Medien stellen damit eine weitere Waffe im Kampf gegen autoritäre und totalitäre Regime dar und ermöglichen so nicht nur die Errichtung einer europäisch-transnationalen, sondern sogar einer weltweiten Öffentlichkeit, die politisch von Bedeutung sein kann. Letzteres wird am Beispiel von China deutlich, das, obwohl es ein autoritär geführtes Land ist, die Ausbreitung des Netzes nicht untersagen kann, weil sich das Land dann einer der wichtigsten Infrastruktureinrichtungen der modernen Wirtschaft berauben würde und negative ökonomische Effekte in Kauf genommen werden müßten.

Das Internet hat in seiner Tiefenstruktur Ähnlichkeiten mit dem Habermas'schen Modell der diskursiven Öffentlichkeit (Habermas 1992). Buchstein verweist zurecht auf die Ähnlichkeiten der Metaphern: »So spricht Habermas vom demokratischen Ideal einer ›dezentrierten Gesellschaft‹, in welcher Volkssouveränität nur noch in der ›anonymen Form‹ der subjektlosen Kommunikationskreisläufe von Foren und Körperschaften und dem politischen Willen peripherer Netzwerke der politischen Öffentlichkeit besteht« (Buchstein 1996). Mit dieser Kommunikationstheorie – angewandt auf die politische Theorie – wird Demokratie auch gegen relativistische Ansätze begründet, die sie nur als eine kulturell bestimmte Präferenz verstehen wollen. Es gibt somit eine enge Verbindung von

»Kommunikation« und »Demokratisierung«; dazu kommen die Kriterien der Diskursethik. Sie geben an, welche Aspekte moderner Kommunikationstechnologien demokratiefördernd oder demokratieverzerrend sind. Die Diskursethik bietet darüber hinaus eine philosophische Begründung für die Forderung nach freier und gleicher Kommunikation sowie einer Pluralität von Diskursgemeinschaften, aber auch die Rechtfertigung einer Moderation der Kommunikation in den neuen Medien, die zum Ausschluß derjenigen führt, die sich zur Intoleranz bekennen. Folgt man dieser Theorie, dann bildet sie den politischen Rahmen für eine Nutzung der neuen Medien eher in Form einer pluralistisch-repräsentativen Demokratie als in Form einer plebiszitären Knopfdruckdemokratie.
Die gemäßigt optimistische Perspektive des demokratischen Potentials der neuen Medien, die ich einnehme, sieht in ihnen primär ein Mittel der Zivilgesellschaft, um auf die politische Gesellschaft über die Öffentlichkeit und die Schaffung neuer Öffentlichkeiten einwirken zu können. Die direkte Demokratie geht dabei über die Eröffnung neuer deliberativer Räume im Sinne von Habermas und seiner Schüler noch hinaus. Sie muß sich damit auch auf eine politische Kommunikation einlassen, die mit dem an das wissenschaftliche Seminar angelehnten Diskursmodell nicht erfaßt wird. Mit der deliberativen Demokratie ist man noch nicht bei der direkten Demokratie. Dabei wird die terminologische Unterscheidung zwischen plebiszitärer und direkter Demokratie wichtig. In einer plebiszitären Demokratie können Entscheidungsträger – kann gewissermaßen die »Spitze der Demokratie« allein – Referenden von oben ansetzen, um bereits getroffene Entscheidungen im nachhinein zu legitimieren. Dies entspricht der bonapartistischen Tradition des Plebiszits. Dagegen werden in einer direkten Demokratie Referenden von unten (zum Beispiel auf Antrag eines Bürgerbegehrens) oder durch bindende Artikel einer Verfassung ausgelöst. Sie sind Elemente einer die staatliche Macht beschränkenden demokratischen Bürgerkultur, die nur von unten wachsen und nicht verordnet werden kann.

Schluß: Auf dem Weg zur demokratischen Telepolis?

Städte spielen auch in bezug auf die neuen Medien eine große Rolle, denn sie sind sowohl die Pioniere neuer Entwicklungen als auch die Orte, wo sie erprobt werden. Der Bangemann-Report der Europäischen Kommission (1994) stellt zur Bedeutung der Städte fest: »Gerade die Städte spielen eine überaus wichtige Rolle bei der Erzeugung einer frühzeitigen Nachfrage und bei der Schärfung des Bürgerbewußtseins für die Vorteile der neuen Dienste. In bestimmten Fällen können kommunale Behörden als erste ›Großanwender‹ den Nutzen dieser Dienste deutlich machen«. Neue Angebote entstehen oft nach dem Vorbild der Stadt, so gibt es im Internet »shopping malls«, Rathäuser, neue Stadtteile, große Bauten oder öffentliche Plätze. Das Netz der Städte ist zudem von jeher transnational ausgerichtet: es gibt Städtenetze, Eurocities oder Telecities. Die Städte bilden damit die zivilen Netzwerke Europas. Die Digitalisierung unterstützt und verstärkt diese Prozesse noch. Dadurch entstehen neue transnationale Politiken. Mit dem Aufkommen der modernen Informationsgesellschaft spielt indes die räumliche Verdichtung eine tendenziell geringere Rolle. Stattdessen wachsen die städtischen Peripherien. Die neue Urbanität ist somit durch weitgehende Dezentralisierung gekennzeichnet (Rötzer 1996). Sie hat sich potentiell – als politiktheoretischer Anknüpfungspunkt – ausgedehnt, denn sie ist einerseits Ausdruck und andererseits Gerüst der sich auf Satelliten- und Kabelverbindungen gründenden virtuellen Stadt der Informationsgesellschaft – der Telepolis. Telepolis ist überall dort, wo man mittels technischer Schnittstellen in sie eintreten kann. Sie ist physisch gesehen nirgendwo und virtuell überall. »Telepolis« ist gleichzeitig ein Gegenbegriff zu »global village«, denn der neue virtuelle Raum entspricht tatsächlich viel eher einer Stadt als einem Dorf. Wie eine gewachsene Stadt ist er überaus komplex, vielgestaltig und unübersichtlich. Die Telepolis kann dennoch die physische Stadt nicht ersetzen, sie wird aber durch Netzverdichtung erweitert und verändert.

In der verbesserten Interaktivität der neuen Medien sehe ich daher vor allem die Möglichkeit, die bisherigen Formen zivilgesellschaftlicher Politik, die über Öffentlichkeit wirken, urban zu erweitern und zu verbessern. Die politische Urbanität erhält so neue Perspektiven. Eine Hyper-Demokratie in Form einer elektronischen Knopfdruckdemokratie erscheint mir indes nicht wünschenswert. Eine solche plebiszitäre Demokratie hat mit sinnvoller direkter Demokratie, welche gesellschaftsweit mit Deliberation und politischer Kommunikation ernstmacht, nur wenig zu tun. Direkte Demokratie von unten war immer als eine zwar beharrlich-geduldige, aber sinnvolle und nützliche Demokratie des verbindlichen Dialogs der Bürger untereinander gedacht und wird noch wichtiger in Zeiten der Ungewissheit und schwierigen Entscheidungsvorbereitung. Wenn diese demokratisch-zivilrepublikanische Vorgehensweise zu einem Druck aufs Knöpfchen verkommt, verliert die Interaktivität zwischen den Bürgern ihre streitbaren Inhalte und die Demokratie als Prozeß ihre eigentliche Lern- und Konfliktlösungsdimension. Eine solch virtuelle und autistische Demokratie wäre keine mehr, die noch ein Land oder gar Länder untereinander integrieren könnte.

Anmerkungen

1 Für Hinweise danke ich Stefan Zybarth.
2 Die *Neue Zürcher Zeitung* mahnt bereits: »Die Schule ist kein Internet-Café« (22. Oktober 1997, S. 25).
3 http://www.thenet.ch/tagesanzeiger/fa 250495/ch 4.htm
4 http://www.gen.ch/default.htm; http://www.schaufenster.ch/publimeter/index.html
5 http://www.crossnet.ch/default.htm
6 http://www.oeff/www.admin.ch/default.htm
7 Vgl. dazu das Postulat de Dardel und die Stellungnahme des Bundesrates [http://www.volksrechte.ch/menu.htm]
8 Elektronische Demokratie: http://www.gmd.de/People/Herbert.Burkert/ED.html

Literatur

Bangemann, Martin 1994: *Europa und die globale Informationsgesellschaft. Empfehlungen für den Europäischen Rat*, Brüssel.
Barlow, John Perry 1996: »Wein ohne Flaschen. Globale Computernetze, Ideen-Ökonomie und Urheberrecht«, in: Bollmann 1996a, S. 79–106.
Bollmann, Stefan (Hg.) 1996a: *Kursbuch Neue Medien. Trends in Wirtschaft, Politik und Kultur*, Mannheim.
Bollmann, Stefan 1996b: »Von einem Kursbuch Neue Medien«, in: ders. (Hg.) 1996a.
Brückmann, Jürgen W. 1996: »Datennetze«, in: Bollmann 1996a, S. 166–188.
Bucher, Andreas 1997: http://politics.ch, *Tages-Anzeiger,* 24. Juli, S. 2.
Buchstein, Hubertus 1996: »Bittere Bytes. Cyberbürger und Demokratietheorie«, in: *Deutsche Zeitschrift für Philosophie* Jg. 44 H.4, S. 583–607.
Erne,Roland / Gross, Andreas / Kaufmann, Bruno / Kleger, Heinz 1995: *Transnationale Demokratie*, Zürich.
Falk, Richard 1995: *On Humane Governance. Toward a New Global Politics*, Cambridge UK.
Flusser, Vilém 1996: »Verbündelung oder Vernetzung?«, in: Bollmann 1996a, S. 15–23.
Gibson, William 1984: *Neuromancer*, New York.
Habermas, Jürgen 1992: *Faktizität und Geltung*, Frankfurt a. M.
Katz, Jon 1995: »The Age of Paine«, Elektronischer Essay [http://www.hotwired/com/wired/3.05/features/paine.html]
Kleger, Heinz 1993a: *Der neue Ungehorsam. Widerstände und politische Verpflichtung in einer lernfähigen Demokratie*, Frankfurt a.M.
Kleger, Heinz 1993b: »Reflexive Politikfähigkeit. Zur Verschränkung von Bürger- und Staatsgesellschaft«, in: Jürgen Gebhardt / Rainer Schmalz-Bruns (Hg.), *Verfassung – Staat – Demokratie*, Baden-Baden.
Kleger, Heinz (Hg.) 1997: *Transnationale Staatsbürgerschaft*, Frankfurt a.M.
Marshall, Thomas 1992: *Bürgerrechte und soziale Klassen*, Frankfurt a.M.
Nora, Simon/Alain Minc 1979: *Die Informatisierung der Gesellschaft*, hrsg. von Uwe Kalbhen, Frankfurt/New York.

Paine, Thomas 1973 (1791): *Die Rechte des Menschen*, Frankfurt a.M.
Riehm, Ulrich/Bernd Wingert 1995: *Multimedia. Mythen, Chancen, Herausforderungen*, Mannheim.
Rötzer, Florian 1996: *Die Telepolis. Urbanität im digitalen Zeitalter*, Mannheim.
Tocqueville, Alexis de 1835/40: *Über die Demokratie in Amerika*, 2 Bde. Zürich 1987.
Vollmer, Peter 1996: »Erst wenige gingen ins Netz«, *Coop Zeitung*, 2. Oktober.

Laßt die Inhalte für sich selbst streiten!

Claus Leggewie im Gespräch mit Esther Dyson

Frau Dyson, Sie gelten als »cyberlibertarian«, das heißt als Vertreterin einer möglichst staatsfreien oder staatsfernen Wissensgesellschaft, in der sich die Individuen frei und möglichst ungestört von administrativer Kontrolle entfalten sollen, und im wesentlichen die Märkte die gesellschaftliche Entwicklung steuern. Mir ist aufgefallen, daß in der deutschen Übersetzung Ihres Buches auf den ersten Blick von Politik überhaupt nicht die Rede ist. Das Kapitel »Governance« ist im Deutschen mit »Kontrolle und Selbstkontrolle im Internet« überschrieben. Sie setzen sich vehement für die Selbstregulierung des Internet ein. An einer Stelle sagen Sie, die »Freigeister im Internet« werden sich gegen jegliche Regierungskontrolle im Netz wehren, aber dann fügen sie an: »Doch das Fehlen jeglicher Regulierung würde Chaos bedeuten, ein dunkles, undurchschaubares Internet«.

Zunächst einmal: Ich bin nicht dafür verantwortlich, wie mich andere bezeichnen. Diese Dinge sind überaus komplex, und man kann eine politische Einstellung nicht mit einem einzigen Schlagwort einfangen. Freiheit und Verantwortlichkeit sind für mich unmittelbar miteinander verbunden. Also bedarf es einer gewissen Regulierung, wenn man eine zivilisierte Welt schaffen will, wie ich sie mir wünsche. Aber diese entsteht auf der Grundlage lokaler Regelungen, nicht von oben nach unten, gleich ob die Kontrolle von einer nationalen oder einer Weltregierung ausgeht. So viel wie möglich muß von unten nach oben geregelt werden.

Aber der Staat hat bei der Entstehung des Internet von Anfang an eine sehr aktive industriepolitische Rolle gespielt. Ich denke zum Beispiel an Al Gores National Information Infrastructure (NII), an der Sie selbst als Beraterin beteiligt waren.

Geschaffen wurde das Internet aus einem Projekt der Advanced Research Project Agency (ARPA), und der amerikanische Bundesstaat – vor allem das Verteidigungsministerium – übernahm gewiß eine starke Rolle, indem er diese Agentur finanziert hat. Aber dieser finanzielle Impuls stieß nur etwas an, das sich bald selbständig von unten her weiterentwickelte. Als 1993 das Beratergremium der NII zusammentrat, war das schon deutlich, und das erste, was wir Al Gore klar zu machen versuchten, war, daß der Bundesstaat das Internet nicht regulieren sollte. Wir sagten ihm: »Laß es sich privat entwickeln, laß es sich von allein aufbauen. Was wir hier tun können, ist nur ein paar allgemeine Prinzipien zu formulieren.« Die fielen dann recht heterogen aus, weil in dem Gremium sehr verschiedene Leute tätig waren. Worauf diese Prinzipien hinausliefen, waren Grundsätze wie Rede- und Meinungsfreiheit (*Freedom of Speech*), zurückhaltende staatliche Finanzierung, möglichst breite Zugangsmöglichkeiten zum Internet usw. Wenn man das Ziel hat, auch ärmeren Leuten Zugang zum Internet zu verschaffen, bedeutet das zum Beispiel, daß nicht die Regierung das Internet finanzieren muß, sondern die Armen, damit sie sich die Werkzeuge kaufen können, die ihnen den Zugang zum Netz ermöglichen. Wo Regierungen wirklich eine positive Rolle spielen können, ist im Bereich der öffentlichen Erziehung, damit die Menschen gebildet genug werden, das Internet kreativ und im Sinne ihrer eigenen Talente und Interessen zu nutzen.

Diesen Leitlinien ist die amerikanische Regierung ja dann auch weitgehend gefolgt.

Mehr oder weniger. 1996 gab es zum Beispiel den Electronic Decency Act, der unseren Empfehlungen vollständig zuwiderlief, und dasselbe gilt jetzt für fast alle Fragen, die mit Verschlüsselungstechnologien zusammenhängen. Im ersten Fall kämpfen die Moralisten in der Regierung gegen die Liberalen; im zweiten Fall die Legalisten gegen die Stellen in der Regierung, die eher kommerzielle Interessen unterstützen.

Der Electronic Decency Act, den der Kongreß eingebracht hat, ist ein regelrechtes Zensurgesetz, das zum vermeintlichen Schutz der Kinder gegen »Obszönitäten« in die Inhalte der Kommunikation im Netz eingreift.

Ein Senator, mit dem wir gesprochen haben, und der eigentlich ein sehr aufgeklärter Mann ist, erklärte uns: Sicher, dieses Gesetz ist verrückt, es wird niemals durchkommen. Das heißt, er hat dafür gestimmt, obwohl er genau wußte, daß die Mehrheit im Kongreß gar nichts nützen würde, weil das Gesetz bei den Gerichten nicht durchkommen würde. Er wußte, er konnte es sich vor seiner konservativen Wählerschaft nicht erlauben, *für* »Pornographie im Netz« zu stimmen. Auf diese Weise waren einer Menge von Senatoren die Hände gebunden. Die meisten hofften insgeheim, daß das Gesetz von den Gerichten als Verstoß gegen die Verfassung abgewiesen werden würde, was ja dann 1997 auch der Fall war.

Wie hat sich dabei Newt Gingrich, der Mehrheitsführer im Kongreß, verhalten? Er verkörpert den inneren Widerspruch in Sachen Internet ja selbst, denn einerseits ist er ein glühender Verfechter der möglichst weitgehenden Informa-

tionsfreiheit, andererseits muß er auf die moralische Mehrheit in seiner Partei Rücksicht nehmen.

Soweit ich mich erinnere, war er sehr für Informationsfreiheit, aber er hat sich trotzdem nicht durchringen können, gegen das Gesetz zu stimmen.

Eine ähnliche Haltung finden Sie ja auch in Deutschland. Sie erinnern sich an die Eröffnungsrede des bayerischen Ministerpräsidenten zu unserem Kongreß »Internet und Politik« im Februar 1997, in der er die Einrichtung einer Internet-Polizei zum Schutz der Bürger gegen Pornographie und Rechtsradikalismus im Netz ankündigte. Was würden Sie ihm und anderen besorgten Vertretern des deutschen Staates nun raten?

Daß die beste Antwort auf solches Zeug im Netz darin besteht, den individuellen Netzbenutzern die Instrumente zu geben, es selbst herauszufiltern. Rechtsradikale Propaganda kann man nur mit der Wahrheit beantworten und nicht, indem man sie zu unterdrücken versucht.

Das glaube ich auch, aber viele Deutsche und auch einige Amerikaner würden Sie der Naivität bezichtigen. Die Deutschen haben die Erfahrung gemacht, wie wenig »Aufklärung und Wahrheit« gegen totalitäre und faschistische Ideologien ausrichten. Ist es da nicht besser, eine oberste Aufsichtsbehörde zu haben, die im Notfall eingreifen kann?

Die hatten die Deutschen doch! Und sie wurde am Ende von Hitler korrumpiert. Ganz prinzipiell bin ich eher für eine ziemlich bewegliche Umgebung, in der niemand Zugriff auf die Kontrolle aller Kommunikationsinhalte hat. Laßt die Inhalte für sich selbst streiten, in einem offenen Markt. Ich habe auch genug Zutrauen in die Menschen, daß sich am Ende die Wahrheit durchsetzen wird.

Dem widersprechen gewichtige historische Erfahrungen, nicht nur in Deutschland.

Ich weiß, denn Menschen sind nicht perfekt, und gerade deswegen vertraue ich mehr offenen Märkten als der Hoffnung, daß jeder Ministerpräsident ein aufrechter Mensch sein wird.

In Ihrem Buch gehen Sie auch auf Konflikte mit Scientology ein …

Das ist auch so ein deutsches Thema. Wissen Sie, das Problem mit Scientology ist doch, daß sie ein Geheimnis aus sich macht. Man muß sie nicht zum Schweigen zwingen, sondern dazu, ihre Grundsätze und Praktiken zu publizieren. Die Scientologen nutzen die Copyright-Gesetze, um ihre Betriebsgeheimnisse zu wahren. Ich weiß, daß es schwer ist, die Demokratie gegen Leute in Schutz zu nehmen, die sie mißbrauchen. Aber dagegen hilft nur Transparenz, nicht Zwang und Kontrolle.

Die Rolle von Regulierungsinstanzen, ob sie nun staatlich oder privat sind, besteht für Sie im Schutz von Investoren und Konsumenten im Internet. Sie definieren das Internet damit weitgehend als Handelssphäre. Welche Rolle spielen staatliche Instanzen darin?

Die Vereinigten Staaten versuchen, die Regierungen weitestgehend aus dem Internet herauszuhalten. Sie schlagen aber einen gemeinsamen, weltweit gültigen Internet-Handelskodex vor, mit dessen Hilfe Streitigkeiten beigelegt und eine Harmonisierung der unterschiedlichen Rechtsregime herbeigeführt werden kann. Das ist kein Weltgerichtshof, sondern eher eine Art Schiedsstelle, die festlegt, welcher lokale Gerichtshof, welches Schlichtungsverfahren und welche Regelungen in jedem einzelnen Fall anzuwenden sind...

... was meiner Meinung nach im Endeffekt auf eine Verallgemeinerung amerikanischen oder anglo-amerikanischen Handelsrechts hinauslaufen wird.

Nicht unbedingt. Auf den Finanzmärkten hat sich lange vor dem Internet ein Modell für die Pluralität miteinander im Wettbewerb stehender Regulierungsinstanzen entwickelt, das erfreulicherweise die Transparenz der globalen Finanzmärkte erhöht hat.

Weil sich die Investoren der US-Börsenaufsicht (SEC, Securities and Exchange Commission) unterwerfen.

Sie tun das aber freiwillig. Die Börse in Warschau, mit der ich einigermaßen vertraut bin, hat eine starke, kompetente Aufsichtsbehörde, die manchmal sogar des Guten zu viel tut. Sie hat die amerikanische Börsenpolitik komplett übernommen, weil die SEC gute Standards liefert. Wofür ich bin, ist ein möglichst freier und fairer Wettbewerb zwischen solchen Aufsichts- und Regulierungsbehörden in der ganzen Welt. Das heißt, wenn es mehr als eine SEC gibt, ist das völlig in Ordnung, weil die Investoren am besten entscheiden können, wie ihre Interessen durch die Verpflichtung der Firmen, die Investitionskapital benötigen, auf bestimmte Wahrheits- und Transparenzkriterien geschützt werden können. Es soll in allen gesellschaftlichen Bereichen Wettbewerb geben, weil das die Wettbewerber zwingt, ihren Job besser auszuführen. Ich glaube nicht, daß nationale Regierungen solche Regelungen des Handels- und Wirtschaftsverkehrs erlassen sollten. Die Verträge, die zwischen Investoren und Aufsichtsbehörden geschlossen werden, werden allerdings immer unter die jeweilige Gerichtsbarkeit von nationalen Staaten fallen.

Wir werden also auch einen Wettbewerb zwischen verschiedenen Rechtsauffassungen bekommen, etwa zwischen dem angelsächsischen und dem kontinentaleuropäischen Recht. Sie sagen in Ihrem Buch, daß wir künftig mehr

Rechtsanwälte als Beamte brauchen. Ganz abgesehen davon, daß ich persönlich in Rechtsanwälte nicht mehr Vertrauen setze als in Beamte, werden das nach Lage der Dinge – also aufgrund des amerikanischen Vorsprungs auf diesem Gebiet – amerikanische Anwälte oder europäische Anwälte sein, die nach amerikanischen Rechtsprinzipien verfahren. Den Franzosen wird das nicht sehr schmecken.

Wenn es eine Jurisdiktion nach französischem Muster gibt, habe ich nichts dagegen. Dieses Konzept sollte sich dem Wettbewerb stellen. Aber ich glaube, der Schutz von Investoren ist bei der amerikanischen Variante besser garantiert als bei der französischen oder deutschen.

Ein Schutz, den staatliche Institutionen bieten können, ist z.B. das Kartellrecht gegen Monopolisierungen der Märkte. Während wir reden, wird gerade der Fall Microsoft verhandelt, dem das amerikanische Justizministerium einen monopolistischen Angriff auf den Markt vorwirft. Auf welcher Seite stehen Sie da?

Darüber denke ich viel nach. Es ist ja nicht so, daß die Welt so schön eingeteilt ist, daß die Rolle von Regierungen in der Kontrolle von Unternehmen besteht, genauso wie sie selbst durch Kontrolle der Bürger beschnitten werden. Die Sache ist viel offener und komplizierter. Was Regierungen und Unternehmen tun, ist oft nicht so säuberlich auseinanderzuhalten. Ich weiß nicht, was ich als amerikanische Justizministerin tun würde, aber ich bin froh, daß es das Ministerium gibt. Vielleicht hat es in diesem Fall seine Kompetenzen überschritten. Aber wenn es stimmt, daß Microsoft versucht hat, seine Verträge mit anderen Firmen geheimzuhalten, dann zeigt das, daß etwas nicht in Ordnung war.

Also hat der Staat hier eine positive Rolle gespielt?

Ja, weil kein System sicher ist gegen menschliche Fehler. Deswegen hoffe ich auf ein System, das zur permanenten Veränderung gezwungen ist und keinem seiner Bestandteile erlaubt, zu viel Macht zu gewinnen, egal ob es Microsoft ist oder eine Regierung. Ich bin sehr zufrieden damit, wenn ich jetzt beide miteinander streiten sehe – und hoffe, daß keine der beiden Parteien gewinnt, und sie sich auch weiter gegenseitig Schwierigkeiten machen werden.

Das wäre dann kein Null-Summen-Spiel.

Nein, es ist ein Spiel mit positiver Summe, denn es schafft Bewegung nach vorn, während sich in einem Null-Summen-Spiel Energien in Erstarrung auflösen. Man ist entweder Pessimist oder Optimist, wie ich. Wenn Sachen in Bewegung geraten, ist das Resultat am Ende ein bißchen besser.

Aber entschieden werden muß trotzdem im Fall Microsoft, und kollektiv verbindliche Spielregeln zu schaffen, ist exakt die Aufgabe politischer Systeme.

Ich bin kein Jurist und kann die Dinge, die hier zum Konflikt geführt haben, schwer beurteilen. Wenn Microsoft den Browser in die Software einbaut, dann macht das technisch für die Verbraucher Sinn. Aber die Firma darf nicht die Macht haben, Verbraucher oder Partner daran zu hindern, Teile der Software wieder zu entfernen, und vor allem hat sie nicht das Recht, Geheimverträge zu schließen. Insofern bin ich ganz glücklich, daß man Druck auf Microsoft ausübt, nicht weil es illegal ist, was die Firma beabsichtigt, sondern weil sie 80 Prozent der Marktanteile besitzt. Genau wie Regierungen durch rechtsstaatliche Garantien eingegrenzt werden, gilt das auch für Firmen, die in die Nähe eines Monopols gelangt sind.

Weil Firmen dann mit Hilfe ihrer Rechtsanwälte exakt die Rolle von Staatsapparaten mit ihren Beamten übernehmen würden – oder es bereits tun? Die traditionelle Rolle von Staaten war es auch, so etwas wie das öffentliche Interesse zu vertreten, auch wenn sie das natürlich oft genug nicht getan haben.

Ich habe genug Zeit in Rußland verbracht, um zu sehen, wie wenig das der Fall ist. Also stellt sich die Frage, was eine legitime Regierung ist. Und es macht mich nervös, mit anzusehen, wie angeblich legitime Regierungen sich mit illegitimen wie der chinesischen einlassen.

Wie würden Sie denn das öffentliche Interesse oder das gemeinsame Gut der Internet-Gesellschaft definieren?

Jedenfalls kann es nicht durch jemanden definiert werden, der uns ein gutes Gesetz macht. Ich vertraue mehr auf die Individuen, auf die moralische Urteilskraft erwachsener Menschen …

… zwischen denen es ja wieder Machtverhältnisse und -unterschiede gibt, wobei wir über soziale Ungleichheiten noch gar nicht gesprochen haben.

Individuen en masse, nicht als Wählermasse, verfügen über Urteilskraft. In diesem Sommer war ich »on jury duty«, das heißt, ich habe eine Menge Zeit als Geschworene verbracht. Verschleudert, könnte man auch sagen, wenn ich dabei nicht gelernt hätte, wie außerordentlich inspirierend es sein kann, wenn man mit einer Gruppe ganz gewöhnlicher Leute zusammensitzen muß, Leute, auf die man in der U-Bahn trifft, aus dem unteren Viertel der Gesellschaft. Sie haben einen wachen Verstand, sind ehrlich, versuchen, gute Bürger zu sein und ihren Job gut zu machen. Sie glauben, daß sie jemanden zu bestrafen haben, weil er ein Verbrechen begangen hat, oder daß sie ihn freizusprechen haben, wenn sie zu dem Urteil kommen, daß er unschuldig ist. Laß sie ruhig am Arbeitsplatz Papier klauen und die Steuer betrügen – diese Leute tun dennoch ihr bestes. Sie versuchen, aus ihrem Alltagsverstand heraus die wesentlichen Fundamente des Rechtssystems zu verstehen und anzuwenden, und sie verschenken ihre Zeit genau wie ich, weil sie den Eindruck haben, etwas zum Gemeinwohl beizutragen. Das hat mich sehr beeindruckt.

Ihre Vorstellung vom »common good« (Gemeinwohl) ist also sehr nahe beim »common sense« (Gemeinsinn)?

Ich vertraue diesen Leuten mehr als irgendeiner Elite. Außerdem habe ich die Tragik gespürt, die darin liegt, daß die meisten Menschen einfach kein Vertrauen mehr haben, vor Gericht zu gehen und dort ihr Recht zu bekommen.

Das scheint mir allerdings nach den Fällen O. J. Simpsons, Louise Woodwards und anderer auch in den USA verloren zu gehen, wenn sich common sense immer stärker an ethnischen Zugehörigkeiten oder medial aufgeheizten Stimmungen orientiert.

Unser Jury-System ist sicher nicht perfekt, aber es ist ein besseres System als alle anderen, die ich mir vorstellen kann.

Das führt mich zu der Frage, inwieweit das Internet die öffentliche Sphäre, das Lebenselixier der liberalen Demokratie, noch weiter zersplittern wird: Ob also auf der einen Seite wie im Falle Microsoft die Gefahr von Machtmonopolen droht, während auf der anderen Seite Dezentralisierung in Fragmentierung umschlägt?

Unglücklicherweise ist das eine die Kehrseite des anderen. Allerdings sind die meisten Individuen nicht nur Teil einer Gemeinschaft, mit einer normalerweise (und auch legitimerweise) beschränkten Sicht auf die Welt, sondern sie gehören vielen Gemeinschaften an, von denen einige mit umfassenderen Dingen wie dem kulturellen Erbe einer Nation zu tun haben, im Unterschied zu rein lokalen Entscheidungsarenen. Aber in der Tat ist Fragmentierung eine der Entwicklungen im Internet, die mich beunruhigen. Die beste Antwort darauf scheint mir die zu sein, die auch alles andere, was wir besprochen haben, betrifft. Thomas Jefferson hat gesagt, wenn er sich zwischen einer Regierung ohne freie Presse und einer freien Presse ohne Regierung zu entscheiden hätte, dann würde er sich für letzteres entscheiden. Das Heilmittel gegen Fragmentierung kann jedenfalls nicht Rezentralisierung in Gestalt größerer Regierungskontrolle sein. Solange die Dynamik zwischen den beiden Polen lokale Gemeinschaften und Staat hin und her geht, ist das in Ordnung. Nehmen Sie ein Beispiel wie die Scheidungsgesetzgebung in den USA. Meine Eltern haben sich scheiden lassen. Aus heutiger Sicht glaube ich, daß das besser war, als wenn sie zusammengeblieben wären. Aber Scheidungen sind schmerzhaft, für die Eheleute wie für die Kinder. Es war gut, daß die Scheidungsgesetze liberalisiert worden sind, denn sie waren viel zu streng. Aber heute ist es wahrscheinlich zu einfach geworden, sich scheiden zu lassen. Es gibt nicht den idealen Ort, an dem Gesetzgebung greifen kann, denn sie bewegt sich in einem dynamischen System. Um ihre beste Wirkung zu entfalten, muß sie sich mitbewegen. Solange das möglich ist, bekommt man bessere Resultate, obwohl oder gerade weil das System ein wenig vage ist.

Auf Staatstätigkeit übertragen, muß man sich diese also auch als flexible, dynamische Intervention vorstellen?

Wie bei Zinssätzen der Zentralbanken. Sie werden ständig neu festgesetzt, aber das heißt nicht, daß der Zinssatz des letzten Jahres oder Monats »falsch« war, sondern daß er an die veränderten Konstellationen angepaßt werden mußte. Das ganze ist, als ob man auf einem Fahrrad die Balance zu halten versucht.

Was umso schwieriger ist, je langsamer man fährt. In Europa ist das »Fahrrad Internet« langsamer als in den USA in Gang gekommen. Da Sie viel durch Europa reisen, worin bestehen für Sie die Unterschiede der »Internet-Kulturen« diesseits und jenseits des Atlantik?

Ich mag die Deutschen sehr, aber mein Eindruck ist, daß die deutsche Kultur insgesamt sehr mißtrauisch ist gegen Wandel, gegen Neues überhaupt. Ich glaube, das ist eine Folge der autoritären Tradition, daß Dinge, die nicht säuberlich geordnet sind, sofort chaotisch wirken und auf Ablehnung stoßen. Die Deutschen vertrauen nicht darauf, daß sich die Dinge schon von selbst ordnen werden, wenn man sie sich entwickeln läßt. Sie wollen eine gute staatliche Autorität, aber sie wissen nicht, was sie mit einer schlechten machen sollen. Sie fühlen sich nicht wohl in einer Situation der Ungewißheit.

Ich glaube, das stimmt schon lange nicht mehr. Es gibt eine neue Generation von Selbständigen, in West- wie in Ostdeutschland, die sich durchaus auf Wandel und auch auf die Globalisierung einstellen will und kann. Die Deutschen haben lange in einer weltpolitischen Nische gelebt, und es braucht eben eine Zeit, bis man sich frei auf einem offenen Feld bewegen kann.

Sie haben recht. Die jüngeren Deutschen, mit denen ich spreche, wirken anders auf mich, unternehmungslustiger und risikobereiter.

Sie reisen viel nach Rußland und engagieren sich dort auch unternehmerisch. Was bedeutet Computerindustrie in diesem Land überhaupt?

Das ist das reine Wunder. Sie besteht aus einer Gruppe von Leuten, die ohne jede staatliche Hilfestellung etwas in die Welt gesetzt haben: Wissenschaftler aus den Staatslabors, die dicht gemacht haben, Programmierer, Mathematiker, die jetzt »self-made business guys« sind. Im großen und ganzen sind sie aufrichtig, sie lernen rasch – sie bilden den offensten und transparentesten Markt in Rußland, und es ist die reine Freude, mit ihnen zu arbeiten. Natürlich gibt es ein paar Ausnahmen, aber es ist, als ob aus all dem Sumpf von Korruption und Verbrechen ein paar Blumen gesprießt wären. Sie sind international ausgerichtet, sie nutzen das Internet, sie haben Hardware- und Software-Lieferanten aus dem Westen. Sie sind die Hoffnung für Rußland, wenn Sie mich fragen. Die Europäer und Amerikaner tun gut daran, ihr Wissen, ihre Expertise und Managementpraxis nach Rußland zu transferieren. Hewlett Packard oder Microsoft trainieren ihre russischen Partner nicht nur in technischen Anwendungen, sondern auch allgemein in Management, Buchhaltung usw. Und sie unterstützen damit lokale Initiativen. Man kann in Rußland eine Milliarde Dollar investieren, um sie wieder herauszunehmen. Viel besser ist es aber, das Geld nicht nur zu investieren, sondern dort zu bleiben und Werte zu schaffen. Man kann in Rußland Gutes tun, indem man wirkliche Geschäfte macht. Die Finanziers, die in Rußland tätig sind, schaffen Kaufkraft. Indem sie ihr Geld innerhalb der dortigen Volkswirtschaften bewegen, bringen sie sie auf Touren.

Und was ist Ihre Rolle dort?

Nun, ich investiere, ich halte Vorträge, ich versuche, die Dinge ins Laufen zu bringen, an die ich glaube, genau wie überall sonst.

Ist das Internet für Osteuropa ein Sprung ins 21. Jahrhundert?

So hoch würde ich die Sache gar nicht hängen. Es verbindet die Osteuropäer mit dem Rest der Welt. Die Software-Importeure schaffen Werte-Systeme, sie verbessern die Infrastruktur, die Distributionssysteme, die übrigen Firmen. Natürlich schafft es auch neue Ungleichheiten zwischen denen, die ans Netz angeschlossen sind, und denen, die nicht einmal ein Telefon haben.

In der amerikanischen Geschichte gab es immer ein Hin und Her zwischen der Position Thomas Jeffersons, der für starke dezentrale Basisgemeinschaften und einen schwachen Bundesstaat war, und der seines Partners und Gegenspielers Alexander Hamilton, der stärker auf die Eliten und den Zentralstaat gesetzt hat. Das geht in der amerikanischen Republik ständig hin und her, und derzeit befinden wir uns wieder in einer »Jefferson-Phase«. Können Sie sich vorstellen, daß bald eine neue »Hamilton-Phase« einsetzt?

Ich kann mir gut vorstellen, daß ich in zehn Jahren ein Buch schreibe, in dem ich mich für mehr Zentralisierung einsetze, und ich hoffe, daß ich dann den Mut haben werde zu sagen: Was ich vor zehn Jahren geschrieben habe, war nicht gerade falsch, aber ich habe meine Meinung aus guten Gründen geändert.

Wie demokratisch ist das Internet?
Technologie als Spiegel kommerzieller Interessen
von Benjamin R. Barber

Überall feiert man die neuen Telekommunikationstechniken: als Schlüssel zu einer neuen globalen Ökonomie (so beispielsweise Bill Gates beim World Economic Forum 1997 in Davos), als das Geheimnis hinter dem neuen, weltweiten Wiedererstarken der amerikanischen Wirtschaft (so Präsident Clinton und sein Widerpart Gingrich, der Sprecher des Abgeordnetenhauses) oder als Beginn einer »neuen Ära der amerikanischen Politik«. Und so gelten sie auch als Ausdruck eines neuen Entwicklungsstadiums der globalen Demokratie.[1]
Treffen die ersten beiden Argumente vielleicht zu, kann man hinsichtlich des letzten, das zwischen der Demokratie und den neuen Technologien eine direkte Verbindung herstellt, geteilter Meinung sein. Daß das Argument gefährlich ist, liegt auf der Hand, und möglicherweise ist es sogar vollkommen falsch. Technik und Demokratie standen schon immer in einem besonderen, ja, zutiefst ambivalenten Verhältnis zueinander. Jean-Jacques Rousseau war davon überzeugt, der Fortschritt in Kunst und Wissenschaft untergrabe die Moral;[2] die kritischen Theoretiker der Frankfurter Schule von Adorno und Horkheimer bis zu Marcuse und Habermas warnten, das Vertrauen der Aufklärung in den Fortschritt habe einen Preis, der besonders gefährlich sei, weil es sich dabei um versteckte Kosten handle.[3] Das Problem scheint mir weniger zu sein, daß Technologie und bürgerliche Ideale unvereinbar wären – in Wahrheit ist die Technologie vielmehr der Politik und Moral entglitten, denn sie hat sich so rapide entwickelt, daß ihre Auswirkungen auf die Demokratie wie auch ihre Anfälligkeit gegenüber undemokratischen Kräften größtenteils unbemerkt geblieben sind.

Technologie: Spiegel der Demokratie oder Spiegel des Marktes?

Das Problem reicht tief – bis zur Kernfrage, was denn Demokratie bedeutet. Demokratie baut auf Besonnenheit, Umsicht, Interaktionen im

Schrittempo und zeitraubende (folglich »uneffiziente«) Formen multilateraler Konversationen, die nach postmodernen Maßstäben schwerfällig sind, einem viel Zeit abverlangen, einige Anforderungen stellen, die nicht terminierbar sind und so gut wie nie unterhaltsam genannt werden können. Mit Computerterminals hingegen ist der Fortschritt zu terminieren, denn Geschwindigkeit ist das oberste Gebot der elektronisch-digitalen Technologie. Schnell wie das Licht sind Computer, das ist ganz wörtlich zu nehmen. Demokratie ist so langsam wie das abwägende Urteilen, das sich in der Tat nicht gerade schnell vollzieht; sie verlangt ebenso nach Stillschweigen wie nach dem kommunikativen Austausch und macht es gelegentlich erforderlich, daß Tage oder Monate vergehen müssen, ehe weitere Überlegungen angestellt oder weitere Schritte eingefordert werden können. Im Gegensatz zu Computern verrennen wir Menschen uns oft. Dann müssen wir uns abkühlen, in uns gehen, etwas überdenken und uns die Folgen vorangegangener Entscheidungen klar machen, bis wir ausgewogene neue Urteile fällen können. Das »Parallelcomputing« menschlicher Intelligenz baut auf Geselligkeit und überlegten Interaktionen; es verlangsamt das rationale Schlußfolgern und die Entscheidungsfindung statt sie zu beschleunigen.

Digitales Denken vollzieht sich binär, es privilegiert die einfache Wahl zwischen an und aus, A und B, ja und nein. Es »liebt« die Gegensätze und Dualismen. Politisches Denken dagegen ist komplex und nuanciert, es vollzieht sich eher dialektisch als in digitaler Opposition. Es zielt darauf ab, den dezisionistischen Spielchen zu entkommen, die Computermodellen von Entscheidungsprozessen zu eigen sind. Auf die Frage »A oder B?« will der Bürger vielleicht antworten: »Beides!« oder »Keines von beiden!« oder »Das ist nicht die richtige Alternative« oder sogar »Was kümmert's mich?« Man stelle sich einen Computer vor, der auf eine Frage antwortet: »Je m'en fou!« (»Ist mir egal!«) Unsere Werkzeuge sind gewissermaßen nicht mit der Demokratie synchronisiert, sie stehen nicht unter ihrer Kontrolle. In einer Zeit der Antipathie gegenüber Regierungen und Regularien werden sich die neuen Technologien immer stärker in diese Richtung entwickeln, weil sie in die Hände von Konzernen gelangen, die einzig und allein darauf ausgerichtet sind, maximalen Profit sicherzustellen. Der amerikanische Lyriker und Anarchist Henry David Thoreau war zu Recht darum besorgt, wie leicht wir zum »Werkzeug unserer Werkzeuge« werden können.

Wie lange wird der vielgepriesene »Wilde Westen« des Internet den Kolonialmächten des Kommerzes und des Konzerndenkens standhalten?

Kommunikationsnetzwerke wie das Telefon und das Internet sind, so ist wiederholt argumentiert worden, laterale Systeme und daher inhärent demokratischer als vertikale Systeme wie Radio und Fernsehen. Das ist völlig richtig – und hierin sehen Demokraten das ganz reale Versprechen technologisch erweiterter Formen bürgerlicher Interaktionen. Diejenigen jedoch, denen die Leitungen und die Softwareplattformen gehören, die die Programme schreiben und über die Zugangsberechtigung zu den Systemen wachen, üben außerordentlich große Macht aus. Da könnte der Wunsch aufkommen, diese Art von Überwachung einfach abzuschaffen. Ich denke jedoch, daß bestimmte Formen der Kontrolle und Intervention wie beispielsweise Redigieren und Erleichtern der Informationsflüsse und ein gewisses Maß an Ausbildung nötig sind, wenn man vom Netz einen demokratischen Gebrauch machen will, und sie kommen positiven oder legitimen Formen der Überwachung gleich. In jedem Fall besteht die Alternative zu einer Regelung durch den Staat nicht, wie häufig behauptet wird, im freien Markt, sondern in der Regulation durch den Markt. Die Wahlmöglichkeiten, die dieser zuläßt, und die Grenzen, die er setzt, sind von großer, prägender Wirkung, doch als Teil der »unsichtbaren Hand« des Markts können wir sie größtenteils nicht erkennen.
Diese düsteren Aussichten lassen den Schluß zu, daß die Technologie oft weniger eine Determinante als vielmehr ein Spiegel der umfassenderen Gesellschaft ist. Wer die Technologie besitzt, wie sie eingesetzt wird und von wem und zu welchen Zwecken: das sind die entscheidenden Fragen, und ihre Beantwortung ist für die Rolle, die die Technologie tatsächlich im kommenden Jahrhundert spielen wird, von entscheidender Bedeutung. Sicherlich, die Technologie als solche zeigt mal diese, mal jene Tendenz, hat Charakteristika und Implikationen, die menschliches Verhalten und menschliche Institutionen offensichtlich umgestalten können. Letzten Endes aber reflektiert sie die Welt, in der sie am Werk ist. Das Schießpulver half einst, ein protestantisches, städtisches Europa zu demokratisieren, das dafür reif war; im feudalen China jedoch sicherte es habgierigen Eliten die Macht. Die beweglichen Drucklettern erleichterten die Demokratisierung der Literatur; doch zugleich ermöglichten sie die Massenpropaganda und erweiterten die Möglichkeiten der ideologischen Kontrolle, die für jene innovative Tyrannei typisch ist, die wir als Totalitarismus kennen. Interaktives Zweiwege-Fernsehen und Abstimmungen via Keyboard laden zur demokratischen Teilnahme ein, doch sie leisten auch der Überwachung Vorschub und machen die Tiefe und Komplexität des Denkens bedeutungslos. Doch warum sollten wir schließlich anneh-

men, daß unsere Technologien so viel anders aussehen als Wirtschaft und Gesellschaft derjenigen Welt, die sie produziert und anwendet?
Was auch immer eine Technologie abstrakt an zwingenden Implikationen mit sich führt, sie wird dennoch auf der konkreten Ebene die Prämissen und Ziele derjenigen Gesellschaft reflektieren, die sie zur Anwendung bringt. Das ist exakt die Bedeutung des politischen Schlüsselbegriffs der Souveränität: daß die Politik die Technik beherrscht, daß Gesellschaft und Kultur immer die Technologie übertrumpfen. Der Zweck bestimmt die Mittel, und »Technologie« ist bloß ein eleganterer Ausdruck für »Mittel«. Die neuen Telekommunikationsformen werden unsere gegenwärtigen sozioökonomischen Institutionen und politischen Einstellungen wahrscheinlich eher nicht verändern und verbessern, sie werden sie vielmehr reflektieren und verstärken. Eine kommerzielle Kultur wird notwendigerweise eine kommerzialisierte Technologie ausbilden.[4]
Gibt es folglich irgendeinen Grund zu der Annahme, daß eine von Profitgier und Privatinteressen geprägte Gesellschaft die neuen Telekommunikationstechniken aus der allgemeinen Jagd nach dem Profit ausklammern oder sie stärker auf das Allgemeinwohl ausrichten wird als die Gesellschaft im großen und ganzen? Bill Gates vermeidet es in seiner Vision *The Road Ahead* (1995), irgendeinen Bezug auf bürgerliche Werte zu nehmen; statt dessen prophezeit er ein »Shopping-Paradies«, in dem »alle Waren dieser Welt zur Prüfung, zum Vergleich und oft auch zur Anfertigung nach Maß zur Verfügung stehen« und in dem man sich mit dem »Brieftaschen-PC in den Computer eines Geschäfts einklinkt und digitales Geld transferiert.«[5] Doch selbst wenn nachgewiesen werden kann, daß der Technologie das Versprechen eines bürgerlichen und demokratischen Potentials inhärent ist, wird sie dann nicht aller Wahrscheinlichkeit nach die dünne, repräsentative, entfremdete Version von Demokratie reflektieren, die gegenwärtig das politische Denken dominiert? Aus diesem Grund ist der wichtigste Abschnitt der auf der Tagung »Internet & Politik« vorgestellten »Münchner Erklärung« für mich der Teil, in dem die Verfasser zur Bürgerbeteiligung aufrufen – nicht nur im Netz, sondern in allen unseren bürgerlichen und politischen Institutionen.[6] Das ist vollkommen richtig, denn warum sollte ohne den Willen zu mehr Beteiligung und zu einem stabilen bürgerlichen System eine technologisch weiterentwickelte Politik nicht dieselbe Unzivilisiertheit und denselben Zynismus hervorbringen, die schon jene Politik charakterisierten, welche sich auf ältere Technologien wie beispielsweise Radio und Fernsehen stützte? (Man erinnere sich daran, daß die Erfindung des

Radios einst ebenfalls egalitärere und demokratischere Formen der Kommunikation versprach.) Die politischen Hänseleien in den Diskussionsforen des Internet sind genauso polarisiert und rüde wie das, was man in den Talkshows zu hören bekommt. Wenn die Technologie also zu politischen Differenzierungen führen soll, dann muß erst einmal die Politik geändert werden.

Die neuen Medien: Vielfalt oder Monopol?

Um die scheinbare Diversifizierung der Medien und die Vervielfachung im Spektrum der Kommunikation auf der Basis fortgeschrittener Telekommunikationstechniken ist viel Aufhebens gemacht worden. Statt der einstigen drei Fernsehnetze in den USA oder den zwei oder drei staatlichen Sendern in vielen anderen Ländern haben wir heute Kabel- und Satellitensysteme, die bis zu 500 oder mehr Kanäle anbieten können. Selbst dem traditionellen Medium Radio wird bald eine Digitalisierung widerfahren, die für jede der heute genutzten Sendefrequenzen fünf oder sechs Kanäle ermöglichen wird. Kurz, die Technologie ist eindeutig in der Lage, auf die Kommunikationsformen einen pluralisierenden Einfluß auszuüben. Doch auch wenn die Computer-Technik an sich das Potential zur Deregulation oder zur Dezentralisierung bietet, führt das Eigentum an der Hard- und Software eben dieser Technologie zu Zentralisierung und Monopolisierung. Während die Verbreitungssysteme sich diversifizieren und multiplizieren, werden die Programminhalte immer homogener. In das stetig expandierende Internet dringen kommerzielle Glücksritter ein und versuchen, seine horizontalen und interaktiven Kommunikationsnetzwerke nach dem Motto »Wir verkaufen, ihr kauft« vertikal kommerzieller Kontrolle zu unterwerfen und auszunutzen (man könnte von virtuellen Drückerkolonnen sprechen). Und so loggen sich Kinder in Spielzimmer-Seiten ein, die Unternehmen wie Toys'R'Us gehören und angeblich von erzieherischem Wert sind und Spaß machen; in Wirklichkeit aber werden die Ahnungslosen, wenn sie ihr Paßwort zum Spielen eingeben, zu Opfern von Cyber-Marktanalysen.
Mehr Leitungen, mehr Hardware und mehr Anschlüsse müssen nicht mehr Diversität bedeuten. Man stelle sich ein Kabelsystem mit 100 Kanälen im Nazi-Deutschland vor. »Jawohl, die nationalsozialistische Bewegung fördert die Vielfalt!« hätte Goebbels sagen können. Doch wenn man sich dann in das System einklinkt, findet man auf Kanal 1

Himmler, auf Kanal 2 die Hitlerjugend, auf Kanal 3 das Oberkommando der Wehrmacht, Göring auf Kanal 4, das Parteiprogramm als Hypertext auf Kanal 5, die Ausstellung »Entartete Kunst« auf Kanal 6 und so weiter. Schöne neue Vielfalt! Die Verfechter der freien Marktwirtschaft verteidigen die Vermarktung des Cyberspace, indem sie sich auf das berufen, was sie die »Synergie« von Märkten und neuen Technologien nennen, welche angeblich Märkte in Hochleistungsmaschinen verwandeln, die öffentlichen Interessen dienen, weil sie Wettbewerb und Wahlmöglichkeiten maximieren. Doch der Spätkapitalismus ist nicht gerade von unternehmerischem Pioniergeist und von Wettbewerbsdenken geprägt. Er floriert, indem wenige, massenhaft produzierte Artikel wie beispielsweise Sportschuhe, Cola-Getränke und elektronische Hardware an jedermann auf dem gesamten Planeten verkauft werden – derselbe Film, dasselbe Buch, derselbe Hamburger und dieselbe Softwareplattform, dasselbe Programm für so viele Milliarden von Bürgern, die in Konsumenten verwandelt werden können. Und wenn die Waren nicht länger in den Markt gedrückt werden können, fängt man an, Bedürfnisse zu produzieren, damit es eine Nachfrage gibt für die endlose Folge von Produkten, die auf den Markt gebracht werden müssen, wenn es dem Spätkapitalismus gutgehen soll. Während Regierungen vor der Aufgabe zurückschrecken, die Kommunikation zu regulieren, und die neuen Technologien sich in einer Weise globalisieren, die sie gegenüber Regulierungen resistent machen, entwickeln sich, wen wundert es, die entsprechenden Eigentumsverhältnisse eher mehr denn weniger in Richtung Monopol.

Software, umfassend verstanden als Computerprogramme, Informations- und Datenbänke, Filme und Videos, Spiele und Unterhaltung, Musik und Bilder: das ist es, was das Herz des technologischen Wandels in der postindustriellen Ära ausmacht. Und in dem Sektor, der die neuen Technologien mit dieser Art Software versorgt, wird die Produktion von einer Handvoll mächtiger Konzerne kontrolliert, die – das ist wörtlich zu nehmen – von Monat zu Monat immer weniger werden, deren Bandbreiten und Ambitionen aber immer umfassendere Ausmaße annehmen. Das Konzept, das die Fusionsbesessenheit der neuen Medien antreibt, hört auf den schicken Namen »Synergie«. Dahinter steckt die Idee, die produzierenden Firmen, die die Software herausbringen, die Telefon-, Kabel- und Satellitenunternehmen, die sie verbreiten, und die Fernseh-, Computer- und Multiplexsysteme, mit denen sie der Öffentlichkeit präsentiert werden, alle in denselben Händen zu bündeln.[7] »Synergie« erweist sich so als höfliche Umschreibung für Monopol. Und auf dem Gebiet der Information ist »Monopol« eine höfliche Umschreibung für Uniformität, was wiederum eine höfliche Umschreibung für virtuelle Zensur ist – Zensur nicht als Folge politischer Entscheidungen, sondern als eine Konsequenz von unelastischen Märkten, unzureichendem Wettbewerb und Geschäften in ganz großem Stil. Gesucht wird nach dem einen Produkt, an dem nur ein einziger die Rechte hat und das jeder armen Seele auf diesem Planeten verkauft werden kann. (In den Vereinigten Staaten wird der populäre C-Span-Kanal, auf dem die Amerikaner rund um die Uhr dem Kongreß zuschauen und zuhören können, gerade von dem Rupert Murdoch gehörenden neuen Fox News Channel aus vielen Kabelsystemen verdrängt.) Zugleich sucht man nach dem »ungefährlichen« Inhalt, der im Interesse einer breiten Konsumentenakzeptanz allem Streit aus dem Weg geht.

In dieser Suche manifestiert sich die nur allzu weit verbreitete Angst der Unternehmen vor der Kontroverse sowie die Tendenz, unverbindliche Plastikkünstlichkeit eher zu unterstützen als Diskussions- und Risikobereitschaft. Der postmoderne Kapitalismus stellt sich außerhalb aller Natur und scheut das Risiko: Er ist ganz und gar nicht unternehmerisch. Das bedeutet, daß Hollywood einem Megahit den Nachfolger mit demselben Strickmuster hinterherschickt, statt mit neuen künstlerischen Filmformen zu experimentieren; daß Verleger nach Supersellern von Berühmtheiten suchen, statt seriöse Sachbücher und neue Romane zu veröffentlichen; und daß das Fernsehen alles ablehnt, was ihm zu abwegig erscheint: politisch zu radikal oder zu reaktionär, zu religiös oder zu atheistisch, zu exzentrisch und abseitig und daher zu weit vom Mittelmaß entfernt, zu (ganz wörtlich zu nehmen) unpopulär.

Die von Ben Bagdikian und anderen für die Zeit von 1945 bis Ende der 80er Jahre gut dokumentierte Konzentration der Besitzverhältnisse im Infotainment-Telesektor hat sich in der Tat weiter beschleunigt, als sich die Technologien vervielfachten und die Möglichkeiten zur Informationsübertragung diversifizierten. Diese Zusammenballung hat die Zahl der großen Telekommunikationsanbieter von 46 im Jahr 1981 auf 23 im Jahr 1991 reduziert. Und von diesen dominiert nur eine Handvoll den Markt, beispielsweise Time-Warner/Turner, Disney/ABC, Bertelsmann und Murdochs News Corporation – wahre Intermediakonzerne, die in jedem Geschäftszweig dieses Sektors ihre Finger haben.[8] So konnte beispielsweise Rupert Murdoch, als er sich bei den Chinesen einschmeicheln wollte, um eine Sendeerlaubnis für sein Asian Television Network zu bekommen, den Verlag Harper Collins (ein Tochterunternehmen der

News Corporation) anweisen, ein Angebot für die politischen Memoiren Harry Wus zurückzuziehen – eines Dissidenten, der den chinesischen Machthabern ein Dorn im Auge ist.[9]

Daß in jüngster Zeit die Grenzen zwischen Telefon, Kabel- und Funkübertragung erodierten, hat den Konzentrationsprozeß noch radikaler beschleunigt; das neue Telekommunikationsgesetz erlaubt es jedem Unternehmen, auf mehr oder weniger jedem Gebiet der Kommunikation tätig zu werden: So kann AT&T (»Ma Bell«) Kabel- oder Satellitenfernsehen betreiben, lokale Telefongesellschaften können ins Geschäft mit Fernverbindungen oder mit dem Mobilfunk einsteigen, und so kann jeder so gut wie jeden und alles kaufen – so lange man sich handelseinig wird und man den Preis bezahlen kann. Im Februar 1997 einigten sich 68 Nationen durch Vermittlung der World Trade Organization darauf, die Barrieren zu beseitigen, die Privatunternehmen bislang daran hinderten, mit den staatlichen Telekommunikationsmonopolen in Wettbewerb zu treten – kurzfristig betrachtet eine gute Nachricht für die Konsumenten, doch eine noch viel bessere Nachricht für die mächtigen, technologisch am weitesten fortgeschrittenen amerikanischen Telekommunikationskartelle, die in den Startlöchern stehen, um ein Gutteil des weltweiten Geschäfts mit den Fernverbindungen zu übernehmen und sich den Zugriff auf die globale Kommunikation zu sichern.[10] Einmal mehr wird im Namen der freien Marktwirtschaft privaten Profitinteressen gestattet, das öffentliche Gemeinwohl auszuhöhlen (oder sie werden sogar für identisch mit letzterem gehalten). Die Ideologie vom freien Markt dient so in der Version aus dem 18. Jahrhundert dazu, antiunternehmerische Monopolpraktiken zu legitimieren, die den globalen Kapitalismus des 21. Jahrhunderts charakterisieren, der jegliches Interesse an echtem Wettbewerb verloren hat.

Der sanfte neue Totalitarismus der Konsumgesellschaft

Folglich signalisiert der neue Trend zum Monopol keine Synergie, sondern eine Anfälligkeit für kommerziellen Totalitarismus – ein einziger Wert (Profit) und ein einziger Eigentümer (der Monopolist) verwischen sämtliche Unterschiede, dünnen die Wahlmöglichkeiten aus, täuschen Vielfalt nur vor. Vermittler wollen das, was sie vermitteln, kontrollieren und Profit daraus ziehen; Kulturschaffende wollen die Einrichtungen (Sender und Netzwerke), die übertragen, was sie geschaffen haben, kontrollieren und Profit aus ihnen ziehen; Softwarelieferanten wollen die Hardware, die sie mit ihren Produkten bedienen, kontrollieren und Profit aus ihr ziehen. Und jeder will ein Stück von dem kreativen Kern, in dem der »Inhalt«, der alles andere in Bewegung setzt, hergestellt wird. Das Ergebnis lautet: Zunehmend wird von Vielfalt geredet – und zunehmend hält Uniformität bei Produkten und Inhalten Einzug. Warum soll man die Musik eines anderen verbreiten, wenn man von der Komposition wie vom Komponisten Besitz ergreifen kann?

Die Männer, die diese außerordentliche neue Welt der technologisierten Kultur dominieren, sind größtenteils Amerikaner. In den achtziger Jahren lag Amerika noch am Boden, doch seit in der Politik, im Informationswesen und in der Unterhaltung immaterielle Produkte (Software im weitesten Sinn) die dauerhaften industriellen Güter ersetzt haben, ist die Nation weltweit zur ökonomischen Supermacht aufgestiegen. Amerikanische Medienmogule wie Michael Eisner, Ted Turner, Sumner Redstone, Barry Diller, Martin S. Davis, George Lucas, Michael Ovitz, Bill Gates, Jeffrey Katzenberg, H. Wayne Huizenga, John C. Malone und Steven Spielberg sind heutzutage mit Sicherheit so mächtig, wie es Vanderbilt, Carnegie, Rockefeller und ihre im Gold schwimmenden Mitstreiter Ende des 19. Jahrhunderts waren.[11] Allerdings besitzen die neuen Titanen der Telekommunikation nicht das Monopol auf materielle Güter wie Öl, Kohle, Stahl oder Eisenbahnen, sondern das Monopol auf die entscheidenden Machtinstrumente einer auf Informationen basierenden Zivilisation: Ideen, Bilder, Worte, Filme und Fotos. Solche Monopole zerstören nicht nur den kapitalistischen Wettbewerb, sie untergraben auch die Vielfalt und den Pluralismus von Informationen, auf die sich Demokratie gründet. Hinter der augenzwinkernden Diversität ihrer Medienimperien lauert eine neue Form des Totalitarismus, die um so gefährlicher ist, da sie sich ihrer »Angebotsbreite« rühmt und im Namen der Freiheit verkauft wird. Wenn sich die Regierung nicht einmischt, sind wir auf dem Marktplatz alle gleich, so wird behauptet. Genau wie Bill Gates und die Disney Corporation habe auch ich eine Homepage. Doch glaubt jemand wirklich, die allgemeine Möglichkeit, sich eine Homepage einzurichten, sei dasselbe wie die allgemeine Macht, den Lauf der Welt zu beeinflussen? Hängt Macht davon ab, wer spricht oder wer zuhört (und wer wen zum Zuhören bringen kann)? In einer Welt der Kommunikationsleviathane gehört zur Demokratie mehr.[12]

Was ist eine virtuelle Gemeinschaft?

In der solipsistischen virtuellen Realität des Cyberspace scheint die Öffentlichkeit an sich gefährdet zu sein. Der Kommerz tendiert nicht allein zum Monopol, er setzt auch einzig und allein auf Privatisierung, und die Privatisierung ist der Tod der Demokratie. Denn Demokratie hat immer mit dem öffentlichen Wollen und dem öffentlichen Nutzen sowie dem Gemeinwohl zu tun. Dezentralisierung kann die Demokratie stärken, Privatisierung untergräbt sie nur. Ob klein oder groß macht keinen Unterschied, wenn etwas privat und um des Profits willen geschieht und nicht öffentlich (wenn auch vielleicht lokal) und um des Gemeinwohl willens. Man kann bei lebendigem Leib sowohl von einem kleinen Piranha wie von einem großen weißen Hai gefressen werden: Ersteres dauert nur ein bißchen länger.

Der Kommerz wird von bestimmten technischen Merkmalen der Telekommunikation gestärkt, und er verstärkt wiederum diese. Wie kann es einen »gemeinsamen Boden« (*common ground*) für etwas geben, wenn der Boden an sich verschwunden ist, und Frauen und Männer Abstraktionen bevölkern? Gewisse neue Formen von Gemeinsamkeit könnten sich unter den Myriaden Vereinzelter entwickeln, die vor ihren Bildschirmen hocken und nur über ihre Fingerspitzen mit dem neuen Beziehungsgeflecht verbunden sind, welches das Internet liefert. Doch die Politik jener »Gemeinschaft« muß erst noch erfunden werden, und es ist kaum wahrscheinlich, daß sie demokratisch sein wird, weil die Gesetze des Marktes herrschen. Es muß sich erst noch erweisen, daß anonyme Interaktionen von Schirm zu Schirm für uns dasselbe leisten, was einst Interaktionen von Angesicht zu Angesicht erreichten. Die körperlose Natur der virtuellen Kommunikation ist sowohl Segen als auch Fluch. Die Körper werden bedeutungslos, wenn beispielsweise die Kommilitonen eines College im selben Raum sitzen und über ihre Bildschirme miteinander kommunizieren, während an verkabelten Universitäten soziale Begegnungsstätten und Freizeiteinrichtungen sich zunehmend entvölkern, weil die Studenten an ihren Computern kleben. Ich schlage folgenden Prüfstein vor: Ob sich so etwas wie eine »virtuelle Gemeinschaft« herausgebildet hat, sollte daran gemessen werden, ob sich so etwas wie ein virtueller Dienst an der Gemeinschaft entwickelt. Erst wenn es letzteres gibt, wird man ersteres glauben können.

Schließlich: Die ökonomische Entwicklung auf dieser Welt tendiert zu einer radikalen Kommerzialisierung der Werte und des Verhaltens – und zwar in einer Weise, daß nicht nur die bürgerliche Politik, sondern auch Familie, Erziehung und das Geistesleben in Mitleidenschaft gezogen werden. Die Technologie ist nicht per se kommerziell oder kommerzialisierend, aber wenn man sie kommerzialisiert, wird sie zu einer weiteren Waffe im Arsenal der Konzerne, für die der Konsum das einzige relevante menschliche Verhalten ist. Als die Zeitschrift *US News and World Report* auf dem Umschlag ihrer Sonderausgabe über das Internet lauthals verkündete »Goldrausch im Cyberspace!«, vermischte sie die *frontier*-Metapher des 19. Jahrhunderts mit dem Cyber-Gequassel des 21. Jahrhunderts, um klarzumachen, daß für die Telekommunikationskonzerne allein die Frage von Belang ist, wie man Geld aus den Innovationen holt, die Utopisten und Idealisten zufolge eine neue Epoche der Demokratie einleiten sollen.[13]

Die *frontier*, die offene Grenze, jenseits derer das Neuland lockt, ist in der amerikanischen politischen Ikonographie von überragender Bedeutung, und es überrascht nicht, daß radikale Individualisten und dezentralistische Demokraten sie gern einsetzen, wenn sie ans Internet denken; so gibt es beispielsweise eine Electronic Frontier Foundation. In Wirklichkeit öffnete sich die Grenze des Wilden Westens nach dem Bürgerkrieg genau in dem Moment, als die Konzentration und Konglomeration des Kapitals in der Öl-, Kohle-, Stahl- und Eisenbahnindustrie in Gang kam und das sogenannte Goldene Zeitalter einleitete. Und schon gegen Ende des 19. Jahrhunderts war nicht mehr die *frontier*, sondern das Kartell für Amerika typisch, und die Produkte der Kartelle – Eisenbahnen, Großindustrie, Urbanisierung – waren zu genau den Dingen geworden, die die Durchlässigkeit der *frontier* verstopften.

Es gibt kaum Grund zu der Annahme, daß ohne ein politisches Wollen die metaphorische *electronic frontier* angesichts des Monopolkapitalismus ein günstigeres Schicksal haben wird als ihr historischer Vorläufer. Sind die neuen Monopolisten wie Gates, Eisner und Malone denn in irgendeiner Weise weniger ehrgeizig oder talentiert als Carnegie und Rockefeller? Ist der Kapitalismus denn heute in irgendeiner Weise weniger an den Kontrollmechanismen interessiert, die dicke Profite sichern, als vor 100 Jahren? Die *electronic frontier* ist keine Metapher, sie ist ein Traum, ein Mythos, und ein zutiefst irreführender obendrein: Ein perfekter Nebelschleier für jene, die sich das Neuland unter den Nagel reißen.

Der Einkauf per Computer ist bereits der am schnellsten wachsende Bereich des World Wide Web. Selbst das ansonsten sehr technikfreundliche Aspen Institute warnte in einem Bericht, der »Die Zukunft des elektronischen Handels« feierte: »Der Wettlauf der Geschäftsleute um die Kolonisierung des Internet wird mit Sicherheit den Cyberspace stärken und beleben und ihn für die Durchschnittsamerikaner leichter zugänglich machen. (...) Doch er könnte auch den riesigen dritten Nonprofit-Sektor zur Bedeutungslosigkeit verdammen, die Bürgergruppen und öffentlichen Einrichtungen, die im allgemeinen nicht das Geld und nicht das technische Wissen haben, um im vollen Umfang an der Online-Kultur teilzuhaben.«[14]

Bedeutet dieser Entwurf der globalen Kommerzialisierung und der zunehmenden Monopolisierung also, daß alle technologischen Innovationen sich gegen die Demokratie richten? Nicht notwendigerweise. Es bedeutet nur, daß ohne Direktiven, die darauf abzielen, ihre demokratischen Potentiale auszunutzen, die globalen sozioökonomischen Kräfte, die heute die Welt prägen, auch die Art und Weise prägen, wie die Technologie eingesetzt wird. Wir müssen also nicht bei der Technologie anfangen, sondern bei der Politik. Bei der Gestaltung der Wissenschafts- und Technologiepolitik die Stimme zu erheben und das Recht auf diese Stimme einzufordern, ist der erste Schritt, den Bürger tun können, um eine demokratische Technologie sicherzustellen.[15] Die neue Technologie ist noch immer nichts anderes als ein Kommunikationsmittel, und sie kann nicht bestimmen, was wir sagen werden und wem. Über den Funkpionier Marconi erzählt man sich die Geschichte, daß ihm seine Mitarbeiter eines Tages erklärten, seine neue drahtlose Technologie bedeute, er könne jetzt »mit Florida sprechen«; und Marconi soll darauf in weiser Voraussicht geantwortet haben: »Und? Haben wir Florida denn etwas zu sagen?« Enthusiasten begeistern sich an der Tatsache, daß man über das Internet mit Fremden auf der ganzen Welt kommunizieren kann. Doch viele der heutigen Probleme rühren daher, daß wir nicht mehr wissen, wie wir mit unseren Gatten und Ehefrauen, mit unseren Nachbarn und Mitbürgern sprechen sollen, von Fremden ganz zu schweigen. Werden unsere Blockaden und Unhöflichkeiten vor Ort von den Wundern der computerisierten Telekommunikation geheilt? Wird die virtuelle Gemeinschaft die Brüche und Risse in den realen Gemeinden reparieren? Wird uns mit unseren Keyboards gelingen, was wir von Angesicht zu Angesicht so eklatant nicht geschafft haben?

Wenn wir dem nächsten Jahrtausend – in dem höchstwahrscheinlich unser Leben von Technologie beherrscht werden wird wie nie zuvor – die Demokratie bewahren wollen, dann müssen die bittersüßen Früchte der Wissenschaft unseren demokratischen Zielen untergeordnet und dazu gebracht werden, die kostbaren demokratischen Prozesse zu erleichtern und nicht zu unterminieren. Und ob dies gelingt, wird nicht von der Qualität und dem Charakter unserer Technologie abhängen, sondern von der Qualität unser politischen Institutionen und dem Charakter unserer Bürger.

Anmerkungen

1 Vgl. Anthony Corrado und Charles M. Firestone (Hsg.), *Elections in Cyberspace: Toward a New Era in American Politics,* Aspen: The Aspen Institute, 1996.

2 Jean-Jacques Rousseau, First Discourse, *Social Contract and Discourses,* London: J. M. Dent and Sons, 1913, Teil II, S. 140.

3 Theodor W. Adorno und Max Horkheimer, *Dialektik der Aufklärung;* und Herbert Marcuse, *Der eindimensionale Mensch.*

4 Gingrich und seinem überschwenglichem Buch *Windows of Opportunity* zufolge schaffen »Durchbrüche in der Computertechnik, der Biologie und der Raumfahrt (...) neue Jobs, neue Chancen und neue Hoffnung, und zwar in einem Maß, wie man es sich nicht mehr vorstellen konnte, seit Christopher Columbus eine neue Welt entdeckte (...) die Hoffnung auf eine kontinuierliche Revolution in der Biologie (...) die Hoffnung auf Jobs, Chancen und Abenteuer im All.« Newt Gingrich, David Drake und Marianne Gingrich, *Windows of Opportunity: A Blueprint for the Future,* New York: Jim Baen, 1984; zit. nach Thomas M. Disch, »Newt's Futurist Brain Trust«, in *The Nation,* 27. Februar 1995.

5 Bill Gates, *The Road Ahead,* New York: Viking/Penguin, 1995; Auszug in *Newsweek,* 27. November 1995, S. 59–65; dt. Ausgabe: *Der Weg nach vorn,* Hamburg: Hoffmann und Campe, 1995.

6 Vgl. dazu die Einleitung von Christa Maar in diesem Buch. Der komplette Text der »Münchner Erklärung« findet sich unter: [http://www.akademie3000.de/overview/conf/politics/declaration/foren.html].

7 Eine umfassende Darstellung dieser Tendenzen findet sich in meinem Buch *Jihad versus McWorld,* New York: Times Books, 1995, Kapitel 9; dt. Ausgabe: *Coca Cola und Heiliger Krieg,* Bern: Scherz, 1996.

8 Ben H. Bagdikian, *Media Monopoly,* 4. Aufl., Boston: Beacon Press, 1993, S. 19.

9 Die Disney Company schien mehr Unabhängigkeit zu beweisen, als sie chinesischen Versuchen widerstand, die Produktion eines Disney-Features über den Dalai Lama und die Repression in Tibet zu unterbinden, obwohl das Unternehmen sehr erpicht darauf ist, mit China ins Geschäft zu kommen, das bereits Interesse an einem Freizeitpark geäußert hat; zu Ende ist diese Geschichte noch lange nicht.

10 Die Vereinbarung öffnet den globalen Telekommunikationsmarkt und erlaubt ausländischen Gesellschaften, sich in nationale Unternehmen einzukaufen (allerdings nicht, sie vollständig zu übernehmen). Im Namen des freien Handels und der offenen Märkte werden Staaten aufgefordert, internationale Kartelle ins Land zu holen und dort die nationalen Kommunikationssysteme übernehmen zu lassen. Die Idee des öffentlichen Gemeinwohls ist offensichtlich tot. Vgl. »68 Nations Agree to Widen Market in Communications«, in *The New York Times,* 16. Februar 1997, S. 1.

11 Ted Turner ist Vorstandsvorsitzender von Turner Broadcasting, TNT; Sumner Redstone ist Aufsichtsratsvorsitzender von Viacom, dem aggressiven Gegenspieler von Paramount; Barry Diller siehe unten; Martin S. Davis ist Präsident der Para-

mount; Michael Ovitz war Vorstandsvorsitzender der Creative Artists Agency, spielte eine Schlüsselrolle bei dem MGM/Credit Lyonnais-Geschäft und ist heute Präsident der Disney Corporation; Bill Gates ist der starke Mann bei Microsoft; und John C. Malone ist Präsident von Tele-Communication, sitzt zeitweilig im Aufsichtsrat von Liberty Media und besitzt darüber hinaus ein Viertel von Turner Broadcasting, wodurch er zur treibenden Kraft hinter Barry Dillers QVC Network wird.

12 Als das Kabelfernsehen eingeführt wurde, glaubten viele, daß die Kommunen, wenn sie über öffentliche Studios Zugang zum Kabel erhielten, mit den Netzwerken und den Unternehmen konkurrieren könnten, die primär das Kabelfernsehen verkauften. So ist es keineswegs gekommen.

13 *U.S. News and World Report*, 13. November 1995.

14 David Bollier, »The Future of Electronic Commerce«, Washington, D. C.: *The Aspen Institute*, 1996, S. 39. Konzerne wie Pepsico, Nabisco, Toys'R'Us, Nintendo, Time Warner und Disney haben Web-Sites im Internet, die nicht nur dazu dienen, ihre Produkte zu verkaufen, sondern in einigen Fällen auch so konstruiert sind, daß man von den sich einloggenden Kindern Informationen für Markterhebungen abrufen kann. Vgl. Lawrie Mifflin, »Advertisers Chase a New Target: ›Cybertots‹«, in: *The New York Times*, 29. März 1996.

15 Dies legt nahe, die Wissenschafts- und Technologiepolitik selbst demokratischer Kontrolle zu unterstellen. Die Technologie sollte nicht versuchen, eine ihr angemessene Form von Demokratie zu produzieren, vielmehr sollte die Demokratie eine ihr angemessene Technologie hervorbringen. Experten für Technologie sind keine Experten für den angemessenen öffentlichen Gebrauch dieser Technologie.

Die Kommerzialisierung von Information

von Herbert I. Schiller

Es existieren zwei völlig unterschiedliche Visionen über die Zukunft der neuen Informationstechnologien, insbesondere der elektronischen Netzwerke. Nach der einen Auffassung sind die neuen Instrumente aufregende und unvergleichlich mächtige Mittel, die helfen können, den uralten Traum von menschlicher Solidarität und individueller kultureller Bereicherung zu verwirklichen. Demnach ist die Technologie jener Schlüsselfaktor, der pädagogische, kulturelle und soziale Bedürfnisse in bisher unbekanntem Ausmaß befriedigen kann.

Die zweite Vision – sofern dies hier der passende Begriff ist – ist rein kommerziell ausgerichtet. Sie sieht in der Nutzung von Informationstechnologien enorme wirtschaftliche Vorteile, einerseits in den Vereinigten Staaten selbst, andererseits auf globaler Ebene. Die Vertreter dieser Meinung verfallen angesichts der fast grenzenlosen Möglichkeiten, die sich durch die neuen Technologien auftun, in regelrechten Enthusiasmus. Es bieten sich in erster Linie spektakuläre neue Vermarktungsmöglichkeiten für Sport, Freizeit, Unterhaltung, Spiel und sogar ein bißchen Softpornographie, die die heute noch in den Kinderschuhen steckenden elektronischen Distributionssysteme direkt ins Haus liefern können.

Diese Vision impliziert aber ein noch viel weiter gestecktes Ziel, das die USA mit ihrer wirtschaftlichen Vormachtstellung seit mehr als einem halben Jahrhundert zu verwirklichen suchen: die Schaffung eines amerikanischen Imperiums, das auf der Kontrolle von Information für Wirtschaft, Militär und Spionage- oder Propaganda-Zwecken basiert.

Viele Menschen – auch die, die es besser wissen sollten – betrachten diese beiden Aspekte als komplementär und unproblematisch: Jeder folgt seinem Kurs, ohne daß der andere ihm in die Quere kommen würde. Doch das ist ein Irrglaube, denn zwischen diesen beiden Ansätzen besteht eine unüberbrückbare Kluft, mehr noch: vollkommene Unvereinbarkeit. Sollen Entwicklung und Expansion dieses neuen Werkzeuges von einer sozialen Ausrichtung getragen sein, so muß die kommerzielle Nutzung an zweiter Stelle stehen. Sind jedoch Kommerzialisierung und imperialistische Ambitionen die primären Antriebskräfte, so werden die sozialen Vorteile schwinden und das soziale Potential der elektronischen Netzwerke zum größten Teil ungenutzt bleiben.

Vielleicht ist das eine zu rigide Einschätzung. Warum sollte ein Entweder-Oder-Zustand herrschen? Wäre es nicht möglich, daß soziale und kommerzielle Ziele sinnvoll miteinander verschmelzen? Die geschichtliche Erfahrung liefert eine Erklärung dafür, warum man auf der Inkompatibilität dieser beiden Aspekte insistieren muß. Ein zweiter Grund liegt in den Entwicklungen der letzten beiden Jahrzehnte.

Die historische Erfahrung

Die Erfahrung, welche die Vereinigten Staaten im 20. Jahrhundert mit den neuen Informationstechnologien gemacht haben, ist von einem immer wiederkehrenden Muster geprägt. In den letzten 70 Jahren wurde jede neue Kommunikationstechnologie – den Anfang machte das Radio – schnell vom kommerziellen Sektor aufgesogen, wobei gleichzeitig der öffentliche oder soziale Gebrauch schwach und ineffizient blieb. Obwohl es in den 20er Jahren beträchtliche Anstrengungen gab, der Öffentlichkeit eine signifikante Präsenz im Radio zu verleihen, triumphierte in den frühen 30er Jahren der kommerzielle Sektor.[1]

Als in den späten 40er Jahren das Fernsehen aufkam, meldeten private Firmen unverblümt ihre Besitzansprüche an. Das gleiche Schicksal widerfuhr später auch dem Kabel- und Satellitenfernsehen. Welche Konsequenzen hatte diese Kommerzialisierung des Informationsapparats der USA? Auf jeden Fall sorgte sie für einen technischen Entwicklungsschub und fette Renditen für die Investoren. Dem Publikum brachte es eine Flut von Werbung sowie eine Programmgestaltung, die – abgesehen von einigen löblichen Ausnahmen – den Zuschauer im Laufe der Zeit langsam in einen intellektuellen Dämmerzustand versetzte. Dies war in den meisten Fällen nicht beabsichtigt, sondern eine Folge des Drucks seitens der Werbung.

So fand zum Beispiel eine Medienforschungsfirma bei einer Studie heraus, daß während der Wahlperiode 1996, die im April begann und sich bis in den Oktober zog – demnach sieben Monaten dauerte –, insgesamt 752 891 politische Werbespots für Parteien jeder Couleur – und zwar auf lokaler, regionaler und nationaler Ebene – gesendet wurden. Im gleichen Zeitraum wurden im Fernsehen 56 949 501 kommerzielle Werbespots ausgestrahlt.[2] Kann man sich eine Gesellschaft vorstellen, in der der Sättigungsgrad an Kauf- und Verkaufbotschaften noch größer sein könnte?

Zweifellos, nämlich eine Gesellschaft, in der die elektronischen Netzwerke voll ausgebaut sind und im Dienste der Marketingstrategen der großen Unternehmen stehen. Die TV-Werbung ist bereits über Schulklassen hergefallen. Sie zwingt Millionen von Kindern dazu, Werbebotschaften zu sehen, und zwar in einem Bereich, der früher unverletzbarer öffentlicher Raum war. Was sich nun abzeichnet, ist ein Angriff auf die Knirpse: Im Oktober 1996 hatten die Marketingfachleute 22 000 Tagesheimstätten im Visier.[3] Den Verkäufern läuft bereits das Wasser im Mund zusammen, wenn sie nur daran denken, daß die Schulen ans Internet angeschlossen werden.

Die heutige Situation

Welche Aussichten für den Einsatz der neuen Informationstechnologien – ob sozial oder kommerziell – gegenwärtig bestehen, läßt sich erahnen, wenn man sich eine Frage stellt: Wer hat die Macht, die Verwirklichung einer der beiden Optionen voranzutreiben? Wer besitzt die politische Macht und den Einfluß auf die Medien, um etwa eine vollfinanzierte öffentliche und soziale Entwicklung des elektronischen Highway garantieren zu können? Wer hat andererseits Macht genug, um darauf zu drängen, daß die sich abzeichnende elektronische Ordnung im Besitz von Unternehmen steht und auch von ihnen kontrolliert wird? In dieser so grundlegenden Angelegenheit ist die globale und nationale Machtverteilung von entscheidender Bedeutung.

Globale Macht

Heute ist der globale Unternehmenskapitalismus kaum mehr irgendwelchen Restriktionen unterworfen. Es gibt keinen kraftvollen, marktfreien Sektor mehr, der auch nur einen groben Ausgleich schaffen könnte. Rivalisierende industrielle Systeme – Deutschland und Japan zum Beispiel – können sich nicht mit der vereinten ökonomischen, militärischen und informationellen bzw. kulturellen Macht der Vereinigten Staaten messen. China lauert in nicht allzu ferner Zukunft, stellt aber im Moment noch keine wirkliche Herausforderung dar. Die Welt ist zu einem globalen Markt geworden, der von relativ wenigen transnationalen Unternehmen beherrscht wird, wobei es sich nicht bei allen um US-amerikanische handelt, diese aber in der Mehrheit sind. Dieses Geflecht aus transnationalen Unternehmen hat – meist erfolgreich – darauf hingearbeitet, eine weltweite, privatisierte Kommunikationssphäre zu schaffen. Frühere Bastio-

nen des öffentlich-rechtlich Fernsehens haben vor dem Angriff transnationaler Unternehmen kapituliert. Mexiko ist das jüngste, aber längst nicht das einzige Beispiel.
Mexikos staatliches Unternehmen Telefonos de Mexico sieht sich 1997 mit acht neuen Firmen konfrontiert, die alle hoffen, ein möglichst großes Stück vom mexikanischen Ferngesprächskuchen abzuschneiden. Die meisten dieser »Mitbewerber« sind allerdings nicht neugegründete Firmen, sondern Teil des harten Kerns des amerikanischen und internationalen Telekommunikationssektors. MCI, AT&T, Bell Atlantic, Westel lauten einige der neuen Namen, die Mexikos Telekommunikation übernehmen.[4]

Die Gruppierung der nationalen Macht

Die aktuelle internationale Situation wird also von Unternehmen bestimmt. In den einzelnen Ländern, zumindest in den Vereinigten Staaten, sahen sich öffentliche Institutionen und Gruppen immer wieder Angriffen ausgesetzt und wurden beträchtlich geschwächt. Während der letzten 20 Jahre haben die großen Unternehmen mit ihrer geballten Macht eine wilde Attacke gegen den öffentlichen Sektor geritten. Schulen, Bibliotheken, Krankenfürsorge, soziale Wohlfahrt, Kunst und Kultur und zahllose andere Aktivitäten, die alle die Befriedigung menschlicher Bedürfnisse zum Ziel haben, haben drastische Einschnitte in ihren Finanzen erlebt. In manchen Fällen wurden Institutionen so weit reduziert, daß sie funktionsunfähig wurden.
Die Beschränkungen, die früher einmal dem Kapital auferlegt wurden – das Resultat eines über ein Jahrhundert währenden sozialen Kampfes –, werden langsam abgebaut. Der Deregulierungsprozeß – das Codewort für soziale Unverantwortlichkeit – geht zügig vonstatten. Diejenige Strategie, die sich in diesem Kampf zur Umwandlung der ganzen Wirtschaft nach unternehmerischen Gesichtspunkten am verheerendsten auf den öffentlichen Sektor ausgewirkt hat, war die Institutionalisierung der Verarmung dieses Sektors. Da man den Institutionen der öffentlichen Hand – eine Ausnahme bilden da erwartungsgemäß die Militär- und Zwangsinstitutionen des Staates – jede finanzielle Unterstützung verweigert hat, herrscht nun ein Zustand, der das Überleben und die Expansion auf scheinbar natürliche Weise beschränkt.
Eine Politik des strikten Budgetausgleichs (*balanced budget*), die den Spielraum der Regierung, öffentliche Dienste zu unterstützen, reduziert, wird unhinterfragt als nationales, das allgemeine Wohl repräsentierendes Ziel akzeptiert. Diese Politik wird zur Zeit in den Vereinigten Staaten durchge-

zogen, aber auch in allen anderen Ländern, die sich dem transnationalen Unternehmensdiktat unterwerfen.

In den Vereinigten Staaten ist es dem Kapital tatsächlich gelungen, dank seiner Medienpräsenz die öffentliche Meinung so zu formen, daß in einer Zeit, in der der Kommunismus nicht mehr als Allzweckbedrohung herhalten kann, die Regierung im allgemeinen oder – wie es die Medien endlos wiederholen – das »Big Government« als größter Gegner des öffentlichen Sektors gilt. Hat diese massive Täuschung einmal gegriffen, sind die Menschen machtlos gegenüber der eigentlichen Quelle ihrer Unzufriedenheit, nämlich gegenüber der Macht der Unternehmen. Noch bedauernswerter ist, daß die Wähler soweit gebracht werden, daß sie an ihrer eigenen Schikanierung partizipieren, indem sie nämlich für die Trockenlegung der lokalen, regionalen und nationalen Regierungsbudgets votieren.

Der von den Medien bestimmte Informationszustand eines Landes wirkt sich auf verschiedene Weise direkt auf die zukünftige Nutzung der neuen elektronischen Technologien aus. Zuallererst haben in den letzten Jahren die »Kulturindustrien« eine bislang nie dagewesene Konzentration und Konvergenz von früher getrennten Aktivitätsfeldern erfahren. Riesige, im Kulturbereich tätige Konglomerate umfassen nun Verlage, Radio, TV, Kabel-TV, Film, Musikindustrie sowie Satellitensysteme und oft auch enorme Themenparks. Diese Konglomerate strecken nun ihre Fühler nach Software-, Telekommunikations- und Telefon-Gesellschaften aus oder werden ihrerseits von diesen inkorporiert. Diese Anhäufungen von Kapital und Kultur- bzw. Informationsmacht bilden den Kern der ökonomischen Interessen, und sie sind es auch, die die Sichtweise und Erwartungen der Unternehmen an die im Entstehen befindlichen Informationsnetzwerke artikulieren. Nicht ganz unerwartet wird die »Debatte« über die Mittel zur Implementierung der kommenden elektronischen Ordnung weitestgehend – wenn nicht ausschließlich – von denselben entschiedenermaßen parteiischen Interessen dominiert. Eine Handvoll *public interest groups* arbeitet ganz bewußt daran, eine Alternative aufzuzeigen. Ihre Ansichten jedoch sind nur selten in jenen Organen vertreten, die die Meinung der breiten Öffentlichkeit bestimmen.

Die zukünftige Entwicklung des Internet muß in diesem Kontext des massiven Unternehmenseinflusses – auf globaler und regionaler Ebene – gesehen werden. Das ist nicht weiter schwer, denn die Interessen dieser Informationskolosse sind kein Geheimnis. Es wird auf höchster Regierungsebene offen darüber gesprochen und danach gehandelt. Die Regierungspolitik, die die Parameter für elektronische Netzwerke festlegt, hat ganz klar eine unternehmerische Struktur für diese neue Technologie gefordert. Von Anfang an hat Washington über das Büro des Präsidenten seine Intentionen offen auf den Tisch gelegt: »Der private Sektor wird führend bei der Einrichtung der NII (National Information Infrastructure) sein.«[5] Und so war es denn auch. Die größten Kommunikationsfirmen haben bereits Unsummen in Teilbereiche des Netzwerks investiert, und mit jedem Tag, der vergeht, wird mehr hineingesteckt. Wie kann man angesichts dieser scheinbar unaufhaltsamen Entwicklung überhaupt ernsthaft die Vision eines öffentlichen elektronischen Dienstes aufrechterhalten, der nicht-kommerzielle kreative Anstrengungen fördert? Die Ziele des kommerziellen Kommunikationssektors können folgendermaßen zusammengefaßt werden:

- Der seit Jahren stattfindende Prozeß der Transformation von Information in ein kommerzielles, profitträchtiges Gut muß weitergehen und ausgedehnt werden. Dieser Prozeß beschränkt sich natürlich nicht auf Information. Auch menschliche Beziehungen werden nach und nach zur käuflichen Ware. Diese Entwicklung geht Hand in Hand mit dem kontinuierlichen Schrumpfen des öffentlichen Sektors und des nicht-kommerziellen Austauschs, ja, sie ist in Wirklichkeit abhängig davon.
- Die unerbittliche Ausdehnung des Marketing, also der Werbung in allen ihren existierenden und noch auszudenkenden Varianten, auf alle Facetten des täglichen Lebens. Dieses Ziel schien schon erreicht zu sein, doch die elektronischen Netzwerke bieten den Marketing-Leuten eine willkommene neue Gelegenheit.[6]
- Vor allem aber werden die neuen Technologien in höchsten Regierungskreisen als Mittel betrachtet, im kommenden Jahrhundert die globale Vormachtstellung zu erlangen. Bill Clinton hat wiederholt darauf hingewiesen: »Um den Vereinigten Staaten ihre Vorreiterrolle zu sichern, ist es meine Aufgabe als Präsident der Vereinigten Staaten, Amerika so an die neuen Umstände anzupassen, daß wir die Gewinner des 21. Jahrhunderts sein werden.«[7] Kein Wort von Gleichheit und globaler Zusammenarbeit! Allerdings ist dies kein ganz neuer Wunsch. Doch die neuen elektronischen Werkzeuge geben einem lang gehegten – und vor mehr als einem halben Jahrhundert von Henry Luce erstmals artikulierten – Traum vom amerikanischen Jahrhundert wieder neuen Auftrieb. Betrachten wir die Meinungen von zwei früheren hochrangigen Beamten der Clinton-Administration: Joseph S. Nye Jr. und Willen Owens. Der eine war Vize-Verteidigungsstaatssekretär für Internationale Angelegenheiten, der andere Vizevorsitzender des Komitees der Stabschefs. In einem Artikel in

Foreign Affairs, einer maßgeblichen Zeitschrift für Außenpolitik, schrieben Nye und Owens über Amerikas Vorsprung in Sachen Information: »Wissen ist mehr als je zuvor Macht. Jenes Land, dem es gelingt, die Führung in der Informationsrevolution einzunehmen, wird mächtiger sein als alle anderen. In absehbarer Zukunft werden die Vereinigten Staaten dieses Land sein (...) Verglichen mit anderen Ländern haben die USA einen klaren Vorteil: die Fähigkeit, Information zu sammeln, zu verarbeiten, zu kontrollieren und zu verbreiten – ein Vorsprung, der im nächsten Jahrzehnt sicherlich noch wachsen wird.« Aus diesem Grund schließen sie: »In Wirklichkeit wird das 21. Jahrhundert und nicht das 20. jene Ära sein, in der den Vereinigten Staaten überragende Bedeutung beikommt. (...) Die Vereinigten Staaten sind besser positioniert als andere Länder, um das Potential ihrer Hard- und Software-Ressourcen auf dem Umweg über Information zu optimieren.«[8]

Das mag zwar etwas hochgegriffen sein, aber die Intentionen sind unverkennbar. Und erste Schritte zur Verwirklichung dieses Ziels werden bereits unternommen. Ob erfolgreich oder nicht – dieses imperialistische Ziel stellt die elektronischen Werkzeuge unter die Herrschaft des Expansionismus der Konzerne, des Militärs und der Spionagekräfte, die diese ökonomischen Wunschvorstellungen unterstützen. Solche Entwicklungen werfen eine Frage auf: Wann konnten je Weltmachtstreben und soziale Wohlfahrt glücklich nebeneinander bestehen? Fünf Jahrhunderte Wirtschaftsentwicklung im Westen haben gezeigt, daß sozialer Fortschritt – wie bescheiden er auch sein mag – nur erlangt werden kann, wenn Menschen mobilisiert werden und mit vereinten Kräften daran arbeiten. Eine derartige Anstrengung ist aber im Moment in den Vereinigten Staaten, wenn überhaupt, dann nur extrem beschränkt vorhanden.

Da es an sozialem Druck mangelt, ist es nicht schwer, sich auszumalen, was mit den entstehenden elektronischen Environments passieren wird: die Weiterentwicklung des Internet für kommerzielle Zwecke. Die Änderungen in den internationalen Copyright-Gesetzen, die nun mit starker amerikanischer Rückendeckung der globalen Gemeinschaft aufgedrängt werden, werden eine weitere Kommerzialisierung von Information und Kulturgütern legitimieren.[9] Es wird zu einer Ausweitung der »Identitätskarten-Gesellschaft« kommen, in der die persönlichen Angaben der Bürger in kommerziellen Datenbanken gesammelt werden. Die Funktionen der meisten Nationalstaaten werden weiter ausgehöhlt werden, da ihre Aufgaben weltweit agierenden Unternehmen und dem Wirken des globalen Kapitalmarktes überantwortet werden (die Aufgaben, die für die nationalen Regierungen übrigbleiben, werden sich weitgehend in der Kontrolle der unruhigen Bevölkerung erschöpfen). Und das politische System wird weiter verkümmern, denn es wird von den Fluten der TV-Botschaften und dem grenzenlosen Finanzbedarf der Unternehmen zur Abdeckung der Kosten unterminiert.

Es ist möglich, daß das neue Instrument einige Überraschungen bereithält, die diese Folgen bis zu einem gewissen Grad aufheben könnten. Wenn man jedoch zur Kenntnis nimmt, wer in erster Linie über die Netzwerke wacht, dann scheint eine derartige Entwicklung eher unwahrscheinlich. Auch soziale Interventionen könnten diesen Prozeß etwas abfangen, sind aber nicht in Sicht. Daher müssen wir zwar ungern, aber doch den Schluß ziehen, daß im Moment nur eine Vision der entstehenden vernetzten Ordnung aufrechterhalten werden kann. Ein humaner, sozial ausgerichteter Einsatz bleibt zumindest vorläufig bloße Wunschvorstellung. Die Unternehmensinteressen herrschen vor. Was für die Zukunft, wie fern sie auch sein mag, ins Auge gefaßt werden kann, ist ein öffentlich finanziertes Netzwerk, in dem die vielfältigen kreativen, pädagogischen und sozialen Bedürfnisse aller Bürger Vorrang haben vor dem kommerziellen, von Bilanzzwängen bestimmten Produkt, das exponentiell anwächst, wenn das gegenwärtige System voll zum Tragen kommt. Alles in allem: keine rosigen Aussichten für die nächste Zukunft.

Anmerkungen:

1 Robert W. McChesney, *Telecommunications, Mass Media, and Democracy*, New York, Oxford University Press, 1993.

2 James Bennet, »Aftermath of '96 Race: 1397 hours of TV Ads«, *The New York Times*, 13. November 1996, S. A-15 (Nationale Ausgabe).

3 Paulette Thomas, »Show and Tell: Advertisers Take Pitches to Pre-Schools«, *The Wall Street Journal*, 26. Oktober 1996, S. B-1.

4 Julia Preston, »A Telecom Revolucion in Mexico«, *The New York Times*, 14. November 1996.

5 The National Information Infrastructure: »The Administration's Agenda for Action«, Washington, D.C., 15. September 1993.

6 Dan Schiller, »Cornering the Market in Cyberspace«, veröffentlicht in *Le Monde Diplomatique*, »Les Marchands du ›Village global‹«, Paris, Mai 1996. Außerdem »Internet Television: Net Makeover«, elektronisch veröffentlicht am 13. Dezember 1996.

7 Zitiert nach John Markoff, »Clinton Proposes Changes in Policy to Aid Technology«, *The New York Times*, 23. Februar 1993, S. 1.

8 Joseph S. Nye Jr. und William A. Owens, »America's Information Edge«, *Foreign Affairs*, März/April 1996, S. 20-36.

9 Peter H. Lewis, »160 Nations to Weigh Revisions of International Copyright Laws«, *The New York Times*, 2. Dezember 1996, S. 1.

Netzpolitik

In den Anfangsjahren galt das Internet als anarchisch, also als unzähmbar – und in der Tat machen die Globalisierung der Wirtschaft und der grenzüberschreitende Charakter der neuen Medien nationalstaatliche Regulierungen erheblich schwieriger. Doch ist mittlerweile auch deutlich geworden, daß sie nicht, wie angenommen, obsolet geworden sind, sondern lediglich die Ebene gewechselt haben.
Der New Yorker Wirtschaftswissenschaftler **Eli Noam**, der die Telekommunikationspolitik und -märkte im weltweiten Vergleich untersucht hat, zeigt in seinem Beitrag eine ganze Palette von Regulierungsmöglichkeiten und entsprechenden Mustern in einer Welt elektronischer Nachbarschaften auf. Ihm schwebt ein weltweiter Gruppenpluralismus vor, der sich auf lokaler Ebene eigene transnationale Regelungen schafft. Der Ökonom **Andrew Graham** hingegen, der seit langem die britische Labour Party in Fragen der Telekommunikation berät, plädiert für einen starken Nationalstaat, der als Gegengewicht zu den demokratisch nicht kontrollierbaren Kräften der Globalisierung und als aktiver »Informationsgestalter« des Internet agieren soll. Von Interesse in diesem Zusammenhang ist auch, welche Möglichkeiten der für Telekommunikation zuständige EU-Kommissar **Martin Bangemann** für eine dritte, supra-nationale Ebene sieht.
Politik »für das Netz« und »gegen das Netz« hat viele unterschiedliche Dimensionen: Es geht den Autoren um die Bereitstellung von Infrastruktur, um die Garantie informationeller Selbstbestimmung oder um den Schutz persönlicher Daten und um Meinungsfreiheit – und es geht selbstverständlich auch um den Schutz Minderjähriger vor kriminellen Inhalten sowie um Konzentrationskontrolle. Der Informatiker und deutsche Internetpionier **Werner Zorn** klagt zu Recht die Telekommunikationspolitik der Bundesrepublik Deutschland als »Kette verpaßter Gelegenheiten« an, wodurch der Anschluß an die internationale Entwicklung verloren zu gehen drohe. Der Verfassungsrechtler und praktisch erfahrene Datenschutzexperte **Spiros Simitis** zeigt, daß die Netze (und ihre Betreiber und Nutzer) sich den Gesetzen des Rechtsstaats nicht entziehen können, daß aber die Durchsetzung dieser Gesetze eine Reihe von Tücken aufweist, die nur mit internationalen

Konventionen und durch Selbstkontrolle der Netzakteure behoben werden können. Die technischen Schutzbestimmungen eigene Dialektik steht auch im Zentrum des Beitrags des Politikwissenschaftlers **Claus Leggewie**, der am Fall Microsoft die Problematik der Konzentrationskontrolle großer Medienkonzerne behandelt. Das Kapitel wird abgerundet durch zwei Fallstudien zu Ostmitteleuropa und China. Der Budapester Journalist **Tibor Szendrei** analysiert die Schwierigkeiten, denen ein unterentwickelter osteuropäischer Nischenmarkt bei der Anpassung an die globale Entwicklung des Internet begegnet. Der in Peking lebende deutsche Wirtschaftskorrespondent **Frank Sieren** beschreibt den Versuch des chinesischen Regimes, das Internet durch Zugangskontrollen zu regulieren, also gewissermaßen nur »halb« und auf Kosten des freien Informationsflusses zuzulassen.

Anarchie in den Netzen?
Regulierung und Deregulierung des Internet
von Eli Noam

Warum das Internet reguliert werden wird

Ein Mythos geht um, der schon fast den Rang einer Platitüde erlangt hat: »Das Internet kann man nicht regulieren.« Ein anderer Mythos, der dem ersten verwandt ist, besagt, daß ein Bit immer ein Bit sei und kein Bit anders behandelt werden könne als alle anderen – und daß deshalb alle Kontrollversuche zum Scheitern verurteilt seien. Beide Behauptungen, ursprünglich von Technologen aufgestellt, die per se vom technischen Determinismus überzeugt sind, sind schon technisch falsch. Denn ein Bit ist nur unter ganz bestimmten Voraussetzungen ein Bit, und diese Voraussetzungen lassen sich verändern. In den meisten Fällen wird bei der Computer-Kommunikation ja nicht ein nacktes Bit auf die Reise geschickt, sondern das Bit reist in einem Umschlag, einem Paket. Ein solches Paket ist identifizierbar durch seinen Absender und seinen Zielort. In dem Moment, in dem man es identifizieren kann, läßt sich ein Paket aber auch kontrollieren.

Im übrigen hat Kommunikation ja nicht nur mit elektronischen Signalen zu tun, sondern auch mit Menschen und Institutionen. So attraktiv uns die »Virtualität« des Cyberspace auch erscheinen mag, so dürfen wir darüber doch nicht vergessen, daß im Zusammenhang damit auch eine außerordentlich lebendige physische Realität existiert. Sender, Empfänger und Übermittler sind entweder lebendige, atmende Personen, oder sie sind Institutionen, die mit physischer Hardware ausgestattet sind, sich an realen Plätzen befinden und entsprechend auch vom Arm des Gesetzes erreicht werden können. Gesetze kann man natürlich umgehen, auch Steuergesetze werden umgangen. Die Tatsache, daß ein Gesetz bestimmte Handlungen nicht verhindern kann, beweist aber nicht, daß dieses Gesetz nicht effektiv und wünschenswert ist.

Das soll selbstverständlich nicht heißen, daß wir den Cyberspace – was immer das sein mag – regulieren müssen, sondern nur, daß wir es mit einer Frage der normativen Bewertung zu tun haben und nicht mit einer des technischen Determinismus. Man sollte die Freiheit wählen, weil man sie wählen *will*, und nicht, weil man sie wählen *muß*. Die Entscheidung zu kontrollieren wäre demnach nur eine unter vielen, die von der Gesellschaft andauernd getroffen werden. Je mehr sich das Internet vom Spezialistenreservat zum Bürohaus, Einkaufszentrum und Kommunikationsplatz wandelt, desto mehr rückt die Vorstellung, Nutzer und Anwendungen würden sich in einem rechtsfreien Raum bewegen, in das Reich der Phantasie. Obwohl dies eigentlich auf der Hand liegen sollte, betrachten viele das neue Medium immer noch als eine Art von Rorschachtest, einen Tintenklecks, in den jeder seine eigenen gesellschaftlichen Phantasien, Wünsche und Ängste projizieren kann. Gemäß dem russischen Sprichwort »Dasselbe Bett – verschiedene Träume«, erkennen die Traditionalisten im Internet die dunklen Gefahren gesellschaftlicher Degeneration, die Liberalen die Auflösung der Regierung und die Linken eine neue Gemeinschaftsform, die unabhängig ist von der materiellen Gier der privaten Wirtschaft. Solche Träume sind für alle fundamental neuen Technologien typisch – und in der Regel falsch.

Ob zum Guten oder Schlechten – jede Gesellschaft wird die Erkenntnisse, Vorurteile, Eigeninteressen und Fehleinschätzungen, die sie angesammelt hat, auf die Regeln, die den Cyberspace regulieren sollen, übertragen, was erneut neue Regeln zur Folge hat. Eine ganz neue Ebene von Regeln gibt es durch die im Entstehen begriffenen unterschiedlichen elektronischen Gemeinschaften, die genau festlegen, wer wann was auf welche Weise tun darf, ohne seinen Zugangscode aufs Spiel zu setzen und in der elektronishen Verbannung zu landen. Neue Regeln entstehen durch neue Verhältnisse. Man braucht sich nur vorzustellen, was passieren wird, wenn der kooperative Geist des Internet irgendwann durch eine Software zerstört wird, die darauf programmiert ist zu lügen, zu betrügen und anderen Schaden zuzufügen.

Die Techniken zur Kontrolle können verschieden sein und hängen von der jeweiligen Zielsetzung ab: Man kann die Hauptübertragungswege, die sogenannten »Backbones«, kontrollieren oder die Verbindungsknoten und Übergabestellen; man kann die Internet-Service-Provider lizenzpflichtig und für die Inhalte verantwortlich machen; man kann Überwachungschips für die Computer-Hardware vorschreiben; man kann von den Anbietern von Inhalten verlangen, daß sie ihre Server lizensieren und registrieren lassen; man kann die Unternehmen für die Inhalte verantwortlich machen, die sie ihren Angestellten zur Verfügung stellen. Man kann Routing-Tabellen überwachen, Steuern und Abgaben erheben und anonyme Versender ausgrenzen.

China installiert dieser Tage einen Internet-Backbone, der mit dem weltweiten Netz nur über bestimmte Kontrollpunkte in Verbindung steht. Arabische Nationen erlauben ihren Bürgern ebenfalls nicht den umfassenden Zugang zum Internet und zensieren das WWW und andere Bereiche des Internet. Singapur, ein Land, das großen Wert auf die Aufrechterhaltung einer bestimmten sozialen Ordnung legt, hat den Internet-Zugang durch Gesetze gegen »anstößige« Netz-Inhalte eingeschränkt und alle Internet-Service-Provider unter Regierungskontrolle gestellt.

Die Risikobereitschaft der USA

Welche Regeln sich eine Gesellschaft gibt, hängt unter anderem von der Bereitschaft zum Risiko ab. Das Internet ist ein neues, noch nicht kartiertes Feld, für das das Bild vom »elektronischen Neuland« durchaus zutreffend ist. Nun hat Amerika seit jeher mit der Erschließung von Neuland Erfahrung, und das Land ist in dieser Disziplin ziemlich gut. Sie ist sogar, neben der persönlichen und wirtschaftlichen Freiheit, geradezu ein Charakteristikum, über das sich die Amerikaner definieren. Kein Wunder also, daß sich die USA im Informationszeitalter an vorderster Front befinden.

Daß Investoren und Unternehmer dabei Risiken eingehen, versteht sich von selbst. Anders ist es mit den gesellschaftlichen Risiken, die die Informationstechnologien mit sich bringen. Die Entscheidung, das Monopol von AT&T – dem weltgrößten Unternehmen auf diesem Gebiet – aufzubrechen und die Telekommunikation für den Wettbewerb zu öffnen, war ein solches gesellschaftliches Risiko, und sie war ein Schlag ins Gesicht derjenigen, die der Ansicht waren, es gäbe so etwas wie ein »natürliches Monopol«, das dazu diene, die Finanzierung der öffentlichen Telekommunikationsdienste sicherzustellen. Vor nicht allzu langer Zeit waren sich die Europäer völlig darin einig, daß sie ihre Staatsmonopole für die Telekommunikation beibehalten müßten. Heute findet sich kaum noch jemand, der zugibt, jemals dieser Ansicht gewesen zu sein. Die Entscheidung der National Science Foundation, das Internet zu finanzieren, war ein Risiko. Die Entscheidung, die lokale Telekommunikation für den Wettbewerb zu öffnen, ist ein Risiko. Die radikalen neuen Regeln zur Entflechtung der Netze sind ein Risiko. Riskant ist es auch, die Vernetzung der Klassenzimmer, wie die USA dies tun, zur nationalen Aufgabe zu erklären, um sie im Anschluß über eine Telefonsteuer zu finanzieren.

»Risiken eingehen« scheint mir demnach für das, was in den USA zur Zeit geschieht, ein angemessenerer Ausdruck zu sein als »Deregulierung«. Erstens ist das amerikanische System nicht wirklich deregulativ, da es heute mehr Regeln kennt als jemals zuvor – eine davon gewährt den Internet-Service-Providern zum Beispiel vorrangigen Zugang zu den lokalen Telefonnetzen. Zweitens hat die Regierung in den Deregulierungsprozeß aktiv eingegriffen, indem sie als Risikokapitalgeber auftrat und das Geld für die Entwicklung des Internet zur Verfügung stellte. Auch die Europäer fördern natürlich High-Tech-Vorhaben, doch diese Mittel werden an bewährte Unternehmen aus der Rüstungs- oder Telekommunikationsindustrie vergeben. Drittens haben die USA ein neues Förderprogramm von 2,25 Milliarden Dollar aufgelegt, um den Erziehungs- und Bildungsbereich an das Internet anzuschließen, und dieser Betrag wird sich in den nächsten Jahren noch vergrößern.

Risikoreich waren die vorgenannten Entscheidungen aus mehreren Gründen. Zunächst hätten sie falsch sein können, da es zu der fraglichen Zeit keinen Präzendenzfall gab, auf den man sich hätte berufen können. Heute, da man bereits das achtzehnte Land ist, das seine Telekommunikationsindustrie liberalisiert, ist es für jeden sehr viel einfacher, dies in Harmonie mit seinen regionalen Nachbarn zu tun. Die Deregulierungspolitik hätte sich zweitens in eine falsche Richtung entwickeln können, da Liberalisierung weder in der Öffentlichkeit noch bei den großen Unternehmen sonderlich beliebt war. Vor zwanzig Jahren war es aber so, daß eine Handvoll von Großunternehmen die amerikanische Kommunikationsindustrie beherrschte. AT&T besaß die Telekommunikationstechnik, IBM kontrollierte die Computertechnik, und die Sender ABC, CBS und NBC dominierten das Fernsehen. Die neue Politik richtete sich in den meisten Fällen gegen die Interessen dieser Großunternehmen, indem sie bewußt eine noch »ungeborene Technologiegeneration« berücksichtigte, die über keinen politischen Einfluß verfügte – eine Vorgehensweise, die man in einer von Interessengruppen geprägten Demokratie nicht unbedingt erwarten würde. Drittens sind die vorgenannten Entscheidungen riskant, weil die durch sie initiierten Veränderungen viele der etablierten gesellschaftlichen Institutionen fundamental verwandeln werden. Regierungen sind aber in der Regel selten damit befaßt, Revolutionen anzuzetteln. Meist stehen sie auf der anderen Seite.

Die Verlierer des Informationszeitalters

Wohin werden die geschilderten Risiken die amerikanische Gesellschaft führen? Es wäre naiv anzunehmen, daß die Veränderungen bloß ein Mehr an persönlicher Bequemlichkeit brächten. Der Fortschritt von der Kutsche zum Auto hat weit mehr als nur die Sauberkeit der Straßen verändert. Er hat auf die gesamte Art und Weise, wie wir leben, arbeiten und interagieren, Einfluß genommen. Ebenso hat die drahtlose Telegraphie, nachdem sie sich zum Fernsehen entwickelt hatte, Politik, Unterhaltung und Erziehung grundlegend verwandelt.

Die treibende Kraft hinter solchen Entwicklungen ist ein einfaches, aber grundlegendes Prinzip: Jedes Mal, wenn man einen Kommunikationsfluß bequemer, leistungsfähiger und billiger macht, wird ein anderer traditioneller Kommunikationsfluß dadurch weniger bequem, weniger leistungsfähig und teurer. Mit anderen Worten, wenn man neue Kommunikationswege öffnet, zehrt man alte damit aus. Als Columbus und Vasco da Gama neue Handelsrouten entdeckt hatten, verkam Venedig zum Museum. Als man Autobahnen gebaut hatte, entvölkerten sich die Städte. Als Flugzeuge die Interkontinentalreisen erheblich beschleunigten, schlug die letzte Stunde der eleganten Ozeanriesen. Nicht anders ist es bei der elektronischen Kommunikation. Zwei Beispiele, eines aus dem privatwirtschaftlichen Bereich und eines aus dem Nonprofit-Bereich, sollen zeigen, auf welche Weise traditionelle Institutionen von der aktuellen Entwicklung betroffen sind.

Bill Gates nennt Banken Dinosaurier. Banken haben es nicht nur mit Geld zu tun, sondern auch mit Information. Wie alle Institutionen benötigen auch Banken, um ihre Aufgaben erfüllen zu können, bestimmte Informationstechnologien und wirtschaftliche Handlungsweisen. Wenn Technologie und Ökonomie sich verändern, müssen die Institutionen sich an diese Veränderungen anpassen. Nehmen wir das Beispiel Geldautomaten. Die Banken haben sie eingeführt, um Kosten zu reduzieren, und mehr als 10000 Zweigstellen geschlossen. Die Folge davon ist, daß in den USA die meisten Geldautomaten heute nicht mehr in Banken stehen. Die Kunden bedienen sich an Automaten, die über Netze miteinander verbunden sind, und kümmern sich nicht darum, ob dahinter eine nahe oder entfernte Bank oder gar keine Bank steht. Mehr als 13000 Geldautomaten werden bereits von Firmen unterhalten, die keine Banken sind. Und das ist erst der Anfang. Wenn die PCs erst zu Geldautomaten werden und man sich auf seine Smartcard Cybergeld laden kann, werden die Banken den größten Teil ihrer traditionellen Standortvorteile einbüßen. Gut möglich, daß sie dann gigantischen elektronischen Finanzzentren weichen müssen, die Investoren aus Bahrain gehören und von Singapur aus geleitet werden.

Noch radikaler wird sich das Wesen des Geldes verändern. Die Technologie bringt ganz neuen Geldtypen wie E-Money, Digital Cash und Cyber-Dollars hervor. Das schafft »offene Währungen«, die nicht mehr an nationale Volkswirtschaften gebunden sind. Sie konkurrieren miteinander und werden vielleicht auch auf der ganzen Welt akzeptiert, ohne daß sie irgendjemandem gegenüber verantwortlich wären. Die Regierungen werden dadurch die Kontrolle über die Geldvorräte und die Geldpolitik verlieren. Das ist eine doppelte Ironie angesichts der Tatsache, daß man in Europa dabei ist, eine ausgetüftelte Superwährung genau in jenem Moment zu schaffen, da sich das ganze Konzept der staatlich kontrollierten Währung in ein System konkurrierender Privatwährungen zu transformieren beginnt.

Das zweite Beispiel betrifft die akademische Ausbildung. Im allgemeinen geht man davon aus, daß die Universitäten von den neuen Kommunikationsmitteln profitieren werden. Das Gegenteil ist jedoch wahrscheinlicher. Die meisten naturwissenschaftlichen Disziplinen weisen ein exponentielles Informationswachstum von vier bis acht Prozent jährlich und eine Verdopplung im Verlauf von zehn bis fünfzehn Jahren auf, was eine starke Spezialisierung der Wissenschaftler zur Folge hat. Angesichts des ständig expandierenden Wissensfundus ist es für die Universitäten unmöglich, auch weiterhin alle Wissensbereiche abzudecken. Das wäre nur dann möglich, wenn sich die Anzahl ihrer Forscher ähnlich wie der Ausstoß der Studienabgänger alle 5 bis 10 Jahre verdoppeln würde. Die sich abzeichnende Entwicklung wird ein noch höheres Maß an Spezialisierung nach sich ziehen. Die Folge ist, daß hochspezialisierte Wissenschaftler auf dem eigenen Campus kaum noch die Möglichkeit haben, Kollegen kennenzulernen, die eine ähnliche Spezialisierung haben wie sie selbst und die eigene Arbeit ergänzen könnten. Statt dessen findet nun zunehmend elektronischer Wissensaustausch mit geographisch entfernten Spezialisten und Arbeitsgruppen statt.

Was die Ausbildungsfunktionen der Universitäten angeht, so kann man sich nur schwer vorstellen, daß das technisch unterentwickelte, kostenintensive System von heute überleben wird. Wenn alternative Ausbildungstechnologien und Prüfungssysteme zur Verfügung stehen, wird der akademische Lehrbetrieb vom klassischen Campus abwandern. Nicht, daß die elektronische Ausbildung dem Unterricht von Angesicht zu Angesicht überlegen sei – diese Vorstellung ist romantisch –, aber sie kann zu sehr viel niedrigeren Kosten zur Verfügung gestellt werden. Gut möglich, daß in Zukunft elektronische Universitäten Titel und Diplome verleihen werden, die von privaten Unternehmen, zum Beispiel einem Verlagshaus, unterhalten werden. Wenn die Ausbildungsprogramme der elektronischen Universitäten von den Arbeitgebern und der Gesellschaft als positiv eingestuft werden, weil qualifizierte Studenten dort ein ausreichendes Wissen erwerben, dann werden sie mit den traditionellen Universitäten konkurrieren können, ohne daß deren erhebliche Gemeinkosten auf ihnen lasten. Es geht hier nicht um die Frage, ob Universitäten für die Gesellschaft, ihre Mitglieder und den Wissenserwerb wichtig sind – das ist durchaus der Fall –, sondern darum, ob die ökonomischen Grundlagen des gegenwärtigen Universitätssystems beibehalten werden können angesichts der Veränderungen, die sich durch die neuen Informationsflüsse ergeben. Nicht Forschung und Lehre werden unter Druck geraten – sie sind wichtiger als je zuvor –, sondern das heute vorhandene Ausbildungsumfeld, das Universitätssystem. Eine kulturelle Bedeutung zu haben ist zwar eine – hoffentlich – notwendige, aber leider keine hinreichende Bedingung.

Die Gegenrevolution

So wie die industrielle Revolution alle Strukturen der feudalen Gesellschaft erfaßte und wandelte, werden sich auch heute, unter dem Einfluß der Informationstechnologie, alle gesellschaftlichen Strukturen verändern. Aber jede Revolution hat auch ihre Gegenrevolution. Das 19. Jahrhundert reagierte auf die industrielle Revolution mit der Bewegung der Romantik, unsere heutige Zeit reagiert auf die Informationsrevolution mit einer neoromantischen Sehnsucht nach dem verlorenen goldenen Zeitalter. Diese Bewegung mobilisiert jetzt nicht nur in den USA ihre Kräfte. Diejenigen, die bereit sind zum Risiko, werden von jenen herausgefordert, die alles, was sich etabliert hat, absichern wollen. Speziell in den USA floriert eine regelrechte Kassandra-Industrie, und eine Lawine antitechnologischer Maschinenstürmer-Literatur überschwemmt das Land. Die neuen Ängste sind die alten im neuem Gewand: »verführbare Kinder«, »Sex«, »Gewalt«, »Verbrechen«, »Entfremdung«, »Entfesselung extremistischer Potentiale«, »Vereinsamung und Informationsverarmung«, »Handels- und Kulturdefizite«. Früher beklagten wir das Fernsehen, weil es seine Programme am kleinsten gemeinsamen Nenner ausrichtete, heute beklagen wir den Verlust des gemeinsamen häuslichen Herds und des nationalen Dialogs. Warf man der Jugend einst vor, sie kommuniziere nicht genug miteinander und mit der Welt, so sagt man ihr jetzt nach, sie kommuniziere zu exzessiv, besessen und unreflektiert.

Der Widerstand formiert sich – und wie in den USA üblich, ist es der Schutz der Kinder, um den es ihm vor allem geht. Als Teil des nationalen Telekommunikationsgesetzes (Telecommunications Reform Act) von 1996 wurde im Sommer 1997 ein Gesetz zur »Wahrung der guten Sitten« im Cyberspace (Computer Decency Act) angenommen. Es gibt in mehreren amerikanischen Bundesstaaten bereits vergleichbare Gesetze, doch sie werden vor Gericht so gut wie nichts ausrichten angesichts der Tatsache, daß die amerikanische Verfassung das Recht auf freie Meinungsäußerung in besonderem Maße schützt.

Was würde geschehen, wenn man den Computer Decency Act nicht angenommen hätte? Müßten wir dann hilflos mit ansehen, wie Kinder und Jugendliche, weit über das für Heranwachsende übliche Maß hinaus, zügellos Pornographie konsumierten? Wohl kaum. Eltern könnten das Internet durch entsprechende Software zensieren. »Agenten« mit Filterfunktionen könnten sich Listen von obszönen Websites anlegen und sie blockieren. Andere Agenten könnten solche Seiten anhand der Jugendschutzbestimmungen durchforsten und zensieren. Beratung und Verkauf der entsprechenden Software könnte von Organisationen wie dem TV-Guide, der Elternvereinigung der Baptisten oder dem Anarchistenverband übernommen werden. Anders ausgedrückt: Das Problem hätte sich im Großen und Ganzen von selbst erledigen können. Doch in einem Wahljahr konnte das politische System den Dingen natürlich nicht einfach ihren Lauf lassen.

Kontrastierende Perspektiven beim Aufbruch in das Informationszeitalter

Das politische System der USA war immer dann am effektivsten, wenn es das Risiko einging, daß eine neue Ordnung sich ohne Eingriffe von außen entwickeln konnte. Dahinter steht ein sehr optimistisches Konzept, welches davon ausgeht, daß Probleme sich durch Aktion und Transaktion von selbst lösen. Das ist aber keine spezifisch amerikanische Idee. Es waren französische Physiokraten und schottische Aufklärer, die sich als erste mit solchen Gedanken beschäftigten. Die englischen Philosophen Adam Smith und John Locke glaubten an das Entstehen einer spontanen Ordnung, die sich auf dezentrale Weise herausbildet. Das ist wahrhaftig eine große Idee. Den Kontinentaleuropäern war sie immer etwas unheimlich, was man unter anderem an ihrem Verhalten dem Computer gegenüber sieht. Nehmen wir das Beispiel Frankreich: Wie geht dieses Land mit der Computerkommunikation um? Energisch, zentral gesteuert – und erfolglos. Als erstes gab man eine wunderbare offizielle Untersuchung in Auftrag, den Nora-Minc-Report, der auch jetzt noch, 20 Jahre später, die gelehrteste Untersuchung zur Informationsökonomie darstellt. Der Untersuchungsbericht stellte fest, daß es eine strategische und geopolitische Notwendigkeit gab, IBM zu bekämpfen. Die Macht des amerikanischen Konzerns wurde darin allen Ernstes mit den vergangenen globalen Mächten (römisch-katholische Kirche oder Kommunistische Internationale) verglichen, und das just in dem Augenblick, als Steve Jobs mit Apple und Bill Gates mit Microsoft zur Attacke auf IBM bliesen. Die französische Regierung ging dann streng nach Plan vor. Sie pumpte Geld in die Entwicklung von Computer-Hardware, machte sich zum Eigentümer der Computerindustrie und managte sie bis in die kleinsten Strukturen hinein. Bei der französischen Eisenbahn hatte dieses Prinzip großartig funktioniert, bei der Computertechnologie versagte es hingegen völlig. Die Folge ist, daß Frankreich bei der Hardware heute keinerlei Rolle spielt, da sich die französische Computerindustrie – mit Ausnahme des Verteidigungssektors – zu einem System von Subunternehmern entwickelt hat, die internationalen Firmen den Zugang zum französischen Markt verschaffen. Außerdem gab die französische Regierung die Entwicklung des Minitel-Systems in Auftrag und ließ die France Telecom das System finanzieren und kontrollieren. Die Terminals wurden den Nutzern kostenlos zur Verfügung gestellt, und alle staatlichen Institutionen steuerten Inhalte bei. Frankreich wurde dadurch beim Videotext zwar unumstritten zum weltweiten Marktführer, doch das Problem war, daß das Videotext-System daraufhin von der Hard- und Software, die in den vielen neu gegründeten amerikanischen und europäischen Unternehmen entstand, einfach übersprungen wurde. Die neue Software, die entweder verschenkt oder als Shareware verteilt wurde oder schlicht gestohlen war, überschwemmte planlos das Land. Wie sollte eine staatlich gelenkte Telefongesellschaft einen solchen chaotischen Prozeß in den Griff bekommen? Heute ist Minitel ein technisch veraltetes, langsames und primitives

System, das sich allein durch die Tatsache am Leben erhält, daß es öffentlich finanziert und ein brauchbares System zur Rechnungstellung ist. In dem Augenblick, in dem das Internet die Hürde der Rechnungstellung genommen haben wird, wird das Minitel-System ins zweite Glied abrutschen. Momentan ist es in Frankreich aber noch so, daß das Internet relativ wenig verbreitet ist, und Internet-Service-Provider bei den Netzzugängen nicht begünstigt werden. Die öffentliche Debatte in Frankreich konzentriert sich mehr oder weniger auf die Frage, warum das Land im Web durch Abwesenheit glänzt.

Noch ausgeprägter als in Kontinentaleuropa ist das Bedürfnis nach Ordnung in den fernöstlichen Ländern, etwa in Singapur. Das Land schätzt Harmonie und vertraut nicht darauf, daß individuelle Interaktionen auf dynamische Weise Ordnung entstehen lassen. Man glaubt, das Internet genauso kontrollieren zu müssen wie Wahlen. Die restriktiven Kontrollmaßnahmen der Regierung von Singapur werden unter Beweis stellen, daß das Internet sehr wohl durch technische und gesetzgeberische Maßnahmen kontrolliert werden kann. Ob dies dann allerdings der Wirtschaft förderlich und ob es eine gute Gesellschaftspolitik ist, steht auf einem anderen Blatt.

Wie schützt man die Privatsphäre?

In vielen Bereichen, in denen die Infrastruktur revolutioniert wird, existieren Divergenzen zwischen den USA und Europa. Der Schutz der Privatsphäre ist natürlich wichtig, und die Informationstechnologie stellt hier in der Tat eine neuartige Bedrohung dar. Bisher war die oberste Strategie aller Länder, die Steuerung der Risiken durch Regulierungsmaßnahmen in den Griff zu bekommen. Bei dieser Strategie gab es zwei Hauptrichtungen: Die westeuropäischen Länder favorisierten die zentral gesteuerte, allgemeine Schutzmethode. Sie erließen umfassende Datenschutzgesetze, richteten Gremien mit rigorosen Regulierungsvorschriften ein und koordinierten grenzübergreifend das Sammeln von Daten und das Überwachen von Datenflüssen. Die USA hingegen gingen das Problem dezentral an. Sie reagierten ad hoc auf die auftauchenden Probleme, und entsprechend handhabte jeder Staat die Regulierung anders. Der US-amerikanische Ansatz war also weit weniger systematisch als der europäische.

Daß der Staat die Privatsphäre schützt, ist im Bereich der Telekommunikation insofern selbstverständlich, als er hier ja historisch ein Monopol besitzt. Das führte dazu, daß die Privatsphäre vornehmlich als eine Frage der Grundrechte angesehen wurde. Die Frage ist nun, wie sich dieses Grundrecht in der politischen, regulatorischen und rechtlichen Sphäre verankern läßt. Diese Sichtweise ist angemessen, wenn es um das Recht des Individuums auf eine Privatsphäre gegenüber dem Staat geht. Sie gilt hingegen nicht für die Ansprüche, die ein Individuum gegenüber einem anderen hat. Vielleicht benötigen manche Menschen zum Beispiel mehr Privatsphäre als andere. Das Zugeständnis bestimmter Rechte ist vor allem nur der Anfang einer viel komplexeren Interaktion, da hier die informationellen Rechte verschiedener Parteien zusammentreffen. Wenn man sie im elektronischen Raum einrichten und schützen möchte, kann dies dann wohl auch nur in Form interaktiver Verhandlungen geschehen. Ein Beispiel, wie eine solche Verhandlung aussehen könnte: Beim Telefonmarketing unterstellen beide Parteien, der Anrufer und der Angerufene, ihrer jeweiligen Präferenz einen gewissen Nutzen: Der eine möchte aus bestimmten Gründen anrufen, der andere möchte aus anderen Gründen in Ruhe gelassen werden. Folglich stellen in einer Telefonmarketing-Transaktion die Privatsphäre und der Zugang zu ihr einen bestimmten Wert für die beteiligten Parteien dar. Das wird zu Tauschaktionen führen, wenn diese erst einmal technisch machbar sind. In der Praxis könnte das zum Beispiel so aussehen, daß der Anrufer den Angerufenen darüber informiert, daß er für die Inanspruchnahme seiner Zeit und Aufmerksamkeit eine bestimmte Gebühr an ihn zu bezahlen bereit ist. Die einzelnen Angerufenen könnten dann, je nachdem welchen Wert sie ihrer Privatsphäre und ihrer Zeit zumessen, unterschiedliche Preise verlangen und auch festlegen, zu welcher Tageszeit sie angerufen werden möchten. Sie könnten bei ihrer Telefongesellschaft, ihrem Service-Provider oder ihrer Kreditkartengesellschaft ein Extrakonto für die Telefonmarketing-Gebühren einrichten, was dazu führen würde, daß der Telefonvermarkter, sobald er in Aktion tritt, sich auf eine vertragliche Vereinbarung einlassen würde. Der Service-Provider würde ihm die Gebühren in Rechnung stellen und das Geld auf ein persönliches Konto seines Kunden transferieren. Natürlich ist Effizienz nicht der einzige Wert, der hier in Betracht kommt. Das Zugeständnis von Rechten ist nur ein möglicher Ausgangspunkt. Ein anderer ist die Tatsache, daß es in der Natur des Menschen liegt, wechselnde Bedürfnisse und Präferenzen zu haben, und auch das Recht, seinen Besitz gegen etwas einzutauschen, was er gerne besitzen möchte. Indem er das tut, übt er sein Grundrecht auf freie Entscheidung aus.

Es ist ein Trugschluß zu glauben, daß der marktwirtschaftliche Ansatz, der den Schutz der Privatsphäre betrifft, allzu sehr den »Eindringling« begünstigt. Das Gegenteil ist der Fall. Elektronische Werkzeuge werden es den Computernutzern in Zukunft ermöglichen, den Zugang zu ihrer Privatsphäre komplett selbst zu regulieren, was zu einer eindeutigen Machtverschiebung zugunsten der Individuen und der Privatsphäre führen wird. Dann werden diejenigen die Protestierer sein, die heute mit persönlicher Information Geschäfte machen. Doch was könnten sie schon ändern? Im Moment gibt es noch keine effiziente Möglichkeit, von jenen, die persönliche Informationen sammeln und benutzen möchten, eine angemessene Entschädigung zu verlangen. Doch die Werkzeuge, die dies ändern könnten – etwa Verschlüsselungstechniken oder Anruferidentifikation –, gibt es bereits, oder es wird sie in naher Zukunft geben.

Die langfristige Perspektive

Wohin führt uns das alles? Es ist ein weitverbreiteter Fehler, kurzfristige Entwicklungen über- und langfristige unterzubewerten. Entsprechend überschätzen wir heute die Möglichkeit, die elektronische Kommunikation von Kontrollen seitens der Regierung frei zu halten, weil wir fälschlicherweise davon ausgehen, daß man »das Internet nicht regulieren kann«. Verlängert man die Perspektive in die Zukunft, dann führt uns das zu einem völlig neuen Konzept von politischer Gemeinschaft. Ebenso, wie die traditionellen Banken und Universitäten im Niedergang begriffen sind, werden auch die traditionellen Formen der Rechtsprechung an Bedeutung verlieren. Vor einigen wenigen Jahren träumte man davon, daß die neuen elektronischen Kommunikationsformen ein friedliches, gemeinschaftliches »globales Dorf« erschaffen würden. Doch in der sich heute entfaltenden Realität gleicht nichts einem Dorf. Statt dessen finden wir viele Gruppen mit gemeinsamen ökonomischen Interessen, die die neuen Technologien zur globalen Vernetzung nutzen. Internationaler statt nationaler Gruppenpluralismus also. Die neuen Gruppennetzwerke erschaffen kein globales Dorf, sondern gestalten die Welt als eine Reihe elektronischer Nachbarschaften.

Mit der Zeit wird sich daraus eine eigene »Gerichtsbarkeit« entwickeln, die die Aufgabe hat, zwischen den widerstreitenden Interessen ihrer Mitglieder zu vermitteln. Die neuen Netzwerke müssen Kosten umlegen und manchmal sicher auch ein eigenes Besteuerungssystem und neue Verteilungsmechanismen entwickeln. Sie müssen Pläne für die wichtigen Investitionen erstellen, neue Standards setzen und darüber entscheiden, wen sie zu ihrer Gemeinschaft zulassen und wen sie ausschließen. Man wird um die Macht im Management streiten und möglicherweise auch Wahlen abhalten. Satzungen, Statuten und Regulierungsmaßnahmen müssen verabschiedet und Schiedsgerichtsmechanismen geschaffen werden, und die einzelnen Mitglieder einer solchen Gemeinschaft müssen auch finanziell eingestuft werden.

Wir mögen uns heute noch um die Asymmetrie in den Regulierungsversuchen der USA und Europas sorgen. In Zukunft werden die wirklich interessanten Fragen jedoch diejenigen sein, die sich mit Wesen, Dynamik, Gesetzen und der Politik der neuen elektronischen Gemeinschaften befassen und mit den Regeln, die neu innerhalb dieser selbstgewählten Gemeinschaften entstehen.

Kommunikation ist das Wesen der Gemeinschaft, und jede Gemeinschaft definiert ihre eigene Politik. Die Auflösung des in nationalen Grenzen funktionierenden Kommunikationssystems spiegelt und beschleunigt die zentrifugale Kraft, die in der nächsten Zukunft Länder und Gesellschaften umgestalten wird. Wir stehen noch ganz am Anfang dieser Entwicklung, und die Kräfte des Widerstands haben gerade erst begonnen, ihre Schlagkraft auszuloten.

Nationalstaat und Weltwirtschaft

Die Bedeutung des Vertrauten für den Information Superhighway[1]

von Andrew Graham

In den frühen siebziger Jahren wurde der Staat von der Politik angegriffen. In den sozialistischen Gesellschaften kritisierte die extreme Linke den Staat, weil sie glaubte, er werde im Sozialismus verkümmern. In den kapitalistischen Gesellschaften wurde der Staat von links[2] und von rechts[3] gleichzeitig kritisiert – beide Seiten glaubten, der Staat leide an Selbstüberschätzung und habe dadurch seine Legitimation eingebüßt. Heute hören wir, daß die Technik, genauer: der »Information Superhighway« diese Rolle übernommen hat und die Nationalstaaten entmachten wird. Je nach Blickwinkel der Autoren wird diese Entwicklung entweder pessimistisch (hin zu Anarchie und wachsender Ungleichheit) oder optimistisch (hin zu einer neuartigen Dezentralisation von Macht, in der alle Bürger einer freien demokratischen Weltwirtschaft werden) eingeschätzt. Man kann eines mit Sicherheit voraussagen: Keine der beiden Visionen wird in der Realität eintreten. Wir werden es vielmehr mit einer Mischung aus beidem zu tun haben. Im ersten Teil meines Beitrags wende ich mich der Frage zu, ob denn überhaupt die Grundannahme richtig ist, daß die neuen Technologien zum Niedergang des Nationalstaates führen. Hier lautet meine Antwort »Nein«. Im zweiten Teil untersuche ich, ob es wünschenswert ist, daß der Nationalstaat verschwindet. Meine Antwort heißt wiederum »Nein«. Gleichzeitig bin ich mir aber wohl bewußt, daß auf den Nationalstaat ein starker Druck in Richtung Globalisierung ausgeübt wird, und daß er dadurch in der Tat einer starken Belastung ausgesetzt ist. Im letzten Teil des Beitrags stelle ich meine These vor, welche entsprechende Politik auf globaler, nationaler und lokaler Ebene die richtige Zusammensetzung wäre, um einerseits den Erhalt des Nationalstaates zumindest in diesem Bereich zu unterstützen und andererseits auch unerwünschtem nationalistischen Fundamentalismus vorzubeugen.

Bedeutet Globalisierung den unausweichlichen Niedergang des Staates?

Die Gründe für die Annahme, der Nationalstaat werde unausweichlich unterminiert, lassen sich entweder unter rein wirtschaftlichen oder unter politischen, gesellschaftlichen und geographischen Gesichtspunkten gruppieren.

Wirtschaftliche Argumente

Es werden vier unterschiedliche wirtschaftliche Argumente angeführt, weshalb der Nationalstaat möglicherweise zum Untergang verurteilt sei, und alle vier hängen mit dem explosionsartigen Wachstum des Internet zusammen.

Das erste Argument besagt, das Internet stärke den Wettbewerb und erhöhe das Handelsvolumen. Dies führe zur Vereinheitlichung der Preise für Güter und letztlich sogar zur Vereinheitlichung der Faktorpreise. Ökonomen werden hierin Samuelsons »factor price equalization theorem« (Faktorausgleichstheorem)[4] wiedererkennen, das besagt, daß unter bestimmten Voraussetzungen – u. a. perfekter Wettbewerb – freier Handel genügt, um die Faktorpreise identisch werden zu lassen. Das würde bedeuten, daß bei freiem Handel und gleicher Arbeit die Einkommen eines Programmierers in Peking, London und München gleich sein müßten.

Sowohl der Ökonom als auch der Laie erkennen sofort, daß diese Theorie nicht stimmen kann. Selbst vor dem ersten Weltkrieg, während einer langen Periode des freien Handels in großen Teilen der Welt, haben sich die Einkommen in den verschiedenen Ländern keineswegs angeglichen. Auch in der Zeit nach 1945 ist der Handel zunehmend freier geworden, und das Handelsvolumen ist sehr schnell gewachsen. Und auch jetzt – allerdings nicht ganz so eindeutig – deuten wenig Anzeichen darauf hin, daß Samuelsons Theorie aufgehen könnte.[5] Das überrascht insofern nicht, als ökonomische Theorien selten mit den Fakten übereinstimmen. Dennoch ist Samuelsons Idee nicht insgesamt unbrauchbar. Meiner Meinung nach wird das Internet tatsächlich den Wettbewerb steigern und damit bewirken, daß sich die Preise für bestimmte Waren einander angleichen. Aber das wird nicht alle Waren betreffen. Vermutlich wird diese Entwicklung vor allem auf Massenprodukte Einfluß nehmen, während sie die Preise anderer Waren relativ unberührt läßt. Welche Auswirkungen das Internet auf die Faktorpreise haben wird, läßt sich bisher nicht absehen. Das hängt einmal damit zusammen, daß wir hier von Arbeit sprechen, die noch gar nicht geleistet wurde,[6] zum anderen damit, daß Samuelsons Theorie neben freiem Handel noch eine Reihe anderer Faktoren voraussetzt. Insbesondere läßt er wichtige Wirtschaftsfaktoren wie Größenvorteile, Verbundvorteile und Konzentrationsbestrebungen außer acht. Bezieht man diese aber mit ein, lassen sich leicht Fälle konstruieren, bei denen mehr und bessere Information dazu führen wird, daß die Faktorpreise an verschiedenen Orten, statt sich anzugleichen, weiter auseinanderklaffen werden.

Ich möchte zur Illustration zwei Beispiele anführen. Die japanische Fluggesellschaft Japan Airlines (JAL) hat kürzlich auf ihrer gut besuchten Website (sie wird 60 000 mal pro Tag angeklickt) spezielle Informationen für potentielle Warenzulieferer veröffentlicht. Dies steigert auf einen Schlag den Wettbewerb. Die potentiellen Zulieferer hatten nun bessere Informationen und konnten dadurch besser agieren und dementsprechend die Kosten senken. Es ging in diesem Fall nicht um hochwertige Güter und auch nicht um Erfahrungsgüter, sondern um Plastiktassen, Abfalltüten und Papierabdeckungen für die Kopfstützen der Flugzeugsitze. Ich bin mir sicher, daß es Japan Airlines gelingen wird, die Preise nach unten zu drücken, und daß man gerade mit solchen Produkten dem ökonomischen »law of one price« (Gesetz des Einheitspreises) relativ nahe kommen kann. Solche Produkte sind ideal für das Netz, machen aber keineswegs das Gros unseres Konsums aus. Man muß sich nur einmal vorstellen, ein Produkt zu kaufen, bei dem es darauf ankommt, daß man es in einem bestimmten Umfeld sieht (wie das bei Möbeln der Fall ist), daß der Farbton stimmt, oder bei dem das Entscheidende eine bestimmte Form von Dienstleistung ist. In solchen Fällen wird uns das Netz wenig helfen, und ich glaube deshalb daran, daß es auf Güter und Dienstleistungen dieser Art keinen unmittelbaren Effekt haben wird.[7]

Das andere Beispiel betrifft die amerikanische Firma Onsale Inc. Sie wurde im Mai 1995 als »elektronisches Auktionshaus« mit dem Ziel gegründet, Produkte via E-Mail zu versteigern und sie den Kunden mit Federal Express zustellen zu lassen. Die Idee dabei war, daß man zum einen die festen Preise umgehen und nach unten drücken, zum anderen dem Kunden eine neue Serviceleistung anbieten wollte, die vorsah, ihm die ersteigerte Ware an jeden beliebigen Ort zuzustellen. Diese Idee funktionierte allerdings nur bei den Massenartikeln. Viele Firmen mit höherwertigen Produkten hatten Angst, ihre normalen Kunden zu verprellen, und waren deshalb nicht bereit, ihre Produkte versteigern zu lassen. Außerdem gab es riesige Probleme mit der Zustellung. Onsale Inc. sah sich deshalb gezwungen, sein Konzept grundlegend zu verändern und sich vom elektronischen Auktionshaus zum »elektronischen Versandhaus« zu wandeln.[8] Die Firma stellt nun ihre eigenen Produkte her, betreibt auch die Lagerhaltung selbst und ist inzwischen damit recht erfolgreich. Der entscheidende Punkt ist, daß es schwieriger war als erwartet, ein »virtuelles« Unternehmen zu etablieren, und daß die auftretenden Probleme die eines wirklichen Unternehmens waren. Tatsächlich wird der Versandhandel durch das World Wide Web unterstützt, doch stellt er weder eine Revolution dar, die vom Internet ausgelöst wurde, noch bedroht er den Nationalstaat.

Das andere Argument, das im Zusammenhang mit dem Internet häufiger auftaucht, ist, daß der Nationalstaat aufgrund der internationalen Kapitalflüsse die Kontrolle über seine eigenen Angelegenheiten verliere. Auch dieses Argument ist nicht stichhaltig, selbst wenn die internationalen Kapitalflüsse tatsächlich Auswirkungen auf den Nationalstaat haben. Der dramatische Ausstieg Großbritanniens aus dem Europäischen Währungssystem im Jahre 1992 war eine solche Auswirkung, und er hat großen Einfluß auf die Politik gehabt. Doch sind die Ursachen dafür einerseits in politischen Fehlentscheidungen der britischen Regierung und in der Tatsache, daß die ökonomischen Strukturen aus den Fugen geraten waren, zum anderen ebenso in der Person von George Soros zu sehen. Sie hatten demnach nichts mit dem Internet zu tun.

Als drittes Argument wird angeführt, das Internet würde sich seine eigene Währung schaffen und dadurch den Nationalstaat unterminieren. Auch dieses Argument steht auf tönernen Füßen. Niemand wird allein vom virtuellen Handel leben, sondern das Geld, das er im Netz verdient, gegen eine andere Währung eintauschen wollen. Es wird also kein »Netzgeld« in dem Sinn geben, daß es unabhängig von anderen Währungen ist, wodurch sich ein völlig normaler Wechselkurs ergibt. Die Annahme berücksichtigt auch nicht, daß Geld mit Vertrauen zu tun hat. Man verleiht Geld nur an jemanden, dem man traut. Dem Internet fehlen aber sehr viele Eigenschaften, die wir gemeinhin an den Begriff Vertrauen knüpfen. Zudem gibt es noch einen weiteren Denkfehler in dieser Argumentation: Jede Währung muß sich, um überhaupt damit arbeiten zu können, einem gesetzlichen Regelwerk unterwerfen. Für den Einzelnen ist es zum Beispiel unmöglich, die Kreditwürdigkeit der Deutschen Bank zu überprüfen. Die gesetzliche Regelung wirkt hier ausgesprochen effizienzfördernd, man könnte sie sogar als eine Art öffentliches Gut bezeichnen. Wenn ich weiß, daß das Bankenwesen gesetzlichen Regeln unterliegt, und Banken im Notfall auf Kredite der Zentralbank zurückgreifen können, habe ich damit eine Information, auf deren Wahrheitsgehalt ich mich auch in Zukunft verlassen kann. Sollte das Internet tatsächlich seine eigene Währung entwickeln – was relativ unwahrscheinlich ist –, dann müßte diese sich wie jede Bankwährung einem gesetzlichen Regelwerk unterwerfen und abgesichert werden. Spätestens zu dem Zeitpunkt, wenn die Internet-Währung in ihre erste Krise geriete, würde man auf das Dilemma aufmerksam. Aus all diesen Gründen ist es unwahrscheinlich, daß es eine unregulierte Internet-Währung geben wird, da sie als extrem unzuverlässig gelten würde.

Das vierte wirtschaftliche Argument geht davon aus, das Netz lasse sich nicht regulieren. Dieses Argument ist zumindest nicht ganz falsch, was zum Beispiel die Autorenrechte und den gesetzlichen Schutz des Copyrights angeht: Hier ist zweifellos Zusammenarbeit auf internationaler Ebene erforderlich. Aber die Unregulierbarkeit des Netzes wird auch häufig überbewertet. Das hat verschiedene Ursachen. Zum einen stellt man meistens den Vergleich mit einem System an, über das sich niemand jemals hinwegsetzt. Nahezu alle gesetzlichen Regulierungen weisen Lücken auf, aber die Existenz der Lücken sagt nichts darüber aus, ob die Regulierungen selbst falsch sind. Viele Menschen übertreten Geschwindigkeitsbegrenzungen, dennoch wird das Tempo der meisten Autofahrer durch die Geschwindigkeitsregulierung reduziert. Zweitens orientieren sich die Vergleiche an Systemen, die nichts kosten – vor allem keine bürgerlichen Freiheiten.

Regulierungen bedeuten immer auch eine Einschränkung der persönlichen Freiheit. In Großbritannien haben Steuerinspektoren zum Beispiel weitgehende Befugnisse für Hausdurchsuchungen, um indirekte Steuern einzuziehen. Es ist dies eine Frage der gesellschaftlichen Güterabwägung. Drittens geschehen Verbrechen, auch jene im Internet, im Bereich einer bestimmten Gerichtsbarkeit und nicht in einem anonymen Raum. Und wenn ein Land bestimmte Verbrechen innerhalb seines Hoheitsgebietes verhindern möchte, kann es das normalerweise auch tun. Der wichtigste Punkt ist aber, daß jede Person im Netz Spuren hinterläßt, und zwar eher zu viele als zu wenige. Während des Watergate-Skandals waren die beiden Reporter der Washington Post bei ihren Recherchen in eine Sackgasse geraten und erhielten von ihrem Kontaktmann »Deep Throat« im Weißen Haus den Rat, sie sollten »dem Geld folgen«. Das ist auch heute noch ein guter Rat, und auch der Grund dafür, daß, abgesehen von den auf Computerkriminalität spezialisierten Verbrechern, die Kriminellen des großen Stils das Netz meiden. Sie wissen, daß man ihre Spur im Netz leicht verfolgen und sie entdecken kann.

Politische, gesellschaftliche und geographische Argumente

Zumindest ein Argument aus diesem Bereich überzeugt: Das Internet trage dazu bei, daß neue soziale Bewegungen entstehen, die für die Regierungen eine echte Herausforderung werden können. Der wichtigste Punkt dabei ist, daß sich echte ökonomische Veränderungen beobachten lassen. Das Internet hat die Transaktionskosten drastisch sinken lassen, und darüber hinaus stellt es erstmals eine billige individualisierte Form der Massenkommunikation zur Verfügung. Eine der wichtigsten Eigenschaften des Netzes ist ja, daß es lokale Fragen zu globalen macht und diesen Vorgang auch im globalen Maßstab organisiert. Protestgruppen wie Greenpeace, Amnesty International, das Netz zum Schutz des Regenwaldes, der Sierra Club oder das PeaceNet haben das neue Potential sehr schnell erkannt. Es wäre ein Fehler, die möglichen Auswirkungen auf Regierungen und die Politik zu beschränken. McDonald's etwa sind durch den sogenannten »McSpotlight-Fall« immense Kosten entstanden.[9] Auf ähnliche Weise könnten auch andere multinationale Unternehmen leicht in ein Minenfeld treten. Früher gab es nur individuelle Kundenbeschwerden, die jede für sich genommen ohne Bedeutung waren für die betreffende Firma. Auf dem Netz hingegen sammeln sich solche Proteste plötzlich zu einer Flutwelle von Widerstand. Es könnte darüber hinaus leicht geschehen, daß der von einem Ort ausgehende internationale Druck auf die Firma sich auf ihre gesamte globale Präsenz auswirkt. Man kann am Beispiel McDonald's sehen, daß die Behauptung, aller Druck, der von den neuen Technologien ausgehe, weise in ein und dieselbe Richtung, schlicht falsch ist.

Das zweite Argument unterstellt, sowohl die Politik wie die Gemeinschaft würden sich im Netz »virtualisieren«. Man erklärt uns, daß politische Versammlungen statt wie bisher in Rathäusern nun in elektronischen Foren stattfinden würden, und daß dieser Prozeß – der in den meisten Ländern schon heute auf wenig Gegenliebe stößt – eine neue Zivilisationsgesellschaft hervorbringen wird, in der die Bürger miteinander agieren, und eine E-Mail uns alle zu globalen Bürgern macht. Individuen werden nach dieser Vision zu Mitgliedern »virtueller Gemeinschaften« und »elektronischer Nachbarschaften«, die in keinem spezifischen Land mehr angesiedelt sind. Für mich ist diese Behauptung schwer nachvollziehbar. »Interessengruppen« sind eine Sache, »virtuelle Gemeinschaften« oder »Nachbarschaften« eine andere, und es ist weder der Analyse des Sachverhalts noch der sprachlichen Genauigkeit dienlich, wenn man alles in ein und denselben elektronischen Topf wirft. Solange man nicht »Interessengruppe« mit

»Gemeinschaft« gleichsetzt – was nicht besonders sinnvoll wäre –, müssen die Mitglieder einer »Gemeinschaft« mehr gemeinsam haben als ein »Interesse«. Wenn »Gemeinschaft« auch noch darüber hinaus eine Bedeutung haben soll, dann muß daran ein Gefühl von Verpflichtung und Zugehörigkeit geknüpft sein, aus dem dann auch ein anderes Verhalten folgt: »Gemeinschaft zeichnet sich dadurch aus, daß es etwas kostet, wenn man sie verläßt.«[10]

Wenn Gemeinschaft sich aber auf diese Weise definiert, woraus entsteht sie dann? Sie entsteht aus der realen Welt unserer Beziehungen, in die wir eingebunden sind, Beziehungen, die wir uns nicht immer selbst gesucht haben. Ein offensichtlicher Verursacher von Gemeinschaft ist der Ort. Wir sind alle irgendwo geboren und leben an irgendeinem Ort. Beides bindet uns in vielfältiger Weise. Gemeinschaftsformen, die sich aus der Zugehörigkeit zu einer ethnischen, beruflichen oder sozialen Gruppe ergeben, können dazukommen oder an die Stelle des v orhergehenden treten. Keines dieser Charakteristika läßt sich ohne weiteres auf das Netz übertragen. Die Lokalität, der Ort, lassen sich logischerweise überhaupt nicht auf das Netz übertragen. Darüber hinaus stammen all jene Charakteristika einer Gemeinschaft aus einer Zeit, als es das Netz noch gar nicht gab. Das heißt, alle Netzgemeinschaften, die die klassischen Kriterien einer wirklichen Gemeinschaft erfüllen, sind auch eine wirkliche Gemeinschaft und benutzen das Netz lediglich als zusätzliches Medium für ihre Kommunikation. Man kann dies deutlich an dem »Minnesota E-Democracy«-Projekt[11] erkennen: Der dortige Server akzeptiert nur solche Nachrichten, die von Adressen in Minnesota abgeschickt wurden. Kurz gesagt: Ich bin sehr skeptisch gegenüber der Behauptung, im Netz würden sich »virtuelle Gemeinschaften« entwickeln, die andere Gemeinschaftsformen ersetzen. Tatsächlich ist wohl der Begriff »virtuelle Gemeinschaft« ein Widerspruch in sich.

Schließlich gibt es auch noch die Behauptung vom »Ende des geographischen Blickwinkels«. Die Möglichkeit des Internet, Waren und Dienstleistungen elektronisch anzubieten und auszutauschen, mache den Handel »unabhängig von der geographischen Lage«, und die Unternehmen würden entdecken, daß es »keine Möglichkeit gibt festzustellen, ob der Handel auf lokaler oder transnationaler Ebene abgewickelt wird.«[12] Man erzählt uns, daß wir in einer »Stadt aus Bits« leben, in der wir »mit der Architektur verschmelzen«, und daß »mein Raum und mein Haus ein Teil von mir und ich umgekehrt ein Teil von ihnen werde.«[13]

Solche Beschreibungen eignen sich gut, um unsere Vorstellungskraft zu erweitern, aber als Erklärung für das Argument, der Nationalstaat werde sich auflösen, kann man sie nicht ernst nehmen. Ich jedenfalls lebe nicht im »Cyberspace«, sondern in London, in der Nähe des Bahnhofs Paddington. Ich weiß auch, daß ich diesen Text in Oxford in meinem Büro geschrieben habe. Ich weiß auch, daß ich die Pizza, die ich per Telephon bestelle, an eine bestimmte physikalische Adresse und nicht etwa an meine E-Mail-Adresse geliefert haben möchte, und eine Firma, die nicht weiß, ob sie mir eine Ware lokal oder international zustellt, würde mich nicht sonderlich überzeugen.

Ich denke, es ist klar geworden, daß ich so gut wie keines der Argumente, die als Begründung für den Niedergang des Nationalstaates angeführt werden, überzeugend finde. Dennoch sollte ich bei drei Punkten vielleicht noch eine Erklärung hinzufügen.

Erstens streite ich, wie bereits gesagt, nicht ab, daß der Nationalstaat unter Druck geraten ist. Der politische Theoretiker Held hat 1995 zum Beispiel festgestellt,[14] daß der Druck auf den Staat aus drei verschiedenen Richtungen kommt, von oben, von unten und von der Seite. Im Fall der NATO oder des Europäischen Gerichtshofs haben Staaten Vereinbarungen getroffen, mit denen sie Machtbefugnisse, die sie bisher selbst wahrnahmen, an eine höhere Autorität abtraten. Auf ähnliche Weise – diesmal von oben nach unten – mußten Staaten unter dem Druck lokaler Interessengruppen und -vertretungen Machtbefugnisse an untergeordnete Autoritäten abtreten. Schließlich hat sich das Machtgefüge auch seitlich verschoben, indem der Staat in einer zunehmend offeneren Wirtschaft agiert und sich sein Aktionsradius durch das Verhalten seiner Nachbarn (was z.B. Zinssätze, Zölle und Steuern anbetrifft) einschränkt. Das alles aber existierte bereits vor dem Internet und hat nichts mit den beschriebenen »unvermeidlichen Tendenzen« oder »Gesetzmäßigkeiten« zu tun.

Zweitens ist die Technologie selbst Teil dieses Drucks. Allerdings ist es höchst zweifelhaft, ob das Internet wirklich mehr ist als eine kleine Ergänzung zu diesem Prozeß. Telefon und Fernsehen haben bereits seit langer Zeit eine machtvolle Wirkung entfaltet. Dazu kommt jetzt die relativ junge Ausbreitung des Satellitenfernsehens, was aber wiederum nichts mit dem Internet zu tun hat.

Drittens gibt es gar keinen Grund, weshalb der Globalisierungsdruck, dem der Nationalstaat tatsächlich ausgesetzt ist, zu seinem Untergang führen muß. Beide Globalisierungsphasen, die die Welt bisher durchlaufen hat (im ausgehenden 19. Jahrhundert und seit 1945), waren verbunden mit der Ausdehnung und Fortentwicklung des Nationalstaates. Zu starke Globalisierungsversuche, wie etwa von Schah Rehza Pahlevi, der in den 60er und 70er Jahren den Iran zügig öffnen und modernisieren wollte, haben in manchen Fällen nicht zum Ende des Nationalstaates, sondern zum Erstarken nationalistischer Gefühle geführt. Tatsächlich kann der Druck »nach unten«, den wir momentan erleben, Teil einer komplexen Antwort auf den Druck »von oben« sein, den die Globalisierung ausgelöst hat. Keinesfalls handelt es sich dabei aber um Gesetzmäßigkeiten.

Das Nationale, das Lokale, das Vertraute oder: Warum die Erhaltung des Nationalstaats notwendig ist

Nachdem ich nun versucht habe zu zeigen, warum der Untergang des Nationalstaates keineswegs unausweichlich ist, werde ich mich im folgenden der Frage zuwenden, warum dies auch nicht wünschenswert ist, sondern weshalb es im Gegenteil außerordentlich wichtig ist, den Nationalstaat zu erhalten.

Der Nationalstaat ist – trotz all seiner Schwächen – die mit Abstand wichtigste Institution, in welcher Demokratie, Verantwortlichkeit und Macht zusammenspielen. Allein aus diesem Grund sollte jeder Demokrat an seiner Bewahrung interessiert sein. Darüber hinaus ist offensichtlich, daß der Markt eine Reihe von Schwächen aufweist, die eine Korrektur durch den Nationalstaat erforderlich machen.

Was Demokratie und Verantwortlichkeit anbetrifft, so ist zu festzustellen, daß die Apologeten der »elektronischen Demokratie« offenbar davon ausgehen, daß eine lebhafte Diskussion allein schon Demokratie ist. Das ist falsch. Die Diskussion ist zwar ein nützlicher Bestandteil der Demokratie, aber sie ist nicht die Demokratie. Demokratie macht nur in Verbindung mit einer komplexen institutionellen Struktur Sinn, in der Rechte und Pflichten miteinander verzahnt und ausbalanciert sind. In der institutionellen Struktur enthalten sind eine Verfassung, eine Exekutive, eine Legislative und eine Judikative sowie ein Rahmenwerk, das die staatliche Autorität zum Geldausgeben und -einnehmen und zum Unterhalt beispielsweise einer Polizeitruppe regelt. Eine moderne repräsentative Demokratie hängt entscheidend von der Funktionsfähigkeit der Strukturen innerhalb dieses Gefüges ab.

In wenigen Ausnahmefällen wird eine solche konstitutionelle und institutionelle Struktur um internationale und supranationale Körperschaften erweitert, wie das zum Beispiel bei der EU der Fall ist. Gegenwärtig sind solche internationalen Institutionen aber lediglich auf der Regierungsebene angesiedelt und unternehmen auch so gut wie keinen Versuch, demokratisch zu sein. In der EU ist selbst der Ministerrat eine Institution, die sich aus den verschiedenen beteiligten Regierungen zusammensetzt, und dem Europaparlament wurde erst kürzlich wenigstens ein begrenztes politisches »Mitspracherecht« eingeräumt. Ich stimme mit meinem Kollegen Held darin überein, daß wir eine stärker »kosmopolitisch ausgerichtete« Demokratie entwickeln müssen, in der es möglich ist, außer von nationalen und lokalen auch von globalen Institutionen Rechenschaft zu verlangen. Im Moment besitzen wir eine solche Form der Demokratie allerdings nicht. Außerdem liegt der weitaus größte Machtanteil immer noch bei den nationalen Regierungen (bzw. in föderalen Systemen auf einer darunter liegenden Ebene). Die UNO kann davon ein leidvolles Lied singen – da eine multinationale Organisation kein Recht hat, irgendwelche Steuern zu erheben, ist sie vollkommen von den Subventionen abhängig, die die Nationalstaaten ihr gewähren.

Der Nationalstaat ist gegenwärtig also die einzige Institution, in der Verantwortlichkeit und das Recht, Steuern zu erheben, Geld zu drucken und auszugeben, zusammenlaufen. Jeder, der an Demokratie interessiert ist, würde eine solche Institution nicht leichtfertig aufgeben. Im Endeffekt bleibt der Nationalstaat, trotz all seiner Schwächen, das beste Mittel, um Demokratie voranzubringen.

Das zweite Argument, das für den Erhalt des Nationalstaates spricht, leitet sich aus der Autonomie des Individuums und aus dem Verhältnis ab, in dem diese Autonomie zum Nationalstaat steht. Viele der Theorien, die Sozialwissenschaftler – besonders Wirtschaftswissenschaftler – in den vergangenen zweihundert Jahren entwickelten, gingen von der irrigen Annahme aus, Individuen verhielten sich so, als ob sie bereits im Besitz der vollständigen Information wären und außerdem auch schon mit einem kompletten Repertoire an Vorlieben ausgestattet seien. Das ist natürlich blanker Unsinn. Menschen kommen nicht vollständig geformt und informiert auf diese Welt. Und der Markt stellt auch nicht von sich aus bereit, was sie dazu brauchen würden. Isaiah Berlin hat gezeigt, daß Individuen nur dann wirklich autonom werden können, wenn sie nicht nur das negative Recht auf Freiheit, sondern auch das positive Recht auf Bildung, Information und Gesundheit besitzen.[15] Letztere fallen ihnen allerdings nicht automatisch zu. Es ist der Nationalstaat und nicht der

Markt, der dieses positive Recht schützt und die entsprechenden Dienstleistungen bereitstellt (oder die Bereitstellung der Dienstleistungen garantiert).[16]

Die meisten politischen Dokumente, die sich mit dem Information Superhighway befassen, stellen fest, daß es erstens gilt, das Auseinanderfallen der Gesellschaft in *information rich* und *information poor* zu verhindern, und daß zweitens die Informationstechnologie dazu genutzt werden muß, eine universelle Dienstleistung zur Verfügung zu stellen. Mit der zunehmenden Ausbreitung des Netzes wird es immer wahrscheinlicher, daß ihm, speziell was den Bereich Bildung oder die Herzstücke der öffentlichen Information anbetrifft, eine gewisse Schlüsselrolle zukommen wird. Ebenso nimmt die Wahrscheinlichkeit zu, daß in Verbindung damit gewisse Formen »elektronischer Demokratie« entstehen. Es ist jedenfalls kaum vorstellbar, daß eine Gesellschaft, die die Demokratie ernst nimmt, sich von einem Teil ihrer Bürger entfremden möchte, indem sie ihnen den Zugang zu wichtigen Informationen verweigert.

Wenn man außerdem als gegeben ansieht, daß das Individuum nicht vollständig informiert in diese Gesellschaft eintritt, dann muß man den Prozeß des Wissenserwerbs und den möglichen Einfluß des Internet dabei viel genauer untersuchen und diskutieren.

Das Vertraute und das Allgemeinwissen

Wie werden Menschen geformt und informiert, und auf welche Weise bleiben sie informiert? Es beginnt damit, daß Menschen lernen, manchmal sogar sehr schnell lernen, so daß man davon ausgehen kann, daß sie nach einer gewissen Zeit in einer relativ stabilen Welt mit einer großen Anzahl von Dingen vertraut sind. Ich drücke mich hier bewußt allgemein aus, weil ich sowohl den Reichtum der uns vertrauten Dinge berücksichtigen will als auch die komplexen Muster, in denen das Vertraute mit anderen geteilt wird. Einige Beispiele sollen das illustrieren: Jeder von uns ist mit einer beträchtlichen Bandbreite von Bräuchen und Handlungsmustern vertraut. Wir wissen, wie man sich im Job kleidet, wie man eine Zugfahrkarte kauft, wie man Geld von der Bank bekommt und wo man einkauft. Ein Teil dieses Wissens macht nur im lokalen Kontext Sinn, etwa wo man welche Geschäfte findet, oder wo man sich nach der Arbeit mit Freunden trifft. Ein anderer Teil, etwa die Sprache, betrifft die nationale Ebene. Und noch ein anderer Teil läßt sich global – oder doch fast global

– verwenden, etwa Zahlen, oder daß eine rote Ampel »Stop« bedeutet. Das Wissen, das aus dieser Vertrautheit entspringt, steigert die Effizienz des Individuums enorm. Die Vertrautheit erlaubt uns, viele Dinge zu tun – etwa vom Arbeitsplatz zur Wohnung zu fahren und umgekehrt –, ohne daß wir herumsuchen und ständig neue Informationen verarbeiten müssen. Vertrautheit kann auch die Effizienz einer ganzen Gesellschaft steigern. Das geschieht zum Beispiel, wenn aus Vertrautheit das entsteht, was Ökonomen als »Allgemeinwissen« bezeichnen - das, wovon alle wissen, daß alle es wissen.[17]

Es wird viel zu wenig beachtet, in welchem Ausmaß Vertrautheit und Allgemeinwissen sich positiv auf die Effizienz auswirken. Es ist zum Beispiel ganz offensichtlich, daß Gesellschaften nicht ohne Sprache als ein Teil dieses Allgemeinwissens funktionieren können. Etwas weniger deutlich ist vielleicht, in welchem Ausmaß moderne Volkswirtschaften von der Sprache abhängig sind. Bacharach hat gezeigt, daß man die allgemeine Bedeutung von Wörtern kennen muß, um in unserer modernen Welt überhaupt irgendwelche Waren kaufen oder verkaufen zu können.[18] Wenn ich mir in einem Restaurant eine Pizza bestelle, sage ich nicht, »ich möchte diese Pizza dort«, sondern ich teile mit dem Restaurant ein gemeinsames Verständnis dessen, was eine Pizza ist, sonst könnte ich sie gar nicht bestellen. Ich gehe außerdem davon aus, daß ich das, was ich bestellt habe, erhalte – wie umgekehrt das Restaurant davon ausgeht, daß ich dafür bezahlen werde.

Was hat das Allgemeinwissen nun mit Internet, Demokratie und Nationalstaat zu tun? Zunächst einmal setzt jede Problemlösung eine Erweiterung des Allgemeinwissens und die Akzeptanz der Problemlösung das allgemeine Verständnis der Situation voraus. Man kann also sagen, daß das Allgemeinwissen (und seine ständige Erweiterung) die Voraussetzung für die Lösung vieler Koordinationsprobleme ist, mit denen man es in einer modernen demokratischen Gesellschaft zu tun hat. Allgemeinwissen entsteht zum größten Teil durch die Medien und wird auch durch sie am Leben gehalten. Das Internet hat einen zunehmend wichtigen Anteil daran. Medien können umgekehrt aber auch dazu beitragen, daß Allgemeinwissen zerstört wird. Ein plastisches Beispiel dafür liefert uns der Bericht einer britischen Politikerin, die Schüler einer britischen Schule nach der Notrufnummer fragte. Die meisten nannten spontan die Nummer 911 – die US-Notrufnummer.[19]

Auch für die Beantwortung der Frage, wie man das Auseinanderfallen der

Gesellschaft in *information rich* und *information poor* verhindern kann, spielt das Vertraute eine wichtige Rolle: Es ist allen zugänglich und ermutigt die Menschen, sich zu beteiligen. Zu wenig Vertrautes und zu schnelle Veränderungen halten hingegen viele Menschen davon ab, sich zu beteiligen und verstärken somit die vorhandenen gesellschaftlichen Ungleichheiten. Nicht-Vertrautes ist nur für einige wenige von Vorteil, während Alte, Minderbemittelte, schlecht Ausgebildete und all diejenigen, die keine Zeit haben zu lernen, ins Hintertreffen geraten. Auf das Internet angewandt bedeutet dies: Wenn wir möchten, daß alle Zugang haben, dann muß sich die Art, wie Technik vermittelt und in welcher Weise Information zur Verfügung gestellt wird, am Vertrauten orientieren.[20] Dieser Aspekt wurde bisher von keinem der politischen Dokumente berücksichtigt und ist auch vom Markt noch nicht begriffen worden.

Für das Bewahren von Allgemeinwissen sind also politische Maßnahmen erforderlich. Folgende Grundprinzipien gilt es dabei zu berücksichtigen: Die Menschen sollten mit nützlichem, nicht mit falschem Wissen vertraut gemacht werden, wobei klar sein muß, daß nicht alles, was wir für uns als nützliches Allgemeinwissen begreifen, automatisch auch für andere Gesellschaften nützlich ist. Außerdem ist es wichtig, lokale Vertrautheit mit kultureller Vielfalt zu verbinden und darauf zu achten, daß die Informationen einen Nutzwert haben, der uns ihren Sinn schneller vertraut macht.

Vertrautheit zu fördern ist nicht so leicht, wie es zunächst vielleicht klingt, da verschiedene Tendenzen dagegen arbeiten. Zum Beispiel arbeitet der Markt mit seinem grenzenlosen Bedürfnis nach neuen Produkten gegen die Vertrautheit, das gleiche gilt für die Globalisierung[21] und die daraus entstehende Zunahme der kulturellen Einförmigkeit. Aber auch die Technik sowie die gesamte Struktur des Information Superhighway wirken sich nicht gerade förderlich auf Vertrautheit aus.

Information, Opportunitätskosten und Arbeitsteilung

Viele Kommentare zum Internet sind offensichtlich von der Vorstellung motiviert, das Internet sei per se ein Medium, das den unbeschränkten Zugang zu ungefilterter Information erlaube. Man unterstellt dem Internet, daß es die letzten Bastionen der Zensur schleife und erwartet von ihm für die Zukunft, daß es die Gesellschaft insgesamt demokratischer mache. Ich möchte nicht mißverstanden werden, ich bin keineswegs für

Zensur. Doch diese Art der Argumentation führt wirtschaftlich wie politisch in die Irre.
Sie mißachtet zwei wesentliche wirtschaftliche Prinzipien. Da sind einmal die »Opportunitätskosten«. Es ist natürlich purer Unsinn und führt zu einem ökonomischen Fehlschluß, wenn man davon ausgeht, daß alle Menschen ständig Information verarbeiten wollen. Die »Opportunitätskosten« für die Zeit, die ich auf meinen Bildschirm starre, bestehen darin, daß ich in dieser Zeit nichts anderes tun kann. Mit Ausnahme einiger weniger Computerfreaks wissen die meisten Menschen aber durchaus bessere Dinge mit ihrer Zeit anzufangen, man könnte in dieser Zeit zum Beispiel auch ganz einfach nur – leben. Es ist ja durchaus nicht so, daß wir nicht über einen ausgeprägten Sinn für reine, ungefilterte Information verfügen würden. Aber das Netz müßte schon sehr viel bessere Information als andere Quellen anbieten, um unsere Aufmerksamkeit dauerhaft zu fesseln.
Zum anderen läßt die Argumentation das Prinzip der Arbeitsteilung außer acht. Es gibt in unserer Gesellschaft Gruppen, die dafür zuständig sind, Information zu bearbeiten und den anderen Mitgliedern der Gesellschaft in sinnvoller Form zur Verfügung zu stellen. Das gilt sowohl für den Bereich der kommerziellen wie der öffentlichen Information. In beiden Fällen hat die Information für uns gerade deshalb einen Nutzwert, weil sie bearbeitet wurde und man bestimmte Dinge herausgeschnitten, andere stehengelassen hat. Es ist unsinnig anzunehmen, diese Arbeitsteilung werde es nicht auch weiterhin geben. Außerdem ist es auch wünschenswert, daß wir sie beibehalten. Natürlich ist es faszinierend, sich vorzustellen, man hätte etwa die Ereignisse 1989 auf dem Platz des Himmlischen Friedens in Peking live mitverfolgen können. Wenn man aber bedenkt, wieviele Möglichkeiten es gegeben hätte, Bilder vom Platz des Himmlischen Friedens zu sehen, die nicht von sich aus eine Geschichte erzählt hätten, wird sofort klar, wie sehr wir für das Verständnis des Geschehens auf die Erklärungen der Reporter angewiesen waren.
Was die politische Seite der Argumentation angeht, liegt der Fehlschluß in der Annahme, jeder, der Information bearbeitet, sei ein Zensor. Ebenso falsch ist es, davon auszugehen, daß solche Menschen per se über mehr Macht verfügten als andere. Selbstverständlich treffen diejenigen, die die Information bearbeiten, eine Auswahl und filtern Teile heraus. In diesem eingeschränkten Sinn besitzen sie Macht. Die Frage, ob dies wünschenswert ist oder nicht, ist letztlich eine gesellschaftliche und hat mit Werten und Zielen der Gesellschaft zu tun und mit der Rolle, die den Bearbeitern von Information zugestanden wird. Das Schwergewicht liegt dabei auf

der Verantwortlichkeit: Die Bearbeiter der Information müssen ihre Arbeit so verantwortungsbewußt betreiben, daß die Nutzer der Information ihnen vertrauen können.[22]

Bei der im Netz angebotenen Information fehlt so etwas wie Verantwortlichkeit und Vertrauen bisher fast völlig. Das Internet ist eine globale Datenautobahn, über die grundsätzlich alles an alle verschickt werden kann. Es ist so gut wie alles möglich, und das ist es auch, was größtenteils passiert. Es stimmt zwar, daß die Zahl der qualitativ guten Websites ständig zunimmt – mit Qualität ist hier nicht nur das clevere Design gemeint, sondern die Vertrauenswürdigkeit der Information und die Art und Weise, wie die Inhalte strukturiert sind. Aber es ist ebenso wahr, daß im Netz eine riesige Menge Mist herumschwirrt. Außerdem kann man sich leicht verirren, was besonders für Anfänger gilt. Man weiß nicht, wo man die Seite finden könnte, die man sucht, und wenn man sie gefunden hat, weiß man nicht, wer sie aus welchen Gründen ins Netz gestellt hat. Die Virtualität, die viele so attraktiv finden, hat auch ihre Schattenseiten. Wir erhalten Information losgelöst vom gewohnten Kontext und von unseren üblichen Bewertungskriterien, so daß uns die meisten traditionellen Filter in der neuen Umgebung keine Hilfe sind.

Ich habe in Großbritannien Untersuchungen durchgeführt, wie die neuen Medien von lokalen Gemeinschaften als Netzwerke eingesetzt und genutzt werden. Eines der (vorläufigen) Ergebnisse ist, daß viele Menschen sagen, sie fühlen sich im Netz »verloren«, und daß auch viele der kleinen und mittleren Unternehmen Angst vor dem Netz haben, weil sie nicht wissen, woher die Information kommt, die sie erhalten, oder wo etwas landet, das sie versenden. Das Netz bleibt also vielen noch unvertraut, und das hat natürlich seinen Preis. Ich werde auf diesen Punkt am Ende meines Beitrags noch zurückkommen.

Elektronische Demokratie

Diskussion und Wahlen sind wichtige Elemente der Demokratie, und wenn wir Wert darauf legen, daß autonome Individuen zur Wahlurne gehen, dann muß man die Autonomie der Bürger stärken. Einer der Wege, wie dieses geschehen kann, ist, daß man erst dann seine Wahl trifft, wenn man sich zuvor die unterschiedlichen Argumente angehört und gegeneinander abgewogen hat. Ich bin sehr dafür, daß dieses Element des Abwägens verstärkt wird.

Die Medien, das Internet eingeschlossen, sind in der modernen Gesellschaft wahrscheinlich der wichtigste Ort, an dem sich die abwägende politische Diskussion Raum verschaffen kann. Sie kann so gut wie alle Bereiche, Interessenverbände ebenso wie Bürgerversammlungen, und die unterschiedlichsten Formen, von der einfachen moderierten Diskussion bis zur Meinungsumfrage nach vorangegangener Debatte, umfassen. Wenn solche abwägenden Debatten aber auch das Ziel haben sollen, zu praktikablen Lösungen zu kommen, muß man sich zunächst einmal ernsthaft mit der Frage beschäftigen, was man tun muß, um die notwendige Ausweitung des Allgemeinwissens zu erreichen.

Einige Vorschläge an die Politik

Wenn, wovon ich ausgehe, der prognostizierte Niedergang des Staates weder unausweichlich noch wünschenswert ist, und wenn im Gegenteil der Nationalstaat – trotz all seiner Schwächen – offenbar auch weiterhin die mächtigste demokratische Institution ist, die wir besitzen, dann legt das den Schluß nahe, daß ein Großteil der öffentlichen Politik auch in Zukunft Sache des Nationalstaates sein wird. Öffentliche Politik ist vor allem auch notwendig, um in die Bereiche eingreifen zu können, in denen der Markt versagt. Das betrifft vor allem das positive Recht der Bürger auf Bildung, Information und Gesundheit und die Notwendigkeit, Allgemeinwissen zu bewahren und auszuweiten.
Wir haben gesehen, daß der Nationalstaat durch zwei verschiedene Ebenen unter Druck geraten ist und sich nun gegen Globalisierungs- und Lokalisierungstendenzen gleichzeitig behaupten muß. Ebenso wurde aber auch deutlich, daß Allgemeinwissen sowohl auf globaler wie auf lokaler und nationaler Ebene angewendet werden kann. Aus politischer Sicht stellt sich damit die Frage, wie man diese drei Ebenen so zusammenführen kann, daß sich die Spannungen eher abbauen als verstärken.
Auf der Ebene der globalen Politik ist zu sagen, daß im Zusammenhang mit dem Internet besonders zwei Dinge nach einer Kooperation verlangen: die Copyright-Regulierung, um den Diebstahl geistigen Eigentums zu beenden, und die technischen Standards, um die globale Operationalität der Systeme sicherzustellen.

Für die nationale Politik möchte ich folgende Vorschläge unterbreiten:
- Das Hauptaugenmerk muß auf die allgemeine Verfügbarkeit des Infor-

mation Superhighway, das benutzerfreundliche Design und die Struktur der Inhalte gelegt werden, wobei das oberste Prinzip die »Vertrautheit« sein sollte. Neben einer Reihe anderer Dinge ist dabei besonders die kulturelle Vielfalt zu berücksichtigen.

• Für die Bearbeitung und Strukturierung von Inhalten werden dringend gute »Informationsgestalter« benötigt. Es können unterschiedliche Institutionen sein, die sich hieran beteiligen: nationale und lokale Institutionen, Museen, Bibliotheken, Schulen, Universitäten und Forschungseinrichtungen oder ehrenamtliche Institutionen und Verbraucherorganisationen. Wichtig ist vor allem, daß es sich um Institutionen handelt, die sich durch verläßliches Bearbeiten von Informationen bereits einen guten Ruf erworben haben. Sie sollten für die Kontinuität der Arbeit sorgen, indem sie das eingearbeitete Personal dauerhaft weiterbeschäftigen. Aufgabe dieser »Informationsgestalter« wäre es dann, sicherzustellen, daß ein ausreichendes Angebot an öffentlich zugänglicher, verläßlicher und qualitativ hochwertiger Information zur Verfügung steht und daß diese vor allem auch leicht verständlich ist. Mit anderen Worten, die Arbeit der »Informationsgestalter« würde darin bestehen, den Erhalt und die Erweiterung des »Allgemeinwissens« zu pflegen. Selbstverständlich würde ein so entstandenes Wissen, das ja von einer Vielzahl unterschiedlicher nationaler und lokaler Institutionen getragen würde, auch die vorhandene nationale und regionale Vielfalt berücksichtigen. Die von den »Informationsgestaltern« produzierten, qualitativ hochwertigen Websites würden auch fast automatisch zur Verlinkung mit weiterer qualitativ hochwertiger Information führen.[23] Eine auf diese Art zustande gekommene Information könnte viel dazu beitragen, daß das Gefühl von Verstörtheit und Verlorenheit abgebaut wird, das vor allem neue Nutzer angesichts des Internet befällt.

• Die Arbeit der »Informationsgestalter« sollte ergänzt werden durch den Einsatz von »Moderatoren« und »Diskussionsleitern«, die aus einem ähnlich vielseitigen Mix von Institutionen kommen. Ihre Aufgabe wäre es, im Netz (zum Beispiel durch Kommentieren von Beiträgen am »Schwarzen Brett« oder durch Moderation von »Mailing Listen«) den »öffentlichen Raum« herzustellen, in dem dann eine rationale Diskussion der wichtigen aktuellen Themen stattfinden könnte. Darüber hinaus könnte ihre Arbeit auch dazu beitragen, daß die Interaktion zwischen Bürgern und öffentlichen Institutionen, wie sie für eine verantwortungsvolle, auf Debatte und Abwägung gegründete Demokratie erforderlich und durch die Informationstechnologie möglich geworden ist, besser funktioniert. Natürlich wird auch der Markt einige solcher Moderatoren und Diskussionsleiter hervorbringen, denn wo immer ein spezifisches Wissen für bestimmte Aufgaben benötigt wird, werden Leute bereit sein, dafür zu bezahlen. Aber das gilt nicht für das Allgemeinwissen, hierfür muß die Gemeinschaft aufkommen.

• Es ist allerdings weder wünschenswert noch notwendig, daß das gesamte Allgemeinwissen von der nationalen Gemeinschaft bezahlt wird. Museen, Bibliotheken und lokale Institutionen können einen Teil ihrer Budgets abzweigen, um etwas auf nationaler Ebene mitzufinanzieren, das allen nützt. Lokale Inhalte sollten aber auf jeden Fall lokal finanziert werden. Je lokaler eine Information ist, desto mehr wird sie zum selbstverständlichen Bestandteil im Leben der Menschen und desto schneller wird sie ihnen vertraut werden.

Zusammenfassend kann gesagt werden: Der Information Superhighway verlangt einen Mix aus globalen, nationalen und lokalen politischen Maßnahmen, wobei die globalen sich in erster Linie mit den interoperativen Standards beschäftigen müssen, die nationalen mit Inhalten und kultureller Vielfalt und die lokalen die Aufgabe haben, die Vielfalt menschlicher Erfahrungen widerzuspiegeln, um damit das notwendige Maß an Vertrautheit zu erreichen.

Anmerkungen

1 Meine Forschungen sind Teil des ESRC Media Economics and Culture Programme (Award L126251017 – The Information Superhighway: Market Structure, Access and Citizenship), für deren Förderung ich mich bedanke.

2 J. Habermas (1976): *Legitimation Crisis*, London: Heinemann ; C. Offe (1984): *Contradictions of the Welfare State*, London: Hutchison.

3 R. Nozick (1974): *Anarchy, State and Utopia*, Oxford: Basil Blackwell.

4 P.A. Samuelson (1984): »International Trade and the Equalisation of Factor Prices«. In: *Economic Journal*, Vol. 58, S. 163–184.

5 A. Wood hat eine umfassende Studie (*North-South Trade, employment and inequality: changing fortunes in a skill-driven world*, Oxford: Clarendon Press 1994) zum Thema erarbeitet. Seiner Ansicht nach gibt es in den 80er und 90er Jahren Anzeichen für eine Bewegung in die Richtung, die von Samuelson vorhergesagt wurde.

6 A. Woods Untersuchung (1994) befaßte sich nicht mit der Frage der Auswirkungen des Internet.

7 Gewisse Effekte wird es aber doch geben, da selbst bei spezialisierten Endprodukten einige der Produktionsmittel ein »Commodity«-Element haben und die Preise dieser Produktionsmittel beeinflussen werden. Einige spezialisierte Produktionsmittel könnten auch beeinflußt werden, wenn die gesamten technischen Details im Netz bereitgestellt sind.

8 T. Jackson, *Financial Times*, 21. Januar 1997.

9 Die Protestbewegung gegen McDonald's eröffnete ihre Website am 16. Februar 1996. In den ersten 24 Stunden gab es 35 386 Besucher, und inzwischen, ein Jahr später, ist es zum am längsten dauernden Verleumdungsfall der Geschichte geworden (Details unter [http://ww.mcspotlight.org]).

10 Andrew Blau, Benton Foundation Washington, Tagung Internet & Politik – Februar 1997.

11 Das Projekt existiert seit 1994, Gründungsmitglieder: Steven Clift und Scott Aikens, [http://www.e-democracy.org/1994/]; vgl. dazu auch das Kapitel »Netzpraxis« in diesem Buch.

12 N. Barrett (1996): *The State of the Cybernation: Cultural, Political and Economic Implications of the Internet*, London: Kogan Page Ltd., S. 126.

13 W.J. Mitchell (1996): *City of Bits: Space, Place, and the Infobahn*, Cambridge: MIT Press , S. 30.

14 Dr. D. Held: *Democracy and the Global Order: From the Modern State to Cosmopolitan Governance*, London: Polity Press.

15 I. Berlin (1996): *Four Essays on Liberty*, Oxford: Oxford University Press.

16 Mir ist natürlich durchaus bewußt, daß Staaten dies in unterschiedlichem Ausmaß zu tun versäumen. Je mehr es ihnen aber mißlingt, desto mehr wird ihr Anspruch, demokratisch zu sein, unterminiert.

17 In der Ökonomie ist »Allgemeinwissen« ein technischer Begriff aus der Spieltheorie, der das beschreibt, was allen bekannt und wahr ist. Ich benutze es hier in einem umfassenderen Sinn.

18 M. Bacharach (1990): »Commodities, language and desire«. In: *Journal of Philosophy*, Vol. 87, S. 346–368.

19 Diane Abbott, Abgeordnete der Labour-Partei im britischen Parlament.

20 Vertrautheit wird besonders wichtig bei der Entwicklung von Programmanleitungen sein, aber dem wird keinerlei Aufmerksamkeit gewidmet (vgl. Oftel (1996): *Conditional Access: Consultative Document on draft OFTEL Guidelines*, December, und A. Graham (1997): *Public Policy and electronic Programme Guides: A Response to Oftel and to the Independent Television Commission*, January (evidence submitted to OFTEL and the ITC – available from the author on request).

21 Globalisierung kann auch Vertrautheiten entwickeln, aber dies braucht Zeit, und der Übergang kann unbequem sein.

22 Wie ich eingangs erwähnte, sind Akademiker ein Beispiel für eine Gruppe, die diese Verantwortung hat.

23 Man könnte sich auf den Standpunkt stellen, daß dies bereits der Fall ist. Allerdings sind aktuelle Entwicklungen völlig zufällig und mit keiner formalen zielgerichteten Politik in dieser Richtung verbunden.

Der Wandel Europas von der Industrie- zur Informationsgesellschaft

Martin Bangemann im Gespräch mit Christian Wernicke

Herr Bangemann, der Übergang von der Industrie- zur Informationsgesellschaft eröffnet Chancen, weckt aber – angesichts des Tempos des Wandels – auch Ängste. Ist dieser Prozeß noch steuerbar? Und was kann Europa, was können Sie als zuständiger EU-Kommissar dabei ausrichten?

Wir können den Wandel gestalten, und wir haben Erfahrungen gesammelt, wie wir in der EU auch manche Ängste überwinden können. Als die EU-Kommission 1994 ihren ersten Bericht über die Möglichkeiten neuer Technologien vorlegte …

… den sogenannten »Bangemann-Bericht« …

… da waren diese Sorgen unser erstes Thema. Das Europäische Parlament reagierte damals wie ein Resonanzboden für Bürgerängste und diskutierte vor allem über vermeintlich drohende Gefahren – etwa für unsere Arbeitsplätze, für unsere Kultur, für unser Privatleben, unsere Individualität. Damit haben wir zunächst reichlich zu tun gehabt.

Inzwischen ist die Diskussion ruhiger geworden?

Ja, der Lernprozeß läuft. Die Ängste sind zwar noch nicht überwunden, aber die Debatte ist sachlicher geworden. Wichtig ist vor allem: Wir dürfen nicht den Eindruck erwecken, als müßten die Menschen vollkommen neu lernen, als werde die Welt neu erschaffen. Den Fehler haben wir anfangs auch gemacht, als wir die Formel gebrauchten: »Es wird sich alles ändern.« Das hat viele verschreckt. Wir als EU-Kommission haben dann bald versucht, in handfesten Projekten zu zeigen, welche Chancen und welchen Nutzen die Informationstechnologie in sich birgt. Und dank des regen Interesses vieler Regionen und Städte in Europa können wir die neuen Möglichkeiten inzwischen praktisch demonstrieren.

Können Sie Beispiele nennen – welche Lern- und Lehrprojekte fördert die EU?

Im Telematikbereich werden z. B. Projekte für Fernstudien gefördert. TECAR etwa ist ein Ausbildungsnetz für die europäische Automobilindustrie. Dieses Projekt zielte auf bedarfsgerechte Ausbildung ab, indem es Zugang zu einem Netz von Multimedia-Ausbildungsmaterial entwickelt. Es hat Fiat und Mercedes ermöglicht, Just-in-time-Ausbildung für ihren

Marketing- und Kundendienst einzuführen, und zwar genau zur selben Zeit, da ein neues Automobil in den Markt eingeführt wird.

Es gibt ebenfalls Projekte für städtische und ländliche Gegenden, sogenannte »Digitale Standorte«.

Das Projekt DALI, also Lieferung von und Zugang zu örtlichen Informationen und Diensten, hat das Ziel, Dienste wie *smart-cards* und Telezentren, in den laufenden Dialog zwischen Bürgern und Behörden zu integrieren. Beispiele für solche bürgernahen, operationellen Dienste umfassen gegenwärtig ein Internet-basiertes geographisches Informationssystem oder auch eine Videokonferenzschaltung. Darüber hinaus unterstützt auch unser Büro für die Informationsgesellschaft – ISPO – einige Vorhaben in diesem Bereich, z. B. ein Projekt, das den elektronischen Zugang zu Bibliotheken ermöglichen soll (»Libraries & School Public Information / LASP«).

Wieviel Geldmittel stehen als Zuschüsse für solche Projekte zur Verfügung, wo können sich interessierte Initiativen melden?

Das größte Budget hat das Telematik-Anwendungsprogramm der EU mit einem Haushalt von 898 Mio. ECU. Das sind umgerechnet etwa 1,77 Milliarden Mark. Andere EU-Programme können ebenfalls helfen, wie zum Beispiel die Strukturfonds, manche Bildungsprogramme oder das Programm INFO 2000. Interessierte können sich an ISPO, unser Information Society Project Office, wenden. Dessen Aufgabe ist es, bei der Suche nach dem geeigneten Förderprogramm zu helfen. Am ISPO-Server [http://www.ispo.cec.be] finden Sie alle Detailinformationen über derartige Projekte.

Was ist also, aus Sicht der EU-Kommission, Ihre Zwischenbilanz?

Inzwischen sagen wir: Die neue Technologie wird einen tiefgreifenden Einfluß auf unsere Gesellschaft haben. Die Folgen sind nicht nur technisch oder ökonomisch – nein, es gibt auch gesellschaftliche Konsequenzen. Aber die neue Technik ist letztlich nur Handwerkszeug, Mittel zum Zweck. Wenn mir die neue Technik hilft, nutze ich sie – und wenn nicht, dann lasse ich es eben bleiben. Industrie, Politik und Gesellschaft haben inzwischen einen Punkt relativer Gelassenheit erreicht. Ich glaube: Wer die neuen Möglichkeiten rundweg ablehnt, beraubt sich seiner Chancen. Aber ein neues Evangelium verheißt das Internet nicht.

Auch nicht für die Politik? In Zeiten, da – wie etwa im so fernen Brüssel – immer mehr Entscheidungen in großer Distanz zum Bürger getroffen werden, setzen viele auf das Internet als Mittel zur Revitalisierung der Politik.

Ich will das nicht ausschließen. Aber das ist ein sehr anspruchsvolles Konzept.

Nur etwas für eine elektronisch gebildete Elite?

Nicht unbedingt. Aber was verlangt Partizipation? Der Bürger muß zunächst einmal wissen, worum es geht – er muß sich informieren. Da hilft die neue Technik in der Tat, das Internet bietet ihm eine Menge. Informationsfreiheit ist und bleibt die Basis für Meinungsfreiheit. Auch da stärkt das Internet den Einzelnen: Im Netz kann jeder seine Meinung äußern oder auf andere Ansichten reagieren – die Leserbriefspalte in der Tageszeitung ist im Vergleich dazu allenfalls ein schwacher Abklatsch. Aber machen wir uns nichts vor: Die neue Technik per se ermöglicht keine bessere Entscheidung der Bürger, als sie bisher in unserem System repräsentativer Demokratie schon möglich ist. Zur Demokratie gehört der Diskurs – Information und eigene Meinung genügen nicht. Ich muß meine Ansicht auch im Streit mit anderen behaupten und durchsetzen. Erst aus diesem Prozeß ergibt sich die *volonté générale* oder wenigstens eine Mehrheitsmeinung. Genau das wird von jenen, die jetzt von neuen Formen partizipativer, elektronischer Demokratie träumen, in der Regel ignoriert. Permanente Volksbefragungen helfen uns nicht weiter.

Am Kern demokratischer Prozesse ändert sich also nichts?

Derzeit jedenfalls nicht. Es gibt nur einfach einen neuen Zugang, den man – auch international – für mehr Demokratie nutzen kann. Aber das Internet ist keine Garantie, schon gar nicht für mehr Demokratie. Vielleicht ändert sich das einmal, wenn mehr Interaktivität im Netz auch mehr Diskurs ermöglicht.

Sehen Sie nicht die Chance, im Zeitalter der Globalisierung per Internet abstrakte politische Prozesse bürgernah einer Kontrolle oder wenigstens einem Feedback zu unterwerfen? Kann auch das Internet das EU-Trauma von Maastricht nicht überwinden?

Grundsätzlich steht Europa da vor keinen anderen Schwierigkeiten als die übrige Politik auch. Nur ist die EU derzeit so etwas wie ein Sündenbock, auf Europa werden alle nur erdenklichen Ängste vor Veränderungen projiziert. Die Maastricht-Diskussion ist dafür ein Beispiel. Brüssel haften schnell Etiketten an wie »bürokratisch«, »wirklichkeitsfremd«, »fern vom Bürger«. Dabei bestätigt Ihnen jeder, der mit uns Politik macht, daß diese Vorurteile nicht stimmen. Ohne den Reformdruck zum Beispiel, den die EU-Kommission im Bereich der Telekommunikation ausgelöst hat, würden wir doch heute noch im alten, behäbigen System leben, wie es noch in dem Post-Sektor der Fall ist. Auch das war und ist ja ein Beitrag Europas, den Bürgern das Internet näher zu bringen: Der Wettbewerb senkt die Kosten, verringert die Telefongebühren, verbilligt den Zugang zum Netz.

Aber das verhindert nicht, daß Populisten aus der Gemengelage von Gefühlen und Stammtischgeschwätz politisches Kapital schlagen wollen. Dagegen können Sie mit sachlichen Informationen, selbst per Internet verbreitet, wenig ausrichten.

Wenn das Internet also wenig für die EU tun kann – was tut die EU für das globale Netz? Gibt es eine gemeinsame Politik, gar ein »europäisches Gesicht« der Informationsgesellschaft?

Die Chance besteht, nur müssen die Europäer diese Chance endlich erkennen und wahrnehmen. Bisher ist das nicht der Fall. Technisch gesehen gibt es ja nur ein globales Netz – erst über die Inhalte könnte sich Europa profilieren. Aber leider nutzen wir Europäer diese Möglichkeiten weit weniger als etwa Nordamerikaner und Japaner. Wer gestalten will, muß erst einmal präsent sein. Das ist zum Beispiel auch eine Herausforderung für die europäische Kulturpolitik – aber schon dieses Wort schreckt ja ab. Da fürchten viele, gerade in Deutschland, sofort Vereinheitlichung. Aber wozu führt diese Abwehrhaltung: Der Amerikaner Bill Gates kauft von Europas Museen die Bildrechte, um ihre Schätze im Internet zu präsentieren. Ich habe nichts dagegen – aber warum muß erst ein Bill Gates auf die Idee kommen? Weil wir Europäer immer glauben, solche Dinge nur unter staatlicher Obhut machen zu können.

Bei uns zählt ein gewisses Maß an Technikfeindlichkeit doch als Beweis für Intellektualität. Das gilt leider auch fürs Internet. Die Klage beispielsweise, der Mensch drohe in einer Flut von Informationen zu ertrinken, ist typisch europäisch: Lieber Himmel – ich schwimme doch lieber in einem Meer von Informationen, als daß ich in einer Wüste verdurste! Da müssen wir Europäer noch eine Menge Barrieren in unseren Köpfen überwinden.

Welche Macht, welche Kompetenzen besitzen Sie als zuständiger EU-Kommissar denn überhaupt, um steuernd einzugreifen? Jedermann sagt zwar, die Nationalstaaten seien gegenüber dem globalen Netz überfordert – aber auch Sie können ja nicht mit Gesetzen, sondern nur mit unverbindlichen Mitteilungen etwa zum »Schutz vor illegalen und schädlichen Inhalten« wie Kinderpornographie aufwarten. Und der EU-Ministerrat verabschiedet dann irgendwann eine folgenlose Entschließung.

Der Fall illustriert, wie in Europa noch immer Diskussionen ums Internet ablaufen: Belgien wurde 1996 von der Dutroux-Affäre erschüttert – und alle forderten dann schnelle Taten. Im EU-Ministerrat herrschte große Aufregung. Wir in der Kommission haben uns dann zu einer Mitteilung entschlossen und wenigstens die Formel durchgesetzt: Alles, was offline nicht erlaubt ist, ist auch online verboten. Niemand muß also die

Strafbarkeit von Pornographie neu definieren, sondern die Frage lautet: Wie können wir bestehende Gesetze auch im Internet durchsetzen? Die Mitteilung hat diese Klarstellung geschafft, die Gesetze selbst sind Sache der Mitgliedsstaaten. Und wir können nun auch internationale Übereinkünfte versuchen. Europäische Regeln allein greifen ja nicht – das Internet ist nicht europäisch, sondern global. Internationale Verhandlungen sind der nächste Schritt. Dabei hilft es natürlich, wenn wir Europäer uns vorher – wie etwa auf einer Konferenz im Juli 1997 in Bonn – auf gemeinsame Prinzipien einigen. Aber europäische Alleingänge laufen ins Leere.

Die Bonner Konferenz, von der EU-Kommission mitinitiiert, hat deutlich vor staatlicher Überreaktion und Zensur im Internet gewarnt. Ist das eine »europäische Linie«?

Ja, das war eine europäische Standortbestimmung. Und wir Europäer haben ja auch beim Streit um die freie Wahl der Kryptographie und der Verschlüsselung privater Daten eine ganz andere Position als etwa die Amerikaner. Die Erklärung der Bonner Ministerkonferenz sagt deutlich: Wir müssen sicherstellen, daß für elektronische Daten der gleiche Schutz der Privatsphäre und dieselbe Vertraulichkeit gelten wie etwa beim Briefgeheimnis. Es darf nicht – wie sich das die USA und manche Politiker auch bei uns wünschen – zu einem System kommen, in dem jeder den Schlüssel für sein Chiffrierprogramm etwa bei der Regierung hinterlegen muß, und der Geheimdienst oder ein Innenministerium dann bei Bedarf die E-Mail öffnen. Jetzt müssen wir das mit Washington diskutieren. Falls wir uns mit den Amerikanern jedoch nicht einigen können, dann wird uns der Markt helfen: Firmen wie Netscape finden doch keine Kunden in der Wirtschaft, wenn Banken oder Unternehmen wissen, daß die CIA dafür den Schlüssel hat. Wer seine eigenen Vorstellungen um jeden Preis im globalen Netz durchsetzen will, schließt sich letztlich nur selbst aus.

Der Markt sichert die Freiheit also bisweilen besser als so manches Regierungsabkommen?

So ist es. Der Markt hilft nicht in jedem Fall, aber er hilft.

Dennoch haben Sie nun angeregt, die Staatengemeinschaft solle sich auf eine internationale Charta einigen, die zumindest einige Grundprinzipien globaler Kommunikation regelt. Warum ist das nötig?

Aus zwei Gründen. Zunächst erleben wir eine rasante technische Konvergenz der verschiedenen Medien. Sie können heute doch kaum noch trennen zwischen Computer, Telefon, Fax, Radio oder Zeitung – aber für alle diese Sektoren gibt es unterschiedliche Normen und Regeln, sauber getrennt und jeweils national definiert. Dieses Regelwerk läuft bald ins

Leere, das bricht durch die digitale Vernetzung mehr und mehr in sich zusammen. Also brauchen wir einheitliche, nicht länger getrennte Regeln.
Der zweite Grund ist die Globalisierung selbst: Nationale Regeln greifen nicht mehr, sie werden umgangen. Das mag ja für manche nationale Regulierer ganz heilsam sein, aber gewisse grundsätzliche Übereinkünfte brauchen wir natürlich. Ohne globale Standards, ohne die wechselseitige Anerkennung etwa von Lizenzen, von digitalen Unterschriften oder auch ohne sicheren Datenschutz kommen wir nicht aus. Es geht mir nur um Grundprinzipien, nicht um jedes Detail. Die technische Entwicklung ist viel zu schnell, als daß wir da als Gesetzgeber im einzelnen jeweils hinterherkämen. Momentan ist ja auch organisatorisch alles getrennt: Da kümmert sich die WTO um dieses, die WIPO um jenes Detail. Eine internationale Charta könnte uns weiterhelfen – die wäre flexibel und doch verbindlich. Das ist für mich der nächste Schritt nach unserer europäischen Konferenz in Bonn im Juli 1997.

Auf Ihrem Schreibtisch steht ein Computer. Wie nutzen Sie persönlich, als für die Informationsgesellschaft zuständiger EU-Kommissar, Ihren PC und das Internet?

Damit spiele ich manchmal Schach. Und gelegentlich gehe ich ins Netz und schaue zum Beispiel ins Angebot einer elektronischen Buchhandlung. Die E-Mails schreibt meine Sekretärin. Meine Internet-Nutzung ist beschränkt, ganz nach dem Grundsatz: Ich nutze das nur, wenn es mir nützt.

Das Netzwerk der Netzwerke: Ein Markt jenseits aller Kontrollen?

von Spiros Simitis

1.

Der Konflikt eskalierte schnell. Ende 1995 forderte die Münchner Staatsanwaltschaft CompuServe auf, den Zugang zu bestimmten Newsgroups, die pornographische Inhalte verbreiteten, zu unterbinden. Kurz darauf indexierte die Bundesprüfstelle für jugendgefährdende Schriften die Internet-Seiten von Ernst Zündel, eines in Kanada lebenden, international agierenden Neonazis. Und wiederum nur einige Monate später sperrte CompuServe auf Empfehlung der Bundesanwaltschaft die Internet-Homepage der stellvertretenden PDS-Vorsitzenden Angela Marquardt. Sie hatte über eine Verbindung zu den Niederlanden den Zugang zur Zeitschrift *Radikal* ermöglicht, der vorgeworfen wurde, strafbare Handlungen zu unterstützen.

Die Reaktionen waren heftig und weltweit. Sie spiegeln sich in den langen Mirror-Listen ebenso wider wie in eigens eingerichteten Newsgroups, die ebenso wie etwa die gezielte Aufnahme in einen E-Mail-Listenserver den ungehinderten Zugang zu den inkriminierten Dokumenten sichern sollten. Von Amsterdam bis San Francisco waren sich die Netbürgerinnen und Netbürger einig, daß sie ihre ureigensten Möglichkeiten nutzen mußten, um die Behörden zu überlisten und dem Eingriff in das Netz Einhalt zu gebieten.

Fast gleichzeitig, im Oktober 1996, verbot die britische Kulturministerin Virginia Bottomley den Verkauf von Karten, die es erlaubten, ein bestimmtes über Satellit ausgestrahltes pornographisches Programm zu empfangen. »Als Politikerin, aber auch als Mutter« könne sie, so meinte die Ministerin, »weder Gewalt noch Schmutz im Fernsehen tolerieren.« Gemessen an den Erfahrungen mit dem Internet war der Protest freilich kaum wahrzunehmen. Niemand rief zum Widerstand gegen eine ebenso »unerhörte« wie »unstatthafte« Zensur auf. Und offensichtlich kam kein einziger Leser der in der ausländischen Presse ohnehin kaum beachteten Entscheidung der britischen Regierung auf den Gedanken, ähnlich wie im Falle der Münchner Staatsanwaltschaft, zwar nicht bayerisches Bier, aber doch schottischen Whisky oder englischen Tee vor den diplomatischen Vertretungen Großbritanniens auszuschütten.

2.

So auffällig die unterschiedliche Reaktion sein mag, so wenig überrascht sie. Sicher, beides, Internet und Fernsehen, sind, zumindest nach den immer noch gängigen Annahmen, nur verschiedene Erscheinungsformen einer medialen Aktivität, die sich zwar äußerlich nachhaltig gewandelt hat, sich im übrigen aber unverändert nach genau den Vorstellungen und Erwartungen richtet, die spätestens seit dem Übergang zur Massenkommunikation Struktur und Aufgabe aller Medien bestimmen: jenen »freien Meinungsmarkt« herzustellen, den Oliver Wendell Holmes[1] als die Grundvoraussetzung einer freien Entfaltung des einzelnen in einer freien Gesellschaft apostrophierte. Wohlgemerkt, gemeint ist damit keineswegs nur die schlichte Projektion eines möglichst unverfälschten und sich deshalb zunächst und vor allem jedem staatlichen Eingriff widersetzenden Wettbewerbsmodells auf die Medien. Wenn vielmehr vom »Markt« die Rede ist, dann im ureigensten Sinne des Wortes. Der Markt war, so viel gilt es nicht zu vergessen, niemals nur »mercatum«, sondern immer auch »forum« – und genau deshalb zugleich Sinnbild der öffentlichen Rede sowie Instrument und Garant der Meinungsbildung.

Die »agora« ist auch der Maßstab, der am besten den Unterschied zwischen dem »Netzwerk der Netzwerke« einerseits und den sonstigen medialen Aktivitäten andererseits verdeutlicht. Die Zahl der Zeitungsleser und Fernsehzuschauer mag beträchtlich gestiegen sein, beide, Leser und Zuschauer, waren und sind passive Rezipienten einer ohne ihr Zutun gestalteten und vermittelten Information. Anders im Internet: Sein wohl wichtigstes Merkmal ist eine durch und durch interaktive Kommunikation. Wer immer sich einklinkt, schlüpft keineswegs in eine vordefinierte Rolle. Er ist nicht Autor oder Leser, Produzent oder Empfänger, sondern beides zugleich. Wann im übrigen welche Rolle übernommen werden soll, bleibt jedem selbst überlassen. Mehr noch: Die minimierten Zugangshindernisse maximieren neben der Spontaneität der Teilnahme, auch und gerade die Spontaneität der Sprache. Nie zuvor war es so einfach, ein Gespräch zu beginnen, sich in einen schon laufenden Meinungsaustausch einzuschalten und dabei weder in einen anderen Sprachduktus zu verfallen noch sich sprachlich verstellen zu müssen. Nie zuvor war es deshalb aber auch möglich, so viele und so unterschiedliche Meinungen zu äußern. Und noch etwas: Das virtuelle Forum verlangt nicht mehr als eine virtuelle Präsenz. Die Permanenz der Teilnahme ist, so gesehen, ebenso garantiert wie eine tendenziell unbegrenzte Teilnehmerzahl. Was also keine andere mediale Aktivität je bewirkt hatte, nimmt, so

möchte man meinen, greifbare Gestalt an: Ein freier, jedem einzelnen jederzeit möglicher Meinungsaustausch in einem »niemals endenden, weltweiten Gespräch«, das ein »neues athenisches Zeitalter« einleitet.
So ist es auch nicht verwunderlich, wenn jeder Versuch einer korrigierenden oder gar steuernden Intervention einmütig und scharf zurückgewiesen wird. Wo die Meinungsvielfalt ungeahnte Ausmaße annimmt und Meinungsäußerungen allem Anschein nach an keine Schranke mehr gebunden sind, verändert sich unweigerlich das Maß der Betroffenheit. Anders als bei Interventionen, die sich etwa gegen einen bestimmten Zeitungsverlag oder einen einzelnen Sender richten, ist nicht mehr eine für sich bestehende und agierende, von der Vielzahl der Leser und Zuschauer also deutlich getrennte Institution betroffen, sondern es sind sämtliche Internet-Teilnehmer und Teilnehmerinnen, die betroffen sind. Sie brauchen gar nicht erst lange zu überlegen, welche Konsequenzen die Intervention für sie haben könnte. Die Folgen sind spätestens dann direkt erfahrbar, wenn sie sich ins Netz einklinken.
Schranken erscheinen daher, wenn überhaupt, nur diskutabel, sofern es den Teilnehmerinnen und Teilnehmern selbst überlassen bleibt, sie zu setzen. Jede Fremdregulierung gerät so zur inakzeptablen Zensur, tolerabel ist einzig und allein eine Selbstregulierung. Kurzum, die »Netbürger« lehnen es kategorisch ab, sich auf Vorschriften einzulassen, die auf andere, keineswegs interaktive und schon gar nicht von einer freien und unbegrenzten Partizipation gekennzeichnete Kommunikationsformen zugeschnitten sind. Sie sind statt dessen lediglich bereit, ein »außerrechtliches« Regulativ, die sogenannte »Netiquette« zu akzeptieren.

3.

Der Streit um die Interventionsversuche trübt den Blick für den Sachverhalt. Sicher: Das Internet war als »Forum« konzipiert und hat zunächst ganz in diesem Sinne funktioniert. In der Internet-»agora« fanden sich die Vertreter der unterschiedlichsten wissenschaftlichen Disziplinen wieder, stellten ihre Positionen zur Diskussion und profitierten von den Reaktionen der *scientific community*. Das Internet formte die Wissenschaftsgemeinde zu einer wirklich universellen Gemeinschaft und gab ihr die Möglichkeit, auf eine immer schnellere wissenschaftliche und technologische Entwicklung ebenso schnell zu reagieren.
Doch die Anfänge haben mit der Gegenwart wenig zu tun. Schon lange wird das »Netzwerk der Netzwerke« durch geschäftliche und kommerzielle Aktivitäten geprägt und von ihnen dominiert. Gemeint ist damit

nicht die mittlerweile selbstverständliche Benutzung des Netzes für die interne und externe Unternehmenskommunikation. Gemeint ist vielmehr die wieder und wieder angepriesene Bedeutung des Netzes für die Entstehung neuer Geschäfts- und Betätigungsformen. Teleshopping, Telebanking und Telearbeit sind nur typische Beispiele aus einer immer länger werdenden Liste.

Die Konsequenz liegt auf der Hand: Der wissenschaftliche Diskurs mag unverändert auf das Netzwerk angewiesen sein, er spielt sich allerdings nur in einer seiner Nischen ab. Und auch sonst läßt sich kaum ernsthaft behaupten, das Internet sei, allen Newsgroups und Bulletin Boards zum Trotz, vor allem der Ort, an dem Meinungen aufeinander prallten und ausdiskutiert würden. Kein Zweifel, dem Internet kommt gerade beim politischen Diskurs eine kaum zu unterschätzende Bedeutung zu. So stellen die Nigerian Connection [http://www.afrocaribbean.com/nigeria/niginfo.html], Africa Online [http://www.africaonline.com] oder Plaintiff Human Rights Watch [http://www.hrw.org] eindrucksvolle Beispiele dar, wie sich die Kritik an Menschenrechtsverletzungen über das Internet entfachen und nicht zuletzt durch ständig neues Material sowie durch eine weltweite Verbreitung von Informationen unterstützen läßt. Das »Netzwerk der Netzwerke« wird in jedem dieser Fälle zum Mittler einer Diskussion, ohne die es gar nicht erst möglich gewesen wäre.

Trotzdem bleibt es dabei: Das Internet reproduziert in erster Linie die Kommunikationsstrukturen eines sicherlich globalisierten, ansonsten aber ganz normalen Marktes. Mehr noch: Die veränderten Kommunikationsmöglichkeiten potenzieren die etwa bei der Verwertung personenbezogener Daten ohnehin vorhandenen Kommerzialisierungstendenzen. »Identifikationsdaten« werden zum Markenzeichen der Informationschancen, die das Internet auszeichnen, und neue Dienste erschließen den Zugang zu bislang nicht oder nur schwer zugänglichen Angaben und ermöglichen immer weitere Verknüpfungen. Der Markt wird überdies um ein neues Segment angereichert. Das Internet entwickelt sich immer deutlicher zum Umschlagplatz »digitaler Schmuggelware«. Von der Weitergabe überaus sensitiver, eigentlich völlig unzugänglicher personenbezogener Daten über den Austausch urheberrechtlich geschützter Dokumente, die gezielte Vermarktung von Kinderpornographie bis zur Verbreitung rassistischer Pamphlete bietet das »Netzwerk der Netzwerke« mittlerweile die denkbar besten Voraussetzungen für eine möglichst ungestörte Abwicklung illegaler Transaktionen.

In dem Maße freilich, in dem der Teilnehmerkreis zunimmt und das Surfen im Netz selbstverständlich wird, machen sich auch jene Störungsfaktoren bemerkbar, die im System selbst angelegt sind oder durch seine Anwendung generiert werden. Zunächst: Wer surft, hinterläßt Spuren, ob er es will oder nicht. Ganz gleich, ob Informationen eingeholt, Transaktionen vollzogen oder Stellungnahmen bekundet werden sollen, der Weg durch das Netz wird exakt festgehalten. Anders und konkreter ausgedrückt: Das virtuelle Kaufhaus institutionalisiert die Videoüberwachung. Wer es betritt, schaltet sie ein und wird konstant verfolgt, vom Gang durch das Angebot über jede, sei es auch noch so kurze Pause bei der Betrachtung einzelner Waren bis hin zum Kaufabschluß. Die Chancen waren deshalb nie so gut, minutiöse, durch immer neue Daten aktualisierte und verfeinerte Profile zu erstellen. Der konsequente Einsatz ständig verbesserter »intelligenter Agenten«, die Informationen im Netzwerk suchen, filtern und gezielt zuweisen, und der sich mit Hilfe von Servern, die »Cookies« verschicken und systematisch wieder abholen, zunehmend verstärkende Aufbau von Profilen sind Etappen einer Strategie, die jeden, der auf die Daten zugreifen kann, in die Lage versetzen soll, die Reaktionen seiner potentiellen Kommunikationspartner möglichst exakt zu antizipieren und steuernd in ihr Verhalten einzugreifen.

Die Kehrseite einer Kommunikation, die sich vor allem so einfach und so schnell wie nie zuvor gestaltet, liegt zudem in der Gefahr der Verfälschung, die ebenfalls noch nie so akut und ausgeprägt war wie heute. Die Erfahrung zeigt nur zu gut: Weder die Authentizität noch die Integrität von Dokumenten lassen sich garantieren. Wo Kommunikation nicht als gleichsam statische Addition abrufbarer Dokumente, sondern als kontinuierliche Fortschreibung der jeweiligen Unterlagen verstanden wird, und es überdies Außenstehenden technisch durchaus möglich ist, sich in einzelne Texte einzuschalten, droht die Offenheit der Kommunikation sich als permanente Verfälschungsquelle zu erweisen.

Schließlich: Informationen und Meinungen lassen sich gewiß weitaus unkomplizierter austauschen. Mit dem graduellen Verzicht auf alle bisherigen Rücksichtnahmen entfallen nicht nur die bisher üblichen Höflichkeitsfloskeln. Vielmehr wächst zugleich die Bereitschaft, Aggressionen ebenso wie oft nur mühsam unterdrückte Verhaltenswünsche auszuleben. Internet »entfesselt«, so gesehen, die Kommunikation in des Wortes doppeltem Sinn. Nicht nur technische Kommunikationsschranken werden abgebaut, sondern es schwindet auch die Affekt- und Triebkontrolle, die den Respekt vor der Integrität des Kommunikationspartners sichert und so Kommunikation überhaupt erst möglich macht.

4.

Realität und Wunschvorstellung klaffen immer weiter auseinander. Je schärfer sich allerdings die Diskrepanz abzeichnet, desto mehr schwindet die Glaubwürdigkeit aller Forderungen, das Internet ausschließlich den von seinen Teilnehmerinnen und Teilnehmern postulierten und akzeptierten Regeln zu unterwerfen. Die von ihnen als »wesensfremd« deklarierte Rechtsordnung holt das »Netzwerk der Netzwerke« wieder ein. Genaugenommen war ihr das Internet niemals entronnen. Ganz gleich, ob es um die ersten Versuche ging, den wissenschaftlichen Diskurs neu zu gestalten, oder die zunehmenden Bestrebungen einer kommerziellen Nutzung – das Internet hat sich weder in einem rechtlichen Vakuum entwickelt, noch hat es jemals in einem »rechtsfreien Raum« operiert. Die Rechtswidrigkeit wird nicht neu definiert, je nachdem, ob sich ein bestimmtes Verhalten on- oder offline abspielt. Rassistische Pamphlete dürfen daher selbst dann nicht verbreitet werden, wenn sie nicht am Kiosk ausliegen, sondern über das Internet zu erhalten sind. Und wenn Angebote mit Kindersex in der Lokalpresse nicht zulässig sind, dann sind sie das auch nicht in Chat-Foren. Und die Erhebung personenbezogener Daten mit Hilfe »intelligenter Agenten« ist genauso unstatthaft wie jede an den Betroffenen vorbei vorgenommene und durch keine gesetzliche Vorschrift gerechtfertigte Verarbeitung ihrer in bestimmten Dateien gespeicherten Angaben.

Was deshalb Schwierigkeiten bereitet, sind keineswegs die normativen Prämissen, sondern ihre Implementationschancen. Denn so viel steht bereits fest: Noch so klar formulierte nationale Normen scheitern unweigerlich dort, wo sie auf ein Kommunikationssystem treffen, das von Anfang an darauf angelegt ist, nationale Grenzen ebenso konsequent wie dauerhaft zu überwinden. Kein Wunder, wenn deshalb das Internet zur permanenten Demonstration der Ohnmacht nationaler Regelungen gerät. Die inkriminierten Dokumente wandern für die nationalen Behörden unerreichbar um den Globus und kehren, dank der beliebig wechselbaren Sendeorte sowie der unendlich vielen Teilnehmerinnen und Teilnehmer, unversehrt und für jeden unschwer zugänglich in den Zuständigkeitsbereich just jener Behörden zurück, die sie vom Bild verbannen wollten.

Interventions- und Steuerungsversuche können unter diesen Umständen, zumindest solange man sie aus einer gleichsam klassisch normativen Perspektive betrachtet, nur eine Erfolgschance haben, wenn die globalisierte Kommunikation um ebenso globale, von einem internationalen Konsens getragene, in verbindlichen Übereinkommen verankerte

Regeln ergänzt wird. Eben deshalb hilft auch eine auf die Europäische Union begrenzte Reaktion nicht weiter. Die Union deckt nicht anders als ihre Mitgliedstaaten nur ein Segment des globalisierten Kommunikationsprozesses ab. Sie kann daher durch ihre Tätigkeit die Aussichten einer globalen Regelung verbessern, sie kann sie aber nicht ersetzen. Nicht von ungefähr richtet sich daher die Aufmerksamkeit mehr und mehr auf die Welthandelsorganisation oder die Organisation für wirtschaftliche Zusammenarbeit und Entwicklung.

Freilich: Der Konsens fällt gerade bei weltweiten Übereinkommen schwer. Ohne einen langwierigen, mühsamen Verhandlungsprozeß ist er nicht zu erreichen. Allein schon die Dauer der Verhandlungen droht jedoch vor dem Hintergrund einer sich ständig weiterentwickelnden Technologie der angestrebten Regelung jede Wirkung zu nehmen. Hinzu kommen die bei einer Konvention unvermeidlichen Kompromisse. Sie erhöhen zwar einerseits die Akzeptanzchancen, schwächen jedoch andererseits erfahrungsgemäß die inhaltlichen Anforderungen und verringern, so gesehen, letztlich ebenfalls die Effizienz des Übereinkommens.

Wohlgemerkt, die Schwierigkeiten ändern nichts an der Notwendigkeit einer Konvention. Sie bleibt, solange man sich auf das traditionelle Instrumentarium beschränkt, das einzige Mittel, um international verbindliche Regeln aufzustellen. Nur gilt es, in Anbetracht der unbestreitbaren Komplikationen nach Alternativen zu suchen. Als Ausweg bietet sich fast von selbst – schon mit Rücksicht auf die durchaus vergleichbaren Diskussionen über die Grenzen normativer Regelungen im Computerbereich – die Integration der normativen Prämissen in die Kommunikationstechnologie selber an. Worauf es also ankommt, ist, daß man die Weiterentwicklung des Internet als eine mit den Mitteln der Technologie zu führende Auseinandersetzung um die gesellschaftlichen Implikationen begreift und die Integrität des Kommunikationsprozesses und die Kommunikations- und Partizipationsfähigkeit der Teilnehmerinnen und Teilnehmer zu essentiellen Bedingungen macht.

Die Voraussetzungen dafür sind durchaus günstig. Wo die Kommunikationsrisiken Unternehmen davon abhalten, sich an das Netz anzuschließen, wo Eltern immer heftiger gegen die fehlenden Möglichkeiten protestieren, ihre Kinder gegen bestimmte Angebote abzuschirmen, und wo die Gefahren, die von ständig weiter verfeinerten Profilen drohen, sich bei den Benutzern in negativen Reaktionen manifestieren, bleibt den Internet-Providern nichts anderes übrig, als sich auf die Kritik einzulassen. Das Ergebnis ist die mittlerweile offenkundige Bereitschaft, sich nicht weiter gegen Forderungen nach einer Software zu sperren, die Authentizität und Integrität garantiert und sowohl die Abschottung der Nutzer wie ihre Steuerung ermöglicht. Schon die prompte Zusicherung, den auch vom amerikanischen Kongreß geteilten Bedenken der Eltern durch eigens entwickelte Sperren Rechnung zu tragen, läßt die gewandelte Einstellung erkennen. Noch bezeichnender ist das wachsende Angebot an kontinuierlich verbesserten Verschlüsselungsverfahren. Wie wirksam sich inzwischen Abschottung und Abwehr gestalten lassen, erweist sich an der von »Pretty Good Privacy« angebotenen Option, Texte, die von Dritten unzulässigerweise dekodiert worden sind, »im Flimmern des Bildschirms aufzulösen« und so die Speicherung des Originals erfolgreich zu verhindern.

Die Netz-Provider kommen den Nutzern in diesen Fragen zwar entgegen, verhalten sich aber, wie die Erfahrung zeigt, defensiv. Den Nutzern fehlt es zudem zumeist schon an einer verläßlichen Übersicht über die aus ihrer Perspektive erforderliche Software. Und sie sind auch nicht in der Lage, Vorgaben zu machen, die eine entsprechende Umgestaltung der technischen Infrastruktur einleiten und verstärken könnten. Technologie allein reicht also nicht aus. Dem Gesetzgeber fällt vielmehr die Aufgabe zu, die Ziele der Technologie zu definieren. Die normativen Prämissen legen, so gesehen, den Startpunkt fest, die Technologie ist dann Mittler und Bestätigung ihrer Konkretisierung.

Der Gesetzgeber muß allerdings noch einen Schritt weitergehen und die Softwareproduzenten verpflichten, die möglichen Gefahren ihrer Produkte in einer für die Benutzer jederzeit nachvollziehbaren Sprache offenzulegen. Wer Programme aus Datennetzen herunterlädt, muß sich keineswegs den damit verbundenen Risiken blind fügen. Vielmehr trifft zunächst jeden, der Software herstellt, die Pflicht, die Gefahren selbst dann anzusprechen, wenn sie zwar auftreten können, sich aber noch nicht realisiert haben. »Cookies« und »intelligente Agenten« liefern das Anschauungsmaterial für die Bedeutung einer derartigen Verpflichtung.

5.

Technische Schutzmechanismen haben ihre eigene Dialektik. Genau die Vorkehrungen, die Kommunikationsfähigkeit garantieren sollen, eignen sich auch bestens dazu, sie zu eliminieren. So schließt vollendete Verschlüsselung unerwünschten Zugang aus, versperrt jedoch zugleich die Kenntnisnahme sogar in den Fällen, in denen sie bisher in Kauf genommen werden mußte. Was, wenngleich nur ausnahmsweise, bei Briefen und Telefongesprächen möglich ist, scheidet im Fall des Internet aus.

Staatsanwaltschaft und Polizei finden sich hier auf einer Ebene mit jedem Dritten wieder. Demonstriert wird damit allerdings nicht nur die Effizienz der Verschlüsselungstechnologie, sondern auch die Notwendigkeit, den exzeptionellen Zugang – auch unter den Bedingungen einer tendenziell perfekten Sperre – aufrechtzuerhalten. Diese Notwendigkeit rechtfertigt es allerdings nicht, staatliche Stellen mit einem Nachschlüssel – sei es direkt über einen »Hauptschlüssel« oder indirekt über ein von ihnen kontrolliertes Lizenzierungsverfahren – zu versehen, der ihnen letztlich den schrankenlosen Zugang ermöglichen würde.
Nicht anders verhält es sich bei der zunächst in Großbritannien formulierten und später von der Europäischen Kommission übernommenen Forderung, »Rückverfolgungstechniken« zu entwickeln und so die »Aufspürbarkeit« der Urheber aller über Internet verbreiteten Dokumente zu gewährleisten. Allzu großer Phantasie bedarf es nicht, um sich die Folgen auszumalen. Die »Rückverfolgungstechniken« legen das Fundament für eine ebenso uneingeschränkte wie permanente Überwachung. Sicher: Die Forderung nach einer systematischen Spurenaufzeichnung wird in aller Regel durch die Zusicherung ergänzt, Nutzer dürften selbstverständlich nur in den rechtlich zulässigen Fällen »aufgespürt« werden. Vordergründig wird damit an den bislang etwa für das Abhören geltenden Eingriffsbedingungen festgehalten. In Wirklichkeit verändern sich jedoch die Überwachungsvoraussetzungen genauso wie bei der Entschlüsselungstechnologie von Grund auf. Betroffen ist eben nicht nur eine ganz bestimmte Person, sondern jeder Nutzer. Die präventive Spurensicherung spart genausowenig jemanden aus wie ein wie immer konstruierter »Dietrich« ein Dokument oder einen Nutzer ausläßt. Wohl nie war die in den siebziger Jahren von der Privacy Commission in den USA im Rahmen der frühen Datenschutzdiskussionen benutzte Formulierung von der *captive population* so aktuell wie heute. Mit einem bezeichnenden Unterschied freilich: Wo es, um es mit den Worten des Präsidenten der Vereinigten Staaten auszudrücken, nicht nur wünschenswert, sondern geradezu geboten erscheint, jeden Zwölfjährigen so schnell wie möglich mit einem Internetzugang auszustatten, ist anders als damals niemand mehr ausgenommen.
Das Dilemma läßt sich nicht wegdiskutieren. Wer die Kommunikation ernst nimmt und, statt sie mit der Installation des Netzwerkes gleichzusetzen, vielmehr nach den Chancen für die Selbstbestimmung und Partizipation des einzelnen fragt, hat keine Wahl: Er muß die Technologie einspannen, um Störungen und Verzerrungen zu korrigieren. Wer sich aber darauf einläßt, muß auch wissen: Der Rückgriff auf die Technologie

kann ebensogut zum genau entgegengesetzten Ergebnis führen. Statt Selbstbestimmung und Partizipation zu garantieren, kann er ebenso gut zur Erhöhung von Anpassung und Manipulierbarkeit führen. Zudem: Mit den üblichen Abwägungs- und Verhältnismäßigkeitsüberlegungen sind die Risiken einer ebenso protektiven wie korrektiven Technologie nicht abzufangen. Die Welt des Internet ist die Welt der gläsernen Surfer. Werden die Interventionsspielräume konsequent genutzt, die sich aus den Leerformeln ergeben, mit denen Gesetzgeber und Gerichte seit jeher vor allem die staatlichen Eingriffsvoraussetzungen zu umschreiben pflegen, reichen die Folgen dort, wo wie beim Internet jede Aktivität Spuren hinterläßt, so weit wie noch nie.

Mehr denn je kommt es also darauf an, sich an die beiden Grundsätze zu halten, die wie kein anderes Regulativ Existenz und Entfaltung der informationellen Selbstbestimmung determinieren. Der erste Grundsatz legt die Rangfolge fest: Anonyme Verarbeitungen gehen personenbezogenen Datenerhebungen und Informationsverwendungen vor. Die Anonymität ist, so gesehen, das Leitprinzip, nach dem sich die Konstruktion der Infrastruktur ebenso wie die Navigation durch das Netz richten müssen. Konsequenterweise unterscheidet der Entwurf eines Teledienstedatenschutzgesetzes (TDDSG) zwischen »Anonymität« und bloßer »Datensparsamkeit« und schreibt vor, technische Einrichtungen so auszuwählen, daß möglichst keine personenbezogene Angaben verwendet werden.

Der zweite Grundsatz definiert Anlaß und Umfang der Verarbeitung: Sie darf immer nur für bestimmte, im voraus festgelegte Zwecke erfolgen, die den Betroffenen bekannt sind und von ihnen gebilligt wurden, und sich im übrigen ausschließlich auf die für den angestrebten Zweck erforderlichen Daten erstrecken. Ganz in diesem Sinne spricht sich der TDDSG-Entwurf unmißverständlich für eine Zweckbindung aus. Daraus folgt eines sofort: Verarbeitungen auf Vorrat sind im Internet genausowenig zulässig wie sonst auch. Allein schon deshalb sind der Verwendung von »Cookies« und »intelligenten Agenten« klare Grenzen gesetzt. Der Datenfang bleibt solange illegal, wie sich die Erhebung nicht strikt an den Zweck hält, der die Betroffenen veranlaßt hat, sich für »Cookies« oder »intelligente Agenten« zu entscheiden. Nichts anderes gilt für das Surfen im »Shopping«- oder »Service«-Bereich. Der Anbieter darf mit der Erhebung erst beginnen, wenn sich die Intention konkretisiert, eine vertragliche Beziehung einzugehen, wenn also die für Vertragsverhandlungen tatsächlich erforderlichen Angaben festgehalten werden müssen. Das bloße »Blättern« im Angebot reicht mithin nicht aus.

Der Zweckbindungsgrundsatz mag oft und nachdrücklich bestätigt worden sein, nicht zuletzt durch die Datenschutzrichtlinie der Europäischen Union. Genauso verbreitet ist jedoch – wie sich nicht zuletzt am TDDSG-Entwurf zeigt – die Bereitschaft, Ausnahmen zuzulassen, die in mittlerweile regelmäßig wiederkehrende, fast wörtlich übereinstimmende Formeln gekleidet werden. Die Abwehr von »Gefahren für die öffentliche Sicherheit« oder von »erheblichen Nachteilen für das Gemeinwohl«, die »Verfolgung von Straftaten und Ordnungswidrigkeiten« und die »schwerwiegende Beeinträchtigung der Rechte einer anderen Person« sind hier die gängigsten Formulierungen. Nur: In einem Kommunikationsprozeß, der sich durch eine restlose Automatisierung und Vernetzung auszeichnet, sind Generalklauseln und unbestimmte Rechtsbegriffe, so verbreitet sie im übrigen sein mögen, Einfallstore einer grenzenlosen Kontrolle des einzelnen. In dem Maße, in dem Zweckbindung und Anonymität verwässert werden, rücken die Grundrechte in den Hintergrund. Die Partizipationschancen weichen dem zunehmenden Anpassungsdruck. Je weniger sich Spuren vermeiden lassen, und je mehr folglich der Datenbestand wächst, desto präziser müssen die möglichen Einschränkungen der Anonymisierung und der Zweckbindung ausfallen. Die Abstraktion der Generalklauseln muß der Akribie genau angegebener, auf bestimmte exakt umschriebene Eingriffssituationen zugeschnittener Interventionskriterien weichen.

Spätestens am Internet bestätigt sich mithin, was eigentlich zuvor schon feststand und nicht zuletzt vom Bundesverfassungsgericht in seinem Urteil zur Volkszählung 1983 eindrucksvoll bekräftigt wurde. Eine Gesellschaft, die sich aus der Kommunikations- und Partizipationsfähigkeit ihrer Mitglieder legitimiert und sich gerade deshalb wieder und wieder mit den Kommunikationsbedingungen auseinandersetzen muß, kann auch nicht umhin, ihre Informationsansprüche einzuschränken, mehr noch: Sie muß sich damit abfinden, daß Informationen selbst dann vorenthalten werden müssen, wenn es – zumindest technisch – problemlos wäre, sie zu bekommen. Kurzum, eine demokratische Gesellschaft zeichnet sich gerade durch die Bereitschaft aus, weniger wissen zu wollen, als sie wissen könnte. Die Kehrseite mag durchaus ein Verlust an Eingriffsmöglichkeiten sein. Genau dieser Verlust ist allerdings zugleich ein Gewinn an Selbstbestimmung für den einzelnen, ohne die sich Kommunikation weder entfalten noch überhaupt bestehen kann.

Anmerkung

1 Oliver Wendell Holmes ist ein berühmter amerikanischer Richter.

Verfehlte Entwicklung
Telekommunikationspolitik in Deutschland
von Werner Zorn

Kognitive Dissonanz

»Es ist nicht wahr, daß wir zurückgefallen sind, sondern die Wahrheit ist, daß kaum ein Land in dieser Welt so gut auf das Multimediazeitalter vorbereitet ist wie die Bundesrepublik Deutschland«. So der Bundesforschungsminister in der Debatte des Bundestages über das IuKDG, das sogenannte Multimediagesetz, am 18. April 1997. Ein knappes halbes Jahr später hat sich die Situation sogar noch verbessert: »Deutschland steht bei den Infrastrukturen für die Wissensgesellschaft auf Platz 1 der Weltrangliste. Die Leistungsdaten können sich sehen lassen ...«, liest man in dem Strategiepapier »Multimedia möglich machen« des Bundesforschungsministeriums (BMBF). Denkt man hierbei an das Internet als die derzeit alle Grenzen des Wachstums durchbrechende Plattform einer künftigen globalen Informationsgesellschaft, so kann man indes auch zu einer ganz anderen Einschätzung gelangen. So veröffentlichten die *VDI Nachrichten* im Juni 1997 meine eigene Auffassung dazu, die eine breite Zustimmung bei den Lesern fand. Zusammengefaßt lautet sie: »Internet spielt eine immer wichtigere Rolle in Deutschland, aber Deutschland spielt überhaupt keine Rolle im weltweiten Internet – außer als Markt für ausländische Produkte und Dienstleistungen.«[1]
Das Bundesforschungsministerium hat in den vergangenen 15 Jahren praktisch seine gesamte Netzförderung auf das Deutsche Forschungsnetz (DFN) konzentriert. Hört man dazu den Vorstandsvorsitzenden des DFN-Vereins, der von Anfang an einer der Hauptverantwortlichen für den Aufbau des DFN war, so klingt das in einem resümierenden Geleitwort der »DFN-Mitteilungen« vom März 1997 so: »Das grundlegende Organisationsprinzip des Deutschen Forschungsnetzes, Aufbau der benötigten Infrastruktur aus eigener Zielsetzung und solidarischer Anstrengung, hat sich jetzt über lange Zeit bewährt und wird zunehmend das Muster von Entwicklungen im Ausland, so in jüngster Zeit für das US-amerikanische Internet II.«[2] Der Autor dankt allen Förderern und Ratgebern, allen voran dem BMBF, gefolgt von den Landeskultusministern, dem Wissenschafts-

rat und dem Technologierat des Bundeskanzlers, die alle mit Nachdruck hinter dem Projekt stehen, mit der frohen Botschaft: »Die Situation könnte kaum besser sein.«

Wer hat Recht?

Es mag einen Außenstehenden schon irritieren, wenn er sich mit solch diametral unterschiedlichen Auffassungen konfrontiert sieht, vertreten von Wissenschaftlern, die Insider sind und von denen man üblicherweise Objektivität und Sachverstand erwartet. Die Erklärung im vorliegenden Fall ist einfach: Die verfolgten Ziele und die an das Erreichte angelegten Bewertungsmaßstäbe sind völlig verschieden.

Zur Veranschaulichung möchte ich eine Graphik des brasilianischen Staatssekretärs Dr. Ivan Campos verwenden, von dem das Spiralmodell der US-amerikanischen Internet-Entwicklung stammt (Abb. 1), welches inzwischen zu einem der Wappenzeichen des vom DFN-Vorsitzenden angesprochenen Internet II-Projektes geworden ist.[3]

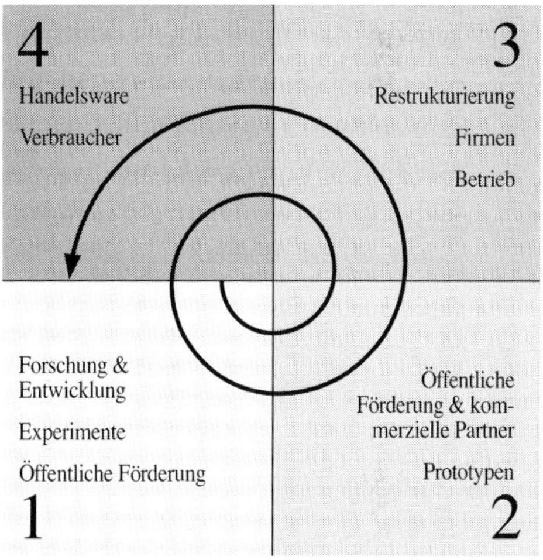

Abb. 1: Internet- Entwicklung

Die Darstellung zeigt, wie das Netz sich aus kleinen Anfängen in der Forschung und Entwicklung (1) heraus entwickelt und über die öffentlich geförderte Erprobung (2), den praktischen Betrieb mit kommerziellen Partnern (3) und den breiten Markteinsatz (4) in der nächsten wiederum durch Forschung und Entwicklung angetriebenen Umdrehung zu dem Tornado wird, der Internet heißt. Dabei haben die USA den sich in Multimilliarden beziffernden Internet-Weltmarkt inzwischen auf allen Ebenen besetzt und fest im Griff.

In der zweiten Abbildung wird der Versuch unternommen, die hiesige Netzentwicklung in einem vergleichbaren Bild darzustellen. Phase 1 bezeichnet die mit 60 bis 100 Millionen DM geförderte erfolglose OSI- Entwicklung (1984–90), auf die mit »X.25-WIN« Phase 2 (1990–96) folgte, in der man für das Basisnetz im wesentlichen nordamerikanisches Gerät einkaufte und erlebte, wie sich dann in Windeseile Internet-Standards ansiedelten.[4] Nachdem sich dieses Modell so gut bewährt hatte, hielt man beim Aufbau des Breitband-Wissenschaftsnetzes B-WIN in Phase 3 (seit 1996, geplant bis 1999) daran fest und kaufte mit guten Rabatten die Switches von GTN und die Router vom Haus- und Hof-Lieferanten CISCO. Für die Phase 4 (nach 1999) laufen bereits die Planungen für ein Gigabit-Netz, in dem auch wohl kaum mehr heimisches Gerät zum Einsatz kommen dürfte.

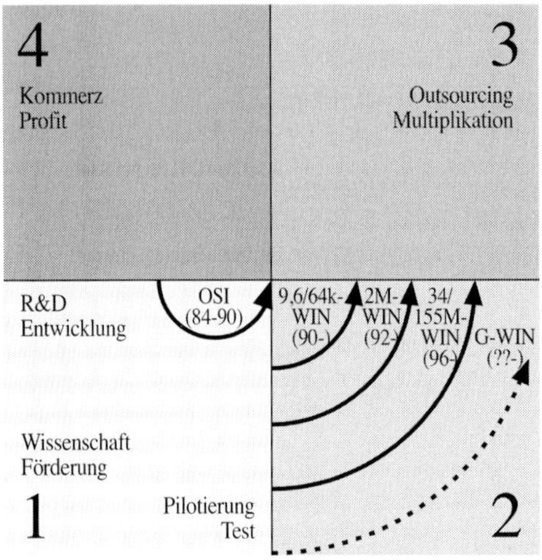

Abb. 2: DFN-Entwicklung

In der gesamten 15jährigen Förderungsphase hat das Projekt nie die untere Halbebene des Wissenschaftsbereichs verlassen. Es hat weder Internet-Standards hervorgebracht noch international wettbewerbsfähige Produkte, es hat keine blühende Firmenlandschaft um sich herum geschaffen und keine erkennbaren Steuereinnahmen für den Staat generiert, aus denen sich der nächste Evolutionszyklus hätte finanzieren können.

Wer hat also Recht? Wenn man Erfolg an der Zielsetzung mißt, eine Infrastruktur für die Wissenschaft schaffen zu wollen, kann man die Politik des BMBF vielleicht noch als erfolgreich ansehen. Gemessen an der weitergehenden, volkswirtschaftlich bedeutsameren Zielsetzung, einen Beitrag zur Erhöhung der nationalen und internationalen Wettbewerbsfähigkeit der deutschen IT-Industrie zu leisten, muß die Politik des BMBF aber nicht nur als gescheitert, sondern sogar als ausgesprochen kontraproduktiv bezeichnet werden. Folgt man der letzten Auffassung, so muß man zu der Erkenntnis kommen, daß der deutsche Versuch, Vorbild für das Internet II-Projekt in den USA sein zu wollen, Teil unseres Problems ist. Wie konnte es dazu kommen?

Von den Ursprüngen der deutschen Netzentwicklung

Der Beginn der öffentlich geförderten Netzentwicklung in Deutschland kann auf das Jahr 1982 datiert werden, auch wenn es Vorläuferprojekte in

Gestalt des NRW-Jobverbundes, des niedersächsischen Rechnerverbundes NRV und der Berliner Projekte BERNET und HMINET II gab. Der eigentliche Startschuß für das DFN-Projekt fiel erst im Jahr 1984, fast zeitgleich mit dem Start des deutschen EARN, ebenso wie der EUNET- und CSNET-Dienste.
Damals herrschte im Kommunikationsbereich eine ungeheure Aufbruchsstimmung: X.25 begann zu funktionieren – er ist, nebenbei gesagt, der bis heute einzige zuverlässige öffentliche Datenkommunikationsdienst –, Btx versprach europaweite, durchgängige Informationsdienste sowohl für den Bürger wie für den Gewerbetreibenden, und ISDN als der allumfassende digitale Telekommunikationsdienst war in Sicht. Aus den vorangegangenen BMFT-Förderprojekten – dem II. Datenverarbeitungsprogramm, das die Gründung der Informatik an den deutschen Hochschulen (1971–75) nach sich zog, sowie dem III. Datenverarbeitungsprogramm (1976–79), das die Zusammenarbeit dieser Informatik mit der deutschen Datenverarbeitungsindustrie auf breiter Front initiiert hatte – lagen überwiegend positive Erfahrungen vor. Reisen in die USA weckten den Wunsch nach Arpanet- und Ethernet-ähnlichen Infrastrukturen.

Die Ziele 1982

Bereits auf dem ersten Treffen am 4. und 5. März 1982 bei DESY in Hamburg, zu dem der Initiator und Vater des DFN, Karl Zander, vom Hahn-Meitner-Institut (HMI) in Berlin zusammengerufen hatte, wurden die beiden übergeordneten Ziele der Förderung genannt: Aufbau einer leistungsfähigen Netzinfrastruktur für die Wissenschaft und Erhöhung der Wettbewerbsfähigkeit der deutschen Industrie. Beide Ziele ziehen sich seither durch sämtliche Planungspapiere, Projektanträge, Festreden, Grußworte sowie Editorials und leuchten wie zwei rote Laternen im Nebel der vor uns liegenden Ungewißheit. Liest man heute die Ansprache, die der damalige Forschungsminister Heinz Riesenhuber im Rahmen der Gründungsveranstaltung des DFN-Vereins 1984 gehalten hat,[5] so stellt man fest, daß diese von nahezu prophetischer Weitsicht war. Der Minister sprach davon, daß in diesem großen Kommunikationsprojekt, das eines der größten Verbundprojekte des BMFT überhaupt war, etwas völlig Neues entstehen sollte, ein Verbund der Verbünde, mit völlig neuen Formen der Kommunikation, eine durchschaubare Informationslandschaft, in der Partner sich auf natürliche Weise über ein Netz von

Informationen und ohne Organisation »von oben« finden und zusammenarbeiten sollten. Was war dies anderes als eine Vision des weltweiten Netzes der Netze mitsamt des anwenderfreundlichen WWW?

Konkret gab der Minister folgende Marschrichtung vor:
- Mit Fakten Normen (ISO/OSI, CCITT) beeinflussen;
- Deutschland übernimmt die Federführung für Europa;
- aus den Fehlern des geschlossenen Arpanets in den USA lernen;
- einem Verein der Kundigen anstelle dem hoheitlichen Staat die Gestaltung des Netzes übertragen (DFN-Verein).

Gleichzeitig wies der Minister jedoch bereits damals auf die Gefahren und möglichen Fehlentwicklungen des DFN-Projekts hin. Sie betrafen im einzelnen die Distanz zwischen Wissenschaft und Wirtschaft, die Dominanz des Staates, die Abschottungstendenzen der neu entstehenden Bürokratien, die Möglichkeit der doktrinären Festlegungen auf einmal verabschiedete Konzepte, die negativen Folgen eines möglichen technologischen Rückstands für den Arbeitsmarkt sowie die dauerhafte Abhängigkeit der Forschung von Subventionen, wenn sie sich nicht aus ihren eigenen Märkten refinanzieren kann. Erfolgreich, so der Forschungsminister damals, werde das Projekt erst dann sein, wenn die Mitwirkung des Staates überflüssig geworden sei.

Die falschen Weichenstellungen in den 80ern

Heute wissen wir, daß sich das Internet in Deutschland nicht dank, sondern trotz der BMFT-Förderung durchgesetzt hat – bzw. sogar gegen dieselbe, da das BMFT die Internet-Technologie als nicht OSI-konform mittels des DFN-Vereins jahrelang regelrecht bekämpfte. Auch wenn das Scheitern von OSI gegenüber der TCP/IP-Protokollwelt des Internet nicht dem BMFT angelastet werden kann, soll an dieser Stelle doch die Rolle betrachtet werden, die die Politik und die von ihr maßgeblich beeinflußten Institutionen und Personen bei der Fehlsteuerung der weiteren Netzentwicklung hierzulande möglicherweise spielten. Dazu gehörte ganz sicher auch die Tatsache, daß die visionäre Rede des Forschungsministers genau jene Handlungsanweisungen enthielt, mit der die auf der unteren Ebene mit der Durchführung Betrauten unter Vernachlässigung des »Geistes der Rede« in den folgenden Jahren diensteifrig in die falsche Richtung geschickt wurden.

Wie weit man gerade bei der negativen Einschätzung des Arpanet von den tatsächlichen Entwicklungen in den USA entfernt war, läßt sich daran ersehen, daß bereits im Jahr 1983 mit der Umstellung auf die TCP/IP-Protokolle die Öffnung in Richtung Internet eingeleitet war. Die Zahl der angeschlossenen Rechner hatte 1984 bereits die Tausender-Marke durchbrochen und begann sich im Jahresrhythmus zu verdoppeln.

Zu den aus heutiger Sicht ebenfalls falschen Weichenstellungen gehörte auch die in den Arbeitsunterlagen vom ersten Treffen 1982 bereits enthaltene Vorgabe: »Auf Wunsch des BMFT sollen ggf. interessierte Hersteller über Kontakte zu deren Forschungsabteilungen (und nicht zu den produktorientierten Abteilungen) wenigstens über einen Informationsaustausch einbezogen werden.« Aus diesem Satz klingt die Befürchtung, die »bösen« Datenverarbeitungshersteller könnten versuchen, irgendwelche proprietären Funktionen in die künftigen offenen Standards einzubringen und sich dadurch Wettbewerbsvorteile verschaffen.
Statt auf die Zusammenarbeit mit den Herstellern setzte man lieber auf die Bundespost, die von Amts wegen für Netze und Kommunikation zuständig war und der man bezüglich der internationalen Normung Neutralität und gleichgelagerte übergeordnete Interessen unterstellte. Das bedeutete konkret: Man hatte sich mit einem Partner verbündet, der mit seiner Sprachdienst-orientierten Hochtarifpolitik die Datenkommunikation – und damit die Entwicklung der Rechnernetze – praktisch erwürgte. Zum Schutz der Tarife wurde damals mit dem X.25-basierten DATEX-P ein separater Datenkommunikationsdienst aufgebaut, der byteweise abgerechnet wurde und damit nur für niedervolumige Anwendungen wie E-Mail taugte. Die Integration in das künftige ISDN-Netz, welches erhebliche Kostenvorteile gegenüber DATEX-P erwarten ließ, war bereits auf einen späteren Entwicklungsschritt verschoben worden. Zudem betrachtete die Bundespost damals alle standardisierten Datenkommunikationen, die sich auf ihren Netzen ansiedeln würden, allen voran E-Mail, als »Telematikdienste« und damit als ihre ureigenste Domäne.
Die Marschrichtung für das BMFT und den DFN-Verein war damit vorgegeben, wobei man den Bereich für die anzuschließenden wissenschaftlichen Rechenzentren über die öffentlichen Weitverkehrsnetze (WAN) hinaus in die lokalen Netze (LAN) hinein erweiterte. Wie sehr man sich dabei mit der Bundespost technisch und administrativ einig wähnte, war nicht nur daran zu erkennen, daß mit Fördermitteln überall X.25 Untervermittlungen plaziert wurden, sondern daß z.B. auch als Domänen-

adresse der im DFN-Verein zusammengeschlossenen wissenschaftlichen Einrichtungen das Kürzel der Deutschen Bundespost (DBP) verbindlich vorgegeben wurde. Damit wurde theoretisch der gesamte deutsche Wissenschaftsbereich zum E-Mail-Versorgungsgebiet der Deutschen Bundespost deklariert.

Praktikern war klar, daß dies so nicht funktionieren würde, und so erhob sich bereits sehr früh Kritik am eingeschlagenen Kurs. Am deutlichsten hatten das die Wissenschaftler Hans Meurer und Martin Wacker in ihrem mit »Quo vadis – DFN?« überschriebenen Artikel zum Ausdruck gebracht, in dem es unter anderem hieß: »Der vom DFN-Verein als ›OSI-unabdingbar‹ proklamierte X.25-Datex P-Dienst der Bundespost wird den Nutzern noch teuer zu stehen kommen, falls wirklich einmal nennenswerte Datenmengen transportiert werden sollten. (...) Das Zeitfenster, welches dem DFN-Verein zum erfolgreichen Aufsetzen eigener Produkte zur Verfügung steht, schließt sich unaufhaltsam. Andere und bessere Lösungen kommen auf den Markt. Fachleute fragen sich, warum der DFN-Verein sich im Bereich der Basisdienste überhaupt in Eigenentwicklungen gestürzt hat, statt soweit wie möglich existierende Lösungen zu verwenden und zu warten, bis diese nach und nach durch neue Standards abgelöst werden. Daß dies nicht nur der schnellere, sondern auch der kostengünstigere Weg ist, exerzieren EARN und EUNET hierzulande derzeit vor.«[6]

Bereits ein Jahr früher hätte man die Botschaft von Fachleuten aus dem Ausland hören können. Zum Beispiel beschrieb der englische Informatiker Peter Kirstein[7] vom University College in London im März 1985 auf einer Tagung in Karlsruhe nicht nur sämtliche für Internet und ISO/OSI relevanten Probleme, sondern lieferte gleichzeitig auch noch die Lösungen mit. Dazu sei angemerkt, daß das University College bereits seit 1973 eine Arpanet-Anbindung unterhielt und die Internet-Standards durch zahlreiche »Requests for Comment« (RFC) seither mitbeeinflußt hat. Man hätte viel Zeit und viel Geld sparen können, wäre man Peter Kirsteins Hinweisen damals gefolgt.

Während man also anderenorts auf der Welt die rapiden Veränderungen wachsam mitverfolgte oder -gestaltete und sich flexibel und pragmatisch darauf einstellte, hielt man im BMFT unbeirrt an dem einmal eingeschlagenen Kurs fest und bekämpfte nach besten Kräften alles, was sich einem dabei in den Weg stellte: EARN, CSNET, lästige Kritiker, aufmüpfige Anwender, widerborstige Unis, abtrünnige Bundesländer und immer wieder TCP/IP. Umgekehrt wurden diejenigen, die das ISO/OSI-Lied sangen, reich mit Fördermitteln belohnt. Während man in den USA 1986 mit

dem 56kbps-NSFNet-Backbone dem Internet den zweiten entscheidenden Expansionsschub verpaßte, während JANET in England schon längst sein eigenes privates X.25-Netz mit vielfältigen Auslandsanbindungen nutzte, und in Finnland bereits die Planungen für einen öffentlichen 2 Mbps-Backbone liefen, kokettierte man in Berlin noch damit, ein »Verein ohne Netz« zu sein und erfand allerlei Rabulistik, warum man ein solches auch nicht brauche. Dabei hätte man gar nicht so weit zu schauen brauchen, nämlich nur nach Baden-Württemberg, wo mit dem 10/100 Mbps-Landeshochschulnetz BelWü das damals schnellste IP-Netz der Welt betrieben wurde. Als Anfang 1990 – nachdem bereits mehr als 100 Millionen DM an Fördermitteln ausgegeben waren – das später zurecht als »Schmalband-WiN« bezeichnete 9.6/64 kbps Wissenschaftsnetz des DFN-Vereins in Betrieb ging (und sofort ein IP-Netz darüber gelegt wurde), konnte sich eigentlich niemand mehr so richtig darüber freuen, denn der internationale Zug war längst abgefahren.
Was man mit den bis dahin ausgegebenen 100 Millionen Sinnvolleres hätte machen können, ist schwer zu sagen, denn Geschichte passiert immer nur einmal. Trotzdem sei ein kleiner Zahlenvergleich erlaubt: Die USA-Anbindung des BelWü erfolgte damals über ein Drittmittelprojekt namens Xlink in der Informatik-Fakultät Karlsruhe, welches von der Landesregierung als Nutzungsentgeld für den Zeitraum 1989 bis 1994 rund 800 000 DM erhalten hat. Xlink ist seit seiner Ausgründung im Nov. 1993 in die Bull Deutschland AG als kommerzieller Internet Service Provider (ISP) auf dem Markt tätig und peilt im Jahr 1997 die 50 Millionen-DM-Umsatzgrenze an. Überträgt man das Verhältnis auf die BMFT-Fördermittel, kommt man auf einen Umsatz von 6 Milliarden DM. Unrealistisch? Vielleicht doch nicht. Allein der Internetprovider AOL, der weltweit derzeit mehr als 10 Millionen Nutzer zählt, kommt im Jahr 1997 nach Abgabe des reinen Netzgeschäfts an Worldcom auf einen Umsatz von über 2 Milliarden DM, eine Größenordnung, mit der der Bertelsmann-Konzern für die Bundesrepublik erst im Jahr 2000 rechnet.

Der langfristige Schaden

Man kann getrost behaupten, daß es in der neueren Industriegeschichte kaum ein Ereignis von solcher Tragweite gibt wie das Scheitern der ISO/OSI-Standards gegenüber TCP/IP. Nicht nur, daß die auf deutscher bzw. europäischer Seite aktiv beteiligten Firmen Entwicklungsaufwendungen in dreistelliger Millionenhöhe abschreiben mußten. Sie standen am Schluß auch mit leeren Händen da, weil sie keine Parallelentwicklungen vorgenommen hatten. De facto gibt es heute keine deutsche Rechnernetzindustrie mehr, alles ist fest in amerikanischer Hand. Hierfür ist zum großen Teil die einseitige Förderpolitik des BMFT während der 80er Jahre verantwortlich. Zyniker behaupten, keine Datenverarbeitungsfirma, ausgenommen ein Konzern wie Siemens, werde eine öffentliche Förderung länger als drei Jahre überleben, da bei den schnellen Produktzyklen die kurzfristige positive Rückkopplung über den Markt unerläßlich sei und diese durch Fördergelder abgeschaltet werde. Daß in der Folge hierzulande die Wirtschaft (und die gesamte Gesellschaft) erst sehr viel später als in anderen Ländern auf die Internet-Entwicklung aufmerksam wurde, bedeutet langfristige Nachteile, die sich aus der einseitigen Förderpolitik ergeben. Fachleute bezifferten vor einiger Zeit den deutschen Internet-Rückstand auf drei Jahre, die vor allem in wettbewerbsorientierten Bereichen unaufholbar sind. Außerdem wird durch die in öffentlichen Beschaffungsrichtlinien immer noch enthaltenen ISO/OSI-Vorgaben täglich weiterer Schaden angerichtet.

Die Wende 1990

Die Inbetriebnahme des Schmalband-Wissenschaftsnetzes Anfang 1990 markierte den Anfang einer neuen Epoche, in der man seitens des BMFT und des DFN-Vereins zu erkennen begann, daß man mit Netzdiensten, insbesondere mit Internet-Diensten, Geld verdienen kann. Was ursprünglich als eine Art Schutzzoll zugunsten von OSI gedacht war, entwickelte sich zunehmend zu einer guten Einnahmequelle, die 1997 für alle Netzdienste zusammen die stattliche Summe von 100 Millionen DM erreicht. Damit ist der öffentlich geförderte und gemeinnützige DFN-Verein zusammen mit der Telekom der mit Abstand größte Anbieter von Internet-Diensten in Deutschland. Während der Wissenschaftsbereich noch vor Jahren die Domäne von Startup-Firmen wie EUnet und Xlink war, sind diese inzwischen fast vollständig aus diesem Marktsegment verschwunden.

Fazit

Das Bundesforschungsministerium hat seine Förderung im Bereich der offenen Rechnernetze während der letzten 15 Jahre auf ein einziges Projekt konzentriert: das Deutsche Forschungsnetz DFN. Es hat zwischen 1984 und 1997 hierfür rund 300 Millionen DM an Fördermitteln investiert. Zusätzlich hat der DFN-Verein rund 250 Millionen DM an Nutzungsgebühren erhalten, davon allein rund 100 Millionen DM im Jahr 1997. Der eigentliche Vereinshaushalt, welcher sich aus Mitgliedsbeiträgen, Spenden und Zinserträgen speist, nimmt sich dagegen mit jährlich derzeit knapp 1 Million DM vergleichsweise bescheiden aus.

Der Bund hat es geschafft, über alle Bundesländergrenzen hinweg eine einheitliche organisatorische und technische Infrastruktur aufzubauen, an der der gesamte deutsche Wissenschaftsbereich mit rund 400 institutionellen Mitgliedern partizipiert und die von diesem getragen wird. Der Verein bietet seinen Mitgliedern zu festen Jahresgebühren Carrier- und Mehrwertdienste und Zugangsgeschwindigkeiten von 9.6/64 kbps im Schmalband-Wissenschaftsnetz und von 2M bis 34/155M im Breitband-Wissenschaftsnetz an, wobei anzumerken ist, daß Planungen für ein Gigabit-Netz bereits angelaufen sind. Das Deutsche Forschungsnetz ist über das TEN-34 Konsortium in die 34 M-transeuropäische Infrastruktur eingebunden und mit derzeit 90 M Leitungen mit dem US-amerikanischen Internet verbunden. Der Verein unterhält zahlreiche Arbeitskreise und Projektgruppen, in denen Kompetenzen auf wichtigen Feldern der Technologie, des Betriebs und der Nutzung von Rechnernetzen aufgebaut sind und deren Erkenntnisse der Allgemeinheit zur Verfügung stehen. Über Initiativen wie »Schulen ans Netz« fördert der DFN-Verein den Breiteneinsatz von Netzdiensten und ist ein wichtiger Partner im Rahmen der strategischen Initiative der Bundesregierung »INFO 2000 – Deutschlands Weg in die Informationsgesellschaft«. Soweit die positive Seite.

Demgegenüber schlägt negativ zu Buche, daß der DFN-Verein zum Schutz seiner Einflußdomäne eine weitgehende Abschottungspolitik gegenüber dem freien Markt betrieben hat. Er hat den Wissenschaftsbereich zur geschlossenen Benutzergruppe des DFN erklärt, für welche er technisch und administrativ ein lückenloses, flächendeckendes privates Netzwerk aufgebaut hat. Ehemals vorhandene und potentielle neue Wettbewerber wurden durch prohibitive Tarife und die Verweigerung einer nationalen Interkonnektivität aus dem eigenen Markt verdrängt oder herausgehalten. Dadurch wurde auch das Entstehen von wissen-

schaftsübergreifenden Landesnetzen verhindert und der Markteintritt neuer Carrier verzögert.
Der öffentlich geförderte und als gemeinnützig eingetragene DFN-Verein hat sich zu keinem Zeitpunkt als Freund und Förderer der freien Service-Anbieter verstanden, sondern stets als Konkurrent und Gegenspieler und damit das Entstehen übergeordneter Strukturen behindert. Er will sich selbst aber bis heute nicht als Service-Anbieter sehen, sondern bezeichnet sich weiterhin als »solidarische Selbsthilfeeinrichtung der Wissenschaft«. Das hatte zur Folge, daß die zwischen Auftraggeber und Auftragnehmer sonst üblichen Vertragsmechanismen außer Kraft gesetzt wurden und sich die Lösung der auftretenden Probleme – z. B. schlechtes Leistungsverhalten – auf vereinsinterne Gremien verlagerte. Der Verein ist nie aus der Phase der staatlichen Förderung herausgekommen und hat sich aufgrund seines Gesamtauftretens in der Internet Society und ihren zahlreichen Gremien national wie international weitgehend isoliert.
Wie weit sich Deutschland dadurch von der internationalen Entwicklung entfernt hat und wie wenig die Erfahrungen anderenorts berücksichtigt wurden, sei durch die auf der Gründungsveranstaltung der Internet Society 1991 formulierten Empfehlungen[8] für den Aufbau von Internet-Diensten verdeutlicht:

- Vollständige transparente Interkonnektion der ISPs;
- miteinander im Wettbewerb stehende, aber kooperierende ISPs;
- kein ISP darf dominieren oder ein Diktat ausüben;
- Trennung von Betrieb und Forschung;
- T1-Bandbreite (1.5 Mbps) reicht für 99 % der Anwendungen;
- T3-Bandbreite (45 Mbps) ist instabil – neue Technologien sollten nicht mit Gewalt forciert, aber auch nicht ignoriert werden;
- keine Ressourcen vergeuden, das erhöht die Kosten für den Endnutzer;
- die Bandbreite der Übertragungswege ist weniger wichtig als die Art ihrer Nutzung (40 % Leerlauf von T1 vs. 95 % Leerlauf von T3).

Wie sich andere Länder an solchen Vorgaben orientieren, ohne ihre nationalen Besonderheiten zu ignorieren, kann man im Fall Brasilien bei dem schon zitierten Ivan Campos nachlesen. Dort findet man auch den richtigen Rat: »Verwende keine Steuergelder, um dem privaten Markt Konkurrenz zu machen.«
Es hat in Deutschland nie an Versuchen gefehlt, den Kurs des DFN-Vereins in Richtung auf eine pragmatische und wirtschaftliche Orientierung umzusteuern, die sich an internationalen Maßstäben orientiert, doch stießen sie wie der erwähnte Artikel von Meurer / Wacker stets auf heftige

Gegenreaktionen. Manche späteren Versuche einer Neuorientierung waren, wenngleich mit großer Verzögerung, durchaus erfolgreich, was die Entwicklung eines eigenen Netzes, eines Internet-Schwenks und der Hochgeschwindigkeitskommunikation anbetrifft. Andere waren erfolglos, insbesondere die Forderungen nach:

- Interkonnektivität mit den kommerziellen ISPs in Deutschland;
- Unterstützung der Regionalisierung durch bundesweiten Backbone;
- Trennung von Vereins-, Projektförderungs- und Dienstebereich.

Fragt man nach den Verantwortlichen für die jeweiligen Strategien und Entscheidungen, so muß man rückblickend feststellen, daß der DFN-Verein in seinem Handeln mehr durch das Wohlverhalten gegenüber dem Bundesforschungsministerium bestimmt war, dem es den wesentlichen Teil seiner Zuwendungen verdankt, als von seinen satzungsgemäßen Organen, insbesondere der Mitgliederversammlung. So ist es nicht verwunderlich, daß sich der Verein häufig in Zielkonflikten befand, wobei sich bei auftretenden Meinungsverschiedenheiten immer wieder eine Mehrheit in der Mitgliedschaft fand, die aus Sorge vor Mittelentzug bereit war, den jeweiligen politischen Vorgaben zu folgen. Interessanterweise verweist das Ministerium neuerdings in dem seit langem schwelenden Interkonnektionskonflikt der kommerziellen Internetanbieter mit dem DFN-Verein auf die alleinige Verantwortung des Vereins, womit es eigentlich auch recht hat. Ob dies die Konstruktion war, die der frühere Forschungsminister Riesenhuber im Sinn hatte, als er bei der Gründung im Jahr 1984 von »einem Verein der Kundigen und Verantwortlichen« sprach, wäre heute eine interessante Frage an ihn. Der Verein hat sich aber ohnehin längst von seinem ursprünglichen Ziel entfernt und nimmt die Verbesserung des Wirtschaftsstandorts Deutschland nur noch verhalten in den Mund. Ob der Forschungsminister dies ahnte, als er seine damalige Eröffnungsrede mit dem denkwürdigen Toleranzedikt schloß: »Unsere Aufgabe ist es nicht, auf prognostizierte Ziele hin zu entwickeln. Dies wäre dann immer nur die Reproduktion eines status quo, denn Prognose ist nur die Fortschreibung in einem sogenannten überraschungsfreien Raum. Die Wirklichkeit ist durch das Entstehen ständig neuer Ideen gekennzeichnet. Diesen Ideen muß freier Raum gelassen werden. Die Aufgabe besteht auch darin, die Freude an neuen Ideen, den Unternehmungsgeist und den Mut zur Gestaltung freizusetzen. Und an dem wollen wir arbeiten – ein jeder an seinem Platz. Für diese Arbeit wünsche ich uns allen Erfolg. Schönen Dank.«[9]

Mit der vollständigen Deregulierung des Telekommunikationsmarktes seit dem 1. Januar 1998 muß sich die Politik zusammen mit der DFN-Führung überlegen, ob die derzeitige Monopolstruktur im Wissenschaftsbereich ebenfalls dereguliert oder weiter ausgebaut werden soll. Die momentan vom DFN-Verein und dem strategischen Dauerpartner Telekom auf dem Tisch liegenden Rabattangebote für einen Sprachdienst im B-Wissenschaftsnetz deuten eher auf letzteres hin.

Anmerkungen

1 Zorn, Werner: »Internet in Deutschland – ein Trauerspiel« in: *VDI Nachrichten* Nr. 26/97 vom 27. 6. 1997 [http://www.ira.uka.de/i32]; Hat Deutschland die Internet-Entwicklung verschlafen? In: »Internet – von der Technologie zum Wirtschaftsfaktor«, *Tagungsband des Deutschen Internet Kongresses '97, Düsseldorf,* 5.–7.5.1997, Hrsg. Klaus-Peter Boden, Michael Barabas, [www.garos.de]; »Erste Näherung – Leistungsmessungen im Internet von deutschen Service Providern aus«, *iX* 10/95, (zusammen mit Egbert Friedrich).

2 *DFN Mitteilungen,* Nr. 43, März 1997.

3 Campos, Ivan: »The External View – The Apprentice Strikes Back«, *Proceedings of the Cheyenne Mountain Workshop,* USA, 7.- 9.8.96 [http://www.farnet.org/cheyenne/campos].

4 Erläuterungen der technischen Begriffe und Abkürzungen finden sich im Glossar am Ende des Buches.

5 Riesenhuber, Heinz: Ansprache bei der Gründungsveranstaltung des DFN-Vereins am 30. 3. 1984.

6 Meuer, Hans, und Wacker, Martin: »Quo vadis – DFN?«. In: *Neueste Netz-Nachrichten,* Heft Nr. 3, März 1986, Universität Karlsruhe (Hrsg. Johannes Peter, Peter Sandner, Werner Zorn).

7 Kirstein, Peter: »The University College London International Computer Communications Interconnection Service«, in: *Kommunikation in Verteilten Systemen I, Proceedings der GI- NTG- Fachtagung,* 13.–15. 03. 1985, Karlsruhe, (Hrsg. D. Heger, G. Krüger, O. Spaniol, W. Zorn).

8 Adams, Rick: Commercial IP Musts, INET'91, Kopenhagen, 18.- 20.06.91.

9 Riesenhuber, Heinz, a.a.O.

Enteignet Bill Gates!?

Staatliche Regulierungsversuche im Internet

von Claus Leggewie

Der Staat als Wettbewerbshüter

Eine weitverbreitete Meinung lautet, daß von den beiden amerikanischen Williams Bill Gates bei weitem mächtiger sei als Bill Clinton. Betrachtet man sich das Wort-, Bild- und Ton-Imperium des Microsoft-Gründers, dessen weiche Ware die gesamte Bewußtseinsindustrie zu prägen beginnt, und vergleicht man es mit den Befugnissen der »lahmen Ente«, als die der US-Präsident allenthalben gilt, scheint das Urteil gerechtfertigt: Die *global players* der Medienwirtschaft haben die Potentaten der Nationalstaaten entthront, selbst wenn sie an der Spitze der einzig verbliebenen Weltmacht stehen. Gerade das Internet, dem Gates mit seinem Browser »Explorer« die Richtung weisen möchte, scheint den einst allumfassenden Regulierungsanspruch der Politik zu blamieren.

Doch nun hat das alte Imperium zurückgeschlagen: Clintons Justizministerium hat sich Microsoft vorgeknöpft und will ihm seine Kartellambitionen austreiben. Und fast scheint es, als könnte der fußkranke Staat diesen Kampf gegen das flinke Monopol gewinnen. Ein amerikanischer Bundesrichter hat im Dezember 1997 dem Software-Hersteller Microsoft untersagt, den Internet-Browser »Explorer« mit seinem Betriebsprogramm Windows so zu verknüpfen, daß andere Anbieter, etwa der Firmenrivale Netscape, Wettbewerbsnachteile erleiden würden. Wenn dieses Bündel, wie geplant, im Windows 98-Programm geschnürt werde, verstoße Microsoft damit gegen das Anti-Trust-Gesetz, befand Richter Thomas Penfield Jackson vom U.S. District Court in Washington D.C. Das war nur ein Warnschuß. Mitte 1998 soll abschließend entschieden werden, ob Microsoft, das mit Windows die Basisoperationen in über 80 Prozent aller PCs auf der ganzen Erde dirigiert, ein Monopolist ist. Gegebenenfalls drohen der Firma satte Geldstrafen, die selbst den Krösus aus Redmond bei Seattle (Jahresgewinn 1996: 11,4 Milliarden Dollar) hart treffen würden.

Im Staate Washington, wo die Firma ihren Sitz hat und sich seit Jahren in einem staatsfreien Raum zu bewegen meinte, rieb man sich die Augen

über diesen unerhörten Angriff. Man wähnte sich weit weg von den lahmen Enten in der Bundeshauptstadt und sicher in der Annahme, daß alles, was gut ist für Microsoft, auch gut ist für Amerika und den Rest der Welt. Die Firma ist ein Schaustück der »neuen Ökonomie« der Wissensgesellschaft, der sie zufriedene Konsumenten und steinreiche Anteilseigner beschert hat. Das Comeback der US-Ökonomie beruht nicht zuletzt auf diesem Modernisierungssprung, und Clinton hat seine Wiederwahl im vergangenen Jahr vor allem den Erfolgen der Wirtschaftsunternehmen zu verdanken. Doch nun machen die Dinosaurier in der Hauptstadt Anstalten.
»Wenn man die Kunden fragen würde, wer ihrer Ansicht nach über die in ihrem Computer enthaltenen Neuerungen entscheiden sollte, die Regierung oder die Software-Firmen, wäre die Antwort eindeutig. Sie würden es vorziehen, die Entscheidung dem Markt zu überlassen, so daß der Wettbewerb als Antrieb für Verbesserungen wirken kann«, antwortete Bill Gates in einer Kolumne auf die Majestätsbeleidigung der Washingtoner Bürokraten.[1] So versuchte er, die PC-Benutzer auf seine Seite zu ziehen, die es sich in der Tat gern leicht machen und ein einheitliches System bevorzugen, mit dem sie ihren Rechner und das Internet bedienen können. Als Windows 95 auf dem Markt kam, war das Internet noch in den Kinderschuhen, und die Microsoft-Ingenieure hatten seine Entwicklung regelrecht verschlafen. In die Lücke sprang der Jungunternehmer Marc Andreessen und seine Garagen-Firma Netscape, deren Navigator sich einen Marktanteil von 60 Prozent eroberte. Eilig schob Microsoft den Explorer nach, dessen Anteil mittlerweile auf 35 Prozent gewachsen ist. In vielen PCs sind beide Browser installiert, und der Kunde kann selbst entscheiden, welcher leistungsfähiger ist. Weltweit tobt der sogenannte Browser-Krieg.
Wenn Microsoft den Explorer in sein Betriebssystem »integriert«, ist das mehr als eine technologische Dienstleistung, es läuft auf Marktbeherrschung hinaus. Wie das aussieht, zeigt das Schicksal der Firma Apple Computers, die Gates erst kopierte, dann niederrang und schließlich für einen Spottpreis unter seine Fittiche nahm. Microsoft hat Computerhersteller nachweislich gezwungen, nur ihre Produkte in Geräte einzubauen, die das Gros der Kunden vorinstalliert erwirbt. Die Verteidigung der Firma vor Gericht, Betriebssystem und Browser seien ein und dasselbe Produkt, stand auf schwachen Füßen. Den Internet-Explorer kann man nämlich separat erwerben, und, wie ein Richter (und technischer Laie) binnen 90 Sekunden demonstrierte, es ist kinderleicht, beide Anwendungen voneinander zu trennen.

Es geht in diesem für viele überraschenden Konflikt zwischen Staat und Wirtschaft also nicht um Technologie, sondern um Marktbeherrschung. Unter diesem Gesichtspunkt, befand das Gericht, sei Microsoft nicht anders zu behandeln als andere Trusts in diesem Jahrhundert – von Standard Oil über die Morgan Bank bis zu AT&T, deren Monopolstellung die Antitrust-Abteilung des Washingtoner Justizministeriums allesamt beschnitt.[2] Das sind klassische Fälle eines langen Kampfes gegen Wirtschaftskonzentration, der 1895 mit dem klassischen Sherman Act begann und unter demokratischer Ägide, von den 30er bis in die 80er Jahre, zu einer antimonopolistischen Doktrin ausgebaut wurde. Diese verfolgte vier Ziele: die bis dahin geläufige Kartellbildung wurde für ungesetzlich erklärt und unlauterer Wettbewerb, z. B. durch Preisabsprachen, verhindert; Firmenzusammenschlüsse sollten kontrolliert und ab einer bestimmten Größenordnung revidiert werden. Natürlich sollte damit nicht der Kapitalismus bekämpft, sondern, zum Wohl der Konsumenten, die Konkurrenz auf den Märkten belebt werden; und als herrschende Meinung bildete sich aus, daß dieses Ziel mit staatlicher Oberaufsicht besser zu erreichen sei als mit bloßem laissez-faire. Monopolrenten, so dachte man, machen die Nation ärmer, indem sie wirtschaftliche Ressourcen an den falschen Ort leiten und technischen Fortschritt verhindern.

Antitrust-Gesetze haben Kartellbildungen effektiv verhindert und die Konzentration der US-Wirtschaft verlangsamt. Doch Kritiker monierten von Beginn an, sie seien »Humbug« (so Richter Holmes 1910), weil sie auf einem populistischen Affekt gegen die Großindustrie beruhten und weniger den Verbrauchern zugute gekommen seien als vielmehr zu schädlichem Staatseinfluß auf die Wirtschaft geführt hätten. Wirtschaftswissenschaftler richteten ihr Augenmerk deshalb auch weniger auf Monopolkontrolle, sondern auf Deregulierung, und speziell in den Reagan-Jahren verloren Kartellwächter viel von ihrem Schneid.[3] Radikale Entstaatlichung stand auf der Tagesordnung, und bis heute machen immer gigantischere *mergers* (Firmenfusionen) Schlagzeilen. Effizienzargumente stachen die Sorge über wirtschaftliche Machtballungen aus. Erst jüngst gestattete dieselbe Antitrust-Abteilung, die sich jetzt mit Microsoft angelegt hat, den Erwerb der Telefonfirma Nynex durch Bell Atlantic. Der Telekom-Gigant gebietet nun über 39 Millionen Anschlüsse an der amerikanischen Ostküste.

Microsoft hatte bisher wenig Probleme mit dem Kartellamt, auch nicht, als die Firma in alle Windows 95-Programme die Ikone des Online-Dienstes Microsoft Network integrierte. Gates fühlte sich sicher vor staatli-

chen Nachstellungen und ignorierte Warnungen des Justizministeriums im Jahr 1995. Von der Clinton-Administration war auch nicht viel Schaden zu erwarten. Ihre Zielsetzung ist nicht staatliche Regulierung im alten Sinne, sondern das möglichst reibungslose Funktionieren der Märkte und die Eroberung von Führungspositionen amerikanischer Firmen in aller Welt. Als Joel I. Klein 1997 zum stellvertretenden Generalstaatsanwalt im Kartellamt berufen wurde, lehnten ihn demokratische Senatoren als zu industriefreundlich ab, während konservative Republikaner seiner Wahl zustimmten. Sie waren ebenso sicher wie die Chefs der Großunternehmen, daß er den *big guys* nicht zu nahe treten würde. Doch Klein, ein Karrierejurist der Harvard Law School und nach eigenen Worten ein Bewunderer der Erfolgsstory von Microsoft, überraschte alle und wird jetzt geradezu als Volksheld gefeiert, der es den Großen einmal gezeigt hat.
Denn »antitrust« sind die meisten Amerikaner spontan genauso wie »anti-Washington«. Nervös geworden durch die rasante Konzentration, die derzeit sowohl im Banken- und Börsengewerbe wie in der Medien- und Telekommunikationsbranche im Gange ist, mißtrauen sie wirtschaftlichen Machtballungen ebenso wie politischem Zentralismus. Cleveren Selfmade-Unternehmern wie dem bislang höchst populären Gates gönnen sie ihren Erfolg nur, solange diese nicht übermütig werden und sich Märkte unter den Nagel reißen. Dann hören sie sogar wieder auf den bekannten Konsumentenanwalt Ralph Nader, den 1996 kläglich gescheiterten Präsidentschaftskandidaten der Grünen, der seine Anhänger, darunter die Microsoft-Rivalen Sun und Netscape, in Washington D.C. zusammentrommelte und gegen Bill Gates Front machte wie in seinen guten Zeiten gegen die schlechten Automobile von General Motors. Auch Microsoft-Partner Andrew Grove, als Chef von Intel größter Chip-Hersteller und erst jüngst von *Time* zum »Mann des Jahres 1997« gekürt, hat die Wettbewerbshüter im Haus.
Der Fall Microsoft vs. Department of Justice drückt eine wachsende Anti-Kartell-Stimmung in der amerikanischen Bevölkerung aus. Es ist fraglich, ob Kongreß und Administration sie aufgreifen, sind sie doch mit den Chefs der Großkonzerne (und Wahlkampfspendern) in einer Weise verfilzt, die an Korruption grenzt. Microsoft hat sich bislang bloß mit Penny-Beträgen an der Parteien- und Wahlkampffinanzierung beteiligt und auf die jüngsten Maßnahmen der Regierung bockig und arrogant reagiert. Die Firma vertraut jetzt aber nicht mehr allein ihrem exzellenten Team von 70 Haus-Juristen und zusätzlichen Kanzleien, deren Staranwälte die Antitrust-Gesetze haargenau kennen, zum Teil aus eigener früherer Erfah-

rung im Justizministerium. Microsoft hat auch ein Team ausgebuffter Lobbyisten angeheuert, die über intime Verbindungen zum Washingtoner Establishment verfügen. Sie wollen Capitol Hill nicht mehr den Konkurrenten der Firmen Sun, Netscape, Novell und anderen überlassen, die aus der Sicht von Microsoft hinter der Kartellklage stehen und eine »Schmutzkampagne« gegen den Marktführer entfesselt haben. Man darf damit rechnen, daß es sich die Firma einiges kosten lassen wird, nicht nur, um das Ruder im Kartellverfahren herumzuwerfen, sondern auch in bezug auf andere Themen, die für die Zukunft des Internet entscheidend sind: Verschlüsselung, Benutzergebühren und Besteuerung.
Der Konflikt zwischen dem Weltunternehmen Microsoft und der amerikanischen Regierung dürfte, egal wie er ausgeht, in die Geschichte der neuen Medien eingehen. Auch die ausgesprochen industriefreundliche US-Regierung hat erkannt, daß in der Technologiebranche Preis- und Qualitätswettbewerb Monopolgewinne nicht automatisch nivelliert, indem billigere und bessere Produkte auf den Markt gelangen. Schon im Wettbewerb zwischen Videokassetten von Betamax und VHS hat sich das eindeutig schlechtere Produkt durchgesetzt, weil mehr Filme auf VHS-Format erhältlich waren, und dasselbe galt für MS-DOS. Microsoft nutzte den Vorteil, mit seinem System früher auf dem Markt gewesen und eine überragende Position gewonnen zu haben. Nach dem ziemlich einmütigen Urteil von Fachleuten hat bessere Software (wie DR-DOS von Digital Research oder OS/2 von IBM) nur noch eine Chance, wenn sie damit kompatibel ist, was im Endeffekt aber nur bedeutet, den Siegeszug von MS-DOS oder Windows 95 ungewollt zu beschleunigen.
Dasselbe Schicksal droht nun leistungsfähigeren Internet-Browsern. In einem internen Memo vom Mai 1995 beschrieb Bill Gates den Effekt des Internet selbst: »Es hat genügend Nutzer, daß es von einer positiven Feedback-Schleife profitiert. Sie besteht darin: Je mehr Benutzer es hat, desto mehr Inhalt bekommt es, und je mehr Inhalt es hat, desto mehr Nutzer bekommt es.« Deswegen möchte der Nachzügler Microsoft seinen Internet Explorer unumgänglich machen, und so verhindern, daß Software-Anwendungen (wie von Netscape/Java), die unabhängig von Windows 95 operieren, sich durchsetzen. Oft reicht einzig eine Ankündigung der marktbeherrschenden Firma, ein verbessertes Produkt auf den Markt zu bringen, um Kunden vom Erwerb eines anderen und besseren abzuhalten. Darüber hinaus hat Microsoft Online-Provider beeinflußt, ihre Web-Seiten für Netscape Navigator »unsichtbar« zu machen. Solche Marotten bringen zum Ausdruck, daß das Internet dem Personal Computer den

Rang abzulaufen beginnt – und damit das Windows-Betriebssystem überflüssig wird. Microsoft droht mit anderen Worten dasselbe Schicksal wie dem Giganten IBM, dem es selbst einst zugesetzt und den Garaus gemacht hat – ein Riese auf tönernen Füßen zu werden, der sich nur noch mit unfairen Geschäftspraktiken aufrechthalten kann.

Daß auf dem Technologie-Markt bei jedem neuen Wettrennen der letztmalige Gewinner automatisch im Vorteil ist, kann die Antitrust-Doktrin erneut korrigieren.[4] Der Fall Microsoft ist ein neuer Präzedenzfall in der Anti-Kartell-Gesetzgebung, die sich dabei selbst erst auf die neuen Gegebenheiten der »immateriellen Immobilie« namens Internet einstellen und im Zweifelsfall ein anderes Imperium auf der Basis von Netscape/Java ebenso argwöhnisch behandeln muß. Es zeigt sich, daß das angeblich »anarchische« Internet nicht so politikfrei ist, wie »Cyberlibertäre« glauben wollten und dabei den Machern im Silicon Valley übergroßen Kredit einräumten. Sie müssen nun einsehen, daß nach der umfassenden Entstaatlichung nicht mehr autoritäre Bürokratien der Stein des Anstoßes sind, sondern die großen Konzerne, die sich als reine Marktakteure ausgeben, in Wirklichkeit jedoch wie politische Machthaber agieren und der »Wissensgesellschaft« die Standards verpassen. Nicht sie sind die Hüter der Marktordnung, sondern ironischerweise staatliche Aufsichtsbehörden.

Der Staat als Moralhüter

Eine andere Konfliktlinie zwischen Staat und Wirtschaft hat sich an der Frage aufgetan, wie »unerwünschte« Inhalte aus dem Netzwerk der Netzwerke fernzuhalten sind. Keine Freiheit, auch nicht die freie Rede, existiert ohne Einschränkungen. Wann immer ein neues Medium auftaucht und zum Massenmedium wird, werden die Grenzen von *free speech* und intellektueller Freiheit neu ausgetestet. Und jedes neue Medium erweckt die alte Angst, es könnte Inhalte transportieren, an denen das gesunde Volksempfinden Anstoß nimmt: Sex, Gewalt, Verbrechen, haßerfüllte Worte. Zwar fällt nur der geringere Teil des im Internet zirkulierenden Wort-, Bild- und Tonmaterials unter diese Kategorien, und man muß schon einige Findigkeit zeigen, um darauf zu stoßen. Aber in der öffentlichen Diskussion ist der Eindruck entstanden und auch genährt worden, Newsgroups und das World Wide Web seien voll davon, und man würde gegen seinen Willen mit perversem und explosivem Informationsmüll überhäuft. Staatliche und private Akteure fühlten sich also aufgerufen, eine Kampagne gegen Schmutz & Schund im Internet zu starten; sie fordern gesetzliche Maßnahmen und freiwillige Selbstbeschränkung, um es garantiert »familienfreundlich« zu gestalten.

Es besteht ein durchaus berechtigtes Interesse daran, Netzbenutzer und vor allem Minderjährige davor zu schützen, daß sie beim Surfen durch das Internet mit harter Pornographie und exzessiven Gewaltdarstellungen konfrontiert werden. Das neue Medium erlaubt ja in der Tat, zum Beispiel eine Vergewaltigung oder die Anleitung zum Bau einer Autobombe in Sekundenschnelle zu minimalen Kosten weltweit an Millionen Empfänger zu übermitteln. Man weiß nicht, ob solche Vorführungen zur Nachahmung reizen, und wie Sex & Crime vor allem auf Kinder tatsächlich wirken. Und man darf bezweifeln, daß im Internet auch der fündig wird, der nicht gesucht hat, und dort etwas bekommt, was er in anderen Medien nicht auch gefunden hätte. Aber wer gegen geltendes Strafrecht verstößt, muß daran selbstverständlich auch im Internet durch soziale Kontrolle und staatlichen Eingriff gehindert werden. Elektronische Publikationen sind indessen weit schwieriger zu zensieren als Material, das in Büchern und Zeitschriften oder auf Fotos und Videos enthalten ist. Informationen im Netz lösen sich von der physischen Form, die Publikationen üblicherweise hatten und welche stets die Möglichkeiten bot, ihre Verbreitung zu steuern und gegebenenfalls zu beschränken.

Doch auch in bezug auf die alten Medien mußte immer die Verhältnismäßigkeit der Mittel gewahrt bleiben, d. h. Grundrechte dürfen nicht außer Kraft gesetzt werden und Maßnahmen gegen bestimmte Inhalte nicht den freien Informationsfluß schlechthin behindern. Alles andere hieße, das Kind mit dem Bade auszuschütten. Die Geschichte des Kampfes gegen Schmutz & Schund ist voller Überreaktionen, und sie ließen auch im Fall des Internet nicht lange auf sich warten. Versuche der deutschen Justiz (in den Fällen CompuServe und *Radikal*) und des amerikanischen Gesetzgebers (mit dem Communications Decency Act), »indezentes« oder »extremistisches Material« per Strafanzeige gegen Online-Dienste oder per Gesetz aus dem Internet zu verbannen, sind jüngst als rechts- und verfassungswidrig zurückgewiesen worden.

Zur Erinnerung: Im Frühjahr 1997 hatte die Münchner Staatsanwaltschaft Anklage gegen den Deutschlandchef des Online-Dienstes CompuServe erhoben, mit der Verbreitung von Pornographie und NS-Symbolen vorsätzlich und fahrlässig gegen Gesetze und Bestimmungen des Jugendschutzes verstoßen zu haben. Bereits 1995 hatte der Dienst nach einer Hausdurchsuchung über 200 »verdächtige« Newsgroups gesperrt – und zwar weltweit. Die meisten dieser Diskussionsgruppen verbreiteten freilich keinerlei strafrechtlich relevantes Material, und ein weltweiter Sturm der Entrüstung über diesen Eingriff war die Folge. Die Anklage brach bald gegenstandlos in sich zusammen: Man kann einen Online-Dienst ebensowenig für die Verbreitung von Material verantwortlich machen wie einen Briefträger für die Post, die er austrägt. Im deutschen Multimedia-Gesetz vom August 1997 wurde geregelt, daß Online-Dienste nur für selbst erstellte Inhalte juristisch verantwortlich sind.[5]

Doch auch elektronische Publikationen gelten als »Schriften« und können bei jugendgefährdendem Inhalt auf den Index gesetzt werden. In diesem Sinne versuchte der amerikanische Kongreß mit einem Zusatz zum Telekommunikations-Gesetz von 1996 die Verbreitung von »obszönem« und »indezentem« Material via Internet einzuschränken. Mit einer Geldstrafe oder Gefängnis bis zu zwei Jahren wurde bedroht, wer innerhalb der USA oder weltweit »mit Hilfe eines Telekommunikationsgerätes... einen Kommentar, eine Anfrage, einen Vorschlag, ein Angebot, ein Bild oder eine andere Mitteilung (verbreitet), die obszön, lüstern, lasziv, schmutzig oder ungebührlich ist, in der Absicht, eine andere Person zu belästigen, zu mißbrauchen, zu bedrohen oder ihr zuzusetzen.« Herstellung und Verbreitung solchen Materials wie auch die Nachfrage danach sollten nach Auffassung der Mehrheit des Kongresses strafbar sein; straferschwerend sollte sein, wenn derartiges Material an Personen unter 18 Jahren verbreitet wurde, und zwar »ungeachtet der Tatsache, ob der Benutzer eines solchen Dienstes danach verlangt oder die Kommunikation selbst eingeleitet hat.«[6]

Dies war der problematischste Punkt des anfechtbaren Gesetzes, denn er hätte eine ausufernde Selbstzensur aller Online-Dienste nach sich gezogen und de facto den Zusammenbruch des freien Informationsflusses im Internet bewirkt. Amerikanische Kritiker liefen Sturm gegen dieses Gesetz, und es wurde 1997 vom Obersten Verfassungsgericht der Vereinigten Staaten als Verstoß gegen den Ersten Verfassungszusatz, das First Amendment, »gekippt«. Die Verfassungsrichter waren weise genug, den Charakter des Internet als »unendliche Unterhaltung« in einem weltweiten Massenmedium zu verstehen, und sie weigerten sich, es – unter dem Vorwand des Jugendschutzes – wie ein Kinderzimmer oder Sandkasten zu gestalten, aus dem alle unschönen Dinge zu verbannen sind, die auch im wirklichen Leben vorkommen. In ungewöhnlich schöner Juristenprosa statuierte Richter Stevens, das Internet sei ein »Marktplatz der Ideen« und stehe damit unter dem Schutz des Ersten Verfassungszusatzes. »Wir gehen davon aus, daß die inhaltliche Regulierung von Wort und Schrift den freien Austausch von Ideen eher behindert als unterstützt. Das Interesse, die Meinungsfreiheit in einer demokratischen Gesellschaft zu unterstützen, steht über jedem theoretischen, aber unbewiesenen Gewinn durch Zensur.«[7]

Dies galt, etwas voreilig, als Sieg der freien Rede und als Garantie gegen künftige Eingriffe des Staates in die Informationsfreiheit. Das blaue Band, ein Symbol der Bürgerrechtler, wehte 1997 stolz im Netz, und auch Firmen wie Microsoft, Apple und AOL, welche die Verfassungsklage unterstützt hatten, waren zufrieden. Allerdings hatten sich dieser Koalition auch Online-Dienste und Netzteilnehmer angeschlossen, die harte Pornographie verbreiten und politische Gewalt predigen. Schmutz und Schund waren also immer noch da. Um ihre Wirkung zu begrenzen, setzen Industrie und Politiker nun auf freiwillige Selbstkontrolle. Wer etwas im Netz nicht sehen oder verhindern will, daß es Kinder zu sehen bekommen, wird an Filter- und Blockiersysteme verwiesen, die sich jeder Netzbenutzer selbst einrichten und auf seine speziellen Schutzbedürfnisse zuschneiden kann.[8] Der wesentliche Unterschied zu gesetzlichen Eingriffen gegen die Quelle von Informationen besteht darin, daß hiermit nicht der Sender unerwünschten Materials blockiert oder gebannt wird, sondern, am anderen Ende, seine Empfänger selbst freiwillig und individuell entscheiden können, was gut oder schlecht für sie ist.

Das Modell dafür ist das von Fernsehen und Kino bekannte »rating«. So nennt man die Einstufung von Inhalten anhand ihrer Eignung, wie man sie von Altersfreigaben für Kinofilme auch in Deutschland kennt. Rating ist im übrigen ein in den USA weitverbreiteter Volkssport, der nicht nur Sportvereine und Unterhaltungsprogramme, sondern auch die politische Orientierung von Parteien und Kandidaten gewichtet. Genauso soll der sogenannte »V-Chip« künftig auf Fernsehprogramme angewandt werden und eine Heimzensur à la carte erlauben.[9] Das entspringt der Überlegung, es müsse, bei allem Respekt vor der Meinungsfreiheit, »vernünftigerweise eine effektive Methode geben, mit deren Hilfe Eltern ihre Kinder daran hindern können, sich zu ›sexuell explizitem‹ und anderem Material Zugang zu verschaffen«, wie es Richterin O-Connor als Minderheitsvotum zum zitierten Urteil des Supreme Court formuliert hatte. Der Kongreß hat V-Chips für alle neuen Fernsehgeräte empfohlen, und er wird von fast allen Politikern, aber auch von einigen Bürgerrechtlern als Allheilmittel gepriesen.[10]

Freiwillige Selbstkontrolle klingt sehr viel besser als staatlicher Zensureingriff. In Deutschland haben sich die Multimedia-Anbieter zu einem Verein (FSM) zusammengeschlossen, der Pornographie, Gewaltverherrlichung, Volksverhetzung und Rassendiskriminierung im Netz indiziert sowie auf Anbieter und Service-Provider moralischen Druck ausüben soll und ihnen bei Verstößen »Hinweise mit Abhilfeaufforderung« zugehen läßt.[11] Doch mittlerweile ist klar geworden, wie schwer man technische Selektionsmöglichkeiten schaffen kann, die keine inhaltliche Zensur darstellen. Bislang blenden Fernseh- und Kabelsender zu Beginn mancher Sendungen etwa 15 Sekunden lang Informationen ein, die elterliche Anleitung oder das Mindestalter der Zuschauer empfehlen; die Kürzel »V« (für Gewalt), »S« (Sex), »D« (»suggestive Dialoge«) und »L« (profane Sprache) weisen auf zu erwartende Inhalte hin. Dies entspricht Empfehlungen in Fernsehzeitschriften und erlaubt eine freiwillige Programmauswahl, vorausgesetzt, Erziehungspersonen sind anwesend und das TV-Gerät wird im Fall »indezenter« Sendungen tatsächlich abgeschaltet bzw. der Kanal wird gewechselt - eine höchst unsichere Methode, Schmutz & Schund von Kinderaugen fernzuhalten. Ein V-Chip greift wesentlich stärker ein, denn er läßt unerwünschtes Material gar nicht mehr ins Empfangsgerät durch.

Wer aber bestimmt, was »unanständig« ist? Diskutiert wird die Einrichtung sogenannter »screening-agents«, also gemeinnütziger oder gewinnorientierter Einrichtungen, die ein Bewertungssystem nach ihren jeweiligen moralischen und kulturellen Standards entwickeln. Nicht das autoritative Werturteil öffentlicher Moralhüter gibt den Ausschlag, sondern Bewertungen privater Gruppen konkurrieren miteinander. Dieser Wettbewerb schlösse den Staat als Zensor aus und würde den kulturellen Pluralismus der Bevölkerung einigermaßen abbilden. Für die meisten Bürgerrechtler und Verfassungsjuristen wäre dies ein Königsweg, angesichts von 150 und mehr Programmen die Qual der Wahl und das Wegsehen zu erleichtern. Vater Staat weiß nicht, was gut für mich ist, aber Mutter Gemeinschaft schon, meinen sie. Ein Waffenliebhaber kann sich Rat bei der National Rifle Association holen (und etwa den gewaltgeladenen Streifen *Natural Born Killers* als familienfreundlich durchgehen lassen), ein gläubiger Protestant oder Evangelikale hingegen bei der Christian Coalition, die den nämlichen Film auch Erwachsenen schwerlich empfehlen wird. Ein entsprechend programmierter V-Chip erkennt automatisch jedes unerwünschte Programm und scheidet es aus; man kann ihn für ein paar Dollar bei den genannten Gruppen, wie eine digitale Fernsehzeitschrift, erwerben. Obszön ist, was eine Einrichtung meines Ver-

trauens für obszön erklärt. Wer es trotzdem sehen möchte, kann einen vierstelligen Nummerncode in seine Fernbedienung eingeben und *Natural Born Killers*, Pamela Anderson oder die Venus von Milo anschauen. So kann jeder nach seiner Façon fernsehen.
Doch wie die Einführung analoger Filter im Internet zeigt, kann auch »private« *censor-ware* den freien Informationsfluß weit über das inkriminierte Material hinaus einschränken und bedrohen. Die derzeit empfohlene Methode der freiwilligen und individuellen Herausfilterung solchen Materials ist das PICS-Verfahren der Platform for Internet Content Selection, die wiederum dem World Wide Web Consortium angehört, einer unabhängigen internationalen Vereinigung, die auch andere Internet-Standards und Protokolle konzipiert hat. PICS ist kein eigenständiges Blockier- oder Sortiersystem, sondern ein Format, das verschiedene Filterungen, je nach persönlichem Geschmack und individueller Vorliebe, ermöglicht. Es gibt dabei zwei Wege der Selbstkontrolle: Wer etwas im Web veröffentlicht, klassifiziert sein Material selbst und warnt damit potentielle Empfänger zum Beispiel vor nackten Körperteilen, Sex-Szenen, obszönen Redeweisen oder Gewaltdarstellungen. Obwohl keiner, der etwas im Netz veröffentlicht, zu diesem Hinweis gezwungen werden oder sich daran hindern lassen kann, bewußt falsche Kategorien anzulegen, wird, ähnlich wie beim Fernsehen, ein gehöriger Druck entstehen, nur solche Publikationen auszusenden, die sich entsprechend »geoutet« haben.
Die Alternative besteht wieder darin, die Auswahl an dritte zu übertragen. Das können Online-Provider, aber auch Arbeitgeber, Schulen, Bibliotheken, Universitäten und dergleichen sein, die Zugang zum Internet bieten. Vor allem kommen jedoch »Rating-Büros« in Frage, die Webseiten nach ihren kulturellen, moralischen oder politischen Standards bewerten. Zu erwarten ist, daß etwa die Christian Coalition oder die National Organization for Women frauen- und familienfeindliches Material blockieren helfen, die Anti-Defamation-League hat angekündigt, Software zu vertreiben, die antisemitische Inhalte aussondert, das Simon Wiesenthal Center könnte neonazistische Propaganda identifizieren, und so weiter. Nicht jeder, der eine Homepage von Neonazis oder eine Peepshow aufsucht, bekäme den elektronischen Zeigefinger gezeigt, sondern nur derjenige, der seine Software so einrichtet, daß sie automatisch Informationen aussiebt. Praktisch funktioniert ein solcher Filter also wie ein Anti-Virus-Programm, aber er wirkt, wie Suchmaschinen im Internet, nur von Fall zu Fall. Zensur findet demnach nur statt, wenn und solange man sie selber wünscht.

Dieses System scheint das Dilemma zwischen ungehindertem Informationsfluß und Schutz vor unerwünschten Inhalten optimal zu lösen und ist staatlichen Vorschriften allemal vorzuziehen. Microsoft hat den PICS-Standard bereits in seinen Internet Explorer aufgenommen, Netscape wird es mit dem nächsten Browser genauso halten. Freilich treten bei der Anwendung eine Reihe problematischer und unerwünschter Nebeneffekte auf, und der Teufel liegt, wie immer, im Detail, so daß unter den Anhängern freiwilliger Selbstkontrolle mittlerweile Ernüchterung eingetreten ist. Angesichts der Fülle von Informationen via Internet ist es völlig ausgeschlossen, alles zu erfassen und mit einem Label zu versehen. Dies führt unvermeidlich zu einer Konzentration auf kommerzielle Massenware, während Information von marginalem Interesse ohne Bewertung zirkulieren wird. Suchmaschinen, der am weitesten verbreitete Zugang zum Netz, werden »zur Sicherheit« nur Material weiterleiten, das in irgendeiner Form gelistet ist. Populäre Verzeichnisse wie Yahoo, Lycos und Excite wollen künftig nur Angebote aufnehmen, die sich selbst einem Rating unterziehen. Das bedeutet in der Praxis die Umgestaltung des Internet von einem dezentralen, chaotischen Pull-Medium in ein wohlgeordnetes, zentralisiertes Push-Medium, das am Ende »Programm macht« wie jedes konventionelle Breitbandmedium. Diese Entwicklung ist nicht im Sinne der Erfinder des Internet.

Anders als beim V-Chip ist der Effekt von Blockier-Software überdies, daß man gar nicht wissen kann, was man alles nicht zu sehen bekommt. Sie filtert mit großem technischen und finanziellen Aufwand Internet-Seiten heraus, deren Publikation in sich widersinnig wäre. Wenn sich dem eine öffentliche Bibliothek anvertraut, haben selbst die Bibliothekare keinen Einfluß mehr auf das Informationsangebot, und genauso wenig wie die Benutzer wissen sie, was alles weggefiltert worden ist. Solche Intransparenz ist problematischer als ein staatlicher Index oder ein »Giftschrank«, dessen Inhalt publik und öffentlicher Kritik zugänglich ist – und außerdem den schönen Effekt zuläßt: »Was verboten ist, das macht uns gerade scharf«. Und während der potentielle Benutzer ahnungslos ist, was die Welt des Internet alles zu bieten hätte, wissen Arbeitgeber und öffentliche Einrichtungen genau, wer wann was wie lange angeschaut hat. Von Datenschutz und Informationsfreiheit kann unter solchen Umständen keine Rede mehr sein.

Die Moral von der Geschichte

Die Überantwortung der Selektion von Internet-Material an »vertrauenswürdige« Einrichtungen wirft die naheliegende Frage auf, weshalb man eigentlich privaten Kontrolleuren mehr Sorgfalt und Transparenz zutraut als staatlichen. Die Kriterien, nach denen der Gesetzgeber »Gewalt«, »Obszönität« und »beleidigende Sprache« in der Vergangenheit und Gegenwart klassifiziert hat, sind zu Recht kritisiert und bespöttelt worden; vor allem die Debatte um »unanständige« Kunst hat gezeigt, wieviel Bigotterie dabei im Spiel ist und wie tief solche Bewertungen in die Kunstfreiheit eingreifen. Staatsanwälte sind, wie der Fall CompuServe gezeigt hat, nicht nur technisch dumm. Sie verweisen gern auf »allgemein akzeptierte Gemeinschafts-Standards«, d.h. letztlich auf das »gesunde Volksempfinden«, ähnlich wie Politiker auf den ominösen Wählerwillen. Das sind Fiktionen eines allgemeingültigen guten Geschmacks, den es in kulturell pluralistischen Gesellschaften definitionsgemäß nicht geben kann. In ihr wird man es immer eher mit »Fremden« zu tun haben, die anderen Wertmaßstäben verpflichtet sind als »Freunde« oder »Verwandte«, mit denen man auch schon genug Streit hat. Eine globale Wissensgesellschaft verschärft diese Differenzen noch; sie ist alles andere als ein globales Dorf, mit dessen Bewohnern man persönliche Erfahrungen, Werthorizonte und Weltanschauungen teilt; sie müssen, so schwer das auch fällt, immer neu und frei ausgehandelt werden, genau wie die Kommunikations-Etikette der Netzbenutzer.

Filter sind natürlich nicht klüger als die Menschen, die sie programmieren und dabei die reichlich einfältigen Standards von V, S, D und L zugrundelegen. Um das Beispiel S wie Sex zu wählen: eine nackte weibliche Brust findet man in einer Nachrichtensendung ebenso wie in einem Hardcore-Porno, und selbst bei letzterem kommt es immer auf den Kontext an, ob man ihn zulassen kann oder nicht. Doch »Familienfreundlichkeit« heißt das Gebot der Stunde, das auf den von Bill Clinton einberufenen Konferenzen formuliert wurde und dem sich kaum jemand entziehen kann. Das Internet hat die alte Furcht bestärkt, daß draußen, in der unheimlichen Welt, unbekannte Gefahren lauern, die uns faszinieren könnten. Angesichts der Schwierigkeit, wegzusehen, entsteht das Bedürfnis, daß andere für uns den Bildschirm schwärzen. Der Schutz von Kindern und Jugendlichen ist dabei immer nur ein Vorwand für die Angst der Erwachsenen vor sich selbst. So ausgeklügelt nun PICS und andere Standards sein mögen, praktisch läuft dieses Rating wieder darauf hinaus, das

Kind mit dem Bade auszuschütten. Das Internet wird zum Intranet, und Zensur wird jetzt privat ausgeübt.

Alle denkbaren Einwände gegen staatliche Zensur treffen auch auf private Netzkontrolleure zu. Nur theoretisch erlauben sie jedem individuellen Nutzer eine perfekte Wahl – heute sittsam, morgen frivol. Er oder sie ist damit auf autonome Urteilsbildung verwiesen. Das zeugt von einem sympathischen Vertrauen in die menschliche Freiheit. In der Praxis jedoch läuft im Cyberspace alles auf Konzentration hinaus, wie beim dargestellten Versuch von Microsoft, den Browser-Markt in die Hand zu bekommen. Bei Software-Produzenten werden sich folglich solche Bewertungskriterien und -gremien durchsetzen, die ziemlich exakt jenem »gesunden Volksempfinden« entsprechen, dessen Vertretung man einer staatlichen Aufsichtsbehörde oder Staatsanwälten zu Recht streitig macht. Man wird mit anderen Worten auch im Internet »Programme« geboten bekommen, die widerspiegeln, was etwa die Disney Company und andere Vertreter des amerikanischen Mainstream für »familienfreundlich« halten. Und das dürfte wiederum weitgehend Kriterien der »moralischen Mehrheit« angepaßt sein, die sich in den Vereinigten Staaten auf christliche Werte beruft und abweichende sexuelle, kulturelle und auch politische Minderheiten ohne Umschweife diskreditiert und diskriminiert. Solche Maßstäbe werden in die scheinbar neutrale Software-Technik einfließen, die der Konsument benutzt, ohne ihre Wertmaßstäbe hinterfragen zu können. Es droht uns mit anderen Worten die Herrschaft des guten Geschmacks, der durch Gesetze, die Rating obligatorisch machen und »misrating« gegebenfalls unter Strafe stellen, nur flankiert wird. Den Löwenanteil des Geschäfts der Selbstkontrolle besorgen kommerzielle Rating-Agenturen, die sich rechnen müssen und auf ein Maximum von Subskribenten angewiesen sind.

Der Staat war der »übliche Verdächtige«, wenn immer man mit Zensurmaßnahmen zu tun hatte. Doch private Zensoren sind nicht vertrauenswürdiger, wenn sie sich als quasi-politische Agenturen aufspielen, aber ohne jede öffentliche Kontrolle wirken. Die Software-Produzenten haben sich freudig am Kampf gegen staatliche Zensur beteiligt, weil jeder Wegfall staatlicher Regulierung ihre Bewegungsfreiheit erhöht. Wenn in der Welt der Bücher und Bilder für den Staat galt, daß er sich nicht einzumischen habe, gilt das heute, im Zeitalter digitalisierter Kommunikation, mit derselben Berechtigung für die Medienkonzerne. Nicht allein die Telefongesellschaft und Fernsehanstalt, auch die Zensur ist gewissermaßen privatisiert worden – und sie wirkt leise und unaufdringlich, ja geradezu einladend, da sie doch immer an den freien Willen des Individuums und den guten Geist der Gemeinschaft appellieren kann. Verfassungsgrundsätze wie das First Amendment oder die einschlägigen Artikel des Grundgesetzes sollen auch in der Informationsgesellschaft Anwendung finden. Aber die neuen Technologien kehren die herkömmliche Frontstellung in Sachen Free speech und Informationsfreiheit geradezu um. Bisher galt der Staat als Bösewicht, wenn er Herstellung und Vertrieb oder Bestellung und Betrachtung von Druckerzeugnissen, Bildern und Filmmaterial zensierte. Bei der Volksrepublik China oder Singapur, deren Führer sich den PICS-Standard übrigens mit Interesse anschauen, ist dieser Generalverdacht immer noch angemessen, solange sie Brandmauern gegen Informationen aufrichten, die ihnen nicht passen. Entsprechende Aufmerksamkeit bleibt für die traditionelle Publikationswelt auch weiterhin geboten. Die Schwierigkeiten der Gesetzgeber und Verfassungsjuristen, den Charakter der neuen Medien zu fassen, deuten aber schon daraufhin, daß sich Publikationen im Internet von diesen Vorläufern qualitativ unterscheiden. Der Staat besitzt, selbst im Hinblick auf Kriegsführungstechnologien, keine privilegierten Informationen mehr, aber libertäre Bürgerrechtler sollten auch nicht die Illusion verbreiten, digitale Information gehöre von nun an »uns allen«. Der V-Chip und mehr noch »freiwillige Selbstkontrolle« mittels Filter- und Blockierprogrammen zeigen, wem sie wirklich gehören: den großen Wissensproduzenten. Nicht Filtersysteme genießen mit anderen Worten Priorität, sondern – siehe oben – Konzentrationskontrolle.

Der »große Marktplatz der Ideen« ist eine vertrackte Sache, und er bringt erneut die Widersprüche und Aporien der neoliberalen Ideologie zum Vorschein. Heute geht die Bedrohung der freien Rede wie des freien Marktes nicht mehr vorrangig von »Big Brother« aus, also von den Wahrheitsministerien autoritärer Obrigkeitsstaaten – wenn das überhaupt je der Fall war. George Orwell würde sich heute vermutlich eher der »schweigenden Mehrheit« zuwenden, die abweichende Meinungen lautstark zum Schweigen bringen will und sich dabei dem fragwürdigen Geschmack und der Dezision des kultur-industriellen Komplexes unterwirft.

Anmerkungen

1 *New York Times*, hier zitiert nach *Spiegel*. William Neukom, der Top-Jurist von Microsoft, formulierte es so: »Die Leute bekommen bessere Technologie zu niedrigeren Preisen«, zit. nach John Cassidy, »The Force of an Idea«, in: *The New Yorker* 12.1.1998, S. 32.

2 Die von John D. Rockefeller geschaffene Ölfirma Standard Oil wurde nach einem vom Obersten Gerichtshof bestätigten Urteil 1909 entflochten, das Bankhaus J. P. Morgan nach der Übernahme von Versicherungsfirmen; ebenso Andrew Carnegies Industrieimperium, das seinerzeit größte Privatunternehmen der Welt, die Telefonfirma AT&T Anfang der 70er Jahre. Zur Geschichte der Anti-Trust-Gesetze vgl. kritisch Donald Dewey, *The Antitrust Experiment In America*, New York 1990 und Dominick T. Armentano, *Antitrust and Monopoly. Anatomy of a Policy Failure*, New York 1990.

3 Dazu die Streitschrift des konservativen Verfassungsjuristen Robert Bork, *The Antitrust Paradox* (1978), in welche das ultraliberale Credo der Ökonomen der Chicago School einging.

4 Die Grundlage der neuen Doktrin wurde bereits vor mehr als einem Jahrzehnt von dem kaum beachteten Stanford-Ökonomen Brian Arthur formuliert in: »Competing Technologies and Lock-in by Historical Small Events: The Dynamics of Choice Under Increasing Returns«, zit. nach Cassidy (Anm. 1). Arthur wäre auch fast Opfer eines Wissensmonopols der Chicago School geworden, doch seine Überlegungen fanden Eingang in ein »Weißbuch« des amerikanischen Justizministeriums von 1995, auf dessen Grundlage die Antitrust-Klage gegen Microsoft entwickelt wurde.

5 Zu den Fällen CompuServe und Marquardt vgl. meine Kolumne »Hände weg vom Internet«, in: *Konr@d,* September 1997, S. 11.

6 [http://www.aclu.org], Homepage der ältesten Bürgerrechtsvereinigung in den USA; [http://www.cdt.org], Homepage des Center for Democracy and Technology, Washington D.C.; [http://www.eff.org/blueribbon/activism], Homepage der Electronic Fromtier Foundation und [http://www. netcomcom/~mimnyc], Homepage der christlichen Vereinigung Morality in Media.

7 *New York Times,* 27.6.1997.

8 Bekannte Filtersysteme sind z. B. Software-Programme mit den schönen Namen Cyber Patrol, Surf Watch und Net Shepherd, deren Abonnement zwischen 12 und 50 US-Dollar pro Jahr kosten.

9 Richard Parker, »Screening à la carte. Pluralism and the V-Chip«. In: *The American Prospect* 36 (1998), 51–53.

10 Dazu fand im Dezember 1997 eine »Familienkonferenz« im Weißen Haus statt.

11 Dazu [http://www.fsm.de] und *Tagesspiegel-Interaktiv,* 30. 9. 997 und 7.1.1998.

Das Internet in Mittelosteuropa

Das Beispiel Ungarn

von Tibor Szendrei

Sieben Jahre parlamentarische Demokratie hat Ungarn hinter sich, doch in den Überlegungen der zuständigen Ministerialen spielt das Internet bisher noch so gut wie keine Rolle. Dabei wäre es ihre Aufgabe, öffentliche Information zur Verfügung zu stellen, um die Effizienz der Verwaltung zu steigern, die Wirtschaft anzukurbeln und die Beziehung zwischen Staat und Bürgern zu verbessern. Im Netz politisch und wirtschaftlich relevante Informationen in ungarischer Sprache zu finden, ist schwierig bis unmöglich.

Wie alle Länder des früheren Ostblocks ist Ungarn lange Zeit für seine schlechten Telekommunikationssysteme und seine veraltete Telefon-Infrastruktur bekannt gewesen. Natürlich war auch die finanzielle Situation lange Zeit nicht die beste. Trotzdem sind es nicht in erster Linie Qualität und Niveau der technischen Infrastruktur, die die Entwicklung des ungarischen Internet hemmen. Was die für das Internet notwendige infrastrukturelle Entwicklung angeht, so hätten die politischen Veränderungen am Ausgang der 80er Jahre in Ungarn zu keinem besseren Zeitpunkt kommen können. Die rigide Regulierungspraxis der kommunistischen Ära und die daraus resultierenden veralteten technischen Standards und Geräte konnten nun vollkommen frei durch technisch ambitionierte neue Standards und fast revolutionär anmutenden Investitionen in die Telekommunikation ersetzt werden. Die Kommunisten hatten alles, was irgendwie kreativ und universell zugänglich war, unterdrückt. Auf einen Schlag waren nun alle Hemmnisse weggefegt: der akute Mangel an Telefonleitungen, die strikte Zugangskontrolle zur Information und die politische Zensur der Informationsverbreitung. Die Menschen, die jahrzehntelang auf einen analogen Telefonanschluß hatten warten müssen, wurden plötzlich von den Verkäufern der eben erst privatisierten Telekommunikationsgesellschaften regelrecht bestürmt, sich möglichst über Nacht einen der brandneuen digitalen Telefonanschlüsse installieren zu lassen.

Die frühen 90er Jahre, als Ungarn begann, sich in die Welt der hochentwickelten Länder einzureihen, waren genau der richtige Zeitpunkt für alle diese Veränderungen, und eigentlich hätten sie dazu führen müssen, daß das Internet in Ungarn rasch zu einem festen Bestandteil des Alltagslebens geworden wäre. Warum steckt es dann aber immer noch in den Kinderschuhen? Was ist der Grund dafür, daß die Entwicklung des Internet so langsam vorangeht?

Die Technologien, die für ein schnelles Wachstum des Internet gebraucht werden, sind, wie gesagt, im großen und ganzen vorhanden. Das Telefonsystem wird zunehmend digitalisiert, so daß der ISDN-Anschluß langsam für immer mehr Menschen zu einer bezahlbaren Anschaffung wird. Auch die PCs werden nicht mehr wie zu kommunistischen Zeiten als Luxusartikel angesehen, und auf dem Marktplatz der Internet-Provider haben die großen Fische bereits die kleinen verschluckt.[1]

Natürlich gibt es bei allen Fortschritten, die im Bereich der Infrastruktur in den letzten Jahren zu verzeichnen sind, noch jede Menge Schwierigkeiten. Da ist zum einen die sogenannte Flaschenhals-Problematik, die durch die zu geringe Bandbreite entsteht. Zum anderen ist sehr hinderlich, daß das gesamte ungarische Telefon- und Datenleitungssystem immer noch radial auf die Hauptstadt Budapest ausgerichtet ist, in der ein Viertel der ungarischen Bevölkerung lebt. Hinzu kommt, daß es in ländlichen Gebieten nach wie vor ganze Städte und Dörfer gibt, die noch überhaupt nicht an das nationale Netz angeschlossen sind.

Aber es sind weder die niedrigen Übertragungsraten noch die zweifellos vorhandenen Probleme mit diversen Hardware-Komponenten, die die Politiker abhalten, das Internet in ihr politisches Kalkül mit einzubeziehen. Es ist auch nicht allein die Tatsache, daß bisher eine klar identifizierbare Menge von Nutzern fehlt. Die Tatsache, daß das Internet in Ungarn bisher unter »ferner liefen« rangiert, hat viel eher mit mentalen Gründen zu tun und mit der Tatsache, daß die potentiellen Nutzer für Informationen und Dienstleistungen, die das Internet bereitstellen kann, bisher nur von Internet-Providern angesprochen werden. Das hat zur Folge, daß die Leute zwar dauernd vom Internet hören und Informationen darüber bekommen, wie man sich ans Netz anschließt; aber niemand sagt ihnen, was das Netz eigentlich ist, was man damit tun kann, welche Informationen man darin findet, welchen persönlichen und geschäftlichen Nutzen man davon haben kann und wie man im Internet gezielt nach nützlichen Informationen suchen kann.

Das hat damit zu tun, daß eigentlich niemand so genau weiß, was man den Menschen genau sagen und erklären soll. Das Web ist voller englischsprachiger Inhalte, Englisch ist in Ungarn aber nicht wie in vielen anderen Ländern offizielle Zweitsprache. Das bedeutet, daß die ungarischen Nutzer des Internet hauptsächlich auf diejenigen Inhalte angewiesen sind, die ihnen von den wenigen professionellen Providern zur Verfügung gestellt werden. Entsprechend klein und unorganisiert ist die ungarischsprachige Ecke im Web noch heute.[2] Es gibt bisher nur wenige Beispiele, von denen man sagen kann, daß dahinter ein gutes Konzept steckt, und daß sie relevante, verläßliche und regelmäßig auf den neuesten Stand gebrachte Informationen enthalten.

Hinzu kommt, daß bisher jedes Bit ungarischsprachiger Information, das im Netz zur Verfügung steht, kostenlos erhältlich ist. Es gibt bisher für die ungarischen Provider und Unternehmen noch keine technischen Möglichkeiten, für ihre Online-Dienste und -Produkte Geld zu verlangen. Kreditkarten sind nicht weit genug verbreitet, und die Kosten, die bei traditionellen Zahlungsformen anfallen, sind unverhältnismäßig hoch. Auch die Netzwerbung ist aus solchen Gründen bisher noch nicht über das Anfangsstadium hinausgekommen. Das entscheidende Problem bei jeder Art von Gratisinformation ist ja, daß die Produktionskosten nicht gedeckt sind, was erklärt, warum bisher nur eine Handvoll Provider im Netz präsent ist, und warum sich das gesamte ungarische Netz noch im Experimentierstadium befindet.

Über die bisherigen ungarischen Nutzer des Internet gibt es keine verläßlichen Untersuchungen und Angaben. Die Zahl der angeschlossenen Nutzer, also derjenigen Ungarn, die einen Telefonanschluß, einen Computer mit Modem, die zugehörige Software und einen Internetzugang bei einem der Serviceprovider besitzen, wird auf 30 000 bis 60 000 geschätzt; rechnet man die mit ein, die indirekt über andere angeschlossen sind, ergibt sich eine Gesamtzahl von annähernd 100 000 Nutzern – bei einer 10 Millionen zählenden Gesamtbevölkerung.

Obwohl die Zahl der ans Netz Angeschlossenen ständig zunimmt, kann man 30 000 bis 60 000 Nutzer noch nicht als kritische Masse bezeichnen, die für die Politiker interessant wäre. Das gilt umso mehr, als der Großteil der Internetnutzer, wie Untersuchungen gezeigt haben, einkommensschwache Studenten und Jungakademiker sind, deren politisches Engagement außerdem nicht besonders groß ist. Glaubt man einer jüngst durchgeführten landesweiten Umfrage, so ist der ungarische Internetnutzer durchschnittlich 27,8 Jahre alt; allerdings gehören zwei Drittel der Nutzer der Altersgruppe zwischen 19 und 24 Jahren an, deren Einkommen nahe am Existenzminimum liegt.[3] »Warum sollte ich mich anstrengen, um diese Zielgruppe per Internet anzusprechen?« mag sich der ungarische

Politiker fragen, während der Geschäftsmann sich die Frage stellt, warum er für eine solche Zielgruppe ins Online-Geschäft investieren soll.
Wie in vielen anderen Gegenden der Welt herrscht auch in Ungarn vor allem in der Bevölkerung mittleren Alters die Überzeugung vor, man müsse wissen, wie ein Computer und die dazugehörigen Programme funktionieren, um das Internet nutzen zu können. Viele Menschen tun das Internet mit der Bemerkung ab: »Man kann in meinem Alter nicht erwarten, daß ich noch das Programmieren lerne.« Die Mehrzahl der Ungarn hat keine Ahnung davon, daß man keineswegs Wissenschaftler sein muß, um das Internet zu benutzen.
Es scheint demnach zunächst notwendig zu sein, das Internet in Ungarn zu entmystifizieren. Man muß der Bevölkerung glaubwürdig erklären, daß dieses neue Medium von den Nutzern keinerlei spezielle und schon gar keine Programmier-Kenntnisse verlangt. Das wäre ein erster wichtiger Schritt auf dem Weg, das Internet zu einem effizienten Kommunikationsinstrument zu machen.
Bis es soweit ist, wird das Internet eher ein Experimentierfeld für Systemtechniker und Webmaster bleiben, als daß Redakteure, Verleger, Bibliothekare und Pädagogen sich um Inhalte kümmern. Für Politiker würde es sich im Grunde geradezu anbieten, die interaktiven Möglichkeiten des Internet für einen engeren und personalisierten Kontakt mit den Bürgern, ihren potentiellen Wählern, zu nutzen. Diese wären jedoch jederzeit eher bereit, alle Mittel und Möglichkeiten einzusetzen, um im Radio oder Fernsehen zu den Wählern zu sprechen, als daß sie auf die Idee kämen, eine politische Website gestalten zu lassen oder ein elektronisches Diskussionsforum für die Bürger zu initiieren. Allenfalls würden sie sich noch dazu bereit finden, statische Seiten mit ihren Biographien oder mit den Programmen und Manifesten ihrer Partei ins Netz zu stellen.
Die staatliche Verwaltung ist da schon ein paar Schritte weiter. Langsam, aber stetig haben die Schlüsselorgane der Regierung damit begonnen, ihre sehr altmodisch verwalteten und umfangreichen Datenbanken zu digitalisieren, und man hat den Eindruck, daß wenigstens die Ministerien und Verwaltungsorgane bereit sind, die Potentiale des Internet auszuschöpfen. Für sie ist der Einstieg ins digitale Zeitalter keine Frage der kritischen Masse, sondern ausschließlich eine der finanziellen Belastung und der Logistik.
Die Tatsache, daß es bisher keinen klaren gesetzlichen Rahmen gibt, der sowohl das Recht der Bürger auf Zugang zur Information wie die Pflicht des Staates, Information zur Verfügung zu stellen, regelt, hindert aber

auch in diesem Bereich vorerst den konsequenten Einsatz des Internet. Zu den Fragen, die gesetzlich geregelt werden müssen, gehören etwa das Copyright, die Authentifizierung von elektronisch übertragener Information, der Schutz der Privatsphäre sowie die Definition dessen, was man unter öffentlichen und kommerziellen Dienstleistungen versteht.[4]

Vor diesem eher vagen Hintergrund hat sich die ungarische Regierung 1997 dazu entschlossen, ein großangelegtes und ehrgeiziges Internet-Projekt zu starten: das »Sulinet-Schulnetz«.[5] Dieses zentral gesteuerte Projekt, für das 15 Millionen Dollar zur Verfügung gestellt wurden, zielt darauf ab, die ungarischen Sekundarschulen ans Internet anzuschließen und Lehrer und Schüler mit netzbasierten, speziell auf die Bedürfnisse der Schulen abgestimmten Unterrichtsmaterialien in ungarischer Sprache zu versorgen. Das Projekt dient gleichzeitig auch dazu, diesen beiden Gruppen – eventuell sollen auch die Eltern miteinbezogen werden – das Internet überhaupt nahe zu bringen. Die Experten und Analysten hegen große Hoffnungen, daß das Sulinet-Projekt in nicht allzu ferner Zeit so etwas wie eine kritische Masse von Internet-Nutzern hervorbringen wird, und daß das Internet in ein paar Jahren, wenn die Generation der heutigen Schüler am Zuge sein wird, eine ebenso normale Informationsquelle sein wird wie das heutige Fernsehen.

Das Sulinet-Projekt wird von Vertretern aller politischen Richtungen zumindest rhetorisch unterstützt. Offenbar haben die Parteien und Politiker zumindest eines bereits begriffen: Daß sie interaktive Webpräsenz und E-Mail demnächst in ihr politisches Kalkül miteinbeziehen müssen, ob sie das nun wollen oder nicht.

Anmerkungen

1 Wie in anderen Ländern waren auch in Ungarn die ersten Internet-Service-Provider vor Jahren kleine Start-up-Firmen, die lokalen Anwendern in der Nachbarschaft einen Internetzugang zur Verfügung stellten. Sie sind entweder inzwischen ganz verschwunden oder in den großen Companies aufgegangen.
Das größte Netz ist das MATÁVnet, das der ungarischen Telephongesellschaft MATÁV gehört. Es ist das einzige Netz, das praktisch von jedem Punkt des Landes aus per Ortstarif zu erreichen ist [http://www.mataáv.hu/service/internet-h.html].
Die anderen großen Netzbetreiber sind DataNet [http://www.datanet.hu], Elender [http://elender.hu], EuroWeb [http://www.euroweb.hu] und Compuserve. Letzterer besitzt aber bisher in Ungarn keine Web-Domäne.

2 Beispiele für ungarischsprachige Webseiten:
http://www.fsz.bme.hu/hungary/homepage-h.html (offizielle Homepage Ungarns); http://www.hir.hu (Budapest Online); http://www.internetto.hu (iNteRNeTTo); http://www.hvg.hu (HVG Online); http://www.businessweb.hu (ungari-

sches BusinessWeb); http://www.mkogy.hu (ungarisches Parlament); http://origo.hnm.hu (ungarisches National Museum).

3 Quelle: Median Public Opinion Research Co. [http://www.median.hu/ifered.html].

4 Es gibt zwar noch keine direkten Diskussionen über die gesetzlichen Rahmenbedingungen; das ungarische Parlament ist aber das erste in Mittelosteuropa, das einen Datenschutzbeauftragten benannt hat.

5 Schulnetz Sulinet [http:www.sulinet.hu]. Die erste Phase sieht den Anschluß von 1200 höheren Schulen vor. In der nächsten Phase (ab 1999) sollen auch alle Grundschulen an das Netz angeschlossen werden. Die Angebote des Schulnetzes haben primär nicht zum Ziel, den realen Unterricht zu ersetzen, sondern sie sollen Lehrer und Schüler mit ergänzenden, ungarischsprachigen Lernangeboten versorgen. Momentan erhält jede Schule, die an diesem Programm teilnimmt, vom Erziehungsministerium sieben Desktop-Computer plus einen Server. Sie werden in speziellen Computerräumen aufgestellt, wo sie dann für alle Schüler zugänglich sind. Die Computersysteme werden von Freiwilligen, die sich aus dem Personal der Schulen rekrutieren, gewartet. Ihnen wird in Zusatzkursen das notwendige Fachwissen vermittelt.

Von Netzen und Mauern

Über die Substanz chinesischer Internetphantasien

von Frank Sieren

Das chinesische Internet ist noch eine recht armselige Institution. Es beflügelt derzeit mehr die Phantasie der internationalen Öffentlichkeit und die Ängste des chinesischen Staates als den Informationsfluß in dem 1,2-Milliarden-Menschen-Land. Da ist von hunderten Millionen von potentiellen Internetbenutzern die Rede – und einerseits von Demokratiebewegungen, die das Land über das Internet erobern, andererseits von einem allwissenden Staat, der jede Bewegung kontrolliert und eine Cybermauer gegen den Westen errichten will.

Die Erwartungen eilen der Realität weit voraus. Westliche Internetkonzerne sprechen gerne vom größten Internetmarkt »im nächsten Jahrhundert«, was über die Geschwindigkeit der Ausbreitung des Internet in China wenig aussagt. Von null auf rund 150000 Anschlüsse in diesem Jahr und weit mehr Nutzern durch geteilte Verwendung hat es jedenfalls drei Jahre gedauert. Das sind gerade halb soviele Anschlüsse wie in der ehemaligen Kronkolonie Hongkong mit sechs Millionen Einwohnern. Tatsächlich ist also das chinesische Internet in seinem Wirkungsgrad noch relativ eingeschränkt und für den autoritären Staat deshalb wenig bedrohlich.

Doch zweifellos wird früher oder später das Internet zu einem Machtfaktor, der die Entwicklung Chinas nachhaltig beeinflussen wird. Deshalb ist es sinnvoll, schon jetzt zu fragen, welcher Bereich der chinesischen Gesellschaft am meisten Einfluß auf die Entwicklung des Internet haben wird. In welchem Maße wird der autoritäre Staat die Kontrolle behalten? Wie stark setzen sich nationale und internationale Wirtschaft durch? Und wie wird die sich immer stärker ausbildende Zivilgesellschaft das Internet nutzen?

Der Anfang des chinesischen Internet als allgemein zugängliches, internationales Kommunikationsmittel mit allen TCP/IP-Möglichkeiten im Mai 1994 stand im Zeichen der Forschung und vor allem des Know-how-Transfers. Schon gut ein Jahr zuvor hatte das Pekinger Ministerium für Post und Telekommunikation eine direkte Internetverbindung zwischen dem chinesischen Institut für Hochenergie Physik (IHEP) und dem amerikanischen Teilchenbeschleuniger-Zentrum in Standford, USA, genehmigt. Das landesinterne Chinanet (China Academic-Network), das aller-

dings keine große Rolle im Land spielt, gibt es bereits seit 1987. Die Gründe dafür, daß die chinesische Führung eine Öffnung gen Westen beschlossen hat, liegen auf der Hand. Der politischen Öffnung des Landes durch Deng Xiaoping 1981 folgte ein wirtschaftlicher Aufschwung. In dessen Folge wiederum stieg der Bedarf an westlicher Technologie. Auf einer Internet-Tagung in Peking 1994 gab der Wirtschaftsspezialist und Vizepremier Li Lanqing die politische Leitlinie aus: »Schlechter Informationsfluß würde das Wirtschaftswachstum belasten.«
Doch recht bald wurde klar, daß man mit einem solchen Merksatz den Anforderungen der Wirklichkeit nicht gerecht werden konnte. Die chinesische Führung geriet in ein Modernisierungsdilemma. Man wollte zwar wirtschaftlichen Nutzen aus dem neuen Kommunikationsweg ziehen, aber keinesfalls den politischen Preis des freien Informationsflusses bezahlen. Das Internet sollte kein Ort politischer Vielfalt werden, kein Einfallstor für westliche Medien oder ein Nährboden von im Ausland operierenden Oppositionsbewegungen. Man wollte Kontrolle, Übersicht und Durchschaubarkeit des neuen Mediums, das man schließlich selbst zugelassen hatte. Diese antiquierte Modernisierungsvorstellung, die auch den Westen um die Jahrhundertwende prägte, entsprach zwar den eigenen ideologischen Dispositionen und der strikten Trennung von wirtschaftlicher und politischer Entwicklung, kollidierte jedoch mit den *bottom up*-Eigenschaften des Internet. Die Führung spürte die Disparität immer stärker und wollte auf keinen Fall wie ein Zauberlehrling dastehen. Mit großer Sorge betrachteten chinesische Politiker, wie andere asiatische Länder über Internet-Kampagnen aus dem Ausland in die Zange genommen wurden. Die wohl erfolgreichste Cyber-Kampagne zog etwa eineinhalb Jahre nach Öffnung des chinesischen Internet über Burma her. Einem exilburmesischen Studenten namens Zarni aus Wisconsin gelang es, an Dutzenden amerikanischen Universitäten zahlreiche lokale Aktionsgruppen zu gründen und einen koordinierten »Burma Action Day« zu initiieren. Die Aktivisten brachten Universitäten dazu, ihre Verträge mit Pepsi Cola zu kündigen, weil der Konzern mit der burmesischen Führung kooperiert.
Obwohl sich dieser Vorgang kaum auf China übertragen läßt, da gerade Staaten mit vergleichsweise unbedeutender Position im internationalen Machtgefüge für Angriffe durch relativ machtschwache Gruppen über das Internet anfällig sind, versetzte die Aktion die politische Führung in Peking in Alarmbereitschaft. Andere Faktoren kamen hinzu: So nahm zum Beispiel die Zahl von aus dem Ausland operierenden Dissidenten-Web-Seiten, die mit wenig Aufwand viele Interessierte an sich binden

konnten, sprunghaft zu. Die Pekinger Führung zog schließlich die Notbremse für die bis zu diesem Zeitpunkt etwa 10 – 20 000 Internet-Nutzer. Am 23. Januar 1996 verabschiedete der chinesische Staatsrat die »Bestimmungen über die Kontrolle des Internet«. Das Dokument umfaßt 17 Artikel und soll die »gesunde Entwicklung« des internationalen Informationsaustausches gewährleisten. Das chinesische Internet sollte wieder planbar werden. Dazu mußten sich alle bestehenden Netzwerke liquidieren und beim Ministerium für Post und Telekommunikation (MPT) neu anmelden, dessen Leitungen seitdem als Nadelöhr fungieren, durch die alle Internetverbindungen laufen müssen. Mit einer Formulierung, die in Staaten ohne ausgeprägtes Rechtssystem zur Allzweckwaffe werden kann, gestattet sich jetzt das Ministerium, immer dann einzugreifen, wenn das Internet für Aktivitäten genutzt wird, die »der staatlichen Sicherheit schaden oder Staatsgeheimnisse betreffen«. Außerdem dürfen Informationen, die »der Ordnung der Gesellschaft« schaden, weder produziert noch eingesehen werden. Die Folge: Wer über Internet einen Artikel der chinakritischen Hongkonger Tageszeitung *Mingbao* anwählt, macht sich bereits strafbar. Zudem hat der Staatsrat chinesischen Finanzinstituten verboten, ausländische Anbieter von Finanzinformationen, wie Reuters oder Bloomberg, zu abonnieren.

Waren damit die rechtliche Handhabe und die technische Kontrollierbarkeit geschaffen, versuchte man desweiteren, einen Überblick über die Benutzer zu bekommen, und schuf sich damit gleichzeitig die Möglichkeit, regimekritischen Gruppen den Zugang zu verweigern. Das Ministerium für öffentliche Sicherheit verkündete, daß sich nunmehr alle Internet-Benutzer bei der Polizei anmelden müssen, wo ihre Personalien aufgenommen werden, und sie unterschreiben sollen, daß sie keinerlei Handlungen vornehmen, die der verabschiedeten Internetregelung zuwiderlaufen. Gut sechs Monate später blockierten die Behörden über 100 Web-Sites. Betroffen davon waren fünf Kategorien von Informationen:

- Nachrichten aus überwiegend US-amerikanischen Medien, etwa das *Wallstreet Journal* [http://www.wsj.com], *Los Angeles Times* [http://www.latimes.com], *Economist* [http://www.economist.com], *Washington Post* [http://www.washingtonpost.com] und CNN [http://www.cnn.com];
- chinesischsprachige Information aus Taiwan;
- chinakritische Veröffentlichungen aus Hongkong;
- Schriften von westlichen Dissidenten und Menschenrechtsgruppen;
- pornographische Publikationen.

Noch nie hat ein Land das Internet in diesem Umfang kontrolliert. Gleichzeitig hat der Staat auch den wirtschaftlichen Zugang monopolisiert, mit dem Ziel, ein »chinesisches Internet« aufzubauen. Federführend hierbei ist die Nachrichtenagentur *Xinhua*, nicht nur ein staatliches Medienunternehmen, sondern auch eine mächtige politische Institution. Das CWW (China Wide Web) soll die 50 größten Städte miteinander verbinden.

So sah es zunächst aus, als hätte der Staat die völlige Kontrolle über das Internet übernommen. Doch die Strategie ließ sich technisch, politisch und wirtschaftlich nicht lange durchhalten. Schon wenige Monate später entschloß sich die chinesische Regierung, politisch einzulenken. Nachdem der ehemalige Außenminister Warren Christopher Mitte November 1996 nach China gereist war, um der chinesischen Führung zu signalisieren, daß die USA eine konfrontative Politik aufgeben würden, mußte auch China Entgegenkommen zeigen und sich zumindest in Teilbereichen auf die internationalen Standards des freien Informationsflusses einlassen. Die Blockade der amerikanischen Medien wurde eingestellt. Deren Web-Seiten sind seitdem im chinesischen Internet uneingeschränkt zugänglich.

Auch im technischen Bereich mußten die Zensoren erkennen, daß eine Kontrolle des Internet in dem hohen Maße, in dem man sich das vorstellte, kaum möglich ist. Immer wieder gelingt es Hackern, die Blockierungssoftware zu umgehen und neue Einstiegswege über das Internet blitzschnell zu verteilen. Chinesische Oppositionsgruppen wie »No Nobody« sind weitgehend vom WWW in den sehr viel schwerer kontrollierbaren E-Mail-Bereich abgewandert. Auch die Kontrolle über die Polizeiregistrierung gestaltet sich schwierig. Bisher sind keine Fälle bekannt geworden, bei denen Internetbenutzer bestraft wurden, weil sie eine als »gefährlich« eingestufte Homepage geöffnet haben. Mitglieder oppositioneller Gruppen, die auf entsprechenden Listen der Behörden stehen und deshalb keinen Zugang zum Internet bekommen, weichen auf die Zugänge derjenigen aus, die nicht erfaßt sind. Deutschsprachige Publikationen beispielsweise fallen ganz durch das Kontrollraster: So ließ sich eine Untersuchung der Universität Zürich mit dem Titel: »China und das Internet. Bringt die Technology of freedom die Demokratie ins Reich der Mitte?« problemlos in Peking herunterladen.

Die chinesischen Behörden fahnden derweil nach Zensursoftware, um den chinesischen Ausschnitt des Cyberspace politisch sauber zu halten. Groteskerweise überbieten sich die beiden größten amerikanischen Anbieter Microsoft und Netscape gegenseitig mit Blockierungs-Software, die die Freiheit der Chinesen einschränken soll, um gleichzeitig mit ihrer neuesten Technologie, die das chinesische Internet erst auf Trab bringen wird, präsent sein zu können. Der Grund: Wer China beim Kontrollieren

hilft, kommt leichter in den Markt. Beispielsweise darf Microsoft seit kurzem seinen neuen chinesischsprachigen Internet-Explorer 4.0 über die Beijing Telecom und die *Shanghai Post* vertreiben. Auf der »China Internet World '97«, die im August in Hongkong stattfand, machten staatliche Stellen deutlich, was sie sich wünschen. Die neuesten Programme sollen Tausende statt Hunderte Web-Sites blockieren und über Stichwortnetze selbständig das Internet durchkämmen. Doch die Komplexität der Software stellt eine große Herausforderung dar. Und da die Anforderungen so spezifisch sind und der technische Aufwand exponentiell mit der Zunahme an Internetbenutzern in China steigt, lohnt deren Entwicklung nur, wenn China bereit ist, teuer dafür zu zahlen, oder wenn sich die Markteintrittschancen für die Softwareunternehmen verbessern.
In den nächsten 30 Monaten soll sich die Zahl der Anschlüsse in China verzehnfachen: 2,7 Millionen werde es dann geben, schätzt die New Century Group, ein Hongkonger Forschungsunternehmen für Informationstechnologie. Bis dahin werden auch die Computer billiger und die Telefonnetze stabiler sein. Zwar ist die technische Kontrolle des chinesischen Internet dann noch möglich, aber es wird immer schwieriger sein, eine umfassende Kontrolle zu gewährleisten. Zudem werden derartige Kontrollen in dem sich pluralisierenden China politisch immer weniger durchsetzbar sein. Die flexibleren unter den politischen Institutionen wenden sich deshalb zunehmend dem wirtschaftlichen Bereich zu, wo sie nachhaltig Einfluß auf die Entwicklung des Internet ausüben können und gleichzeitig daran verdienen. Sie verbünden sich dazu mit westlichen Internetkonzernen zu strategischen Allianzen. Die westlichen Unternehmen liefern die Technologie, die chinesischen Partner verfügen über die politische Durchsetzungskraft, den Markt zu besetzen. Die China Internet Corp., ein Unternehmen der staatlichen Nachrichtenagentur *Xinhua*, ist jüngst ein Joint-Venture mit dem Hongkonger Unternehmen New World Infrastructure eingegangen, um das chinesische Internet mit großen Investitionen aufzubauen.
Ein Unternehmen mit dem Namen China Information Technology Infrastructure (CITI) soll Partnerschaften mit den großen Hardware- und Softwareherstellern gründen, um so inländische Unternehmen mit einem chinesischen Rundum-Paket bedienen zu können. Allein 25 Millionen US-Dollar werden für eine Datenbank mit Unternehmensinformation investiert. Das Unternehmen soll einen Teil der 20 Millionen registrierten chinesischen Firmen und 200 000 Joint-Ventures mit gebührenpflichtigen Informationen in chinesischer Sprache versorgen. Deshalb haben sich international führende Firmen strategische Beteiligungen an dem Inter-

net-Unternehmen der chinesischen Nachrichtenagentur *Xinhua* gesichert: AT&T, Sun Microsystems, BayNetworks oder Mitsui sind ebenso dabei wie die Hongkonger Telecom Holdings, die vor kurzem für sechs Millionen US-Dollar einen dreiprozentigen Anteil an *Xinhua* erworben hat. Branchenkenner taxieren das Unternehmen auf 215 Millionen US-Dollar. Klar ist: Im marktwirtschaftlichen Konkurrenzkampf wird sich früher oder später der Anbieter durchsetzen, der seine Informationen möglichst frei von ideologischen Wunschvorstellungen und Blockaden hält.

Für die Entwicklung des Internet bedeutet das: Mit zunehmender Größe müssen die Kontrollmechanismen nicht zwangsläufig mitwachsen. Denn Chinas staatliche Zensoren sind gleichzeitig Unternehmer. Sie werden sich irgendwann entscheiden müssen, in welchem Maße sie einerseits am Handel mit freien Informationen verdienen wollen und andererseits die ideologische Ordnung aufrechterhalten wollen. Da im pragmatischen China die Macht des Ideologischen zusehends an Gewicht verliert, während die Unternehmer auch an politischem Gewicht gewinnen, und da gleichzeitig die internationale Verflechtung in den neuen Medien zunimmt, wo Kontrollpotential kaum ein Kapital verkörpert, das sich gewinnbringend einsetzen läßt, wird das chinesische Internet eher freier als kontrollierter sein.

Ein Blick in das weiterentwickelte Taiwan zeigt, wie das aussehen könnte: Wer beispielsweise über das Internet mit Waffen handelt, muß mit bis zu drei Jahren Gefängnis rechnen. Allerdings wird sich die Allianz aus Wirtschaft und Politik leicht über die Fälle einigen, in denen sie die liberalen Eigenschaften des Internet beschneiden wollen, die den wirtschaftlichen Bereich nicht direkt betreffen. Wer offensichtlich sofortige Demokratisierung oder politische Autonomie für Tibet oder Taiwan fordert, wird es noch länger schwer haben mit dem Medium Internet und sich weiterhin Schleichwege im Cyberspace suchen müssen.

Wird es also in diesen Punkten zu einem Konflikt zwischen den wirtschaftlich-politischen Interessen der Machthabenden des Internet und den Interessen der Zivilgesellschaft kommen? Einiges spricht dagegen: Sollte sich die Entwicklung zuspitzen, würde die internationale Wirtschaft mäßigend auf die Politik einwirken, weil sie um ihre Märkte fürchtet und mit den widerstreitenden Positionen einer pluralen Gesellschaft routinierter umzugehen versteht. Daß allerdings das Internet auf diesem Wege ein Machtmittel für die Bevölkerung werden könnte, um massenhaft Informationen über Bürgerrechte auszutauschen und sie schließlich einzuklagen, kann dennoch als relativ unwahrscheinlich gelten.

China verfügt im Unterschied zur ehemaligen Sowjetunion, den ostmitteleuropäischen Ländern oder auch Südafrika über keine formierte Oppositionsbewegung mit entsprechenden Leitfiguren. Dissidenten sind im Ausland bekannter als in China selbst. Das hat mit der tiefsitzenden Tradition zu tun, daß nur Menschen innerhalb der eigenen Arbeitseinheit oder Familie als Vorbild gelten können. Was außerhalb der hohen Mauern des eigenen Haushofes passiert, ist nicht maßgeblich. Die Demokratiebewegung Ende der 80er Jahre war hingegen noch eher ein Relikt der Kulturrevolution, von der die Studenten in ihrer Schulzeit geprägt wurden. Sie hatten eingebläut gekommen, daß man nur mit großen politischen Bewegungen das Land verändern kann. Doch nach der blutigen Niederschlagung der Demokratiebewegung kam es zu einem Rückzug ins Private, teils vom Staat erzwungen, teils freiwillig, weil die folgende Generation die Erfahrung machte, daß man als Kapitän seines eigenen Lebens besser vorankommt, als in großen politischen Bewegungen, was wiederum eher den kulturellen Traditionen Chinas entspricht.
Heute drehen sich die Diskussionen an den Universitäten weniger um politische Grundsatzfragen, sondern eher darum, ob man mit einem Internet-Café Geld verdienen oder über eine Internet-Börse einen besseren Job bekommen kann. Weite Teile vor allem der städtischen Bevölkerung haben eine Art Gesellschaftsvertrag der Politikverdrossenheit mit ihrer Führung geschlossen: Ihr schafft uns wirtschaftlichen Entfaltungsspielraum, und wir stellen dafür eure Legitimation nicht in Frage, so lautet die Abmachung. Sollte es einmal tatsächlich zu einer Aufkündigung dieses Vertrages kommen, mag es dennoch nicht einleuchten, warum ausgerechnet das Internet zum maßgeblichen Instrument der Demokratisierung werden sollte. Denn obwohl das Internet, den Marktkräften gehorchend, massiv ausgebaut und eher weniger kontrollierbar wird, bleibt es als effizientes Kommunikationsmittel der Zivilgesellschaft noch lange nur eingeschränkt nutzbar. China ist ein Land mit 800000 Millionen Bauern. Sechs von sieben Chinesen haben noch nie einen Computer benutzt. Bis allein ein Drittel der 1,2 Milliarden Chinesen einen Computer zur Verfügung haben wird, werden Jahrzehnte vergehen. In Städten wie Shanghai oder Peking wird sich die Nutzung des Internet quantitativ dann kaum noch von New York oder London unterscheiden. Doch auf dem Land werden Computer noch lange nicht die Regel sein. Und die politisch reiferen Städter werden sich mit der aufbegehrenden Landbevölkerung kaum über das Internet verbünden, auch wenn sich die westlichen Lobbyisten eines liberalisierenden Internet das so vorstellen mögen.

Der vernetzte Staat

Wenn ein Staat und andere öffentliche Institutionen Informationsnetze aufbauen und pflegen, vernetzen sie sich nolens volens auch selbst. Daß diese Behauptung zutrifft, beweisen die in diesem Kapitel vorgestellten Beispiele aus Deutschland und Kanada, die vom Netz eines Bundesstaates, von lokalen Stadtinformationssystemen und von virtuellen Parteizentralen handeln. **Richard Simpson** und **Natasha H. Faruqui** vom kanadischen Industrieministerium in Ottawa zeigen anhand des in Europa wenig bekannten Information Highway Advisory Council, wie durch die Einrichtung eines Beratungsgremiums für die Regierung, in dem alle gesellschaftlichen Bereiche und Gruppen vertreten sind, auch die Vernetzung dieser Bereiche und Gruppen gefördert wird. Für den Politikwissenschaftler **Jens Joachim Hesse**, der das neue Europäische Zentrum für Staatswissenschaft und -praxis in Berlin leitet, ist das Internet ein Medium, das der überfälligen Verwaltungsreform nachhelfen und für die Verschlankung des Staates und bürgernahe Verwaltung genutzt werden kann. Er warnt allerdings vor übertriebenen Hoffnungen. Die Stadtforscher **Holger Floeting** und **Busso Grabow** sehen digitale Stadtnetze als Chance zur Revitalisierung und Modernisierung klassischer Stadtfunktionen an, sofern sie nicht als Intranets konzipiert sind und allein der »Aufrüstung« der Bürokratie dienen, sondern interaktiv und an Stadt- und Bürgerinformationssysteme angeschlossen sind. Eine neue Form politischer Öffnung stellen auch »virtuelle Parteizentralen« dar, deren Informations- und Kommunikationsangebote grundsätzlich allen Bürgern, auch Nicht-Parteimitgliedern, offenstehen. Der Bundestagsabgeordnete **Jörg Tauss**, Initiator des (im Kapitel »Netzpraxis« erläuterten) »Virtuellen Ortsvereins der SPD«, beschreibt gemeinsam mit Johannes Kollbeck in seinem Erfahrungsbericht den Typus des »vernetzten Politikers«, der die neuen Medien nutzt, um auf sich aufmerksam zu machen und in einen Dialog mit seinen Wählern zu treten. Mit diesem Anspruch haben (vor allem in den Vereinigten Staaten) Parteien, Regierungen und Parlamente ihr Repertoire politischer Information und Kommunikation erweitert und erkennen nun die Notwendigkeit, Nähe zum Bürger nicht nur symbolisch zu pflegen.

Kanada – Die Regierung nutzt das Netz zur Modernisierung der Gesellschaft

von Richard Simpson und Natasha H. Faruqui

Einige Grundprinzipien der Infrastruktur

Die physikalische Infrastruktur der Wissensgesellschaft besteht heute aus Netzen, Systemen und anderen Hardware-Komponenten der drei Schlüsseltechnologien Telekommunikation, Rundfunk und Computerkommunikation, die gegenwärtig zur sogenannten Datenautobahn zusammenwachsen. Da die Informationstechnologie die Infrastruktur für eine wissensbasierte Wirtschaft zur Verfügung stellt, hängt die zukünftige Wettbewerbsfähigkeit der kanadischen Industrie im In- und Ausland zunehmend von der Verfügbarkeit qualitativ hochwertiger Informationsnetzwerke und -dienstleistungen in ganz Kanada ab. Daher sind Investitionen in die Modernisierung der Netze, in Forschung und Entwicklung sowie in die technologische Entwicklung der gesamten Wirtschaft des Landes von entscheidender Bedeutung, wenn die Kanadier auf dem globalen Marktplatz wettbewerbsfähig bleiben wollen.

Während der Privatwirtschaft die Aufgabe zufällt, die sogenannte Datenautobahn zu bauen, ist die Regierung vor allem dafür verantwortlich, ein investitionsfreundliches Klima zu erzeugen, indem sie attraktive Rahmenbedingungen schafft. Die Industrie muß in vollem Umfang alle Investitionsmöglichkeiten nutzen können, die sich beim Übergang zu einem wettbewerbsorientierten Markt ergeben. Für die Stärkung der technologischen Infrastruktur sind folgende Prinzipien zu beachten:

• **Rahmenbedingungen:** Nur ein offenes, wettbewerbsorientiertes, von den Bedingungen des Marktes gesteuertes Klima wird Unternehmen dazu bringen, die notwendigen Investitionen in die Infrastruktur zu tätigen. Die politischen Rahmenbedingungen müssen für die Privatwirtschaft einen Anreiz für Investitionen in innovative Maßnahmen darstellen. Sie müssen die Offenheit des Marktes gewährleisten und zugleich für den Abbau unnötiger Wettbewerbshemmnisse sorgen.

• **Neutralität der Technologie:** In einem wirtschaftlichen Umfeld, das gekennzeichnet ist durch zusammenwachsende Technologien und Märkte auf dem gesamten Kommunikations- und Informationssektor, müssen die Kräfte des Marktes darüber entscheiden, welche Technologie sich für die Bereitstellung einer bestimmten Dienstleistung am besten eignet. Die gesetzlichen Rahmenbedingungen dürfen also keine Technologie gegenüber einer anderen bevorzugen, sondern müssen »neutral« sein.

- **Offene Standards:** Das wahre Potential der Datenautobahn entfaltet sich erst, wenn die vollständige Verknüpfung und Interoperabilität der Infrastruktur erreicht ist. Mit anderen Worten: Wenn man Zugang zu einem Netzwerk hat, hat man auch Zugang zu allen anderen Netzen. Damit sich ein solches interoperables Netzwerk entwickeln kann, benötigt man international abgestimmte politische Konzepte, die die Offenheit der technischen Standards garantieren.
- **Forschung und Entwicklung:** Das phänomenale Wachstum der Computernetze und des Internet hat zu Verlangsamungen und gelegentlich auch zu Zusammenbrüchen des Internet geführt. Diese Tatsache unterstreicht die Notwendigkeit, Forschungsressourcen auf die Entwicklung moderner Vernetzungs- und Breitbandtechnologien zu konzentrieren, wie sie beispielsweise die unsymmetrischen digitalen Teilnehmerschleifen (Asymmetrical Digital Subscriber Loops, ADSLs), die Kabelmodems und die diensteintegrierenden digitalen Netze (Integrated Service Digital Networks, IDSLs) darstellen. Mindestens ebenso wichtig wie die Tatsache, daß ein investitionsfreundliches Klima für die private Forschung entstehen muß, ist es aber, daß sich öffentliche und private Forschungsanstrengungen ergänzen und gegenseitig stärken.
- **Strategische Investitionen:** Auch wenn die Hauptaufgabe beim Aufbau der informationstechnologischen Infrastruktur zweifellos der Privatwirtschaft zufällt, so kommt der öffentlichen Hand doch eine wichtige Katalysatorfunktion zu. Sie kann die öffentlichen Mittel strategisch so investieren, daß öffentliche Institutionen ihre Vorteile aus der Nutzung der Datenautobahn ziehen können. Daher müssen künftige staatliche Infrastrukturprogramme auf Investitionen in solche Bereiche abzielen, bei denen die Bereitstellung ausreichender Mittel durch private Unternehmen nicht zu erwarten ist. Zu diesen strategischen Bereichen gehören das Bildungs- und Gesundheitswesen, die Forschung und das Sozialwesen.

Diese fünf Prinzipien sind die Grundlagen, auf denen sich eine stabile wirtschaftliche Infrastruktur entwickeln kann. Sie sind darüber hinaus auch der Rahmen, in dem sich eine globale Wirtschaftsordnung verwirklichen läßt. Beides zusammen gewährleistet die gesellschaftliche Stabilität, die für ein innovationsfreundliches Investitionsklima notwendig sind.

Internet und informationsbasierte Wirtschaft

Das Internet ist heute zur zentralen Komponente in der Entwicklung der Datenautobahn geworden. Mit seiner vielfältigen Einsetzbarkeit, Anpassungsfähigkeit und Flexibilität schafft es ungeahnte Möglichkeiten für Einzelpersonen und für Wirtschaft und Gesellschaft als Ganzes. Über das Internet haben die Menschen Zugang zu vielen neuen Formen der Information und Unterhaltung und können es in zunehmendem Maße auch zum Kaufen und Verkaufen von Waren und Dienstleistungen nutzen. Außerdem läßt die rasante Entwicklung des Internet speziell in den Bereichen Bildung, Gesundheitswesen und anderer öffentlicher Dienstleistungen noch viele neue Entwicklungen erwarten. Mit anderen Worten: Das Internet kann entscheidend zum Wirtschaftswachstum beitragen und gilt deshalb häufig auch als Modell für die künftige Entwicklung der Datenautobahn.

Das Internet ist überdies ein außerordentlich leistungsfähiges und nützliches Werkzeug für weltweite Handelsbeziehungen und könnte zu einer treibenden Kraft des elektronischen Handels werden. Seine riesige Verbreitung über praktisch alle Märkte der Welt und die relativ niedrigen Kosten für die Übertragung großer Datenmengen machen das Internet für viele Arten von Kommunikation und Dienstleistungen interessant. Welche neuen Märkte das Internet erschließen und welche neuen Waren und Dienstleistungen es generieren wird, ist dagegen noch nicht deutlich erkennbar. Seine Nutzung für kommerzielle Transaktionen hat sich jedenfalls sehr viel langsamer entwickelt als seine Nutzung zur Informationsverbreitung. Der Handel via Internet tendiert gegenwärtig eher dazu, traditionelle Verteilwege für vorhandene Güter und Dienstleistungen zu ersetzen als wirklich neue Geschäftsfelder zu kreieren.

Welchen Beitrag das Internet künftig zum elektronischen Handel und zur Sicherung von Wohlstand und Arbeitsplätzen leisten wird, hängt vom Entstehen einer neuen Generation von Dienstleistungen und informationsbasierten Produkten ab, die für den Nutzer einen Mehrwert darstellen. Derzeit gibt es eine Reihe von Schwierigkeiten, die Unternehmen und Verbraucher davon abhalten, die vielen Möglichkeiten zu nutzen, die das Internet für den elektronischen Handel bietet. Dabei geht es vor allem um die Frage der Datensicherheit, des Schutzes der Privatsphäre, des Konsumentenschutzes, des Authentizitätsnachweises, der Sicherheit des Zahlungsverkehrs und der Kosten für den Telekommunikationsverkehr. Alle diese Faktoren haben eine schnelle Entwicklung des elektronischen Marktplatzes verhindert. Erst wenn diese Probleme zufriedenstellend gelöst sind,

wird man die Möglichkeiten, die das Internet für die Expansion des elektronischen Handels enthält, wirklich nutzen und das Internet als Medium für breitgefächerte wirtschaftliche Aktivitäten einsetzen können.
In einer informationsbasierten Wirtschaft müssen Anwendungen entwickelt werden, die auf die Bedürfnisse spezieller Bereiche und Kunden zugeschnitten sind. Es gibt also eine natürliche Notwendigkeit, über den vergleichsweise schmalen Bereich der Infrastrukturentwicklung hinaus nach neuen Mitteln und Wegen zu suchen, wie man die Nachfrage nach Produkten und Dienstleistungen für die Datenautobahn ankurbeln und als Motor für das Wirtschaftswachstum insgesamt nutzen kann. Für das Gesundheits- und Bildungswesen und für die kleinen Unternehmen etwa bietet das Internet große Möglichkeiten zur Entwicklung neuer Inhalte, Anwendungen und Dienstleistungen. Für jeden dieser Bereiche bietet die Datenautobahn beträchtliche Vorteile, und es wäre deshalb sinnvoll, hier das richtige Umfeld zu schaffen.

Kleine Unternehmen

In der kanadischen Wirtschaft sind es gerade die kleinen und mittleren Unternehmen, die dynamisch und schnell wachsen und damit einen weitreichenden Einfluß auf die gesamtwirtschaftliche Entwicklung ausüben. Die Kommunikationstechnologien können die Art und Weise revolutionieren, wie die kleinen Unternehmen sich auf neue Märkte einstellen und sich neue Betätigungsfelder erschließen.
Gerade für sie hält das Internet eine Reihe wichtiger Vorteile bereit, da es das wichtigste Hilfsmittel für die Abwicklung des elektronischen Handels ist. Es kann die Transaktions-, Marketing- und Kommunikationskosten senken und bietet darüber hinaus die Möglichkeit, sich vielfältig zu vernetzen, global zu operieren und virtuelle Allianzen einzugehen. Die Tatsache, daß durch das Internet viele Transaktionen direkt von Unternehmen zu Unternehmen stattfinden können, senkt für kleine Unternehmen die entsprechenden Kosten. Beispielsweise kann dadurch auf viele der bei realen Transaktionen verwendeten gedruckten Formulare verzichtet werden. Außerdem ermöglicht die elektronische Vernetzung den kleinen Unternehmen, sich mit minimalem Kapitalaufwand mit ihren geschäftlichen Aktivitäten auf die globale Ebene zu begeben. Nach Angaben der CFIB (Canadian Federation of Independent Business) nutzte 1997 die Hälfte aller kleinen Unternehmen in Kanada das Internet für Transaktionen.

Die Regierung kann bei dieser Entwicklung eine maßgebliche Rolle spielen. Wenn sie selbst eine Vorreiterrolle bei der Nutzung der neuen Technologien übernimmt, trägt sie wesentlich dazu bei, daß das Internet in der kanadischen Wirtschaft und Gesellschaft insgesamt an Popularität gewinnt. Wenn die Regierung dafür sorgt, daß viele öffentliche Dienstleistungen und Informationen im Internet zur Verfügung stehen, wird dies die rasche Ausbreitung des elektronischen Handels unterstützen. Nur wenn die Wirtschaft die neuen Möglichkeiten, die das Internet bietet, voll ausschöpft, kann so etwas wie ein hochentwickelter neuer Produktionssektor entstehen, der Wirtschaftswachstum und neue Arbeitsplätze kreiert.

Bildungsindustrie

Lernen ist Voraussetzung dafür, daß sich die für die informationsbasierte Wirtschaft benötigten menschlichen Ressourcen entwickeln können, und es ist außerdem entscheidend, um die Menschen für die Arbeitsplätze in dieser Wirtschaft zu qualifizieren. Die Datenautobahn bietet hier eine gute Möglichkeit für die Industrie, neue Bildungswerkzeuge und einen echten neuen Industriezweig entstehen zu lassen. Die Herausforderung für die neue »Lernindustrie« besteht darin, die Hardware so effizient mit kulturellen Inhalten und menschlicher Kreativität zu verknüpfen, daß sich daraus neue Geschäftsfelder und Arbeitsplätze entwickeln. Wenn wir pädagogische Ergebnisse daran messen, daß man auch lernen muß, mit den neuen Technologien umzugehen, und wenn es uns außerdem gelingt, das Lernmaterial in eine geeignete digitale Form zu bringen, kann sich hieraus ein neuer Produktzweig entwickeln.

Es gibt bereits verschiedene Initiativen in Kanada, die in diese Richtung zielen. Ein Beispiel dafür, wie man Schulen bei der Anwendung der neuen Technologien zu helfen versucht, ist das kanadische Schulnetz. Das Projekt entstand aus der gemeinschaftlichen Anstrengung öffentlicher und privater Träger, was dazu geführt hat, daß inzwischen mehr als die Hälfte der 16500 höheren Schulen in Kanada an das Internet angeschlossen sind. Die Schulnetz-Website [http://www.schoolnet.carleton.ca] hat sich zu einem nationalen Unterrichtsnetz ausgestaltet, das Schülern und Lehrern den Zugriff auf eine große Informationsmenge ermöglicht. Die Lehrer nutzen das Netz für gemeinsame Projektarbeiten oder um sich weltweit in ihrem Fach mit neuen Informationen zu versorgen.

Eine weitere wichtige Initiative ist das Telelearning Network Centre of

Excellence, das untersucht, welchen Beitrag die Technologien zur Bildung leisten können. Dieses Konsortium entwickelt und vermarktet seine Produkte und Dienstleistungen gemeinschaftlich – ein wichtiger Schritt, um die kanadische Wettbewerbsfähigkeit auf diesem Sektor zu stärken.

Gesundheitsindustrie

Das Gesundheitswesen wird sich in der Weise umgestalten, daß qualitativ hochwertige Pflegedienste beispielsweise sehr viel kostengünstiger zur Verfügung stehen, da durch die neuen Technologien ganz neue Dienstleistungen, Produkte und Jobs entstehen. Um den heute bereits vorhandenen Bedarf an solchen Produkten befriedigen zu können, hat sich in Kanada im Gesundheitsbereich bereits eine Industrie für Teleprodukte und -dienstleistungen entwickelt.
Inwieweit es hier auf lange Sicht tatsächlich zu qualitativen Veränderungen kommt, hängt entscheidend davon ab, ob es gelingt, alle staatlichen und privaten Institutionen in einem nationalen Gesundheitsnetzwerk zusammenzuführen und Krankenhäuser, medizinische Labors und Forschungsinstitutionen miteinander zu vernetzen. Das kanadische Gesundheitsministerium hat im vergangenen Jahr die Möglichkeiten eines solchen Netzwerks untersucht und eine Reihe strategischer Empfehlungen ausgesprochen (Report von Health Canada: »Towards a Canadian Health I-Way-Vision, Opportunities and Future Steps«), um es in die Realität umzusetzen. Das Industrieministerium ist nun dabei, ein gesetzliches Rahmenwerk für die telematische Gesundheitsindustrie auszuarbeiten. Die kanadische Industrie steht in diesem Bereich vor großen Herausforderungen, da der nationale Markt sehr klein und die Konkurrenz aus den USA sehr groß ist. Hinzu kommt, daß es in Kanada zu wenig ausgebildete Fachleute für diesen Bereich gibt.

Kulturindustrie

Auch der Kulturbereich hat das Potential, mit den vielen Möglichkeiten, die die neuen Technologien bieten, zum Wirtschaftswachstum beizutragen. Weil die digitale Gestaltung der kulturellen Inhalte technisch immer aufwendiger und anspruchsvoller wird, hängt der Erfolg aber entscheidend davon ab, daß es zu einer Verschmelzung der kreativen und technischen Potentiale des Landes kommt. Es werden zunehmend größere Anstrengungen notwendig sein, um im Bereich Computergrafik, Animation, Multimedia-Anwendungen und Internet-Software hervorragende Leistungen zu erzielen, wie sie als Anreiz für Forschung und Entwicklung gebraucht werden. Die Kreativen, die Künstler und Designer, sollten die Möglichkeit haben, ihre Ideen und Vorstellungen mit den besten technologischen Werkzeugen umzusetzen und mit Inhalteanbietern, Wissenschaftlern und Technikern zusammenarbeiten zu können, um neue Produktionstechniken und Inhalte zu entwickeln.

Alle Produkte, die mit Inhalten zu tun haben, seien es nun allgemeine oder spezifische Kulturinhalte, werden von der Ausdehnung des Handels auf fremde Märkte profitieren. Der Multimedia-Bereich könnte durch das Exportgeschäft insgesamt zu einer wichtigen neuen Einnahmequelle in Kanada werden. Voraussetzung für den Erfolg im Ausland ist allerdings, daß man auch im Inland erfolgreich ist. Man muß also als erstes die Designer, Produzenten und Distributeure zu Hause zur Investition ermutigen. Wichtig ist, daß man die Vermittlung der kulturellen Inhalte Kanadas nicht allein den Kräften des Marktes überläßt. Kultur ist ja nicht nur ein Wirtschaftsgut. Mit dem Export kultureller Produkte wird das kanadische Image im Ausland wie auch die wirtschaftliche Entwicklung im Inland gefördert. Interessanterweise definiert die kanadische Regierung Kultur denn auch als »eine der drei Säulen« der kanadischen Außenpolitik.

Soziokulturelle Dynamik der Wissensgesellschaft

Die wirtschaftlichen, sozialen und kulturellen Dimensionen der Wissensgesellschaft stehen miteinander in einer dynamischen Wechselbeziehung. Eine gesunde Gesellschaft und eine vitale Kultur sind entscheidende Voraussetzungen für eine starke Ökonomie. Die Wissensgesellschaft ist in hohem Maße auf Menschen angewiesen, die die Technologie für die Realisierung individueller und gesamtgesellschaftlicher Ziele gleichermaßen einsetzen können. Technologie ist ja nicht Selbstzweck, sondern ein Werkzeug zum Erreichen von Zielen, die allen Kanadiern am Herzen liegen. Zwar sind hier die physikalische Infrastruktur und die allgemeine wirtschaftliche Entwicklung von großer Bedeutung, doch mindestens ebenso wichtig für die Entwicklung der Wissensgesellschaft ist die Frage des Zugangs zum Internet und die Entwicklung der menschlichen Ressourcen. Erfolg in der digitalen Welt hat nicht nur mit der Entwicklung der physikalischen Infrastruktur und dem Aufbau einer informationsbasierten Wirtschaft zu tun. Es ist vor allem eine Frage der Menschen und wie schnell sie lernen, das Medium effizient für die sozio-kulturelle Entwicklung zu nutzen.

Je stärker sich der Information Highway im wirtschaftlichen, sozialen und kulturellen Leben Kanadas durchsetzt, desto dringender stellt sich die Frage, wie man die Probleme des Zugangs lösen kann. Eine effiziente politische Strategie muß Antworten auf die folgenden Fragen geben:

- Wie stellt man sicher, daß alle Kanadier eine bezahlbare Zugangsmöglichkeit zu den Grunddiensten der Telekommunikation und des Rundfunks haben, die die kanadische Auffahrt zur Datenautobahn bilden?
- Wie kann man den Zugang zu den Netzen und den neuen Dienstleistungen fördern, die auf dem Datenhighway und speziell im Internet entstehen?
- Welche formalen Mechanismen können in der sich schnell verändernden Informationsgesellschaft entwickelt werden, um für die Wissensgesellschaft entscheidenden Dinge wie Universalität des Mediums und Zugang für alle sicherzustellen?

Kanada war in der Vergangenheit weltweit führend, was die Zugangsmöglichkeiten zu den Medien der Telekommunikation und des Rundfunks anbetrifft. Diese Basisdienste sind für die Kanadier heute eine Plattform des Zugangs zum Internet und zu den neuen elektronischen Informationsdiensten. Kanada verfügt über einen flächendeckenden Zugang zu den Kerndiensten der Telekommunikation, und es sind Mechanismen eingebaut, die sicherstellen sollen, daß dies auch in einer wettbewerbsorientierten elektronischen Wirtschaft so bleibt.

Viele der neuen elektronischen Informationsdienste werden in Zukunft über das Internet zur Verfügung gestellt werden, und hier müssen ausreichend Zugangsmöglichkeiten zur Verfügung stehen. Gegenwärtig sind es kaum mehr als zehn Prozent der kanadischen Haushalte, die das Internet nutzen, doch sehr viel mehr Kanadier haben ihren Internetzugang am Arbeitsplatz, in der Schule oder in der Universität.

Welches sind die unverzichtbaren Basisdienste?

Da in Zukunft vermutlich viele Basisdienste, die für alle Kanadier zugänglich sein sollten, über das Internet zur Verfügung gestellt werden, ist es wichtig, daß man definiert, welche diese sind. Die Regulierungspolitik für die Telekommunikation hat sich bisher typischerweise mit der Zugangsfrage unter dem Aspekt des einfachen Netzzugangs befaßt, wohingegen die Rundfunk-Regulierung beides, sowohl den Empfang von elektronischen Signalen wie den Zugang zu den Programmen, im Auge hatte. Aber keine der beiden Regulierungen ist auf die neuen informationstechnologischen Medien anwendbar, die sich rasch weiterentwickeln und ständig neue Märkte generieren. Hier sind neue Regulierungskonzepte gefragt, die den veränderten sozialen, wirtschaftlichen und kulturellen Bedingungen Rechnung tragen. In der Wissensgesellschaft hat die Frage, wer Zugang zur Information und zu den entstehenden Dienstleistungen hat, weitreichende Konsequenzen.

Der Faktor Mensch

Unsere Einstellung zur Arbeit hat sich während des vergangenen Jahrzehnts von Grund auf verändert. Jedermann kann heute drei oder vier verschiedene berufliche Laufbahnen absolvieren, für die naturgemäß immer stärker diversifizierte Qualifikationen erforderlich sind. Der Verbleib einer Person in derselben Position oder auf demselben Karriereweg über ein ganzes Berufsleben hinweg wird künftig die Ausnahme sein; dagegen dürften die Teilzeitarbeit, Telearbeit, Werkvertragsarbeit und selbständige Arbeit an Bedeutung zunehmen. Diese Veränderungen im Arbeitsleben erfordern einen kontinuierlichen Lern- und Weiterbildungsprozeß, da man sich dauernd auf neue Arbeitsbereiche einstellen muß. Und sie erfordern vor allem den effizienten Umgang mit den Informations- und Kommunikationstechnologien.

Für ein Land wie Kanada ist es enorm wichtig, daß die beruflichen Qualifikationen der Menschen sich an den Anforderungen der Wissensgesellschaft orientieren. Wenn das Land sich in der zukünftigen Wirtschaft Prosperität und Arbeitsplätze sichern will, müssen die Menschen vor allem auch im Umgang mit den neuen Technologien geschult werden. Es müssen entsprechend neue Lern- und Ausbildungsmöglichkeiten geschaffen und vernetzte Informationstechnologien zur Verfügung gestellt werden.

Kanada geht neue Wege beim Bau der Datenautobahn

Ein großer Teil der kanadischen Information Highway-Initiativen hat mit der Arbeit des von der Regierung einberufenen interdisziplinären Beratungsgremiums zu tun (Information Highway Advisory Council, IHAC), das im Mai 1994 zum ersten Mal tagte. Dieses Gremium setzt sich aus 29 kanadischen Persönlichkeiten zusammen, die aus unterschiedlichen gesellschaftlichen Bereichen kommen, aus der Telekommunikations- und Informationstechnologie-Industrie so gut wie aus dem Kultur- und Bildungsbereich, aus Gewerkschaften, Kunst, Verbraucherverbänden und anderen Interessensvertretungen. Die Arbeit dieses Gremiums hatte folgende thematische Schwerpunkte: Schaffung von Arbeitsplätzen durch Innovation und Investition; Stärkung der staatlichen Eigenständigkeit und kulturellen Identität Kanadas; Sicherstellung eines für alle Kanadier bezahlbaren Zugangs zur Information. In seinem 1995 vorgelegten Arbeitsbericht (»Connection, Community and Content: The Challenge of the Information Highway«) formulierte das Gremium 224 Empfehlungen, die ein breites Spektrum an Fragen öffentlicher Politik beinhalteten und sich speziell auch mit Fragen der Kultur, des allgemeinen Zugangs zur Information, des lebenslangen Lernens, der Forschung und Entwicklung und des Wettbewerbs in der Telekommunikationsindustrie befaßten. Auf diesen Empfehlungen aufbauend entwickelte die kanadische Regierung dann im Mai 1996 einen Aktionsplan (»Building the Information Society: Moving Canada Into the 21st Century« – [http://strategis.ic.gc.ca/SSG/ih01096e.html#300]) und beauftragte das Gremium gleichzeitig mit der Weiterarbeit an verschiedenen Themen, für die in Zukunft weitergehende politische Maßnahmen erforderlich sind. Das Gremium legte im April 1997 seinen Abschlußbericht (»Preparing Canada for a Digital World« – [http://strategis.ic.gc.ca/SSG/ih01650e/ html]) mit weiteren 100 Empfehlungen vor, die folgende Fragen in den Mittelpunkt stellten:

- **Netze:** Die Entwicklung von Infrastruktur und Anwendungen sollen als Anreiz für Kooperationen zwischen privatwirtschaftlichen und staatlichen Trägern dienen, die den Einstieg in die Entwicklung moderner Netzwerke und damit verknüpfter Anwendungen fördern.
- **Zugang:** Die Regierung soll mit gesellschaftlichen Gruppen in einen Dialog treten, um herauszufinden, auf welche Weise sich die Zugangsbedingungen zur Information verändern und welche die Basisdienstleistungen sind, die für alle zugänglich sein müssen.
- **Lebenslanges Lernen:** Es soll ein Forum aus Vertretern der Regierung,

der Technologie-Industrie und der Lehrerschaft eingerichtet werden, das die wichtigen Fragen formuliert, die beantwortet werden müssen, um lebenslanges Lernen zum Schlüsselelement des Information Highway zu machen.

• **Standards:** Die Entwicklung, Verbreitung und Übernahme von Standards, die die Offenheit der Netze garantieren, soll gefördert und der »Fahrplan« für die Standards der Datenautobahn ständig aktualisiert werden.

• **Regierung als Vorbild:** Ministerien und andere Regierungsstellen sollen angehalten werden, bei der Nutzung der Datenautobahn als Vorbild zu fungieren. Sie sollen die Vernetzung sowohl nach innen – für die Nutzung im administrativen Bereich – wie nach außen – für die Vernetzung mit dem Bürger – vorantreiben und für die Öffentlichkeit elektronische Dienstleistungen zur Verfügung stellen.

• **Leistungsindikatoren:** Die Bewertung der wichtigsten wirtschaftlichen und sozialen Indikatoren soll Vergleichsmöglichkeiten liefern, wie weit Kanada im Vergleich zu anderen Ländern auf dem Weg zur Informationsgesellschaft fortgeschritten ist.

• **Kanadische Kultur:** Eine breit angelegte Strategie zur Entwicklung kanadischer kultureller Inhalte soll dazu beitragen, daß der für die Einheit des Landes notwendige kulturelle Dialog verstärkt wird.

Fazit

Ob die Informationstechnologien sich auf lange Sicht positiv oder negativ auswirken, hängt letztlich von den Menschen und ihrem Willen, ihrem Engagement und ihrer Vorstellungskraft ab, die Anwendung der Technologie in eine bestimmte Richtung zu lenken. Kanada hat hier mit Sicherheit gute Realisierungschancen, wenn es folgende drei Grundvoraussetzungen erfüllt:

Um die neuen sozialen und wirtschaftlichen Möglichkeiten der Datenautobahn nutzen zu können, benötigt man erstens eine qualitativ hochwertige Informations-Infrastruktur. Damit diese entstehen kann, sind ein solider gesetzlicher Rahmen und attraktive Marktaussichten notwendig, die eine effektive Nachfrage bewirken. Zweitens: Anwendungen, Dienstleistungen und Inhalte müssen die Grundlage für die Entwicklung einer informationsbasierten Wirtschaft bilden. Sie muß sich, um Investitionen anzuziehen, an der Nachfrage des Marktes orientieren. Wir müssen uns –

drittens – immer vor Augen halten, daß die Datenautobahn in erster Linie den Menschen dient. Um so wichtiger ist es, daß alle Kanadier Zugang zu einem vielfältigen Angebot von Diensten erhalten, die sie für Aus- und Weiterbildung sowie ihre persönliche Entwicklung nutzen können.

Schlanker Staat und bürgernahe Verwaltung

Neue Chancen für eine überfällige Reform

von Joachim Jens Hesse

»Schlanker Staat und bürgernahe Verwaltung« – ich werde meine Beobachtungen zu diesem Thema zu zehn Thesen verdichten, die auch jenes mit einbeziehen, was derzeit im Rahmen zahlreicher Gremien diskutiert wird. Dabei sollte sich eine pragmatische Sichtweise als hilfreich erweisen, um überschießende Erwartungen zu relativieren. Im übrigen werde ich versuchen, mich nicht nur auf die deutsche Diskussion zu beziehen, sondern auch einiges von dem einfließen zu lassen, was ich im vergangenen Jahrzehnt von Großbritannien aus an europabezogenen Untersuchungen zum Thema vorgelegt habe. Die Einblicke in das politische Geschehen der meisten EU-Mitgliedstaaten lassen vergleichende Ausführungen zu.

Die 1. These lautet: Der Reformbedarf von Staat und öffentlicher Verwaltung ist in der Tat beträchtlich, ein umfassender Modernisierungsansatz von daher unverzichtbar.

Hierzu genügen zunächst einige Stichworte. Der öffentliche Sektor gilt in den meisten westlichen Industriestaaten als zu groß, zu teuer und zu unbeweglich. Angestoßen durch die gegenwärtige Finanzkrise und die damit verbundenen Haushaltsprobleme kommt es zu umfassenden Reformdiskussionen – und dies fast weltweit. Dabei überschneiden sich Konsolidierungs- und Modernisierungspolitiken. Auch in der Bundesrepublik erzwingen die prekäre Situation der öffentlichen Haushalte sowie die Funktionsdefizite der öffentlichen Hand eine rückhaltlose Diskussion über den Zustand der deutschen Staatlichkeit. Dabei stehen die Einrichtungen von Bund, Ländern und Gemeinden gleichermaßen auf dem Prüfstand. Die heutige, nahezu ubiquitäre Kritik am Zustand von Regierung und Verwaltung bringt zum Ausdruck, daß es in den vergangenen Jahrzehnten versäumt wurde, eine zielstrebige und kontinuierliche Verwaltungspolitik und Institutionenpflege zu betreiben. Damit konnten sich vier Tendenzen in der Entwicklung von Regierung und Verwaltung ungehindert auswirken und wechselseitig verstärken: ein bislang kaum eingeschränktes Wachstum, eine immer noch zunehmende Spezialisierung, verstärkte Verflechtungsprozesse sowie deutliche Bürokratisierungstendenzen.

Um diesen Prozessen entgegenzuwirken, fordern die auf nationaler wie internationaler Ebene geführten Diskussionen in erster Linie einen schlankeren, einen effizienteren, einen kostenbewußteren Staat, wobei vor allem auf ein Lernen vom privatwirtschaftlichen Bereich gesetzt wird. Es geht, so heißt es, um die Entwicklung eines *Public Management* – und das auf nahezu allen Ebenen, die Schlüsselbereiche repräsentativer Demokratie einbezogen. Die reichlich pauschalen, immer wiederkehrenden Ziele sind dabei allen bekannt: kundenorientierte Dienstleistungen, Bürgernähe der Politik, kostenbewußte Leistungserbringung, Ergebnisorientierung, Nutzung synergetischer Potentiale zwischen Staat, Wirtschaft und Gesellschaft. Informations- und Kommunikationstechniken wie -technologien spielen dabei eine entscheidende Rolle.

Faßt man die diskutierten Überlegungen zusammen und konfrontiert sie mit den Handlungsmöglichkeiten, bietet sich allerdings das Bild eines »Zuges der Lemminge« an. Es stellt darauf ab, daß sich der politische Prozeß häufig ungeprüft nahezu allem öffnet, was Reform und Innovation verheißt. Dabei bleibt der Blick auf das Konkrete, Umsetzbare oft verstellt. Die Forderung der Anpassung an ein *New Public Management* gewinnt aber nur dann an Substanz, wenn konkret angegeben wird, worauf sich in welchem Zeitrahmen welche Veränderungen richten sollen.

Die 2. These ist kritischer und lautet: Trotz vermeintlich gleicher oder zumindest ähnlicher Krisenerscheinungen in den meisten westlichen Demokratien gibt es keine globale Konvergenz.

In der öffentlichen Debatte wird häufig der Eindruck erweckt, daß Reformen des öffentlichen Sektors in Ländern wie Australien, Neuseeland oder Großbritannien von den »Nachzüglern« lediglich kopiert werden müßten, um Staat und Verwaltung kostengünstiger und wirksamer arbeiten zu lassen. Dabei wird allerdings verkannt, daß die jeweiligen Ausgangsbedingungen, staatlichen Traditionen oder auch Verwaltungskulturen einer umstandslosen Übertragung sogenannter »Modelle« entgegenstehen. Zwar treffen der ökonomische Strukturwandel und ein verstärkter weltweiter Wettbewerb die Länder gleichermaßen, von einer einheitlichen Reaktion auf diese Herausforderung kann deshalb jedoch nicht gesprochen werden. Eine globale Vereinheitlichung von Regierungs- und Ver-

waltungssystemen findet nicht statt. Die globale Konvergenz im Sinne eines einheitlichen *New Public Management* ist ein Mythos. »All hype – hardly substance«, das mag die zutreffende Kennzeichnung sein.
Deshalb sind eine Reihe von Unterscheidungen unausweichlich – vor allem die zwischen den angelsächsischen und den kontinentaleuropäischen Ländern, aber auch die zwischen Ländern unterschiedlicher Entwicklungsstufen (denken Sie nur an die Reformstaaten Mittel- und Osteuropas auf der einen oder die Wachstumsregionen Südostasiens auf der anderen Seite). Selbst innerhalb der angelsächsischen Welt sind die Differenzen erheblich. So werden die Erfahrungen Neuseelands, Australiens und Großbritanniens fälschlicherweise meist auf eine Stufe gestellt, gelegentlich kommt es sogar zu einem Verweis auf die USA, wo die »Blütenträume« des Vizepräsidenten zur Reform der amerikanischen Bundesverwaltung keinesfalls gereift sind.
Allerdings ist unstrittig, daß sich die deutsche Diskussion zur Verwaltungsreform dem internationalen Vergleich bislang weitgehend entzog. Um trotzdem dem Vorwurf der Provinzialität zu entgehen und »Internationalität« zu dokumentieren, wurde und wird hier umstandslos auf Modelle verwiesen (im kommunalen Bereich etwa auf Tilburg in den Niederlanden, Christchurch in Neuseeland oder Phoenix in den USA), ohne sich der jeweiligen Kontextbedingungen wirklich bewußt zu sein. In dem Bemühen, »aktuell«, »modern«, in jedem Fall aber »innovationsorientiert« zu wirken, benennt man ohne nähere Prüfung Vorbilder, die bereits in sich durchaus diskussionswürdig sind oder sich in anderen Kontexten als problematisch erwiesen haben. In diesem Zusammenhang ist informierten Beobachtern seit längerem deutlich, daß Deutschland den Anschluß an die internationale Diskussion zur Fortentwicklung des öffentlichen Sektors verloren hat – eine Diskussion, die es bis in den Beginn dieses Jahrhunderts hinein nachhaltig prägte. Mit der Ausblendung des Vergleichs verbinden sich Erkenntnis und Kompetenzvorbehalte, die nicht nur Kritiker in der gegenwärtigen Diskussion geltend machen. Das Internet kann und wird hier zwar für erweiterten Informationsaustausch sorgen können (»innovations travel fast«) – mehr aber nicht. Traditionen sind wehrhaft, aus guten Gründen.

Die 3. These ist deutschlandspezifischer und lautet: Die deutsche Diskussion zur Reform des öffentlichen Sektors verläuft zögerlich und ohne Konsequenz. Es fehlt an politischem Willen.

Es ist sicher nicht zu kritisch, wenn man bemerkt, daß Regierungs- und Verwaltungsreformen in Deutschland seit Jahrzehnten ergebnislos diskutiert werden. Die Berichte des Bundesinnenministeriums zum »schlanken Staat« setzen die frucht- und folgenlose Debatte fort. Experten wissen um die unrühmliche Geschichte der Regierungs- und Verwaltungsreformen bei Bund, Ländern und Gemeinden. Es verbleibt meist bei pauschalen Absichtserklärungen; dabei herrscht quer durch die politischen Parteien Konsens, daß man den »schlanken Staat« will, »eine Übertragung privatwirtschaftlicher Managementkonzepte auf den öffentlichen Sektor«, »Testkataloge für Gesetzgebungsverfahren«, »eine Fortsetzung von Deregulierungspolitiken«, »ein gesteigertes Kostendenken durch Überwindung der Kameralistik« – alles gut und richtig, aber seit mehr als zwanzig Jahren ergebnislos diskutiert. Es fehlt an der Umsetzung, an der Konkretisierung, am Vollzug, letztlich also am politischen Willen.
Faßt man diesen Prozeß zusammen und spitzt ihn zu, bietet sich die unappetitliche Metapher vom »Fisch, der vom Kopf her stinkt« an: Die derzeitige Finanzierungskrise von Bund, Ländern und Gemeinden verweist auf ökonomische und soziale Schwierigkeiten, in denen sich auch grundlegende politische Fehler spiegeln. Die deutsche Politik setzte bis vor kurzem auf Wachstum. Das Wachsen der Staatsquote, der öffentlichen Aufgaben, der öffentlichen Einrichtungen, des öffentlichen Dienstes und schließlich der öffentlichen Verschuldung war eine unvermeidbare Folge. Aufforderungen, die öffentlichen Auf- und Ausgaben zu begrenzen, wurden von Politik und Verwaltung nicht zur Kenntnis genommen oder gar unterdrückt. Damit verbanden sich der Verzicht auf eine ernsthafte Staatsdiskussion, übertriebene Harmonisierungs- und Einheitsvorstellungen und die verbreitete Bereitschaft der Politik, den jeweils kleinsten gemeinsamen Nenner zu suchen.
Dabei kann ein deutliches Gefälle zwischen den Gebietskörperschaften wahrgenommen werden: Vor allem die Gemeinden sahen sich aufgrund finanzieller Probleme und einer insgesamt wenig gemeindefreundlichen Politik von Bund und Ländern schon frühzeitig gezwungen, nicht nur den Aufgabenbestand zu überdenken, sondern auch innerhalb der gegebenen Routinen nach Reformpotentialen zu fahnden. Nach Angaben des Deutschen Städtetags haben bereits mehr als 70 Prozent seiner Mitglieds-

städte Maßnahmen im Rahmen des von der Kommunalen Gemeinschaftsstelle propagierten, inzwischen allerdings selbst diskussionswürdigen »neuen Steuerungsmodells« ergriffen. Damit sind Ansätze einer Verwaltungsreform erkennbar, die ihren Namen verdient.
Im Gegensatz dazu wird deutlich, wie weitgehend inaktiv der Bund und die meisten der Länder bislang geblieben sind. Unterstützt und in Teilen gar angeleitet von Beamtenverbänden und einer reformunwilligen Bürokratie, hat man es hier besonders eindrucksvoll vermocht, die Politik zu »zügeln«. Jetzt wächst allerdings der Druck, es besteht der zu Recht beklagte »Reformstau« in zahlreichen Politikfeldern; ein Nachholbedarf wird allgemein diagnostiziert. Auch wächst die Erkenntnis, daß nicht nur Märkte, sondern auch Regierungs- und Verwaltungssysteme im weltweiten Wettbewerb stehen. Deshalb die gegenwärtige Suche nach Modellen (wobei es immer ein wenig lächerlich wirkt, wenn die Bundesrepublik sich an Neuseeland, einem ganz anders strukturierten politischen und administrativen System mit drei Millionen Einwohnern ausrichtet). Der Blick ins Internet wird dabei erzwungen – übrigens auch durch die Entwicklung der Europäischen Union: Deren Entscheidungen und die damit verbundenen Regelungssysteme werden Rückwirkungen auf die nationalen Regierungs- und Verwaltungssysteme haben – auch das ist eine bis heute undiskutierte Folge geblieben.

Die 4. These wendet sich der eigentlichen Substanz der Diskussion zu: Der Reformbedarf für Regierung und Verwaltung stellt sich jetzt simultan auf nahezu allen Ebenen.

Diese These ist die logische Folge der benannten Verzögerung, des »Nachhinkens« der deutschen Diskussion. Jetzt ergibt sich Reformbedarf gleichzeitig bei den öffentlichen Aufgaben, den Organisationsstrukturen, den Prozessen des Regierungs- und Verwaltungshandelns, den Ressourcen und dem Personal. Eine Gesamtkonzeption zur Regierungs- und Verwaltungsreform ist dabei unausweichlich. Reformen kommen nur im Rahmen einer übergreifenden Zielvorstellung voran. Diese muß einen notwendigen Aufgabenverzicht, eine vernünftige Aufgabenteilung zwischen Bund, Ländern und Gemeinden, eine Konzentration der Politik auf unabweisbare Schwerpunkte, eine Effizienzsteigerung im Vollzug sowie eine Vereinfachung von Verfahren bewirken. Um dies zu ermöglichen oder auch nur zu erleichtern, sind eine Entflechtung zwischen Bund und Ländern und zwischen Ländern und Gemeinden, eine Organisations- und

Dienstrechtsreform sowie eine kommunale Gebietsreform in den neuen Ländern angezeigt. Auch eine nicht nur deklamatorische Länderneugliederung steht zur Diskussion. Diesen Problemen nicht oder immer nur punktuell zu begegnen, hat jenen »Reformstau« geschaffen, der jetzt die Leistungsfähigkeit der öffentlichen Hand beeinträchtigt und damit deren Stabilität gefährdet.
Angesichts dieser Ausgangssituation nutzen pauschale Kennzeichnungen oder Absichtskategorien wie »good governance«, »best practice« oder »Neuerfindung von Politik und Verwaltung« wenig, sie vernebeln eher das Ausmaß des Gestaltungsbedarfs. Deshalb seien im folgenden die benannten Schlüsselbereiche der Diskussion gesondert angesprochen. Allerdings ist dabei die Vorbemerkung wichtig, daß man nicht sprunghafte, gleichsam revolutionäre, sondern durchaus evolutionäre Entwicklungen erwarten sollte. Der öffentliche Sektor ist nicht identisch mit dem privatwirtschaftlichen Bereich. Bei aller vermeintlichen Austauschbarkeit, bei aller Koordinations- und Kooperationsintensität, die durch das Internet so produktiv befördert werden wird, gilt es, die Besonderheiten des öffentlichen Sektors zu beachten: das notwendigerweise Beharrende, das Stabilisierende, die Gewährleistung von Kontinuität und Identität, die Verläßlichkeit, die spezifische Entscheidungsfähigkeit – all das sind unabdingbare Voraussetzungen für das Gemeinwesen.

Die 5. These lautet: Aufgabenkritik oder eine Neudefinition der öffentlichen Aufgaben bilden den Schlüssel zur Reform von Staat und Verwaltung.

Trotz ubiquitärer Forderungen, bei einer Reform der deutschen Staatlichkeit mit einer Überprüfung der öffentlichen Aufgaben zu beginnen und zu einer Neudefinition des Verhältnisses von öffentlichem und privatem Sektor beizutragen, entziehen sich Politik und Verwaltung dieser Pflicht. Statt konsequent zu fragen, welche Aufgaben durch welche gebietskörperschaftliche Ebene wirklich wahrzunehmen sind, wie Spezialisierungsprozesse und daraus folgende Verflechtungen abgebaut werden können und ob es des noch immer erkennbaren Wachstums öffentlicher Aufgaben tatsächlich bedarf, wird über eher periphere Veränderungen, diskussionswürdige Trägerschaften und fragwürdige Arbeitsteilungen diskutiert.
Die Rückführung des Staates auf seine »Kernaufgaben« sollte daher im Zentrum der Diskussion stehen. Außerhalb dieses Kerns kommt es dann

zu weitergehenden Privatisierungsansätzen, Formen der Deregulierungen und anderen Wegen einer Auslagerung öffentlicher Aufgabenerledigung. Das Internet ist dabei insofern hilfreich, als es den Vergleich ermöglicht. Dieser ist notwendig – auch und gerade in Deutschland. Ein Beispiel bildet die unreflektierte Diskussion über ablaufende Privatisierungspolitiken in Großbritannien. Hier müßte man deutlich über die pauschalen positiven oder negativen Kennzeichnungen hinausgehen und Kategorien, wie die mit einer Privatisierung verbundene Produktivitätsentwicklung, die Kostensprünge, die Versorgungsbreite und Versorgungstiefe, die sozialen und regionalen Folgen, die Formen politischer Zurechenbarkeit (und deren Verfall) zur Kenntnis nehmen.

Im übrigen ist dann letztlich politisch zu entscheiden. Hier sind die Grenzen des »responsive government« erreicht. Entscheidungsfähigkeit – und das heißt auch positive wie negative Diskriminierungsfähigkeit – muß gewährleistet bleiben. Es kann nicht alles verflüssigt und flexibilisiert werden – es sei denn um den Preis der Austauschbarkeit und Beliebigkeit, was dann wiederum extremistische Verlautbarungen von rechts wie links fördern könnte.

Ganz generell wird dabei ein Denkfehler der Diskussion erkennbar: Die Bürger (nicht nur der Bundesrepublik) sind auch deshalb politikmüde (oder in der sehr deutschen Terminologie: politikverdrossen), weil zu viele Beteiligungsmöglichkeiten angeboten werden. Man sollte deshalb äußerst selektiv, zumindest sehr zurückhaltend sein mit weiteren Angeboten.

Die 6. These lautet: Regierung und Verwaltung können besser organisiert werden. Hier gibt es beträchtliche Rationalitätsreserven.

Die Vermehrung der öffentlichen Aufgaben ist häufig Folge des Wachstums der damit betrauten Organisationen. Je größer und damit in sich differenzierter Verwaltungsorganisationen werden, desto mehr tragen sie zum Aufgabenwachstum bei. Zugleich behindern sie den Aufgabenvollzug.

Diese These zielt somit auf eine direkte »Verschlankung« der öffentlichen Einrichtungen durch Dezentralisierung, den Abbau überflüssiger gebietskörperschaftlicher Ebenen und bessere wie verkleinerte Ministerialstrukturen. Wächst die ministerielle Ebene, tritt das Element der Führung hinter das der Mitwirkung und Beteiligung zurück. Es kommt zu einer Verflechtung der Aufgabenerledigung, die meist zu deren Verlangsamung

und immer zu ihrer Verteuerung führt. Das Organisationswachstum zu beschneiden und es in Teilen rückgängig zu machen, ist deshalb zentrale Aufgabe einer Regierungs- und Verwaltungsreform.
Deutschland verfügt hier über beträchtliche unausgeschöpfte Potentiale. Was die Zahl der Ebenen anlangt, dürfte das föderalstaatliche System der Bundesrepublik weltweit fast führend sein: Zur europäischen Ebene kommen der Bund, die Länder, die Regierungspräsidien, die Kreise, die kreisfreien Städte und die kreisangehörigen Gemeinden (von weiteren Bundesbehörden und Landesämtern nicht zu reden). Der Willensbildungs- und Entscheidungsprozeß ist dadurch enorm komplex, für viele überkomplex. Der damit verbundene Koordinationsaufwand ist fast nicht mehr zu rechtfertigen. Auch hier ist politisch zu entscheiden, das heißt zu vereinfachen. Das Internet hilft lediglich mit Blick auf notwendige Information und Transparenz; den Strukturdefekt selbst kann es nicht beseitigen.
Im übrigen wäre die Zahl der Ministerien einzuschränken, die Abteilungsstruktur zu straffen, die Zahl der Referate zurückzunehmen. Mit weniger Referenten begrenzte sich die ministerielle Detailverliebtheit ganz von selbst. Hier können zahlreiche absurde Beispiele angeführt werden. Eines der abschreckendsten findet sich in Sachsen-Anhalt, einem Land, das bei 2,8 Millionen Einwohnern über zehn Ministerien (inklusive der Staatskanzlei) und drei Regierungspräsidien verfügt. Bei den Ministerien hört der Mut der Regierungschefs in Bund und Ländern aber auf. Eichämter kann man auflösen, Ministerien dagegen sind wehrhafte Gebilde. In Bonn beweisen das pflichtgetreue Beamte täglich – nicht zuletzt mit ihrem Widerstand gegen den Umzug nach Berlin. Auch der wird kaum zum »Abschlanken« genutzt. Zusätzliche Stellenanforderungen liegen bereits auf dem Tisch. Natürlich sind die Mitarbeiter dabei nicht allein am Werk – Politiker schützen sie. Die Zusammensetzung einer Regierung ist durch Koalitionsvereinbarungen zu sichern; bestimmte Politiker sieht der Regierungschef lieber am Kabinettstisch als in der Fraktion; auch Proporze gilt es zu bedienen. Sechs Landesministerien – eine sinnvolle Zahl – bieten da wenig Spielräume.

Die 7. These zielt auf die Verfahren: Die beklagte Regelungsdichte durch Staat und Verwaltung läßt sich zurückschneiden. Allerdings erfordert das eine Selbstbeschränkung der Politik.

Hier geht es um die so intensiv diskutierte Verfahrensvereinfachung bei Staat und Verwaltung. Sie wird einmal durch mehr Selbständigkeit der

Vollzugsebenen und zum zweiten durch konsequente Überprüfung der Verfahrensvorschriften erreicht. Im Mittelpunkt stehen dabei die Vereinfachung der allgemeinen und die Rückführung der besonderen Vorschriften. Hinzu kommt die Schaffung von Begründungszwängen (warum bedarf es der Regelung?) und ein Ausbau von Befristungen (beschränkter Geltungsbereich). Die Verminderung des Vorschriftenbestandes ist dabei durch eine inhaltliche Vorschriftenbereinigung zu ergänzen. Diese Forderungen richten sich zunächst und vor allem an den Bundesgesetzgeber. Er provoziert mit der Aufnahme von Verfahrensregeln in Gesetze den Erlaß nachfolgender Verwaltungsvorschriften. Daneben tritt die Empfehlung an die Landespolitik, die Vorschriftenproduktion durch Begründungszwänge zu erschweren, einen Teil der Verwaltungsvorschriften für befristet zu erklären, die jährlich erscheinenden Gültigkeitsverzeichnisse zu verbessern und Zurückhaltung bei der konkreten Verfahrensanweisung zu üben. Die ständig beschworene Deregulierung öffentlichen Handelns muß in der Verwaltung beginnen, wenn auch extern etwas bewirkt werden soll.
Das Internet kann hier wirksam zur Beschleunigung von Verfahren beitragen (nicht nur, aber vor allem bei sogenannten Massengeschäften); auch bei der Standardisierung von Routineaufgaben, der Verbesserung der Kundenorientierung und generell bei der Erhöhung politischer und administrativer Transparenz ergeben sich positive Handlungsmöglichkeiten.

Die 8. These richtet sich auf die Ressourcen, also vor allem auf die dem Staat zur Verfügung stehenden finanziellen Mittel: Beim Übergang von der Kameralistik zu einem modernen Rechnungswesen ergibt sich Raum für weitergehende Innovationen.

Der Verzicht auf eine staatliche Kostenrechnung hat in der Hauptsache bewirkt, daß die realen Kosten einzelner Verwaltungsleistungen kaum mehr ermittelt, Wirtschaftlichkeitsvergleiche deshalb durch Behauptungen ersetzt und anfallende Folgekosten meist gänzlich verschwiegen wurden (die Beamtenpensionen als aktuelles Beispiel). Zugleich erfolgte eine Entkoppelung von Aufgaben- und Ressourcenverantwortung, was den Finanzministern und den Kämmerern die Möglichkeit gab, Fachentscheidungen zu determinieren, und die Fachverantwortlichen entlastete, weil sie ungebremst finanzielle Anforderungen anmelden und dabei einseitig die Interessen ihrer Klientelgruppen vertreten konnten.

Hier ist interessant, daß der öffentliche Sektor unter nachhaltigem Einsatz von Informations- und Kommunikationstechnologien deutlich vom privatwirtschaftlichen Bereich lernt. Erneut sind es die Gemeinden, die vorangehen. Hier spricht man inzwischen von einer denkbaren »Konzernstruktur« und bemüht sich um eine Ergebnissteuerung, die an die Stelle bürokratischer Verfahren Zielvereinbarungen setzt, Qualitätsstandards definiert, Produktkataloge entwickelt, Kennziffern festlegt, ein Berichtswesen institutionalisiert und in vielfältiger Weise ein umfassenderes Kostendenken fördert. So etwas ist bei allen modischen Aspekten der Diskussion auszubauen – auch und gerade auf Bundes- und Landesebene. Die Erfolge bei anderen werden das Beharrungsvermögen und erkennbare Widerstände überwinden. Dabei ermöglicht das Internet sowohl Leistungsvergleiche zwischen kommunalen und staatlichen Verwaltungen wie zwischen dem privaten und dem öffentlichen Bereich.

Die 9. These wendet sich schließlich dem Personal zu und formuliert fast ein Paradoxon: Der Abbau von Personal im öffentlichen Sektor ist von steigenden Qualifikationsanforderungen begleitet.

Wie inzwischen allen Beteiligten deutlich ist, ist der Personalbestand bei Bund, Ländern und Gemeinden nicht mehr zu halten, und die Pensionskosten sind kaum mehr zu finanzieren. Gleichzeitig wandelt sich das Anforderungsprofil an öffentlich Beschäftigte: Sie werden in der Tat zu Dienstleistern; der Anteil hoheitlicher Aufgaben geht zurück. Das Ziel lautet hier: weniger Personal, dafür aber besseres. Darüber hinaus soll die überbordende Spezialisierung rückgängig gemacht werden – die informationsverarbeitenden, kommunikativen Fähigkeiten sind hingegen zu stärken. All das verändert die Routinen der Personalführung, der Personalplanung und der Personalverwaltung beträchtlich – bei zunehmenden Austauschprozessen zwischen dem privatwirtschaftlichen und dem öffentlichen Bereich.

Lernen von der Privatwirtschaft heißt hier, die Ressource Personal besser einzusetzen. Eine überfällige »wirkliche« Dienstrechtsreform wäre vor allem unter diesem Aspekt zu sehen. Unbeschadet zahlreicher Verbesserungen sind im öffentlichen Sektor noch immer bürokratische Untugenden verbreitet, gleichgültig ob es sich hier um eine kleinteilige Aufteilung von Zuständigkeiten, um die dadurch erforderliche Beteiligung zu vieler an einzelnen Vorgängen, um das verantwortungsaufhebende Eingreifen von Vorgesetzten, um ungenügende Ziel- oder Fristenvorgaben oder auch

nur um mangelhafte Information handelt. Die Selbständigkeit und Verantwortlichkeit von Mitarbeitern muß gestärkt werden. Umgekehrt ist der vorgesetzten Ebene einzuräumen, sich von solchen Mitarbeitern trennen oder sie in anderen Arbeitsfeldern einsetzen zu können, die den Leistungsanforderungen nicht oder nicht mehr genügen.
Man muß dafür an dieser Stelle nicht auf die Veränderungen auf den Arbeitsmärkten, auch nicht auf die neue Arbeitsgesellschaft (wenn sie diesen Namen denn noch verdienen sollte) näher eingehen, die vor unseren Augen entsteht. Das Internet ist voll von entsprechenden Analysen und Anregungen.

Zusammenfassend lautet die 10. These: Politik und Verwaltung werden sich unter dem Einfluß des Internet natürlich verändern; allerdings führt dies nicht zu einer »Verflüssigung«, sondern eher zu einer Stärkung der Politik.

Dahinter steht meine Einschätzung (oder auch Erwartung oder gar Hoffnung), daß zahlreiche der im Spannungsfeld von Internet und Politik diskutierten Entwicklungen Realität werden könnten – und daß die eingeräumten Chancen und ausgelösten Lernprozesse aber auch zu einer Rückbesinnung auf den Kern von Politik, ihre Entscheidungsfähigkeit also, führen werden. Warum? Weil gerade die Informationsgesellschaft einer Verringerung von Komplexität durch politische Entscheidungen dringend bedarf. Natürlich ist zu erwarten, daß Entscheidungen künftig besser vorbereitet sein werden, man die Optionen »durchspielt« – die zu erwartenden Reaktionen des Souveräns, der Wählerschaft also, simuliert. Gleichwohl kommt dann der Punkt, an dem inhaltlich wie formal zu entscheiden ist – und die Verantwortung hierfür auch deutlich und sichtbar sein muß. Wenn mich nicht alles täuscht, haben die westlichen Demokratien inzwischen einen Reife- und Stabilitätsgrad erreicht, wo dies nicht nur akzeptiert, sondern auch gewünscht wird. Es bleibt nur zu hoffen, daß ich mit dieser Prognose einer Bedeutungszunahme der politischen Führung (im positiven Sinne) richtig liege. Die im Internet ebenfalls angelegten anarchischen Potentiale könnten so vermieden, in jedem Fall aber eingeschränkt oder kanalisiert werden.

Städte am Netz

von Holger Floeting und Busso Grabow

1. Städte in der Informationsgesellschaft

Gesellschaft im Wandel

Die hochindustrialisierten Länder befinden sich inmitten eines tiefgreifenden Wandels der Wirtschafts- und Beschäftigungsstruktur. Die frühere Dominanz der produzierenden Bereiche ist längst abgelöst durch ein Übergewicht der dienstleistenden Wirtschaftszweige und Tätigkeiten. Welche Strukturen die Wirtschaft und Arbeit in heutigen und zukünftigen Gesellschaften in Deutschland und anderen hochentwickelten Ländern prägen werden, wird mit Begriffen wie »Dienstleistungsgesellschaft« oder »Informationsgesellschaft« umschrieben.

Der Begriff »Informationsgesellschaft« bezeichnet in erster Linie das Phänomen, daß die Ressourcen Information und Wissen[1] eine immer größere Bedeutung gewinnen:

- Die Menge der verfügbaren Information wächst exponentiell. Der Umfang des »produzierten Wissens« verdoppelt sich alle fünf Jahre.
- Die Halbwertzeit des Wissens verkürzt sich immer weiter. Einmal erworbenes Wissen verliert in immer kürzerer Zeit seinen Nutzen und muß durch neues Wissen ersetzt werden.
- Die Möglichkeiten des weltweiten Zugangs zu Information, Verarbeitung von Information und ortsungebundener Kommunikation nehmen rasch zu.
- Die weltweite informationstechnische Vernetzung erweitert die für die Informationsverarbeitung und Arbeitsteilung relevanten Räume.
- Die »Informationstätigkeiten«, also die Erzeugung, Verarbeitung und Übermittlung von Information, nehmen kontinuierlich zu. Über zwei Drittel der Dienstleistungstätigkeiten lassen sich inzwischen dazurechnen.[2]

Bei keiner dieser Entwicklungen ist eine Trendwende zu erwarten. Information und Wissen sind heute schon neben Boden, Arbeit und Kapital zentrale Produktionsfaktoren und werden in Zukunft der wichtigste »Rohstoff« wirtschaftlichen Handelns sein.

Ein wichtiger Faktor des Strukturwandels sind die Entwicklungen in der

Mikroelektronik, den Informations- und Kommunikationstechnologien (IuK-Technologien) und den sich daraus ergebenden multimedialen Anwendungen. Als Querschnittstechnologien forcieren sie nicht nur den wirtschaftlichen Wandel, sondern beeinflussen darüber hinaus auch viele andere gesellschaftliche Bereiche und haben damit auch Rückwirkungen auf das städtische Leben.

Der Einsatz der neuen Technologien hat nicht nur positive Effekte wie das Beschäftigungswachstum in neuen Branchen, Produktivititätsgewinne und die wachsenden Möglichkeiten des Zugangs zur Information. Die negativen Effekte sind:

• Es muß immer mehr Kapazität darauf verwendet werden, um Information im Hinblick auf Nützliches und Unnützes zu filtern und um im zunehmend unüberschaubaren Informationsraum überhaupt navigieren zu können.

• Die IuK-Technologien ersetzen einen Teil der Arbeitskräfte und des Humankapitals. Allein die Digitalisierung der Telekommunikation hat in Deutschland bisher Zehntausende von Arbeitsplätzen gekostet.[3]

• Wenn Handel und wirtschaftliche Beziehungen, die bisher für die Städte bestimmend waren, ins Netz verlagert werden, hat das Auswirkungen auf die Funktionen und die materielle Gestalt der Stadt. Das Bild vom »electronic cottage« spiegelt den Rückzug des städtischen Lebens aus dem realen öffentlichen Raum und der physisch erlebten Arbeitswelt wider. Der Haushalt als Zentrum von Arbeit, Freizeit und Konsum, der mit der Umwelt nur noch über telematische Netze in Kontakt tritt,[4] ist technisch heute bereits realisierbar. Der öffentliche Raum wird durch solche Entwicklungen an Lebenskraft verlieren.

Kommunen unter Handlungsdruck

Schlagworte wie Informationsgesellschaft, Multimedia, Globalisierung bestimmen inzwischen auch die Diskussion in den Kommunen. Je nach Position verknüpft man damit unterschiedliche Erwartungen und versteht sie entweder als Hoffnungsträger, als »Weichmacher-Argument« oder als Bedrohung. Unabhängig davon ist aber klar: Hinter den Schlagworten verbergen sich Entwicklungen, die die Städte und Gemeinden zum Handeln zwingen, und dies nicht nur, weil sich die technischen Möglichkeiten verändern, die Informationsräume unübersichtlicher werden oder die globale Arbeitsteilung die entwickelten Industriestaaten – und damit auch die Städte – einer verstärkten Standortkonkurrenz aussetzt. Es gibt eine Reihe von weiteren Problemen, die ein konsequentes

Umdenken kommunalen Handelns erfordern. Sie betreffen die wachsende Unwirtlichkeit der Städte, die Politikverdrossenheit der Bürger, die nachlassende Tragfähigkeit sozialer Netze, die Polarisierung auf dem Arbeitsmarkt, die ökologischen Probleme und die gravierenden finanziellen Probleme der städtischen Haushalte.

Diese Entwicklungen haben in vielen Städten bereits zu neuen Seh- und Handlungsweisen geführt, die sich unter den Stichworten verstärkte Dienstleistungsorientierung, Verwaltungsmodernisierung, Stadtmarketing, kooperative Planungs- und Entscheidungsprozesse, Mobilisierung von Engagement und Kompetenz auf lokaler Ebene, Attraktivitätssteigerung des öffentlichen Raums und der Gewerbestandorte zusammenfassen lassen. Daneben entwickelt sich auch eine Vielzahl an Initiativen »von unten«. Von einem wirklich konsequenten Umdenken ist man in der Regel allerdings noch weit entfernt. Häufig bleiben die Bemühungen in den Anfängen stecken, da sie nicht in ein umfassendes kommunales Konzept eingebunden werden. Dieses müßte sich an Zukunftsfähigkeit und Nachhaltigkeit orientieren.

Unter dem Handlungsdruck, dem die Kommunen bei gleichzeitig begrenzten Ressourcen heute ausgesetzt sind, sollten sich der Ausbau der Netze, die Anwendungen der Technologien und die Nutzung des Internet an den Aufgaben und Problemen der Kommunen in der »Informationsgesellschaft« orientieren. In erster Linie geht es darum, Technik, Infrastruktur und Anwendungen den veränderten Anforderungen gemäß weiterzuentwickeln und Telematik und Internet zur Unterstützung der genannten neuen Konzepte einzusetzen.

Vom Leitbild der »telematischen Stadt« zu sprechen, wie das häufig geschieht, ist also unsinnig. Telematik und Internet können nur Instrumente zum Erreichen bestimmter Ziele sein – etwa einer prosperierenden wirtschaftlichen Entwicklung, einer Verbesserung der individuellen Lebensbedingungen und einer nachhaltigen Stadtentwicklung. Ein weitreichender Telematikeinsatz stellt an sich noch keinen für die Stadt zu erstrebenden Wert dar, sondern kann nur helfen, andere Ziele besser zu erreichen. Er wird keinen »Lourdes-Effekt« hervorrufen, keine Nachhaltigkeit vom Himmel regnen lassen, Verwaltungen nicht automatisch bürgerfreundlich oder Beamte zum »gentil organisateur« machen. Aber richtig eingesetzt kann Telematik durchaus zur Lösung der Stadtentwicklungsprobleme beitragen. Statt eines technikzentrierten Leitbilds brauchen wir also ein gesellschaftliches Leitbild. Dieses muß allerdings technisch »unterfüttert« sein.[5]

2. Städte in Netzen, Netze in Städten

Städte sind die Netzknoten in einer arbeits- und funktionsteiligen Wirtschaft und Gesellschaft. Nicht nur die materielle Infrastruktur (z.B. Strassen, Versorgungsleitungen, Kabel für die Telekommunikation) erreicht ihre größte Dichte und hat ihre Knotenpunkte in den Ballungsräumen, auch immaterielle Netze haben vergleichbare Strukturen. Wenn man versuchen würde, die Struktur eines Mobilfunknetzes darzustellen, würde sich vermutlich ein ähnliches Bild ergeben. Die Rechner der Universitäten und Service-Provider, die die Knoten des WWW sind, liegen in der Regel ebenfalls in den städtischen Ballungsräumen. Entsprechend haben auch die Kommunikationsflüsse des Internet ihre höchste Informationsdichte in den Städten, wo sich die persönlichen, informellen Austauschbeziehungen ballen.

Einen wesentlichen Unterschied haben die weltumspannenden Informations- und Kommunikationsnetze im Vergleich zu den »klassischen« Netzen dennoch: Die Austauschbeziehungen dehnen sich – zumindest für bestimmte Netzcommunities – räumlich immer weiter aus. Für die Wissenschaft, für Finanztransfers, für Geschäftsbeziehungen wird die Welt tatsächlich zum globalen Dorf.

Materielle und immaterielle Netze haben vielerlei Wechselbeziehungen und Abhängigkeiten. Noch ist der Austausch von digitaler Information weitgehend an physische Netze gebunden und auf gute – und bezahlbare – Zugangsmöglichkeiten angewiesen. Je mehr Informationsdichte und multimediale Anwendungen zunehmen, desto leistungsfähigere Netze sind erforderlich, und desto größer werden die Anforderungen an die Bandbreite. Für manche Unternehmen und Branchen sind hochleistungsfähige, breitbandige Übermittlungsformen inzwischen unverzichtbar.

Für die große Mehrzahl der Unternehmen sowie für die Anwendungen der Informations- und Kommunikationstechnologien an der Schnittstelle zwischen Kommunalpolitik, Stadtverwaltung, Bürgern und Unternehmen ist der Ausbau der materiellen Netze jedoch nachrangig. Deutschland hat weltweit das modernste und am weitesten ausgebaute Telekommunikationsnetz, und die Digitalisierung ist hier sehr viel weiter fortgeschritten als beispielsweise in den USA. Dennoch lassen sich in den USA keine komparativen Standortnachteile ausmachen, und die fehlende Bandbreite hat die USA und Kanada nicht daran gehindert, ihre Netze sehr viel bürgerbezogener als in Deutschland zu gestalten.

Für diese Unterschiede gibt es einen einfachen Grund: Die nordamerikanischen Länder haben das, was Deutschland ihnen an materiellen Investitionen voraus hat, durch neue Ideen und einen deutlichen politischen Willen – der beispielsweise in der National Information Infrastructure (NII)[6] zum Ausdruck kommt – sowie durch die größere Bereitschaft der Privatwirtschaft, sich für die Ziele der NII zu engagieren, wettgemacht. Mit der Deregulierung des Telekommunikationsmarktes hat sich in Deutschland das Schwergewicht nochmals verstärkt auf den Ausbau der Infrastruktur gelegt. Auch die Städte und die kommunalen Unternehmen sind in den Wettlauf um die beste und schnellste Infrastruktur eingestiegen, und die Entwicklungen von Anwendungen scheinen häufig unter dem Motto »Technik bestimmt Anwendung« zu stehen. Dagegen ist das Bewußtsein für die Kapazitäten der Technologien und für die Entwicklung problemorientierter Anwendungen in Deutschland vergleichsweise unterentwickelt.

3. Internet und Stadt

Das Internet löst von sich aus keines der städtischen Probleme. Weder schafft es Arbeitsplätze noch führt es automatisch zu mehr Bürgerbeteiligung. Erst wenn Stadtverwaltung und -politik, Bürger und Unternehmen die Möglichkeiten des Internet ziel- und problemorientiert nutzen, kann es wirklich positive Effekte auf den Lebens- und Wirtschaftsraum Stadt haben. Im folgenden sollen die möglichen Leitgedanken für die kommunale Internetnutzung aufgezeigt werden. Wichtig ist vor allem, daß die Kommunen alle bereits bestehenden Aktivitäten von gesellschaftlichen Gruppen, die in diese Richtung zielen und der kommunalen Gemeinschaft förderlich sind, mit einbeziehen und nach Kräften unterstützen.
Die Überlegungen zur Internetnutzung in der Stadt und für die Stadt sollten sich an sechs Handlungsfeldern orientieren. Diese leiten sich aus den oben benannten Problemen und Aufgaben der Städte in der heutigen und zukünftigen Gesellschaft ab und müssen als Ergänzung zu anderen innovativen Handlungsansätzen gesehen werden. Die sechs Handlungsfelder beinhalten folgende Fragen:

- Welche Funktion kann das Internet im Hinblick auf eine verstärkte Dienstleistungsorientierung haben?
- Wie können die Kommunikation vor Ort, die bereits bestehenden

kooperativen Ansätze und der Dialog zwischen öffentlichen und privaten Akteuren gefördert werden?
• Wie läßt sich ein größeres Engagement der Bürger an Fragen der Stadtentwicklung und an der Gestaltung des städtischen Lebensraumes erreichen? – Welche Rolle könnte hierbei das Internet spielen, indem es zum Beispiel direkte Formen der Bürgerbeteiligung fördert?
• Wie läßt sich die Medienkompetenz der potentiellen Internetnutzer erhöhen?
• Auf welche Weise kann das Internet dazu beitragen, daß kommunales Handeln transparent und nachvollziehbar wird? Wie lassen sich Informationen für die Bürger und die Wirtschaft bereitstellen?
• Welche Infrastruktur ist wünschenswert, um einen möglichst breiten Zugang zum Internet und den vorhandenen Inhalten zu schaffen?
Neben diesen eher »nach innen« gerichteten Fragen geht es aber auch darum, die Stadt und ihre Akteure und Unternehmen in ein überregionales und internationales Netzwerk einzubinden. Dazu gehört auch der Auftritt einer Stadt im Internet.

Dienstleistungsorientierung

Die »Kunden« einer Stadt kommen aus unterschiedlichen Bereichen. Es sind Bürger, lokale Wirtschaftsunternehmen, Handwerks- und Dienstleistungsbetriebe, Touristen oder auswärtige Unternehmen. Zu den Gruppen, für die kommunale Informations- und Dialogangebote bereitgestellt werden müssen, gehören außerdem auch die Mitglieder des Stadtrates und der Verwaltung sowie die lokalen und überregionalen Medien. Jede dieser Zielgruppen hat spezifische Informations- und Kommunikationsbedürfnisse, an denen sich die Internetangebote und -dienstleistungen einer Stadt orientieren müssen.

Dabei muß berücksichtigt werden, daß die aktuelle Nutzung des Internet heute noch auf einen bestimmten Kreis von Teilnehmern beschränkt ist. Der »typische« Internet-Nutzer des Jahres 1997 ist männlich, 26 bis 35 Jahre alt und verfügt über ein monatliches Nettoeinkommen von unter 2500 DM.[7] Deutsche Unternehmen machen bisher von Internetangeboten noch recht selten Gebrauch, ihre Nutzung beschränkt sich auf das Abrufen allgemeiner Informationen. Man sollte sich dieser Tatsachen bewußt sein, wenn man kommunale Dienstleistungsangebote für das Netz entwickelt. Man kann allerdings davon ausgehen, daß sich die Nutzergruppe kontinuierlich erweitern wird, wenngleich wohl in absehbarer Zeit nicht mit einer breiteren Durchdringung aller Bevölkerungsschichten zu rechnen ist.

Durch netzgestützte Lösungen können kommunale Leistungen zum Nutzen des »Kunden« effektiver gestaltet werden. Das kommunale Online-Angebot ermöglicht unter anderem:

- die Zusammenführung von Informationen aus verschiedenen Verwaltungsbereichen;
- eine bessere Orientierung am Bedarf des »Kunden«;
- Erleichterungen beim Verkehr mit Behörden;
- die Bereitstellung innovativer Informationsangebote;
- Möglichkeiten der Leistungsdifferenzierung;
- Kostensenkungen;
- Impulse für die Verwaltungsreform.

Stadtinformationssysteme, die alle hier aufgeführten Potentiale des Internet bereits konsequent nutzen, existieren noch nicht. Wohl aber gibt es eine Vielzahl von interessanten Lösungsansätzen: Das städtische Informationsangebot von Bremen orientiert sich an Zielgruppen, Gelsenkirchen und andere Ruhrgebietsstädte bemühen sich um eine »vorverlagerte Stadtverwaltung«, Mannheim setzt auf Dienstleistungsangebote wie elektronische Formulare etwa für den Wohnungswechsel oder den Führerschein.

Dialog, Kommunikation, Kooperation

In einer Zeit, in der die Ressourcen Information und Wissen für die Stadt- und Wirtschaftsentwicklung eine immer größere Bedeutung erlangen, ist nur eine konsequente Ausschöpfung der gesamten lokalen und regionalen Wissensbasis Garant für eine positive Entwicklung.[8] Diese Wissensbasis erschließt sich aber erst, wenn es gelingt, das jeweils spezifische Know-how der beteiligten gesellschaftlichen Gruppen zusammenzuführen, also das Wissen von Verwaltungsbeamten, Unternehmern, Wissenschaftlern, engagierten Bürgern und anderen für die Lösung der komplexen städtischen und regionalen Entwicklungsprobleme zu mobilisieren. Voraussetzung ist, daß sich die Kommunikation in den Kommunen verbessert. Hier kann das Internet einen wesentlichen Beitrag leisten, indem es die vorhandenen Kommunikationsstränge intensiviert und neue Gruppen miteinander ins Gespräch bringt.
Neben der Förderung lokaler und regionaler Kooperationen im Hinblick auf wirtschaftliche Entwicklungen dient das Internet auch dazu, den realen Kommunikations- und Sozialraum Stadt durch virtuelle Räume zu ergänzen. Durch Repräsentationen realer städtischer Orte im Netz, durch virtuelle Straßen, Plätze, Wohnhäuser, Cafés und Kaufhäuser, versucht

man, neue Formen von Öffentlichkeit herzustellen, in der die Nutzer eine Art zweite Existenz führen. Die Befürchtungen, dies könne bei einer größeren Gruppe zur »Flucht aus der Realität« führen, sind unbegründet. Unabhängig davon, wieviele Menschen in Zukunft in virtuellen Unternehmen arbeiten oder sich aus anderen Gründen in solchen virtuellen Welten aufhalten werden, bleiben sie doch immer an einen materiellen Ort, ihr Zuhause, gebunden, wo sie real – nicht virtuell – essen und schlafen. Die vielfach prognostizierte Auflösung des Lebens- und Kommunikationsraumes Stadt wird es nicht geben.

Transparenz kommunalen Handelns und kommunaler Politik

Als demokratische Institutionen sind Kommunen und ihre Entscheidungsträger verpflichtet, Entscheidungen, die den Bürger betreffen, transparent zu machen.[9] Mehr Transparenz bedeutet in erster Linie mehr und bessere Information. Die Partizipationsforschung bezeichnet die »Informiertheit« als wesentliche Voraussetzung für die Bereitschaft der Bürger, sich auf lokaler Ebene zu beteiligen.[10] Entscheidungsprozesse sind heute so komplex, daß der Bürger sie weder verstehen noch akzeptieren wird, wenn er zuvor nicht ausreichend informiert wurde. Kommunen sollten deshalb verstärkt ihre Anstrengungen darauf richten, geeignete Information anzubieten und auch die notwendigen Informations- und Kommunikationskanäle bereitzustellen. Eine größere Transparenz von politischen und Verwaltungsentscheidungen, wie sie sich mit Hilfe des Internet herstellen läßt, ist mit Sicherheit kein Patentrezept, um die weit verbreitete Politikverdrossenheit der Bürger zu beheben. Aber sie sind eine wichtige »begleitende« Maßnahme bei dem Versuch, durch eine mehr bürgerorientierte Politik das bürgerschaftliche Engagement zu wecken. Gerade die jungen Menschen, die einerseits als politisch desinteressiert gelten, aber andererseits den intuitiven Umgang mit den IuK-Techniken beherrschen, ließen sich auf diese Weise vielleicht eher für kommunalpolitische Belange gewinnen.

Um den Standort Stadt zu stärken, müssen auch die wirtschaftlichen Akteure informiert sein. Auch sie profitieren, wenn politische Entscheidungen und Verwaltungshandeln transparent werden.[11] Dies gilt für allgemeine Entscheidungen ebenso wie für konkrete Einzelentscheidungen, was etwa den Stand von Genehmigungsverfahren oder die Verfügbarkeit von Gewerbeflächen anbetrifft. Auf welche Weise schließlich auch die Mitglieder der Verwaltung und des Stadtrates von der Vernetzung durch Internet und Intranet profitieren können, läßt sich am Beispiel des im

Aufbau befindlichen Ratsinformationssystems CUPARLA in Stuttgart zeigen.[12]
Was die Entwicklung kommunaler Informationsangebote anbetrifft, haben die Städte und Gemeinden zwei Aufgaben wahrzunehmen: Sie müssen einmal in ihrem originären Bereich geeignete Information erzeugen, aufbereiten und bereitstellen, zum anderen aber auch dort, wo Privatanbieter das nicht in ausreichendem Maß leisten, die Informationsangebote anderer Anbieter koordinieren. Das betrifft zum Beispiel Informationsangebote aus den Bereichen Bildung, Kultur, Sport und Freizeit.

Partizipation

Bürgerbeteiligung und Bürgerinitiativen entstanden in Deutschland seit dem Ende der 60er Jahre. Sie waren geprägt von dem Wunsch nach einer stärkeren Einbindung in politische Willensbildungsprozesse und von einem Demokratieverständnis, das in stärkerem Maße auf Elemente einer unmittelbaren Demokratie setzte. Ursachen waren – damals wie heute – die Unzufriedenheiten (einer Mehrzahl) der Bürger mit der Politik. Dies betraf die kommunale Ebene ebenso wie die Bundes- und Länderebene. Anfang der 90er Jahre wurden die Kommunalverfassungen um plebiszitäre Elemente erweitert (z. B. Bürgerbegehren, Direktwahl des Verwaltungschefs). Zugleich entwickelten sich neben diesen gesetzlich festgeschriebenen Formen der Bürgerbeteiligung neue Partizipationsformen, die stärker auf Kommunikation, Diskurs und Kooperation setzten und einen partnerschaftlichen Dialog mit den Bürgern anstrebten, um Interessenskonflikte zu klären.[13]
Das Internet bietet ganz neue Möglichkeiten, solche Formen der Bürgerbeteiligung zu fördern. Zwei wichtige Gründe hierfür wurden bereits genannt: Es ermöglicht eine bessere Informiertheit der Bürger und erleichtert die Transparenz von Politik und Verwaltung. Eine netzgestützte Bürgerbeteiligung und -mitwirkung bringt für beide außerdem eine Reihe von Vorteilen mit sich:

- Ideen und Vorstellungen der Bürger zu einzelnen Themen werden bekannt und können entsprechend besser berücksichtigt werden, als wenn man die Bürger nur alle vier Jahre abstimmen läßt.
- Man erhält durch das Mittel der Direktabstimmung sehr schnell ein Bild der öffentlichen Meinung zu einem bestimmten Thema.
- Wenn Bürger stärker in städtische Entscheidungsprozesse mit einbezogen werden, wird es wahrscheinlicher, daß sie sich in den Entscheidungen »wiederfinden« und sie mittragen.

• Partizipation stärkt die Eigenverantwortung, der Bürger wird dadurch auch eher zum ehrenamtlichen, bürgerschaftlichen Engagement bereit sein.

Bereiche, die sich für eine netzgestützte Bürgerbeteiligung eignen, sind beispielsweise Stadtplanung, konkrete Stadtentwicklungsmaßnahmen oder Vorabdiskussionen politischer Entscheidungen. Die Bereitschaft der Bürger, sich zu beteiligen, wächst mit der »Nähe« zum diskutierten Problem und mit der persönlichen Betroffenheit – insofern gibt es wenig Unterschiede zu den »klassischen« Formen der Bürgerbeteiligung.
Eine netzgestützte Bürgerbeteiligung stößt aber bisher auf erhebliche Probleme. Das betrifft zum Beispiel die Frage der Repräsentativität der Teilnehmer. Da die Zugangsmöglichkeit zum Netz noch stark eingeschränkt und die Nutzergruppe deshalb eine sehr spezifische ist, läßt sich der Prozentsatz der Bürger, die potentiell daran interessiert wären, sich zu beteiligen, nicht feststellen. Man wird hier aus den noch jungen Erfahrungen lernen und zu jeweils individuellen Ergebnissen kommen müssen. Darüber hinaus stellt sich auch die Frage, ob Direktabstimmungen, die sich an kurzfristigen Zielen orientieren, nicht vielleicht langfristig dazu führen, daß vernünftige, politische Strategien ausgehebelt werden. Und ist auf der anderen Seite die kommunale Politik überhaupt bereit, sich stärker als bisher dem Urteil der Bürger zu stellen? Solche und ähnliche Fragen stellen sich allerdings immer in Demokratien mit plebiszitären Elementen und haben erst in zweiter Linie mit der netzgestützten Partizipation zu tun.

Medienkompetenz

Eine der Ursachen, warum das Internet in Deutschland im Vergleich zu den Staaten von Nordamerika und Nordeuropa sehr viel weniger genutzt wird, hat mit unserer deutlich geringeren Kompetenz im Umgang mit den neuen Informationstechniken und -medien zu tun. Dies gilt für Bürger, Unternehmer, Politiker und Verwaltungsmitarbeiter gleichermaßen. Das Problem beginnt bereits in den Schulen, wo aufgrund mangelhafter Ausstattung und fehlender Kompetenz der Umgang mit Computern und dem Internet gar nicht oder nur unzureichend vermittelt wird (die Initiative »Schulen ans Netz« ist hier ein erster Schritt). Um die Informations- und Kommunikationstechniken insgesamt für mehr Effizienz in der Verwaltung, eine intensivere Kommunikation mit Bürgern und Wirtschaft und die bessere Vernetzung der Unternehmen nutzen zu können, ist ein erheblicher Aufwand für Aus- und Weiterbildung notwendig. Außerdem müssen für die Nutzer Anreize geschaffen werden. Die vorhandenen Zugangsschwellen könnte man zum Beispiel durch ermäßigte Gebühren senken.

Darüber hinaus ist wichtig, daß auch die politischen Entscheider Netzkompetenz entwickeln. Das betrifft so gut wie alle Bereiche, angefangen von Ministerialbeamten bis hin zu den einzelnen Mitgliedern des Stadtrates. Vor allem sollte sich die Informations- und Kommunikationspolitik der Kommunen zur Aufgabe machen, ein positives Klima herzustellen und Orte zu schaffen, zu denen jeder Bürger Zugang zu den neuen technischen Möglichkeiten hat und nicht nur diejenigen, die zur sogenannten »Info-Elite« der männlichen Mittdreißiger gehören.[14]

Infrastruktur

Deutschland verfügt über ein gut ausgebautes Telefonnetz, das in den neuen Ländern sogar schon komplett digitalisiert ist. Daneben fördert die Deutsche Telekom aber auch den Ausbau hochleistungsfähiger Citynetze. Zusätzlich entstehen durch private Initiativen eine Reihe weiterer städtischer und regionaler Breitbandnetze. Viele kommunale Unternehmen sehen hierin – oft in Kooperation mit privaten Partnern – ein wichtiges Handlungsfeld. Viele dieser Entwicklungen sind eine Folge der Liberalisierung des Telekommunikationsmarktes in der Bundesrepublik. In welcher Form und in welchem Umfang sich Kommunen über ihren eigenen Bedarf hinaus überhaupt als Netzbetreiber engagieren sollten, darüber gibt es deutlich divergierende Einschätzungen.

Die technischen Voraussetzungen einer ISDN-Anbindung sind für die Nutzung der meisten Internet-Angebote heute durchaus ausreichend. Aber selbst analoge Telefonleitungen lassen noch ein befriedigendes Arbeiten und Kommunizieren zu, sofern die Internetangebote nur wenige multimediale Anteile enthalten. Die wirklichen Hürden für eine Nutzung liegen heute eher in den hohen Investitionskosten für leistungsfähige Modems oder ISDN-Anschlüsse sowie in den hohen Verbindungs- und Nutzungsgebühren.

Um das Internet für alle zugänglich zu machen, muß man in erster Linie annähernd gleiche Zugangsmöglichkeiten für alle schaffen. Das kann zum Beispiel durch öffentlich zugängliche PCs in Bibliotheken geschehen.[15] Aber selbst durch solche Maßnahmen wird sich nicht verhindern lassen, daß bestimmte Personengruppen und viele der kleinen Unternehmen auch längerfristig keinen Zugang zu den Informationsangeboten des

Internet finden und deshalb weiterhin auf die traditionellen Informations- und Dienstleistungsangebote angewiesen sein werden.
Auch auf die Kommunen trifft dieses Problem zu. Obwohl über 90 Prozent der Kommunen heute ein eigenes Verwaltungsnetz besitzen, so sind doch im Durchschnitt nur etwa 50 Prozent der Mitarbeiter an dieses Netz angeschlossen, und nur etwa ein Prozent verfügt auch über einen eigenen Internetzugang.[16] Dabei wäre es im Verwaltungsbereich relativ leicht, den Netzzugang für alle zu realisieren. Die Tatsache, daß es nicht geschieht, hat denn auch viel weniger mit den hohen Kosten für Hard- und Software zu tun als mit dem weit verbreiteten Mißtrauen gegenüber dem neuen Medium.

4. Kommunale Online-Systeme

Die deutschen Städte stellen sich den Herausforderungen der »Informationsgesellschaft« offensiv, was man unter anderem daran erkennt, daß nahezu alle deutschen Großstädte bereits mit einem eigenen Informationsangebot im Internet vertreten sind. Allerdings besteht das Angebot bisher größtenteils noch aus allgemeinen Wirtschafts- und Verwaltungsinformationen, die wenig bis gar keine Möglichkeiten zur Interaktion enthalten. Sogar die einfachste Art der Interaktion, wie sie die direkte E-Mail-Rückmeldemöglichkeit darstellt, ist meist nicht enthalten. Zwar werden als wichtigste Zielgruppe von den meisten Betreibern der kommunalen Netze die Bürger genannt, doch wird bisher kaum thematisiert, wie man diese Zielgruppe bei dem vorherrschenden Mangel an Medienkompetenz und der bescheidenen Ausstattung der Haushalte mit IuK-Technik tatsächlich erreichen will. Auch die zweite Zielgruppe, die kleinen und mittleren Unternehmen, ist bisher offenbar von den vermeintlichen Vorteilen der regionalen Internet-Angebote wenig überzeugt.
Für Aufbau und Gestaltung kommunaler Informations- und Kommuni kationsdienste läßt sich eine Reihe von Grundsätzen aufstellen, die, einmal umgesetzt, eine längerfristige Entwicklung auch dann sicherstellen können, wenn der momentane Enthusiasmus verflogen und bei den Internet-Aktivisten der Kommunen der Alltag wieder eingekehrt ist:

- Die elektronischen Informationsangebote müssen auf einer breiten Informationsbasis aufbauen und die Kommunen in die Gestaltung der Inhalte mit einbezogen werden. Die kommunale Mitbestimmung ist vor allem auch dort wichtig, wo private Betreiber und Kooperationspartner beteiligt sind.

• Es reicht nicht aus, »viele bunte Seiten« bereitzustellen. Man muß die Nutzerbedürfnisse analysieren und in den Netzangeboten entsprechend berücksichtigen.
• Es müssen Zugangsmöglichkeiten für einen möglichst breiten Teil der Bevölkerung geschaffen werden, um über den Kreis der »Info-Elite« hinauszukommen.
• Die Angebote müssen auf regionaler Ebene zwischen den Anbietern abgestimmt werden. Den Nutzer interessieren nicht formale Zuständigkeiten, sondern nur, wie er möglichst schnell an die gewünschte Information kommt.
• Statt für technische Spielereien und graphischen »Overkill« sollte man die Potentiale der neuen Technik besser für ein qualitativ hochwertiges Design der Angebote verwenden.
• Die Informationsangebote müssen auf ihre Wirtschaftlichkeit überprüft werden. Nur so läßt sich verhindern, daß sie nach der Pilotphase verkümmern.
• Man sollte die Erfahrungen anderer Städte zu Rate ziehen und möglicherweise auch mit ihnen bei der Entwicklung von Online-Angeboten kooperieren. Bei der derzeitigen finanziellen Lage der Kommunen kann man sich die »Neuerfindung des Rades« nicht allzu häufig leisten.

5. Perspektiven

Was die Gestaltung des Lebensraumes Stadt anbetrifft, so läßt sich eine Vielzahl von kommunalen Handlungsfeldern ausmachen, bei denen die Anwendung von Multimedia und Internet sinnvoll erscheint. In jedem Fall ist aber wichtig, daß die Anwendung nicht in erster Linie unter technologischen Gesichtspunkten oder im Hinblick auf die kommerzielle Verwertbarkeit geschieht, sondern daß sie sich an den tatsächlich vorhandenen kommunalen Problemfeldern und Aufgabenstellungen orientiert und die virtuelle mit der realen Welt verknüpft.[17] Man kann die Technik auf lokaler Ebene für die stärkere Einbindung der Menschen in ihr soziales Umfeld nutzen. Man kann den Raum, in dem die Menschen leben und arbeiten, virtuell zugänglich machen, über das Netzwerk Beziehungen intensivieren und die Menschen so stärker an den Standort binden. Dabei ist es meistens notwendig, zunächst einmal eine Diskussion darüber in Gang zu bringen, warum das Internet für Kommunen relevant ist. Die kommunalen Entscheidungsträger, die die strategischen

Entscheidungen treffen sollen, haben häufig gravierende Informationsdefizite.

Um die vorhandenen Wissenspotentiale und Kompetenzen besser nutzen zu können, muß in erster Linie der Informationsaustausch in und zwischen den Städten intensiviert werden. Man sollte ein möglichst breites und offenes Forum für den Austausch von Informationen schaffen, aus dem heraus dann Netzwerke für die Entwicklung gemeinsamer Konzepte und für strategische Kooperationen entstehen.[18] Außerdem müssen sich die Verantwortlichen in Politik und Verwaltung bei der Entwicklung von Konzepten für Multimedia, Telematik und Internet mit den lokalen und überregionalen privatwirtschaftlichen Akteuren zu einer öffentlich-privaten Zusammenarbeit zusammentun. Wichtig ist außerdem, daß die kommunalen Angebote nicht isoliert entwickelt werden, sondern daß man sie in eine übergreifende lokale Informations- und Kommunikationspolitik einbindet.

Die Städte können den beschriebenen großen Trends der wirtschaftlichen, gesellschaftlichen und technischen Entwicklungen nicht ausweichen. Sie sollten fokussierte Strategien entwickeln und dabei nach dem »Judo-Prinzip« vorgehen, d. h. die zur Zeit im Bereich Internet und Multimedia vorhandene Energie und Dynamik aufgreifen und sie für eine nachhaltige und menschengerechte Stadtentwicklung instrumentalisieren.

Wichtig ist, daß die Städte jetzt handeln. Denn es sind die Städte, in denen sich die Entwicklung zur »Informationsgesellschaft« in einem Tempo vollzieht wie nirgends sonst. Die Städte entscheiden heute, ob sie sich davon überrollen lassen oder die Entwicklung aktiv mitgestalten wollen. Gestalten heißt aber nicht nur Investition in die Technik, es heißt vor allem, in die Kreativität und Phantasie der Menschen und in ihren Kompetenz- und Wissensgewinn zu investieren.

Anmerkungen

1 Information ist eine notwendige, aber nicht hinreichende Bedingung zur Entstehung von Wissen. Mit Wissen ist die zielorientierte Nutzung, kreative »Verarbeitung« und die erfahrungsgestützte Bewertung von Information gemeint, die im Regelfall durch die Kommunikation mit anderen Wissensträgern unterstützt wird. Der englische Begriff »knowledge« ist treffender, läßt sich aber kaum adäquat übersetzen, da er auch Aspekte von »awareness« umfaßt.

2 Dostal, Werner (1993): »Das Vier-›Sektoren‹-Modell 1882–2010«, Nürnberg (Institut für Arbeitsmarkt- und Berufsforschung) (vervielfältigt).

3 Bernhard, Ute/Ruhmann, Ingo (1995): »Revolution von oben!«, in: *Computerinformation* 7–8, Juli/August 1995, S. 13–16.

4 Vgl. Toffler, A.: *The Third Wave*. New York 1981, S. 210–223; Mason, R.; Jennings, L.: »The computer home: will tommorrow housing come alive?« In: *The Futurist* (1982)16 (1), S. 35.

5 Vgl. Holger Floeting: »Die Städte und die Informationsgesellschaft«. In: Dietrich Henckel u. a.: *Entscheidungsfelder städtischer Zukunft*, Stuttgart u.a. 1997, S. 209–256.

6 Mit der durch Al Gore initiierten NII in den USA soll unter Beteiligung von Regierung, Bundesstaaten, Kommunen, privatwirtschaftlicher Unternehmen, Forschungseinrichtungen, Universitäten und Bürger der Weg Amerikas in die Informationsgesellschaft forciert werden, orientiert an den Bedürfnissen der Bürger und mit dem Ziel der Steigerung der ökonomischen Wettbewerbsfähigkeit; vgl. z. B. [http://sunsite.unc.edu/nii/NII-Table-of-Contents.html].

7 Henrik Hermann und Alwin Mahle: »PC-Ausstattung und Nutzung von Internet und Online-Diensten in deutschen Haushalten«. In: *WIK-Newsletter* Nr. 27, Juni 1997, S. 20–22.

8 Vgl. z. B. Busso Grabow und Holger Floetin: »Städte in der Dienstleistungs- und Informationsgesellschaft«. In: Jürgen Egeln, Helmut Seitz (Hrsg.): *Städte vor neuen Herausforderungen* (Schriftenreihe ZEW-Wirtschaftsanalysen Band 9), Nomos-Verlagsgesellschaft, Baden-Baden 1997.

9 Vgl. Holger Floeting und Steffi Gaevert: »Elektronische Stadt- und Wirtschaftsinformationssysteme in deutschen Städten« (unveröffentlichter Zwischenbericht), 1997, S. 16.

10 Ronald Sallmann und Gerda Zeman: *Städte in der Informationsgesellschaft. Neue Chancen für Städte und Gemeinden*, Wien 1996 (= Studie des Österreichischen Städtetages).

11 Der Umgang der Verwaltung mit den Unternehmen – und dazu gehören entscheidend auch Informiertheit und Transparenz – gehört zu den wichtigsten Standortfaktoren; vgl. Busso Grabow, Dietrich Henckel, Beate Hollbach-Grömig: *Weiche Standortfaktoren*, Stuttgart 1995.

12 Vgl. [http://www.uni-hohenheim.de/~www510h/texte/cupatest1.html].

13 Vgl. Busso Grabow und Beate Hollbach: »Stadtmarketing. Eine kritische Zwischenbilanz«, Berlin 1997.

14 Ein Beispiel für einen Ansatz, die Medienkompetenz der Bürger zu verbessern, ist das Angebot der Stadtbibliothek Köln; vgl. [http://www.stbib-koeln.de/media].

15 Vgl. z.B. Herbert Kubicek u.a.: *www.stadtinfo.de. Ein Leitfaden für die Entwicklung von Stadtinformationen im Internet*, Heidelberg 1997, S. 245 ff.

16 Dies sind Ergebnisse einer noch unveröffentlichten Umfrage des Deutschen Instituts für Urbanistik (Difu) bei allen Städten mit mehr als 50000 Einwohnern.

17 Vgl. Holger Floeting, Busso Grabo: »Auf dem Weg zur virtuellen Stadt? Auswirkungen der Telematik auf die Stadtentwicklung«. In: *Informationen zur Raumentwicklung* (in Vorbereitung).

18 Das Difu beabsichtigt derzeit, zusammen mit anderen Partnern ein solches für alle Städte offenes Forum »Telematische Städte« zu schaffen, das den Erfahrungs- und Informationsaustausch online (im Internet) und auf Veranstaltungen ermöglichen und gleichzeitig als interaktives Kommunikationsnetzwerk zwischen den kommunalen Akteuren dienen soll. Das Konzept (Organisation, Beteiligte, Finanzierung usw.) wird zur Zeit mit verschiedenen potentiellen Beteiligten diskutiert.

Der vernetzte Politiker

Die virtuelle Diskussion stärkt die Kompetenz

von Jörg Tauss und Johannes Kollbeck

1. Öffentlichkeit, Medien und Politik – ein spannungsgeladenes Verhältnis

Die vielschichtigen Beziehungen zwischen Politik, Medien und Öffentlichkeit werden traditionell als Spannungsverhältnis begriffen. Dieses Spannungsverhältnis lebt davon, daß – zumindest in demokratisch verfaßten Gesellschaften – das politisch Machbare durch den Wählerwillen legitimiert aber auch limitiert wird. Mit anderen Worten: Was immer Regierung und Opposition jeweils für gute Politik halten, steht unter dem Vorbehalt, daß der Wähler es so – oder eben auch anders – wahrnehmen kann. Die auf diese Weise vorhandene Abhängigkeit von der öffentlichen Meinung und vom Wählerwillen gilt gemeinhin als unproblematisch.

Wie politisches Handeln von den Wählern wahrgenommen wird, dafür werden in der Regel die Medien verantwortlich gemacht. Die Medien haben die Aufgabe, Sachverhalte darzustellen, Informationen zu vermitteln und Zusammenhänge herauszustellen. Dabei gelingt es ihnen nach Meinung ihrer Kritiker, die besonders in der Zunft der Politiker zu finden sind, immer weniger, diese Aufgaben zu erfüllen. Die Gratwanderung des Journalismus zwischen Informationsauftrag und Auftrag des Werbeträgers, die Notwendigkeit, komplexe Zusammenhänge in kleine Informationseinheiten zu zerlegen (die berühmten 20 Sekunden) oder die Information an Personen festmachen zu müssen, sind nur einige Aspekte dieser Entwicklung. Medienkritiker beschreiben die Defizite des gegenwärtigen Journalismus mit Begriffen wie Personalisierung, Negativ-Orientierung, Schreinemakerisierung, McDonalds-Journalismus.[1]

Die wachsende Abhängigkeit der Politik von der veröffentlichten Meinung, sprich vom Mediensystem, wird damit zunehmend als problematisch wahrgenommen. Hierfür werden mehrere Gründe angeführt: Massenmedien gelten als sehr einflußreich, weil man davon ausgeht, daß sie der Bevölkerung eine Vorstellung davon vermitteln, was wichtig und richtig ist, und weil sie entsprechend Einfluß haben auf das, was die Mehrheit der Bevölkerung denkt, meint, fordert und verurteilt. Von Massenmedien wird weiterhin angenommen, daß sie nicht nur die Meinungen und Ansichten der Bevölkerung direkt beeinflussen, sondern indirekt auch die politische Entscheidungsfindung präformieren. In dieser Sichtweise geraten die Medien zu einer quasi-politischen Größe, die – ohne vergleichbare Legitimation – den eigentlichen Akteur Politik zu ersetzen und zu verdrängen droht.[2]

Die negativen Auswirkungen der Medienmacht bekommt nach Ansicht mancher Beobachter insbesondere das Politiksystem zu spüren: Der Soziologe Richard Münch beispielsweise nimmt an, daß das gesellschaftliche Negativimage der Politik, die sogenannte Politikverdrossenheit, von den Massenmedien entscheidend mitverursacht wird: »Die schwindelerregende Geschwindigkeit, in der heute eine Politikeraffäre die andere ablöst, ist (...) nicht allein einer moralischen Verrottung der sogenannten politischen Klasse geschuldet, sondern auch der Jagd der Massenmedien nach dem Spektakel zur Unterhaltung ihres Publikums. (...) So unbestreitbar berechtigt diese massenmediale Aufklärung über das politische Geschäft ist, so sehr trägt sie jedoch dazu bei, daß Politik allein noch als Ränkespiel um Personen, Posten und Pfründe erscheint und umso mehr noch nur als solches betrieben werden kann. Die Sachprobleme geraten zunehmend aus dem Blick.«[3]

Die Ausrichtung an der (erwarteten) Medienresonanz spiegelt sich aber auch in den politischen Inhalten wider, die die Politik kommuniziert. Statt Politik zu machen, beschäftigt sich Politik – nach Meinung einiger Kritiker – vor allem damit, so zu tun als ob. Ein Schweizer Politiker beschrieb diesen Vorgang aus der Innenperspektive so: »In der symbolischen Politik setzen Politiker und Politikerinnen laufend ›Zeichen‹, statt Probleme zu lösen. Hier werden lustvoll medienträchtige Pseudoereignisse geschaffen (...), damit die knappe Aufmerksamkeit künstlich auf Personen oder Probleme gelenkt wird.«[4] In diesem Miteinander von Medien und Politik scheint es weniger um die Lösung von Problemen als um die Darstellung von Lösungskompetenz zu gehen.

Der von Ulrich Sarcinelli entwickelte Begriff der symbolischen Politik bezeichnet ein derartiges Surrogat. Symbolische Politik meint, daß sich heutzutage zwei Handlungsbereiche von Politik unterscheiden lassen, die zunehmend miteinander in Konflikt geraten, was von Wissenschaftlern wie Politikern gleichermaßen wahrgenommen wird. Auf der einen Seite hat man die Ebene politischer Entscheidungen und Durchsetzungen, auf der anderen die Ebene der öffentlichen Begründung und Darstellung dieser Politik: »Zwischen ihnen«, meint Sarcinelli, »gibt es eine tiefe Kluft,

weil die Gesetzmäßigkeiten, die politische Problemlösungs- und Entscheidungsprozesse bestimmen, in der Regel andere sind als die Gesetzmäßigkeiten, die eine möglichst öffentlichkeitswirksame Darstellung und Vermittlung von Politik garantieren.«[5] Diese Beobachtung will auf einen komplexen – weil reflexiven – Strukturwandel der politischen Öffentlichkeit aufmerksam machen: Veränderungen im Mediensystem führen zu Veränderungen im Politiksystem, und die daraus resultierende Darstellungspolitik beeinflußt dann ihrerseits wiederum die Mechanismen der (politischen) Wirklichkeitskonstruktion durch die Medien. In diesem Sinne kann man durchaus feststellen, daß Politiker in wachsendem Maße die Bedeutung des Mediensystems erkennen, seine Wahrnehmungskriterien antizipieren und ihr eigenes Handeln danach ausrichten. Zu denken ist hierbei in erster Linie an einzelne Politiker, die es besser als andere verstehen, sich in den Medien zu präsentieren oder sich ihnen als kompetente Informationsquelle anzubieten. Einige Autoren vermuten sogar, daß die Politiker jeglichen Kontakt zur Basis verloren haben und ihr ganzes Handeln einzig und allein in Richtung Medien ausrichten. So formuliert beispielsweise Norbert Bolz: »In der Tat haben die Politiker keinen Kontakt zur Basis – und können ihn gar nicht haben. Statt dessen lesen sie den *Spiegel* und die *Bild*-Zeitung. Das ist ihre politische Reduktion von Komplexität: Statt die Welt zu beobachten, beobachten Politiker, wie sie von den Massenmedien beobachtet werden.«[6]
Eine solche Feststellung ist jedoch in zweierlei Hinsicht problematisch: Zum einen bleibt die Frage offen, wie Politiker denn sonst die »Welt« beobachten sollen, wenn nicht (auch) über die Medien. Kennzeichnend für moderne Gesellschaften ist doch gerade deren Unübersichtlichkeit und Komplexität. Anders als in früheren Gesellschaften reicht der Blick über den Marktplatz heute nicht mehr aus. Die Welt ist größer geworden, nichts anderes ist mit dem vielzitierten »global village« des kanadischen Medientheoretikers McLuhan gemeint. Zum anderen übersieht diese Argumentation auch, daß es ja gerade die Aufgabe der Medien ist, die unendliche »Welt-Komplexität« zu reduzieren und in verdaubare Informationshappen zu zerlegen.
So weit zur Beschreibung des »Jetzt-Zustandes«, der in der öffentlichen und wissenschaftlichen Debatte immer wieder mit Begriffen oder Schlagworten wie »Politikverdrossenheit«, »Mediokratie« oder auch »Abwesenheit von Politik« charakterisiert wird. Begriffe wie Mediendemokratie (Mediokratie) oder Telekratie und selbst Mediengesellschaft bezeichnen jedoch oft nicht nur einen (vermuteten) Wandel der politischen Öffent-

lichkeit, sondern summa summarum vermeintliche Krisensymptome der modernen Gesellschaft, die sich in der entfaltenden Informationsgesellschaft verstärken werden.

2. Internet als Forum und Marktplatz – eine neue Form von (elektronischer) Öffentlichkeit

Damit stellt sich die Frage, was denn das Neue an der Informationsgesellschaft ist. Für die einen ist sie der Anlaß, auf eine Modernisierung der Demokratie zu hoffen, für die anderen, sich um die Demokratie zur sorgen. Der Terminus »Informationsgesellschaft«, entstanden in den Modernisierungs-Debatten der 60er Jahre in den USA und Japan, fand schnell seinen Weg aus der wissenschaftlichen Selbstbeschreibung zur ökonomischen und politischen Zielvariablen.[7] Bis zu dem Zeitpunkt der Clinton/Gore-Initiative für eine nationale, später internationale Informationsinfrastruktur galten nahezu ausschließlich ökonomische und technologische Faktoren als Indikatoren für die Informationsgesellschaft. Die Anzahl der in einem bestimmten Bereich Beschäftigten und das in diesem Bereich erwirtschaftete Bruttosozialprodukt, ergänzt um die Anzahl der vorhandenen neuen technischen Geräte, ist für die Beschreibung des sozialen Wandels und der sich verändernden Gesellschaftsstruktur aber kaum ausreichend.[8] Solche Daten sind allenfalls, entgegen manchen wachstumsapologetischen Aussagen, dazu geeignet, den grundlegenden Wandel der Gesellschaftsstruktur anzudeuten.
Die Evolution der Gesellschaft, so kann man neuere soziologische und kommunikationswissenschaftliche Ansätze zusammenfassen, ist abhängig von den ihr zur Verfügung stehenden Kommunikationsmöglichkeiten.[9] Mit anderen Worten: Kommunikationsmittel und -möglichkeiten bestimmen die Strukturen einer Gesellschaft. Sie bestimmen über ihre Größe, Reichweite und Stabilität. So kann man beispielsweise die (begrenzte) Reichweite der mittelalterlichen Gesellschaft, die auf die sprachliche Erreichbarkeit ihrer Mitglieder angewiesen war, noch heute an der Größe mittelalterlicher Marktplätze erkennen.
Kennzeichen der neuen Gesellschaft, die mit dem Terminus »Informationsgesellschaft« etikettiert wird, ist nicht nur das Vorhandensein dieser neuen Medientechniken, sondern vielmehr die erneute Ausdehnung der Reichweite der Gesellschaft aufgrund der globalen Vernetzung. Oder, um beim Bild des mittelalterlichen Marktplatzes zu bleiben: Mit dem Ausbau

einer globalen Informations-Infrastruktur entsteht eine Art Marktplatz der globalen Informations-(Welt-)Gesellschaft – ein Marktplatz, auf dem nicht nur mit Waren gehandelt, sondern auf dem auch über Wissen und Werte, über Lebensentwürfe und die Zukunft der Gesellschaft verhandelt wird.
Das Internet kann dabei als Beispiel für eine elektronische Öffentlichkeit gelten – als elektronischer Marktplatz der Weltgesellschaft. Dabei weist dieser Marktplatz gegenwärtig eine Besonderheit auf: Die üblichen Geschäfte, die auf einem solchen getätigt werden, sind gegenwärtig eher die Ausnahme (nicht zuletzt aufgrund der ungelösten technischen Sicherheitsfragen). Vielmehr ist das Internet ein »Umschlagplatz« für Informationen aller Art – auch politischer, wenn man sich etwa die Online-Versionen von Nachrichtenmagazinen wie *Focus* und *Spiegel* ansieht, den Virtuellen Ortsverein der SPD oder die Mitteilungen, die der Deutsche Bundestag ins Netz stellt.[10]
Dieser erneute Strukturwandel der Öffentlichkeit wird für die Demokratie – die ja auf dem Prinzip Öffentlichkeit beruht – nicht ohne Folgen bleiben. Dabei stellt sich die Frage, ob sich dieser Strukturwandel als Fortsetzung des Zerfalls bürgerlicher Öffentlichkeit oder aber als Revitalisierung der Demokratie und der politischen Öffentlichkeit erweisen wird. Die neuen Informations- und Kommunikationsmöglichkeiten und vor allem die Vernetzung bieten – so die hier vertretene These – neue Formen der politischen und gesellschaftlichen Teilhabe an, die aber erkannt und genutzt werden müssen, um wirksam werden zu können. Auf welche Weise das am besten geschehen kann und wie man die damit verbundenen Gefahren minimiert, sind ungelöste Fragen – und eine Herausforderung für alle, die die Form der künftigen Gesellschaft mitgestalten wollen.

Konzepte zur Gestaltung der Informationsgesellschaft gibt es nicht. Die Politik hat die an sie gestellte Zukunftsaufgabe, tragfähige Ansätze für eine Kommunikationsordnung zu entwickeln, bis heute nicht erfüllt. In den vorgelegten Gesetzesentwürfen dominieren noch immer Teilaspekte der berühmten »Schachtelpolitiken« (Peter Glotz), die den Anforderungen nicht gerecht werden. Die Hilflosigkeit der Politik zeigt sich vor allem am Festhalten an traditionellen und schon heute kaum noch anwendbaren Medienordnungskonzepten. Es fehlt zur Einordnung dieser Teilaspekte noch immer der dazu notwendige Rahmen einer umfassenden zukünftigen Kommunikationsordnung – vom Fehlen eines tragfähigen Leitbildes einer demokratischen Informationsgesellschaft ganz zu schweigen. Die Antwort ist (bisher) immer die gleiche: Der Markt wird's schon richten. Wie wichtig die Forderung einer über die wirtschaftlich und technologisch eingeengte Blickrichtung hinausgehenden politischen Perspektive ist, zeigt sich in den Reaktionen auf die sogenannte »Münchner Erklärung«.[11] Um nur ein Beispiel zu nennen: In der Erklärung – die in der Öffentlichkeit auf reges Interesse stieß – steht berechtigterweise zu lesen, daß die »Gestaltung der Informationsgesellschaft nicht den (...) Kräften des Marktes allein überlassen bleiben« darf. Mit Verweis auf die hohen Kosten für die Nutzung des Internet und auf die ernüchternden Erfahrungen der seinerzeit aufgestellten öffentlichen BTX-Terminals lautet die Antwort des Bundeskanzleramtes darauf: »Vor diesem Hintergrund einer deutlich staatsinterventionistischen Vorstellung ist die(se) Forderung verständlich, aber abzulehnen.«[12] Wenn man dieser Überlegung folgt, dann bedeutet das im Umkehrschluß, daß die Gestaltung der Informationsgesellschaft ausschließlich den Kräften des Marktes überlassen bleiben soll. Bleibt die Rückfrage an das Bundeskanzleramt: Wie lautet dann noch die Aufgabe der Politik, und wozu brauchen wir überhaupt neue Gesetze und ein Bundeskanzleramt?

Zusammenfassend läßt sich sagen: Obwohl heute allerorten von der weltweiten Informationsgesellschaft die Rede ist, werden die eigentlichen Fundamente dieser Gesellschaft grundsätzlich so gut wie nie angesprochen: Wie sehen die Leitbilder der Informationsgesellschaft aus? Freie Rede, neue Formen der Meinungsbildung, Recht auf informationelle Grundversorgung des Bürgers? Wo wird in der globalen Informationsgesellschaft der öffentliche Raum oder das Forum sein, in dem Argumente ausgetauscht, Vor- und Nachteile abgewogen und konsensuelle Entscheidungen herbeigeführt werden? Wo kann sich eine kritische Öffentlichkeit tatsächlich bilden und artikulieren? Wo werden ernsthaft neue Formen für parlamentarische Anhörungen eingefordert?
Die Herausforderungen an die Politik – und das gilt für die Medien-, Forschungs- und Technologie-, Bildungs- und Wirtschaftspolitik gleichermaßen – sind also gewaltig, und, wie immer bei neuen technologischen Entwicklungen, werden die Weichen in der Anfangsphase gestellt, in der die Mehrzahl der Akteure die Tragweite der anstehenden Weichenstellungen oft noch gar nicht erkennt.

3. »Die virtuelle politische Diskussion« – Herausforderung und Chance einer neuen politischen Teilhabe

Die vorangestellten Überlegungen mögen deutlich machen, daß ein Großteil der gegenwärtig im Zusammenhang mit den neuen Informations- und Kommunikationsmöglichkeiten diskutierten Probleme so neu nicht ist, wie man angesichts der teilweise sehr aufgeregten Debatte meinen könnte. Die neuen Medien bergen – so die hier vertretene These – ein gehöriges Maß an neuen Partizipationsmöglichkeiten in sich, die möglicherweise die Chance eröffnen, angemessene Antworten auf die eben beschriebenen Probleme demokratisch verfaßter Mediengesellschaften zu finden. Dies gilt insbesondere für die zunehmende Unübersichtlichkeit und Komplexität der Globalisierungsprozesse in Wirtschaft, Recht und Politik. Natürlich bergen sie, wie jede technische Neuerung, auch Risiken in sich. Sie werden zu einer weiteren Individualisierung der Mediennutzung führen und damit auf der einen Seite neue Freiheitsgrade eröffnen, auf der anderen Seite jedoch auch zu einer weiteren Zersplitterung der Gesellschaft beitragen. Es könnten dadurch immer weiter differenzierte und segmentierte Teil-Öffentlichkeiten entstehen, die untereinander kaum noch kommunikationsfähig sind. Damit stellt sich in einer ganz neuen Weise die (nicht nur soziologische) Frage, welches Band die Gesellschaft eigentlich noch zusammenhalten kann.

Die entstehende Vielfalt und Verfügbarkeit an Informationen hat darüber hinaus auch eine inflationäre Wirkung: Zunehmend stellt sich die Frage, welche Informationen überhaupt einen Wert haben und glaubwürdig sind. Vom Nutzer wird auf der anderen Seite eine immer höhere Kompetenz im Umgang mit Information verlangt. Die Spaltung der Gesellschaft in solche, die Zugang zur Information haben und damit umgehen können, und solche, die ausgeschlossen sind, ist eine reale Gefahr. Man muß diese Gefahren erkennen und minimieren. Andererseits müssen aber auch die Chancen und neuen Möglichkeiten erprobt und genutzt werden.

Erste Erfahrungen mit den neuen Informations- und Kommunikationsmöglichkeiten zeigen, daß vernetzte Medien gleichzeitig lokale Kommunikation verdichten und globale Kommunikation herstellen können. Diese Möglichkeiten werden in Deutschland noch nicht einmal ansatzweise genutzt. Unter http://www.tagesschau.de kann man zwar die wichtigen Nachrichten abrufen, doch Links zu darüber hinausgehenden Informationen und Hintergrundberichten gibt es nach wie vor nicht. Wenn

die Tagesschau über eine Rede Oskar Lafontaines berichtet hat, müßte beispielsweise automatisch ein Link zur SPD-Website, zur dazugehörigen Stellungnahme der CDU im Konrad-Adenauer-Haus und zu weiteren nützlichen Querverweisen führen. Durch den Hyperlink zum »unzensierten«, redaktionell (noch) nicht überarbeiteten Produkt würde das neue Massenmedium Internet erst wirklich spannend. Dabei könnten die Redaktionen natürlich, ergänzend zum Pressematerial der Parteien und Unternehmen, weiteres Material hinzufügen oder das vorhandene kritisch kommentieren. Es könnte, um ein weiteres Beispiel für mögliche Querverweise anzuführen, auch auf die Stellungnahme des Deutschen Industrie- und Handelstages (DIHT) zur SPD-Steuerpolitik verwiesen werden sowie auf den Kommentar des Deutschen Gewerkschaftsbundes (DGB) zur DIHT-Stellungnahme. Damit entstünde aus einer 20-Sekunden-Meldung der Tagesschau die Chance, den Bürger über einen Gesamtkomplex tatsächlich zu informieren. Wenn der interessierte Bürger dann noch ergänzend seine Tageszeitung anklicken könnte, hätte er tatsächlich ein völlig neues Informationsangebot. Und dazwischen gäbe es auch noch genügend Raum für redaktionelle Bearbeitung.
Gleiches gilt im übrigen für die politischen Angebote im Netz. Die Parteien und Fraktionen, der Bundestag, das Bundeskanzleramt und die Bundesministerien sind inzwischen ebenso im Netz vertreten wie die Staatskanzleien der Länder. Doch auch hier werden dem interessierten Bürger in der Regel nur Informationen »zur Kenntnisnahme« angeboten. Größtenteils fehlen Verweise auf andere Parteien, auf unterschiedliche Konzepte und politische Kontroversen. Dennoch sind, zumindest ansatzweise, auch schon neue Formen der direkten politischen Beteiligung via Internet zu erkennen: So können heute zumindest teilweise Gesetzesentwürfe abgerufen werden. Lange Zeit, bevor der Referentenentwurf des Informations- und Kommunikationsdienste-Gesetzes (IuKDG) – in der Öffentlichkeit besser bekannt als »Multimedia-Gesetz« und mittlerweile verabschiedet – Gegenstand der parlamentarischen Beratung war, konnte er auf verschiedenen Servern abgerufen werden. Dabei kann dann die kuriose Situation entstehen, daß Journalisten, die das Netz ja weitaus intensiver nutzen als Politiker, einen Politiker zu einem Gesetzentwurf befragen, den dieser noch gar nicht kennt. Ist das eine neue Form von Politik? Nein! Politikentwürfe sollten heute generell nicht mehr im stillen Kämmerlein der Referenten oder in den Schaltzentralen der Interessenverbände entstehen. Der Weg der Gesetzgebung muß transparenter werden und stärker die Beteiligung und Mitwirkung der Bürger und Bürgerin-

nen berücksichtigen. Hierfür bieten die neuen Informations- und Kommunikationsmöglichkeiten hoffnungsvolle Perspektiven.
Hätte man den Entwurf für ein Informations- und Kommunikationsdienstegesetz – um ein aktuelles Beispiel zu nennen und eine etwas gewagte These zu riskieren – nicht allein zur Kenntnisnahme, sondern zur Diskussion ins Netz gestellt und so die betroffenen Nutzer am Gesetzgebungsprozeß beteiligt, wären möglicherweise viele Irritationen und Widerstände zu vermeiden gewesen, die der Entwurf zu Recht in Wirtschaft und Wissenschaft hervorgerufen hat. Auf diese Weise hätte es möglicherweise gelingen können, einen gesellschaftlichen Konsens über die anstehenden Gestaltungsoptionen zu erzielen. Wenn man sich die Bedeutung der Medien in der modernen Gesellschaft vergegenwärtigt und die Tragweite der Regulierungsvorhaben vor Augen hält, wird zudem deutlich, welche wichtige Chance damit verpaßt wurde.

4. »Bekenntnis« eines vernetzten Politikers – die »virtuelle« Diskussion stärkt die Kompetenz

Als Politiker, der die neuen Medien als Herausforderung für eine intensivere politische Kommunikation begreift und täglich mit ihnen umgeht, möchte ich am Schluß meines Beitrags auf einige persönliche Erfahrungen eingehen, die ich als erster »Online-Abgeordneter« des Deutschen Bundestages gemacht habe. Nicht ahnend, worauf man sich bei einem solchen Experiment einläßt, ging ich vor nunmehr 3 Jahren daran, die vielgepriesenen Möglichkeiten der neuen Informations- und Kommunikationsmöglichkeiten für meine Arbeit zu nutzen. Dies wurde sowohl im Netz wie auch in der Öffentlichkeit mit großem Interesse aufgenommen. Schon bald gingen täglich Dutzende von E-Mails ein mit der Bitte um Stellungnahmen, Zusendung von Informationsmaterial zu allen erdenklichen Themen, Weiterleitung an eine andere Person oder Stelle oder einfach nur aus dem Wunsch heraus, Kontakt aufzunehmen. Da ich für einen bestimmten Zeitraum der einzige Abgeordnete mit einer E-Mail-Adresse war, wurde mein elektronisches Postfach immer mehr zum Gateway der SPD-Bundestagsfraktion wie auch des Deutschen Bundestages insgesamt. Die Fülle an elektronischer Post konnte natürlich kaum bewältigt werden. Schon bald war ich auch mit einer dem Netz eigenen »Zeiterfahrung« konfrontiert, die sich ungefähr so äußerte: »Sehr geehrter Herr Abgeordneter, ich schicke Ihnen nun innerhalb von 24 Stunden bereits die dritte Mail und habe noch immer keine Antwort. Daraus schließe ich, daß sie die neuen Kommunikationsmöglichkeiten nicht ernst nehmen und gar kein Interesse an einer direkten Kommunikation mit dem Bürger haben.« Davon konnte natürlich keine Rede sein.

Mittlerweile haben fast alle Ministerien, der Bundestag, die Parteien und Fraktionen und auch das Bundeskanzleramt den Weg zur Datenautobahn gefunden und nutzen diese neue Form der politischen Kommunikation. Auch die Abgeordneten des Deutschen Bundestages sind inzwischen über E-Mail erreichbar. Dabei bestimmt aber, wie dies bereits festgestellt wurde, noch immer – ganz im Sinne der klassischen Verteilmedien – das Informationsangebot die politische Seite des Netzes, nicht aber der Informationsaustausch.

Für meine politische Arbeit im Bildungsausschuß und in der Enquete-Kommission »Zukunft der Medien« haben sich durchaus positive Erfahrungen im Umgang mit den neuen Medien ergeben. Von Anfang an war es dabei eines meiner zentralen Anliegen, den Alltag eines Bundestagsabgeordneten im »Raumschiff Bonn« und im Wahlkreis transparenter zu machen. Enorme Unterstützung bei der Bewältigung der Anfangsschwierigkeiten – etwa technische Hürden – kam von den Initiatoren des Projektes »Abgeordnete ans Netz« der Freien Universität Berlin.[13] Mit diesem Projekt ist es gelungen, aus jeder Fraktion einen Abgeordneten dafür zu gewinnen, sich per E-Mail als Ansprechpartner zur Verfügung zu stellen und so dazu beizutragen, daß die Bedeutung der neuen Kommunikationsformen in den politischen Alltag hinein- und die Arbeit des Parlaments in das Netz hinausgetragen wird. Dabei reichte das Informationsangebot vom Arbeitsrhythmus des Parlaments und dem typischen Ablauf einer Sitzungswoche in Bonn über die Arbeit im Wahlkreis bis hin zur Diskussion der »Diätenfrage«.

Die neuen Medien bieten dem Politiker aber nicht nur neue Möglichkeiten, »auf sich aufmerksam zu machen«. Sie sind vor allem eine hervorragende Möglichkeit, die politische Arbeit ungefiltert darzustellen, weltweit zu recherchieren und Kontakt zu einer nahezu unbegrenzten Fachöffentlichkeit zu bekommen, was einen entscheidenden Kompetenzzuwachs mit sich führt. Und um einem weitverbreiteten Vorurteil zu begegnen: Das Netz macht nicht nur nicht einsam, es hat im Gegenteil die Zahl der persönlichen Kontakte zu interessanten Persönlichkeiten enorm ausgeweitet. Viele Experten, die meine politische Arbeit unterstützen, habe ich erst in diesen Netzdiskussionen kennen- und schätzengelernt.

Von Anfang an war es für mich wichtig, den Informationsaustausch und die Diskussion zu suchen. So wurden beispielsweise Anträge der SPD-Fraktion schon während des Entstehungsprozesses, als der Konsens innerhalb der Fraktion oder der Arbeitsgruppe noch gesucht wurde, im Netz zur Diskussion gestellt.[14] Oft ergaben sich aus diesen Diskussionen wertvolle Anregungen, oder die kritischen Anmerkungen regten zumindest zum Nachdenken an.

Wie bei allen Kommunikationsformen gibt es natürlich auch bei der elektronischen Kommunikation Mißverständnisse. Anfangs entstanden sie zum Beispiel dadurch, daß die Antworten der Bundesregierung auf Anfragen der SPD-Fraktion demjenigen zugerechnet wurden, der sie im Netz veröffentlichte, das heißt, der Überbringer der Botschaft wurde für die Inhalte verantwortlich gemacht. Auch der Umgang mit Hunderten von Protestmails will gelernt sein.

Zusammenfassend läßt sich sagen: Die neuen Informationsmöglichkeiten und die dadurch beschleunigte Herausbildung der Informationsgesellschaft führen wie jede technische Neuerung ebenso Risiken wie Chancen mit sich. So wie es gilt, Risiken zu erkennen und zu minimieren, gilt es in gleicher Weise, Chancen zu erkennen und zu nutzen. Die neuen Informations- und Kommunikationsmöglichkeiten können zur Modernisierung der Demokratie, zur Intensivierung der politischen Kommunikation und zur Herausbildung einer neuen Form von Öffentlichkeit beitragen, die eine demokratische Gesellschaft erst möglich macht. Nutzen wir also diese Chance und stellen uns der Aufgabe! Sollte die Politik diese Herausforderung versäumen, werden in Zukunft die Gesellschaftsentwürfe ohne sie debattiert werden – und das wäre der wirkliche Abschied der Politik.

Anmerkungen

1 Auf die Stichhaltigkeit dieser einzelnen Argumente kann im Rahmen dieses Beitrages leider nicht im einzelnen eingegangen werden. Vgl. aber als journalismustheoretischen Überblick Weischenberg, Siegfried (1992) und (1995): *Journalistik. Medienkommunikation: Theorie und Praxis.* Band 1: Mediensysteme, Medienethik, Medieninstitutionen. Band 2: Medientechnik, Medienfunktionen, Medienakteure. Opladen.

2 Dabei sind diese Sichtweisen in der Medien- und Kommunikationswissenschaft keineswegs unumstritten. Auf die Debatte über die »Wirkmächtigkeit« der Medien kann hier leider nicht ausführlich eingegangen werden. Vgl. aber dazu die Beiträge in Merten, Klaus, Siegfried J. Schmidt und Siegfried Weischenberg (1994): *Die Wirklichkeit der Medien. Eine Einführung in die Kommunikationswissenschaft.* Opladen.

3 Münch, Richard (1996): *Risikopolitik.* Frankfurt am Main. S. 161.

4 Rhinow, René (1996): »Medien und Demokratie – ein spannungsvolles Verhältnis. Chancen und Risiken für die öffentliche Meinungsbildung«. In: *Neue Zürcher Zeitung* vom 16. März 1996.

5 Sarcinelli, Ulrich (1990): *Demokratische Streitkultur. Theoretische Grundpositionen und Handlungsalternativen in Politikfeldern.* Bonn. S. 47

6 Bolz, Norbert (1996): »Weltkommunikation. Über die Öffentlichkeit der Werbung«. In: Maresch, Rudolf (Hrsg.): *Medien und Öffentlichkeit. Positionierungen, Symptome, Simulationsbrüche.* S. 77 - 88.

7 Vgl. dazu die Beiträge in Tauss, Jörg, Johannes Kollbeck und Jan Mönikes (1996): *Deutschlands Weg in die Informationsgesellschaft. Herausforderungen und Perspektiven für Wirtschaft, Wissenschaft, Recht und Politik.* Baden-Baden.

8 Vgl. dazu aber BMWi (1996): *Info 2000. Deutschlands Weg in die Informationsgesellschaft.* Bonn; BMBF (1995): *Multimedia – Chancen und Herausforderungen.* Bonn; Rat für Forschung, Technologie und Innovation (1995): *Informationsgesellschaft. Chancen, Innovationen und Herausforderungen. Feststellungen und Empfehlungen.* Dezember 1995. Bonn.

9 Vgl. zum folgenden besonders Merten, Klaus: »Evolution der Kommunikation«. In: Merten/Schmidt/Weischenberg (1994), a.a.O.: S. 141–162; vgl. dazu auch Elsner, Monika; Gumbrecht, Hans Ulrich; Müller, Thomas; Spangenberg, Peter M.: »Zur Kulturgeschichte der Medien«. In: ebd.: S. 163-187; vgl. auch Schmidt, Siegfried J.: *Kognitive Autonomie und soziale Orientierung. Konstruktivistische Bemerkungen zum Zusammenhang von Kognition, Kommunikation, Medien und Kultur.* Frankfurt am Main.

10 Bei der Anhörung des Ausschusses für Bildung, Wissenschaft, Forschung, Technologie und Technikfolgenabschätzung zum Informations- und Kommunikationsdienste-Gesetz des Bundes (IuKDG oder auch Multimedia-Gesetz) waren erstmals im Internet-Angebot des Deutschen Bundestages über allgemeine Informationen hinaus, beispielsweise Biographien der Abgeordneten und Tagesordnungen, alle eingereichten Stellungnahmen der Sachverständigen einer – im Prinzip weltweiten – Öffentlichkeit zugänglich.

11 Eine Textfassung der »Münchner Erklärung« findet sich unter [http://www.akademie3000.de/overview/ conf/politics/declaration/foren.html].

12 Stellungnahme von Dr. Horst-Dieter Westerhoff im Auftrage des Bundeskanzleramtes zur »Münchner Erklärung« vom 6. März 1997. Auf der Konferenz äußerte sich Horst-Dieter Westerhoff, wie die FAZ berichtete, dazu noch wie folgt: »Die Münchner Erklärung werde in Bonn keinerlei Echo haben, weil sie hinter den Tatsachen zurückbleibe. Das Multimediagesetz sei auf gutem Weg, nachdem es zunächst einmal einigen Aufwand gekostet habe, die Ministerpräsidenten davon zu überzeugen, daß es sich beim Internet nicht um Rundfunk und damit auch nicht um die Sache der Länder handele.« Hier – und im übrigen auch im anschließenden parlamentarischen Verfahren zum sogenannten Multimediagesetz – scheint die Rede vom »Raumschiff Bonn« zutreffend zu sein: Kritik an den Konzepten der Bundesregierung zur Gestaltung der Informationsgesellschaft, beispielsweise am Regierungsbericht »Info 2000« und an den von ihr vorgelegten Regulierungsentwürfen, wie sie auf dem Münchner Kongreß, auf vielen anderen Tagungen, in der parlamentarischen Debatte und in den Sachverständigenanhörungen vorgetragen wurden, wird schlichtweg nicht zur Kenntnis genommen.

13 Vgl. [http://www.fu-berlin.de/POLWISS/mdb-projekt]

14 Intensiv in der Netzöffentlichkeit diskutiert wurden beispielsweise der Antrag von Wolfgang Thierse, Jörg Tauss und der SPD-Bundestagsfraktion »Deutsch-

lands demokratischer Weg in die Informationsgesellschaft« und die Stellungnahmen zum Technologierat, zur geplanten Kryptoregulierung, zum Informations- und Kommunikationsdienste-Gesetz des Bundes und zum Mediendienste-Staatsvertrag der Länder.

Das Netzvolk

Der größte Teil der aktuellen Netzkommunikation ist nicht-politischer Natur. Dennoch gibt es auch eine Vielzahl computergestützter Experimente, die mittels Internet die Kommunikation »vieler mit vielen« auch über öffentliche Angelegenheiten fördern möchten.
Am Beginn dieses Kapitels stehen zwei bekannt gewordene Modelle virtueller politischer Gemeinschaften: Der Netztheoretiker **Geert Lovink**, Mitinitiator der Digitalen Stadt Amsterdam, reflektiert nüchtern Erfolge und Mißerfolge dieses Projektes. Der Softwareentwickler **Douglas Schuler**, Mitinitiator des Seattle Community Network (Beschreibungen beider im Kapitel »Netzpraxis«), bilanziert Philosophie und Praxis amerikanischer Bürgernetzwerke. Beide Autoren können zeigen, wie sich mit dem Internet lokale Kommunikation verdichtet und globale Kommunikation erleichtert und damit eine neue Form von Öffentlichkeit und Gemeinschaft entsteht, die die Gesellschaftstheorie bisher zu wenig bedenkt. Das »Modell Kanada« wurde von offizieller Seite bereits im vorangegangenen Kapitel vorgestellt. Die Kommunikationswissenschaftler **Andrew Clement** und **Leslie Regan Shade** zeigen, wie zusätzlich eine Koalition aus Bürgerinitiativen das Gegengewicht zu den Netzprojekten aus Wirtschaft und Administration hergestellt und die Regierung die wichtigsten Argumente und Empfehlungen dieser Non-Profit-Organisationen in ihre politische Agenda übernommen hat.
Donatus P. Schmid, Manager beim Computer-Konzern Sun Microsystems, beschreibt, wie bei dem von Sun initiierten kalifornischen NetDay-Projekt das Internet für die Organisation und Durchführung eines gigantischen öffentlichen Vernetzungsprojektes eingesetzt wurde, bei dem an einem Tag alle kalifornischen Schulen ans Netz angeschlossen wurden.
Eine viel diskutierte Frage im Zusammenhang mit dem Internet lautet, ob es geeignet sei, die »Deliberation«, also die abwägende und gründliche Debatte öffentlicher Angelegenheiten, zu befördern. Kritiker erkennen nur eine Welle des »elektronischen Populismus« und befürchten mehr vom Typ jener oberflächlichen Demoskopie, wie sie die alten Medien mit ihrer Zuschauerdemokratie anbieten. Daß man mit Teledemokratie auch zu ganz anderen Ergebnissen kommen kann, zeigen die Beiträge der beiden Poli-

tikwissenschaftler **Christa Slaton** und **James Fishkin**. Beide Autoren widmen sich dem Ziel einer verbesserten Beteiligungsdemokratie in einer eminent praktischen Weise. Sie berichten über die von ihnen veranstalteten Experimente mit Televoten bzw. deliberativen Meinungsumfragen, wobei die Differenzen im Ansatz nur minimal sind. Allerdings kommen die Autoren im Detail zu sehr unterschiedlichen Schlußfolgerungen – Slaton setzt deutlich mehr Erwartungen in das Internet und ist auch eine stärkere Verfechterin direktdemokratischer Entscheidungsprozesse mit telematischen Mitteln. Dazu nimmt der Marburger Politikwissenschaftler und Internet-Theoretiker **Rainer Rilling** in einem abschließenden Beitrag kritisch Stellung.

Die Digitale Stadt Amsterdam

Medium wie alle anderen oder virtuelle Version des Speaker's Corner?

von Geert Lovink

»De Digitale Stad« (DDS) in Amsterdam ist früh nach ihrer Gründung im Januar 1994 von den Medien zu einem nahezu metaphysischen Ereignis hochgejubelt worden. Unabhängig von der Einschätzung der Medien läßt sich heute eines mit Sicherheit feststellen: Die DDS hat in den Niederlanden zweifellos als Katalysator fungiert, denn viele der heutigen Nutzer hatten durch sie erstmals Kontakt mit dem Internet. Richtig ist außerdem, daß die DDS sehr schnell zum Symbol wurde für den »öffentlichen Raum« im Cyberspace, und daß sie in dieser Eigenschaft bis heute eine exemplarische Rolle in den Diskussionen um die zukünftige Entwicklung der Informationsgesellschaft spielt. Dabei hat sie eines ihrer wichtigen Ziele – und auch der erklärte Grund, weshalb die Regierung sich finanziell an der DDS beteiligte –, nämlich die Kluft zwischen Politikern und Wählern zu überbrücken, nicht einmal erreicht.

Die DDS wuchs im Handumdrehen zum größten und bekanntesten öffentlichen Computernetz Europas. In der Praxis bedeutete das, daß ausreichend Telephonleitungen und Speicherplatz für die Homepages zur Verfügung gestellt werden mußten, daß jeder Nutzer eine kostenlose E-Mail-Adresse erhielt und daß das System eine Vielzahl unterschiedlicher Orte und Möglichkeiten bot, wo Kommunikation stattfinden und Information gesammelt und verteilt werden konnte. Entscheidend war auch, daß die Nutzer die Sicherheit erhielten, vor Zensur und Kontrolle geschützt zu sein.

Mitte 1997 hatte die DDS über 50000 registrierte »Bewohner«. Besucher waren es sehr viel mehr, da auch viele »Touristen« durch die Stadt spazierten. Mit Sicherheit wären es heute noch viel mehr Nutzer, wenn nicht das System schon seit mehr als einem Jahr an die Grenzen seiner Kapazität gestoßen wäre. Das Problem der meisten anderen Internetprojekte europäischer Kommunen hingegen ist genau das umgekehrte: Sie haben nicht genügend Nutzer und wirken deshalb im Gegensatz zur DDS, in der sich eine lebendige, bunte Netzkultur etabliert hat, blutleer und im wahrsten Sinne virtuell. Die »Internationale Stadt« Berlin, die ein unmittelbarer Klon der DDS war, ging zum Beispiel mehr und mehr den Weg,

nur noch Content-Provider und Software-Entwickler zu sein. Das System der DDS hingegen ist inzwischen ein derart komplexes Netzwerk geworden, daß nicht einmal die Organisatoren es noch überblicken können.
Welches sind nun die Gründe, denen die DDS über die Jahre hinweg ihren Fortbestand verdankt? Nach Meinung der Organisatoren ist die wichtigste Ursache für den Erfolg die Tatsache, daß man den Nutzern von Anfang an die absolute Freiheit garantiert hat. Das ist keineswegs so selbstverständlich wie es klingt, angesichts der Zunahme von Kontrollmechanismen, wie man sie in den Universitäts- und Firmennetzen beobachten kann. Aus diesem Grund hat es die DDS auch vermieden, als Propagandainstrument der Amsterdamer Stadtverwaltung zu fungieren – unter dem Vorwand, dem Mann auf der Straße mit Hilfe der Informationstechnologie »die Politik näherzubringen«. Entgegen dem, was allgemein angenommen wird, gehört die DDS nämlich nicht der Stadt Amsterdam, sondern hat im Gegenteil seit drei Jahren überhaupt keine städtischen Zuschüsse mehr bekommen. Die Stadverwaltung ist lediglich ein wichtiger Kunde von DDS.
Politik spielt in der DDS nur eine untergeordnete Rolle, was durchaus nicht von Anfang an so beabsichtigt war. Aber es stellte sich sehr schnell heraus, daß die meisten Politiker weder in der Lage noch willens waren, sich mit dem neuen Medium vertraut zu machen, und daß unsere Anstrengungen, sie zum Online-Dialog mit ihren Wählern zu bewegen, pure Zeitverschwendung waren. Und auch die Nutzer waren mehr daran interessiert, miteinander ins Gespräch zu kommen, als sich auf eine Diskussion mit engstirnigen Politikern einzulassen.
Da den Organisatoren aber sehr daran gelegen ist, die Politik nicht vollständig auszuklammern, wurde eine ehemalige Mitarbeiterin vom lokalen Fernsehen, das ebenfalls ein Tummelplatz lebendiger Amsterdamer Stadtkultur ist, für diesen Themenkomplex engagiert. Nina Meilof organisiert jetzt in DDS Diskussionen zu kommunalpolitischen Fragen. Zum Beispiel gab es eine solche Diskussion anläßlich des Versuches der Stadtverwaltung, Amsterdam zur »urbanen Provinz« umzustrukturieren. Andere Diskussionen befaßten sich mit dem strittigen Wohnungsbauprojekt »Ijburg-See«, einem noch strittigeren U-Bahn-Projekt und mit den Plänen zur Erweiterung des Flughafens Schiphol, die alle Umweltschützer auf den Plan riefen. Nina Meilof hält die anarchische Struktur von DDS in diesem Zusammenhang für einen entscheidenden Vorteil, da sich die Diskussion unabhängig von den erstarrten Mustern der bekannten politischen Spielregeln lebendig und frei auch in versteckten Nischen entfalten

kann: »Man findet zum Beispiel an den entlegensten Orten kleine Cafés und stößt dann plötzlich auf einer Homepage auf die Geschichte eines solchen Cafés mit einem Gruppenfoto und einer Geburtstagsliste der ›Gäste‹. Es gibt in einem dieser Cafés zum Beispiel einen Harley-Davidson-Treff, der seine eigenen Newsletter herausbringt. Die Websites solcher Subkulturen sprechen die Leute natürlich auf eine direktere Art an als die Websites von großen Institutionen und Unternehmen.«

Voraussetzung dafür, daß solche Subkulturen sich optimal entfalten können, ist die Unabhängigkeit des Systems. Doch der Unterhalt kostet Geld, viel Geld. Das ist der Grund, warum die DDS sich zunehmend zu einem richtigen Unternehmen entwickelt hat. Dabei ist man bemüht, den gemeinnützigen Charakter zu wahren und möglichst Kunden mit solchen Projekten zu gewinnen, die zum DDS-Konzept passen. Da das nicht immer ohne Reibungen abläuft, hat sich die DDS jetzt faktisch in drei Teilbereiche untergliedert: einen kommerziellen, der hartes Geld heranschafft, einen innovativen, der neue Technologien für Kunden aus der Wirtschaft entwickelt, und einen gesellschaftlichen, der den Anspruch von DDS, ein Versuchslabor für gesellschaftliche Entwicklungen zu sein, weiterverfolgt. Das Bild von der »virtual community«, wie Howard Rheingold es in seinem gleichnamigen Buch beschreibt, trifft auf das Versuchslabor DDS nur bedingt zu. Eher als von einer einzigen Gemeinschaft kann man von einer facettenreichen Ansammlung vieler kleiner Gemeinschaften sprechen, die aber alle von einem gemeinsamen Wunsch geeint werden: Sie möchten, daß die DDS als »offene Stadt« erhalten bleibt.

Eine Schlüsselrolle bei der Zusammenführung der vielen kleinen Gemeinschaften kommt der zentralen Benutzeroberfläche zu. Sie bietet einen gut strukturierten Überblick über die Gesamtheit der im System enthaltenen Information. Entsprechend der im Namen enthaltenen Stadtmetapher ist sie um städtische Begriffe wie »Plätze«, »Gebäude«, »Straßen« und »Seitenstraßen« angeordnet, bildet diese aber nicht ab oder simuliert sie. Die »Plätze« sind verschiedenen Themen gewidmet, so gibt es je einen Platz für Umwelt, Sport, Bücher, Tourismus, soziales Engagement oder die Regierung. Da sich nicht alle Aktivitäten auf der Benutzeroberfläche abbilden lassen, versucht man mittels der Internet-Zeitung *Der Digitale Bürger* und aktueller Nachrichtenbeiträge auf die hinter der Oberfläche liegenden Aktivitäten hinzuweisen.

Wie informieren sich nun die DDS-Mitarbeiter über die neuesten Entwicklungen in der digitalen Stadt? Nina Meilof, die die DDS-Zeitung herausgibt, sieht sich zu diesem Zweck von Zeit zu Zeit die Homepages mit den höchsten Zugriffszahlen an: »Sehr beliebt sind zum Beispiel die ›Häuser‹ für männliche Homosexuelle, von denen es inzwischen ein ganzes Netz gibt. In den meisten anderen Häusern, die gut besucht sind, geht es dagegen um praktische Sachen wie Autos, Musik, Drogen – ›Wie baue ich mir mein eigenes Gras an?‹ – und ähnliches. Starker Verkehr herrscht natürlich auch auf den Websites, auf denen man sich Software runterladen oder tauschen kann, und auf den Sites für Design- und Java-Freaks. Nicht zu vergessen die Witze- und Spiele-Sites, die sich außerordentlicher Beliebtheit erfreuen. Man kann bei so einem Rundgang aber auch plötzlich auf eine Site mit seltenen Vögeln stoßen, die international bekannt ist und auf der sich Ornithologen aus der ganzen Welt treffen.«

Es gibt in der DDS einerseits diese riesige alternative »Underground«-Welt, andererseits auf der Oberfläche aber auch die ganz offizielle »Stadt«, in der ein Thema wie »Demokratie und Internet« ernsthaft diskutiert wird. 1996/97 fand dort, finanziert vom holländischen Verkehrsministerium, in sechs Monaten das Experiment »Digitaler Platz für Verkehrs- und Transportprobleme« statt. Die registrierten DDS-Nutzer waren aufgefordert, sich zu Thesen wie »Wenn wir nicht alle etwas gegen die überfüllten Straßen tun, werden wir ewig unter Staus leiden« oder »Aggressives Fahren zahlt sich aus – man kommt schneller ans Ziel« oder »Das Auto ist die großartigste Erfindung des vorigen Jahrhunderts« zu äußern. Das Ministerium hatte als Moderator den Journalisten Kees van den Bosch angeheuert, der jeden Monat einen anderen prominenten Politiker einlud, um die Diskussion möglichst lebendig zu gestalten. Die Beteiligung war gut, die Diskussionsbeiträge brachten allerdings wenig neue Gesichtspunkte. Der Auswertungsbericht des Ministeriums stellt außerdem fest, daß die Teilnehmer die Möglichkeit, Hintergrundinformationen abzurufen, wenig bis gar nicht nutzten und daß die Mehrzahl (ca. 75 Prozent) sich nur mit einem einzigen Beitrag zu Wort meldete und danach verschwand. Nur eine kleine Zahl von Teilnehmern beteiligte sich über einen längeren Zeitraum an der Diskussion. Auffallend oft wurden von den Teilnehmern ganz persönliche Verkehrserlebnisse berichtet. Im Ministerium führte das zu erstaunlichen Reaktionen. Höhere Beamte reagierten und handelten plötzlich direkt und unter Umgehung der üblichen bürokratischen Hierarchien. Manche schalteten sich später auch direkt in die Diskussionen ein und reagierten dann manchmal noch am selben Tag auf das darin angesprochene Problem.

Trotz dieser grundsätzlich positiven Erfahrungen setzt die DDS-Mitarbeiterin Nina Meilof bei ihrer Arbeit stärker auf die indirekte als auf die direkte politische Einflußnahme durch die DDS, da sie das Instrument des politischen Referendums durch die Kommunalpolitik entwertet sieht: »Das vor einigen Jahren in Amsterdam für kommunalpolitische Entscheidungen eingeführte ›korrektive Referendum‹ konnte sich nicht durchsetzen, weil die Politiker die Voraussetzungen zu schwierig gemacht hatten und die Wirksamkeit zu stark eingeschränkt war. Die Politiker wollen den Eindruck erwecken, die Wähler hätten wirklich etwas zu sagen, und haben in Wirklichkeit gar kein Interesse an der Meinung der Wähler. Insofern ist es vermutlich lohnender, wenn man sich im Netz nur um Dinge kümmert, die die Leute wirklich angehen. Man kann auch auf diese Weise ganz schön einflußreich sein und außerdem darauf hoffen, daß die Politiker irgendwann auch einmal zur Quelle dieses Einflusses vorstoßen möchten. Es kann allerdings noch eine ziemliche Zeit dauern, bis sich die Institutionen und politischen Rituale auf die neue Situation eingestellt haben.«

Was das System der DDS angeht, so haben Größe und Wachstum mittlerweile zu einer Dauerkrise geführt. Technische Probleme und Pannen gehören zum Alltag, da die Hard- und Software ständig am Rande ihrer Belastbarkeit arbeitet. Hinzu kommt der Ehrgeiz, bei technischen Innovationen an der vordersten Front mitspielen zu wollen. Gegenwärtig wird viel mit Echtzeit-Audio und -Video experimentiert, um das Internet mit Radio und Fernsehen zu kombinieren und die Nutzer von DDS mit Internet-Fernsehen zu versorgen. Hierbei kommt es neben der Kenntnis der neuesten technischen Entwicklungen vor allem darauf an, gute Beziehungen zu den Betreibern von Übertragungswegen zu unterhalten, die über genügend Bandbreite für die Übertragung großer Datenmengen verfügen. Ziel dieser Bemühungen ist es, dem Nutzer die Möglichkeit zu geben, sich sein eigenes Web-TV zu gestalten, statt es über einen der großen privaten Provider beziehen zu müssen.

Die technische Innovationsfreudigkeit ist nicht unbedingt im Sinn der Mehrzahl der Nutzer, die eher auf ausgesuchte Inhalte und Diskussionen Wert legen. Das Anfangskonzept sah vor, daß die leere Hülle der DDS weitgehend von ihren Nutzern und ohne Eingreifen durch DDS-Mitarbeiter gefüllt werden würde. Dieses Konzept erwies sich schon bald als zu statisch und wurde mehrfach verändert, ohne jedoch in die Inhalte einzugreifen. Aber auch hier wird es in Zukunft zu Veränderungen kommen müssen. Manche Leute meinen, man müsse die Kreativität der Nutzer mehr belohnen, da die gesamte Sozialstruktur der DDS davon lebe. (Bisher zeichnet die DDS nur wirklich herausragende Homepage-Designer aus, indem sie ihnen zusätzliche Bandkapazität und technisches Werkzeug zur Verfügung stellt.) Was die inhaltlichen Diskussionen anbetrifft, so ist noch nicht erwiesen, ob das Netz wirklich der geeignete Ort ist, an dem ohne Lenkung durch einen Moderator tiefergehende öffentliche Diskussionen geführt werden können. Generell stellt sich die Frage, ob die DDS ein Medium ist wie andere, mit Redakteuren, die die Diskussionen organisieren und für die Veröffentlichung bearbeiten (und damit auch zensieren), oder ob sie eine digitale Version des Speaker's Corner im Hyde Park ist.

Als ein Mittel, die Struktur etwas übersichtlicher und zusammenhängender zu gestalten, fungiert die »Zeitung«, deren diverse »Beilagen« man optional beziehen kann. Die Nutzer können Beiträge an sie schicken, die ein Redaktionsteam dann filtert und zusammenstellt. Ein ähnliches Prinzip gilt beim Wettbewerb um die »besten Häuser«, bei dem man sich vorher registrieren lassen muß. In beiden Fällen sind die Inhalte aber nicht von der Redaktion vorgegeben, sondern werden von den Nutzern geliefert. Darüber hinaus gibt es seit kurzem auch noch die sogenannte »webring«-Technologie, mit deren Hilfe Websites automatisch aneinandergereiht und »Besichtigungstouren« für »Besucher« organisiert werden können.

Wie ein funktionierendes offenes und öffentliches Forum in Zukunft aussehen und wer es als seine Aufgabe betrachten wird, sich darum zu kümmern, muß sich erst noch herauskristallisieren. Die politischen Parteien sind zwar offenbar bereit, Geld ins Internet zu investieren, damit man ihre Programme online abrufen kann, doch dadurch entsteht noch keine unabhängige öffentliche Plattform. Wir brauchen im Netz so etwas wie ein öffentlich-rechtliches Rundfunksystem. In Holland fällt diese Aufgabe im Augenblick der DDS zu, da die lokale Rundfunkanstalt SALTO nicht weiß, was sie mit dem Internet anfangen soll. Vieles wird vom Verhalten der gegenwärtigen – und zukünftigen – Eigentümer der Übertragungswege abhängen und von den zukünftigen gesetzlichen Regulierungen, aber auch von den Nutzern selbst, ob sie jetzt unmittelbar mit der DDS verbunden sind oder nicht, und ob es ihnen gelingt, sich einen neuen öffentlichen Raum im Cyberspace zu gestalten und zu erhalten. Denn eines ist bereits jetzt klar: Es macht keinen Sinn, auf die Online-Dienstleistungen zu warten, die die Regierung und die Großunternehmen im Sinn haben, denn auch diese werden keinen öffentlichen Raum schaffen.

Was die häufig zitierte Stadt-Metapher anbetrifft, so stellt sich die Frage, ob die DDS nicht, wenn ihre Pionieraufgabe beendet ist, ihren urbanen Charakter verlieren oder vielleicht die ganze digitale Stadt einfach verschwinden wird. Und wird nicht auch der lokale Charakter dann an Bedeutung verlieren? Schon heute lebt nur ein Viertel der DDS-»Einwohner« in Amsterdam. Dennoch halten die Organisatoren am holländischsprachigen Netz fest, weil sie glauben, daß die Pflege der holländischen Sprache ein legitimes Anliegen ist und viele Nutzer Schwierigkeiten haben, sich in Englisch auszudrücken. Letztendlich werden die Nutzer darüber entscheiden, ob das Netz ein holländisches bleiben wird. Zwei Tendenzen kristallisieren sich hier heraus: Die erfolgreichen Homepages haben meist einen internationalen Zuschnitt, und auf der anderen Seite wird das Netz zunehmend für lokale oder regionale Informationen genutzt. Wenn Computer und Internetzugänge eines Tages flächendeckend vorhanden sind, werden Nutzen und Reiz des Stadtnetzes vermutlich stark abnehmen. Was wird dann mit typischen DDS-Institutionen wie dem »Postamt« und den »Häusern« geschehen? Da nie versucht wurde, den DDS-»Bewohnern« die Stadt-Metapher aufzuzwingen, lassen sich neue Formen vermutlich unproblematisch integrieren. Die Stadt-Metapher wird ja auch bezeichnenderweise vor allem von auswärtigen »Besuchern« manchmal allzu wörtlich genommen und kritisiert. Dabei enthält DDS eine Menge von Informationen, die gar nichts mit Amsterdam zu tun haben. Die Metapher steht für Vielfalt und nicht für eine bestimmte Stadt, und die Orte in der digitalen Stadt kann es sowohl in einer wirklichen wie in einer virtuellen Stadt geben. Die DDS-Mitarbeiterin Nina Meilof erklärt das so: »Das Internet ist ein kosmopolitischer Ort und das World Wide Web ein Raum, in dem man sich gut eine Zeit lang ansiedeln und nach Nachbarn Ausschau halten kann. Die leben dann vielleicht real in den USA, aber es kann auch cool sein, wenn man sie wirklich kennenlernt. Das passiert in der Realität andauernd. Man könnte zum Beispiel eines Tages in Groningen (200 km nördlich von Amsterdam) aus dem Zug steigen, und der ganze Bahnsteig wäre voller Menschen mit Buttons, auf denen »DDS-Metro-Treff« steht ...«

Neue Bürgernetzwerke
Aufruf zu einer neuen Gemeinschaft
von Douglas Schuler

»Ich kann nicht vorhersagen, wie diese Gemeinschaft aussehen wird, aber die neue Gemeinschaft wird eine Reaktion auf die erdrückende Größe von Systemen sein.«
Theodore Roszak

Globale Mächte – gesellschaftliche und technologische – haben Gemeinschaften in vielerlei Hinsicht zerstört. Die Zerstörung der Gemeinschaft war aber ebensowenig Teil irgendeines Gesamtplanes wie es die fortschreitende Zerstörung der Umwelt war. Und doch ist beides geschehen. Der Wiederaufbau der Gemeinschaft – so wie die Säuberung giftiger Mülldeponien oder die Freilegung zugeschütteter Bäche – wird lange dauern und Eifer und Geduld erfordern. Doch da die Gemeinschaft im Mittelpunkt unserer menschlichen Natur steht, ist ihr Wiederaufbau unsere dringlichste Aufgabe.

Die Notwendigkeit einer neuen Gemeinschaft

Gemeinschaften stehen naturgemäß im Mittelpunkt, wenn es um die Lösung heutiger Probleme geht. Zunächst einmal betreffen zahlreiche gegenwärtige Probleme die Gemeinschaft unmittelbar – Armut, Kriminalität, Arbeitslosigkeit, Drogenmißbrauch und vieles mehr. Diese Probleme zeigen sich in der Gemeinschaft und können am besten von einer Gemeinschaft untersucht und gelöst werden. Gemeinschaften stellen außerdem eine vertraute und natürliche Einheit dar. Kleinere Einheiten können cliquenhaft, unrepräsentativ und machtlos sein, während größere Einheiten oft zu anonym und schwerfällig sind.
Der alte Begriff der Gemeinschaft ist in vielerlei Hinsicht hinfällig und muß auf den neuesten Stand gebracht werden, um die heutigen Herausforderungen bewältigen zu können. Die alte oder »traditionelle« Gemeinschaft war oft exklusiv, unflexibel, isoliert, starr, monolithisch und homogen. Eine neue Gemeinschaft – die im wesentlichen um demokratische Problemlösungen bemüht ist – muß aus den Überresten der alten geformt werden.

Eine neue Gemeinschaft weist verschiedene Merkmale auf, durch die sie sich von ihren Vorgängern unterscheidet. Das wichtigste ist ihr Bewußtsein. Anders gesagt: mehr als je zuvor wird eine Gemeinschaft einen hohen Grad an Bewußtsein benötigen – sowohl von sich selbst (vor allem von ihren Fähigkeiten und Bedürfnissen) als auch von der Umgebung, in der sie existiert (einschließlich ihrer physischen, politischen, wirtschaftlichen, sozialen und intellektuellen Umwelt). Des weiteren ist das Bewußtsein der neuen Gemeinschaft sowohl intelligent als auch kreativ. Die Intelligenz einer neuen Gemeinschaft ergibt sich aus ihrem Vorrat an Informationen, Ideen und Hypothesen; aus ihrem Geschick bei Verhandlungen, Beratungen und in Diskussionen; aus ihrem Wissen um Möglichkeiten und Umstände; sowie aus ihrem Umgang mit der Technik und anderen nützlichen Werkzeugen. Die Kreativität einer neuen Gemeinschaft ergibt sich aus ihrer Fähigkeit, Situationen neu beurteilen zu können und neue, elegante und manchmal unerwartete Methoden zu ersinnen, um kommunale Herausforderungen bewältigen zu können.

Zusätzlich zum Bewußtsein besitzt die neue Gemeinschaft Prinzipien und einen Zweck. Ihre Prinzipien beruhen auf Gerechtigkeit – »niemand ist frei, wenn andere unterdrückt werden« – und Nachhaltigkeit, denn ein Lebensstil, der auf übermäßigem Konsum beruht, ist letztendlich zwecklos. Im Mittelpunkt der neuen Gemeinschaft steht das Handeln. Dieses Handeln muß mit ihren Prinzipien übereinstimmen, und es muß flexibel sein. Projekte und Prozesse müssen ständig neu bewertet und angepaßt werden, da sie, wenn sie allein auf Glauben, Tradition oder konventionellem Wissen beruhen, oft ungerecht und wirkungslos bleiben.

Als Konsequenz ihres Bewußtseins, ihrer Prinzipien und ihres Zwecks, wird die neue Gemeinschaft unweigerlich an Macht gewinnen. Diese Macht wird sich in ihrer Fähigkeit zeigen, unerwünschten äußeren Einflüssen zu widerstehen und beabsichtigte Resultate zu erzielen. Diese neue Macht könnte Gemeinschaften schaffen, die mit Regierung und Wirtschaft rivalisieren – oder zumindest als Vermittler eines Teiles ihrer großen Macht dienen. Sie könnte aber auch – wie jede Macht – mißbraucht werden. Es ist zu hoffen, daß sie gemäß den Prinzipien der neuen Gemeinschaft zum Vorteil aller Menschen ausgeübt werden wird.

Zweifellos müssen Gemeinschaften in einem hohen Maße für die Bewältigung ihrer eigenen Probleme verantwortlich sein, was Einzelne und Gruppen überall in den Vereinigten Staaten und auf der Welt in verschiendenster Weise betrifft. Abgesehen vom Blick nach innen – auf ihre Probleme und ihre Ressourcen – müssen Gemeinschaften auch nach draußen blicken. Manchmal wird ein Problem von Mächten außerhalb der Gemeinschaft verursacht, zuweilen betrifft es sowohl die Gemeinschaft als auch die Mächte außerhalb der Gemeinschaft; gelegentlich ist es notwendig, mit anderen außerhalb der Gemeinschaft zu kommunizieren, und ein anderes Mal muß man die Hand ausstrecken, da Ressourcen, die für die Bewältigung des Problems benötigt werden, lokal nicht verfügbar sind.

Die neue Gemeinschaft muß Elemente der alten Gemeinschaft enthalten. Andererseits aber sind viele Elemente der alten Gesellschaft nicht mehr von Nutzen. Aufgrund neuer Verhältnisse ereignet sich Wandel konstant, und neue Gemeinschaften müssen lernen, sich anzupassen. Auch Konflikte sind durch neue Verhältnisse wahrscheinlicher geworden, so daß die neue Gemeinschaft lernen muß, über Streitfragen erfolgbringend zu diskutieren. Schließlich haben neue Verhältnisse eine große, ungerechte Kluft zwischen den verschiedenen Gesellschaftsklassen verursacht, so daß die neue Gemeinschaft auf Gerechtigkeit und Mitleid beruhen muß.

Der Architekt Christopher Alexander und seine Kollegen haben eine faszinierende »Mustersprache« (Alexander et al., 1977) für die Planung von Räumen, Gebäuden und Städten entwickelt. Diese »Sprache« besteht aus einem wirksamen Vokabular von mehr als 250 lebensbejahenden und auf Geselligkeit ausgerichteten architektonischen Mustern. Obwohl wir gerade erst eine vergleichbare Erörterung begonnen haben, ist es wahrscheinlich nicht zu früh, sich über eine analoge »Mustersprache« Gedanken zu machen, die eine Reihe von Stadt-, Gesellschafts-, Politik-, Wirtschafts- und Umweltmustern zu einem kohärenten und überzeugenden Vokabular oder zu einer Sprache verknüpft, aufgrund derer Menschen neue Gemeinschaften ersinnen, diskutieren und errichten können.

Wer wird die neue Gemeinschaft gründen?

Die Regierung ist oft zu Hilfe gerufen worden, wenn es um die Lösung kommunaler Probleme ging. Wir werden sehen, daß es unwahrscheinlich, aber auch nicht wünschenswert ist, daß die Regierung – im Alleingang – versucht, die Probleme sich verschlechternder Gemeinschaften zu lösen. Regierungen sind häufig zu groß, unbeweglich und parteiisch, als daß sie wirksam reagieren könnten. Außerdem werden Regierungen – zumindest jene der Vereinigten Staaten – in einem beunruhigend hohem Maße von mächtigen Unternehmensinteressen beeinflußt. Zum einen stellen Unternehmen und sehr reiche Privatpersonen einen Großteil an Geldern für den politischen Wahlkampf bereit und werden dabei zu jenem Teil der Wählerschaft, dem die Politiker am meisten verpflichtet sind. Zum anderen nehmen Lobbyisten von Unternehmen jedes sich im Entstehen befindliche Gesetz genauestens unter die Lupe, um nach Formulierungen zu suchen, die unterstützt, verändert oder gestrichen werden sollen und die ihnen in irgendeiner Weise Vorteile verschaffen könnten. Selbstverständlich spielen Bürger, die keiner Organisation angehören, in diesem wichtigen Teil des politischen Prozesses eine geringe Rolle. Der entscheidende Grund jedoch, warum man keine Regierungsunterstützung erwarten (oder wünschen) sollte, ist, daß für die Lösung kommunaler Probleme eine starke Bürgerbeteiligung vonnöten ist; die Regierung der Vereinigten Staaten hat sich aber selten als fähig erwiesen, neben den Bürgern ein gleichwertiger Teilnehmer an kommunalen Projekten zu sein.

Wird also die Wirtschaft die Hauptrolle beim Wiederaufbau von Gemeinschaften spielen? Zieht man die gegenwärtigen Praktiken und die Philosophie der Wirtschaft in Betracht, ist die Antwort auf diese Frage eindeutig nein; die Wirtschaft ist in der Tat eine der treibenden Kräfte bei der Verschlechterung der Gemeinschaft gewesen. Da für die Wirtschaft die Erzielung von Gewinnen höchste Priorität hat, sind ihr zwangsläufig »Profite statt Menschen« wichtig, wie ein Slogan lautet. Wenn die Auslagerung einer Fabrik aus einer Gemeinschaft für das Unternehmen einen größeren Profit bedeutet, dann wird diese Fabrik für gewöhnlich ausgelagert werden. Aber noch bezeichnender ist vielleicht die Tatsache, daß die Wirtschaft immer weniger dazu tendiert, Teil der Gemeinschaft zu sein, auch wenn sie ihr physisch angehört. Abgesehen von der Bereitstellung von Waren und Dienstleistungen gegen Entgelt fühlt sich die Wirtschaft selten für die Gemeinschaft verantwortlich. Tatsächlich vermittelt die Vorgangsweise der Wirtschaft oft den Eindruck der Unabhängigkeit von und Gleichgültigkeit gegenüber den allgemeinen Bedürfnissen der menschlichen Gemeinschaft. Sowohl Wirtschaft als auch Regierung werden wahrscheinlich eine wichtige Rolle bei diesem Vorhaben spielen, aber weder Wirtschaft noch Regierung sollte dabei die Vorherrschaft erlaubt werden.

Die Welt sucht nach neuen Ansätzen für die Lösung kommunaler Probleme, da viele der alten Institutionen (inklusive Kirche, Regierung, Wirtschaft, Universität sowie Wissenschafts- und Technikestablishment) und deren herkömmliche Methoden von neuen – und alten – Problemen patt

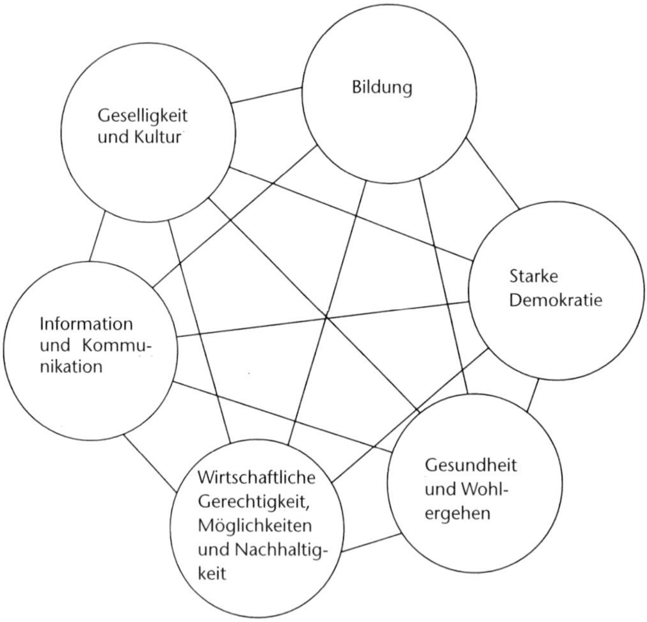

Abb. 1: Zentrale Werte einer Gemeinschaft

gesetzt werden, die sich zu globalen Problemen entwickeln. Gleichzeitig erkennt man, daß das Spezialisten- oder Expertenmodell überholt ist. Neue Ansätze müssen inklusiv, diskursiv, partizipativ und an der Gemeinschaft orientiert sein. Diese neuen Ansätze können in zunehmendem Maße idiosynkratisch und von Ort zu Ort verschieden sein. Interessanterweise verweisen viele Zeichen gegenwärtig auf die Demokratie als jenen öffentlichen Problemlösungsansatz, als der sie ursprünglich gedacht war.

Zentrale Werte der neuen Gemeinschaft

Ein menschlicher Körper besitzt unter anderem ein Nervensystem, ein Verdauungssystem und ein Knochensystem, die in ihrem Zusammenspiel Leben erhalten. Desgleichen hat eine Gemeinschaft Systeme oder zentrale Werte, die ihr »Netz der Einheit« (MacIver, 1970) instand halten. Die zentralen Werte – Geselligkeit und Kultur, Bildung, starke Demokratie, Gesundheit und Wohlergehen, wirtschaftliche Gerechtigkeit, Möglichkeiten und Nachhaltigkeit sowie Information und Kommunikation (vgl. Abb. 1) – hängen miteinander fest zusammen: Jedes System beeinflußt alle anderen Systeme stark, und eine wie immer geartete Schwäche eines dieser Systeme führt zur Schwächung des Ganzen. Die Stärkung dieser zentralen Werte der Gemeinschaft – besonders nach den Grundsätzen, die die Merkmale in Abb. 2 nahelegen – wird zu stärkeren, kohärenteren Gemeinschaften führen.

Es ist wichtig zu erkennen, daß die Beschäftigung mit diesen zentralen Werten einen dynamischen und eng verflochtenen Prozeß darstellt, der sich notwendigerweise mit der Zeit verändern wird. Außerdem gibt es keinen statischen Endzustand, keine Utopie, nach der wir streben und die wir überhaupt erkennen würden, würden wir sie je erlangen. Statt dessen müssen die Gemeinschaftsmitglieder kleine und größere Projekte entwickeln, die diese zentralen Werte der Gemeinschaft stärken. Einige Projekte werden Einzelnen zugute kommen, andere größere Gruppen. Einige werden kurzfristig sein, während sich andere über einen längeren Zeitraum erstrecken werden. Wenn sie auf den Prinzipien der neuen Gemeinschaft basieren, werden sie sich höchstwahrscheinlich gegenseitig stärken und dadurch eine breite progressive Bewegung ins Leben rufen, die weite Teile der Gesellschaft erfassen wird.

Merkmale der zentralen Werte

• **Geselligkeit und Kultur**	Dazugehören, Unterstützung leistend, inklusiv, aktiv, gesprächig, bekräftigend
• **Bildung**	Gerecht, effektiv, lebenslänglich, forschend, flexibel, dem Einzelnen Aufmerksamkeit schenkend, Lerngemeinschaften bildend
• **Starke Demokratie**	beratend, gerecht, Aktivität fördernd, funktioniert jeden Tag, freiwillig, pluralistisch
• **Gesundheit und Wohlergehen**	gerecht, holistisch, präventiv, menschlich, an der Gemeinschaft orientiert
• **Wirtschaftliche Gerechtigkeit, Möglichkeiten und Nachhaltigkeit**	reaktionsfähig, verantwortlich, fair, kooperativ, am Menschen orientiert
• **Information und Kommunikation**	partizipativ, zuverlässig, erschwinglich, universal, bürgerlich, pluralistisch

Abb. 2: Merkmale der zentralen Werte

Bürgernetzwerke können Gemeinschaften stärken

»Verbände in einer Gemeinschaft sind voneinander abhängig. Einen zu schwächen, bedeutet alle zu schwächen. Wenn die Lokalzeitung stillgelegt wird, werden sowohl Gartenverein als auch Gemeindeversammlung an Mitgliedern verlieren, da sie einer Stimme verlustig gehen. Löst sich die American Legion auf, werden einige Veranstaltungen zur kommunalen Geldbeschaffung und die Instandhaltung des Ballspielplatzes eingestellt werden. Schließt die Baptistenkirche ihre Pforten, werden die verschiedenen Selbsthilfegruppen, die sich im Kellergeschoß treffen, ihre Räumlichkeiten und die Menschen in den Altersheimen ihre wöchentlichen Besucher verlieren. Die Abhängigkeit der Verbände voneinander und das Angewiesensein der Gemeinschaft auf deren Tätigkeiten bildet das lebenswichtige Zentrum einer erfolgreichen Gesellschaft.«

John McKnight (1987)

»Netzwerke, die auf Bürgerbeteiligung basieren, stellen eine erfolgreiche Zusammenarbeit in der Vergangenheit dar, die als kulturelle Schablone für eine zukünftige Zusammenarbeit dienen kann.«

Robert Putnam (1993)

Vor der Zeit des Computers war der Ausdruck »Bürgernetzwerk« ein soziologischer Begriff, der das Kommunikations- und Beziehungsmuster einer Gemeinschaft beschrieb. Damit meinte man das kommunale Netz, das zeigte, wie Nachrichten übermittelt und gesellschaftliche Probleme in der Gemeinschaft bewältigt wurden. Computer-»Bürgernetzwerke« sind eine Innovation jüngeren Datums und als Hilfsmittel zur Revitalisierung, Stärkung und Ausweitung bestehender Bürgernetzwerke gedacht – ganz so wie frühere bürgerliche Neuerungen den Gemeinschaften im Lauf der Geschichte gedient haben.

Derzeit entwickeln weltweit Gemeinschaftsmitglieder und Aktivisten diese neuen, an der Gemeinschaft orientierten Computerdienste, oftmals in Zusammenarbeit mit anderen örtlichen Institutionen wie Colleges und Universitäten, Grundschulen, örtlichen Regierungsämtern, Bibliotheken oder Nonprofit-Organisationen. Derzeit gibt es an die 300 arbeitsfähige Systeme – knapp 200 befinden sich momentan im Entwicklungsstadium (Doctor und Ankem, 1995) – dazu mehr als 500000 registrierte Benutzer weltweit (NPTN, 1995). Diese Bürgernetzwerke (die auch Civic Networks, Free-Nets, Community Computing-Centers oder Public Access Networks genannt werden), von denen manche mehrere zehntausend Benutzer haben, dienen im allgemeinen der Verwirklichung sozialer Ziele, wie zum Beispiel der Schaffung eines Gemeinschaftsbewußtseins, der Ermunterung zur Beteiligung an der örtlichen Entscheidungsfindung oder der Entwicklung von wirtschaftlichen Möglichkeiten für benachteiligte Gemeinden. Ein Bürgernetzwerk erreicht diese Ziele durch die Unterstützung von kleineren Gemeinschaften innerhalb der größeren Gemeinschaft und durch die Erleichterung des Informationsaustausches zwischen Einzelnen und diesen kleineren Gemeinschaften. Ein weiteres Ziel eines Bürgernetzwerkes ist die Versorgung mit elektronischem »One-Stop-Shopping« für kommunale Information und Kommunikation mittels Diskussionsforen, Frage- und Antwortforen, Zugriffsmöglichkeiten für Regierungsbeamte, Informationen über und Zugriff auf Sozialleistungen, E-Mail und – in vielen Fällen – Internetdiensten inklusive Zugriff aufs World Wide Web (WWW). Diese Netzwerke umfassen zunehmend Dienste und Informationen, die sich in bestehenden Newsgroups (BBSs) und anderen Computersystemen finden. Der wichtigste Aspekt von Bürgernetzwerken ist jedoch ihr gewaltiges Potential, die Bürger an den Angelegenheiten der Gemeinschaft zu beteiligen. Dies ist weit größer ist als jenes, das herkömmliche Medien wie Zeitungen, Radio oder Fernsehen bieten.

Gemeinschaftsmitglieder interagieren mit Bürgernetzwerken auf verschiedene Weise. Terminals von Bürgernetzwerken können an öffentlichen Orten wie Bibliotheken, Bushaltestellen, Schulen, Waschsalons, Gemeinde- und Seniorenzentren, Sozialämtern, Märkten und Einkaufszentren errichtet werden. Bürgernetzwerke können auch von zu Hause mittels Computer und – in zunehmendem Maße – über das Internet erreicht werden. In den letzten Jahren haben Aktivisten außerdem kommunale Computerzentren eingerichtet, in denen sich Menschen – oft jene mit niedrigem Einkommen – mit Computerprogrammen und Netzwerkdiensten vertraut machen und Erfahrungen sammeln können.

Welche Dienste ein Bürgernetzwerk tatsächlich anbietet, ist von System zu System verschieden, es lassen sich aber einige charakteristische Angebote anführen, wie zum Beispiel die Bereitstellung von Informationen über Nonprofit-Organisationen und Regierungsämter. Bürgernetzwerke bieten auch die Möglichkeit, über viele Themen online zu diskutieren – etwa in Foren über Haustiere, Obdachlosigkeit, Religion, Homosexualität, alternative Erziehung, kulturelle Veranstaltungen und Kurse, in öffentlichen Hearings oder in Künstler- und Handwerkerforen.

Bislang sind Bürgernetzwerke örtliche und unabhängige Projekte. Viele gehören dem National Public Telecomputing Network (NPTN) an, einer nicht mehr bestehenden Organisation, die die Einrichtung einer großen Zahl von Bürgernetzwerken – oder Free-Nets, wie sie in der Terminologie des NPTN heißen – unterstützte. Vor kurzem erst ist eine neue Organisation, die Association For Community Networks (AFCN), in den Vereinigten Staaten ins Leben gerufen worden. Man kann aber allgemein sagen, daß die Entwickler von Bürgernetzwerken in der Theorie oder in der Praxis der Vorstellung einer stärkeren und engeren Beziehung zwischen den Netzwerken nicht nachgegangen sind. In der Vergangenheit hatten Bürgernetzwerke finanzielle Probleme, aber ein gesteigertes Interesse seitens der Öffentlichkeit sowie einige Finanzspritzen von Unternehmen, Stiftungen und der Regierung haben zumindest vorübergehend einige dieser Probleme für manche Systeme abschwächen können. Dennoch haben sehr wenige dieser Systeme bezahlte Mitarbeiter. Es ist von Bedeutung, ob nun Bürgernetzwerke kurz- oder mittelfristig »implodieren«, wie Mario Morino gewarnt hat (1994). Ebenso muß der Frage nachgegangen werden, ob sich kommunale Ressourcen um die Idee kommunaler Computernetzwerke als dauerhafte Institutionen in einer Gemeinschaft zentrieren lassen oder nicht.

Bürgernetzwerke bieten eine neue Art »öffentlichen Raum«, der sowohl Ähnlichkeiten als auch gravierende Unterschiede im Vergleich zu anderen öffentlichen Räumen, die unsere Gesellschaft gegenwärtig zur Verfügung stellt, aufweist. Steve Cisler, ein ranghoher Wissenschafter an der Apple Library, sagt voraus, daß »kommunale Computernetzwerke in den 90er Jahren das urbane und kleinstädtische Amerika verändern werden, so wie das die elektrischen Systeme vor einem Jahrhundert getan haben.« (1993) Egal, ob sich diese Voraussage bewahrheiten wird oder nicht, Bürgernetzwerke bieten jedenfalls eine wichtige und seltene Gelegenheit für Gemeinschaften, eine demokratische Technik zu entwickeln und zu handhaben.

Das Cleveland Free-Net – Eine Spritztour

Bürgernetzwerke nehmen in unterschiedlichen Gemeinschaften unterschiedliche Gestalt an. Entwicklungen in der Computertechnik (vor allem bei graphischen Oberflächen und neuen World Wide Web-Techniken) beeinflussen ebenfalls das Design zukünftiger Systeme, wobei sich diese über die frühen textorientierten Systeme hinaus entwickeln. Dessen ungeachtet ist das Cleveland Free-Net (CFN), eines der ersten Bürgernetzwerke der Welt, heute genauso wichtig wie vor mehr als 10 Jahren, als es entwickelt wurde.

Cleveland Free-Net directory

```
 1 The Administration Building
 2 The Post Office
 3 Public Square
 4 The Courthouse & Government Center
 5 The Arts Building
 6 Science and Technology Center
 7 The Medical Arts Building
 8 The Schoolhouse (Academy One)
 9 The Community Center & Recreation Area
10 The Business and Industrial Park
11 The Library
```

Your Choice ==>

Abb. 3: Das Adreßbuch des Cleveland Free-Nets

Wie viele andere Bürgernetzwerke weltweit ist das CFN wie eine Gruppe von »Gebäuden« einer elektronischen »Stadt« organisiert (Abb. 3). Will der Benutzer ein Angebot in Anspruch nehmen oder zu einem Untermenü gelangen, so tippt er die entsprechende Zahl ein. Eine 1 zum Beispiel zeigt das Menü des Verwaltungsgebäudes (Administration Building), das den Zweck, die Technologie, den Inhalt, die Politik und andere verwaltungstechnische Informationen über das CFN nennt. Tippt der Benutzer eine 2 ein, so klappt das Menü des Postamtes (Post Office) auf, das Optionen für den Versand, den Empfang oder das Sortieren von elektronischer Post (E-Mail) enthält. Eine 3 eröffnet das Menü des öffentlichen Platzes (Public Square) an, das verschiedene Angebote vereint, die etwas mit Kommunikation zu tun haben, wie zum Beispiel das Café, in dem die Benutzer miteinander »plaudern«, ihre Stimme abgeben oder an einer Reihe von Foren teilnehmen können.

Gerichtsgebäude (Courthouse) und Regierungszentrum (Government Center) im Hauptmenü bieten Zugang zu Informationen, die etwas mit der Regierung zu tun haben, wie zum Beispiel zum Budget der Vereinigten Staaten, zum Finanzamt, zu Wetterdiensten, Rechtsberatung und historischen Dokumenten (etwa die Verfassung der Vereinigten Staaten), während sich im Künstlerhaus (Arts Center) Informationen z.B. über Videos, Fotografien, Literatur, bildende Künste oder Theater finden lassen; das Zentrum für Wissenschaft und Technologie (Science and Technology

Public Square

```
 1 About Public Square
 2 Announcements
 3 The Kiosk (aka »The Zone«) (Open Board, Adults Only)
 4 The Cafe (Chat with Other Users)
 5 The Podium (Electronic Speeches, Adults Only)
 6 The Polling Place (All Voting Areas)
 7 The Kiosk Voting Booth (Kiosk Voting Area)
 8 The Speakeasy (General Discussion, Open)
 9 The Singles Partyline
10 The Nonsexist SIG
11 Boomers' Place
12 The Mensa Forum
```

Abb. 4: Der öffentliche Platz

Center) enthält Informationen über Museen, Computer, einen »Sceptics Corner« und technische Organisationen.

Das Krankenhaus (Medical Arts Building) vereint eine breite Palette an Informationen und Angeboten, die mit Gesundheit und Medizin zu tun haben, wie zum Beispiel ein HIV/AIDS-Forum, in dem Benutzer an autorisierte Krankenschwestern oder Krankenpfleger anonym Fragen zum Thema HIV und AIDS stellen können (Abb. 5), die dann im Forum für all jene beantwortet werden, die an diesem Thema Interesse haben.

Aus dem HIV/AIDS-Forum

```
Article #15 (49 is last):
Newsgroups: freenet.med.stsil.aids.questions
From: anonymous
Subject: Public Pool danger

Is it true that there is a high risk of getting AIDS
from a public swimming pool?

***answered by Stefan Ripich, RN

Absolutely not. The only way that you can get exposed
to the virus is if the virus has access to your bodily
fluids. The virus cannot live in pool water.
```

Abb. 5: Beispiel aus dem HIV/AIDS-Forum

Das CFN stellt auch Angebote der Academy One zur Verfügung, die oft das Interesse von Kindern aus der ganzen Welt für Wissenschaft, Kunst oder Kulturprojekte wecken. Eine Liste von Kindergedichten, -geschichten und anderen Schriften junger Autoren findet sich in Abb. 6.

```
KID-LIT Selections

**R     1. A Scary Tale

 2. How the Rabbit Got Long Ears
 3. Re: How the Rabbit Got Long Ears
 4. Tiggers By: Christina Lynn Aust
 5. My Bird J. R., By: Christina Lynn Aust
 6. My Dad, By: Christina Lynn Aust
 7. Camping
 8. I'm a Little Mermaid
 9. About Christina's Poems
10. Re: I'm a Little Mermaid
11. An Elder Named Ron
12. The Reading Song
13. A Swordsman Named Fred
```

Abb. 6: Angebote für und von Kindern

Im CFN werden viele Bürgerdienste (Community Services, Abb. 7) sowie auch andere Free-Nets in den Vereinigten Staaten besonders hervorgehoben.

```
Community Services

 1  Alcoholics Anonymous/Al-Anon
 2  Habitat for Humanity
 3  The Handicap Center
 4  Disabled and Proud
 5  Jobs Wanted/Jobs Available
 6  Lake Metroparks
 7  Lesbian/Gay Community Service Center
 8  Real Estate Exchange
 9  United Way Services
10  Wanted and For Sale Boards
11  The Scouting Center
```

Abb.7: Übersicht der Bürgerdienste

Das Cleveland Free-Net ist wahrscheinlich sowohl das älteste (es wurde 1986 lanciert) als auch mit 160000 registrierten Nutzern das größte kommunale Computernetzwerk. Jeden Monat melden sich mehr als zehn Prozent neue Benutzer an. Ungefähr 6 Millionen Mal loggen sich Benutzer pro Jahr ein. Das System besteht aus 18 miteinander verbundenen Pentiumrechnern, 486ern, und Sun-Computern, auf denen das Betriebssystem UNIX und die Free-Port-Bürgernetzwerksoftware läuft. Durchschnittlich ist ein Benutzer 28 Minuten online, was die Case Western Reserve University (die Institution, die das Cleveland Free-Net beaufsichtigt) ungefähr fünf Cent pro Telefonverbindung und Modem und ein Zehntel eines Cent für eine Verbindung über das Internet kostet (Neff, 1995).

Für eine Verbindung von Gemeinschaft und Technik

> »Die Menschen müssen nicht nur Dinge erwerben können, es muß ihnen vor allem völlig freistehen, Dinge herzustellen, mit denen sie leben, die sie nach ihren Vorlieben gestalten und die sie verwenden können, um sich um andere und für andere zu sorgen.«
> **Ivan Illich (1973)**

Sowohl die Gemeinschaft als auch die Technik gehören ursächlich zum Menschsein. Eine Gemeinschaft ist ein Netz, das real und doch nicht greifbar ist, ein Netz sozialer Beziehungen. Im Idealfall ist das Netz der Gemeinschaft eine Einheit, eine bindende Macht, die Unterstützung bietet, Beziehungen schafft und zu Toleranz ermutigt. Leider wird aber das Netz der Gemeinschaft in vielerlei Hinsicht schwächer. Auch die Technik ist eine Art Netz, denn auch sie verbindet Menschen auf reale und doch nicht greifbare Weise. Die Technik ist Vermittler der zwischenmenschlichen Kommunikation, verwandelt den sozialen Raum und verändert Rollen wie Beziehungen in der Gesellschaft. Seit mehr als einer Million Jahren stellt die Menschheit Technik her, um Macht zu vergrößern oder Distanzen zu verringern, und die Technik stellt wie die Sprache eine natürliche und untrennbare Erweiterung unserer Welt und Weltsicht dar. In den letzten Jahren ist sie dennoch in vielerlei Hinsicht aus dem Gleichgewicht und außer Kontrolle geraten, und Gemeinschaften scheinen einem scheinbar autonomen technologischen Imperativ ausgeliefert.

Offenbar gibt es zwischen dem Begriff »Gemeinschaft« und dem Begriff »Technik« eine Spannung, die diskutiert werden muß. Sie basiert auf den Stereotypen, daß Gemeinschaft etwas Warmes und Vertrautes, Technik hingegen etwas Kaltes und Gefährliches sei. Zum Teil findet sich die Ursache für diese Generalisierungen in der Geschichte – in der harten und

erbarmungslosen Arbeit in den Fabriken der industriellen Revolution –, andererseits liegt sie in unserer kollektiven Vorstellung von den idyllischen und geselligen Gemeinschaften, die »einst« in der »guten alten Zeit« existierten, bevor es die Maschine gab.
Viele halten Technik für kompliziert und unverständlich. Man hält ihr Ausmaß für größer als jenes der vertrauteren und behaglicheren Sphären des Einzelnen oder der Gemeinschaft. Technik kann kompliziert und unmenschlich groß sein. Aber wenn die Menschen der Technik nicht ihren Zauber nehmen, dann wird sie immer Angst einflößen und die Menschen weiterhin zu Opfern machen. Wahr ist, daß in der Kulturgeschichte der Menschheit Werkzeuge und Technik eine zentrale Rolle spielen. So wie das Nachrichtenwesen gehört die Herstellung und Verwendung von Werkzeugen untrennbar zu unserer Natur. Denn obwohl technische Systeme kompliziert, unverständlich und überwältigend groß erscheinen mögen, können auch bestehende Systeme gezähmt und neue, an der Gemeinschaft orientierte Systeme entwickelt werden. Indem wir unsere Kontrolle über unsere technischen Systeme wieder geltend machen, kann ein Teil der Spannung zwischen »Gemeinschaft« und »Technik« gelöst und die Technik besser an die menschlichen Bedürfnisse angepaßt werden.

Prioritäten der neuen Gemeinschaft

Es gibt eine Vielzahl Ideen und Projekte – seien diese nun auf Computer angewiesen oder nicht –, die bei der Förderung der zentralen Werte und Ziele der neuen Gemeinschaft helfen können. Sie verkörpern eine Reihe von Wertprioritäten, die die allgemeine Ausrichtung der neuen Gemeinschaft anzeigen; es handelt sich dabei um keine Binäroptionen. Die Rechte des einzelnen dürfen zum Beispiel nicht übergangen werden, nur weil das Hauptaugenmerk auf der Gemeinschaft liegt. Diese Prioritätenliste impliziert zum Beispiel auch nicht, daß wirtschaftliche Interessen nicht von Bedeutung wären, sondern allein, daß es hier vor allem um den nichtkommerziellen Bereich geht (außer in jenen Fällen, in denen eine wirtschaftliche Ausrichtung für die neue Gemeinschaft relevant ist).

Prioritäten der neuen Gemeinschaft:

- geographisch statt »virtuell«
- gemeinschaftlich statt individualistisch
- öffentlich statt privat
- Gemeinschaftskultur statt Massenkultur
- Schaffung von Kapazitäten statt Orientierung an Bedürfnissen
- selbstgemacht statt spezialisiert
- befähigend statt entmächtigend
- mehrwegige Unterhaltung statt Rundfunk und Fernsehen
- Diskussion statt Propaganda (zum Beispiel Radiosendungen mit Hörerbeteiligung)
- inklusiv statt exklusiv
- prozeß- statt zielorientiert
- grundlegend statt oberflächlich
- Demokratie statt Autokratie
- bürgerlich statt wirtschaftlich
- freiwillig statt aufgezwungen
- wirkliche Bedürfnisse statt künstliche Bedürfnisse
- Netzwerke statt Hierarchien
- nachhaltig statt erschöpfend

Die Computertechnik kann – im Einklang mit anderen Bemühungen – eine positive Rolle beim Wiederaufbau der Gemeinschaft spielen, indem sie ihre zentralen Werte stärkt. Ob diese Ziele verwirklicht werden, hängt von Bürgern aus allen Gesellschaftsschichten ab. Wahrhaftig demokratische Systeme können nur mit Hilfe einer breiten Beteiligung entwickelt werden. Diese Anstrengung darf weder ein Wohltätigkeitsprojekt einer Elite noch eine Rebellion der unteren Klassen sein. Sie sollte für Bürger aller Rassen, wirtschaftlichen Klassen, ethnischer Herkunft und Religionen, jeden Geschlechts, Alters und sexueller Vorlieben offenstehen. Ihrer Art nach muß sie global sein, da ein Zusammenspiel von Perspektiven, Erfahrungen und Fertigkeiten vonnöten ist, um Erfolg zu haben.

Saul Alinsky, der wichtigste amerikanische Bürgeraktivist, meint, »ein Radikaler ist jene außergewöhnliche Person, die wirklich an das glaubt, was sie sagt. Sie wünscht sich eine Welt, in der der Wert des einzelnen anerkannt wird, und eine Gesellschaft, in der alle Entwicklungsmöglichkeiten des Menschen verwirklicht werden könnten.« (Boyte, 1989)

Die Vision einer neuen Gemeinschaft ist radikal. Ihr Aufbau erfordert Sorgfalt und Eifer, Geduld und Intelligenz. Je größer die Anstrengung ist und je fester die Anstrengungen aller miteinander verknüpft sind, desto stärker wird die neue Gemeinschaft sein. Dem Impuls zu einer positiven Veränderung wird man nicht widerstehen können.

Literatur

Alexander, C., Ishigawa, S., und Silverstein, M. (1977). *A Pattern Language: Towns, Buildings, Construction.* New York, NY: Oxford University Press.

Cisler, S. (1993). »Community Computer Networks: Building Electronic Greenbelts.« In: Bishop (1994).

Bishop, A., Ed. (1994). *Emerging Communities: Integrating Networked Information into Library Services.* Champaign-Urbana, IL: University of Illinois, Graduate School of Library and Information Science.

Boyte, H. (1989). *CommonWealth: A Return to Citizen Politics. New York,* NY: Free Press.

Doctor, R. and Ankem, K. (1995). »A Directory of Computerized Community Information Systems.« Unveröffentlichter Bericht. Tuscaloosa.

Illich, I. (1973). *Tools for Conviviality.* New York, NY: Harper and Row.

Krasny, M. (1994, Mai/Juni). »What Is Community?« *Mother Jones.*

MacIver, R. (1970). *On Community, Society and Power.* Chicago, IL: University of Chicago Press.

McKnight, J. (1987, Winter). »Regenerating Community«. *Social Policy.*

Morino, M. (1994). *Assessment and Evolution of Community Networking.* Washington, DC: The Morino Institute.

Neff, R. (1995). »The Cleveland Free-Net: Status as of June 1995.« On-line-Dokument. Cleveland Free-Net.

NPTN. (1995). Unveröffentlichte E-Mail von Tom Grundner.

Putnam, R. (1993, Frühjahr). »The Prosperous Community – Social Capital and Public Life.« *The American Prospect.*

Schuler, D. (1996). *New Community Networks: Wired for Change.* Reading, MA: Addison-Wesley.

NetDay USA
Ein Heer von Freiwilligen schließt die Schulen ans Netz
von Donatus P. Schmidt

Wie kann man in Zeiten leerer öffentlicher Kassen das Bildungswesen im großen Stil modernisieren, wie den öffentlichen Höheren Schulen am schnellsten zu möglichst vielen netzfähigen Computern und Internetanschlüssen verhelfen? Auf welche Weise lassen sich die Besonderheiten des Mediums Internet dafür nutzen, Interesse und persönliches Engagement einer möglichst großen Anzahl von Bürgern für die Zukunft unserer Kinder zu gewinnen und produktiv umzusetzen? Die amerikanische NetDay-Initiative macht es vor: Erstmals wurde hier die Möglichkeit der direkten Interaktion für eine landesweite Aktion genutzt, um Tausende von freiwilligen Helfern mit den Schulen zu vernetzen. Statt auf ausbleibende staatliche Reformen zu warten, haben es in den USA die Bürger in die Hand genommen, die Schulen ans Internet anzuschließen.

Die Grundidee des NetDay-Projekts, erdacht vom Mitbegründer der kalifornischen Computer-Firma SUN Microsystems, John Cage, ist so einfach wie genial: Ein bestimmter Tag wird landesweit zum Aktionstag erklärt. An diesem Tag werden auf einen Schlag so viele Schulen wie möglich verkabelt und ans Internet angeschlossen. Um dies zu verwirklichen, wird eine Armee von freiwilligen Helfern benötigt, die über eine eigens für den Aktionstag eingerichtete Website angeworben und dann auf die Schulen des Landes verteilt werden. Die Website dient außerdem dazu, das Unternehmen komplett dezentral zu organisieren: Sie stellt ein System zur Verfügung, mit dessen Hilfe sich die freiwilligen Helfer – darunter auch viele Geschäftsleute, Lehrer, Eltern und Schüler – effizient mit den Schulen vernetzen und ihren Platz in dem Aktionsplan finden können.

Der erste NetDay fand im Rahmen der Super-Informationhighway-Initiative der amerikanischen Regierung im März 1996 im Bundesstaat Kalifornien statt und wurde von Präsident Bill Clinton und Vizepräsident Al Gore persönlich unterstützt. Inzwischen wurden in nahezu allen amerikanischen Bundesstaaten NetDays abgehalten, zum Teil schon zum vierten Mal. Bei den besonders aktiven NetDay-Akteuren geht es natürlich schon längst nicht mehr allein um technische Fragen wie Kabelanschluß und Netzzugang, sondern die Betonung liegt jetzt auf Fragen der Nachhaltigkeit. So wird der Aktionstag hier mittlerweile als Fortbildungstag für Lehrer und Eltern genutzt. Außer der unbestrittenen Tatsache, daß die NetDay-Initiative der amerikanischen Regierung eine Menge Geld spart, hat sie aber noch einen ganz anderen Effekt: Sie hat eine gesellschaftliche Wirkung nach innen, die den schulischen Rahmen bei weitem übersteigt. Das Heer von freiwilligen Helfern, das sie für das Schul- und Bildungsthema sensibilisiert hat, wird zum großen Teil sicher auch in Zukunft Fragen der Bildung aufgeschlossen und interessiert gegenüberstehen. Diesen Effekt hat auch der Mitbegründer des NetDay, Michael Kaufman, im Sinn, wenn er über das NetDay-Projekt sagt: »Wir haben nicht nur die Kabel gelegt und Netzzugänge geschaffen, wir haben die Menschen miteinander vernetzt und die Beziehungen innerhalb und außerhalb der Schulen gestärkt.«

Christa Maar

NetDay ist wie ein Flächenbrand, der sich seit dem Frühjahr 1996 über alle Bundesstaaten der USA ausbreitet. Die gesamte Aktion lebt ausschließlich im und vom World Wide Web. Alles begann mit einer Website, die eine Karte mit den Bundesstaaten der USA enthielt. Alle öffentlichen Schulen waren darauf mit einem Punkt markiert. Das Erstaunliche war nun, daß die Karte mehr Schulen verzeichnete, als den Regierungsbehörden bekannt waren. Das hatte mit unserer Definition von Schule zu tun. Sie berücksichtigte jede Ansammlung von mehr als 10 Kindern, die in einem Raum zusammensitzen, um zu lernen. Auf diese Weise wurden von uns auch alle hebräischen, jüdischen und andere ethnischen Schulen erfaßt.

Für sich genommen ist diese Website nicht besonders aufregend. Doch dahinter verbirgt sich ein interessantes Phänomen. Der jeweilige Vernetzungszustand der Schulen ist durch unterschiedliche Farben gekennzeichnet. Ist die Schule mit einem roten Punkt markiert, bedeutet dies, daß sie überhaupt noch nicht verkabelt und ans Netz angeschlossen ist. Erscheint sie als grüner Punkt, heißt das, daß mindestens fünf Klassenzimmer und die Bibliothek ans Netz angeschlossen sind. Betrachtet man nun die erste Karte vom März 1996, so stellt man fest, daß die Anzahl der roten Punkte die spärlich verteilten grünen Punkte bis zur Unkenntlichkeit überstrahlt. Auf der Übersichtskarte, die nach dem zweiten NetDay im Oktober 1996 entstand, ist es genau umgekehrt.

Die NetDay-Website verwendet ein digitales Kartensystem, das ebenfalls bei Satelliten-Navigationssystemen in Autos eingesetzt wird. Die metergenaue Karte erlaubt sowohl den mikroskopischen wie den makroskopischen Blick auf die amerikanische Schullandschaft. Wenn ein potentieller freiwilliger Helfer oder Sponsor wissen möchte, wo er sich engagieren soll, kann er auf der nationalen Übersichtskarte den gewünschten Bundesstaat anklicken, dann eine Ebene tiefer in die Stadt seiner Wahl gehen, sich dort ein bestimmtes Stadtviertel und darin eine bestimmte Schule auswählen. Auf der Webpage der Schule findet er dann alle Angaben, die für ihn von Interesse sind: Adresse, Telefon- und Faxnummer, Ansprechpartner und Schultypus. Dazu weitere Informationen: Mit wievielen Klassenzimmern ist die Schule bereits ans Internet angeschlossen? Welche Sponsoren und freiwillige Helfer haben sich bereits registrieren lassen, um die Schule bei der Vernetzung zu unterstützen, und welche Qualifikationen bringen die Helfer mit? Der Freiwillige kann also sofort erkennen, ob diese spezielle Schule seine Unterstützung überhaupt braucht und kann sich gegebenenfalls auf der Karte eine andere Schule suchen.

Wie gelangen nun die einzelnen Schulen auf diese Karte? Auch dies funktioniert nach dem Prinzip der Selbstorganisation. Die Technik hierfür ist einfach: Auf der NetDay Website gibt es eine Registrierungstaste, die praktisch von jedem bedient werden kann. Der Prozeß funktioniert bottom-up, nicht top-down – das heißt, daß ein Schüler, der etwa feststellt, daß seine Schule auf der Website nicht registriert ist, diesen Eintrag selbständig vornehmen kann. Unabhängig davon, ob die Schulleitung dies will oder nicht, erhält die Schule dann automatisch eine Webpage bei NetDay und nimmt am nächsten Aktionstag teil.

Worauf es ankommt ist, daß hier das Netz selbst die Kontrolle übernommen hat. Die NetDay-Projekte laufen komplett dezentral ab. Sie werden von keiner Organisation, keinem Verband und keiner staatlichen Stelle gesteuert. Es gibt kein zentrales Büro und keine Telefon- und Faxnummer. Alles begann mit einer einfachen Webadresse: http://www.netday96.com. Hinter dieser URL (Uniform Resource Locator) steht der Initiator des Projekts John Gage, der den Titel »Director Science Office Sun Microsystems« trägt. Doch wer das nicht weiß, wird es auch nach dem Besuch der Webpage nicht wissen. Nichts auf dieser Website deutet auf den Namen von Gage oder auf die Firma Sun Microsystems hin. Hier wurde getreu dem Motto des Cyberspace gehandelt: *Let the Web organize it.*

Es ist also das Internet selbst, das beim NetDay einen großen Teil der Organisation übernimmt. Selbstverständlich braucht man zusätzlich auch Organisatoren vor Ort. Beim kalifornischen NetDay 1996 waren beispielsweise 2000 solcher Organisateure eingeschaltet. Aber gemessen an der Größe der Aufgabe hält sich der organisatorische Aufwand im überschaubaren Rahmen. Die einzelne Schule muß nichts anderes tun, als sich wie beschrieben registrieren zu lassen. Auf ähnlich einfache Weise können sich Sponsoren und freiwillige Helfer registrieren lassen: Wenn sie sich auf der Karte eine passende Schule ausgewählt haben, klicken sie auf die »Sponsor«- oder »Helfer«-Taste und erhalten dort ein Registrierungsformular, auf dem sie ihre Daten eintragen können. Außer nach persönlichen Angaben wie Name, Adresse und Telephon/E-Mail werden sie dort auch nach der Qualifikation gefragt, die sie für die Aktion mitbringen. Die Kriterien reichen vom »erfahrenen Architekten/Ingenieur/Designer« über den »erfahrenen Koax-Kabel-Verleger« bis hin zur »willigen Hilfskraft«. Bill Clinton hat seine Qualifikation, als er sich 1996 bei einer Schule in Kalifornien für die NetDay-Aktion registrieren ließ, unter »lernt schnell und ist willig« eingestuft.

Der erste NetDay am 9. März 1996 war ein voller Erfolg. Etwa 50 000 freiwillige Helfer waren an diesem Tag im Einsatz, um 2 Millionen Meter Netzkabel zu verlegen und einer Million Schülern das Internet näher zu bringen. (Ziel war es, in jeder Schule mindestens 5 Klassenräume und die Bibliothek anzuschließen.) 1 200 Unternehmen hatten kostenlos Geräte, Material, Nahrungsmittel und Arbeitskraft zur Verfügung gestellt, was einem geschätzten Gesamtwert von 25 Millionen Dollar entsprach. Am Ende dieses Tages waren 4 000 kalifornische Schulen verkabelt und ans Internet angeschlossen.

Am zweiten NetDay im Oktober des gleichen Jahres beteiligten sich dann bereits fast alle amerikanischen Bundesstaaten. An diesem Tag wurden mehr als 30 000 Schulen an das Netz angeschlossen. Die Erfolgsquote war sehr unterschiedlich. Beispielsweise gelang es dem Bundesstaat Connecticut an diesem Tag, 80 Prozent seiner Schulen zu verkabeln, während North Carolina es nur auf 40 Prozent brachte. Florida, das im ersten Anlauf ebenfalls nur 40 Prozent schaffte, rühmt sich inzwischen, der erste Staat mit Internetzugang an allen öffentlichen Schulen zu sein.

Im Februar 1997 gab der amerikanische Präsident Bill Clinton der NetDay-Initiative zusätzliches Gewicht, indem er die Bürger in einer Rundfunkansprache dazu aufrief, sich aktiv an der Initiative zu beteiligen, um die Verkabelung der Schulen zu vollenden. Das Ziel, alle öffentlichen Schulen bis zum Jahr 2000 ans Internet anzuschließen, könne nur in einer gemeinsamen Anstrengung erreicht werden. Die Regierung werde aus diesem Grund auch die Mittel für die Computer-Ausstattung der

Schulen verdoppeln, und sie werde außerdem die Gebühren für den Internetzugang an Schulen subventionieren. Bill Clinton dazu: »Wir müssen dies alles tun, um unseren Kindern die besten Chancen und die bestmögliche Erziehung zu geben. Wir müssen den Kindern das Informationszeitalter ›auf Knopfdruck‹ zur Verfügung stellen, um sie angemessen auf das 21. Jahrhundert vorzubereiten.«

Der Erfolg des Projekts beruht neben der überwältigenden Bereitschaft der amerikanischen Bürger, sich an den Aktionstagen zu beteiligen, auf einer starken Koalition zwischen Industrie und Bildungsinstitutionen. Erst die Bereitschaft der Unternehmen, Schulen und Universitäten kostenlos funktionsfähige Computer und technisches Know-how zur Verfügung zu stellen, macht Initiativen wie NetDay möglich.

Um das Projekt in den USA erfolgreich zu Ende zu bringen, haben sich die Initiatoren für die nahe Zukunft folgende Etappenziele gesetzt:

- Weitere potentielle Partner in der Industrie zu finden, die die Schulen bei der Vernetzung unterstützen können.
- Schulen, die aus irgendwelchen Gründen, seien sie ideologischer oder technologischer Art, die NetDay-Aktionen bisher nicht mitgemacht haben, bevorzugt einzubeziehen.
- Die Zusammenarbeit mit dem Lehrpersonal landesweit zu verstärken, um geeignete Trainingskurse, Curricula und anderes Material zur Verfügung stellen zu können, das den Gebrauch des Internet bei Lehrern und Schülern optimiert.
- Die interaktiven technischen Werkzeuge, die für die NetDay-Website entwickelt wurden, für die Weitervernetzung der beteiligten Organisationen, Institutionen und Gemeinden zu nutzen, um allen die gleichen Ressourcen und das gleiche Fachwissen zugänglich zu machen.

NetDay-Projekte existieren mittlerweile nicht nur in den USA. Der Flächenbrand hat bereits auf mehr als 40 Länder übergegriffen. Singapur hat sich vorgenommen, bis zum Jahr 2000 alle Schulen ans Netz anzuschließen. Malaysia hat in Aussicht gestellt, bis Ende 1997 alle Schulen an ein Glasfasernetz anzuschließen und ihnen den Internetzugang kostenlos zur Verfügung zu stellen. In Finnland sind bereits heute fast alle Schulen am Netz. Und in Österreich hat der private Internetprovider Netway die Initiative ergriffen und den Schulen für drei Jahre einen kostenlosen Internetzugang zur Verfügung gestellt.

Mündige Bürger durch Televoten
Ein fortlaufendes Experiment zur Transformation der Demokratie
von Christa Daryl Slaton

Was sind Televoten?

Televoten, die ich im folgenden behandeln möchte, stellen eine wissenschaftliche Methode der interaktiven und abwägenden Meinungsbefragung dar. Sie sind auf verschiedenen geographischen Ebenen getestet worden: in einem Schuldistrikt (San José, Kalifornien); in einer Nachbarschaft (Waimanalo, Hawaii); in einer ganzen Stadt (Los Angeles, Kalifornien); in einem Verwaltungsbezirk (Honolulu, Hawaii); in einem Bundesstaat (Hawaii); und in einem Nationalstaat (Neuseeland). Die Methode wurde entwickelt, um die Meinungen einer informierten Öffentlichkeit zu erfassen – aber im Gegensatz zur konventionellen Meinungsbefragung regt dieses Verfahren Bürger gleichzeitig zur Interaktion, zum Abwägen und zur Partizipation am demokratischen Prozeß an. Das unterscheidet diese Methode von der herkömmlichen Befragung per Telefon oder im Zuge eines persönlichen Gespräches: Erstens werden den Befragten zusätzlich zu den Informationen, die unbestrittene Fakten enthalten, mehr Auswahlmöglichkeiten sowie Pro- und Contra-Argumente für unterschiedliche Standpunkte angeboten. Zweitens werden die Befragten angeregt, die Fakten, Meinungen und strittigen Punkte mit Nachbarn, der Familie, Freunden und Arbeitskollegen zu diskutieren. Drittens können sich die Befragten vor der Antwort Zeit zum Abwägen nehmen. Viertens ist das Televotum darauf ausgelegt, ganz oder teilweise unter Einsatz verschiedener Formen der Kommunikationstechnologie in sogenannten Elektronischen Stadtversammlungen (Electronic Town Meetings) benutzt zu werden. Die Idee des Televotums entspringt und entspricht damit Vorstellungen der partizipatorischen oder Beteiligungsdemokratie.
Aufbauend auf den Pionierarbeiten des Psychologen Vincent Campbell (1974) konzipierte ich im Jahr 1978 zusammen mit meinen politikwissenschaftlichen Kollegen Theodore Becker und Richard Chadwick neue Televotum-Experimente wie das Hawaii-Projekt. Auch wir waren Anhänger der Idee der Beteiligungsdemokratie und gingen von der Hypothese aus, daß das Televotum ein gutes Mittel sei, Bürger besser zu informieren und

sie in den Dialog über Fragen einzubeziehen, die im Vorfeld der dritten Verfassungsgebenden Versammlung des Staates Hawaii aufgeworfen worden waren. Wir modifizierten Campbells Vorgehensweise, indem wir erstens wissenschaftliche Zufallsstichproben verwendeten; zweitens die Teilnehmer zur Interaktion ermutigten; drittens ein Rückruf-System einrichteten; viertens einen mehrstufigen Überprüfungsprozeß von Informationen, Meinungen und Optionen zum Televotum vorsahen;[1] fünftens die Auswahl der Themen und die Festlegung der Tagesordnungspunkte durch offizielle Vertreter, Verwaltungsbeamte, Aktivisten und die Öffentlichkeit vornehmen ließen;[2] und sechstens eine Finanzierung durch die Regierung, Universitäten und die Massenmedien besorgten. Diese überarbeitete Version der Televoten diente als Modell für ausgedehnte Erprobungen. Insgesamt hat unser Modell folgende Hauptmerkmale:

- **Zufallsstichproben:** Das Televotum befragt einen repräsentativen Querschnitt der Gesamtbevölkerung.[3]
- **Bildung:** Das Televotum liefert Fakten und Pro- und Contra-Argumente zu strittigen Fragen. Führt man das Ganze zusammen mit anderen Aktivitäten im Format Elektronischer Stadtversammlungen (ESV), werden die Teilnehmer an viele zusätzliche Informationsquellen und an laufende Debatten und Diskussionen herangeführt.
- **Interaktion:** Die Teilnehmer am Televotum werden ermuntert, die strittigen Fragen mit anderen zu diskutieren. Obwohl diese Interaktion mit anderen nicht vorgeschrieben ist, haben wir bei der Überprüfung dieses Charakteristikums festgestellt, daß die Mehrheit der Teilnehmer die fraglichen Punkte mit anderen diskutiert hatte.
- **Attraktive und stimulierende Form:** Die Broschüren und Informationen zum Televotum werden in Farbe und mit vielen interessanten Graphiken präsentiert. Gelegentlich wird der Fragenkatalog in Form eines reizvollen Spiels vorgestellt.
- **Deliberation:** Die Teilnehmer am Televotum werden aufgefordert, sich Zeit zu nehmen, um über das Thema nachzudenken und Fakten, Pro- und Contra-Argumente sowie Diskussionen mit anderen einzubeziehen, bevor sie antworten. Wir wollen eine durchdachte und möglichst sorgfältig abgewogene Antwort.[4]

Einige Ergebnisse der wissenschaftlichen Televotum-Experimente

Was haben wir also erfahren? Funktioniert unser neues Modell oder nicht? Es gab viele interessante und überraschende Ergebnisse – von denen sich einige als wahre Goldgruben erwiesen. Nach der Durchführung von zwölf Experimenten und der Verfeinerung des Werkzeugs Televotum bei jeder Anwendung, haben wir folgende Schlußfolgerungen aus unserer Forschung gezogen:[5]

1. Ein repräsentativer Querschnitt von Bürgern (ähnlich dem konventioneller Befragungen) ist bereit, an Projekten teilzunehmen, welche Lektüre von Materialien, ihre Diskussion und das Abwägen vor dem Antworten voraussetzen. Sogar in Fällen, wo der Fragenkatalog komplex war und man sich in Details einarbeiten mußte (wie etwa beim Televotum zur Zukunftsplanung in Neuseeland), entsprach die demographische Verteilung der zufällig ausgewählten Teilnehmer am Televotum weitgehend der Gesamtbevölkerung.

2. Je komplexer die Informationen und je größer die Zahl der Optionen war, die den Bürgern an die Hand gegeben wurden, um so anspruchsvoller und genauer fielen die Antworten aus. Bei dem ersten Televotum, das wir anläßlich der Verfassungsgebenden Versammlung des Staates Hawaii[6] durchgeführt haben, stellten wir durchgehend fest, daß die Teilnehmer Optionen wählten, die ihnen bei früheren, traditionelleren Befragungen kaum vorgestellt oder mitgeteilt worden waren. Unsere Ergebnisse führten uns zu dem Schluß, daß vor allem der Mangel an Informationen und die begrenzten (und häufig simplifizierenden) Alternativen konventioneller Befragungen verhindern, genau auszuloten, inwieweit die Bürger in der Lage sind, zu einer so differenzierten Entscheidung zu kommen, daß daraus auf ein Verständnis für die Komplexität der Frage geschlossen werden kann.

3. Gibt man Bürgern eine breite Palette von Alternativen an die Hand, neigen sie dazu, grenzenlose Machtbefugnisse für das Volk abzulehnen und geben stattdessen einer größeren Verantwortlichkeit der Repräsentanten den Vorzug. Beispielsweise favorisierten die Bürger von Hawaii die Initiative auf Staatsebene, zogen aber die indirekte der direkten Initiative vor und legten Wert darauf, daß der Petitionsprozeß vor der Abstimmung über eine Initiative ziemlich schwierig sei. Statt die Richter direkt zu wählen, wollte die Mehrheit, daß die Richter von einem ehrenamtlichen Komitee ausgewählt und später, nach einer längeren Tätigkeit am Gericht, abgewählt werden sollten.

4. Die Probleme, die die Öffentlichkeit tatsächlich bewegten, wichen häufig signifikant von jenen ab, welche die Medien und die offiziellen Vertreter beschäftigten. Zum Beispiel setzten die Televotum-Teilnehmer in Hawaii Bildungsfragen an die Spitze ihrer Dringlichkeitsliste, während die Regierungsvertreter in ihren Kampagnen der Verbrechensbekämpfung und dem Verkehrswesen politische Priorität eingeräumt hatten. Dieses Ergebnis verblüffte einen Fernsehdirektor dermaßen, daß er die Gültigkeit der Erhebung anzweifelte. Doch als dann beim nächsten Televotum Bildungsfragen im Zentrum standen, war das höhere Interesse an der Teilnahme deutlich zu spüren, und unsere Erhebung konnte in Rekordzeit abgeschlossen werden.

5. Verwaltungsbeamte, die mit der Durchführung politischer Beschlüsse betraut sind, machten sich oft die Ergebnisse des Televotums zu eigen, während Politiker sie häufig ignorierten. Unser Televotum war von der Gesundheitsverwaltung (Hawaii Department of Health) finanziert worden, das staatliche und Bundeszuschüsse in Programmen verwaltet. Der Beamte, der das Televotum in Auftrag gegeben hatte, ließ sich bei schwierigen Entscheidungen vom Televotum leiten, der Bürgermeister hingegen ignorierte die Ergebnisse, die seine Pläne zum Verkehrwesen ablehnten. Manche Abgeordneten und Delegierten der Verfassungsversammlung verhielten sich offen feindselig gegenüber denjenigen, die ihnen die Ergebnisse des Televotums mitteilten.

6. Eine signifikante Zahl von Bürgern diskutierte die Fragen mit anderen, bevor sie ihr Urteil beim Televotum abgaben. In einem unserer späteren Televoten haben wir die Teilnehmer eigens gefragt, ob und mit wem sie die Punkte diskutiert hätten, und es zeigte sich, daß die Mehrheit die Fragen mit einer oder mehreren Personen besprochen hatte.

7. Die Aufmerksamkeit der Bürger für politische Fragen wird durch ein Televotum erhöht. Dafür bieten sich verschiedene Erklärungen an. Zum einen haben wir unsere Ergebnisse mit denen von Meinungsumfragen verglichen, die wenige Wochen oder Monate vorher durchgeführt wurden. In einigen Fällen gab es eine deutliche Abnahme von »Weiß-nicht«-Antworten, nachdem die Hinweise aus den Televotum-Informationen bekanntgegeben worden waren. Zum anderen zeigen unsere Ergebnisse, daß die Erweiterung der Optionen die Teilnehmer dazu brachte, auch Möglichkeiten in Betracht zu ziehen, die der Öffentlichkeit vor der Lektüre der Televotum-Materialien offenbar kaum bekannt waren. Schließlich stellten wir fest, daß, nachdem die Televoten auf großes Interesse bei den Medien gestoßen beziehungsweise von einzelnen oder Gruppen bei politischen Veranstaltungen zitiert worden waren, Politiker, politische Aktivisten, engagierte Bürger und Wissenschaftler den Fragestellungen größere Aufmerksamkeit schenkten. Das wiederum führte zu weiterer Berichterstattung in den Medien.

8. Die Ergebnisse von Televoten, bei denen die Teilnehmer per Zufallsstichprobe ausgewählt wurden, unterscheiden sich signifikant von Befragungen freiwilliger Teilnehmer – sowohl hinsichtlich der demographischen Struktur (Stichproben mit Freiwilligen sind normalerweise stark in Richtung männlicher, weißer und konservativer Personen verzerrt) als auch der erhobenen Meinungen. Beim Televotum-Projekt in Los Angeles stellten die Teilnehmer nicht nur einen repräsentativen Querschnitt der Bevölkerung dar, die Ergebnisse wichen auch nicht mehr als vier Prozentpunkte (also innerhalb der tolerierbaren Stichprobenabweichung) vom tatsächlichen Wahlergebnis ab. Sie sagten also das tatsächliche Wahlverhalten der Einwohner voraus, während die Ergebnisse bei Umfragen mit freiwilligen Teilnehmern um sechs bis fünfzehn Prozentpunkte vom tatsächlichen Wahlergebnis abwichen und nur in zwei Fällen den richtigen Ausgang prognostizieren konnten.

9. Die Anzahl der Antworten bei einer Befragung steht in keinem signifikanten Zusammenhang mit ihrer staatlichen Finanzierung. Sieben Televoten wurden von einer Regierung finanziert, fünf nicht. Der Rücklauf war bei allen Televoten gleich.

10. Televoten können die Partizipation von Personen mit niedrigem Bildungsniveau erheblich steigern, sofern es sich bei der Fragestellung um Dinge handelt, von denen sie aus persönlicher Erfahrung eine gewisse Kenntnis haben – beispielsweise um ein kommunales Gesundheitszentrum. Diese Erfahrung machten wir bei einem der späteren Televoten, das in einem Gebiet mit hoher Armut und niedrigem Bildungsniveau stattfand. Bei allen anderen Televoten war uns aufgefallen, daß unsere Methode der Erhebung ein ähnliches Problem aufwies wie bei den traditionellen Befragungen: Daß also Personen mit niedrigem Bildungsniveau bei allen Erhebungen unterrepräsentiert waren. Wir befürchteten deshalb, daß es bei der Untersuchung in diesem armen Gebiet Probleme geben würde. Zu unserer Überraschung hatten wir aber keine Schwierigkeiten, 400 Antworten in einer Gemeinde mit einem geringen Durchschnittseinkommen zu erhalten. Als die Ergebnisse vorlagen, stellten wir fest, daß die meisten Teilnehmer das Gesundheitszentrum vorher in Anspruch genommen hatten und Kenntnisse aus erster Hand darüber besaßen. Sie begrüßten es, um ihre Meinung gefragt zu werden.

11. Wenn Televoten sich auf ein kleines Gebiet konzentrieren, etwa eine Gemeinde, wächst die interpersonale Interaktion der Bewohner zum Thema. In der gerade erwähnten ärmeren Gemeinde stellten wir fest, daß die Televotum-Teilnehmer bereits mit anderen darüber redeten, ehe wir die Zusammenstellung der Stichprobe abgeschlossen hatten. Sonst war es nicht üblich, daß die Person, die wir zur Teilnahme am Televotum gewinnen wollten, durch einen Nachbarn oder Verwandten bereits Kenntnis von dem Projekt hatte. Zudem ermunterten die Teilnehmer von sich aus andere zum Mitmachen.

Nachdem wir durch die Projekte und Experimente mit Televoten als einer Schlüsselkomponente von ESV in Los Angeles, auf Hawaii und in Neuseeland wertvolle Informationen gewonnen hatten, richteten wir unser Augenmerk darauf, Televoten in einen breiteren Kontext zu stellen – nämlich die Einbeziehung von Bürgern in ein demokratisches Gemeinwesen.

Televoten und Elektronische Stadtversammlungen

Nicht nur die Televotum-Projekte waren mit dem Ziel angetreten, die politische Partizipation der Bürger zu verstärken, ihren Bildungsstand zu erhöhen und die Diskussion und das Abwägen der Bürger zu unterstützen, die sich der elektronischen Medien und moderner Kommunikationstechnologien bedienten (Slaton 1992; Abramson, Arterton und Orren 1988; Arterton 1987; Becker und Scarce 1986). Gleichgerichtete Experimente der letzten beiden Jahrzehnte in den Vereinigten Staaten waren z. B. »Alternatives for Washington« (1974), »Berks County Community Television« (1976), »Alaska Television Town Meeting« (1980), »Choosing Our Future« (1984–88) sowie das »Savannah Elektronic Town Meeting« (1990).

Jedes dieser in ganz verschiedenen Kontexten und Regionen angesiedelten Projekte stieß auf Bürger, die nur allzu gern bereit waren teilzunehmen. Diese Erfahrung widerspricht dem weitverbreiteten Bild des apathischen Bürgers, der wenig Interesse an der öffentlichen politischen Diskussion zeigt. Doch jedes einzelne Projekt traf auch auf Widerstand und erfuhr manchmal sogar offene Anfeindungen seitens gewählter Volksvertreter. Sie disqualifizierten die öffentliche Meinung als Ansichten uninformierter, nur an sich selbst interessierter Bürger und behaupteten, die Bürger würden sich ihr Urteil ohne Abwägung bilden. Man warnte uns vor dem »Gesetz der Straße«, vor Massenanarchie oder Manipulationen zuungunsten der Elite, vor unaufgeklärten Urteilen und der Gefahr der Abschaffung von Minderheitsrechten. Solche Vorurteile begleiteten sämtliche Vorschläge zur Institutionalisierung teledemokratischer Prozesse mit dem Ziel, die Teilnahme der Bürger an der politischen Willensbildung zu unterstützen.

Seit Beginn der neunziger Jahre stellen Forscher häufig fest, daß die amerikanischen elektronischen Medien zwar darum bemüht sind, ihre Publikumsbasis möglichst zu vergrößern, gleichzeitig aber zögern, den Bürgern selbst durch Zweiwege-Interaktionen und horizontale Kommunikation Macht an die Hand zu geben. Auch sie behaupten, Durchschnittsbürgern mangele es an Sachkenntnis, und sie argumentieren – wenn auch wenig substantiell –, ihre Programmentscheidungen spiegelten die öffentlichen Meinung exakt wider. Mehr noch, sie verwerfen die Ergebnisse wissenschaftlicher Erhebungen, die das Gegenteil besagen, indem sie behaupten, daß sie nicht wiedergäben, was die Öffentlichkeit wirklich wolle.

Erschwerend kommt hinzu, daß Medien, Regierungsvertreter und sogar manche Wissenschaftler den Begriff »Elektronische Stadtversammlung« undifferenziert auf jede beliebige TV- oder Radiosendung mit Anrufen (Call-ins) oder Treffen zwischen Politikern und Bürgern anwenden (ungeachtet des Niveaus der Interaktion), während sie gleichzeitig solche Projekte ignorieren, die von Wissenschaftlern und Fachleuten mit dem Ziel geleitet werden, durch politische Bildung, verbesserte Interaktion und gründlichere Abwägung Bürger zu mündigen Teilnehmern am politischen Prozeß zu machen. Der Unterschied zwischen ESV, die nicht dem mündigen Bürger dienen – wie vor allem jene hochmanipulativen, von Ross Perot gesponserten Electronic Town Hall Meetings –, und jenen, bei denen es um die Befähigung der Bürgerschaft und um die Belebung der Demokratie geht, muß deshalb deutlich unterstrichen werden.

Wie man Bürger stärken kann

Theodore Becker und ich nutzten die Erfahrungen, die wir bei unseren Televoten und ESV-Experimenten gesammelt hatten: Gemeinsam mit Robert Horn, dem Leiter des Electronic Democracy Project am Meridian International Institute, organisierten wir im März 1993 eine zweitägige Konferenz in San Francisco.[7] Das Ziel lautete, die Entwicklung von Möglichkeiten für »die nächste Generation Elektronischer Stadtversammlungen« zu diskutieren. Es herrschte Übereinstimmung, daß bereits genügend ESV-Experimente auf lokaler und bundesstaatlicher Ebene durchgeführt worden seien, um nun die nächste Ebene anzusteuern: eine die ganze Nation umfassende elektronische Versammlung (ENV), was Schnittstellen zu regionalen und lokalen Versammlungen einschloß. Sorge bereitete uns, daß Perot und auch der größte Teil der Medien die Erfahrungen und Daten aus zahlreichen ESV-Projekte in den USA (Hawaii, Alaska, Georgia, New York und Kalifornien) ignorierten. Deshalb beschlossen wir, das Fachwissen der zahlreichen Neuerer zusammenzuführen, um eine Evaluierung des Prozesses durchzuführen und die Ergebnisse zur Entwicklung eines empirisch abgesicherten und auf Erweiterung ausgerichteten Modells für eine landesweite ENV zu nutzen.

Die Konferenzteilnehmer repräsentierten ein breites Spektrum von Demokratietheorien. Einige waren Anhänger der Beteiligungsdemokratie, die ESVs untersuchen, entwickeln und/oder leiten sowie der politischen Partizipation großen Wert zumessen. Ihrer Ansicht nach nimmt bei den Bürgern mit dem Engagement der Gemeinsinn zu, und sie entwickeln eine Art »Besitzerstolz« auf die Entscheidungen, die sich dann auch leichter durchsetzen lassen. Andere Teilnehmer mißtrauten der Öffentlichkeit und setzten eher auf die Entscheidungsfindung durch Eliten. Allerdings räumten auch sie ein, daß von Bürgern, die von der Diskussion ausgeschlossen werden und gegenüber hermetischen Prozessen mißtrauisch sind, auch kluge Elite-Entscheidungen gekippt oder vereitelt werden können. Wieder andere befürworteten das ESV-Modell, weil das amerikanische politische System angesichts der Vielfalt der Vereinigten Staaten zu wenig repräsentativ sei. Trotz der denkbar besten Absichten eines politischen Vertreters, die gesamte Palette der Wähler zu repräsentieren, sind es ihrer Ansicht nach doch immer die eigene Lebenserfahrung und die eigene selektive Wahrnehmung, anhand derer Informationen bewertet werden. Wenn Repräsentanten überwiegend wohlhabend, weiß und männlich sind, haben sie häufig nicht »den richtigen Draht« zu Angehörigen der Arbeiterklasse, zu Minderheiten sowie zur weiblichen Bevölkerung.

Viele Entwickler betrachteten ESV im Sinne Thomas Jeffersons und John Deweys als Möglichkeit, Bürgern Bildung zu vermitteln, Verantwortlichkeit zu lehren und sie zu guten Demokraten zu erziehen. Andere waren von Abraham Maslows Ansicht vom Prozeß der Selbstverwirklichung beeinflußt und sahen ESV als Werkzeug, diesen Prozeß des An-sich-Wachsens zur eigenen Erfüllung zu nutzen. Trotz dieser großen Unterschiede bestand bei den Teilnehmern der Konferenz Einigkeit über die Ziele und Grundwerte der ESV: Entwicklung von Gemeinsinn, Entfaltung der demokratischen Rechte, Verbreiterung des demokratischen Prozesses, Verbesserung der politischen Ergebnisse. Das bedeutete, daß es den ESV-Entwicklern nicht allein um die Entfaltung der Demokratie geht, sondern auch um das Gemeinwohl. Die Entfaltung der Demokratie führt ohne eine Überlegung, wie dieses Ziel am besten zu erreichen ist, nicht automatisch zu besseren Ergebnissen.

Das nationale ESV-Modell enthält einen multimedialen, mehrphasigen Ablauf auf zahlreichen Ebenen, der vielfältige, sich überlappende Technologien einschließt, die allesamt darauf ausgerichtet sind, einen möglichst großen Teil der Öffentlichkeit in den Prozeß der Unterrichtung, des Nachdenkens, der Diskussion und der Abwägung hinsichtlich der fraglichen Themen einzubeziehen. Beim Übergang von der ersten zur zweiten Stufe ist die Öffentlichkeit an der Festlegung der Tagesordnung beteiligt, also welche Probleme oder Themen nach welchen Prioritäten behandelt werden sollen. Zu erwähnen ist, daß elektronische oder virtuelle Versammlungen durch regelmäßige persönliche Treffen ergänzt und bereichert werden.

Beim Übergang von Stufe zwei (die eine Vielzahl von Programmformaten nutzt, um Informationen zu den wichtigsten Fragestellungen auf der öffentlichen Agenda zu vermitteln) zu Stufe drei verlagert sich das Schwergewicht zunehmend darauf, tiefer in die Komplexität der Fragen einzudringen und den Input und das Feedback der Teilnehmer zu sichern. Durch eine Reihe von Gewichtungen, Analysen und Reevaluationen früherer Inputs wird ein Abwägungsprozeß entfaltet. Stufe zwei und drei können auf verschiedenen Ebenen und durch miteinander konkurrierenden Versammlungen immer neu wiederholt werden, ehe man zur letzten Phase übergeht. Diese ist der Schlüssel zum Erfolg, denn sie zielt auf den Konsens ab, wie ein bestimmtes Problem am besten zu lösen und die angemessenste Vorgehensweise zu bestimmen sei, um die von der Öffentlichkeit bevorzugten politischen Ziele umzusetzen. Mehrere oder alle Komponenten des nationalen ESV-Prozesses können allgemein dazu benutzt werden, die Auswirkungen einer Politik zu evaluieren und Fragen neu zu überdenken. Die ENV ist darauf ausgelegt, mit lokalen Versammlungen zusammenzuarbeiten – und nicht diese zu ersetzen.

Wer soll die ENV finanzieren und leiten – der Staat, private Mediengesellschaften, staatliche Sendeanstalten, Interessenverbände, Universitäten, private Stiftungen, Politiker oder politische Ausschüsse? Alle zusammen oder eine Kombination einiger Sponsoren? Auch die Gamma Group und Benjamin Barber haben ja bereits die Frage aufgeworfen, welche institutionelle Struktur in einer modernen Telekommunikationsgesellschaft am besten geeignet sei, um ein Höchstmaß an Unabhängigkeit, Vorurteilsfreiheit und Zugangschancen zu gewährleisten.

Private und gemeinnützige elektronische Versammlungen (EVs) können von Stiftungen, gesellschaftlich relevanten Gruppen oder politischen Parteien entwickelt werden. Öffentliche gemeinnützige EVs können von Organisationen wie der »Commission on Presidential Debates«, von einer Regierungseinrichtung wie dem »Congressional Office of Public Opinion Research and Assessment«, von öffentlich finanzierten Fernsehanstalten (zum Beispiel PBS), unabhängigen Lokalsendern (zum Beispiel Bay Voice) oder Universitäten (wie im Falle des Honululu Electronic Town Meeting, New Zealand Televote) finanziert werden. Private und gewinnorientierte EVs könnten private Fernseh- oder Radiogesellschaften, Unternehmen (als Sponsoren), Kabelbetreiber oder Werbeagenturen einschließen. Und öffentliche gewinnorientierte EVs können von quasi-öffentlichen Mitgliederorganisationen finanziert werden, zum Beispiel von Perots »United We Stand«, oder von Körperschaften wie öffentliche Verkehrsgesellschaften, die ihren Umsatz durch intensivere Nutzung ihrer Dienste erhöhen wollen.

Die Konferenz arbeitete eine Reihe von Standards heraus, anhand derer unabhängig von der jeweiligen Finanzierungs- und Infrastruktur das ideale Modell zu finden ist. Es ist wichtig zu betonen, daß diese Kriterien den bevorzugten Idealtyp definieren. Bei einem experimentellen Modell müssen nicht alle Faktoren vorhanden sein, um zu bestimmen, ob eine EV erfolgreich war, und ob die Organisatoren des Projekts ihre Ziele erreicht haben. Lautet beispielsweise eines der Erfolgskriterien »führt zu politischen Ergebnissen« und werden diese nicht erreicht, kann dies ein Fehler der Projekt-Entwickler gewesen sein, aber es könnte auch darauf hinweisen, daß das politische System sich gegenüber Eingaben von Bürgern abschottet. Eine effektive und neutrale Evaluation des politischen Erfolgs jedes EV-Modells muß mit feinem Verständnis für die politischen und sozialen Kontexte, in denen es durchgeführt wurde, erfolgen. Es ist unabdingbar, daß die Kriterien nicht leichtfertig angewandt werden. Denn sonst kann die Analyse schwerwiegend verfälscht sein, und größere politische Zusammenhänge werden übersehen. Gerne schiebt man etwa den Machtlosen die Schuld zu und nicht der Machtelite, die bekanntlich dazu tendiert, sich einer gerechteren Machtverteilung zu widersetzen.

Folgend unser Kriterienkatalog zur Evaluation von EVs:
• Ist die EV gegenüber den fraglichen Punkten neutral?
• Ist sie von Interessengruppen abhängig, die versuchen, den Themenkatalog, den Inhalt und die Ergebnisse zu kontrollieren?
• Sind genügend Mittel vorhanden, damit die EV sich selbst tragen kann?
• Legt die EV gegenüber der Öffentlichkeit Rechenschaft ab?
• Zielt die EV in ihrer Organisation, in der Personalstruktur und bei den Perspektiven auf Diversität?
• Deckt sie ein breites Spektrum von Fragestellungen und/oder relevante Alternativen dazu ab?
• Ist sie allen Gruppen von Bürgern zugänglich?
• Sind Abwägungsprozesse einbezogen?
• Trägt sie zur Bildung bei?
• Welche Relevanz hat sie für die Forschung?
• Wie ausgewogen sind die Informationen und Meinungen, die angeboten werden?
• Besitzt sie einen übergeordneten Zweck, strategischen Plan und ein entsprechendes Ziel?
• Berücksichtigt sie nur freiwillige Teilnehmer oder hat sie Wege gefunden, Teilnehmer ohne Eigeninitiative zu gewinnen?
• Gibt es kompetente Unterstützung?
• Besitzt sie Kontinuität und wird diese fortgesetzt?
• Hat sie eine erfahrene Leitung?
• Führt sie zu politischen Ergebnissen?

Diese Kriterien verweisen auch auf einige der potentiellen Fallstricke. Wie schon oben dargelegt, existiert ohne Zweifel die Gefahr, daß ein politischer Manipulateur oder Demagoge sich des Themenkatalogs bemächtigt und die Öffentlichkeit mit unvollständigen, falschen oder frisierten Informationen versorgt, so daß eine stark von Vorurteilen geprägte Meinung das Umfrageergebnis prägt. Ross Perots elektronisches »Referendum« aus dem Frühjahr 1993 ist ein ausgezeichnetes Beispiel für eine solche Manipulation. Eines der größten Hindernisse für EV-Organisatoren ist der Mangel an angemessenen Finanzierungsmöglichkeiten. Geldgeber wollen häufig – unabhängig von ihrer politischen Ausrichtung oder ihrem Status (gewinnorientiert, gemeinnützig, öffentlich oder privat) – den Prozeß wie das Ergebnis kontrollieren. Die Mächtigen begreifen es normalerweise als potentielle Bedrohung ihres Status, wenn diejenigen

Macht bekommen, die ihrerseits Bürgern mehr Macht zuweisen wollen. Viele Experimente der letzten beiden Dekaden litten zu stark unter Geldmangel, um so gut zu sein, wie sie es programmatisch vorhatten. Projekte mußten sich häufig auf ehrenamtliche Helfer und kostenlos zur Verfügung gestellte Informationsmöglichkeiten in den Medien und anderen Einrichtungen stützen. Außerdem konnte bislang – unabhängig vom Erfolgsniveau bei anderen Variablen – kein Projekt so viel finanzielle Unterstützung erhalten, daß es fortgesetzt hätte werden können, um seine Struktur fortlaufend zu verbessern und die Allgemeinheit an der Weiterentwicklung öffentlicher Agenden oder politischer Strategien zu beteiligen. Aus diesem Grund bildete sich – organisiert von einem erfolgreichen Geschäftsmann, dem Televermarkter Larry Greene – in der Nachfolge der Meridian Conference eine Gruppe mit dem Ziel, eine sich selbst tragende EV zu ermöglichen. Diese Gruppe (The Electonic Town Meeting Company, ETMCo) hob die EV-Entwicklung auf die nächste Ebene.

The Electonic Town Meeting Company (ETMCo)

Gesponsert von der Markle Foundation (New York City) bildeten Experten aus vielen Bereichen – Geschäftswelt, Medienproduktion, Stadtverwaltung, Wissenschaft und Computernetzwerke – Arbeitsgruppen, um ihre Erfahrungen, Visionen und Fähigkeiten bei der Schaffung einer ENV zusammenzuführen. Die ENV sollte:

1. sich finanziell selbst tragen;
2. unabhängig sein von herkömmlichen politischen und anderen Interessengruppen;
3. strittige Punkte durch repräsentative Stichproben abwägen;
4. die öffentliche Aufmerksamkeit und Aktivität hinsichtlich der Themen steigern;
5. Beziehungen zwischen Gruppen und Aktivisten in der Gemeinde und den Zufallsstichproben der Bevölkerung herstellen;
6. eine hohe Qualität gewährleisten und fesselnde TV-Produktionen zur Information und zur Abwägung der strittigen Punkte herstellen;
7. umfangreich Computer für die Weiterbildung, für Diskussionen und die Konsensbildung einsetzen.

Zu den einzelnen Punkten des Kataloges soll folgendes angemerkt werden:

• Zu 1: Es muß nochmals betont werden, daß keines der früheren ESV-Experimente jemals unter demselben Geldgeber wiederholt worden ist. Zudem wurde keine einmal erarbeitete Struktur exakt übernommen. Das revidierte Modell für das Televotum ist zwölfmal eingesetzt worden, wobei ein Universitäts-Curriculum als Operationsbasis diente (Becker und Couto 1997). Dabei handelte es sich aber nur um einen Teil des ESV-Modells. Keine staatliche oder quasi-staatliche Stelle, politische Partei, Stadt oder ein ähnlicher Auftraggeber hat je erneut eine ESV durchgeführt – trotz des Erfolgs der Projekte. Warum? Wir glauben, daß Henry Freund, der Organisator des Honolulu Electronic City Council Hearing Project (1987) die Antwort am besten formuliert hat: »Vielleicht war es ihnen zu demokratisch.« Demnach lautet die Frage, welches die erfolgversprechendste Form für eine solche Organisation sein dürfte, die die Unabhängigkeit der Betreiber von jeglichem politischen, ökonomischen und sozialen Druck vergrößern und den ständigen Zufluß von Finanzmitteln von Anfang an garantieren könnte. Das ETMCo-Modell schlägt dafür als beste Form eine profitorientierte Firma vor, die Regierungen und auch der Öffentlichkeit selbst EVs anbietet. Die Partner von ETMCo erkannten eine ganze Reihe von Einnahmequellen, die sie für profitabel genug hielten, um Reinvestitionen in künftige EVs zu ermöglichen. Dazu gehörten unter anderem Gebühren für die Abstimmungs-Anrufe. CBS erhielt 1992 bei einer nationalen Telefonaktion, bei der die amerikanische Öffentlichkeit über drei Fragestellungen abstimmen konnte, innerhalb von zwei Stunden mehrere Millionen gebührenpflichtiger Anrufe. Und während einer Debatte zwischen Ross Perot und Vizepräsident Al Gore zur NAFTA gingen fast eine Million Anrufe bei CNN ein. Eine andere Einnahmequelle stammt aus der Mitgliedschaft bei ETMCo, deren Mitglieder Anrufe, eine Newsletter und andere Dienste dafür erhalten können. Eine weitere Option war Werbung. Allerdings müßte diese auf Gesellschaften und Organisationen beschränkt bleiben, die den Prozeß fördern (wie Computerfirmen, Telefongesellschaften, Online-Dienste etc.), und jene ausschließen, die inhaltlich mit dem Gegenstand der EV selbst zu tun haben.

• Zu 2: Unsere Erfahrung hat gezeigt, daß Regierungseinrichtungen, wenn sie EVs veranstalten, nicht immer objektiv bei der Bereitstellung von Informationen sind. Die beiden nordamerikanischen Reform Parties haben in dieser Hinsicht völlig gegensätzliche Haltungen gezeigt.

Während die Reform Party of Canada relativ objektive ESVs durchgeführt hat, war das bei Ross Perots Versuchen, wie bereits erwähnt, nicht der Fall. Die Hypothese der ETMCo lautet, daß in einer Firma, die ihre Profite mit der Zufriedenheit ihrer Kunden erwirtschaftet, die Mitarbeiter nicht irgendwelchen Machtinteressen (außer denen der Öffentlichkeit) ausgesetzt sind und daß hier auch nicht der »Anschein« eines solchen Konflikts auftreten kann. Wenn die ESV spannend, interessant und interaktiv genug ist, werden die Anrufe kommen, wird die Mitgliederzahl steigen und genügend Geld eingehen, um künftige ESVs zu finanzieren.

- Zu 3: Ein Hauptmerkmal der ETMCo-Struktur ist die zentrale Bedeutung der Zufallsstichprobe beim Televotum. In nahezu allen anderen durchgeführten ESVs wurde dies nicht hinreichend berücksichtigt. Viele Modelle enthalten entweder keine öffentliche Meinungserhebung oder bedienen sich ausschließlich freiwilliger Teilnehmer. Im ETMCo-Modell ist die Zufallsstichprobe das Kernstück. Die Televotum-Teilnehmer sind in gewisser Hinsicht wirklich eine »Repräsentantenversammlung« der Bürger, weil sie die Struktur der Bürgerschaft ziemlich genau widerspiegeln. Dafür gibt es viele Gründe. Erstens entspricht ihre demographische Struktur der Gesamtbevölkerung; ungefähr die Hälfte von ihnen werden Frauen sein, die arbeitende Bevölkerung wird die Mehrheit bilden. Ethnische Minderheiten werden stärker einbezogen als bei jedem anderen Entscheidungsprozeß . Da die Abstimmung anonym erfolgt, stehen sie auch nicht unter einem äußeren Einfluß. Schließlich werden sie Informationen erhalten und können bei allen Abwägungsprozessen und Diskussionen (entweder persönlich oder elektronisch) teilnehmen, die von der ETMCo während der Durchführung angeboten werden.
- Zu 4 und 5: Es herrschte Übereinstimmung, daß der Erfolg von ETMCo – als Unternehmen ebenso wie als Ausrichter gelungener ESVs – von einem ausgezeichneten Konzept für die Öffentlickeits- und Gemeindearbeit abhängt. Das bedeutet, daß die Firma in ihrem Etat eine erhebliche Summe für Werbung, Öffentlichkeitsarbeit, Vorausplanung und Entwicklung berücksichtigen muß. Verbindungen zu verschiedenen Machtgruppen – einschließlich Regierungen, Geschäftswelt und Medien – müssen geknüpft werden. Ebenso müssen sie zu einer großen Zahl von Gruppen und Organisationen in der Gemeinde hergestellt werden, damit diese von Anfang an in den Prozeß eingebunden sind. Ohne die Verwirklichung dieser Zielsetzungen würde der Prozeß an sich mangelhaft sein, und die Ergebnisse wären von geringer Bedeutung. Eine der Hauptschwierigkeiten für die ETMCo dürfte darin liegen, Regierungsvertreter, Politiker und

Angehörige der Gemeindeverwaltung von der Bedeutung der Zufallsstichprobe beim Televotum zu überzeugen. Da Partei- und Gemeindeführer hart um ihre Macht kämpfen müssen, sind sie nicht allzu bereit, diese zu teilen, und noch weniger, sie abzugeben – schon gar nicht an eine anonyme Gruppe von Bürgern, die vom Wohnzimmer aus abstimmt. Daher besteht ein gut Teil der Öffentlichkeits- und Gemeindearbeit darin, diese Idee zu vermitteln, was keine leichte Aufgabe darstellt.

• Zu 6: Ein anderes Instrument sind gute TV-Produktionen. Die überwiegende Mehrzahl der Programme zu öffentlichen Angelegenheiten ist – zumindest in den Vereinigten Staaten – fade Alltagskost. Meist handelt es sich um das Format »redende Köpfe«, und selbst beim Format »Rathausversammlung« wird selten visuell Ansprechendes präsentiert. Die ETMCo betont die visuelle Form ganz erheblich. Geplant ist, alle »redenden Köpfe« und Studio-Interaktionen durch Schauspiel, Satire, Animation, Computergraphiken und Dokumentarspiele anzureichern. Alle Informationen sollen in Form fortschrittlichster Computergraphiken dargeboten werden. Prominente sollen, wann immer dies sinnvoll erscheint, eingesetzt werden, um ein möglichst großes Publikum zu erreichen, genau wie das in konventionellen Kampagnen von Parteien der Fall ist.

• Zu 7: Bei dem ETMCo-Treffen wurde schließlich viel Zeit auf die Diskussion verwendet, wie die neuen Informations- und Kommunikationstechnologien einzusetzen seien. Ein Hauptproblem beim Abwägen via Computer ist beispielsweise, daß diese nur einer sehr kleinen, technologisch und ökonomisch hochprivilegierten Gruppe zur Verfügung stehen. Somit kann keine Freiwilligen- und/oder Zufallsstichprobe auch nur annähernd der Gesamtbevölkerung entsprechen. Mehr noch, es dürfte äußerst schwierig sein, eine Zufallsstichprobe nur mit Computerbenutzern zu erhalten. Zu welchem Zweck sollen also Computer beim ETMCo-Prozeß eingesetzt werden? Sie sollen erstens aus den unzähligen Quellen im Netz Informationen für die allgemeine öffentliche Diskussion filtern; zweitens als Informationsquelle für die Teilnehmer am Televotum selbst dienen; drittens die Konsensfindung durch leicht zugängliche computergestützte Diskussionsgruppen fördern, die der breiten Öffentlichkeit und den Teilnehmern am Televotum angekündigt werden; viertens die Zahl der persönlichen Diskussionsgruppen im Verlauf des Prozesses vermehren. Computer spielen also nicht bloß Nebenrollen. Das ist besonders relevant, wenn man sich klarmacht, daß der ETMCo-Prozeß einen ziemlich langen Zeitraum umfaßt. Jedes ETMCo-Modul wurde für eine Dauer von etwa sechs Monaten konzipiert, und der gesamte Prozeß – von der

Festlegung der öffentlichen Agenda und der Übereinkunft hinsichtlich einer bestimmten Fragestellung bis zum Konsens über die politische Durchsetzung – kann 18 Monate dauern. Der computervermittelte Diskussions- und Informations-Service ermöglicht es, ständig über alles informiert zu bleiben, und wird so zum wichtigen Werkzeug während des gesamten Prozesses.

Televoten und Internet

Seit der ETMCo-Konferenz sind einige Fortschritte beim Versuch, Bürgern durch Televoten mehr Macht zu verschaffen, erzielt worden. Das Internet war hier gewissermaßen ein Geschenk des Himmels. Als völlig neue Form eines interaktiven Kommunikatiossystems wurde es seit Mitte 1995 dank neuer, benutzerfreundlicher Browser-Software und durch leichten Zugriff auf professionell gemachte Computergraphiken und -animationen für eine riesige Gruppe von Nutzern attraktiv und zugänglich zugleich. Die Interessenten an deliberativen EVs zählten natürlich dazu. Vor dem verbesserten Internet hatten sie kaum Zugang zu den Ideen, Projekten und Aktivitäten der anderen. Es gab weder eine Zeitschrift noch ein Journal, in denen solche Themen dargelegt wurden. Die Massenmedien behandelten sie, wenn überhaupt, als politische Randerscheinung. Finanzmittel für Telefonkonferenzen über große Distanzen gab es kaum, Gelder für nationale oder gar internationale Treffen und Konferenzen zur Entwicklung von Projekten überhaupt nicht. Mit anderen Worten, es gab keine Plattform, wo Theorien und praktische Erfahrungen zu dem, was man übergreifend »Teledemokratie« nennen könnte, zusammengeführt wurden.

Doch mit der Einführung von E-Mail, E-Mail-Verteilern, News- und Chat-Gruppen war die Infrastruktur zu dieser Bündelung plötzlich gegeben, denn hier handelt es sich um ein elektronisches Medium, das relativ billig und leicht zugänglich ist, eine sofortige weltweite Reichweite bietet und, das ist das wichtigste, niemandem gehört, so daß es auch keine »Türsteher« gibt, die den Zugang zu Informationen kontrollieren, die Tagesordnungspunkte bestimmen und die Diskussion limitieren. Da überdies viele Firmen, Universitäten und staatliche Einrichtungen Computer und freien Zugang zum Internet samt kostenloser Browser-Sofware für ihre Mitarbeiter zur Verfügung stellten, eröffnete das für die Interessenten der Teledemokratie einen bequemen Weg zum Austausch ihrer Gedanken,

Ansichten und Pläne. Die Internet-Technologie lieferte also die Mittel und eröffnete Chancen für die Entstehung einer neuen »teledemokratischen Gemeinschaft«.
Im August 1995 richtete Theodore Becker an der Auburn University die Webseite von Teledemocracy Action News + Network (TAN+N) ein [http://www.auburn.edu/tann]. TAN+N war darauf ausgelegt, sich auch für neue Ziele, Gegenstände, Teilnehmer und Projekte zu öffnen; es bietet heute eine kommentierte, mit Hyperlinks versehene Datenbank der einschlägigen Projekte und Organisationen rund um die Welt, die an der Entwicklung der Teledemokratie arbeiten. Die Arbeit von Bürgerbewegungen, politischen Parteien, Stiftungen, akademischen Institutionen, Regierungsabteilungen, staatlichen Einrichtungen und Forschern wird unter den folgenden Überschriften dargestellt:

- Wahlen über große Entfernungen (per Post, Telefon, Computer)
- Abgewogene Meinungserhebungen/abgewogene Demokratie
- Computergestützte Demokratie
- Elektronische Stadtversammlungen
- Zweigorganisationen

Die beiden wohl attraktivsten Projekttypen der letzten eineinhalb Jahre stammen aus den Bereichen »Wahlen über große Entfernungen« und »Computergestützte Demokratie«. Im Bereich »Wahlen von der Wohnung aus« gab es einen signifikanten Fortschritt – mehrere amerikanische Staaten haben festgestellt, daß die Briefwahl sehr beliebt ist und die Wahlbeteiligung beträchlich erhöht. Außerdem haben einige politische Parteien (in Kanada und in den Vereinigten Staaten) mit Telefon- und Computerwahlen für den Parteivorsitz experimentiert. Die Ergebnisse waren so überzeugend, daß dieser Form der Wahl zweifelsohne die Zukunft gehört. Mehr noch, es bedarf keiner großen Anstrengung, diese einfachen Wahlprozesse durch die Einschaltung von Abwägungs-Elementen anzureichern – und sie damit zu einem echten Televotums-Prozeß zu transformieren. Einen der größten Zuwächse bei der Internet-Nutzung zu teledemokratischen Zwecke hat der Bereich »Computergestützte Demokratie«. In den meisten Fällen geht es dabei um etwas, das sich als Diskussion über das »elektronische Abwägen« bezeichnen läßt. Mehrere Stiftungen, Universitäten und Regierungskörperschaften waren in diesem Bereich tätig, beispielsweise »Minnesota E-Democracy« in den Vereinigten Staaten und »UK On-Line« in Großbritannien. Die meisten dieser Projekte stützen allerdings nur das gegenwärtige System der repräsentativen Demokratie, indem entweder mehr Informationen und Online-Dienste der Regierungen, oder mehr Gespräche angeboten werden, die sich üblicherweise um die aktuelle Politik drehen. Aus der Sicht von TAN+N sind sie zwar reformistisch – ein Schritt in die richtige Richtung –, aber auf der Machtumverteilungsskala für eine wirklich lebendige und aufgeklärte Demokratie sehr niedrig anzusiedeln.

Was hat nun das Internet mit der Schaffung mündiger, politisch befähigter Bürger zu tun, und in welchem Verhältnis steht es zu Televoten, abwägender Meinungserhebung, Elektronischen Stadtversammlungen und TAN+N? Meiner Meinung nach ist der Zusammenhang eindeutig. Das Internet ist ein wichtiges Element für die Herausbildung neuer demokratischer Paradigmen. Es ist eine Informations- und Synergiequelle, ein Vehikel für den Dialog, ein Instrument, um das Mosaik der Teledemokratie-Bewegung zusammenzufügen. Es wird zum wichtigen Werkzeug bei der Transformation der Demokratie. Man kann schwer vorhersagen, wann und in welcher Form es eine transformierte Demokratie in der Zukunft geben wird. Persönlich glaube ich, daß sie auf chaotische Weise und aus Notsituationen heraus entstehen wird. Sicher wird es Probleme bei der Transformation der Demokratie geben, und es sind auch negative Konsequenzen dieser Veränderungen zu erwarten. Deshalb sind sorgsame Untersuchungen, fortgesetzte Experimente und durchdachte Evaluationen auf unserem Weg dorthin unabdingbar.

Das zunehmende Verlangen nach Selbstbestimmung, Machtzuwachs und Demokratie rund um die Welt sowie die phänomenale Zunahme elektronischer Technologien sind wie Geister, die aus der Flasche herausgelassen wurden. Niemand zwingt sie wieder hinein, sie haben ein Eigenleben entwickelt. Angesichts dieser Veränderungen sind wir weder völlig machtlos, noch haben wir die Macht, das Rad der Geschichte zurückzudrehen. Wir können uns den Herausforderungen stellen, die diese Veränderungen mit sich bringen, indem wir an der Schwelle zum dritten Jahrtausend als Problemlöser zusammenarbeiten. Die Wissenschaftler, die die hier angeführten Projekte entwickelt haben, sind Innovatoren, Forscher und Visionäre. Sie betrachten das dritte Jahrtausend als Chance, Bürger noch stärker mit Macht zu versehen – auf der Suche nach einer besseren und lohnenderen Demokratie auf allen Regierungsebenen, die auch das Potential neuer Ebenen jenseits der Nationalstaaten einschließt.

Anmerkungen

1 Da wir Erfahrungen mit herkömmlichen Befragungen per Telefon hatten, waren wir uns bewußt, daß die größte Gefahr bei allen Formen von Meinungsumfragen der Suggestionseffekt ist. Wir folgten Campbells Modell zur Minimierung der systemimmanenten Suggestion und fügten verschiedene Stufen hinzu, um eine neutrale Überprüfung der Informationen und des Fragenkatalogs beim Televotum einzubeziehen. Der mehrstufige Prozeß schloß eine intensive Recherche zur Gewinnung unbestrittener, objektiver Informationen ein. Diese Informationen umfaßten auch historische Fakten und Vergleichsdaten. Die nächste Stufe bestand darin, die Teilnehmer des Televotums mit einem Spektrum von Wahlmöglichkeiten anstelle simplifizierender Entweder-oder-Entscheidungen zu versorgen. Die Alternativen mußten mit Pro- und Contra-Argumenten ergänzt sein. In dieser Phase unserer Televotum-Entwicklung arbeiteten wir auf sehr breiter Basis. Alternativen und Argumente wurden der sozialwissenschaftlichen Literatur, Editorials, Wahlkampfmaterialien und Leserbriefen entnommen. Politiker, organisierte Gruppen, Professoren und interessierte Bürger wurden angesprochen, Beiträge zu leisten, um den Televotum-Teilnehmern eine große Bandbreite politischer Perspektiven anbieten zu können.

2 In acht Jahren (1978–1985) haben Becker und ich 12 Forschungsprojekte durchgeführt beziehungsweise beraten: Sieben staatliche Televoten in Hawaii, zwei Bezirks-Televoten auf Honolulu, ein Gemeinde-Televotum in Waimanalo, Hawaii, und Televoten als eine Hauptkomponente von elektronischen Stadversammlungen auf Bezirksebene auf Honolulu und in Los Angeles sowie auf nationaler Ebene in Neuseeland. Bei jedem Projekt wurden verschiedene Hypothesen überprüft und eine breite Palette von Themen einbezogen – Fragen der Staatsverfassung, öffentliche Themenbestimmung für künftige Televoten und die Legislative, Fragen der Legislative, des öffentlichen Etats, der Verkehrsplanung, Gesundheitsvorsorge, Zukunftsplanung und Bildungsinitiativen.

3 Mehrere Forscher vertreten ein ähnliches Interesse an der Auswahl per Zufallsstichprobe: Meinungsforscher Alan Kay (American Talk Issues), Ned Crosby, der per Zufall ausgewählte politische Jurys plant, oder James Fishkin, bei dessen Experimenten es um per Zufall ausgewählte Teilnehmer an mehrtägigen direkten Interaktionen geht. (Vgl. dazu auch Fishkins Aufsatz in diesem Band.)

4 Bei der Diskussion zum Thema Abwägung argumentieren einige – wie James Fishkin (1991) oder Jan Beth Elshtain (1982) –, daß es sich nicht um Abwägen handelt, solange keine persönliche Interaktion zwischen den Bürgern (Teilnehmern am Televotum) selbst stattfindet. Dies erscheint uns zu restriktiv, obwohl wir Fishkins Experimente mit per Zufall ausgewählten Gruppen, die sich persönlich begegnen, gutheißen. Unserer Ansicht nach bedeutet Abwägung das durchdachte Überlegen der strittigen Frage, bevor eine Entscheidung getroffen wird. Es gibt viele signifikante Variablen, die in die Abwägung eingehen. Persönliche Begegnungen mit Entscheidungsträgern als zur Abwägung gehörend zu bezeichnen und dies anderen Formen abzusprechen, ist willkürlich. Beispielsweise kann Kommunikation via Internet, die die Staatsgrenzen überschreiten und zu Spezialisten und außerordentlich unterschiedlichen Informationsquellen führen kann, ebensoviel zur Abwägung beitragen wie persönliche Begegnungen. Zudem muß man gegenüber der Tatsache sensibel sein, daß persönliche Begegnungen die Abwägung nicht notwendigerweise verbessern. Begegnungen können manchmal einschüchternde, drangsalierende und die Diskussion abtötende Aspekte haben, die dazu führen, daß die Diskussion unter der Kontrolle der aggressivsten, anma-

ßendsten und mächtigsten Teilnehmer verläuft. Jane Mansbridge hat das in ihrer Studie über Stadtversammlungen im Nordosten der Vereinigten Staaten nachgewiesen. (Mansbridge 1983).

5 Eine ausführliche Darlegung der zwölf Experimente gebe ich in meinem Buch *Televote: Expanding Citizen Partizipation in the Quantum Age*. New York: Praeger 1992.

6 Es ging dabei um die Modalitäten von Initiativen und Referenden sowie um das Auswahlverfahren der Staatsrichter.

7 Bei den Eingeladenen handelte es sich um Praktiker (die ESVs entwickelt und durchgeführt hatten), Wissenschaftler (die darüber geforscht hatten), Stiftungsvertreter (die ESV-Projekte finanziert hatten), Manager und Unternehmer aus dem Kabelbereich und der Wirtschaft im allgemeinen sowie Computerspezialisten und professionelle Kommunikationsförderer.

Literatur

Abramson, Jeffrey B., F. Christopher Arterton und Gary R. Orren: *The Electronic Commonwealth: The Impact of New Media Technologies on Democratic Politics*. New York: Basic Books 1988.

Alaska. Office of the Governor: *Report on Alaska Television Town Meeting of the Alaska Public Forum*. Juneau: Office of the Governor 1980.

Alaska. State Legislature. Division of Public Services: *Providing a Participatory Legislative Environment*. Juneau: Alaska State Legislature 1982.

Arnopoulos, P.J. und K. Valaskakis: *Telecommunitary Democracy: Utopian Vision or Probable Future*. Montreal: UNESCO 1982.

Arterton, F. Christopher: *Teledemocracy: Can Technology Protect Democracy?* Newbury Park, Kalifornien: Sage 1987.

Arterton, F. Christopher: »Campaign '92: Strategies and Tactics.« In: *The Election of 1992*. Hg. von Gerald M. Pomper. Chatham, N.J.: Chatham House 1993, S. 74–109.

Baker, Ross K.: »Sorting Out and Suiting Up: The Presidential Nominations.« In: *The Election of 1992*. Hg. von Gerald M. Pomper. Chatham, N.J.: Chatham House 1993, S. 39–73.

Baldwin, Deborah: »Push-Button Democracy.« In: *Utne Reader*, September/Oktober 1992, S. 19 u. 22.

Barber, Benjamin: *Strong Democracy: Participatory Politics for a New Age*. Berkeley: University of California Press 1984.

Becker, Theodore L.: »Teledemocracy: Gathering Momentum in State and Local Governance.« In: *Spectrum,* Frühjahr 1993, S. 14–19.

Becker, Theodore L.: Rezension von *Review of Teledemocracy: Can Technology Protect Democracy?* von F. Christopher Arterton. In: *American Political Science Review*, 1988, S. 1376–1377.

Becker, Theodore L., Alvin Clement, Alan McRobie und Brian Murphy: *Report on New Zealand Televote*. Wellington, New Zealand: Commission for the Future 1981.

Becker, Theodore L. und Richard Scarce: »Teledemocracy Emergent: State of the American Art and Science.« In: *Progress in Communication Sciences*. Hg. von Brenda Dervin und Melvin Voight. Norwood, N.J.: Ablex 1986, S. 263–287.

California. Southern California Association of Governments: *Report on the Los Angeles Televote*. SCAG 1983.

Campbell, Vincent N.: *The Televote System for Civic Communication: First Demonstration and Evaluation.* Palo Alto, Kalifornien: American Institute for Research 1974.

Dator, James A.: »Futuristics and the Exercise of Anticipatory Democracy in Hawaii.« In: *Political Science and the Study of the Future.* Hg. von William Page. London: Frances Pinter 1983, S. 211–220.

Elgin, Duane: »Conscious Democracy Through Electronic Town Meetings.« In: *Whole Earth*, Sommer 1991, S. 28–29.

Elshtain, Jean Beth: »Democracy and the Qube Tube.« In: *Nation,* 7.–14. Juli 1982, S. 108–110.

Fishkin, James S.: *Democracy and Deliberation.* New Haven: Yale University Press 1991.

Mansbridge, Jane: *Beyond Adversary Democracy.* Chicago: University of Chicago Press 1983.

Slaton, Christa Daryl: *Televote: Expanding Citizen Participation in the Quantum Age.* New York: Praeger 1992.

Smith, Steve: »Alaska Communications, Development and Democracy.« In: Majid Tehranian: *Electronic Democracy. Bericht für die UNESCO.* Honolulu 1985, S. 139–172.

Stilger, Robert L.: »Alternatives for Washington.« In: *Anticipatory Democracy.* Hg. von Clement Bezold. New York: Random House 1978, S. 88–99.

Will, George F.: »That Man on Horseback.« In: *Newsweek*, 20. April 1992, S. 86.

Das ganze Land in einem Raum
Experimente mit beratenden Meinungsumfragen
von James F. Fishkin

Am Beginn der Ära der öffentlichen Meinungsumfrage hielt George Gallup einen Vortrag in Princeton, in dem er eine Vision präsentierte: Die Technologie könnte einmal dazu benutzt werden, um die Demokratie, wie sie bei Stadtversammlungen (Town Meetings) in Neuengland praktiziert wurde, an die Erfordernisse eines großen Nationalstaats zu adaptieren. Für Gallup bestand die Besonderheit dieser Stadtversammlungen darin, daß »das Volk sich in einem Raum versammelte, um die Allgemeinheit betreffende Fragen zu diskutieren und abzustimmen.« Aufgrund der Größenverhältnisse konnte dieses Ideal nicht auf die großen Nationalstaaten übertragen werden. Gallup war jedoch überzeugt, daß die Kombination von moderner Technologie und Meinungsumfrage (»Sampling Referendum«, wie er es 1938 nannte) in der Lage wäre, dieses Problem zu lösen, und die Stadtversammlung Neuenglands in gewisser Weise wiedererstehen würde. Gallup erklärte:

»Die weite Verbreitung von Tageszeitungen, in denen die Meinungen von Staatsmännern über das Tagesgeschehen nachzulesen sind, die fast universelle Verbreitung des Radio, das die ganze Nation in Hörweite einer Stimme bringt, und nun das Aufkommen von Meinungsumfragen, die die schnelle Ermittlung der Reaktionen des Publikums auf das Tagesgeschehen ermöglichen, haben in der Tat eine Stadtversammlung auf nationaler Ebene entstehen lassen.«

Für Gallup lag der Clou der Stadtversammlungen Neuenglands darin, daß sich alle Bürger treffen, die Argumente beider Seiten anhören und im Anschluß daran eine Entscheidung fällen konnten. Mithilfe der Massenmedien könnte jeder einzelne Bürger eines Landes die Argumente aller beteiligten Seiten anhören, und für die eigentliche Abstimmung aller Bürger würde es nicht nötig sein, das ganze Land in eine Stadtversammlung zu verwandeln. Mit einer wissenschaftlich ermittelten Stichprobe könnte die Meinung der Gesamtheit mit vergleichbarer Genauigkeit eruiert werden. Einen triumphalen Vortrag in Princeton, den er zwei Jahre nach den Wahlen von 1936 hielt, schloß Gallup mit folgenden Worten:

»Die Nation befindet sich buchstäblich in einem großen Raum. Die Zeitungen und das Radio führen die Debatte über nationale Fragen ..., so wie die Bürger der Stadt dies bei den Stadtversammlungen früherer Zeiten taten. Und mittels der Methode der Meinungsumfrage können schließlich die Menschen ihren Willen kundtun, nachdem sie die Meinungen beider Seiten zu den betreffenden Fragen angehört haben.«[1]

Was Gallup jedoch nicht bedacht hatte, war, daß der Raum, in dem sich in einem gewissen Sinne alle befanden, so groß geworden war, daß ihm die Menschen bezeichnenderweise keine besondere Aufmerksamkeit angedeihen ließen. Ein von Millionen von Menschen bevölkerter »Raum« schafft die Voraussetzungen für ein Verhalten, das die Wissenschaftler »rationale Ignoranz«[2] nennen: Wenn meine Stimme eine von ein paar Hundert ist, und ich an den Debatten in meiner örtlichen Stadtversammlung teilnehmen kann, dann habe ich guten Grund, aufmerksam zu sein und aktiv teilzunehmen, denn meine einzelne Stimme kann sehr wohl einen Unterschied machen. Dank der Diskussion von Angesicht zu Angesicht erhält die Sache eine menschliche Dimension. Wenn ich aber nur eine Stimme unter Millionen von Stimmen in einem Land besitze, gibt es für mich keinen besonderen Grund, mich in der Diskussion zu engagieren. Da ich buchstäblich in der Menge untergehe, nimmt die Diskussion einen anonymen Charakter an. Ich sehe also keinerlei Veranlassung, das Ganze besonders aufmerksam zu verfolgen. Meine Meinung hat nur eine minimale Chance, von Gallups »Sampling Referendum« erfaßt zu werden, und meine Meinung kann höchstwahrscheinlich den Ausgang nicht beeinflussen. Eine neuenglische Stadtversammlung mit vielen Millionen Teilnehmern ist nicht länger eine neuenglische Stadtversammlung, sondern nur eine Gelegenheit mehr, sich in der Massengesellschaft verloren zu fühlen.

Die Technologie bietet viele neue Möglichkeiten, um Kontakt zu Bürgern herzustellen und sie zu befragen, aber sie liefert keine unmittelbare Lösung für dieses Problem. Selbst wenn man jeden Bürger dazu motivieren könnte, an einer nationalen Diskussion teilzunehmen, würde allein die große Anzahl an involvierten Bürgern zu einer Haltung der rationalen Ignoranz führen. Millionen von Menschen können unmöglich sinnvoll an einer etliche Stunden dauernden Diskussion teilhaben[3], und jeder Bürger hätte wieder nur eine Stimme unter Millionen. Es wäre unerheblich, ob die Abstimmung von einem Modem oder einer Wahlurne registriert würde. Sowohl das Internet als auch das Telefon wurden bereits für Umfragen unter Benutzern eingesetzt, die sich freiwillig meldeten. Derartige Umfragen nennt mein Kollege Norman Bradburn SLOPs (self-selected listener opinion polls; *slop* bedeutet im Englischen auch Abwasser oder Schweinetrank, Anm. des Übers.), denn als selbst-selektionierte Samples sind sie auch nicht viel repräsentativer als die bekannte Pseudo-Umfrage von Literary Digest, die George Gallup 1936 durchführte (und die fälschlicherweise einen Erdrutschsieg von Alf Landon über Franklin Roosevelt bei den Wahlen 1936 voraussagte).

Der Nationalstaat mit seinen ganz anderen Dimensionen stellt all jene vor grundlegende Probleme, die die Öffentlichkeit auf sinnvolle und repräsentative Art und Weise befragen wollen. Vor kurzem war ich an einer Reihe von Experimenten beteiligt, die sich mit »Deliberative Polling«, wie ich es nenne, beschäftigten und in denen es genau um diese Problematik ging.[4] Deliberative Polling ist nicht der einzige Weg zum Fortschritt. Es existieren andere Formen der »Teledemokratie«, wie das sogenannte »Informed Polling«, die »Bürgerjurien« und »Konsens-Konferenzen«, die alle die gleichen Ziele verfolgen. Ohne diesen anderen Methoden ihren Wert absprechen zu wollen, möchte ich mich hier auf Deliberative Polling beschränken, denn ich glaube, daß es eine Methode darstellt, die sich für die neuen Technologien eignet.

Deliberative Polling geht im Grunde von der von Gallup skizzierten Vision aus: Es nützt die Technologie, um das ganze Land gewissermaßen in einem Raum zu versammeln, aber unter Bedingungen, unter denen sich der einzelne mit den gestellten Fragen – hoffentlich – so auseinandersetzen kann, wie es bei einer Stadtversammlung in Neu-England der Fall gewesen wäre.[5] In diesem Experiment wird versucht, diejenigen Faktoren, die zu rationaler Ignoranz führen, auszuschalten. Aber dank der modernen Technologien der Meinungsumfrage repräsentiert das Deliberative Polling in gewissem Sinn die gesamte Nation.

Die Idee dahinter ist simpel: Man trifft eine für die nationale Wählerschaft repräsentative Zufallsauswahl und bringt diese Personen von überall im Lande an einen Ort. Dort macht man sie mit den zur Diskussion stehenden Fragen vertraut, sei es durch wohlausgewogene Briefing-Unterlagen, durch intensive, persönliche Diskussionen in kleinen Gruppen bzw. durch in den Gruppen erarbeitete Fragen an Experten aus den verschiedenen Lagern. Nachdem sich die Teilnehmer einige Tage lang gemeinsam durch die Fragen durchgearbeitet haben, befragt man die Teilnehmer im Detail. Das Resultat ist eine Form der Bürgerbefragung, die zwei zentrale demokratische Werte erfüllt: Sie ist repräsentativ und hat beratende Funktion. Das Sample ist eine für das Land repräsentative Zufallsstichprobe, wie der Vergleich mit der Basisbefragung am Anfang zeigt. Der Prozeß, in dem die Beteiligten der Stichprobe involviert sind, hat beratenden Charakter. Was die Informations- und Diskussionsmöglichkeiten betrifft, so sind sie die besten, die wir bieten können. Transparenz ist die Garantie für die Ausgewogenheit und Genauigkeit der Materialien, der Gruppendiskussionen und der Zusammensetzung der Gruppe von Experten und Entscheidungsträgern. Wir versuchen, eine Atmosphäre herzustellen, in der die Kraft des besseren Arguments siegt – eine Atmosphäre zivilen Engagements und gegenseitigen Respekts, in der der einzelne Bürger reichlich Gelegenheit hat, konkurrierende Argumente abzuwägen und seine eigenen zentralen Wünsche zu den relevanten Fragen zu formulieren, und in der er auch Antworten von Vertretern gegensätzlicher Auffassungen erhält. Das Resultat ist unserer Meinung nach ein fundiertes Urteil seitens der Öffentlichkeit, auch wenn es sich um Fragestellungen handelt, mit denen sich die Öffentlichkeit vorher vielleicht nicht auseinandergesetzt hat (oder in gewöhnlichen Meinungsumfragen mit »keine Meinung« geantwortet hätte).

Dieses Verfahren wurde inzwischen siebenmal erprobt – dreimal in Großbritannien vom Britischen Fernsehsender Channel 4, einmal im nationalen Fernsehen der Vereinigten Staaten von PBS und MacNeil/Lehrer Productions an der University of Texas sowie dreimal von Versorgungsbetrieben in Texas und im Südwesten der Vereinigten Staaten; und zwar in Zusammenarbeit mit der texanischen Kommission für Versorgungsunternehmen im Zuge eines Bürgerbeteiligungsverfahren, wie es für die Ressourcenplanung vorgeschrieben ist.

Als ich dieses Verfahren zum ersten Mal zwei großen Konzernen vorschlug, wurden Bedenken über die praktische Durchführbarkeit laut: Ist es möglich, ein repräsentatives Sample zur Teilnahme zu motivieren und würde dieses Sample seine Meinung im Laufe des Wochenendes ändern? Wäre das Sample tatsächlich nicht repräsentativ, dann würden wichtige Gesichtspunkte außer acht gelassen, und der Prozeß wäre als Methode der Bevölkerungsbefragung untauglich. Würden sich die Ergebnisse mit denen einer konventiellen Befragung decken, dann könnte man sich fragen, ob sich Aufwand und Kosten für dieses ausgefeilte Experiment lohnen.

Wie sich herausstellte, wurden diese Bedenken in allen sieben Fällen, in denen das Verfahren bislang erprobt wurde, ausgeräumt. Was die Repräsentativität betrifft, so sei das Beispiel des ersten Deliberative Polling der Welt angeführt. Der erste landesweite Test fand in Manchester, England, vom 15. bis 17. April 1994 im Granada Television Studio statt. Das Sample wurde von SCPR, einem unabhängigen Meinungsforschungsinstitut in

London, aus 40 zufällig ausgewählten Befragungsbezirken in 40 zufällig ausgewählten Wahlkreisen im ganzen Land ermittelt. Zuerst wurde eine Basisumfrage unter 869 Bürgern durchgeführt, die willkürlich aus dem Wählerregister entnommen wurden. Diese Untersuchung verzeichnete eine hohe Beteiligungsrate von 74 Prozent und lieferte ein ausgezeichnetes Bild über die öffentliche Haltung bezüglich der zur Debatte stehenden Frage: »Steigende Kriminalität: Was können wir dagegen tun?« Sie war in hohem Maße repräsentativ für das ganze Land, was Alter, Klasse, geographische Verteilung, Geschlecht, Bildung und andere wichtige Parameter betraf. Aber diese Basisumfrage war nicht das Deliberative Polling, sondern nur der Anfang des eigentlichen Prozesses.

Zum eigentlichen Verfahren in Manchester wurden nur Teilnehmer der Basisuntersuchung eingeladen. Die 300 Personen, die für das Wochenende nach Manchester kamen, waren in jeder Hinsicht ununterscheidbar von den 869, die bei der Basisuntersuchung mitgemacht hatten. Was Klasse, Bildung, Rasse, Geschlecht und Geographie betraf, so war der Mikrokosmos dieses Wochenendes ebenso repräsentativ für das ganze Land wie die Basisuntersuchung. Noch eindrucksvoller war die Tatsache, daß die Vertreter dieses Wochenend-Mikrokosmos in ihrer Haltung dem Verbrechen gegenüber und in ihren allgemeinen politischen Positionen ein fast perfektes Abbild der Basisuntersuchung darstellten.

Eine immer wiederkehrende Kritik lautete, daß die Teilnehmer an einem derartigen Verfahren eben genau jene Personen seien, die ein besonderes Interesse am jeweiligen Thema hätten, in diesem Fall also Personen, die sich in besonderer Weise mit Kriminalität beschäftigten.[6] Dies war aber nicht der Fall, wie aus dem Vergleich zwischen der gesamten Basisuntersuchung und dem Wochenend-Sample hervorgeht:

Kriminalität	Gesamtübersicht	Wochenend-Sample
Keine Sorge	28%	27%
Große Sorgen	21%	21%
Geringe Sorgen	34%	35%
Gelegentliche Zweifel	17%	18%

Tabelle 1

Was inhaltliche Fragen betrifft, so betrachte man zwei der Schlüsselfragen über Wege zur Senkung der Verbrechen – »Senkung der Arbeitslosigkeit« und »allgemein strengere Strafen«:

Senkung der Kriminalität	Senkung der Arbeitslosigkeit*	strengere Strafen*
sehr wirksam	43 44	51 50
wirksam	38 38	26 27
weder wirksam noch unwirksam	8 11	14 15
nicht sehr wirksam	7 4	6 5
überhaupt nicht wirksam	3 3	3 2

Tabelle 2
* die obere Zahl steht jeweils für die Basisuntersuchung, die untere für das Wochenendsample

Im allgemeinen waren die Wochenend-Samples in allen sieben Fällen sowohl demographisch als auch hinsichtlich ihrer Haltung repräsentativ. Verglichen mit der Basisuntersuchung bzw. mit Zensusdaten gab es zwar einige Differenzen, allerdings waren diese sehr gering. Wir glauben, daß in allen Fällen ein hervorragender Mikrokosmos der betreffenden Bevölkerung an einem einzigen Ort versammelt wurde. Das Ergebnis ist eine »Befragung mit menschlichem Antlitz«. Das Verfahren ist genauso statistisch repräsentativ wie ein wissenschaftliches Sample, verfügt aber auch über die Konkretheit und Unmittelbarkeit einer Fokus- oder Diskussionsgruppe.

Die Wochenend-Samples bewegten sich in der Größe von nur 217 Teilnehmern im Falle des Sample der Kunden der Elektrizitätsgesellschaft in Corpus Christi bis hin zu 459 bei der »National Issues Convention« auf PBS mit den Präsidentschaftskandidaten. Das Verfahren liefert die Daten, um sowohl den repräsentativen Charakter eines jedes Mikrokosmos als auch die statistische Signifikanz der Veränderungen in der Meinung zu evaluieren.

Tabelle 3 faßt die wesentlichsten Veränderungen in den bislang abgehaltenen sieben Umfragen zusammen. Alle diese Veränderungen haben eine Genauigkeit von mindestens 0,05 – aber sie repräsentieren bei weitem nicht alle signifikanten Veränderungen. Es sollte klar sein, daß die Veränderungen bei einem Deliberative Polling in keine klare ideologische Kategorie passen. Manche könnten als »liberal«, andere als »konservativ«, andere wiederum als »umweltschützerisch« aufgefaßt werden, manche orientieren sich aber an völlig anderen Werten. Wir können zeigen, daß die Teilnehmer an einer derartigen Umfrage besser informiert sind über die jeweiligen Fragen (wie durch verschiedene Informations-Items gemessen werden kann), daß sie zu konsequenteren Haltungen finden, und Übereinstimmung zwischen ihren Werten und ihren politischen Präferenzen besteht. Das Ergebnis ist, wie wir glauben, eine öffentliche Stimme, die zu hören es sich lohnt. Das Experiment ist jedoch mehr als ein sozialwissenschaftlicher Versuch. Es ist auch ein im Fernsehen übertragenes Event als Teil des öffentlichen Diaolgs. Redigierte Aufzeichnungen der Kleingruppendiskussionen liefern der Öffentlichkeit eine Gelegenheit, die betreffenden Fragen so umzuformulieren, daß sie auch für den Durchschnittsbürger relevant sind. Damit ist das Verfahren des Deliberative Polling vor allem auch eine neue Form der politischen Kommunikation.

Deliberative Polling (1994 – 1996)
– Wie die Teilnehmer sich wandeln (Ausgewählte Ergebnisse)

a) The National Issues Convention

Januar 1996, Austin, Texas

	Vor der Beratung	Nach der Beratung	Differenz
Für:			
Steuerreduktion für Ersparnisse	66	83	+17
»Einheitssteuer«	44	30	-14
Bildung (wir geben zuwenig dafür aus)	72	86	+14
Entwicklungshilfe (gegenwärtiges Niveau stimmt mehr oder weniger)	26	41	+15
Sicherheitsnetz für soziale und Krankenfürsorge sollte den Staaten übertragen werden, die über die Höhe entscheiden	50	63	+13
Scheidung sollte erschwert werden (eine Möglichkeit, die Familie zu stärken)	36	57	+21
Militärkooperationen mit anderen Staaten in Krisenherden (ich bin sehr dafür, daß die USA dies weiterführen sollten)	21	38	+17
Das größte Problem für amerikanische Familien ist der wirtschaftliche Druck	36	51	+15
Das größte Problem für amerikanische Familien ist der Zusammenbruch traditioneller Werte	58	48	-10

b) Deliberative Polling in Großbritannien über Kriminalität 1994

	Vor der Beratung	Nach der Beratung	Differenz
Ich stimme zu:			
Mehr Straftäter ins Gefängnis stecken ist ein wirksamer Weg zur Verbrechensbekämpfung	57	38	-19
Die Verfahrensregeln sollten weniger auf Seite des Beschuldigten sein	42	52	+10
Verdächtige sollten das Recht haben, beim Polizeiverhör zu schweigen	36	50	+14
Ich bin dagegen:			
Die Polizei sollte manchmal »das Gesetz beugen« können, um einen Schuldspruch zu erreichen (ich bin vehement dagegen)	37	46	+9
Erstmals straffälliger Einbrecher, 16 Jahre alt, sollte in ein normales Gefängnis kommen (vehement dagegen)	33	50	+17

c) Deliberative Polling in Großbritannien über Europa 1995

Ich stimme zu:

Großbritannien ist innerhalb der EU besser aufgehoben als außerhalb	45	60	+15
Engere Verbindungen mit der EU würden Großbritannien wirtschaftlich stärken	51	67	+16
Würde Großbritannien die EU verlassen, würde es seine größte Chance auf wirklichen Fortschritt verspielen	40	53	+13
Im Falle einer Einheitswährung würde Großbritannien die Kontrolle über seine Wirtschaftspolitik verlieren	62	50	-12

d) Deliberative Polling in Großbritannien über die Monarchie 1996

Ich stimme zu:

Ich als Brite bin stolz auf die Monarchie	48	59	+11
Die Monarchie als Kraft, die alle Menschen in ganz Großbritannien eint, ist sehr wichtig	32	41	+9
Die Monarchie sollte bleiben, wie sie ist	51	39	-12
Die Monarchie sollte reformiert werden	34	50	+16
Der Monarch sollte nicht das Oberhaupt der Kirche von England bleiben	26	56	+30

e) Befragung über die Elektritzitätsversorgung, durchgeführt von CPL (Central Power and Light), WTU (West Texas Utilities) und SWEPCO (South West Electric Power) 1996

	Vor der Beratung	Nach der Beratung	Differenz
Ich stimme zu:			
Erste Maßnahmen, um dem Servicegebiet zusätzliche Elektrizität zu liefern			
Erneuerbare Energie (CPL)	67	16	-51
Erneuerbare Energie (WTU)	71	35	-36
Erneuerbare Energie (SWEPCO)	67	28	-39
Investitionen in Umweltschutz (CPL)	11	46	+35
Investitionen in Umweltschutz (WTU)	7	31	+24
Investitionen in Umweltschutz (SWEPCO)	16	50	+34
Anlagen für fossile Brennstoffe (CPL)	11	29	+18
Elektrizität zukaufen und transportieren (WTU)	10	18	+8
Prozentsatz der Kunden, die bereit waren, monatlich mindesten 1 Dollar mehr für erneuerbare Energie zu bezahlen:			
CPL	58	81	+23
WTU	56	90	+34
SWEPCO	52	84	+32

Die drei Umfragen der Elektrizitätswerke stellen eine eher unerwartete Anwendung dieses Verfahrens dar. Öffentliche Versorgungseinrichtungen des Staates Texas sind verpflichtet, die Bürger in ihre Ressourcenplanung einzubeziehen. Die Ausstrahlung von Amerikas erstem Deliberative Polling anläßlich der »National Issues Convention« weckte das Interesse dafür, das Verfahren für Probleme von Versorgungsbetrieben zu adaptieren. Traditionellerweise würden solche Unternehmen in diesem Fall eine Standardbefragung durchführen, Bürgerversammlungen abhalten oder Focus Groups installieren. Die Schwierigkeit bei Standardumfragen liegt darin, daß sie nur zeigen, daß die Öffentlichkeit wenig Interesse an Angelegenheiten der Stromerzeuger hat bzw. über einen niedrigen Wissensstand verfügt. Meinungsumfragen müssen daher meist mit spontanen Antworten, »Unentschieden-Antworten« bzw. Pseudomeinungen arbeiten. Bürgerversammlungen sprechen eher organisierte Interessengruppen und Lobbyisten als das nichtorganisierte Massenpublikum an. Focus Groups sind zu klein, um repräsentativ für die betroffene Bevölkerung sein zu können. So erklärt sich die Attraktivität des Deliberative Polling: Es repräsen-

tiert die gesamte Bevölkerung – und zwar unter Bedingungen, unter denen die Teilnehmer brauchbare Information erhalten und sich wirklich mit den Themen auseinandersetzen können.
Die Umfragen der drei Elektrizitätsbetriebe wurden mit aktiver Unterstützung sowohl von Stakeholder-Gruppen, die die Umweltbelange und Konsumenteninteressen vertraten, als auch von Befürwortern alternativer Energiequellen durchgeführt. In Zusammenarbeit mit den Versorgungsbetrieben gaben diese Gruppen das gesamte Briefing-Material, die Fragebögen, die Expertenlisten und andere Pläne für das Wochenende weiter. Die staatliche Kommission für Versorgungsbetriebe nahm an der Veranstaltung teil und beantwortete Fragen der Teilnehmer.

Etliche Punkte sollten bei dieser Anwendung von Deliberative Polling berücksichtigt werden: Erstens sind lokal begrenzte Varianten dieses Verfahrens viel kostengünstiger, weil die Teilnehmer nicht von überall her an einem Ort versammelt werden müssen. Zweitens bindet das Verfahren die Öffentlichkeit in einen aktuellen politischen Prozeß ein – es geht um Entscheidungen, wie Elektrizität für die betroffenen Gebiete bereitgestellt werden soll. Drittens wurden die Empfehlungen der Teilnehmer seitens der Betriebe aufs genaueste befolgt, und zwar nicht nur in der Beurteilung der Betriebe, sondern auch in der Beurteilung und in öffentlichen Statements der relevanten Stakeholder.[7] Viertens veränderte die Kommission für Versorgungsbetriebe als Reaktion auf die Beteiligung am Verfahren ihre Regeln dahingehend, daß die Öffentlichkeit nur mehr nach eingehender Information befragt werden dürfe. Deshalb kann ein Verfahren wie Deliberative Polling – oder ein ähnliches – eine ständige, begleitende Rolle in der politischen Meinungbildung eines Staates spielen. Fünftens spiegelte dieses Verfahren dreimal hintereinander im wesentlichen dasselbe Muster an Meinungsänderungen wider. Obwohl unterschiedliche Experten hinzugezogen wurden und die Stichproben immer andere waren, wiederholte sich folgendes Muster:
• Ein markanter Rückgang jener, die erneuerbare Energiequellen an die erste Stelle setzten;
• eine markante Zunahme jener, die Umweltschutzmaßnahmen an erste Stelle setzten;
• eine markante Zunahme jener, die bereit wären, monatlich mehr zu zahlen, wenn erneuerbare Energie eine ihrer Optionen sein könnte.

Die Meinungsumfragen bei den Energieversorgungsunternehmen zeigen, daß Deliberative Polling zumindest auf lokaler Ebene in den politischen Prozeß eingebunden werden kann. Es gibt in den Vereinigten Staaten Pläne für ein weiteres, landesweit im Fernsehen ausgestrahltes Experiment zu einem zentralen politischen Thema – die Zukunft des Sozialversicherungssystems. Dieses Verfahren kann also sowohl im Kontext von Wahlen als auch in jedem anderen politischen Entscheidungsprozeß – und zwar auf nationaler, regionaler und lokaler Ebene – Anwendung finden.

Werden nun das Internet bzw. andere technologische Innovationen die Möglichkeiten für Deliberative Polling und ähnliche Verfahren verändern?[8] Wenn sich die Teilnehmer an einem solchen Prozeß an einem Ort versammeln, so hat das den großen Vorteil, daß dies einen Event schafft – eine Abstimmung in menschlichem Maß, die von Presse und Fernsehen medial abgedeckt werden kann. Wären die Teilnehmer nur elektronisch vernetzt, fehlte die Möglichkeit zum persönlichen Gespräch, und außerdem gäbe es kein Ereignis von nationaler Bedeutung, dessen Ablauf von den Zuschauern verfolgt werden könnte. Es ist jedoch wahrscheinlich, daß die Technologie dieses Manko früher oder später ausgleichen wird. Wenn eine zufriedenstellende Face-to-face-Kommunikation möglich ist und diese Beratungen im Fernsehen oder im Internet adäquat wiedergegeben werden können, blieben die Vorteile des Deliberative Polling gewahrt, ohne daß man die teilnehmenden Personen für eine Zusammenkunft physisch an einem Ort versammeln müßte. Solche Innovationen hätten den Vorteil, daß die Teilnehmer an einer Umfrage über längere Zeit hinweg vernetzt sein und sie beliebig oft befragt werden könnten.

Mit Deliberative Polling lebt eine alte Form der Demokratie wieder auf. Im antiken Athen bildeten durch das Los bestimmte beratende Mikrokosmen die Legislative, und Bürgerjurien mit 500 oder mehr Mitgliedern berieten über wichtige öffentliche Angelegenheiten und entschieden im Athen des 4. Jahrhunderts endgültig über Fragen der Legislative. Dieses Demokratie-Modell verschwand für fast 2400 Jahre im Dunkeln der Geschichte, bis es schließlich vom Fernsehen wiederbelebt wurde. Vielleicht können ihm weitere technologische Innovationen in Zukunft noch mehr Macht verleihen.[9]

Anmerkungen

1 George Gallup, »Public Opinion in a Democracy«, In: *The Stafford Little Lectures*, Princeton University Press Extension Fund, Princeton 1939, S. 14-15.

2 Diese aufschlußreiche Abhandlung findet sich in Anthony Downs, *An Economic Theory of Democracy*, Harper and Row, New York 1957, S. 208–218 und 242–248.

3 Interessante Berechnungen dazu finden sich in Benjamin I. Page, *Who Deliberates? Mass Media in Modern Democracy*, University of Chicago Press, Chicago 1996, S. 4.

4 Der vorliegende Beitrag berichtet informell über Forschungen, die ich in Zusammenarbeit mit verschiedenen britischen und amerikanischen Kollegen, darunter Robert Luskin, Roger Jowell und Norman Bradburn, durchführe. Die Bezeichnung »Deliberative Polling«, die im Text verwendet wird, ist markenrechtlich geschützt. Die University of Texas und deren neues Zentrum für Deliberative Polling sind allein berechtigt, die Tantiemen zu beziehen.

5 Die Auffassungen bezüglich der eigentlichen Praxis der Town Meetings in Neu-England gehen auseinander. Im allgemeinen entsprachen sie nicht den Idealvorstellungen. Siehe Jane Mansbridge, *Beyond Adversary Democracy*, Basic Books, New York 1980, S. 130-132.

6 Siehe z. B. die Kommentare von Robert Worcester über Deliberative Polling in den NBC Nightly News, 7. Mai 1994.

7 Siehe z. B. die Presseerklärung des »Environmental Defence Fund«, der den Versorgungsbetrieben dafür gratuliert, daß sie der Beurteilung der Teilnehmer am Deliberative Polling folgen (Presseerklärung vom 2. Februar 1997).

8 Für die »National Issues Convention« hatte ich geplant, die Teilnehmer nach dem Event elektronisch zu vernetzen. Für diesen Teil des Experiments fehlten aber die Geldmittel. Wir kamen aber trotzdem zehn Monate später auf das Sample zurück, um zu untersuchen, wie die Teilnehmer bei den allgemeinen Wahlen gestimmt und wie sich ihre Haltung und ihr Wissen in der Zwischenzeit verändert hatten.

9 Zu dem historischen Hintergrund sowie für eine detaillierte Beschreibung meiner Ziele bezüglich Deliberative Polling siehe mein Buch *The Voice of the People: Public Opinion and Democracy*, Yale University Press, New Haven and London 1995. Was einen elektronisch vernetzten Mikrokosmos, ein »Minipopulus« betrifft, siehe Robert Dahl, *Democracy and its Critics*, Yale University Press, New Haven and London 1989, S. 340.

Kanadische Bürgerinitiativen gestalten ein Netz für alle

von Andrew Howard Clement und Leslie Regan Shade

Nachdem die technische Infrastruktur in Kanada bereits relativ weit fortgeschritten ist, dreht sich die politische Debatte jetzt um Themen öffentlichen Interesses, die die inhaltliche Infrastruktur betreffen. Dazu gehören Privatsphäre, Arbeitsmarkt, Medienkontrolle und allen voran die Frage des allgemeinen Zugangs zum Datenhighway. Unter »öffentlichem Interesse« versteht man zum einen »die gemeinsame Vision der Bürger von einem Nationalstaat sowie das gemeinsame langfristige Streben danach«, zum anderen bedeutet es aber auch, »daß auch solche Themen berücksichtigt werden, die sich erst im Laufe der Zeit als die wichtigen politischen Themen herauskristallisieren. Das heißt, eine Regierung, die dem öffentlichen Interesse dient, muß die Interessen der politischen Öffentlichkeit auf möglichst breiter Basis berücksichtigen und darf nicht nur auf die kleine Anzahl von Interessenvertretern hören, die gerade ihr Vertrauen genießen«.[1]

Die gegenwärtige Debatte um die Infrastruktur der Information hat mit der Vermittlerrolle beim Ausbalancieren privater und öffentlicher Interessen zu tun, die dem Staat in Kanada im Bereich Rundfunk und Telekommunikation traditionell zukommt: »Zu Kanadas politischen Besonderheiten gehört, daß die Infrastruktur der Kommunikation als Eckpfeiler des nationalen Kulturerbes angesehen wird, und daß das Instrumentarium, das sich mit der Umsetzung von Kultur- und Kommunikationspolitik befaßt, aus einer Mischung aus öffentlich-rechtlichen Unternehmen und öffentlich kontrollierten Privatunternehmen besteht, und daß außerdem die Teilnahme aller sozialen Schichten am politischen Willensbildungsprozeß eine große Rolle spielt.«[2]

Die Infrastruktur der Information ist ein wichtiger Faktor für die Entwicklung einer wissensbasierten Ökonomie, bei der die Betonung immer stärker auf Wettbewerb, Privatisierung und Förderung der liberalen Kräfte des Marktes liegt, die finanzielle Basis des sozialen Sektors hingegen schrumpft.[3] Wenn man bestimmte Aspekte – wie die veränderte Rolle der Politik, das Zusammenwachsen von Telefon- und Kabelindustrie und die Schwächung des sozialen Sektors inmitten anderer sozialer Unberechenbarkeiten – als gegeben voraussetzt, muß man eigentlich sagen: Es ist höchste Zeit, daß sich hier die Vertreter des öffentlichen Interesses einschalten. Sie haben das auch schon getan, indem sie zum Beispiel auf Regierungsinitiativen wie den »Information Highway Advisory Council« (IHAC)[4] und die »Canadian Radio-Television and Telecommunications Commission« (CRTC)[5] reagiert und damit bestimmte Themen auf die politische Agenda gesetzt haben. Die Vertreter der öffentlichen Interessen haben in der gegenwärtigen politischen Debatte eine Reihe von provokativen Akzenten gesetzt.

Die kanadische Medienpolitik und die Lobbyisten

In Kanada sind in den letzten Jahren durch die kanadische Bundesregierung, die Industrie und die Gruppen, die die öffentlichen Interessen vertreten, unterschiedliche Vorschläge zur Entwicklung einer Informationsinfrastruktur und Informationspolitik auf den Weg gebracht worden. Dabei bildeten der IHAC und die CRTC die Speerspitze der Regierungsinteressen, wohingegen Stentor und die »Information Technology Association of Canada« (ITAC) die Industrieinteressen vertraten. Die Tatsache, daß es über die wichtigen Fragen keinerlei breitere öffentliche Diskussionen gab, führte interessanterweise dazu, daß sich spontan eine ganze Anzahl von Non-Profit-Organisationen und Graswurzelbewegungen zur Verteidigung der Interessen der Bürger bildeten. Das betraf vor allem die Fragen des allgemeinen Netzzugangs, der Privatsphäre, der kulturellen Inhalte und der Beschäftigungspolitik. Zu diesen Organisationen gehören die »Coalition for Public Information«, die »Alliance for a Connected Canada« und die »Electronic Public Space«-Gruppe, außerdem Bibliotheks- und Verbraucherverbände sowie die kürzlich gegründete »Information Highway Working Group«.[6]

Die kanadische Bundesregierung und der Information Highway Advisory Council

Der IHAC wurde im April 1994 vom Minister für Industrie, John Manley, gegründet, um Empfehlungen für eine »nationale Strategie zur Entwicklung der kanadischen Informations- und Kommunikationsinfrastruktur« auszuarbeiten, wobei die Regierung einige soziale und ökonomische Zielvorgaben machte.[7] Entsprechend befaßte sich der IHAC im wesentlichen mit den drei Themenbereichen:

- Arbeitsplatzbeschaffung durch Innovation und Investitionen;
- Erhalt und Stärkung kanadischer Souveränität und kultureller Identität;
- Bereitstellung des allgemeinen Zugangs zum Datenhighway zu vernünftigen Kosten.

Bei der Ausarbeitung strategischer Vorschläge orientierte sich der IHAC an fünf Grundprinzipien:[8]

- Schaffung eines die anderen Netze miteinander verknüpfenden, kompatiblen Netzwerkes;
- Zusammenarbeit von öffentlichem und privatem Sektor;
- Wettbewerb bei Betrieb, Produkten und Dienstleistungen des Netzes;
- Sicherheit des Netzes und Schutz der Privatsphäre;
- lebenslange Weiterbildung als Schlüsselelement des Information Highway.

Zu folgenden fünf Themenbereichen bildete der IHAC für die Ausarbeitung Untergruppen:

- Allgemeiner Zugang und soziale Konsequenzen;
- Kanadische Inhalte und Kultur;
- Wettbewerbsfähigkeit und Arbeitsplatzbeschaffung;
- Lernen und Weiterbildung;
- Forschung & Entwicklung, Anwendungen und Marktentwicklung.

Die Einschätzung der Arbeit des IHAC war unterschiedlich. So lobte etwa der ehemalige Vizekanzler der McGill Universität und jetzige IHAC-Vorsitzende, David Johnston, die »hervorragende Arbeit« des Ausschusses und befand, daß sie ein »weites Feld an Wissen, Expertisen und linguistischen, kulturellen und regionalen Fragen« abdecke[9], während Kritiker dem Gremium vorwarfen, sich zu sehr von der Lobby der Fernseh-, Kabel- und Telekommunikationsindustrie beeinflussen zu lassen. Man bemängelte auch, daß das Gremium in seinem ersten Bericht 1995 die entscheidenden sozialen Fragen ausklammerte und auf so wichtige Themen wie demokratische Beteiligung, soziale Gerechtigkeit und die Frage der Beschäftigung nicht einging.

Nach diesem Bericht des IHAC wurden Interessensvertretungen gebildet, die solche Fragen, die alle Bürger betreffen, in der öffentlichen Diskussion vertreten sollten. Tatsache ist, daß bis in die 90er Jahre »jede irgendwie bedeutsame Überarbeitung einer politischen Empfehlung entsprechend dem Gesetz und der üblichen Praxis in Kanada von ausgiebigen Hearings mit verschiedenen gesellschaftlichen Gruppen begleitet war«.[10] Im Falle des IHAC war es hingegen so, daß weder ein öffentliches Hearing abgehalten wurde, noch überhaupt die Möglichkeit für öffentliche Einwände vorgesehen war. Das bedeutete einen eklatanten Bruch mit der Praxis der Royal Commissions oder anderer kanadischer Einrichtungen.

Der IHAC veröffentlichte seine Empfehlungen im September 1995[11] unspektakulär und mit wenig Medienbeteiligung. Der Report forderte eine konkurrenzfähige Industrie und eine vom privaten Sektor geleitete Strategie. Der allgemeine Zugang zum Datenhighway und die Auswirkungen der neuen Technologien auf Beschäftigung und Arbeit wurden darin so gut wie gar nicht behandelt. Der Report räumte allerdings ein, daß zu diesen Themen zusätzliche Studien erforderlich wären.

Gremiumsmitglied Jean-Claude Parrot, Vizepräsident des Canadian Labour Congress, widersprach in einem angehängten »Minderheitenreport« der Annahme der Mehrheit des IHAC, daß eine Entwicklung des Netzes, die vom Markt angetrieben werde, der Schlüssel zur Schaffung neuer Arbeitsplätze sei. Er forderte, die Bundesregierung solle in Zusammenarbeit mit den Provinz- und Regionalregierungen ein Beratungsgremium für Informationstechnologie, in dem Industrie und Arbeitnehmerorganisationen vertreten seien, ins Leben rufen, das die Öffentlichkeit zu Themen wie Erhalt und Schaffung von Arbeitsplätzen, Erosion des Arbeitnehmerschutzes, Telearbeit, Weiterbildung, Schutz der Privatsphäre usw. auf breiter Basis konsultieren solle.

Im Mai 1996 veröffentlichte die kanadische Regierung ihre offizielle Antwort auf den Schlußreport des IHAC. Eines der Themen, das in dem Regierungsbulletin als ein besonders dringendes erachtet wurde, war der »Aufbau einer nationalen Strategie für den flächendeckenden Zugang zu den Basisdiensten«. Es wurde angekündigt, daß das Industrie-Ministerium und das Ministerium für das kanadische kulturelle Erbe bis 1997 eine Strategie für den landesweiten Zugang inklusive der zugehörigen Regulierungs- und anderer Maßnahmen ausarbeiten würden, um allen Kanadiern einen bezahlbaren Zugang zu den wichtigen Kommunikationsdiensten zu garantieren.[12]

Die kanadische Radio-Television und Telecommunications Commission

Die CRTC schlug im Jahre 1994 vor, eine öffentliche Debatte über die durch den Information Highway und das Zusammenwachsen der Medien entstandene »Wettbewerbsvision« zu veranstalten. Unter den interessierten Parteien, die sich beteiligten und der CRTC Vorschläge unterbreiteten, waren Telefon-Gesellschaften, Kabel-Unternehmen, Rundfunk- und

Fernsehanstalten, Multimedia-Firmen, Firmen aus der Unterhaltungsindustrie und Bürgerorganisationen. Die Anhörungen befaßten sich mit Fragen der technischen Konvergenz (sollen Telefon-Gesellschaften Rundfunklizenzen erhalten und Kinofilme über Telefonleitungen übertragen?), der Inhalte (wie können kanadische Kulturinhalte geschützt werden?), des Zugangs (wie kann der allgemeine Zugang für alle sichergestellt werden?) und versuchten auch, das Medium Rundfunk neu zu definieren (wie kann man die Bedürfnisse von Rundfunk, Kabel-TV-Anbietern und Telefongesellschaften gleichermaßen zufriedenstellen?).[13]

Der Schlußreport der CRTC schlug vor, die Wettbewerbskultur zwischen Telefon- und TV-Kabelgesellschaften zu verstärken, da nur mehrere Dienstanbieter die Nachfrage nach der Vielzahl von Kommunikationsdiensten, die in Zukunft gefragt seien, befriedigen könnten. Was den Zugang von Gemeinden zum Datennetz anbetrifft, so stimmte die CRTC der in den Hearings geäußerten Auffassung zu, daß es angesichts der fortschreitenden Globalisierung wichtig sei, lokale Inhalte zu schützen, und daß die Einrichtung öffentlicher Netzzugänge die notwendige Voraussetzung für den Zugang für alle sei.

Von den kanadischen Provinzregierungen hat bisher einzig die Regierung von British Columbia auf diese Forderung reagiert und ein politisches Strategiepapier formuliert, das die notwendigen Grundprinzipien für den allgemeinen Netzzugang auflistet und die Bedenken der Hearingteilnehmer aus Bürgerschaft, Gemeinden, Industrie, Arbeitnehmerorganisationen und Politik reflektiert.[14]

Bürgerinitiativen

Die aus einer Initiative des Bibliothekenverbandes hervorgegangene »Coalition for Public Information« (CPI) ist ein Zusammenschluß von Bürgerinitiativen sowie anderen Organisationen und einzelnen Bürgern. Ihr Ziel ist, den kostengünstigen allgemeinen Zugang zu wichtigen Informations- und Kommunikationsdiensten durchzusetzen. Das Thesenpapier von CPI ist ebenfalls Resultat öffentlicher Hearings. Es nimmt Stellung zu Themen wie allgemeiner Zugang und öffentliches Netz; freie Meinungsäußerung; Pluralismus und intellektuelle Freiheit; Privatsphäre; geistiges Eigentum und Copyright; das Netz als öffentlicher Raum; Beschäftigung und Arbeitsqualität.[15] Außerdem initiierte CPI die Gründung eines National Access Board, das den Aufbau öffentlicher »Datenfahrspuren« und die Entwicklung öffentlicher Zugangsknoten (in Form von Bibliotheken und kommunalen Netzwerken) beobachten soll.[16]

Als Dachorganisation für die gemeinschaftsorientierten Netzwerke Kanadas dient der Verband Telecommunities Canada (TC). Von den hier zusammengeschlossenen Organisationen waren viele am »Community Access Program« (CAP) oder am Aufbau des SchoolNet beteiligt, die beide vom kanadischen Industrieministerium finanziert werden.[17]
Eine weitere Dachorganisation stellt die »Alliance for a Connected Canada« dar, die als Reaktion auf den Report des IHAC vom September 1995 entstand. In ihr sind die CPI- und TC-Initiativen mit dem »Public Interest Advocacy Centre« und vielen anderen Gruppen und Institutionen zusammengeschlossen.[18]

1997: Die Debatte um den Netzzugang für alle

Der »Universal Access«-Workshop in Toronto

Beim zweiten kanadischen Workshop zum Thema »allgemeiner Zugang«, der im Februar 1997 an der Universität von Toronto stattfand, diskutierten Vertreter von Regierung, Industrie, Universitäten und Bürgerinitiativen aus Kanada und den USA über die notwendigen politischen Weichenstellungen, um für alle Bürger einen kostengünstigen Zugang zu den Basisdiensten sicherzustellen.[19] Zu den Hauptfragen gehörten:

- Wie definiert man »allgemeinen Zugang« und »Basisdienste«? Welche technologischen Grundausstattungen müssen zur Verfügung gestellt werden? Reicht der normale Telefonservice oder gehören zu den Basisdiensten auch Vermittlungs- und Notfalldienste und der Anschluß ans Internet dazu? Welche Wählerinformationen gehören zu den Basisdiensten? Welche Informationen sind essentiell für Erziehung, Gesundheit und öffentliche Sicherheit? Wie reagiert man angemessen auf die unterschiedlichen gesellschaftlichen Gruppeninteressen?
- Wie stellt man sicher, daß die Basisdienste immer zugänglich sind und alle Bürger, unabhängig von ihren finanziellen Möglichkeiten, daran teilhaben können? Als Optionen wurden diskutiert: Die Netzbetreiber verpflichten sich, Geld in einen Fond einzuzahlen, aus dem dann Maßnahmen für die Sicherstellung des allgemeinen Zugangs finanziert werden; Steuererleichterungen könnten ein Anreiz sein, in diesen Topf einzuzahlen; die Telekommunikations- und Computer-Industrie könnte dazu ermuntert werden, eine Art Standard-Zugangsgerät zu entwickeln, das sich, ähnlich einer Set-Top-Box, an den Fernseher anschließen läßt und das auch Haushalten mit niedrigem Einkommen den Internet-Zugang gewähren würde.

• Auch wenn die Infrastruktur des Netzes von kommerziellen Impulsen angetrieben wird, gibt es dennoch einen großen Bedarf an vitaler öffentlicher Sphäre, der den Bürgern erlaubt, andere als rein kommerzielle Vorteile des Informationszeitalters zu genießen. Welche Konzepte eignen sich für Aufbau und Unterhalt eines solchen »öffentlichen Raumes« im Netz, der dazu beitragen könnte, daß sich die demokratische Praxis erweitert und verbessert, und daß die Zahl der von der Informationsgesellschaft ausgegrenzten Bürger reduziert würde?

Regierungen und Bürgerinitiativen beantworteten diese Frage unisono mit der Forderung nach kommunalen Zugangsknoten, die einer breiten Öffentlichkeit den Zugang zum Datenhighway öffnen sollten. Die Diskussionen des Workshops orientierten sich an dem sogenannten »Regenbogen-Modell«,[20] das die komplizierte Verknüpfung der sozialen und technischen Informationsinfrastruktur in Form der sieben Schichten eines Regenbogens veranschaulicht.

Abb. 1: Regenbogengraphik

Es ist abzusehen, daß sich die Definition dessen, was wir heute unter »allgemeinem Zugang« und »Basisdiensten« verstehen,[21] im Laufe der Zeit verändern wird, ebenso wie sich die heutigen Finanzierungskonzepte für solche Grundleistungen wandeln werden und man neue Kooperationsmöglichkeiten suchen muß, um den Zugang zum Datennetz für die Allgemeinheit zu schaffen und aufrechtzuerhalten. Wichtig ist auf jeden Fall, daß eine Balance zwischen den ökonomischen und den legislativen Kräften geschaffen wird, und daß die Regierung sich um soziale Gerechtigkeit bemüht.

Kooperation zwischen Industrie- und Telekommunikationsministerium

Im August 1997 unterzeichneten das kanadische Industrieministerium und das Telekommunikationsministerium ein Memorandum, in dem sie einen detaillierten Kooperationsrahmen für beide Ministerien festlegten:[22] Die beiden Ministerien beraten die Regierung in allen Fragen, die den allgemeinen Zugang zum elektronischen Raum und die Bereitstellung von Basisdiensten betreffen, gemeinsam und treiben in partnerschaftlicher Kooperation Bürger- und kommunale Netzwerke voran. Die Kooperation betrifft insbesondere die folgenden Punkte:

- Dauerhafte Unterstützung von Bürgernetzen und anderen gemeinschaftlich orientierten Netzen. Unterstützung der Zugangsmöglichkeiten für solche Netze in ganz Kanada;
- Beratung mit allen am Aufbau von Gemeinschaftsnetzen Beteiligten, um die gemeinschaftlich-orientierte Kommunikation in den Datennetzen voranzutreiben;
- Entwicklung von Bewertungskriterien für die Basisdienste, damit sie tatsächlich die Bedürfnisse der Bürger abdecken;
- Unterstützung der vom Industrieministerium initiierten Programme zur Schaffung von öffentlichen Netzzugängen, um diese zu funktionsfähigen Gemeinschaftsnetzen auszubauen;
- Unterstützung der kommunalen und Bürgernetze beim Ausbau flächendeckender öffentlicher Netzzugänge;
- Untersuchung der Möglichkeiten, wie man Gemeinschaftsnetzwerke und -zugänge nachhaltig sicherstellen kann;
- Gründung kooperativer Partnerschaften mit kleinen und mittleren Unternehmen, der Industrie, dem gemeinnützigen und dem öffentlichen Sektor;
- Schaffung eines öffentlichen Bewußtseins dafür, daß die neuen Medien die Entwicklung und Autonomie eines Gemeinwesens positiv beeinflussen können.

Die Electronic Public Space Group

Ebenfalls 1997 entwarf die aus Vertretern des Erziehungsbereichs, der Bibliotheken und öffentlicher Organisationen hervorgegangene Initiative »Electronic Public Space Group« (EPSG) ein neues Modell für den öffentlichen Raum im Netz: Dieser solle ein gemeinschaftlicher Raum für Lernen und Bildung sein, in dem die Menschen in soziale Interaktion treten und die gemeinschaftlichen Werte sich verstärken.[23]

Das Modell von EPSG sieht vor, daß die lokale Administration und Pflege des elektronischen öffentlichen Raumes durch ein Netzwerk gemeinnütziger Organisationen geschieht, dessen Vorstand so zusammengesetzt ist, daß er die Vielfalt der gemeinschaftlichen Interessen von Non-Profit-Organisationen, Bürgernetzen, einzelnen Bürgern ebenso widerspiegelt wie die Interessen der etablierten Verbände aus dem Gesundheits- und

Erziehungsbereich, den Bibliotheken, Gemeinden und Gewerkschaften. Ein so definierter elektronischer öffentlicher Raum müßte als Non-Profit-Anbieter fungieren und öffentliche Informationen und Inhalte speziell für den Bereich Lernen und Bildung zur Verfügung stellen.

Der Schlußbericht des Information Highway Advisory Council

Der Schlußbericht des IHAC wurde nach mehr als dreijähriger Arbeit im September 1997 veröffentlicht.[24] Er ist für alle an der öffentlichen Diskussion Beteiligten insofern ein Ansporn, als man sehen kann, daß – vor allem, was die Frage des allgemeinen Zugangs anbetrifft – die Empfehlungen des IHAC die Vorschläge des Toronto-Workshops und die Interventionen der Bürgerinitiativen widerspiegeln. Der Bericht fordert die Regierung auf, noch vor dem Jahresende 1997 eine politische Strategie für das Zugangsproblem auszuformulieren.

Um den Zugang zu den Basisdiensten für alle zu gewährleisten, fordert der IHAC die CRTC auf, die Verbreitung der Internetzugänge und die Preisentwicklung genau zu beobachten und einzuschreiten, falls das Prinzip des allgemeinen Zugangs bedroht ist. Dies sei besonders wichtig im Hinblick auf Behinderte und Menschen mit geringem Einkommen sowie Bewohnern entfernter Gegenden. Dem für Statistiken zuständigen Ministerium empfiehlt der IHAC, Verfahren zu entwickeln, mit denen sich der elektronische Datenverkehr exakt erfassen läßt. Bürgernetze, Industrie und das »Canadian Network for the Advancement of Research, Industry and Education« (CANARIE) werden vom IHAC aufgefordert, die Entwicklung der Hochgeschwindigkeitsnetze und der fortgeschrittenen videobasierten Dienste im World Wide Web im Auge zu behalten.

Weitere wichtige Empfehlungen des IHAC sind: Regierung und CRTC sollen mit der Industrie zusammenarbeiten, um das Internet auch in den entlegensten Gebieten zum Ortstarif verfügbar zu machen; die Industrie soll die sogenannte »Advanced-Satcom-Initiative«, die Schulen, Büchereien und anderen öffentlichen Institutionen das Internet via Satellit verfügbar machen will, konsequent weiterverfolgen; mit zusätzlichen 30 Millionen Dollar soll das »Community Access-Programm« die 5 000 ländlichen kanadischen Gemeinden, die weniger als 50 000 Einwohner haben, bis zum Jahr 2000 über öffentliche Zugänge ans Internet anschließen; dazu soll das Programm auf städtische Nachbarschaften ausgeweitet werden. Was den Aufbau eines öffentlichen elektronischen Raumes anbetrifft, so hält der IHAC es für notwendig, daß die Regierung eine Regelung findet, um Non-Profit-Betreiber, die Regierungsinformatio-

nen und andere öffentliche Informationen im Netz zur Verfügung stellen, zu finanzieren. Darüber hinaus sollten die öffentlichen Bibliotheken in ihrem Bemühen, Menschen weiterzubilden, die sonst keine Möglichkeit dazu hätten, unterstützt und mit Material versorgt werden, das es ihnen erlaubt, für die Nachhaltigkeit ihrer Webseiten zu sorgen und Menschen im Gebrauch von Computern und Internet zu unterweisen.
Die Frage des allgemeinen Zugangs, die der Bericht des IHAC diesmal relativ ausführlich behandelte, war dann auch im Anschluß Gegenstand der »Thronrede«, mit der die 36. Legislaturperiode des kanadischen Parlaments eröffnet wurde. Die Regierung sprach sich darin dafür aus, daß »alle Kanadier bis zum Jahr 2000 zu der neuen Informations- und Wissensinfrastruktur Zugang erhalten sollten«, und daß Kanada dann die »am meisten vernetzte Nation der Welt« sein werde.[25]

Fazit

Die Bürgerinitiativen haben mit einigem Erfolg Einfluß genommen auf die zukünftige Gestaltung der kanadischen Informations- und Kommunikations-Infrastruktur, damit diese die tatsächlichen Bedürfnisse der kanadischen Bevölkerung widerspiegelt. Es gibt inzwischen auch Hinweise, daß dieser Einfluß Eingang finden wird in das politische Programm der Regierung. Die Zeichen stehen gut, daß das Schulnetz und das Programm zur Schaffung öffentlicher Netzzugänge erweitert werden und daß die Sache der kommunalen und anderen Gemeinschaftsnetzwerke dadurch gefördert wird. Was jetzt noch fehlt, ist ein umfassender politischer Handlungsrahmen, der die Koordination zwischen den verschiedenen Non-Profit-Initiativen erleichtert und die vorhandenen Lücken auffüllt.

Anmerkungen

Die Autoren danken Stephen Francom für seine redaktionelle Arbeit.

1 McDowell, Stephen D. und Cheryl Buchwald, *Consultation on Communications Policies: Public Interest Groups and the IHAC*. Toronto: Information Policy Research Program, Faculty of Information Studies, University of Toronto. Working Paper No. 4, 1997.

2 Raboy, Marc: »Cultural Sovereignty, Public Participation, and Democratization of the Public Sphere: The Canadian Debate on the New Information Infrastructure«. In: Brian Kahin und Ernest Wilson (Hrg.): *National Information Infrastructure Initiatives: Vision and Policy Design*, Cambridge, MA: MIT Press, 1997, 190–216.

3 Barlow, Maude und Bruce Campbell: *Straight Through the Heart: How the Liberals Abandoned the Just Society*, Toronto: Harper Collins, 1995; Ralph, Diana, Andre

Regimbold und Neree St. Amand (Hrg.): *Open for Business, Closed to People: Mike Harris's Ontario*. Halifax: Fernwood, 1997; Buchwald, Cheryl: *Canadian Universality Policy and the Information Infrastructure: Past Lessons, Future Directions*, Toronto: Information Policy Research Program, Faculty of Information Studies, University of Toronto. Working Paper No. 3, 1996.

4 Information Highway Advisory Council: *Connection Community Content: The Challenge of the Information Highway*, Ottawa: Ministry of Supply and Services, September 1995; [http://strategis.ic.gc.ca/IHAC].

5 Canadian Radio-television and Telecommunications Commission (CRTC): *Competition and Culture on Canada's Information Highway: Managing the Realities of Transition*, Mai 1995; [http://www.crtc.gc.ca/eng/highway/hwy9505e. htm].

6 Information Highway Working Group, URL: [http://www.tao.ca/ihwg].
Electronic Public Space Groups; [http://www.fis.utoronto.ca/research/iprp/ua/eps.html].

7 Industry Canada, *The Canadian Information Highway: Building Canada's Information and Communications Infrastructure*. Spectrum, Information Technologies, and Telecommunication Sector, Industry Canada, April 1994, 33.

8 Information Highway Advisory Council, *Connection Community Content: The Challenge of the Information Highway*. Ottawa: Ministry of Supply and Services, September 1995, VII, XXI; [http://strategis.ic.gc.ca/IHAC].

9 Johnston, David, *Toward 2000: Public Policy Issues on the Information Highway*. In: Policy Options/Options Politiques (September 1994), 15, 3-6.

10 McDowell, Stephen D. und Cheryl Buchwald, a.a.O., 14.

11 Information Highway Advisory Council, 1995, a.a.O.

12 Industry Canada. *Building the Information Society: Moving Canada into the 21st Century*. Mai 1996. Ottawa: Ministry of Supply and Services, 24; [http://info.ic.gc.ca/info-highway/society/toc-e.html].

13 Canadian Radio-television and Telecommunications Commission (CRTC), *Competition and Culture on Canada's Information Highway: Managing the Realities of Transition*. May, 1995; [http://www.crtc.gc.ca/eng/highway/hwy9505e.htm].

14 British Columbia. Information, Science and Technology Agency. *British Columbia Electronic Highway Accord Document*, 1995; [http://www.ista.gov.bc.ca/pubs/accord.html].

15 Canada's Coalition for Public Information (CPI), *Future Knowledge: A Public Policy Framework for the Information Highway*. [http://strategis.ic.gc.ca/SSG/ih01508e.html]. Das CPI vertritt die Auffassung, daß der Zugang zu den Basisdiensten unabhängig von der geographischen Lage allgemein verfügbar und bezahlbar sein muß; daß für die Bereitstellung der Infrastruktur gleichermaßen öffentliche und private Mittel aufgewendet werden müssen; daß der Unterhalt der Infrastruktur nicht ausschließlich in privaten Händen liegen darf und die Vielfalt der Zugangsmöglichkeiten zum Datenhighway am besten durch offene Übertragungs-Protokolle gewährleistet ist; daß die Zugangskosten niedrig sein müssen und öffentliche Institutionen (Bibliotheken, Bildungseinrichtungen, Regierungsstellen und gemeinnützige Gruppen), die öffentlich geförderte Informationsanbieter sind, den Netzzugang zum Spezialtarif erhalten müssen. CPI unterstützt außerdem das Konzept des Cyberspace als öffentlichem Raum, der von der Regierung zu erhalten ist. Ebenso muß die Regierung auch die Vielfalt der Dienste, die Bandbreite des Netzes, den Schutz der Arbeitnehmer und die Anpassung der Arbeitswelt als eine öffentliche Angelegenheit behandeln.

Vgl. Clement, Andrew, Joanne Marshall, Stephen D. McDowell, Vincent Mosco und Cheryl Buchwald: *Developing Information Policies for a Canadian »Information Infrastructure«: Public Interest Perspectives*. Toronto: Information Policy Research Program, Faculty of Information Studies, University of Toronto. Working Paper No. 1, 1995; [http://www.fis.utoronto.ca/research/iprp/clement.htm# paper1].

16 Gemeinschaftsnetze sind meistens lokale Netze, die lokale Mittel benutzen und von lokalen Organisationen betrieben werden. Sie unterscheiden sich von kommerziellen Online-Diensten hauptsächlich dadurch, daß sie einen kostengünstigen und allgemein zugänglichen Zugang zum Internet anbieten. Die Arbeit wird vorzugsweise kostenlos von Freiwilligen geleistet, die sich zu diesem Zweck mit Universitäten, Bibliotheken und anderen öffentlichen Einrichtungen vernetzen. Finanziert werden diese Netzwerke meist sowohl aus öffentlichen Zuschüssen wie privaten Spenden. Sie sind deshalb selten finanziell stabil, verkörpern aber beispielhaft eine demokratisch-technologische Bewegung, in die die unterschiedlichsten gesellschaftlichen Gruppen (Computer-Profis, Bürgeraktivisten, Lehrer, normale Bürger) mit einbezogen sind.

Solche Netze haben »die Fähigkeit, die bürgerliche Gesellschaft zu stärken«. Barber, Benjamin R., *Jihad vs. McWorld*, New York: Times Books, 1995, 270. Vgl. auch Graham, Garth and Leslie Regan Shade, *Rhetoric and Reality in Canadian Community Networking*. In: Proceedings of INET 96 (The Internet Society). Montreal: June 25-28, 1996; [http://www.isco.org und http://www.tc.ca/garth- net96.html].

17 Clement, Andrew und Leslie Regan Shade, Universal Access Workshop No. 1: *Defining and Maintaining Universal Access to Basic Network Services: Canadian Experiences in an International Context. Final Report*. Toronto: Information Policy Research Program, Faculty of Information Studies, University of Toronto, April 1996; [http://www.fis.utoronto.ca/research/iprp/ua/estext.html].

18 Alliance for a Connected Canada [http://www.tao.ca/connect/].

19 McDowell/Buchwald, a.a.O., 24.

20 David, Stephanie, Universal Access Workshop No. 2: *Developing a Canadian Access Strategy: Universal Access to Essential Network Services. Summary Report*. Toronto: Information Policy Research Program, Faculty of Information Studies, University of Toronto, 1997; [http://www.fis.utoronto.ca/research/iprp/ua/ua2 summ. htm].

21 Clement, Andrew und Leslie Regan Shade, *What Do We Mean By ›Universal Access‹? Social Perspectives in a Canadian Context*. Toronto: Information Policy Research Program, Faculty of Information Studies, University of Toronto. Working Paper No. 5 (August 1997); [http://www.fis.utoronto.ca/research/iprp/workpap5.txt.] .

22 TeleCommunities Canada and Industry Canada, *Framework for Co-Operation between TeleCommunities Canada and Industry Canada to enhance the ability of Canadian communities to utilize electronic public space*, August 17, 1997; [http://www.tc.ca/framework.html].

23 Electronic Public Space Groups (EPSG), *Community/Communications: A Model For Electronic Public Space*. 1997; [http://www.fis.utoronto.ca/research/iprp/ua/eps.html].

24 Information Highway Advisory Council, *Preparing Canada for a Digital World*; [http://strategis.ic.gc.ca/ihac].

25 Government of Canada, *Speech from the Throne to Open the First Session of the Thirty-Sixth Parliament*, 23. September 1997; [http://canada.gc.ca/depts/agencies/pco/throne-e.html].

Marktvermittelt oder selbstorganisiert?
Zu den Strukturen von Ungleichheit im Netz
von Rainer Rilling

1.

Politik bezeichnet im Unterschied zur Privatsphäre den öffentlichen Raum, in dem diskursiv oder gewaltsam unterschiedliche individuelle und gesellschaftliche Interessen ausgefochten werden. Politische Institutionen und Normensysteme dienen dazu, verbindliche Regeln, Werte und Steuerungsleistungen für die Gesellschaft autoritativ über Entscheidungen zu organisieren – Regeln, die angesichts der ungleichen Verteilung von Macht, Autorität und Reichtum in der Gesellschaft zugleich Formen der Herrschaftssicherung sind. Die moderne Demokratie als Organisationsform der politischen, öffentlichen Gewalt beruht auf der Gleichheitsannahme, wonach alle Menschen in gewissem Maß gleich sind, und deshalb alle in gewissem Maß als politisch gleich behandelt werden sollten; dies geschieht nach den Prinzipien der Volkssouveränität und des Relativismus, das heißt der Mandatierung auf Zeit und dem Verzicht auf einen Wahrheitsanspruch (Saward, 1994, S.6ff.; Deppe, 1997, 128). Aus der Gleichheitsannahme ergibt sich, daß politisches Handeln mit den Präferenzen der Mehrheit korrespondieren muß, womit korrelieren kann, daß auch politische Entscheidungen nach dem Mehrheitsprinzip getroffen werden. Die »härteste« demokratietheoretische Frage für eine politische Soziologie des Internet ist, ob dieses im Kontext der repräsentativen Demokratie politische Gleichheit fördert und substantiell zur Konstitution einer allgemeinen Öffentlichkeit und eines allgemeinen Willens beitragen kann; oder ob das Netz für die verbreitete Vermutung einsteht, angesichts der funktionalen Ausdifferenzierung der Gesellschaft in Subsysteme mit eigenen nicht transferierbaren Kommunikationsmedien sei die Vorstellung eines die Einzelsysteme übergreifenden Selbstbezugs auf einen über politische Öffentlichkeit vermittelten und gesellschaftlich implementierbaren Allgemeinwillen unangebracht. In diesem Fall löst sich der Zusammenhang von allgemeinem politischen Willen und Entscheidung auf, und der Weg ist frei für Variationen einer »postrepräsentativen Theorie des politischen Systems« (Zolo, 1997, S.11).

2.

Entsprechend wird die Gleichheitsannahme unterschiedlich operationalisiert. Wird bei der Analyse der politischen Soziologie der Netze (oder bei der Frage nach der Entwicklung politischer Gleichheit im oftmals behaupteten informationsgesellschaftlichen Transformationsprozeß) ein (wie auch immer genauer zu bestimmender) Zusammenhang von politischer und anderer (ökonomischer, kultureller, sozialer etc.) Ungleichheit zugelassen,[1] dann ist in der verbreiteten Diskussion der einzelnen Dimensionen der Ungleichheit zu fragen, ob die daraus sich ergebende ungleiche Verteilung zur Bildung und Realisierung eines politischen Willens nicht nur im politischen Prozess empirisch nachweisbar ist. Fraglich ist auch die möglicherweise transitorische Natur dieser Verteilung. Wie also werden sich in einem informationsgesellschaftlichen Transformationsprozess diese Strukturen von Ungleichheit entwickeln? Nimmt die Spannweite der Ungleichverteilungen ab oder vergrößert sie sich? Überlebt der Sozialstaat die Informationsgesellschaft? Wenn es richtig ist, daß die Demokratie vom Prinzip der staatsbürgerlichen Gleichheit ausgeht, der marktvermittelte Wettbewerb dagegen dem Prinzip der Konstruktion von Ungleichheit folgt (im Sozialraum wie in der Zeit – die Wettbewerbsspanne ihres Nachrichtendienstes taxieren Reuters-Wirtschaftsjournalisten auf ca. sechs Sekunden), ist der prozessierende Widerspruch beider die entscheidende zukünftige Bewegungsform des Verhältnisses von Politik und Netz.

3.

Das Netz prozessiert private wie öffentliche Kommunikation. Empirisches Wissen über – auch politische – Netzöffentlichkeit liegt bisher kaum vor. Zum Beispiel ist unbekannt, welche politischen Websites von wem, zu welchem Zweck, wie lange, unter welchen Bedingungen und mit welchen Folgen besucht werden. Wo überall wer in welchen Rollen agiert, ist unbekannt – erst recht, wenn es um Individualkommunikation wie E-Mail geht. Ein minimaler Teil der öffentlichen Netzkommunikation hat explizit politische Angelegenheiten zum Gegenstand oder geschieht in oder aus politischen Institutionen: Der Anteil der entsprechenden Newsgroups, Mailinglisten oder Websites liegt – den militärischen Bereich ausgeklammert – mit einiger Sicherheit unter einem Prozent; absolut wächst er bemerkenswert – so hat sich etwa die Anzahl der Sites zu »Government« oder »Staat und Politik« bei yahoo.com und yahoo.de zwischen

November 1996 und November 1997 verdoppelt. Die Anzahl der politischen Websites in der Bundesrepublik liegt gleichwohl noch im dreistelligen Bereich (Rilling, 1997).

4.

Da Politik über das asymmetrische Verhältnis Macht/Unterordnung bearbeitet wird, ist die Frage nach der Topologie der Macht sinnvoll, wenn die Struktur des politischen Raums geklärt werden soll. Wie also kann eine Vorstellung vom politischen Raum gewonnen werden? Inwieweit helfen hier Aussagen über den Grad der Sichtbarkeit politischer Orte, der üblicherweise durch die Menge der Zugriffe auf Sites quantifiziert wird? Spezialisierte politische Netzangebote oder die Netzangebote staatlicher Stellen und politischer Organisationen werden – in Grenzen – wahrgenommen, die entsprechenden monatlichen Zugriffszahlen etwa der Parteien in der Bundesrepublik Deutschland werden für 1997 von 31 000 (Grüne/Bündnis 90) bis 350 000 (CDU) angegeben. Es kann jedoch angenommen werden, daß solche Frequenzen wenig beeindruckend sind. Dafür spricht, daß in den Ranglisten verbreiteter Spezialverzeichnisse, welche die Häufigkeiten der Zugriffe auf Netzangebote dokumentieren, die politische Industrie nicht vorkommt.[2] Während im Sommer 1997 www.bundespraesident.de wöchentlich 800 bis 1 000 Besuche aufzuweisen hatte, hat Beth Mansfields Site »Persian Kitty's Adult Links« 425 000 Besuche am Tag. Eine qualitative Charakteristik der Zugriffe (wer ist es, der sich da – und wie lange eigentlich? – politisch einklickt, der zugreift, kopiert, transferiert und vielleicht sogar liest?) ist für den Bereich der politischen Kommunikation nicht bekannt, sieht man von einigen Daten zur Domänenherkunft der Zugriffe ab.

5.

Ein weiterer Indikator für Sichtbarkeit ist die das WWW auszeichnende Eigenschaft der Hypertext- bzw. Verweistruktur. Links stehen für diskursive Strategien. Sie determinieren mögliche Kontexte von Kommunikationen – das ist, wie Derrida bemerkte, immer etwas Politisches, oder, wie Luhmann entwickelte, Macht. Links strukturieren die Verteilung von Sichtbarkeit, Aufmerksamkeit und schließlich Anerkennung – zum Beispiel für ein inhaltliches Angebot – im Informationsraum. Netzreputation – oder soziales Netzkapital – entsteht durch kompetente (das heißt

Wissen über den Inhalt des Informationsraums anzeigende) Verweise auf andere/s und Verweise anderer auf sich selbst. Trifft daher zu, daß wer anerkannt ist, im Informationsraum – indiziert durch das Verweissystem – tendenziell eine zentrale Position einnimmt, Reputation Zentralität schafft und Zentralität Reputation generiert? Läßt sich daher die Positionierung der politischen Sites im Informationsraum auch durch eine Rekonstruktion des Verweissystems ermitteln? Hier würde also nicht die Netzpraxis der Medienkonsumenten (Zugriffe) sichtbar, sondern Prioritätensetzungen werden durch jene, die selbst durch die Einrichtung von Webseiten aktiv als Medienproduzenten tätig sind, deutlich. Die Positionierung der politischen Sites im Informationsraum läßt sich daher auch durch eine Rekonstruktion des Verweissystems ermitteln. Ein solches Verfahren wirft zahlreiche methodische Probleme auf und ist bislang kaum versucht worden (Larson, R. R., 1996).

Eine Recherche mithilfe der Suchmaschine Infoseek (Ultraseek) am 8. Februar 1997 zeigte, daß

- auch auf die »sichtbarsten« bundesdeutschen politischen Websites zehn bis zwanzig Mal weniger verwiesen wird als auf die vergleichbaren politischen Sites in den USA;
- die deutschen politischen Netzprojekte weit schwächer als die ökonomischen und netzbezogenen (Medien, Softwareanbieter, Suchhilfen) Sites verlinkt sind;
- sich ressourcenstarke institutionelle Anbieter (Staat, Parteien), die zumeist erst seit 1994/5 im Netz präsent sind, in kurzer Zeit zentral positionieren konnten, und dieser Prozeß sich mittlerweile fortgesetzt hat;
- gesellschaftliche Organisationen wie die Gewerkschaften oder Umweltverbände demgegenüber (wie auch gegenüber der in kurzer Zeit installierten, nur zum Teil professionellen Netzpräsenz der Wirtschaft und ihrer Verbände, wie z.B. dem DIHT) eine deutlich nachrangige oder praktisch keine Rolle spielen;
- jedoch einzelne ressourcenschwache Anbieter durch frühzeitige Präsenz, inhaltlich kompetente bzw. konkurrenzlose Initiativangebote (z. B. GEW Baden-Württemberg [U. Tichy], HBV-Projekte [W. Hölzer], IG Metall (NADIR) oder aktive Vernetzungspolitik (z. B. BASIN als Vernetzungsprojekt der Studierenden) eine relativ hohe Sichtbarkeit erreichen können; hier zeigen sich noch haltbare Konturen einer konkurrierenden Netzöffentlichkeit.

Die politisch bedeutungsvolle, weil zentrumsfavorisierende technische Logik des Hyptertextmechanismus wird im übrigen durch die spezielle Funktionsweise der mittlerweile etablierten Suchmaschinen massiv gestützt. Es existiert somit eine neue politische Topologie, in deren Zentrum zwei Akteure stehen:

- große Medien (Content-Provider), die Politik als mitlaufendes aktuelles Infotainment verkaufen – Frohsinnsprovider mit sozialverträglichen Bildern und Audiorauschen;
- kapitalstarke politische Netzunternehmer, die imstande sind, große zentralisierte Netzwerke mit schwachen Bindungen (»weak publics«) zu organisieren. Nur sie sind imstande, die großen Mengen an Daten über Menschen und deren Eigenschaften, Interessen und Interaktionen zu bearbeiten (und zu kontrollieren), die das Internet bereitstellt. Und nur sie können Netzinteraktivität in massenpolitisch handhabbare zielgruppen- und zielpersonspezifische Feedbacks umwandeln und im übrigen die Installierung solcher Feedbackmechanismen als politische Partizipation inszenieren. Diese virtuellen politischen Netzunternehmer sind fast völlig identisch mit den handlungsfähigen politischen Unternehmern in real life, also staatliche Einrichtungen, Parteien, Großorganisationen. Das 1996–97 sichtbar gewordene rasche Wachstum der netzpolitischen (zum Teil aber noch ehrenamtlichen) Investitionen und insbesondere der Parteien (wohl vor allem CDU, ebenso SPD, PDS), das den Aufbau organisationsinterner Intranets einschließt, steht dafür wie der rasche Ausbau der parlamentarischen Netzangebote.

Aktivbürger und marginalisierte politische Akteure, die sich die Kosten- und Verbreitungsvorteile des Netzes nischenpolitisch für Spezialöffentlichkeiten zunutze machen können, stehen nicht im Zentrum der Linkstruktur. Ihre Sichtbarkeit und ihre Kapazität zur Erhebung und Verarbeitung politischer Daten sind weitaus geringer.

6.

Es fragt sich, ob diese asymmetrische Kommunikationstopologie zugleich für eine Verteilung der Möglichkeiten steht, nicht nur politische Aufmerksamkeit zu steuern, sondern auch Entscheidungsprozesse zu arrangieren, die den Kontext der Kommunikationen fixieren können, also politische Machtverhältnisse realisieren. Gefragt ist nach der Umsetzung kommunikativer in administrative Macht.

Zur Diskussion dieser Frage wäre nicht mehr vom Medium (und der darüber vermittelten Kommunikation) zu reden, sondern vom Informationsraum (vgl. Boes, 1996/7). Der Informationsraum – oder der Cyberspace – sei eine »nie endende weltweite Unterhaltung«, schrieb der Federal Court im amerikanischen Philadelphia in seinem Urteil zum »Communications Decency Act« vom Juni 1996. Die öffentliche Rede als konstituierendes Element der bürgerlichen Öffentlichkeit ist nun kein Selbstzweck, sondern substantielle Begründung von Volkssouveränität. Es gehe darum, »daß die unbehinderte Rede der Bürger von sich aus zu einem Verfahren« finde, zu einem Prozeß. Der Prozeß, in dem sich die Vernünftigkeit des Streites immer deutlicher offenbare, dränge am Ende zum Urteil, zur Entscheidung, in der sich die volonté générale herstellen müsse. Öffentlichkeit wird also dazu gebraucht, die vagen und vorurteilsvollen Meinungen der Privatleute zum Beschluß, zum Gesetz zu führen. »Dieser Zweck«, kritisierte Claus Koch, »ist gerade nicht dem Internet eingeschrieben.« (Koch, 1996, S. 160). Wieso ist im Informationsraum die Bildung eines allgemeinen Willens, seine Äußerung in einer Entscheidung und deren Durchsetzung nicht möglich? Wie sollen denn die politische Ordnung und die Ordnung der Politik im Cyberspace entstehen? Wie also funktioniert Politik im Cyberspace, wo jeder, der sich dort bewegt, ununterbrochen die widersprüchliche Doppelerfahrung der Grenzenlosigkeit und der ständigen Präsenz von Grenzziehungen und fragmentierten Öffentlichkeiten macht? Überlebt die Politik die Grenzenlosigkeit des neuen Informationsraums?

Im Cyberspace gibt es Grenzen, die im Vergleich zur realen Welt ganz leicht gezogen werden können: durch Namensgebung (Domain-System) und Clusterbildung von Adressen, spezielle Paßwörter, Eintrittsgebühren oder, vor allem, Softwareprotokolle (»Das Internet ist Software« – Ethan Katsh). Das Ziehen von Grenzen ist ein grundlegender politischer Vorgang – für Danilon Zolo ist es der »politische Urmechanismus, der Sicherheit produziert, indem er die Komplexität der Umwelt reduziert«, was durch die »Festlegung einer internen/externen Trennungslinie« geschieht (Zolo, 1997, S.66).

»Das Internet besitzt kein Konzept des ›öffentlichen Raums‹, obwohl es ein starkes Gefühl für Gemeinschaft besitzt. Anders als die Straße, die von allen als etwas Gemeinsames angesehen wird, gehört jedes Stück virtuellen Bodens im Cyberspace jemandem, und jeder Eigentümer nutzt sein Recht, um von Besuchern eine Identifikation zu verlangen.« (Thompson, 1995, S. 21). Daraus ergibt sich, daß Inhalte oder Verhaltensweisen, die in einem Informationsraum akzeptiert und möglich sind, im nächsten nicht gelten. Doch die Grenzen in dieser »unermeßlichen Immobilie« (Wesemann) sind durchlässig, umgehbar, zeitweilig – also relativ (s. Kahin, 1997). Entscheidungen, die Machtverhältnisse in einem gegebenen Informationsraum regulieren, kann sich der Netizen mehr oder weniger entziehen, indem

- er schweigt,
- eine neue Identität annimmt,
- sich anonymisiert,
- einen neuen Informationsraum nach seinem Gusto aufmacht,
- den virtuellen Raum verläßt.

Eintrittt- und Austrittskosten sind gering. Während in der wirklichen Staatenwelt die Realisierung politischer Zielsetzungen wie auch die Rechtsdurchsetzung letztendlich auf die Fähigkeit zur Ausübung physischer Gewalt bauen können, ist im Informationsraum die Durchsetzungsfähigkeit, also die Gültigkeit der Regeln und Normierungen auf Zustimmung angewiesen; sie kann nicht mit Zwang sanktioniert werden. Sanktionen verbleiben symbolisch. Es ist also sehr zweifelhaft, daß der Netzraum ein Platz für zwingend folgenreiche Entscheidungen ist, denen sich die Betroffenen nicht entziehen können: »Abwanderung« (Hirschman), Exit ist möglich, das Netz bietet – im Unterschied zum realen Staat – immer einen Ausgang. Das Problem des politischen Informationsraums ist nicht das (fehlende?) Zentrum, von dem Ordnungsleistungen ausgehen, sondern das Problem der Grenzen. Natürlich findet im Netz durchaus Politik statt. Politische Anbieter, Mailing-Listen, Sites, Chats, Zensur, Allianzen, Aktionen, Unterschriftenlisten, Petitionen, Wahlen usw. – alles jenes ist zu finden und noch viel mehr. Doch das alles hat mit Kampf um Sichtbarkeit und Aufmerksamkeit, mit politischer Meinungs- und Willensbildung – also auch mit Entscheidungsvorbereitung oder -konfiguration zu tun. Nicht aber mit Wahl, Entscheidungsfällung und wenig mit ihrer Implementierung. Netze sind keineswegs »Orte der Entscheidung« (Loovink, Schultz, 1996, S. 6), sondern Heimstätten einer unendlichen Menge konsensfester Wohlfühlkleingruppen, zwischen denen dissentierende Netzwanderer surfen (Rilling, 1997).

7.

Wenn Politik das Treffen kollektiv verbindlicher Entscheidungen meint, welche die Verhältnisse großer gesellschaftlicher Gruppen zueinander beeinflussen, dann ist das Internet als Medium für oder Raum von Entscheidungen untauglich, denn es existieren drei Grundprobleme:

- Das prinzipielle Repräsentationsproblem. Wie soll angesichts der in die Technik des Netzes eingeschriebenen praktischen Grenzenlosigkeit eine gültige Konstruktion von netzeigener, virtueller Allgemeinheit erfolgen? Wie läßt sich dann noch Repräsentativität konstruieren, die allein eine legitime Zurechnung von Verantwortlichkeit für Entscheidungsfolgen ermöglicht? Jenseits des Informationsraums läßt sich von einer substantiellen, elektronisch vermittelten Demokratisierung des politischen Systems einer zukünftigen Informationsgesellschaft erst dann sprechen, wenn die staatsbürgerlichen Entscheidungsprozesse (Wahl, Abstimmungen) über Personen und Sachen tangiert werden. Die normativen Anforderungen an solche Prozesse sind durchaus technisch umsetzbar. Damit solche Entscheidungsakte nicht nur direkt, frei und geheim, sondern auch gleich und allgemein vor sich gehen, müssen alle Wahl- und Abstimmungsberechtigten eine entsprechende elektronische Infrastruktur zur Verfügung haben (Universaldienst) und mit ihr umgehen können (Zugangs- und Verschaffungsrecht für elektronische Informationen und Qualifikation). Weder die bundesdeutschen Regierungskonzepte noch die EU-Programmpapiere und Planungen zur Informationsgesellschaft entwickeln Utopien oder Szenarien einer technikgestützten politischen Demokratie der zukünftigen Informationsgesellschaft.
- Das ebenfalls prinzipielle Implementationsproblem. Wie können Entscheidungen verbindlich durchgesetzt werden, wenn Exit möglich ist? Für beide Problemdimensionen steht der evidente Tatbestand der durch kein Verzeichnis, keinen Agenten und keine Suchmaschine faßbaren Gruppendifferenzierung des Netzes, die als praktische, also politische Einheit nicht zu behandeln ist.
- Das pragmatische Prozeduralisierungsproblem. Ist das »exzessive Handeln«, die »dauernde Direktheit«, die ein Medium verlangt, das Realzeitpolitik ermöglicht und damit auch erfordert, ein realistisches massendemokratisches Praxiskonzept? Ist es technisch realisierbar? Wenn durch elektronische Medien in politische Prozesse – etwa in das Verwaltungshandeln – eingegriffen werden soll, dann zeigt die aktuelle Situation sehr deutlich, welche Probleme hier existieren. Betrachtet man den noch am ehesten in Frage kommenden Bereich – die Kommunen – dann zeigt sich, daß bislang

hier fast ausschließlich Informationssysteme existieren, die Orientierungs- und Strukturinformationen zum Abruf bereitstellen. Die nächste Ebene, die Verwandlung des Informations- in ein Kommunikationssystem, etwa durch systematische Ausstattung der Verwaltungsangehörigen oder politischen Akteure insgesamt mit E-Mail-Adressen, steckt noch in den Anfängen. Das nächste Niveau, ein einfaches Dienstleistungssystem, das durch Formulareinrichtung Transaktionen ermöglicht, ist kaum vorhanden. In Bürgerbüros – One Stop Shops – sind Anfänge dieser komplexen Dienstleistungsfunktionen realisiert. Die folgende Stufe, die Dienstleistung und Information verkoppelt, indem der Bearbeitungsprozeß von Daten verfolgt wird (das Tracking) existiert nirgends, erst recht nicht die entwickeltste Stufe, ein synchrones Dienstleistungssystem, welches durch Telekooperation ein gemeinsames Bearbeiten von Daten ermöglicht und damit Netze und Gruppenarbeitsysteme zusammenbringt. Da es sich beim politischen wie auch bei einem großen Teil des verwaltungsförmigen Handelns um schwach strukturierte Prozesse handelt, ist eine Informatisierung dieser Strukturen ohnehin auch technisch äußerst schwierig.

8.

Insofern gibt es Gründe für die Annahme, daß das Netz den Kern der Politik nicht so recht trifft. Aber wenn die Stichworte nicht »das Netz« sondern »die Netze« oder »die Gruppen« und nicht »Entscheidung« sondern »Gouvernance«, »Deliberation«, »Diskussion« oder auch »Diskurs« sind, dann zeigen sich auch Stärken des Mediums Netz. Das Netz ist kein Ort allgemeiner demokratischer politischer Entscheidungen, aber ein Ort der vielfältigen Kommunikation, ohne die Entscheidungen undemokratisch und ineffektiv sind. Das Netz kann als Raum der zweckgerichteten, nämlich entscheidungsvorbereitenden interaktiven Kommunikation zur Interessenrepräsentation genutzt werden. In dieser Funktion wird es offenbar auch entwickelt: Der Aufbau netzgestützter Kommunikation konzentriert sich hierzulande auf Elitekommunikation. Doch dies ist eine übliche Episode in der Geschichte der Implementation neuer Medientechnik, die den Blick auf demokratische Anwendungspotentiale oder -praxen nicht versperren sollte:

• 1. Die in *real life* etwa in der Technikfolgenabschätzung (vgl. van den Daele, Neidhardt, 1996, S. 9ff.) praktizierten Verfahren der Mediation oder des Diskurses stellen im ersten Fall auf mehr oder weniger weitreichende Kompensation von Ungleichheit bzw. im zweiten Fall auf die Herausarbeitung themenzentrierter Kommunikation ab. CMC oder Netzkommunikation ermöglicht und erzwingt, in gewissem Umfang von sozialen Merkmalen der Kommunikationspartner abzusehen und befördert insofern das Gleichheitsmoment in Deliberation und Diskurs; daß die CMC dennoch sozioökonomische und -kulturelle Strukturen partiell reproduziert und neue Sozialstrukturen schafft – vor allem: Grenzziehungen und Idenditätsbildungen – muß gleichwohl festgehalten werden. Auch netzvermittelte Kommunikationsverhältnisse haben mit den Problemen realweltlicher Ungleichheit zu tun: Der Mann oder die Frau brauchen Strom und Telephon und Maschinen mit Zugängen zu Bandbreiten bzw. hohen Übertragungsgeschwindigkeiten, technische, kulturelle, soziale und kommunikative Kompetenz und in der Regel die Fähigkeit, an englischsprachiger Kommunikation teilzuhaben.

• 2. »Woher soll ich denn wissen, was ich denke, bevor ich nicht höre, was ich sage« – diesen fabelhaften Satz sprach Robert Mitchum in *Spiel zu zweit*. Die Multimedialität, das Hören, Sehen, Schreiben und Sagen der Netzkommunikation ist zweifellos eine Eigenschaft, die dazu beitragen kann, ein notorisches Problem der Demokratie zu mildern: Die Präsenz des Expertenwissens. Da durch Digitalisierung bislang aufwendig auf verschiedene Medien verteilte Text-, Bild-, Video-, Sprach- und Datenkommunikationen effizient und relativ raum- und zeitunabhängig in einem »Monomedium« (Recke) zusammengefasst werden können, erweitern sich die individuellen Handlungsspielräume.

• 3. Hierzu gehört ergänzend, daß das geräumige Medium Netz die geradezu schrankenlose Vorratshaltung von Wissen begünstigt. Die leichte Zugänglichkeit zu lokal verfügbarer Datenverarbeitung und dezentralisierten Datenbeständen senkt die Zugangsschwellen für Informationen, wodurch die verfügbare politische Information rapide zunimmt; die Bereitstellung, Verteilung und Aufnahme politischer Informationen wird außerordentlich beschleunigt, die Selektivität bei der Nutzung und Verteilung politischer Informationen wird erhöht; es wird möglich, Expertenwissen zu pluralisieren und zu kritisieren; die Aufgabe von Moderatoren oder der in solche Prozesse der Technikabschätzung einbezogenen Experten verändert sich: Sie müssen und können, ausschließlich oder ergänzend, vielleicht kommentierend, Pfade, Links, Räume des Wissens und der Praxis erschließen, statt selbst Expertisen zu repräsentieren.

• 4. Endlich: das Netz ist mehr als eine Handvoll Plattformen für Warenpush und Marketing. Es ist immer mehr. Die kommerzielle Aufhebung des alten Internet geschieht nicht ohne Prolongierung des Netzes, das die

Kommunikationshierarchien ausdünnt und die bei klassischen politischen Medien (bzw. innerhalb von Institutionen und Organisationen) relevanten Filter und »Gatekeeper«-Rollen entwertet, so daß die Themendefinition (Agenda-Setting) demokratisiert und die klassische »Abwärtskommunikation« (one-to-many) durch Aufwärtskommunikation und horizontale Kommunikation (many-to-many) ergänzt wird; dieses Netz bietet interaktive und polydirektionale statt überwiegend distributive Formen politischer Kommunikation. Eine Irritation, mit der sogar der amerikanische Militär-Industrie-Komplex, der das Ganze letztlich erfunden hatte, nicht fertig wurde. Nicht nur »das« Netz, sondern auch seine politische Bewegungsformen sind daher nicht auf einen Nenner zu bringen: Sie sind differenziert und generieren ständig neue Optionen für marktvermittelte oder hierarchische, für selbstorganisierte oder partizipative Politikpraxis. Das läßt hoffen.

Anmerkungen

1 Dabei geht es etwa um die Basisressourcen (Energie, Telephon usw.), die geographische Verteilung der Standorte der Netzwerkcomputer weltweit und innergesellschaftlich, um das Eigentum an Übertragungsnetzen, Servern, Operationssystemen, Routern usw., um die institutionellen Arragements der Netze, um die Geschlechter-, Sozial- und Qualifikationsstruktur der NetznutzerInnen und individuellen Provider, um die technische, kulturelle, soziale und kommunikative Kompetenz und die Beherrschung der englischen Sprache oder um die Zeichenausstattung, d.h. die Namensgebung und ihre Beziehung zu Realnamen bzw. am Eigentum (Copyright), am content: Bilder, Texte, Zeichen sind bekanntlich nicht frei, sondern in Eigentumsverhältnisse verwickelt, die sich auch im Netz reproduzieren.

2 Vgl. die Verzeichnisse Web-Counter Top 100 List [http://www.digits.com/top], Webhits [http://www.b-online.de/webhits/] und 100 hot Websites [http://www.100hot.com] sowie die Zusammenstellung der am häufigsten eingegebenen Suchbegriffe der Kolibri-Suchmaschine.

Literatur

Boes, A.: *Texte zur Informationsgesellschaft* [http://www.staff-wwww.uni-marburg. de].

van den Daele, W., Neidhardt, F.: »Regierung durch Diskussion« – Über Versuche, mit Argumenten Politik zu machen«, in: dies., (Hg): *Kommunikation und Entscheidung. Politische Funktionen öffentlicher Meinungsbildung und diskursiver Verfahren*, WZB-Jahrbuch 1996, Berlin 1996. S.9ff.

Deppe, F.: *Fin de Siècle*, Köln 1997, 128.

Kahin, B., Nesson, C., (Hrg.): *Borders in Cyberspace: Information Policy and the Global Information Infrastructure*, Cambridge 1997.

Koch, C.: »Letzte Nachricht von der Öffentlichkeit«, *Kursbuch* 125, Reinbek 1996.

Larson, R.R.: »Bibliometrics of the World Wide Web: An Exploratory Analysis of the Intellectual Structure of Cyberspace« (1996), [http://www.sherlock.berkeley.edu/asis96/asis96.html].

Lovink, G., Schultz, P. : Aufruf zur Netzkritik. Ein Zwischenbericht, in: nettime (Hg.): *Netzkritik. Materialen zur Internet-Debatte*. Berlin 1997.
Rilling, R.: »Internet und Demokratie«, in: *WSI-Mitteilungen* 3/1997; in erweiterter Form elektronisch in *Telepolis* [http://www.heise.de/tp] im Netz publiziert.
Saward, M.: »Democratic Theory and Indices of Democratization«, in: Beetham, D. (ed.): *Defining and Measuring Democracy*, London 1994, S.6ff.
Thompson, B., »Watching the virtual detectives«, in: *.net* 8 (Juli 1995).
U.S. District Court for Eastern District of Pennsylvania, Civil Action No.96-1458, June 11, 1996.
Zolo, D.: *Die demokratische Fürstenherrschaft. Für eine realistische Theorie der Politik*. Göttingen 1997.

Netzkompetenzen

Wie wird aus Information Wissen? Wie stellt man sicher, daß alle an der Wissensgesellschaft des 21. Jahrhunderts teilhaben werden? Wie sollte die Bildung der Zukunft aussehen? Welche spezifischen Fähigkeiten und Qualifikationen werden in der Wissensgesellschaft benötigt? Klar ist: Die »ganze Welt des Wissens per Mausklick« zur Verfügung zu haben, wie es ein Werbespruch von Microsoft suggeriert, wird so nicht funktionieren, denn schon heute sind die Strukturen des Internet derart komplex und unüberschaubar, daß man ohne spezielles Training kaum relevante Informationen findet. Noch immer ist es der Mensch, der Informationen in inhaltliche Zusammenhänge stellt und damit die für gesellschaftliches Wissen notwendigen Strukturen schafft. Das Kapitel handelt entsprechend von der Kompetenz der Nutzer.

Die Menschen müssen erst lernen, sich auf das neue Gefühl der »körperlosen Psyche« und der fiktiven Identität, das für die Kommunikation im Cyberspace kennzeichnend ist, einzustellen, meint der amerikanische Hirnforscher **Israel Rosenfield** in seinem Beitrag, da es ihnen keineswegs angeboren sei. Der deutsche Hirnforscher **Ernst Pöppel** weist darauf hin, daß jeder Mensch eine »geistige Landkarte«, die ihn zur Orientierung in der Welt befähigt, in sich trägt, und daß es auf diese auch beim Umgang mit den neuen Medien Rücksicht zu nehmen gilt. Die holländische Bibliothekarin **Barbara Schleihagen** sieht die öffentlichen Bibliotheken vor die Herausforderung gestellt, als Terminals der Wissensgesellschaft zu fungieren, um sicherzustellen, daß alle Bürger Zugang zur Information haben. Der amerikanische Pädagoge **Robert McClintock** analysiert die Wesensmerkmale eines zukünftigen Bildungssystems. Die Erziehungswissenschaftler **Heinz Mandl** und **Gabi Reinmann-Rothmeier** sehen Wissensmanagement als das wesentliche Element zukünftiger Aus- und Weiterbildung. Die Informatiker **Andreas Pfitzmann** und **Michaela Huhn** stellen die Integrität von Information und den Schutz der Privatsphäre in den Mittelpunkt ihrer Überlegungen und wägen das Für und Wider der unterschiedlichen technischen Verschlüsselungsverfahren ab. Und der belgische KI-Forscher **Walter van de Velde** weist schließlich auf die zunehmende Bedeutung intelligenter technischer Systeme hin, die in der Lage sind, sich auf die spezifischen Bedürfnisse des Nutzers einzustellen und aus dem unüberschaubaren Informationsangebot des Internet die relevanten Informationen für ihn herauszufiltern.

Internet – die körperlose Psyche

von Israel Rosenfield

Hinter unserer gegenwärtigen Faszination für das Internet verbirgt sich ein außerordentlich zwiespältiges Gefühl, das aus einer Mischung aus Angst vor und Bewunderung für die hochtechnisierte Gesellschaft besteht, die Teil unseres Alltags geworden ist. Diese Ambivalenz zeigt sich in allen Merkmalen, die wir dem Internet zuschreiben. Wenn wir sagen, es habe kein Zentrum und entziehe sich der Kontrolle sowohl durch einzelne Personen als auch durch Institutionen, dann ist das zum Teil auch eine Reaktion auf die Technologie, der das Internet seine Existenz verdankt, und die unsere Furcht zum Ausdruck bringt, die modernen Technologien und Wissenschaften könnten die Herrschaft über unser gesamtes Leben übernehmen. Wir möchten gerne glauben, daß das Internet uns von der Tyrannei der Technik und Wissenschaft erlösen wird, ebenso wie wir gerne glauben möchten, daß das Internet uns die explosionsartig anwachsende Informationsmenge auf Knopfdruck zur Verfügung stellen und uns Zugang zu allen Daten schaffen wird, die früher Spezialisten vorbehalten waren. In einer Welt, in der unsere demokratisch gewählten Regierungen es nicht mehr schaffen, gegebene Versprechen einzulösen, erscheint uns das Internet darüber hinaus als Garant für die zukunftsfähige Demokratie, in der die Stimmen der Bürger wieder mehr Gewicht, wenn nicht sogar die Kontrolle über die Regierung haben werden.

Den Kritikern hingegen erscheint das Internet als ein moderner Leviathan, und der »Verlust von Zentralität und Kontrolle« ist für sie ein weiterer Beweis für den Zusammenbruch der politischen und sozialen Strukturen, wie sie für die Gesellschaft, die wir bisher kannten, maßgeblich waren. Die unorganisierte Masse von zum Teil unzuverlässiger und wertloser Information sehen sie als Indiz für den Niedergang der Kultur, und die Vorstellung einer elektronischen Demokratie bringt in ihren Augen lediglich zum Ausdruck, daß unsere Demokratien zu groß geworden sind, und die Stimme des Einzelnen deshalb kein Gewicht mehr hat. Da wir an der gegenwärtigen Welt generell den Mangel an übergeordneten Strukturen beklagen, sind das fehlende Design des Internet und seine fließenden Strukturen ohnehin etwas, das uns Angst macht.

Natürlich ist die Art und Weise, wie wir neue technologische Entwicklungen und ihre zukünftigen Auswirkungen beschreiben, weniger um ihrer selbst willen interessant. Diese Beschreibungen verraten uns vor allem etwas über uns selbst, unsere Ängste und die Art, wie wir die Welt um uns herum betrachten. Doch unabhängig von der Zwiespältigkeit unserer Gefühle gibt es den weit verbreiteten Glauben, das Internet werde unsere Wahrnehmung von uns selbst und der Welt um uns herum radikal verändern. Ein Beispiel für diesen Glauben ist unser Gebrauch des Begriffs »virtuell«. Wir beschreiben damit einmal den Raum, der sich aus dem Netzwerk von Verbindungen zwischen den Internetnutzern ergibt, zum anderen die psychologische Erfahrung der Kommunikation im Netz und drittens auch den Vorgang des »Surfens«. Wir besitzen schon lange elektronische Kommunikationssysteme, doch merkwürdigerweise haben wir bei Fernsehen, Radio und Telephon unsere räumlichen und persönlichen Erfahrungen niemals als »virtuell« beschrieben.

Virtuelle Realitäten sind Geschöpfe des Computers. Die Maschine verkörpert in einem abstrakten Raum so etwas wie das Äquivalent zu unseren mentalen Funktionen: Sie sieht und benennt zum Beispiel Objekte, die sich in ihrem Blickfeld befinden. Geist ist demnach das Äquivalent von Computerberechnungen und kann in Form von Programmen und Daten bis in alle Ewigkeit gespeichert werden. Dieses Geistkonzept ist umstritten und wurde zum Beispiel im Zusammenhang mit dem Erscheinen von Roger Penroses Buch *The Emperor's New Mind*[1] heftig diskutiert. Die zunehmende Popularität des Internet und die damit verbundene Vorstellung von einem abstrakten »virtuellen« Raum, in dem die Nutzer frei sind von Gefühlen wie Scham über ihre Rasse, ihr Geschlecht oder ihre soziale Herkunft, brachte eine Wiederbelebung dieses Konzepts, demzufolge der Mensch nichts anderes ist als abstrakter Geist. Unabhängig von irgendwelchen äußeren Regeln können die Nutzer im Internet ihre neuen »Identitäten« erforschen und Gemeinschaften bilden, deren Strukturen »sie selbst bestimmen« – ein »magischer sozialer Raum, in dem der Abstand zwischen Gedanken und Taten aufgehoben ist.«[2] In dieser virtuellen Realität werden alle unsere Wünsche erfüllt; was wir denken und was wir wünschen, das *ist*; einen Unterschied zwischen Vorstellung und Sein, zwischen sich etwas wünschen, nach etwas verlangen und der Befriedigung unserer Wünsche und unseres Verlangens gibt es nicht. Und so, wie unsere Gedanken und die Manipulation der materiellen Welt miteinander verschmelzen, und wie, was wir denken und glauben, real ist, so werden auch Körper und Geist eins. Im Internet verschmelzen sogar einzelne

Körperteile miteinander – ein Vorgang, der im Cyber-Jargon Morphing heißt –, das heißt, die mechanischen Konstrukte werden Teil unserer selbst: »Wenn jedes dieser mechanischen Konstrukte zu einem funktionierenden Teil eines Menschen wird, wird es uns immer schwerer fallen, das zugehörige Objekt oder den zugehörigen Menschen als Objekt, Mensch oder Maschine zu charakterisieren ...«[3]

Und doch gibt es bei aller Verschmelzung von Körper und Geist und der augenblicklichen Wunscherfüllung in der virtuellen Welt auch so etwas wie Ekel vor dem Körper: »Ich bin gefangen in diesem nutzlosen Materieklumpen namens Fleisch: Die heranwachsende Generation von Computerphilen ..., das sind all diese Kinder mit der unterentwickelten Brustmuskulatur, die den Sportunterricht schwänzen, aber ihren Mathelehrer zu Begeisterungsstürmen hinreißen; die statt vom großen Auftritt bei der Highschool-Abschlußfeier davon träumen, in die Endauswahl eines großen wissenschaftlichen Wettbewerbs zu kommen, und die sich unwohl fühlen in ihren Körpern, die entweder zu fett oder zu mager sind. So mancher Hacker mag davon träumen, mit seiner Maschine eins zu werden und zu einer Art transzendentaler Verschmelzung seines Ich mit dem Anderen zu gelangen, eine Verschmelzung, die sexuell und göttlich gleichermaßen ist... Das ließe sich aber nur dann optimal programmieren, wenn es keine physische Barriere mehr gibt zwischen Hacker und Computer – eine Idealvorstellung, die sich wohl so lange nicht verwirklichen lassen wird, bis Hacker nicht tatsächlich auf irgendeine Weise mit ihren Computern verschmelzen.«[4]

Viele dieser Ideen – vielleicht sogar der gesamte Cyberspace – sind bereits vor langer Zeit ähnlich von den Pythagoräern skizziert worden, die als erste den Gedanken aufbrachten, daß »alles Zahl ist«. Verbunden mit dieser Idee ist die Vorstellung einer unsterblichen Seele, die in einem »unreinen« (sterblichen) Körper »gefangen« ist. (Das erinnert an die Klage der Cybernauten: »Ich bin gefangen in diesem nutzlosen Materieklumpen namens Fleisch«). Die Seelen entweichen aus den toten Körpern und verschmelzen wieder mit anderen Lebewesen, was dem »morphing« der menschlichen Körper im Cyberspace entspricht. So kann eine Seele von einem Menschen in einen Hund wandern oder umgekehrt, eine Erklärung dafür, warum Pythagoras, als er versehentlich einem Hund auf den Schwanz trat, in dessen Geheul die Stimme eines guten Freundes erkannte. Die Seelen müssen so lange herumwandern, bis sie am Ende geläutert sind. Erst dann können sie sich mit dem Kosmos vereinigen, der eine ätherische Welt vollkommener Harmonie und immateriellen Seins darstellt. Tatsächlich war es Pythagoras, der erstmals behauptete, daß die ewigen Wahrheiten sich aus der Mathematik herleiten und eine Wirklichkeit für sich selbst sind. Diese transzendentale Wirklichkeit verschließt sich der menschlichen Erkenntnis zwar in ihrer Gesamtheit, doch gibt es dennoch ein Wissen über sie, das mit der Weitergabe immer neuer Erkenntnisse von einer Generation an die nächste im Laufe der Zeit zunimmt. Auch das Internet repräsentiert (oder wird es in absehbarer Zeit tun) das menschliche Wissen in seiner Gesamtheit und kann von uns als solches nicht erfaßt werden, obwohl es doch eigentlich dafür da ist, von allen erforscht zu werden. Das ist es, was wir meinen, wenn wir von Cyberspace, virtuellem Raum oder virtueller Realität sprechen. Die Nachrichten, die im Internet herumwandern, die »Räume« (zum Beispiel die MUDs), in denen sich Menschen »begegnen« und miteinander »sprechen«, sind in gewisser Hinsicht konkreter als die Bilder so mancher Geister, von denen die Gesellschaft in der Vergangenheit heimgesucht wurde, oder als die visuellen Erfahrungen von Träumen und Halluzinationen, die mit einer ganz anderen Ebene nicht-weltlicher Realitätserfahrung zu tun haben. Wir konkretisieren die Nachrichten auf unseren Bildschirmen, wenn wir sie als »virtuelle« bezeichnen, so wie die Pythagoräer ihre Zahlen konkretisierten, wenn sie behaupteten, daß »alles Zahl ist«.

Mit der Reduktion des menschlichen Wissens auf so etwas wie die reine, ewige, abstrakte mathematische Form – wovon die »Digitalisierung« eine zeitgenössische Variante ist – verbindet sich in der westlichen Philosophie und Religion seit der Antike immer auch eine Verachtung des Körpers und der Wunsch, sich seiner zu entledigen (oder ihn zumindest zu verwandeln). Ob die Pythagoräer (mit ihrem »alles ist Zahl«), Sokrates (der den Schierlingsbecher trank, um sich von seinem Körper zu befreien), Plato (mit seiner Welt der Ideen) oder die Christen (mit ihrem Glauben, Christus sei das Wort), sie alle unterdrücken körperliche Begierden, um ihr Leben der Betrachtung »ewiger« Wahrheiten zu widmen. Wenn die Cybernauten das Leben im Internet als »virtuelle Realität« bezeichnen, dann beziehen sie sich auf diese alte Tradition und führen sie fort. Der Information Highway ist eine moderne Version von Platos Welt der Ideen, besteht sein Wissen doch aus den allwissenden, unendlichen, körperlosen Göttern der Christen und Juden.

Wenn es tatsächlich möglich wäre, alles zu wissen, würde uns die Erfüllung unserer Wünsche nicht schwer fallen, denn in einer Welt des reinen, abstrakten Wissens würde man ja sowohl alle Wünsche – sofern sie denn existierten – als auch die Mittel zu ihrer Befriedigung sofort erkennen können. Diese Welt des reinen, abstrakten Wissens gibt es natürlich nicht, aber die magische Welt, die James Frazer in seinem Buch *The Golden Bough*[5] beschreibt, ist von dem Paradies der idealistischen Philosophen gar nicht so weit weg: Bei Frazer reichen Wünsche aus, um zu konkreten Ergebnissen zu kommen – ähnlich wie Kleinkinder oft an die Omnipotenz ihrer Gedanken glauben und erwarten, daß sie zu dem werden, was sie sich zu sein wünschen. Auch die virtuelle Realität, so hat es den Anschein, besitzt solche magischen Eigenschaften. Es ist also nicht weiter verwunderlich, wenn Gedanken und Handlungen im Internet dauernd durcheinander geraten. Die Imitation magischer Rituale, die Frazer in den sogenannten »Fruchtbarkeitsriten« (wenn etwa Bauern im Frühling die gute Ernte durch sexuelle Handlungen auf den Feldern beschwören) erkennt und die letztlich das Wesen des Karnevals sind, ist auch das Kennzeichen vieler Internetgemeinschaften. Ein wesentliches Element der Fruchtbarkeitsriten und des Karneval ist die Verkleidung, der »Wechsel der Identität«, die »nicht fixierte, fließende Identität«, der »Geschlechtswechsel«, jemand zu werden, »der man nicht ist« – das alles deckt sich mit der Beschreibungen dessen, was Cybernauten glauben, im Cyberspace zu tun. Im Unterschied zum Karneval und den Fruchtbarkeitsriten wird aber im Cyberspace der Körper nicht verkleidet, sondern er wird vollkommen ausgeklammert. Internet-Enthusiasten glauben, der Identitätswechsel erlaube ihnen mehr Freiheit. Tatsächlich entfernt er mit der Körperlichkeit aber einen ganz wesentlichen Aspekt des Begehrens, so daß das Verkleidungsritual viel weniger befriedigend ist. Und daß zwei Menschen sich im Internet verlieben, kann nur dann für sie wirklich befriedigend sein, wenn sie sich danach auch irgendwann in der realen Welt kennenlernen und auch dort miteinander glücklich sind. Die meisten Liebesgeschichten im Internet enden aber genau dann, wenn sich die Beteiligten persönlich kennenlernen. Das Internet hat also entgegen aller Behauptungen von Cybernauten keine neuen Formen der Liebe geschaffen. Und in der Tat ist es ja auch so, daß sich der vollkommen abstrakte, körperlose Aspekt des Internet nicht mit der Omnipotenz des Denkens verträgt, das der Erfüllung von Wünschen und Begierden zugrunde liegt. Begierde ohne Körper macht wenig Sinn. Es ist deshalb auch nicht überraschend, daß manche Internet-Nutzer viel daran setzen, sich selbst von der transzendenten Natur ihrer »virtuellen« Welten zu überzeugen, indem sie etwa behaupten, Cybersex (wenn man in diesem Zusammenhang denn überhaupt von Sex sprechen kann) sei erregender als alles, was man im wirklichen Leben haben könne. Daß Begegnungen in Cyberspace-Gemeinschaften manchmal zu virtuellen »Vergewaltigungen« führen und daß diese von den Mitgliedern dann auch ganz ernsthaft diskutiert werden, erinnert an psychoanalytische Sitzungen, in denen man sich Ereignisse wie Kindesmißbrauch, Vergewaltigung oder die Beobachtung der Eltern beim Geschlechtsverkehr vorstellt, und diese Ereignisse dann eine geradezu überwältigende Bedeutung annehmen, obwohl sie vielleicht nicht realer sind als die virtuellen Vergewaltigungen, über die die Mitglieder der Online-Gemeinschaften endlos diskutieren. Je mehr wir über Sex nur sprechen, desto mehr müssen wir ihn mit extremen Zügen ausstatten, damit er uns als etwas Reales erscheint. Dabei täuschen wir uns aber tatsächlich nur selbst, so wie die Mitglieder virtueller Gemeinschaften sich über ihre frisch gewonnenen Freiheiten täuschen.

Für den Glauben, daß der Cyberspace uns befreien und daß er eine neue politische und gesellschaftliche Gleichheit herstellen werde, sind die Körper-Geist-Trennung und die Verleugnung des Körpers von entscheidender Bedeutung. Das zeugt in der Tat von einem neuen oder, wie manche es nennen, erweiterten »Bewußtsein«. Die Mitglieder virtueller Gemeinschaften fühlen sich »geschützt«, weil sie Gesicht und Körper nicht öffentlich zeigen müssen. Was passiert, ist aber nur, daß sie ihre persönliche Geschichte verstecken oder verändern; »freier« oder »gleicher« als die Menschen, die sich mit den Vorurteilen von Menschen in der »realen Welt« (wie die Welt draußen von den Cybernauten genannt wird) auseinandersetzen, sind sie aber deswegen sicher nicht. Im Internet zu verheimlichen, daß man eine schwarze Hautfarbe hat, und damit »durchzukommen«, kann nur dann befriedigen, wenn sich dies auch in den realen Begegnungen mit realen Menschen bewährt, die sich aus solchen virtuellen Begegnungen ergeben. Nur dann ist man tatsächlich »damit durchgekommen«. Täuschung ist keine Entdeckung des Internet, sondern schon immer ein wesentlicher Teil der menschlichen Natur gewesen, der demjenigen, der täuscht, aber deshalb nicht ein größeres Gefühl von »Freiheit« verschafft.

In der Tat ist die körperliche Anwesenheit in gewisser Hinsicht offenbar entscheidend für befriedigende menschliche Beziehungen, ebenso wie es offenbar in der Psychologie des Menschen liegt, körperliche Anwesenheit als Voraussetzung zu empfinden, um den Worten eines Menschen Glauben zu schenken. Ein Problem des Internet ist der Mangel an physischer Beweisfähigkeit. Wir können nicht entscheiden, ob eine Information authentisch ist oder nicht. Daraus resultiert ein tief reichender Vertrauensmangel, der teilweise zu erheblichen Problemen führt.

Tatsächlich fehlt auch bereits in den Ideen von Pythagoras und Platon etwas. Vielleicht können wir das heutzutage besser erkennen, weil die bisher möglichen Computersimulationen des menschlichen Geistes nicht wirklich überzeugen. Wünsche und Begierden sind ein Bestandteil von Wissen und Verstehen. In einem tieferen und bislang wenig verstandenen Sinne läßt das darauf schließen, daß der Körper von entscheidender Bedeutung für unsere geistigen Funktionen ist. Schließt man zum Beispiel einen Menschen vollkommen von jeder Sinneswahrnehmung aus (extrasensorische Deprivation), so werden seine Gedanken schon nach wenigen Stunden zusammenhangslos. Später treten die Halluzinationen hinzu, und am Ende wird er überhaupt alle geistigen Funktionen verlieren. Das Gehirn kann nur funktionieren, wenn es ständig sensorisch stimuliert wird, und dafür braucht man einen Körper. Sprache kann sich nur zwischen zwei Menschen entwickeln. Wenn ein Kind ohne menschliche Kontakte aufwächst, wird es niemals sprechen lernen. Für unsere psychologische und sprachliche Entwicklung ist aus Gründen, die wir noch nicht richtig verstehen, der Körper ebenso wichtig wie das Gehirn.

Unabhängig davon, welche magischen Eigenschaften wir dem Internet zuschreiben, bleibt es doch, verglichen mit dem realen Leben außerhalb des Netzes, eine virtuelle Realität. Wir möchten uns zwar illusionistische Welten erschaffen, aber wir möchten gleichzeitig auch die Gewißheit haben, daß sie illusionistisch sind. In einem ganz anderen Zusammenhang beschreibt der amerikanische Lyriker W. H. Auden die menschliche Kommunikation:

»Die Fähigkeit zur Selbstoffenbarung setzt eine ebensolche Fähigkeit zur Selbstverheimlichung voraus. Von einem Tier läßt sich mit gleicher Berechtigung sagen, daß es unfähig ist, uns mitzuteilen, was es wirklich fühlt, wie daß es unfähig ist, seine Gefühle zu verbergen. Ein Mensch kann beides. Für das Tier gilt das Motto der Trolle aus Ibsens Peer Gynt: ›Sei dir selbst genug‹, während das Motto des Menschen lautet: ›Sei dir selbst gegenüber wahrhaftig‹. Peer Gynt ist durchaus willens, falls es für ihn von Nutzen ist, zu beschwören, daß die Kuh, die er sieht, eine schöne junge Dame ist. Als der Trollkönig aber eine Operation vorschlägt, durch die Peer die Fähigkeit, zwischen wahr und falsch unterscheiden zu können, verlieren würde und ihm infolgedessen im Augenblick des Wünschens statt der Kuh tatsächlich sofort ein schönes junges Mädchen erschiene, lehnt Peer mit Entschiedenheit ab.«[6]

Das Internet hat also nicht ein neues Bewußtsein geschaffen. Die magische Erfüllung von Wünschen und Begierden in einer »virtuellen Realität« und das Bedürfnis, den Körper dabei entweder ganz auszuklammern oder zumindest zu verkleiden, sind vielmehr als Bestandteile einer alten philosophischen und religiösen Tradition zu sehen. Eine Besonderheit meines Ansatzes liegt vielleicht darin, daß ich bei der Beschreibung der Netzwerke elektronischer Kommunikation bestimmte geistige Grundzüge, innere Notwendigkeiten und letztlich nicht zu befriedigende Wünsche und Bedürfnisse des Menschen berührt habe, die die Grundlage der menschlichen Psychologie sind.

Anmerkungen

1 Roger Penrose: *The Emperor's New Mind. Concerning Computers, Minds, and the Laws of Physics*, Penguin USA 1991 und Oxford University Press 1989. Deutsch: *Computerdenken. Des Kaisers neue Kleider oder Die Debatte um Künstliche Intelligenz, Bewußtsein und die Gesetze der Physik*, Spektrum – Akademischer Verlag 1991.

2 Mark Dery: *Escape Velocity: Cyberculture at the End of the Century*, Grove/Atlantic, New York 1996, S. 69. Deutsch: *Cyber. Die Kultur der Zukunft*, Volk & Welt 1997.

3 Mark Dery, a.a.O.

4 Mark Dery, a.a.O.

5 James Frazer: *The Golden Bough*, Scribner Book Co 1996. Deutsch: *Der goldene Zweig. Das Geheimnis von Glauben und Sitten der Völker*, Rowohlt Taschenbuch Verlag 1997.

6 W.H. Auden: *The Dyer's Hand*, New York 1962, S. 109–110.

Wissensmanagement
Ein innovatives Ziel der Wissensgesellschaft
von Heinz Mandl und Gabi Reinmann-Rothmeier

Jedem jederzeit jede Information – das Internet macht es möglich, theoretisch zumindest. Der ungehinderte Zugang zu Information und Wissen dank neuer Informations- und Kommunikationstechnologien verspricht positive Veränderungen in unserer Gesellschaft und beschwört gleichzeitig problematische Entwicklungen herbei: Eine ungefilterte Informationsflut übersteigt und strapaziert die Aufnahmefähigkeit von Individuen, Gruppen, Organisationen und der Gesellschaft insgesamt und verlangt nach »Gegenmaßnahmen«. Wissensmanagement im Sinne eines intelligenten Umgangs mit Information und Wissen könnte sich vor diesem Hintergrund zu einem innovativen Ziel unserer Gesellschaft entwickeln, für das die neuen Informations- und Kommunikationstechniken, insbesondere das Internet, von entscheidender Bedeutung sind.

1. Vom multimedialen Informationsangebot zur elektronischen Kommunikation

Kaum ein Tag vergeht, an dem nicht den neuen Informations- und Kommunikationstechnologien in Presse, Rundfunk und Fernsehen, auf Tagungen oder in politischen Verlautbarungen ein wachsender Stellenwert in unserer Gesellschaft zugeschrieben wird. Dabei ist die Rede von Multimedia, Internet und virtuellen Realitäten. Doch was genau meinen wir damit?

Klärung statt digitaler Verwirrung

Internet und Multimedia, bis vor wenigen Jahren noch Insider-Begriffe, haben sich heute zu Alltagsvokabeln gemausert. Aber meinen wir auch alle dasselbe, wenn wir diese Begriffe gebrauchen? Mitnichten; selbst durch die Fachliteratur geistern unterschiedliche begriffliche Festlegungen rund um die neuen Informations- und Kommunikationstechnologien. Es ist also keine Wortklauberei, wenn wir Klärung in den digitalen Begriffswald bringen wollen, sondern der Versuch, eine gemeinsame Basis der Verständigung zu schaffen.

Mit Weidenmann (1995, 1997) verstehen wir unter Multimedia zum einen Angebote, die auf unterschiedlichen Speicher- und Präsentationstechnologien verteilt sind (multimodale Angebote), zum anderen solche, die unterschiedliche Zeichensysteme aufweisen, also unterschiedlich codiert sind (multicodale Angebote).

Neben Multimedia in diesem Sinne haben heute lokale und globale Verbindungen zwischen Computern immense Bedeutung. Sie schaffen die Basis dafür, unabhängig vom Ort synchron oder asynchron mit unterschiedlich vielen Personen zu kommunizieren und zu kooperieren – entweder rein textbasiert oder multimedial. Das Internet hat sich inzwischen fast schon zu einem Synonym für die Vernetzung zwischen Computern entwickelt, auch wenn diese Gleichsetzung nicht ganz richtig ist. Richtig ist allerdings, daß mit dem Internet und insbesondere mit dem World Wide Web (WWW) die Chancen gestiegen sind, Datennetze zu einem universalen Werkzeug werden zu lassen.

Immer häufiger ist von virtuellen Unternehmen, virtuellen Klassenzimmern oder virtuellen Akademien die Rede, die sich durch multimediale Informationspräsentation sowie elektronische Kooperationsformen auszeichnen. Von virtuellen Realitäten kann man aber erst dann sprechen, wenn die Interaktions- und Manipulationsmöglichkeiten seitens der Nutzer so weit fortgeschritten sind, daß es zu realitätsähnlichem Wahrnehmen und Handeln in computersimulierten Welten kommt.

Multimedia, elektronische Vernetzung und virtuelle Realitäten sind so betrachtet unterschiedliche Ausprägungen der neuen Informations- und Kommunikationstechnologien, die in hohem Maße zu der derzeitigen Informationsflut beitragen: Die Präsentation von Information wird immer reichhaltiger und attraktiver, deren Speicherung immer leistungsfähiger; die Verbreitung von immer mehr Information wird immer schneller und einfacher. Theoretisch ist jede digitalisierte Information jederzeit überall abrufbar – vorausgesetzt, man besitzt die dazu notwendige Hard- und Software sowie die Fähigkeit, relevante Informationen zu finden und zu bewerten. Genau hier liegt aber die Schwierigkeit: Eine Orientierung in den riesigen Online-Informationsmengen ist inzwischen ohne technische Suchhilfen ohnehin nicht mehr möglich. Aber für eine sinnvolle Informationsselektion benötigt man vor allem Eigenschaften, die bislang nur Menschen besitzen: Die Fähigkeit, Bedeutung und Sinn im Kontext zu konstruieren und Zusammenhänge zwischen Sachverhalten herzustellen. Zu der Notwendigkeit, Such- und Orientierungsstrategien für den Umgang mit der technisch forcierten Informations- und

Wissensflut zu entwickeln, kommt ein zunehmender Bedarf an neuen Wegen, die bereits vorhandenen leistungsfähigen Kommunikationstechniken zu nutzen.

Der Ruf nach einer neuen Kommunikationskultur

E-Mail, Computerkonferenzen und Videokonferenzen, Newsgroups und Diskussionsforen im Internet – das sind Kommunikationstechniken, die noch sehr jung sind. Während vor allem in großen Unternehmen sowie an den Hochschulen bereits reger Gebrauch von den neuen interaktiven Medien gemacht wird, ist deren Bedeutung in der breiten Öffentlichkeit immer noch auf ganz bestimmte Bevölkerungsgruppen (im allgemeinen jung, männlich und gebildet) begrenzt. Dazu ein kleiner Erfahrungsbericht: Parallel zu einer im Frühjahr 1997 gestarteten Serie der *Süddeutschen Zeitung* (*SZ*) mit dem Titel »Wissensmanagement« wurde im Internet ein Diskussionsforum eingerichtet, das den Lesern Gelegenheit bot, neben dem Abruf von Hintergrundinformationen und Literaturangaben eigene Ansichten zu aktuellen Themen kundzutun und sich mit anderen auszutauschen. Im Verhältnis zum Leserkreis der *SZ* war die Beteiligung allerdings gering. Auffallend war darüber hinaus, daß kaum ein Internet-Nutzer die Chance wahrnahm, mit anderen ins Gespräch zu kommen; die Statements standen weitgehend für sich, ein Erfahrungs- oder Meinungsaustausch fand nicht statt (Reinmann-Rothmeier & Mandl, 1997a).

Dieses Beispiel veranschaulicht, wie wenig die neuen Informations- und Kommunikationstechniken bislang als Instrument zur Kommunikation akzeptiert werden. Wenn das Internet zu einem neuen Medium werden soll, das im Alltag regelmäßig genutzt wird und seinen festen Platz ähnlich wie Presse und Rundfunk erlangt, ist mehr notwendig als die Technik (Kubicek, 1997): Auch für interaktive Medien ist eine Kultivierung in dem Sinne erforderlich, daß sie in das Alltagshandeln integrierbar sind und entsprechende »Nutzungskulturen« entstehen. Davon sind wir noch weit entfernt. Der Ruf nach einer neuen Kommunikationskultur steht in engem Zusammenhang mit der wachsenden Informationsflut: Wenn traditionelle Mechanismen der Selektion und Bewertung von Information an Durchsetzungskraft einbüßen, müssen neue Formen für den Umgang mit Information und Wissen entstehen. Die mit interaktiven Medien mögliche wechselseitige Kommunikation (als entscheidende Ergänzung zur klassischen Einwegkommunikation) wird in jedem Fall dazugehören.

2. Wissensmanagement als gesellschaftliche Herausforderung

Von der Informations- zur Wissensgesellschaft

Die neuen Informations- und Kommunikationstechnologien und ihr Einfluß auf Information und Kommunikation signalisieren einen Bedarf an neuen Strategien zum Umgang mit Information und Wissen. Wissensmanagement ist eine umfassende Aufgabe, die die Gesellschaft als Ganzes betrifft. Wenn sich die Europäische Union mit bildungspolitischen Fragen befaßt, so ist seit geraumer Zeit stets von der Informationsgesellschaft die Rede, in der den neuen Informations- und Kommunikationstechnologien und den damit verbundenen Potentialen zur Speicherung, Präsentation, Vermittlung und Verbreitung von Information oberste Priorität eingeräumt wird (Europäische Kommission, 1997). Kritische Stimmen mahnen inzwischen jedoch an, über technische Neuerungen und Verbesserungen der Informations- und Kommunikationswerkzeuge die inhaltlichen und wertbezogenen Aspekte dieser Entwicklung nicht zu vergessen (Frühwald, 1996). Mögen Begriffe wie Inhalt, Bedeutung und Wert auch schwer zu definieren sein, so läßt sich doch festhalten, daß diese weniger mit Information als vielmehr mit Wissen zu tun haben. Erst die Inhalte und deren Verarbeitung in einem Kontext machen aus Information bedeutungsvolles Wissen und ermöglichen die Konstruktion zusammenhängender Wissensnetze.

Aus diesem Grund liegt es nahe, als Ziel gesellschaftlicher Entwicklung die Wissensgesellschaft der Informationsgesellschaft vorzuziehen. Eine Wissensgesellschaft zeichnet sich dadurch aus, daß sie ihre Lebensgrundlagen aus reflektiertem und bewertetem Wissen gewinnt und von den neuen Informations- und Kommunikationstechnologien einen bewußten und lebenserleichternden, sozial nicht zerstörenden Gebrauch macht (Frühwald, 1996). Der Umgang mit Information und Wissen in einer Wissensgesellschaft darf sich weder in einem planvollen intellektuellen Unterfangen erschöpfen noch zum Selbstzweck entwickeln. Wissensmanagement als gesellschaftliche Herausforderung meint mehr als die organisierte Vermehrung von Wissen, die allein nicht reicht, um vor allem die sozialen, ökologischen und ethischen Probleme unserer Zeit zu lösen. Zum Wissen muß menschlicher Wille und emotionale Intelligenz (Goleman, 1996) kommen, und Wissen muß mit Werthaltungen verknüpft werden. Erst dann kann aus gesellschaftlich relevantem Wissen auch verantwortungsvolles Handeln werden.

Wissensmanagement – Versuch einer Definition

Bislang haben wir den Begriff Wissensmanagement implizit mit der Umschreibung »Umgang mit Information und Wissen« gleichgesetzt. Das ist nicht falsch, aber natürlich unzureichend. Eine verbindliche Definition von Wissensmanagement existiert noch nicht. Was wir vorschlagen können, ist eine Arbeitsdefinition. Im Gegensatz zu Bezeichnungen wie Wissenspsychologie oder Wissenssoziologie stellt Wissensmanagement bewußt keine wissenschaftliche Disziplin in den Vordergrund. Der Management-Begriff hat den Vorteil, daß er nicht auf eine bestimmte Domäne, sondern auf die Herausforderung zur »Handhabung« von Wissen (zu der auch die Wissensproduktion gehört) verweist und gleichzeitig einen anwendungsorientierten und multidisziplinären Charakter signalisiert. Derzeit treffen wir in zahlreichen Bereichen auf Phänomene, die Orientierungslosigkeit hinterlassen, etwa im Arbeitsleben, in der Politik, in Kunst und Kultur oder in der Medizin. Diese Phänomene zeigen, daß es einen erhöhten Bedarf für Strategien gibt, die in der Lage sind, die Informations- und Wissensfluten zu bewältigen und Kompetenz im Umgang mit den neuen Informations- und Kommunikationstechniken zu vermitteln. Betroffen sind Individuen sowohl wie Gruppen, Organisationen und die Gesellschaft als Ganzes. Wissensmanagement ist für uns sowohl eine gesellschaftliche Herausforderung als auch eine Frage der individuellen und sozialen Kompetenz und beinhaltet – je nachdem, welche Ebene gerade angesprochen ist – ein Bündel von Aufgaben, Aktivitäten oder Fähigkeiten, die sich wie folgt zusammenfassen lassen:

- Informationen verbreiten;
- Information selektieren und bewerten;
- Information in einen Kontext einbetten und mit Bedeutung versehen;
- aus Information Wissen konstruieren und neues Wissen entwickeln;
- Wissensinhalte miteinander verknüpfen und Wissensnetze bilden;
- Wissen weitergeben, vermitteln und verteilen;
- Wissen austauschen und gegenseitig ergänzen;
- Wissen anwenden und umsetzen;
- wissensbasiertes Handeln bewerten und daraus neues Wissen entwickeln.

3. Wissensmanagement als individuelle und soziale Kompetenz

Wissensmanagement als gesellschaftliche Aufgabe erfordert Menschen, die diese Aufgabe realisieren und die hierzu notwendigen Fähigkeiten, Fertigkeiten und Einstellungen mitbringen. Wissensmanagement läßt sich so betrachtet als Kompetenz interpretieren, deren Entwicklung sowohl von Individuen als auch von Gruppen mehr und mehr erwartet wird.

Selbststeuerung und Wissensmanagement

Daß die Welt komplizierter wird, ist eine plausible Feststellung, deren Folgerungen aber alles andere als einfach sind. Wer angesichts der wachsenden Komplexität in Wirtschaft, Arbeit und Politik wie auch im Alltagsleben als Bürger einer demokratischen Gesellschaft aktiv teilhaben will, stößt auf Probleme: Informationsfluten – ungefiltert, widersprüchlich, unsicher – erschweren dem Einzelnen die Partizipation, da diese nur auf der Grundlage ausreichenden Wissens möglich ist. Bereits vor mehr als einem halben Jahrhundert forderte Alfred Schütz den »gut informierten Bürger«, der seinen idealtypischen Ort zwischen dem einfachen Mann auf der Straße mit stereotypem Rezeptwissen und dem Experten mit speziellem Fachwissen hat (Leggewie, 1996) – eine Forderung, die aktueller denn je ist. Gut informiert zu sein, das impliziert lebenslanges Lernen, das nicht nur aus demokratischen Erfordernissen notwendig, sondern für viele schon heute insbesondere im Arbeitsleben Realität ist. Insofern tat die EU gut daran, das Jahr 1996 zum »Jahr des lebenslangen Lernens« zu erklären (Dohmen, 1996).

Aber: Es wird zunehmend schwieriger, gut informiert zu sein, selbst für den, der die Bereitschaft und Fähigkeit zum lebenslangen Lernen mitbringt. Information ist noch kein Wissen, und relevantes Wissen entwickelt nur der, der nach neuen Einsichten sucht und damit Fragen stellt. Fragen zu stellen und kritisch zu hinterfragen, ist der erste notwendige Schritt, um einen Prozeß im Umgang mit Wissen freizusetzen, den man als Wissensmanagement im Sinne einer individuellen Kompetenz bezeichnen kann. Lebenslanges Lernen und der verantwortungsvolle Umgang mit Wissen erfordern Eigeninitiative und die Fähigkeit, selbständig nach individuellem Bedarf neues Wissen und Können aufzubauen. Selbststeuerung und Selbstverantwortung, sowohl generell (Friedrich & Mandl, 1997) als auch speziell im Umgang mit Information und Wissen, ist zur Zeit ein beliebtes Thema der öffentlichen Diskussion. Vor allem Vertreter aus Politik und Wirtschaft plädieren für Selbständigkeit im Sinne selbständiger Arbeit anstelle von Arbeit in abhängiger Beschäftigung. Aber ist Selbstinitiative tatsächlich das wichtigste Gebot der Stunde? Hören wir nicht auch, daß die Zeit des Einzelkämpfertums vorbei und statt dessen Teamgeist gefragt sei?

Kooperation und Wissensmanagement

Inzwischen dürfte es eine Binsenweisheit sein, daß soziale Kompetenzen wie Kommunikations- und Kooperationsfähigkeit zu den Schlüsselqualifikationen gehören, die von der Komplexität unserer Probleme und der Vielschichtigkeit unseres Wissens geradezu eingefordert wird. Kooperation – so die einhellige Meinung – erhöht langfristig die Erfolgschancen von Individuen, Gruppen und Organisationen (Bierhoff & Müller, 1993). Vorreiter ist wieder einmal die Industrie, die aus Effektivitäts- und Effizienzgründen das gemeinsame Lernen in Gruppen und das teamorientierte Arbeiten als entscheidende Motoren für die Weiterentwicklung von Organisationen entdeckt hat. Je rascher die Anzahl der durch elektronische Kommunikations- und Kooperationsmöglichkeiten grenzenlos werdenden Unternehmen zunimmt und je zahlreicher die europa- und weltweiten Kontakte und Projekte dadurch werden, um so mehr steigt die Bedeutung solcher Mitarbeiter, die kommunizieren, kooperieren sowie interkulturell entscheiden können (Weber, 1997).
Kooperation in diesem Sinne hat viel damit zu tun, wie man mit Information und Wissen umgeht. Die Entwicklung neuen Wissens ist selten ein rein individueller Vorgang, sondern schließt zahlreiche soziale Aspekte mit ein. Diese reichen von historischen und kulturellen Einflüssen auf menschliches Denken und Handeln über die Einbettung von Wissensvermittlung und -austausch in konkrete Situationen bis zur sozialen Wissenskonstruktion (Resnick, 1991). Wissensmanagement wird damit zu einer Kompetenz, die nicht nur von Individuen, sondern auch von Gruppen erwartet und zur Lösung komplexer Problemstellungen unentbehrlich wird.

4. Wissensmanagement und Bildung

In einer Wissensgesellschaft bestimmt das Niveau der Bildung und Ausbildung weitgehend den gesellschaftlichen Status und die Lebenschancen des Einzelnen – so eine oft formulierte These, die mit dem allgemeinen Drang nach höherer Bildung und Professionalisierung konform geht. Den Informations- und Wissensfluten sowie den neuen technologischen Möglichkeiten ist nur gewachsen, wer die Chance hat, die dazu notwendigen Kompetenzen zu entwickeln. So betrachtet, wird der verantwortliche Umgang mit Information und Wissen in einer Wissensgesellschaft zu einer Kernkompetenz, der sich die Bildung, von der Schule über die Hochschule bis zur beruflichen Weiterbildung, nicht entziehen kann.

Wissensmanagement in der Schule

Aus der Perspektive des lebenslangen Lernens ist Schule nur mehr eine von vielen Stationen des Lernens (Dohmen, 1996). Weitgehend einig ist man sich auch darin: Schulische Bildung dient nicht allein dem Erwerb von Wissen. In einer Denkschrift der Kommission »Zukunft der Bildung – Schule der Zukunft« (Bildungskommission NRW, 1995) wird betont, daß zur Wissensvermittlung auch die Persönlichkeitsentwicklung gehört und die Schulen vor der Aufgabe stehen, nicht nur fachliches Lernen zu fördern, sondern auch das Finden der eigenen Identität und die Achtung der Integrität anderer sowie Eigeninitiative, Selbstlernfähigkeit und soziale Kompetenzen. Daraus allerdings den Schluß zu ziehen, daß Wissen in der Bildung an Bedeutung verliert, wäre sicher verfehlt. Gerade angesichts der Flut an Informationen, denen Kinder, Jugendliche und Erwachsene gleichermaßen ausgesetzt sind, werden flexibel anwendbare Grundkenntnisse sowie Zusammenhangs- und Orientierungswissen immer wichtiger. Der verantwortungsbewußte, selbständige und kooperative Umgang mit Information und Wissen in Kombination mit technischen Fertigkeiten und einer verbindlichen Wertorientierung avanciert damit zur neuen Schlüsselqualifikation. Bloßes Auswendiglernen von Fakten und Zahlen im traditionellen Klassenzimmer trägt zum Erreichen solcher Bildungsziele wenig bei. Die Schule muß zu einer Gemeinschaft mit einer Lernkultur werden, die sich an den komplexen Aufgaben und Problemen unserer Wissensgesellschaft orientiert.

Individuelle Kreativität, Eigeninitiative und Selbstverantwortung einerseits, Wissensaustausch, Zusammenarbeit und Gemeinsinn andererseits, das sind die Säulen, auf denen eine *Learning Community* (Bielaczyc & Collins) aufbaut. Eine *Learning Community* ist eine Gemeinschaft, in der die Lernenden in nahezu allen Fragen des Unterrichts selbst die Initiative ergreifen und die Verantwortung für ihr Handeln übernehmen. Das beginnt damit, daß die Unterrichtsziele nicht vorgegeben, sondern gemeinsam ausgehandelt werden. Dieses Prinzip des gemeinsamen Aushandelns anstelle eines ständigen Vorgebens von Bedeutung wird grundsätzlich überall dort angewendet, wo es möglich ist. Über einen längeren Zeitraum hinweg werden Projekte durchgeführt, die es erlauben, in die Tiefe einzudringen. Was dabei entscheidend ist: Im Gegensatz zum traditionellen Klassenzimmerunterricht lernen die Schüler nicht alle zur gleichen Zeit dasselbe. Vielmehr kann jeder je nach Interesse und Neigung spezielles Wissen entwickeln, von dem die Gruppe später nach dem Motto »Heterogenität statt Homogenität« profitiert. Verteilte Expertise heißt die Maxime, die auch im wirklichen Leben außerhalb der Schule von größter Bedeutung ist. Ziel ist die Schaffung einer kollaborativen Kultur, in der das konstruktive Diskutieren, das Fragenstellen und Kritisieren eher die Regel als die Ausnahme sind (Brown, 1997). Die *Learning Community* als Gemeinschaft schließt sich nicht ab, sondern ist nach außen hin für neue Wissensressourcen sowie deren Bewertungen offen. Es findet keine Fixierung auf kognitive Prozesse statt, vielmehr wird auch auf gegenseitigen Respekt, auf Emotionen und auf die Chance geachtet, aus Fehlern zu lernen.

Wissensmanagement an der Hochschule

Wissensmanagement an der Hochschule, das impliziert erstens einen neuen Forschungsgegenstand, zweitens ein wichtiges Instrument zur Orientierung im Studium und drittens ein innovatives Ausbildungsziel. So gesehen ist Wissensmanagement an der Hochschule Inhalt, Werkzeug und Ziel zugleich. Wissensmanagement mit neuen Informations- und Kommunikatonstechnologien bedeutet für die Forschung, sich einem neuen Gegenstand multidisziplinär zu widmen. Für das Studium bedeutet es, über neue effiziente Werkzeuge zu verfügen, und für die Lehre, einen neuen Berufsstand zu entwickeln.

Professionelles Wissensmanagement erfordert Fachleute, Wissensmanager also, die eine solide universitäre Ausbildung haben. Kompetenzprofile für Experten im Wissensmanagement gibt es derzeit noch nicht. Umso wichtiger ist es, erste Ideen zu formulieren und zu bündeln: Wissensmanager sollten auf fundiertes fachliches Wissen aus einem abgeschlossenen Hochschulstudium zurückgreifen können. Über ihre Fachkompetenz hinaus brauchen sie aber auch effiziente und verantwortungsbewußte Strategien, um Information und Wissen aus verschiedensten Domänen bewerten, auswählen und für spezifische Zielgruppen und Zwecke strukturieren und aufbereiten zu können. Eine weitere Aufgabe des Wissensmanagers ist, diese Strategien auch anderen zu vermitteln. Daß dabei

Handhabung und Gestaltung neuer Informations- und Kommunikationstechniken eine ganz wesentliche Rolle spielen, liegt auf der Hand. Technisches Wissen und Können sowie kommunikative Kompetenzen gehören zum unabdingbaren Rüstzeug eines Wissensmanagers. Der Transfer von Wissen in die Öffentlichkeit und die ethisch vertretbare Nutzung von Information und Wissen in den Anwendungsfeldern setzen bei einem Wissensmanager psychologische, soziologische, politische und ökonomische Grundkenntnisse sowie eine ethische Grundhaltung voraus. Wissensmanagement als Ausbildungsziel – das mag noch nach Zukunftsmusik klingen. Doch erste Schritte sind schon getan, wenn etwa an der Fakultät für Psychologie und Pädagogik der Universität München Wissensmanagement als Thema einer Ringvorlesung geplant und Kern eines neuen Forschungs- und Ausbildungsschwerpunkts ist. Daß die Hochschulen in diesem Zusammenhang auch teure technische Investitionen auf die Probe stellen können und daß sie gleichzeitig die Chance erhalten, die neuen Informations- und Kommunikationstechnologien aktiv mitzugestalten, mögen beiläufige, aber deswegen nicht minder wirksame Effekte sein.

Wissensmanagement in der beruflichen Weiterbildung

Wissensmanagement ist nicht nur eine Managementaufgabe (Schüppel, 1996), sondern auch ein neues Ziel der beruflichen Weiterbildung. Wissensmanagement in der beruflichen Weiterbildung ist die konsequente Fortsetzung von Wissensmanagement in Schule und Hochschule. Was wir für diese Bereiche festgestellt haben, verliert auch am Arbeitsplatz nicht seine Bedeutung. Der Innovationsdruck auf die Weiterbildung wächst: Ein schneller und lückenloser Informations- und Kommunikationsfluß wird für das Überleben von Organisationen immer wichtiger. Für die Mitarbeiter wird es deshalb zunehmend wichtiger, Information verantwortungsvoll auswählen, bewerten und in Wissen umsetzen zu können. Dazu kommen wachsende Ansprüche an das individuelle und soziale Wissen und Können: Immer häufiger werden Selbstinitiative, Eigenverantwortung und selbstgesteuerter Wissenserwerb verlangt. Parallel dazu gibt es auch immer mehr Bedarf an Teamarbeit, Kooperation und lebenslangem Lernen. Auch die wachsenden Möglichkeiten für multimediale Informationsbeschaffung, für *Telelearning* und *Online-Coaching* sowie für grenzübergreifende virtuelle Kooperationen erfordern von den Mitarbeitern neue Kompetenzen und entsprechende Veränderungen in der Weiterbildungpraxis.

Die Ziele der Weiterbildung beschränken sich heue nicht mehr auf ein klar definiertes Set an Fachkenntnissen und Spezialfertigkeiten (Reinmann-Rothmeier & Mandl, 1997b). Berufliche Weiterbildung zielt vielmehr immer stärker auf die Förderung lernender Mitarbeiter, lernender Teams und letztlich eines lernenden Unternehmens (Meyer-Dohm, 1991) ab. Den Wissensfluten und den damit einhergehenden Herausforderungen sind nur Unternehmen gewachsen, deren Mitarbeiter selbstgesteuerte und kooperative Formen des Wissensmanagements unter intelligenter Nutzung technologischer Ressourcen praktizieren können und wollen – und zwar nicht nur als Reaktion auf einen aktuellen Leidensdruck, sondern als langfristige Strategie.

Schlußwort

Als innovatives Ziel der Wissensgesellschaft muß Wissensmanagement mehr sein als ein rational eingesetztes Instrument. Das Internet und andere Informations- und Kommunikationstechniken haben lediglich instrumentellen Charakter. Sie sind für ein modernes Wissensmanagement wichtig, aber keinesfalls alles. Wenn wir Wissensmanagement als gesellschaftliche Herausforderung wie auch als individuelle und soziale Kompetenz begreifen, so darf dies nicht nur intellektuellen Zielen dienen. Berührt werden davon vielmehr auch Willen, Emotion und Motivation des Menschen sowie seine Werthaltungen. Nur mit einer auf diese Weise übergreifenden Sicht besteht die Chance, daß Wissensmanagement einen positiven Beitrag zur Weiterentwicklung unserer Gesellschaft leistet.

Literatur

Bielaczyc, K. & Collins, A. (in press). »Learning communities in classrooms: A reconceptualization of educational practice«. To appear in C.M. Reigeluth (Ed.), *Instructional design theories and models*, Vol. II. Erlbaum, Mahwah NJ.

Bierhoff, H.W. und Müller, G.F. (1993). »Kooperation in Organsationen«. In: *Zeitschrift für Arbeits- und Organisationspsychologie*, 37 (2), S. 42-51.

Bildungskommission NRW (1995). *Zukunft der Bildung. Schule der Zukunft. Denkschrift*. Luchterhand, Neuwied.

Brown, A. L. (1997). »Transforming schools into communities of thinking and learning about serious matters«. In: *American Psychologist*, 4, S. 399-413.

Dohmen, G. (1996). »Lebenslanges Lernen – aber wie? Eine Einführung«. In: B. Nacke & G. Dohmen (Hrsg.). *Lebenslanges Lernen. Erfahrungen und Anregungen aus Wissenschaft und Praxis*. Echter, Würzburg, S. 11–22.

Europäische Kommission (1997). *Europa verwirklichen durch die allgemeine und berufliche Bildung*. Bericht der Studiengruppe »Allgemeine und Berufliche Bildung«. Italien: Europäische Gemeinschaften.

Friedrich, H. F. und Mandl, H. (1997). »Analyse und Förderung selbstgesteuerten Lernens«. In: F. E. Weinert und H. Mandl (Hrsg.): *Psychologie der Erwachsenenbildung. Enzyklopädie der Psychologie*, D/I/4 (S. 237-293). Hogrefe, Göttingen.

Frühwald, W. (1996). *Die Informatisierung des Wissens*. Alcatel SEL Stiftung, Stuttgart.

Goleman, D. (1996). *Emotionale Intelligenz*. Hanser, München.

Kubicek, H. (1997). »Informationelle Grundversorgung als Schnittpunkt für fortschrittliche Gesellschafts- und intelligente Industriepolitik«. In: G. Müller, U. Kohl und R. Strauß (Hrsg.): *Zukunftsperspektiven der digitalen Vernetzung* (S. 351–368). dpunkt Verlag für digitale Technologie GmbH, Heidelberg.

Leggewie, C. (1996). »Netcitizens oder: der gut informierte Bürger heute. Ein neuer Strukturwandel der Öffentlichkeit?« Vortrag am 9. September 1996 in Bonn/Petersberg anläßlich der Konferenz »Macht Information«.

Meyer-Dohm, P. (1991). »Bildungsarbeit in lernenden Unternehmen«. In: P. Meyer-Dohm und P. Schneider (Hrsg.): *Berufliche Bildung im lernenden Unternehmen. Neue Wege zur beruflichen Qualifizierung* (S. 19–31). Klett, Stuttgart.

Reinmann-Rothmeier, G. und Mandl, H. (1997 a). »Die SZ-Serie Wissensmanagement. Was die Serie wollte, was sie brachte und worauf sie aufmerksam macht«. (Praxisbericht Nr. 8). München: Ludwig-Maximilians-Universität, Institut für Pädagogische Psychologie und Empirische Pädagogik.

Reinmann-Rothmeier, G. und Mandl, H. (1997 b). *Lernen in Unternehmen: Von einer gemeinsamen Vision zu einer effektiven Förderung des Lernens*. (Forschungsbericht Nr. 80). München: Ludwig-Maximilians-Universität, Institut für Pädagogische Psychologie und Empirische Pädagogik.

Resnick, L. B. (1991). »Shared cognition: Thinking as social practice«. In: L. B. Resnick, J. M. Levine und S. D. Teasley (Hrsg.): *Perspectives on socially shared cognition* (pp. 1–20). American Psychological Association, Washington, DC.

Schüppel, J. (1996). »Wissensmanagement gestalten«. In: K. Schwuchow und J. Gutmann (Hrsg.): *Jahrbuch Weiterbildung 1996*. Verlagsgruppe Handelsblatt, Düsseldorf, S. 44–47.

Weber, S. (1997). »Zur Notwendigkeit des interkulturellen Lernens in der Wirtschaftspädagogik«. In: *Zeitschrift für Berufs- und Wirtschaftspädagogik*, 93 (1), S. 30–47.

Weidenmann, B. (1995). »Multicodierung und Multimodalität im Lernprozeß«. In: L. J. Issing und P. Klimsa (Hrsg.): *Information und Lernen mit Multimedia*. Psychologie-Verlags Union, Weinheim, S. 65–84.

Weidenmann, B. (1997). »›Multimedia‹: Mehrere Medien, mehrere Codes, mehrere Sinneskanäle?« In: *Unterrichtswissenschaft*, 25 (3), S. 197-206.

Erziehung für das 21. Jahrhundert

von Robert McClintock

Otto von Bismarck hat einmal gesagt, Politik sei »die Kunst des Möglichen«. Angewandt auf das Internet wird sofort deutlich, warum das Internet wichtig ist für die Politik: Es verschiebt die Grenzen dessen, was möglich ist, das heißt die Politiker sind herausgefordert, ihre Fähigkeiten, Taktiken und politischen Vorstellungen weiterzuentwickeln und die Möglichkeiten des Netzes dabei zu berücksichtigen.

Ich möchte mich im folgenden auf denjenigen Teil der Politik konzentrieren, der sich mit Bildung und Kultur befaßt. Es geht mir um die Frage, welche politischen Konsequenzen sich aus einer veränderten pädagogischen Praxis und Kulturpolitik ergeben. Verändert das Internet die Möglichkeiten, von denen Bildungspolitik und pädagogische Praxis bisher bestimmt waren? Und auf welche Weise wirken die sich abzeichnenden Veränderungen der pädagogischen Praxis wiederum zurück auf die Möglichkeiten der Bildungspolitik?

Im Bereich der Bildung ist der Einsatz von Technologie an sich ja nichts Neues. Das Schulsystem, wie wir es heute kennen, datiert aus dem 16. Jahrhundert, als die Lehrer die Möglichkeit entdeckten, im Unterricht gedruckte Texte als wirkungsvolle Hilfe einzusetzen. Die Technologie der Schule hat sich seit damals nicht wesentlich verändert, sie hat sich nur stark ausgebreitet. Waren es anfangs nur einige wenige Institutionen, die in den modernen europäischen Städten die Kinder der Eliten unterrichteten, so hat sich die Schule inzwischen zu einer weltweiten allgemein zugänglichen Institution gewandelt, und der Schulbesuch ist Pflicht geworden. Die Bildungstechnologie (des gedruckten Textes) war zwar extrem erfolgreich, hatte aber doch auch immer schon das Manko einer starken Begrenztheit. Wenn Bismarck von der Politik als der Kunst des Möglichen spricht, dann fordert er damit eigentlich einen strategischen Sinn für das Mögliche. Mit anderen Worten: Die Politiker werden aufgefordert, sich nicht einfach der sich zufällig bietenden Möglichkeiten zu bedienen, sondern nach strategischen Alternativen zu den vorhandenen strukturellen Schwächen des Status quo zu suchen.

Im folgenden möchte ich auf vier neue strategische Möglichkeiten eingehen, die sich aus den Möglichkeiten des Internet und damit verbundener Technologien für den Bildungsbereich ergeben. Sie betreffen sämtliche Probleme, die seit langem in den Strukturen unseres Bildungssystems vorhanden sind. Die vier Bereiche, die hier angesprochen werden sollen, sind: gleiche Bildungschancen für alle, Verbesserung der Zusammenarbeit zwischen Schule und Universität, Öffnung der Klassenräume zu Kommunikationszentren und an die veränderten Voraussetzungen angepaßte Curricula.

Kulturhistoriker müssen sich mit zwei Fragen beschäftigen, die Sozialwissenschaftler meistens ignorieren können: Sie müssen die Zukunftsaussichten von »reifen« und »unreifen« Entwicklungen miteinander vergleichen, und sie müssen die verborgenen Kräfte in der Dynamik eines historischen Wandels aufzeigen. Beides ist im Falle des Internet von großer Relevanz, wenn man die Chancen zur Veränderung, die das Bildungswesen durch das Internet erhält, abschätzen will.

Unsere heutigen Schulen sind lang gewachsene »reife« Institutionen. Die digitalen Technologien konfrontieren uns mit der Aussicht, unsere gesamte Kultur langfristig und tiefgreifend zu verändern. Unterrichtswerkzeuge, die von diesen neuen Technologien bestimmt werden, befinden sich gerade erst im Geburtsstadium. Wir müssen also etwas Bekanntes mit etwas noch sehr Unbestimmtem vergleichen. Folgerichtig tut man gut daran, nach Zeichen, die einen Wandel andeuten, Ausschau zu halten, statt nach voll entwickelten Beispielen für die Veränderungen zu suchen. Die Angelegenheit kompliziert sich zusätzlich dadurch, daß oftmals, bevor Veränderungen wirklich an die Oberfläche treten, sogar eine längere Latenzperiode auftritt, in der sie weder sicht- noch meßbar sind.

In der Physik sind solche Latenzphänomene etwas ganz Normales. Sie treten zum Beispiel auf, wenn ein Wandel des Aggregatzustandes stattfindet, wenn also Eis schmilzt oder Wasser zu kochen beginnt. Wenn man kaltes Wasser erhitzt, steigt die Temperatur, und das Volumen des Wassers dehnt sich sehr langsam aus, bis es schließlich die Temperatur von 100 Grad erreicht. Dann absorbiert es bei konstanter Temperatur eine beträchtliche Menge weiterer Hitze, bevor es sich als Dampf verflüchtigt. Wenn wir im Bildungssystem digitale Technologien benutzen, dann fügen wir nicht einfach nur ein verstärkendes Element hinzu, das zu einer stufenweisen Verbesserung der Leistung des bestehenden Systems führt, sondern wir rufen möglicherweise eine Änderung des Aggregatzustandes hervor. Unglücklicherweise befinden wir uns gerade inmitten einer Latenzphase, wo zwar bereits eine starke systemische Verstärkung stattgefunden hat, diese aber noch keinerlei sicht- und meßbare Wirkung zeigt. In der Geschichte treten viele solcher Latenzphänomene auf. Sie machen die Evaluation eines historischen Wandels oftmals sehr schwierig. Wollen wir uns mögliche Veränderungen vorstellen, müssen wir also unsere Phantasie bemühen. Wenn es darum geht, das Ideal »gleiche Bildung für alle« zu verwirklichen, sieht sich das herrschende Bildungssystem seit jeher mit großen Schwierigkeiten ganz allgemeiner Natur konfrontiert. Die Kinder der gebildeten Schicht sind im Durchschnitt besser in der Schule als Kinder aus weniger gebildeten Schichten. Wir können dieses Phänomen hier nicht in seiner ganzen Tiefe ausloten, aber ich möchte doch ein paar Hinweise geben. Es sind hauptsächlich drei Gründe, die die Chancengleichheit verhindern, und alle drei könnten mit Hilfe des Internet überwunden werden.

Der erste Grund ist, daß die Kinder der gebildeten Schicht über sehr viel bessere Information darüber verfügen, wie das System funktioniert. Die Schulen haben grundsätzlich Schwierigkeiten, den Schülern Hilfestellung bei der Planung ihrer Schulkarriere anzubieten. In den USA, wo das Schulsystem, anders als in Deutschland, zum großen Teil eine private Trägerschaft hat, sind nur die relativ reichen Schulen in der Lage, die Schüler ausreichend über die Möglichkeiten der höheren Schulbildung zu beraten. Ein Beispiel dafür, wie das mit Hilfe des Internet anders aussehen könnte, ist etwa die Frederick Douglass Academy, eine öffentliche Schule in Harlem, mit der wir zusammenarbeiten. Wenn ein Schüler in diese Schule eintritt, die sich der Idee verschrieben hat, daß auch Kinder aus armen Familien eine erfolgreiche akademische Laufbahn einschlagen können, findet er folgende Situation vor: Alle Klassen sind untereinander und via Breitband mit dem Internet verbunden, und jeder Schüler hat ab der siebten Klasse automatisch Zugang zu allen Websites, die sich mit Fragen des Übertritts in ein College beschäftigen. Ein gutes Beispiel dafür ist die College- und Universitäts-Website der Suchmaschine Yahoo [http://www.yahoo.com/ Regional/Countries/United-States/Education/Colleges-and-Universities/ all.html].

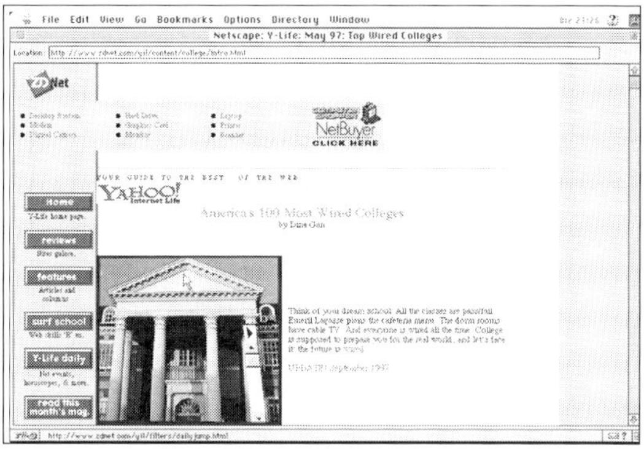

»America's 100 most wired Colleges«

Sie zeigt eine schnell wachsende umfangreiche Liste von Links zu allen höheren Schulen in den USA. Es gibt noch viele Websites in diesem Bereich, die dem Schüler von Nutzen sein können für seine individuellen Bedürfnisse. Jedoch entspricht die Yahoo-Liste genau unserer Forderung, daß Information über die Möglichkeiten der weiterführenden Bildung einfach, schnell und möglichst komplett abrufbar sein sollte. Die Frage ist, ob die Tatsache, daß theoretisch nun alle Schüler die gleiche Chance haben, ihre Weiterbildungsmöglichkeiten selbst zu eruieren, im Endeffekt wirklich zu mehr Chancengleichheit führt.

Ein zweiter Grund für die Chancenungleichheit hat damit zu tun, daß Kinder aus gebildeten Familien einen selbstverständlichen Zugang zu qualitativ hochwertigen Printmedien haben, den Kinder aus ärmeren Familien nicht haben. Wenn es uns gelingt, daß allen Menschen jederzeit und überall die kulturellen Ressourcen zur Verfügung gestellt werden, dann könnte der Chancennachteil überwunden werden. Ein Beispiel ist hier das Projekt »Digital Dante«, das Jennifer Hogan, eine Doktorandin der Philosophie an der Columbia University, während der letzten vier Jahre entwickelt hat [http://www.ilt.columbia.edu/projects/dante/index.html]. Es handelt sich dabei um eine sich dynamisch entwickelnde Website, zu der viele Menschen aus unterschiedlichen Bereichen – Danteforscher, Übersetzer, Designer, Lehrer – beitragen. Die Seite ist so aufgebaut, daß sie Menschen unterschiedlichster Interessen und Niveaus anspricht: Die User können Übersetzungen vergleichen, zweisprachige Präsentationen untersuchen oder Dantetexte selbst theatralisch darstellen. Die Darsteller können dabei entscheiden, welche zeitgenössischen Figuren sie der moralisch-psychologischen Auffassung des Gedichts und wen sie der Hölle, dem Fegefeuer oder dem Paradies zuordnen wollen. Hogan testet momentan die Website mit einer Gruppe von Schülern der elften und zwölften Klasse in einer Schule in Harlem. Sie geht dabei von der Hypothese aus, daß eine komplexe Ressource wie die Dante-Website, die mit verschiedenen intellektuellen Ebenen arbeitet, an sich bereits pädago-

Digital Dante

gisch wirksam ist. Massenunterhaltung hingegen spielt sich meist auf einer einzigen intellektuellen Ebene ab, sie will das Publikum unterhalten und verändert dadurch weder Sensibilität noch Fähigkeiten. Pädagogische Arbeiten hingegen holen die Schüler auf einem bestimmten Niveau ab und sorgen durch ihre innere Struktur dafür, daß die Schüler ihre Fähigkeiten und Vorlieben verändern können, und daß durch die Arbeit ein Prozeß der Selbstbestimmung in Gang kommt. Die Frage ist nun, ob das Internet nicht ganz allgemein den Zugang zu pädagogisch wertvollen Angeboten, die bisher nur wenigen vorbehalten waren, wesentlich erleichtern kann.

Der dritte Grund für die Chancenungleichheit hat damit zu tun, daß Kinder aus gebildeten Familien größere Chancen haben, eine Schule mit effizienten Unterrichtsmethoden zu besuchen. Es ist schwer zu sagen, ob das durch den Einsatz digitaler Technologien wesentlich verändert werden kann. Im Moment werden in den USA vermehrt Drill- und Übungsprogramme bei Kindern aus benachteiligten Schichten eingesetzt. Ich denke aber, daß diese Tendenz aus einer gewachsenen Trägheit resultiert, die vertraute Praktiken auf die digitale Umgebung übertragen möchte. Je mehr sich die Schulen vernetzen, desto leichter wird es für die Lehrer, ihre pädagogischen Vorstellungen und Ressourcen miteinander auszutauschen. Der Effekt wäre, daß sich dann sinnvolle Anwendungen im gesamten System ausbreiten könnten. Ein gutes Beispiel für diese These ist die Website des Astronomie-Kurses in der Dalton School, der von einem außerordentlich fähigen Lehrer, Malcolm Thompson, für die hochbegabten Kinder entwickelt wurde [http://www.nltl. columbia.edu/Groups1/Astro/home.html]. Ohne Internet wäre es Lehrern und Schülern in einem weniger privilegierten Umfeld nicht möglich, Zugang zu einer solchen pädagogischen Innovation zu erhalten. Mit dem Internet wird der Austausch von sinnvollen Materialien leichter und selbstverständlicher. Ein weiteres ausgezeichnetes Beispiel für innovatives, web-basiertes Unterrichtsmaterial, das anderen übers Netz zur Verfügung gestellt wird, ist der CyberEnglish-Kurs, der von Ted Nellen an der Murry Bergtraum High

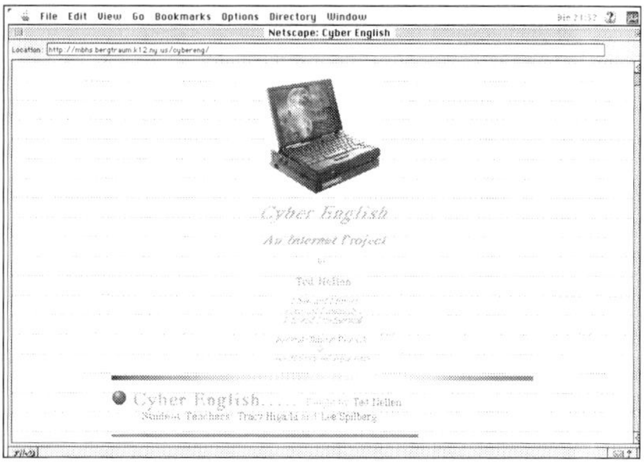

CyberEnglisch-Kurs im Netz

School in New York entwickelt wurde [http://mbhs.bergtraum.k12.ny.us/cybereng/].

Auch wenn solche – bisher noch relativ vereinzelte – Beispiele den Schluß nahe legen, das Web könne die Chancengleichheit im Bildungsbereich erhöhen, ist dennoch nicht zu erwarten, daß sich die digitalen Technologien nach einem egalitären Grundmuster ausbreiten werden. Wer über Geld und Macht verfügt, wird die Früchte der Innovation früher genießen als derjenige, dem diese Voraussetzungen fehlen. Wir können heute bereits absehen, daß die Einführung der neuen Technologien die existierenden Unterschiede in den Schulen zunächst einmal verstärken wird. Der egalisierende Effekt kann erst dann zum Tragen kommen, wenn diese Technologien flächendeckend zur Verfügung stehen.

Es gibt natürlich auch das Risiko, daß der egalisierende Effekt gar nicht eintritt, und die Technologien letzten Endes die bestehende Ungleichheit der Bildungschancen zusätzlich verstärken wird. Bis vor kurzem klafften Populärkultur und Schulkultur weit auseinander. Das könnte in Zukunft anders werden, wenn sich die Computer in den Schulen mit denen zu Hause vernetzen. Dann könnten die beiden Kulturen wieder verstärkt miteinander in Beziehung treten. Leider werden es aber dann wohl wieder zuerst die Kinder aus gutsituierten Familien sein, die sowohl zu Hause als auch in der Schule Zugang zum Computer haben.

Es gibt den weit verbreiteten Glauben, daß die Kräfte des Marktes die PC-Kosten so weit nach unten drücken werden, daß vernetzte Computer bald ebenso selbstverständlich sind wie Fernseher und Telephon. Abgesehen davon, daß ich das für äußerst unwahrscheinlich halte, bedarf es aber in hochentwickelten Gesellschaften darüber hinaus einer gesonderten Anstrengung seitens der Politik, um sicherzustellen, daß die neuen Technologien tatsächlich allen zur Verfügung stehen. Wenn es gelingt, die Technologien in allen Schulen und Haushalten durchzusetzen, werden sie allen Schülern, auch denen aus mittelloseren Schichten, mehr und effizientere Mittel an die Hand geben, als es die heutigen Unterrichtstechnologien tun.

Interaktion zwischen Schule und Universität

Wir halten die Kluft zwischen den Hochgebildeten und den durchschnittlich Gebildeten in unserer Gesellschaft für so selbstverständlich, daß wir nicht nach tiefschürfenden Erklärungen suchen. Wenn wir feststellen, die Kluft sei das Resultat der »zunehmenden Spezialisierung«, müßten wir uns eigentlich weiter fragen, warum erstens die Spezialisierung derart zugenommen hat, und warum es zweitens für den Normalbürger so schwierig geworden ist, spezialisiertes Fachwissen zu verstehen. Daß der durchschnittlich gebildete Bürger dafür angeblich nicht intelligent genug ist, kann als Erklärung nicht befriedigen. Die meisten Experten sind auch nur Experten auf ihrem eigenen Gebiet und verstehen von anderen Fachgebieten nicht mehr als ein Mensch mit Durchschnittsbildung. Wenn wir sagen, Menschen könnten nicht in allen Bereichen Fachwissen haben, weil das Wissen zu umfangreich geworden sei, dann müssen wir auch die Frage stellen, warum das Wissen so umfangreich geworden ist.

Die Geschichte der Moderne zeichnet sich dadurch aus, daß das Werkzeug zum Erwerb von spezialisiertem Wissen in nahezu allen Bereichen immer raffinierter, teurer und auch empfindlicher geworden ist. Ob wissenschaftliche Bibliotheken, Archive, Observatorien, Operationssäle, Laboratorien, Taucherglocken, Spaceshuttles – unser gesamtes hochspezialisiertes und zum Teil sehr teures Equipment ist praktisch nur von wenigen Menschen zu benutzen, die speziell dafür ausgebildet und in der Lage sind, richtig und effizient damit zu arbeiten. Das Fachwissen der Experten besteht zum Großteil allein darin, das hochspezialisierte Werkzeug bedienen und benutzen zu können. Mit anderen Worten sind Orte, an denen intellektuelle Höchstleistungen vollbracht werden, zutiefst elitär. Sie sind es, ohne es zu wollen, allein aus der inneren Notwendigkeit der Arbeitsweise heraus.

Ist diese »innere Notwendigkeit« nun etwas, was historisch gewachsen und vielleicht unveränderbar ist? Ich möchte mich dieser Frage wiederum mit den Augen des Kulturhistorikers nähern, der bestimmte Entwicklungen auf ihre Bedeutung für die Menschen untersucht. Man kann mit einiger Sicherheit sagen, daß die vernetzten multimedialen Technologien den Zugang zu Wissensbereichen erschließen, die zuvor verschlossen waren. Das bedeutet nicht, daß es nun keine Barrieren mehr gibt. Die neuen Zugangsmöglichkeiten sind ja auch bisher eher virtuell als real vorhanden. Dennoch können auch diese wenigen Fortschritte schon bedeutsam sein, indem sie zum Beispiel Menschen ermöglichen, einen komplexen technischen Apparat aus der Ferne zu steuern und auch das Resultat der Arbeit zu sehen, die sie mit diesem Apparat gerade ausführen.

Wenn man sich zum Beispiel die Website des »Perseus«-Projekts der Tufts University [http://www.perseus.tufts.edu/art&arch.html] ansieht, erkennt man, welchen Einfluß ein solches Projekt auf den Zugang zur klassischen Antike haben kann. Die modernen akademischen Disziplinen, die aus der Mitte des 18. Jahrhunderts datieren, stehen seit jeher im Spannungsfeld zwischen der Tendenz zu größerer Spezialisierung und dem klassischen Bildungsideal. Das Studium der klassischen Antike ist eine interessante Meßlatte bei der Beantwortung unserer Frage, ob Spezialisierung mit Unverständlichkeit einhergehen muß. Die zur Verfügung stehenden Ressourcen sind begrenzt, d. h. es wäre theoretisch möglich, daß auch der Laie sich ihrer bedient. Abgesehen von der fehlenden Fremdsprachenkenntnis, die hierfür notwendig wäre, sind die Textquellen aber auch so teuer, daß nur einige Schulen es sich leisten können, sie zu erwerben. Das hat zur Folge, daß auch die weiteste Verbreitung der klassischen Texte nur eine Elite erreicht. Die Tatsache, daß die Anzahl der Quellen und Kunstwerke derart limitiert ist, machte die klassische Antike zum idealen Medium für die Digitalisierung ihrer Quellen. Seither sind die Lernwerkzeuge für das Studium der Antike für alle Interessenten online verfügbar.

Ein Blick in die Perseus-Website zeigt uns: Sie versorgt jeden, der sich mit dem Studium der klassischen Antike befassen möchte, mit einer fundierten Material- und Quellensammlung. Natürlich macht der Zugang zur Information noch lange nicht aus jedem einen Experten der klassischen Antike. Aber das Perseus-Projekt gibt uns zumindest eine Vorstellung davon, auf welche Weise Lehrer solche Quellen in Zukunft für die Allgemeinbildung verwenden können. Was bisher eine Frage der fehlenden materiellen Verfügbarkeit war, wird sich in Zukunft auf die Frage der persönlichen Präferenzen eines Lehrers reduzieren.

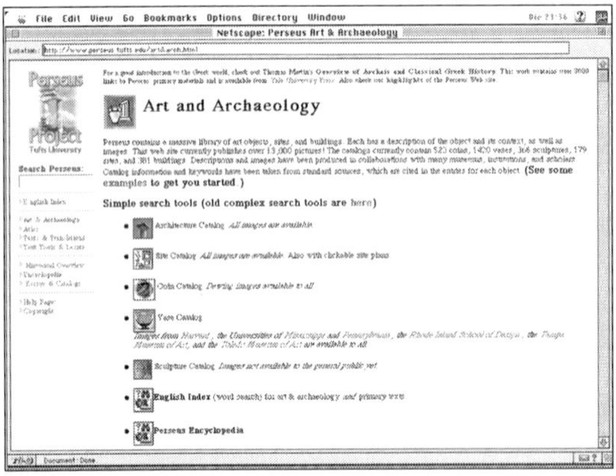

Digitalisierte Antike: das Perseus-Projekt

Das gilt auch für viele andere Bereiche wissenschaftlicher Forschung. Das große Paradoxon der empirischen Wissenschaft bestand immer darin, daß die Vermittlung der Sachverhalte auf sehr dogmatische Weise erfolgte. Die empirischen Grundlagen wissenschaftlichen Denkens lagen weit jenseits der Vermittlungsmöglichkeiten unseres Bildungssystems. Mit zunehmender

Digitalisierung wird in Zukunft aber die empirische Basis eines Gutteils der wissenschaftlichen Arbeit routinemäßig online verfügbar sein. Die Daten lassen sich mittels der digitalen Systeme leicht und genau reproduzieren und übermitteln. Damit folgt auch dieser Bereich im Internet der allgemeinen Zielrichtung, daß alles jederzeit und für jeden abrufbar sein sollte.

Wie im Fall des Perseus-Projekts besteht das Problem nun auch hier darin, pädagogische Methoden zu entwickeln, die dem Durchschnittsbürger eine sinnvolle Nutzung von Ressourcen erlauben, die für ihn bisher nicht erreichbar waren. Auch in der Spitzenwissenschaft gibt es dieses Problem. Die Forschungswerkzeuge sind immer komplizierter und die Daten immer unüberschaubarer geworden, so daß auch Wissenschaftler inzwischen auf Strategien der Vereinfachung angewiesen sind. Die neuen digitalen Werkzeuge mit ihren Möglichkeiten der Visualisierung und Simulation arbeiten so gut, daß komplizierte Sachverhalte, für deren Verständnis früher profunde mathematische Kenntnisse notwendig waren, heute in anschaulichen Visualisierungen von nahezu allen sofort verstanden werden können.

Auch hierfür gibt es im Netz bereits überzeugende Beispiele. Das Lamont Doherty Earth Observatory ist Teil der Columbia University, liegt aber abseits des Hauptcampus und wird von universitätsfremden Forschungsfonds gefördert. Bis vor kurzem waren pädagogische Zielsetzungen nicht Teil des LDEO-Programms. Überraschenderweise und quasi als selbstverständliches Nebenprodukt der Forschungstätigkeit entwickelt sich das LDEO nun zu einer Werkstatt für Visualisierungswerkzeuge, und das ganz offensichtlich deshalb, um Schülern in der Grund- und Sekundarstufe die Möglichkeit zu geben, mit großen wissenschaftlichen Datenbanken zu arbeiten [http://ingrid.ldgo.columbia.edu/ und http://www.ldeo.columbia.edu/EV/EarthViewHome.html]. Teams, die anspruchsvolle wissenschaftliche Datenbanken entwickeln, kreieren zunehmend parallel dazu auch leistungsfähige Werkzeuge, mit deren Hilfe die Schüler dann direkt mit den Datenbanken arbeiten können. Wie sich die Möglichkeit des allgemeinen Zugangs zu aller Art von Expertenwissen auf Dauer auswirken wird, ist schwer abzuschätzen. Am schnellsten werden sich vermutlich die bisherigen Muster der Zusammenarbeit zwischen Universitäten und Schulen verändern. Bisher waren viele Mittel der höheren Bildung zu teuer und zu fragil, um in Schulen eingesetzt zu werden. Je mehr diese Mittel aber in digitaler Form zur Verfügung gestellt werden, desto eher können Studenten, Schüler und Lehrer in der ganzen Welt routinemäßig davon Gebrauch machen. Die pädagogische Herausforderung für den

Lehrer besteht nun darin, Strategien zu entwickeln, um die digitalisierten Ressourcen sinnvoll in den täglichen Unterricht einzubinden. Eine wesentliche Rolle kommt dabei dem Klassenzimmer zu, das sich mehr und mehr zu einem aktiven Kommunikationszentrum entwickeln wird.

Die Öffnung des Klassenzimmers zum kommunikativen Zentrum

Traditionelle Klassen sind geschlossene Gesellschaften. Die Glocke läutet, die Türe wird geschlossen, und es herrscht Ordnung in der Klasse. In einer derart geschlossenen Gesellschaft sind die Ressourcen relativ begrenzt: Lehrbücher, einige zusätzliche Unterrichtsmaterialien, vielleicht eine Enzyklopädie und der Wissensvorrat des Lehrers. Es ist schwierig, den Diskurs eines bestimmten Tages nach Bedarf zu vertiefen. Die Schulbibliothek hat ihre Grenzen, und außerdem ist es mühsam, sie während der Schulstunden zu nutzen. Diese Art von Beschränkung der Kommunikation hat die pädagogischen Potentiale seit Jahrhunderten gehemmt. Das Internet verändert von Grund auf die Ortsgebundenheit intellektueller Ressourcen. Sammlungen sind in ihrer physischen Form immer an Orte gebunden. Wenn man sie aufsuchen will, muß man sich an diesen Ort begeben. Mit den digitalen Netzwerken kehrt sich diese Bewegung um. Die Nutzer befinden sich nun an irgendeinem beliebigen Ort der Welt und werden dort von den Sammlungen aufgesucht. Früher befanden sich Klassenzimmer und Bibliothek oft weit voneinander entfernt, heute kommt die Bibliothek ins Klassenzimmer, und zwar nicht nur die Bibliothek der Schule, sondern die vollständige digitale Bibliothek des World Wide Web. Das stellt uns vor große Herausforderungen. Wir müssen Methoden entwickeln, die Bibliothek des Weltwissens nun auch sinnvoll zu nutzen. Die Aufgabe ist groß, der damit verbundene Wandel ebenfalls, und er wird sich nicht darauf beschränken, daß sich die Ressourcen auf den Schüler zubewegen.

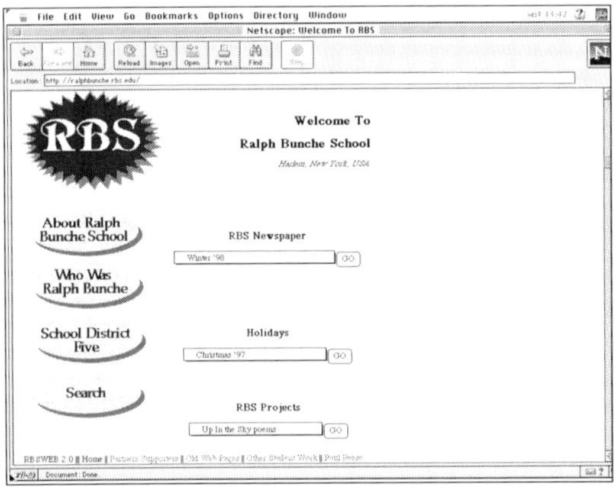

Die Ralph Bunche School aus West Harlem

Ich möchte hier kurz auf die Ralph Bunche School in West-Harlem eingehen [http://ralphbunche.rbs.edu/]. Die Schüler dieser Schule benutzen – unter der Anleitung des Internetpioniers Paul Reese – das Internet konsequent als Kommunikationsmedium: Sie veröffentlichen eine monatlich erscheinende Zeitung, die über Ereignisse in der Schule berichtet und ausgewählte Schülerarbeiten vorstellt; sie schreiben Geschichten und Kommentare und produzieren künstlerische Arbeiten für das Web; sie vernetzen sich mit Menschen außerhalb der Schule und regen sie an, ihnen Daten und Informationen zu liefern, und legen sich so eigene Datenbanken an, die sich zum Beispiel mit dem Studium der Wahrscheinlichkeit beschäftigen.
Schüler haben oft das Gefühl, daß Bildung etwas ist, das man ihnen antut und das sie passiv über sich ergehen lassen müssen. Kinder, die das Internet benutzen, um ihre Arbeit anderen zugänglich zu machen und sie zur Teilnahme aufzufordern, werden vermutlich weniger häufig Bildung als etwas Fremdes, von außen Kommendes empfinden. Bei den Schülern der Ralph Bunche School hat sich darüber hinaus gezeigt, daß hochentwickelte Kommunikationstechnologie bereits in der Grundschule helfen kann, den pädagogischen Prozeß zu transformieren. In den höheren Jahrgängen sind diese Technologien noch viel wichtiger. Das Klassenzimmer wird sich durch Desktop-Video-Konferenzen demnächst weiter öffnen. Aber auch jetzt schon gibt es preiswerte Programme wie »CUSeeMe«, die Schülern helfen, mit Gleichaltrigen – oder Experten, je nach individueller Interessenlage – an anderen Orten in visuellen Kontakt zu treten.

Veränderte Lehrpläne

Während der letzten 500 Jahre bestand der Lehrplan hauptsächlich aus einem komprimierten Überblick zu ausgewählten Gegenständen und Themen, deren Umfang sich am Umfang brauchbarer Schulbücher orientierte. Der Inhalt des Lehrplans bestimmte sich also nicht danach, was wertvoll und wichtig in einer Kultur ist, sondern was in eine begrenzte Anzahl von Büchern zu verpacken war. Kinder waren nicht in der Lage, eine große Enzyklopädie in ihren Schultaschen zu transportieren. Entsprechend gab es dann bei der Gestaltung der Lehrpläne immer einen Wettbewerb zwischen Themen und Materialien, die als schädlich oder als essentiell erachtet wurden. Das führte zum Dauerkonflikt zwischen den Anhängern einer multikulturellen Bildung und den Verteidigern des herkömmlichen Bildungskanons. Mit den Möglichkeiten der neuen Medien wird dieser Konflikt sehr bald verschwinden.

In Wirklichkeit gibt es ja für jede literarische Tradition einen umfangreichen und lebendigen inhaltlichen und formalen Kanon, der weitaus anspruchsvoller ist als das blasse Abbild in den offiziellen Lehrbüchern, und jede Tradition hat ihren eigenen kulturellen Wert. Ist etwa jemand, der Cervantes statt Shakespeare liest, benachteiligt? Wir haben nun die Gelegenheit, einen Lehrplan zu erstellen, der nicht auf Ausschluß beruht, sondern statt dessen der Vielfalt Raum gibt und höchsten Wert beimißt. Schon heute ist durch die vielen digitalen Bibliotheken, die im Netz bereits zugänglich sind, die Vielfalt erstaunlich gewachsen, denn alle diese Bibliotheken bringen neue Sammlungen in die Schulen.[1]

Was die kontrovers geführte öffentliche Debatte um den Zuammenhang zwischen kultureller Vielfalt und der notwendigen Tiefe und Vitalität einer Kultur angeht, so bin ich davon überzeugt, daß ein Lehrplan, der Vielfalt mit Qualität verbindet, wünschenswerter ist als ein Lehrplan, der Gemeinschaft auf Kosten der Qualität herstellt. In diesem Zusammenhang möchte ich auf die Website der moslemischen Clara Mohammed Schule in der 116. Straße in New York verweisen, die von uns ans Internet angeschlossen wurde [http://pindar.ilt.columbia.edu/heap/schools/scm].

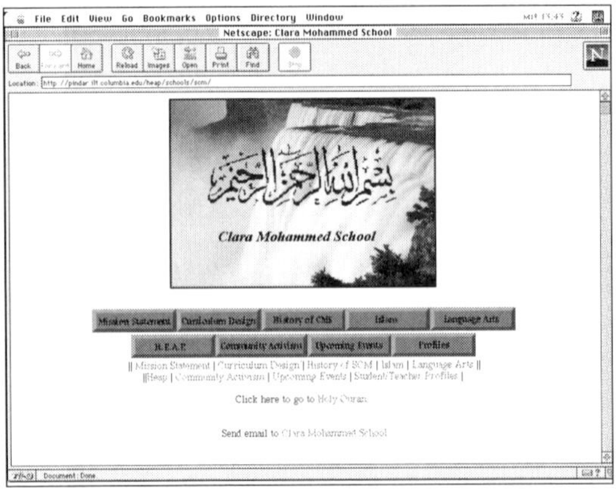

Homepage der Clara Mohammed Schule

Obwohl diese Schule nur über sehr begrenzte finanzielle Mittel verfügt, verfolgt sie ein außerordentlich ehrgeiziges pädagogisches Konzept. Sie hat sich zum Ziel gesetzt, einen dreisprachigen Lehrplan zu verwirklichen. Der Unterricht wird in den Sprachen Englisch, Französisch und Arabisch abgehalten. Dank des in der gesamten Schule vorhandenen Zugangs zum Internet läßt sich dieses Ziel nun sehr viel leichter verwirklichen. Zu untersuchen wäre, ob die Schule durch die Dreisprachigkeit des Unterrichts ihren hauptsächlich aus armen Minderheitenfamilien stammenden Schülern bessere Bildungschancen vermittelt.

Ein abschließender Imperativ

Im 20. Jahrhundert hat sich in vielen Ländern das Augenmerk zunehmend auf das Unterrichten an sich verlagert, und entsprechend wird das offizielle didaktische Programm als der entscheidende Faktor für das Ergebnis der pädagogischen Arbeit betrachtet. Nach der herkömmlichen Auffassung ist Bildung das, was sich einstellt, wenn der Lehrer gut unterrichtet und die Schüler gut lernen.

Im herrschenden Bildungssystem kommen auf einen Lehrer 20 bis 30 Schüler – zu viele, um effizient zu unterrichten. Wir sollten die neuen Technologien als Investition in die Köpfe unserer Schüler betrachten. Wir haben die Möglichkeit, Kapital dafür einzusetzen, daß sich die Fähigkeiten der Schüler, komplexe Zusammenhänge zu lernen, verbessern; daß sie nicht einfach nur lernen, was der Lehrer unterrichtet, sondern daß sie selbständig denken, ausprobieren, untersuchen, bewerten und hinterfragen; daß sie Hypothesen aufstellen, beobachten, theoretisieren, planen, prüfen, fordern, streiten und für etwas kämpfen. Schüler sind kommunikativ und kreativ, sie staunen, reflektieren, zweifeln, lösen Probleme und machen Prophezeiungen, sie kommentieren, passen sich an, verehren und lehnen ab, sie erfinden und kopieren, und schließlich analysieren sie auch und ziehen Schlüsse – und so könnte man noch viele Tätigkeitsworte auf sie übertragen, die man im allgemeinen zur Beschreibung kulturschaffender menschlicher Aktivitäten verwendet. Die neuen Technologien sind Werkzeuge, die das Studium und die Arbeit von Schülern und Studenten effizienter machen. Sie befähigen die Lernenden, die oben beschriebenen Aufgaben mit mehr Kraft und Selbstbestimmtheit anzugehen. Die neuen Werkzeuge des Lernens werden die pädagogischen Möglichkeiten wesentlich erweitern.

Betrachten wir einmal die Werkzeuge, mit denen Kinder in der Schule arbeiten. Sie haben sich seit dem 16. Jahrhundert nicht wesentlich verändert. Lehrbücher, Schreibblöcke, Stifte, Schultaschen, Schreibtische, Tafel und Kreide und verschiedene visuelle Hilfen – all diese Werkzeuge wurden bereits vor Jahrhunderten erfunden. Sie entscheiden darüber, welche Form der Pädagogik erfolgreich sein wird. Sobald einmal die elementaren Inhalte vermittelt sind, muß ihretwegen der Tag in Perioden unterteilt werden, die jeweils klar voneinander abgegrenzten Fächern gewidmet sind. Ungeachtet des Faches und des jeweiligen Alters der Schüler rezitieren die Gruppen brav die gelernten Lektionen. Immer und immer wieder ist versucht worden, pädagogische Innovationen durchzusetzen, und immer wieder kehrte man in der Praxis zu den überlieferten Normen zurück, da diese Normen dem entsprechen, was die meisten Schüler mit Hilfe der traditionellen Werkzeuge leisten können. Gibt man den Schülern nun neue, mächtige Informationswerkzeuge in die Hand, werden sich ihre Leistungen ändern, und wir können unseren Einfluß dafür geltend machen, um der Form von Pädagogik zum Durchbruch zu verhelfen, die wir für die nützlichste halten.

Welches wären die Auswirkungen auf das Bildungssystem, wenn wir tatsächlich in die Fähigkeit der Schüler investieren würden, zu lernen und ihre Arbeit zu tun? Ich denke, das Internet wird in der Schule zu einer intellektuell anspruchsvollen, für alle zugänglichen, modernen Bildung führen. Damit eine solche Erneuerung gelingen kann, müssen in den Klassenzimmern allerdings vier wesentliche Voraussetzungen erfüllt sein:

- Man muß sie zu kooperativen Environments umgestalten und die Schüler durch gute Aufgabenstellungen herausfordern;
- man sollte den Zugang zu den Wissensressourcen nicht begrenzen;
- Schüler und Lehrer müssen die Möglichkeit haben, auch jenseits des Klassenzimmers zu kommunizieren;
- man muß den Schülern sehr gutes Werkzeug zur Verfügung stellen, das ihnen die Analyse, Synthese und Simulation großer Datenmengen erlaubt.

Wo solche Bedingungen erfüllt sind, kann man beobachten, daß die Schüler besser lernen – und zwar alle Schüler. Sie lernen gründlicher und nachhaltiger, das Lernen geht mehr in die Tiefe, und die Schüler begreifen es als Teil ihrer selbst. Die Nachhaltigkeit des Gelernten ist ein wesentlicher Punkt beim Lernen mit den neuen Medien. In der ersten Hälfte dieses Jahrhunderts sind immer wieder Versuche unternommen worden, progressive pädagogische Vorstellungen auf einer breiteren Basis zu erproben. Die meisten davon haben sich in der Praxis nicht bewähren können. Wir müßten an diesem Punkt der Diskussion den Grund eigentlich leicht erkennen: Die intellektuellen Ressourcen, die Schülern und Lehrern in ihren abgeschotteten Klassenräumen zur Verfügung standen, reichten nicht aus, um nachhaltige Projekte und Untersuchungen zu verwirklichen. Aufgrund der intellektuellen Begrenzungen, die selbst ein hochgebildeter Lehrer in die Klasse hineinträgt, und aufgrund des nicht ausreichenden intellektuellen Lehrmaterials wird ein Lehrer in einer Klasse mit 25 Schülern, die neugierig sind und Fragen ohne Ende stellen, schnell an die Grenzen seiner pädagogischen Fähigkeiten stoßen.

Technologische Innovationen bringen an sich keine progressiven pädagogischen Konzepte hervor. Diese gehen auf engagierte Denker wie Rousseau, Goethe, Pestalozzi und Fröbel zurück und wurden von den großen Pädagogen dieses Jahrhunderts, Dewey, Montessori und Freire, weiterverfolgt. Technologische Innovationen bringen auch an sich keine neuen Ideen, Hoffnungen oder Zielvorstellungen hervor. Sie verändern lediglich die Ökologie der Machbarkeit, so wie im 16. Jahrhundert die Verbreitung des Buchdrucks dazu beitrug, mittelalterliche Ketzereien, die ein Jahrhundert zuvor noch mit Leichtigkeit unterdrückt worden waren, zum Ausgangspunkt für die tiefgreifende Reform des Christentums zu machen. Die Gedanken der Reform und Gegenreform waren an sich nicht neu, aber dank der Verbreitung des Buchdrucks war es nun wesentlich leichter, sie in die Praxis umzusetzen. In ähnlicher Weise beeinflußt nun das Internet die Möglichkeiten der Pädagogik, die es zwar auch früher schon gab, die aber erst jetzt umgesetzt werden können. Es fordert die Pädagogen heraus, das Beste aus diesen Möglichkeiten zu machen und die Schüler mit den potentesten Lernwerkzeugen der digitalen und multimedialen Telekommunikation auszustatten, die wir in unserer Kultur zur Verfügung haben.

Anmerkung

1 [http://www.cc.columbia.edu/cu/libraries/digital/texts]
oder [http://www.columbia.edu/cu/libraries/indiv/ets/offsite/language.html]
oder [http://www.columbia.edu/cu/libraries/indiv/ets/offsite.subject.html].

Bibliotheken: Universaldienstleister der Wissensgesellschaft

von Barbara Schleihagen

»Where is the life we have lost in living?
Where is the wisdom we have lost in knowledge?
Where is the knowledge we have lost in information?«
T. S. Eliot, *Choruses from the Rock,* 1934

Dieses Zitat des Dichters T. S. Eliot hatten die Bibliothekare als Motto für ihre Tagung 1997 im britischen Grasmere gewählt. Die Tagung beschäftigte sich mit der Frage, auf welche Weise Bibliothekare dazu beitragen können, daß die Menschen die stetig steigende Informationsflut besser bewältigen und aus Informationen Wissen gewinnen können.
Damit die Möglichkeiten der kommenden Wissensgesellschaft für alle nutzbar sind, müssen zwei Grundbedingungen erfüllt sein: Erstens muß jeder die Möglichkeit des technischen Zugangs zu den neuen Medien besitzen, darüber hinaus muß er aber auch in die Lage versetzt werden, mit den Medien umzugehen. Im ersten Fall, wo die immer noch hohen Kosten für die Hard- und Software-Ausstattung für viele bereits ein Hindernis darstellen, ist der Staat aufgefordert, eine entsprechende Infrastruktur bereitzustellen, damit diejenigen, die die Kosten dafür nicht aufbringen können, nicht ausgegrenzt werden. Hier kann die Nutzung der bereits flächendeckend vorhandenen Infrastruktur der öffentlichen Bibliotheken eine gute Lösung bieten. Es reicht aber nicht Zugang zur Technik zu haben, man muß außerdem über Medienkompetenz und ausreichendes Hintergrundwissen verfügen, um einigermaßen souverän mit den neuen Medien umgehen zu können. Dazu gehört die Art und Weise, wie man sich Informationen beschafft, wie man ihre Relevanz, Qualität und Verläßlichkeit beurteilt und zwischen wichtig und unwichtig unterscheidet. Außerdem muß man in der Lage sein zu erkennen, welcher Informationsträger den größten Nutzen bringt.[1] Durch Programme wie »Schulen ans Netz« in Deutschland oder »Netd@ys Europe« wird auf europäischer Ebene versucht, diesem Bedürfnis in der schulischen Ausbildung Rechnung zu tragen. Wo aber bleibt die außerschulische Unterstützung dieser Bedürfnisse? Die Bibliothek hat auch auf diesem Gebiet eine wichtige Rolle zu erfüllen.

Der mündige Bürger der Wissensgesellschaft braucht eine öffentliche Einrichtung vor Ort, die ihm neben dem Zugang zu den traditionellen Informationsträgern auch gleichberechtigt den Zugang zu allen neuen Medien erlaubt. Darüber hinaus benötigt der Bürger eine qualifizierte Aufbereitung der Informationsangebote.

Bibliotheken haben jahrhundertelange Erfahrung im Umgang mit Informationen jeder Art und jeden Formats, ob es sich um Handschriften, gedruckte Texte, audiovisuelle Materialien oder Offline-Produkte wie CD-ROMs handelt. Die Arbeit der Bibliothekare beschränkt sich bereits seit mehreren Jahrzehnten nicht mehr nur auf Bücher. Nur wer lange keine Bibliothek mehr besucht hat, wird auf eine so abwegige Idee kommen, daß Bibliotheksbestände allein aus Printmedien bestünden und Bibliothekare nichts weiter als Hüter des gedruckten kulturellen Erbes seien.

Die Rolle von Bibliotheken bestand schon immer darin, schriftlich fixiertes Gedankengut zu sammeln, zu bewahren, zu organisieren und zugänglich zu machen. In der Gesellschaft des frühen 20. Jahrhunderts wurde der letzte Aspekt zunehmend wichtiger, was dann zu einem ausgedehnten Netz von öffentlichen Einrichtungen führte, die für alle Bürger zugänglich waren. Bibliotheken sind also wichtige Glieder der Informationskette, und ihre Rolle ist es, als direkte Verbindung zwischen den unterschiedlichen Informationsquellen und den Informationssuchenden zu fungieren. Die Möglichkeit, auf Bibliothekskataloge und Publikationen nun elektronisch aus der Ferne zugreifen und Dokumente auf elektronischem Wege verschicken zu können, bedeutet aber nicht, wie manche meinen, daß Bibliotheken und Bibliothekare in Zukunft überflüssig würden. Tatsächlich trifft genau das Gegenteil zu!

Das wird schon am Beispiel des Buches, des traditionellsten aller Bibliotheksmedien, deutlich. Das Buch wird auch in Zukunft ein wichtiger Informationsträger bleiben. Es wäre mit enorm hohen Kosten verbunden, würde man alle Bücher digitalisieren. Ein noch größeres Hindernis stellt das heutige Urheberrecht dar, das sowohl das nachträgliche Digitalisieren gedruckter Publikationen erschwert als auch in vielen Fällen das elektronische Versenden von Dokumenten gänzlich unmöglich macht. So mußten beispielsweise etliche der von der Europäischen Union geförderten Bibliotheksprojekte aus solchen Gründen abgebrochen oder die aufgebauten Datenbanken nach Beendigung des Projektes wieder gelöscht werden. Es ist dringend notwendig, daß man hier mit den beteiligten Parteien, mit den Autoren, Verlagen und Verwertungsgesellschaften, in gemeinsam entwickelten Projekten und sachlich geführten Dis-

kussionen zu befriedigenden Lösungen kommt. Die Tatsache, daß die neuen Technologien Reproduktionen ohne Qualitätsverlust und viele Arten der Manipulation zulassen, ist eine Herausforderung für alle Beteiligten. Die Bibliothekare vertreten in dieser Debatte die Interessen der Endnutzer: Sie treten für einen ungehinderten und kostenneutralen Zugriff auf Informationen aller Art und für die Nutzung aller zur Verfügung stehenden Informationsträger ein.
Bibliotheken sind wichtige Glieder in der Informationskette, die vom Autor über den Verlag bis zum Informationsnutzer reicht. Es wäre für Verlage unmöglich, die riesige Zahl der potentiellen Informationssuchenden mit ihren Produkten direkt anzusprechen. Bibliotheken können das hingegen aufgrund ihrer flächendeckenden Infrastruktur sehr leicht tun. Ohne die Arbeit der Bibliotheken wäre es sehr viel schwieriger, einen Überblick über die zu einem bestimmten Thema vorhandene Literatur zu erhalten. Die Arbeit von Verlagen ist darauf ausgerichtet, Autoren und ihr schriftlich fixiertes Gedankengut auf einer möglichst breiten Basis bekannt zu machen. Die Arbeit des Buchhandels beschränkt sich im wesentlichen darauf, aktuelle und wirtschaftlich rentable Publikationen anzubieten. Was nur für einen kleinen Kreis von Nutzern wichtig oder was vielleicht schon vergriffen ist, wird von den Bibliotheken zur Verfügung gestellt. Damit Bibliotheken diese Vermittlerrolle übernehmen und ausfüllen können, werden sie von öffentlichen Trägern aus Steuermitteln finanziert. Der Staat kommt damit seiner im Grundgesetz verankerten Verpflichtung nach, jedem Bürger die Möglichkeit zu geben, sich aus frei zugänglichen Quellen zu informieren.
Die Bibliothekare erfüllen ihren Vermittlungsauftrag, indem sie das zur Verfügung stehende Informationsangebot nach qualitativen Gesichtspunkten sortieren, entsprechend hochwertige Information auswählen, in den vorhandenen Bestand integrieren und auf diese Weise in einen Kontext bringen. Darüber hinaus bieten sie dem Nutzer auch individuelle Unterstützung. Sie beraten ihn und helfen, daß er die seinem spezifischen Informationsbedürfnis angemessenen Quellen findet und sich wirklich optimal informieren kann. Es gibt bis jetzt keine Software, die die differenzierte Beratung, die ein Bibliothekar leistet, ersetzen könnte. Bibliothekare kennen Auskunftsmittel jeder Art, sie lernen, mit Suchsprachen in Datenbanken umzugehen und Suchmaschinen im Internet sinnvoll einzusetzen. Und sie wissen um die Möglichkeiten und Grenzen dieser Hilfsmittel. Die Webbrowser und Suchmaschinen sind inzwischen so benutzerfreundlich, daß jeder binnen kürzester Zeit lernen kann, wie

man im Internet herumsurft. Aber nur wenige Nutzer wissen auch, wie man gezielt und zeitsparend im Internet nach Informationen sucht oder wie man die Relevanz und Qualität von Informationen bewertet, die man über die Suchmaschinen erhält.

Darüber hinaus haben Bibliotheken im Zeitalter der globalen Informationsnetze noch eine Vielzahl weiterer Funktionen zu erfüllen. Sie differieren je nach Art und Auftrag der Bibliothek. Zum Beispiel sehen sich Nationalbibliotheken, deren Aufgabe es ist, das kulturelle Erbe einer Nation zu sammeln, zu erhalten und zugänglich zu machen, vor das Problem gestellt, die nach 1850 erschienenen Bücher, die aufgrund der Verwendung industriell hergestellten säurehaltigen Papiers zu zerfallen drohen, mittels der neuen Techniken zu konservieren. Bei den elektronischen Publikationen hingegen gilt es, einerseits das Problem der langfristigen Quellensicherung zu lösen, da elektronische Texte unbegrenzt manipulierbar sind, andererseits sicherzustellen, daß die Information auch dann noch zur Verfügung steht, wenn die heutige Hard- und Software einmal veraltet sein wird. Wer, wenn nicht der Bibliothekar, kann die Aufgabe übernehmen, das digitale kulturelle Erbe auch zukünftigen Generationen zugänglich zu machen? Für die Erfüllung dieser Aufgabe ist allerdings ein gesicherter rechtlicher Rahmen notwendig, wie er zum Beispiel durch die Abgabe eines »Pflichtexemplars« bei den Printmedien gegeben ist. Außerdem ist hier unbedingt eine Kooperation und Unterstützung im europäischen Rahmen erforderlich.[2]

Die Hochschulbibliotheken erfüllen heute ihren Auftrag mit einer ganzen Reihe von zusätzlichen Angeboten. Sie reichen vom Online-Katalog über die Aufbereitung von Informationsquellen im Internet bis zur direkten Lieferung von Dokumenten an den Arbeitsplatz der Forscher.

Seit Anfang der neunziger Jahre werden unter dem Begriff »digitale« oder »virtuelle« Bibliothek sowohl von der Europäischen Kommission als auch von Bund und Ländern Projekte gefördert, die sich mit einzelnen Aspekten und der Entwicklung innovativer Dienstleistungsangebote befassen. Mehr als 70 solcher Bibliotheksprojekte wurden inzwischen durchgeführt. Sie haben alle zum Ziel, einerseits den Zugang zu den Bibliotheksbeständen zu verbessern und den Datennachweis maschinenlesbar und -austauschbar zu machen, andererseits den elektronischen Zugang zu entfernten Informationen aller Art zu ermöglichen. Damit wird eine europaweite Bibliotheksinfrastruktur gefördert, die im Dienste der Informationssuchenden steht.[3]

Als ein Beispiel für viele soll hier das Projekt »Internetbasierte Informati-

onssysteme an Hochschulbibliotheken« (IBIS) angeführt werden. Das Projekt vernetzt lokale Bibliothekssysteme von Universitäten und stellt erstmals in Deutschland für Wissenschaft und Lehre ein System kooperativer elektronischer Informationsversorgung zur Verfügung. Mit diesem System werden elektronische Dokumente arbeitsteilig ausgewählt, erschlossen, gespeichert und in den lokalen Universitätsnetzen – soweit rechtlich möglich, auch öffentlich – unter einer einheitlichen Benutzeroberfläche zugänglich gemacht. IBIS wird als Pilotsystem von den Universitäten Bielefeld und Dortmund aufgebaut und von einer Vielzahl anderer Bibliotheken unterstützt. Neben der Lieferung gedruckter und elektronisch gespeicherter Dokumente soll auch eine Metadatenbank aufgebaut werden, die – unter Zuhilfenahme der Internet-Suchsysteme – ausgewählte elektronische Publikationen nachweist und erschließt. Wichtig bei diesem Projekt ist ebenfalls, daß es ein System gibt, das die Zugangslizenzen zu den urheberrechtlich geschützten Daten verwaltet.[4]
Viele Universitätsbibliotheken entwickeln für Studenten und wissenschaftliche Lehrkörper mit Hilfe der neuen Technologien spezielle Trainingsprogramme, die geeignet sind, sie bei der Suche nach kompetenten Informationen zu unterstützen.[5] Von diesen Programmen und der Auswahl und Bewertung von Information profitieren dann auch die Fernnutzer, die die Angebote von zu Hause oder von ihrem universitären Arbeitsplatz aus recherchieren.
Im Zeitalter der globalen Vernetzung kommt insbesondere auch den öffentlichen Bibliotheken eine wichtige Funktion zu. Zum einen sind sie eine kulturelle Einrichtung, die als Informationsvermittler für alle fungiert, zum anderen sind sie vor allem in kleineren Gemeinden oftmals der einzige Ort, der den Menschen die Literatur der Vergangenheit und Gegenwart in Form unterschiedlicher Angebote, angefangen von Lesungen bis hin zu Konzerten und Ausstellungen, nahebringt.[6] Darüber hinaus erfüllt die öffentliche Bibliothek auch eine wichtige soziale Funktion. Sie ist ein Treffpunkt, ein Ort der Begegnung in der Gemeinde oder Stadt. Seit jeher haben die öffentlichen Bibliotheken ihre Angebote auch auf die besonderen Bedürfnisse spezieller Benutzergruppen und deren Probleme der Informationsbeschaffung ausgerichtet. Sie pflegen beispielsweise Angebote für die ländliche Bevölkerung, für ausländische Mitbürger, ältere Menschen, Kinder und Jugendliche, Arbeitslose, Familien mit geringen Einkommen und Menschen mit Behinderungen. Zunehmend werden bei diesen Dienstleistungen auch neue Medien eingesetzt.
Als Beispiel eines neuen Angebots für Kinder mag hier das von der

europäischen Kommission geförderte Projekt der »virtuellen Kinderbibliothek« CHILIAS (children's library – information – animation – skills) dienen.[7] Unter Federführung der Stadtbücherei Stuttgart wird gemeinsam mit Partnern in England, Finnland, Griechenland, Spanien und Portugal eine multimediale virtuelle Kinderbibliothek im World Wide Web entstehen. CHILIAS verknüpft Bücher und neue Medien, reale und virtuelle Bibliotheken miteinander und vermittelt auf spielerische Weise kreative und kommunikative Medienerlebnisse. Die Kinder können durch die virtuelle Bibliothek browsen, unabhängig davon, ob sie sich gerade zu Hause, in der Schule oder in der realen Bibliothek aufhalten. Sie finden in der virtuellen Bibliothek multimedial aufbereitete Themenangebote, Materialien zum Lernen, Information über ihre Lieblingsthemen und digitalisierte Texte, Bilder, Töne und Videosequenzen, die sie beim Lernen unterstützen können. Ebenso enthalten ist ein speziell für Kinder entwickeltes Trainingsprogramm, mit dem sie lernen, wie man sich mit Hilfe der neuen Technologien Informationen erschließt.
Ein gutes Beispiel für Bibliotheksangebote an ausländische Mitbürger ist die »Multicultural Library« (MCL), die ein gemeinsames Projekt der nordeuropäischen Länder ist.[8] Es handelt sich um eine Netzpublikation für Ausländer, die sich in diesen Ländern dauerhaft oder vorübergehend aufhalten. Die Angebote werden von den multilingualen Bibliotheken in Finnland (vgl. die Beschreibung der »Multicultural Library« im Kapitel »Netzpraxis«), Norwegen, Schweden und Dänemark gemeinsam erstellt und erhalten neben den für Ausländer wichtigen und interessanten landeskundlichen Informationen und Artikeln vor allem Links zu allen Verbänden und Einrichtungen. Weitere Bibliotheksdienste der öffentlichen Bibliotheken, die sich an spezielle Bibliotheksbesucher wenden, sind Schulbibliotheken, Gefängnisbibliotheken, Krankenhausbibliotheken und mobile Bibliotheken.
Die flächendeckende Infrastruktur der öffentlichen Bibliotheken ist eine ihrer großen Stärken. Sie sollte deshalb von ihrem jeweiligen Unterhaltsträger intensiv in alle Überlegungen mit einbezogen werden, wenn es darum geht, den Bürgern Informationen der Kommunen, Städte, Länder und des Bundes auf elektronischem Wege bereitzustellen. Erst wenn sichergestellt ist, daß jedem Bürger diese Informationen zugänglich sind, kann ein kostengünstiges System zur elektronischen Verbreitung von Regierungsinformationen in größerem Maße eingesetzt und eine direkte Beteiligung der Bürger an politischen Debatten möglich werden.
In Großbritannien ist es üblich, »business information« als integralen

Bestandteil der öffentlichen Bibliotheken in sogenannten »business information sections« anzubieten. 91 Prozent der europäischen Wirtschaftsunternehmen sind mittlere und kleine Unternehmen mit zum Teil weniger als 20 Angestellten[9], die darauf angewiesen sind, wichtige Informationen wie Marktanalysen oder Rechtsvorschriften so kostengünstig wie möglich zu erhalten. Für sie ist die öffentliche Bibliothek ein wichtiger Partner, der damit aktiv zur regionalen Wirtschaftsförderung beiträgt. Auch in Deutschland halten öffentliche Bibliotheken zunehmend Informationsangebote für kleine und mittlere Unternehmen bereit. In Zusammenarbeit mit Existenzgründerforen und Kommunalverwaltungen entstehen auf diese Weise regionale Datenbanken, die demographische Erhebungen enthalten und beispielsweise Hinweise darauf geben, wie Förderprogramme und Verfahren genutzt oder beantragt werden können.
Unter dem Schlagwort »Kosten sparen« werden hierzulande Bibliotheksetats immer noch weiter gekürzt, ganze Bibliotheken sind von der Schließung bedroht. Wie anders liest sich da die Argumentation des amerikanischen NIIAC (National Information Infrastructure Advisory Council), der als effizientesten und kostengünstigsten Weg, den Information Superhighway auf lokaler Ebene zugänglich zu machen, die Einrichtung von Netzzugängen in Schulen, Bibliotheken und Bürgerzentren empfiehlt. Der NIIAC hat die amerikanische Regierung zu einer »Kickstart«-Initiative bewogen, die sich zum Ziel gesetzt hat, bis zum Jahr 2000 sämtliche Schulen, Bibliotheken und Bürgerzentren landesweit ans Netz anzuschließen.[10] Der NIIAC setzt sich übrigens aus Repräsentanten der verschiedensten gesellschaftlichen Gruppen zusammen. Es sind darin sowohl die Regierung und die Wirtschaft wie die Universitäten und unterschiedlichste Organisationen vertreten, die sich für die Interessen der Bürger einsetzen.
Der erste Jahresbericht des von der Europäischen Kommission initiierten »Forum Informationsgesellschaft« kommt zu dem Schluß: »Es könnte dazu kommen, daß eine große Anzahl von Menschen am Rand der Informationsgesellschaft lebt, unfähig, ihren Platz zu finden, und aus vielen Gründen vom Zugang zu Informationen ausgesperrt – weil die Kosten für sie unerschwinglich sind, weil sie nicht mit den technischen Einrichtungen umgehen können, weil ihnen der Nutzen der angebotenen Geräte und Dienste nicht einleuchtet oder weil sie der neuen Technik ablehnend gegenüberstehen.«[11]
Die Bibliotheken können hier eine wichtige Rolle übernehmen. Statt weiterhin den Rotstift an die Bibliotheksetats anzusetzen, müßte daher in

Deutschland, ähnlich der Initiative »Schulen ans Netz«, dringend eine Initiative »Bibliotheken ans Netz« gestartet werden. Einen ersten Schritt dorthin hat das vom Deutschen Bibliotheksinstitut im April 1997 durchgeführte Planungsforum »Öffentliche Bibliotheken ans Netz!« getan. Es brachte Fachvertreter der regionalen und überregionalen bibliothekarischen Einrichtungen sowie Bibliotheksreferenten der Länderministerien und des Bundes zusammen, um gemeinsam über die Kooperations- und Vernetzungsmöglichkeiten nachzudenken, die es den Bibliotheken gestatten, auf die gewandelten Bedürfnissen der Bibliotheksbenutzer einzugehen.[12] Erfüllen können die Bibliotheken ihren öffentlichen Auftrag allerdings nur, wenn sie durch eine optimale technische Ausstattung in die Lage versetzt werden, dem Nutzer uneingeschränkten Zugriff auf die Printmedien und alle digitalen Medien und die weltweite Recherche in den Datenbanken zu ermöglichen.

Anmerkungen

1 Vgl. Herausforderungen für die Bildung/Medienkompetenz. Forum Info 2000. [http://www.forum-info2000.de].

2 Vgl. die Studie im Auftrag der Europäischen Kommission: Mackenzie Owen, J.S. and J. v. d. Walle: *Deposit collections of electronic publications. Europäische Kommission*, Luxembourg 1996.

3 Ausführliche Informationen zu allen Projekten sind zum Beispiel über die Website des Bibliotheksprogrammes erhältlich: [http://www2.echo.lu/libraries/en/libraries.html].

4 Informationen zu diesem und weiteren Projekten sind über die Website des Deutschen Bibliotheksinstituts erhältlich: [http://www.dbi-berlin.de].

5 Viele Hinweise und Beispiele enthält: Kesselman, Mardikian and Wilson: *Reaching Out to the Remote User.* Paper given at the IFLA User Education Round Table workshop, Beijing, China, August 1996.

6 Eine sehr gute Übersicht über öffentliche Bibliotheken in Europa bietet die umfangreiche Studie: *Public libraries and the information society*. Europäische Kommission 1997.

7 Bussmann, Ingrid: »CHILIAS, die europäische virtuelle Kinderbibliothek der Zukunft«. In: *Bibliotheksdienst* 30. Jg. (1996), H.8/9, S. 1441–1443.

8 [http://www.lib.hel.fi/mcl/mcl-eng.htm]

9 *Green Paper on Innovation.* European Commission. Supplement 5/95 – Bull.EU. Luxembourg.1996. S. 27.

10 Vgl. Dykstra Lynch, Mary: »Information Highways«. In: *World Information Report.* UNESCO 1997. In Auszügen veröffentlicht unter: [http://www.unesco.org/webworld/wirerpt/report.htm].

11 *Netzwerke für Menschen und ihre Gemeinschaften: Die Umsetzung der Informationsgesellschaft in der Europäischen Union.* Erster Jahresbericht des Forums Informationsgesellschaft an die Europäische Kommission. Juni 1996. S. 9.

12 Vgl. Uta Kaminsky und Susanne Thier: Planungs- und Diskussionsforum »Öffentliche Bibliotheken ans Netz!«. In: *Bibliotheksdienst*, 1997, H.8, S. 1516–1530.

Von Pull zu Push

Die Zukunft gehört dem persönlichen Informationsmanager

von Walter van de Velde

Ich möchte im folgenden auf einige Entwicklungen und Anwendungen der neuen Technologien eingehen, die geeignet wären, eine breitere Mitwirkung der Bürger an sozialen, wirtschaftlichen und politischen Aktivitäten und Entscheidungen zu ermöglichen.[1] Insgesamt kann man sagen, daß eine effektive Informationsverarbeitung nur dann möglich ist, wenn die Informationen zur richtigen Zeit und im richtigen Zusammenhang empfangen und verarbeitet werden. Das World Wide Web mit seiner riesigen geographischen Reichweite und seiner großen Offenheit ist zwar ein mächtiges Informationsinstrument, aber trotz zunehmender Verläßlichkeit der Information fehlt ihm eine entscheidende Fähigkeit: Es ist nicht in der Lage, den Zusammenhang festzustellen, in dem sich seine Benutzer befinden, da es hauptsächlich ein Information Pull-Medium ist: Üblicherweise durchsucht der Anwender das Netz nach Informationen und zieht sich das, was er findet, heraus. Das Web läßt sich aber auch ganz anders nutzen, nämlich als Information Push-Medium: Dem Anwender werden Informationen zur richtigen Zeit zugesandt.

Nur in Verbindung mit der Push-Technologie kann die Software, die wir als Software-Agenten oder Virtuelle Agenten[2] bezeichnen, ihre volle Wirksamkeit entfalten. Man kann sich das in der Art eines umgekehrten Netzwerkes vorstellen: Anstatt daß der Anwender sich zur Information hinbewegt, versuchen virtuelle Agenten, zum Anwender zu gelangen, wobei sie miteinander im Wettstreit liegen, wie sie am besten seine Aufmerksamkeit auf sich ziehen. Man kann die virtuellen Agenten als Stellvertreter unserer Informationsbedürfnisse begreifen. Sie leben und agieren in einer virtuellen Gesellschaft, die das Ziel hat, unsere reale Welt und Gesellschaft weiterzuentwickeln. Mit Hilfe solcher Systeme läßt sich in vielen Fällen, wenn es sich etwa um Gebietsplanungen oder um Tourismus- oder Verwaltungsprojekte handelt, die soziale Dimension besser integrieren. Im politischen Bereich kann die Push-Technologie zur Verstärkung demokratischer Strukturen führen. So kann sie etwa dazu beitragen, daß sich die für politische Entscheidungsprozesse notwendige Informationsbasis verbreitert sowie daß diese Prozesse selbst transparenter

werden; außerdem kann sie die Bürger an den Entscheidungsprozessen beteiligen. Insgesamt könnte die Push-Technologie die Basis für eine wirklich demokratische Informationstechnologie sein.
Welche Rolle spielen nun Software-Agenten für die Entwicklung einer sich an demokratischen Prinzipien orientierenden Technologie? Als wichtigste Fragen, die mit Hilfe der Technologie gelöst werden müssen, sind hier zu nennen: die Frage des allgemeinen Zugangs zur Information, die Frage der Interaktion und Beteiligung sowie die Frage der Einflußnahme auf die politische Agenda. Nur eine demokratische Technologie ist in der Lage, zur Lösung dieser Fragen effektiv beizutragen. Demokratisch heißt in diesem Zusammenhang, daß die Technologie preiswert sein muß und daß sie für alle zugänglich ist. Ich werde – obwohl es hierfür bisher noch keine wirklich überzeugenden Konzepte gibt, und bis es soweit ist, noch sehr viel Forschungs- und Entwicklungsarbeit notwendig ist – versuchen, ein tragfähiges Modell für ein zukünftiges demokratisches Medium zu skizzieren.

Netzwerke verbinden Menschen

Der sichtbare Vorteil heutiger Netzwerke besteht in den hochentwickelten Informationsdiensten, die sie uns zur Verfügung stellen. Diese Dienste ermöglichen es den Anwendern, von überallher schnell und problemlos auf Informationen zuzugreifen, die auf Computern in der ganzen Welt gespeichert sind. Die Entwicklung des World Wide Web hat die Benutzerfreundlichkeit von Computer-Netzwerken entscheidend verbessert. Zuerst ist durch den Personal Computer die Verarbeitung der Information in greifbare Nähe gerückt, dann durch das World Wide Web die Information selbst. Heute können viele Millionen Menschen mit Hilfe des World Wide Web Informationen zu jedem erdenklichen Thema finden; außerdem gibt es immer mehr sinnvolle Informationsdienste wie Suchmaschinen, Filterprogramme und auf den Kunden persönlich zugeschnittene Informationsangebote, die die Suche erleichtern. Man kann deshalb davon ausgehen, daß das Web (oder einer seiner Nachfolger) ein Eckpfeiler der zukünftigen Informationsgesellschaft sein wird.
Die erfolgreichen Anwendungen werden in Zukunft aber nicht die sein, die sich mit der Frage des Informationszuganges befassen. Es werden vielmehr solche Anwendungen sein, die die menschliche Kommunikation

und Interaktion in den Mittelpunkt stellen. Netzwerke sind nicht dazu da, Computer zu verbinden, sondern Menschen. Man kann an der Art und Weise, wie Menschen heute üblicherweise mit dem Computer umgehen, eine natürliche Entwicklung feststellen, die weg vom Modell der Rechenmaschine (Input/Output-Modell) und hin zur Vorstellung des Computers als interaktives Werkzeug führt. Bei letzterem geht es nicht mehr darum, daß man eine Information eingibt (Input), um eine andere zu erhalten (Output), sondern daß man mit einem virtuellen Objekt so lange interagiert, bis es den eigenen Vorstellungen entspricht. Die Tatsache, daß ich am Computer sitze und diesen Text schreibe, als Input-Output-Prozeß zu beschreiben, ist ziemlich unsinnig, da es ja nicht der Text, sondern meine Vorstellung ist, die mit den Computeranwendungen interagiert und sie veranlaßt, den Text zu formatieren, zu korrigieren und stilistisch zu überarbeiten. Der nächste logische Schritt in dieser Entwicklung ist die direkte Beteiligung des Anwenders, das heißt Anwender und Anwendungen interagieren auf vielfältige Weise in ein und demselben Medium. Es ist also nicht die Tatsache, daß sich das Medium Internet entwickelt hat, die eine Besonderheit darstellt, sondern das Medium selbst ist es, das ziemlich einzigartig ist.

Das Internet ist ein Medium, das sich vor allem qualitativ von anderen Medien unterscheidet: Es ist ein Massenmedium, mit dessen Hilfe man zugleich Empfänger und Sender von Information sein kann; es erlaubt, große Mengen an digitalen Daten der verschiedenartigsten Medien zu transportieren; man kann die übertragenen Daten bearbeiten und verändern; und es ist im Gegensatz zum Fernsehen ein aktives Medium, das es erlaubt, den Anwender mit einzubeziehen. Alle diese Eigenschaften sind dazu angetan, mit dem Internet Anwendungsszenarien zu realisieren, die mit den traditionellen Rundfunk- und Telephontechnologien nicht zu verwirklichen waren. Das betrifft etwa die Tatsache, daß mit dem Internet sowohl synchrone wie asynchrone Formen der Interaktion möglich sind. Menschen müssen nicht dauernd online und in Echtzeit miteinander kommunizieren, damit der Informationsaustausch Sinn macht. Das Bemühen, durch andauernde Erhöhung von Computergeschwindigkeit und Bandbreite den Bedingungen der Echtzeitkommunikation möglichst nahe zu kommen, laufen in meinen Augen sogar eher in die falsche Richtung. Viel wichtiger, als die Unterschiede von Raum und Zeit einzuebnen, wäre es, den Anwendern überzeugende Interaktionsmöglichkeiten zu geben.

Netzwerke als demokratisches Medium

Dank seiner spezifischen Infrastruktur ist das Internet geeignet, die politische Debatte und die soziale Teilnahme zu verstärken und damit eine direktere Form der Demokratie zu unterstützen. Doch wäre es unsinnig, wollte man solche neuen Demokratieformen losgelöst von der gesellschaftlichen Wirklichkeit und den politischen Machtzentren erproben. Um die Demokratie weiterzuentwickeln, reicht es nicht aus, die Bürger an der politischen Debatte zu beteiligen. Sie müssen vor allem eine Mitwirkungsmöglichkeit auf der Ebene der politischen Entscheidungen haben. Voraussetzung dafür ist, daß durch die neuen Technologien nicht neue Formen von Ungleichheit und Ausschluß geschaffen werden, sondern daß das Medium selbst demokratisch wird. Vier Fragen sind es, die in diesem Zusammenhang hauptsächlich zu klären sind:

- **Wie kommt man an aktuelle Information?**

Die Bürger brauchen einen schnellen und leichten Zugang zu aktualisierter politischer Information. Zwar haben inzwischen sehr viele Regierungs- und Verwaltungsebenen ihren eigenen Web-Server, doch werden dort vornehmlich keine aktuellen sondern statische Informationen zur Verfügung gestellt, die zum Beispiel Verwaltungsstrukturen und -prozeduren erklären.

- **Wie kommuniziert man interaktiv?**

Die Bürger müssen befähigt werden, Informationen im Kontext zu begreifen und interaktiv für die politische Debatte zu nutzen. Die Diskussionsbeiträge der Bürger müssen, sollen sie eine Rolle bei der politischen Entscheidungsfindung spielen, Personen zuzuordnen und entsprechend gespeichert und vernetzt sein. Außerdem müssen Repräsentanten aller gesellschaftlichen Interessengruppen an der Debatte beteiligt werden.

- **Wie kann man am politischen Entscheidungsprozeß mitwirken?**

Die netzbasierten politischen Debatten müssen in die etablierten, traditionellen Formen der politischen Diskussion und Entscheidungsfindung integriert werden, um in politischen Entscheidungsprozessen wirksam werden zu können. Voraussetzung ist außerdem, daß Repräsentationsmethoden entwickelt werden, die Aufschluß über die jeweilige Stärke und Zusammensetzung der Interessengruppe geben.

- **Wie kann man auf die politische Agenda Einfluß nehmen?**

Die Bürger müssen die Möglichkeit haben, Einfluß auf die Themen der politischen Agenda zu nehmen, d.h., sie müssen durch das Netz einen besseren Zugang zu den Zentren der politischen Macht erhalten, die die Themen vorgeben.

Das World Wide Web als Verbreitungskanal

Vorausgesetzt, man versteht unter Verbreitung, daß eine möglichst große Menge an Information an eine möglichst große Menge von Anwendern gelangt, muß ein Verbreitungskanal über folgende Eigenschaften verfügen:

- **Geographische Reichweite:** Der Verbreitungskanal muß einerseits den geographischen Raum der Zielgruppe abdecken, an die sich die Information richtet, und sich andererseits gezielt an die große Gruppe derjenigen wenden, die die verbreitete Information zur Kenntnis nehmen, bearbeiten oder weiterverbreiten möchte.
- **Offenes System:** Der Verbreitungskanal muß so offen wie möglich sein, das heißt Software und Design müssen so angelegt sein, daß etwa technische Standards nicht einzelne Anwendergruppen bevorzugen und andere ausschließen. Offen in diesem Zusammenhang darf allerdings nicht heißen, daß automatisch jede Art der Information ungehindert ein- und ausfließen oder man sie beliebig verändern kann. Hier sind vor allem so wichtige Fragen wie Integrität, Sicherheit und Authentizität der Information zu berücksichtigen sowie die Frage des Urheberrechtsschutzes.
- **Benutzbarkeit:** Der Verbreitungskanal muß auch von solchen Anwendern leicht zu benutzen sein, die keine Computer-Spezialisten sind. Man benötigt daher einfache, intuitiv zu bedienende Benutzerschnittstellen und einen Zugang, der die normalen Arbeitsabläufe nicht unterbricht. Das soll nicht heißen, daß hier eine Zementierung der herrschenden Praktiken angestrebt wird. Doch sich auf diese zu berufen, ist mit Sicherheit zunächst der leichteste Weg, möglichst viele neue Anwender für das Internet zu gewinnen.
- **Verfügbarkeit:** Der Verbreitungskanal sollte dauerhaft und verläßlich zur Verfügung stehen.

Bis vor kurzem gab es keine technische Plattform, die alle diese Funktionen hätte erfüllen können. Durch das nahtlose Zusammenwachsen von offenen Telekommunikations- und Computernetzwerken und das Entstehen des hypermedialen World Wide Web ist eine solche Plattform jetzt vorhanden. Im Prinzip reicht das Internet so weit wie die Telefonverbindungen reichen, also weltweit – obgleich Schwierigkeiten mit Bandbreite, Leitungskapazität und Serververbindungen die Nutzbarkeit bis zu einem gewissen Grad einschränken. Auf der anderen Seite können web-basierte Anwendungen aber sehr offen gestaltet sein. Man benötigt eigentlich nur einen PC mit Modem und einen Standard-Browser. Das Internet und das World Wide Web sind für jeden leicht erreichbar, und die Systeme funktionieren ohne allzu große Gefahren des Systemabsturzes. Allerdings machen Browser für den ungeübten Anwender lediglich einfache Anwendungen verständlich und nachvollziehbar, während spezialisiertere Methoden der Interaktion, wie sie etwa elektronische Formulare, cgi-scripts oder Java-Anwendungen darstellen, nur von fortgeschrittenen Anwendern verstanden werden können.

Die Verbreitung von Information im World Wide Web ist leicht und schwierig zugleich. Eine Seite im HTML-Format herzustellen, ist ebenso verhältnismäßig einfach wie einen Web-Server zu unterhalten oder einen Platz auf einem Server anzumieten. Weitaus schwieriger ist es hingegen, Information gezielt an bestimmte Anwendergruppen zu adressieren, da jede ins Netz gestellte Information darauf angewiesen ist, vom Anwender gefunden und herausgezogen zu werden. Es wird im nächsten Entwicklungsschritt also darauf ankommen, Verteilstrategien und Suchmaschinen zu koppeln. Je mehr Informationen sich im Netz anhäufen, desto größer werden die Anforderungen, die an die Suchmaschinen gestellt werden. Unabhängig davon, ob sie mit allgemeinen oder spezialisierten Suchkriterien arbeiten, haben alle diese Maschinen starke Defizite. Diese schränken ihren Nutzwert ein. Eine wichtige Aufgabe für die nahe Zukunft wird deshalb sein, die vorhandenen Systeme der Meta-Information effektiv zu nutzen und Webseiten so zu gestalten, daß Inhalte in sinnvollen Zusammenhängen erscheinen.

Einen Versuch, das Problem der Informationsauffindung zu lösen, stellen die Such- und Indexierungsmaschinen dar. Lycos, AltaVista oder Infoseek sind hierfür die bekanntesten Beispiele. Die Maschinen arbeiten so, daß sie einen Index der im World Wide Web verfügbaren Information erstellen, was üblicherweise durch Zurückverfolgen von Hyperlinks geschieht. Die gefundenen Texte werden dann ebenfalls auf weitere Hyperlinks hin analysiert. Die zugehörigen Internetadressen der Seiten werden in globale, von Agenten erstellte Indextabellen eingetragen. Gibt man nun eine Anfrage in die Suchmaschine, kann sie diese Indexeinträge auf einfache Art wieder auffinden.

Einen Versuch, das Problem der Informationsüberflutung in den Griff zu

bekommen, stellen die Filtersysteme dar. Sie arbeiten nach dem Prinzip des individuellen oder kategoriellen Nutzungsprofils, indem sie die Informationsströme (z.B. News- und Mailinglists) nach relevanten Informationen durchsuchen, diese zusammenfassen und sie dem Anwender dann in der gefilterten Form zur Verfügung stellen.
Ein großes Problem bei allen Suchmaschinen besteht darin, daß ihr Verhalten – und damit die Relevanz ihrer Ergebnisse – nicht vorhersehbar ist. Ihre Indexierungs- und Bewertungsschemata unterscheiden sich stark im Detail und sind oft nicht einmal bekannt. Insbesondere hat man es bei den gegenwärtigen Systemen mit folgenden Problemen zu tun:

- Die Ergebnisse sind bei jeder Suchmaschine verschieden;
- die Menge der aufgefundenen Dokumente ist zu groß;
- die verfeinerte »erweiterte Suche« führt oft zu besonders irrelevanten Ergebnissen;
- die Relevanz der gefundenen Dokumente ist insgesamt nicht besonders groß.

Es gibt vermutlich Mittel und Wege, Suchanfragen besser zu formulieren und zu fokussieren, um die Suchmaschinen insgesamt zu verbessern. Doch die meisten Nutzer haben schon Schwierigkeiten, überhaupt zu verstehen, warum verschiedene Suchmaschinen unterschiedliche Suchergebnisse liefern, ganz zu schweigen von der Frage, wie man die Suchergebnisse dann interpretieren soll. Man versuche einmal selbst, für eine ganz bestimmte, also bekannte Seite eine Suchanfrage zu formulieren, die genau auf diese eine Seite zutrifft, so daß das System dann auch nur diese eine Seite findet.
Eine indexbasierte Maschine wie Yahoo!, die Informationen hierarchisch nach Themen organisiert, liefert qualitativ bessere Ergebnisse. Sie erlaubt es dem Anwender, die Suche auf einen bestimmten (indexierten) Themenbereich zu beschränken, statt das gesamte Internet zu durchforsten. Das Hauptproblem dabei ist, den richtigen Index auszuwählen. Auch bei diesen Systemen ist Meta-Information (Information über die Information) gefragt. Mit Hilfe von Meta-Information lassen sich relevante Eigenschaften von Dokumenten oder anderen Informationsquellen, etwa auch von Bildern und Graphiken, festhalten. Typische Kategorien für die Meta-Ebene sind zum Beispiel Charakterisierungen nach Gegenstand, Autor, Verfallsdatum, Quelle, Format, aber auch Eigenschaften wie Zuverlässigkeit, Qualität oder Glaubwürdigkeit können hier Verwendung finden. Der Yahoo!-Index ist ein Beispiel für eine sehr allgemeine Ontologie. Spe-

zialisierte Standards von Meta-Information entstehen momentan auf vielen Gebieten, bei den Geographen und Molekularbiologen so gut wie bei den Musikern.
Meta-Informationen können auf verschiedene Weise genutzt werden. Für die Produzenten von Information sind sie ein Steuerungsinstrument, um ihre Informationen gezielter in den Suchmaschinen plazieren zu können. Unspezifische Informationen wie Graphikdateien, Landkarten oder Animationen können mittels semantischer Begriffe so charakterisiert werden, daß man sie ebenfalls wieder auffinden kann. Bei Suchanfragen kann Meta-Information dazu beitragen, diese präziser zu formulieren. Auch zur terminologischen Feinabstimmung ist sie nützlich, indem sie hilft, verwandte Themen und Synonyme aufzufinden. Beim Durchstöbern bietet sie die Möglichkeit, über ganze Gebiete »hinwegzufliegen« (»Warum surfen, wenn man fliegen kann?«, Apple). Die Forschung ist dabei, einen Weg zu finden, Meta-Information automatisch zu generieren. Hingegen ist man bei der Gewinnung von Meta-Information durch automatische Clusterbildung noch nicht besonders weit vorangekommen.

Software-Agenten

Die bestehende Netzwerktechnologie weist also einige schwerwiegende Probleme auf. Der nächste logische Schritt in der Entwicklung der Computer- und Kommunikationstechnologie könnten die Software-Agenten sein. Der Begriff ist in den 90er Jahren gleichzeitig aus verschiedenen technischen Disziplinen hervorgegangen. Die Forschungen in dem Bereich Multimedia und Mensch-Maschine-Schnittstellen betonten die Rolle des Software-Agenten als Assistenten. Die Arbeit des Media Lab am Massachusetts Institute for Technology (MIT) verwendete zur Bezeichnung der Assistenten die Butler-Metapher: Ein Software-Agent, so wurde argumentiert, müsse sein wie ein englischer Butler, der genau wisse, wieviele Stück Zucker man in den Tee nimmt und welche Zeitung man zum Frühstück lesen möchte. Je länger der Butler für eine bestimmte Person arbeitet, desto genauer weiß er, was von ihm erwartet wird. Auf diese Weise ist im Media Lab beispielsweise ein Postassistent entwickelt worden, der den Nutzern hilft, ihre E-Mail-Box zu managen. Der Assistent entscheidet, was der Nutzer wahrscheinlich als erstes lesen möchte, und sortiert aus, was er bestimmt nicht lesen möchte.
Ein weiterer wichtiger Bereich für Software-Agenten ist die sogenannte

»Verteilte Künstliche Intelligenz«.[3] Die Hauptfrage lautet hier, wie komplexe Probleme durch den Einsatz von unterschiedlichen Agenten gelöst werden können, wobei jeder Agent nur einen Teil der erforderlichen Expertise einbringt, die zur Lösung der Gesamtaufgabe erforderlich ist. In derartigen Anwendungen wird typischerweise mit geschlossenen Gruppen von Agenten gearbeitet, die gemeinsam entworfen werden und sich entsprechend aufeinander verlassen können.

In der Wissensrepräsentation werden Agenten als Weiterentwicklung der Objekt-Orientierung verstanden: Sie sind mit Eigenschaften ausgestattet, die sie dazu befähigen, auf ankommende Informationen zu reagieren, und die ihnen zusätzlich ermöglichen, unaufgefordert mit anderen Agenten und Objekten in Kontakt zu treten. Auch im Bereich des Künstlichen Lebens (Artificial Life) spielen Software-Agenten eine bedeutsame Rolle. Hier liegt die Betonung auf der Entwicklung großer, offener, homogener Ansammlungen von Agenten, die re-aktiv, homogen und nicht-kognitiv sind. Im Bereich der Telekommunikation werden Agentensysteme für die Gestaltung geschäftlicher Transaktionen, für Sicherheit, Dienstleistungs- und Netzwerkmanagement verwendet. Solche Systeme sind üblicherweise aufgabenorientierte Systeme.

Die Vielfalt der Anwendungen macht es nahezu unmöglich, eine Definition für Software-Agenten zu finden, die alle Anwendungsbereiche umfaßt. Es gibt aber drei Merkmale, die für alle Agenten gleichermaßen gelten: Bewußtheit, Eigeninitiative und Entwicklungsgeschichte. Eine Suchmaschine erlaubt es dem Anwender beispielsweise, eine Suchanfrage anhand eines Katalogs von Begriffen zu spezifizieren. Sie greift hingegen nicht aktiv in den Suchprozeß ein, indem sie etwa vorformuliert, wie man eine Suchanfrage abfassen müßte, um Erfolg zu haben. Ein Agent ist ebenfalls auf die Suche von Information spezialisiert, doch verfügt er andererseits auch noch über die Fähigkeit, sich selbst in die Suche einzuschalten. Zunächst einmal würde er dazu zu erraten versuchen, wonach der Anwender genau sucht. Außerdem hätte er sich frühere Suchvorgänge gemerkt und würde wissen, was der Anwender damals mit den aufgefundenen Ergebnissen gemacht beziehungsweise welche Informationen er benutzt und welche verworfen hat. Außerdem würde er dem Anwender die Suchergebnisse zur richtigen Zeit, in der richtigen Form und in den richtigen inhaltlichen Zusammenhängen präsentieren.

Auf dem Weg zu einer demokratischen Technologie

Ein weiterer Trend, der sich für das Internet abzeichnet, ist die »Information Push«-Technologie. Das ursprüngliche Modell des Web basiert auf Suchen und Erhalten von Information, das heißt es funktioniert nach dem »Information Pull«-System, bei dem der Anwender sich aus einem riesigen Angebot Information herauszieht. Im Gegensatz dazu liefern Push-Systeme ihre Information völlig unaufgefordert an den Anwender, sie schieben sie ihm geradezu hin. Jeder Webnutzer kennt das Phänomen aus eigener Anschauung: Man landet auf einer Webseite mit Werbebannern, die einen förmlich anspringen. Auch die sogenannte Spam-Praxis, bei der von schwer zu lokalisierenden Servern aus massive E-Mail-Kampagnen gestartet werden, ist eine Variante der Push-Technologie. Für die meisten Empfänger ist die ausgestreute Information völlig irrelevant, doch genügt vermutlich bereits ein Bruchteil von Antworten, um die Sache für den Absender zu einem Erfolg zu machen. Eine zivilisiertere Variante der Push-Idee, wie sie etwa die Marimba-Programme der kalifornischen Firma Castanet darstellen, arbeitet mit der Personalisierung der Kanäle.

Die kommerziellen Erwartungen an die Push-Technologie sind hoch. Viele Anwender sehen sie allerdings eher unter negativen Vorzeichen, da Push-Kanäle manipuliert werden können und sich die Rate an nichtbrauchbarer Information durch diese Technologie noch erhöht. Außerdem fürchtet man, daß die Technologie es Firmen ermöglicht, persönliche Daten zu sammeln und zu mißbrauchen. Das scheint ein befremdliches Argument zu sein angesichts der Menge von Information, die uns täglich auf der Straße und in den Medien bombardiert. Auch im Fernsehen oder in den Printmedien macht die Information, die man tatsächlich haben möchte, ja nur einen Bruchteil aus.

Das wirkliche Problem der Push-Technologie liegt denn auch eher in der mangelnden Qualität und Verläßlichkeit der Information. Im Internet weiß man eben nie genau, woher die Information kommt, wer dahinter steht und wer für die Richtigkeit der Information einsteht.

Die Push-Technologie wird sich durchsetzen, ob wir es wollen oder nicht. Damit sie funktionieren kann, muß sich allerdings das Design ändern. Sie muß fähig werden sich vorzustellen, zu welchem Zeitpunkt welche Informationen in welchem Kontext gebraucht werden. Die heutigen Systeme sind davon meilenweit entfernt und bestenfalls als interessenbasierte Filtersysteme zu bezeichnen. Eine gut funktionierende Push-Technologie muß hingegen so konstruiert sein, daß sie die vielen verschiedenartigen Quellen, die Informationen ausschicken, gezielt anvisieren und kanalisieren kann.

Das umgekehrte Netz

Man kann sich folgendes Szenario vorstellen: Das weltumspannende Netz wird von Millionen von Software-Agenten bewohnt, die alle aktiv versuchen, das Interesse der Nutzer auf sich zu ziehen. Anstatt daß der Anwender selbst aktiv Informationen im Netz sucht, bieten ihm die Software-Agenten dauernd irgendwelche Informationen und Dienstleistungen an, von denen sie annehmen, daß er sie vielleicht gebrauchen kann. Für ein solches umgekehrtes Netz benötigt man radikale Push-Systeme. Die heutigen Push-Systeme sind noch außerordentlich limitiert und orientieren sich ähnlich den personalisierten Nachrichtenfiltern am Profil des Anwenders. Unser Ansatz einer radikalen Push-Technologie ist hingegen situations- und kontextbezogen: Sie würde dem Anwender immer nur genau die Information hinschieben, von dem das System annimmt, daß sie für ihn im Augenblick relevant ist.
Software-Agenten sind für die Aufgaben, auf die es bei dieser Art von Systemen ankommt, geradezu ideal. Sie sind erstens in der Lage auszuwählen, was für den Anwender zu einem bestimmen Zeitpunkt jeweils relevant ist. Zweitens können sie die Informationsauswahl selbständig und unabhängig von irgendwelchen Anweisungen treffen. Und drittens können sie die Informationsauswahl mit früheren Erfahrungen abgleichen und damit sicherstellen, daß ihr Angebot in die richtige Richtung zielt. Sie bringen allerdings ein anderes Problem mit sich. Wenn es eine große Anzahl von Software-Agenten gibt, die versuchen, dem Anwender Information anzubieten, ergibt sich die Frage der Wettbewerbskriterien, die die Systeme erfüllen müssen. Die Aufmerksamkeit des Anwenders ist begrenzt und kostbar. Zur Zeit gibt es das Problem höchstens ansatzweise, da erst wenige Software-Agenten existieren und diese wenigen nicht unter einem Mangel an Aufmerksamkeit seitens der Anwender leiden. Doch in der Zukunft müssen die Agenten sicher in der Lage sein, mit einer Menge anderer Agenten in einen Wettbewerb um die Aufmerksamkeit des Anwenders zu treten. Die Methoden, an denen wir arbeiten, befassen sich denn auch speziell mit dieser Frage (*competition for attention*). Wichtig

bei der Entwicklung solcher Systeme ist auch, daß sie die Möglichkeit haben, die in Anspruch genommene Aufmerksamkeit des Nutzers nach wirtschaftlichen Kriterien zu bewerten.

Computer – bequem und tragbar wie Kleidungsstücke

Wir haben bisher lediglich die beiden größeren Trends, die die Welt des Internet momentan kennzeichnen, untersucht. Ich möchte jetzt aber noch einen Schritt weitergehen. Man stelle sich einmal vor, es gäbe eine neue Spezies von Papageien, nennen wir sie einmal COMRIS, und jeder Internet-Nutzer besäße einen Lieblingspapagei, ähnlich der bekannten Geschichte vom Seemann, der seinen Papagei auf der Schulter mit sich herumträgt. Der Papagei würde nicht nur sehr viel von uns wissen, er hätte auch einen sechsten Sinn für Dinge, die uns noch nicht bekannt sind. Er wäre wie ein guter Freund, den man schon lange kennt, und von dem man weiß, daß man sich auf ihn verlassen kann. Der Papagei, eben weil er uns gut kennt, würde immer genau wissen, wo wir uns gerade aufhalten und womit wir beschäftigt sind. Und ohne daß man ihn fragt oder aufmerksam macht, würde er uns andauernd irgendwelche Informationen anbieten, die uns für die Bewältigung unserer täglichen Aufgaben sehr nützlich wären.

Die Zukunft der drahtlosen Computertechnologie liegt in Werkzeugen, die ähnlich wie dieser Papagei funktionieren: Man wird damit nicht nur wie heute kommunizieren und auf Information zugreifen, sondern noch sehr viele andere nützliche Dinge tun können. Das Projekt COMRIS[4], das von der Europäischen Kommission unterstützt wird, untersucht die Möglichkeiten für eine drahtlose Computervernetzung auf verschiedenen Realitätsebenen, wobei die reale und die virtuelle Welt miteinander vernetzt werden (*co-habited mixed reality*). Die beiden Welten und ihre Bewohner sind durch kleine Gucklöcher im dazwischen liegenden Zaun miteinander verknüpft. Der COMRIS-Papagei fungiert hier einmal als Auge, durch das die Bewohner der virtuellen Welt (die Software-Agenten) die reale Welt des Anwenders wahrnehmen und durch das sie sehen, womit er sich gerade beschäftigt bzw. was um ihn herum geschieht. Zum anderen fällt dem COMRIS-Papagei die Aufgabe des persönlichen Informationsmanagers zu, der für das Aufmerksamkeitsbudget des Anwenders verantwortlich ist. Er darf nur bestimmte Informationen an die Agenten weitergeben, wobei selbstverständlich immer der Schutz der privaten

Daten zu berücksichtigen ist. Auf der Grundlage dieser Informationen entscheiden dann die diversen Software-Agenten, ob ihre Informationen geeignet sind, dem Informationsmanager angeboten zu werden. Der Papagei fungiert also als Mittel, die für den Anwender nützlichste Information, die in der virtuellen Welt der Software-Agenten im Augenblick vorhanden ist, herauszufiltern. Das Medium kann sowohl optisch als auch akustisch funktionieren, da COMRIS auch mit Spracherkennung arbeiten wird.

Das System COMRIS ist ein Beispiel dafür, wie man sich handliche Computer der Zukunft vorstellen kann: Sie sind klein, und man trägt sie so selbstverständlich wie Kleidungsstücke. Das MIT Media Lab ist beispielsweise dabei, einen solchen Kleincomputer zu entwickeln, der seinem Anwender als Gedächtnisstütze und -erweiterung dienen soll. Die virtuelle Welt der Agenten – und des MIT-Projekts – ist aber natürlich sehr viel mehr als ein simpler Erinnerungsagent. Besser beschrieben wird das Phänomen der Software-Agenten mit dem Begriff »virtuelle Gesellschaft«, die eine Parallelwelt zur real existierenden Welt und Gesellschaft ist. Sie ist mit dieser genau an all jenen Punkten verknüpft, wo persönliche Informationsmanager (die COMRIS-Papageien) über das Informationsangebot wachen und es kanalisieren. Je mehr solcher Papageien eingeschaltet werden, desto besser können die Verknüpfungen und desto genauer die Anforderungsprofile sein. Mit einer solchen Technik wird es dann auch möglich, das Dienstleistungsangebot zu erweitern.

Welche Zukunft haben Software-Agenten?

Die weit verbreitete Annahme, Agenten seien lediglich Werkzeuge zur Reduzierung der Informationsflut, geht am Kern der Sache vorbei. Zwar ermöglichen die heutigen Netzwerke offensichtlich hochentwickelte informationelle Dienstleistungen, doch was wirklich intelligente Anwendungen sind, wird sich erst durch die Weiterentwicklung von Kommunikation und Interaktion zeigen. Information ist notwendig für alle sozioökonomischen und politischen Prozesse, in die mehrere Parteien involviert sind. Hierbei können Agenten als persönliche Repräsentanten des Anwenders fungieren und gezielt seine spezifischen Interessen vertreten. Agenten können auf diese Weise dazu beitragen, daß Informationen sich verbreiten und in die Argumentationskette einbezogen werden. Sie können die Teilnahme an den politischen Entscheidungsprozessen fördern und helfen, daß die Bürger aktiv Einfluß nehmen auf die Agenda der politischen Themen. Kurz: Software-Agenten sind ein notwendiger Baustein für eine bezahlbare demokratische Technologie. Darüber hinaus hat es das Agenten-Konzept fertiggebracht, eine beachtliche Menge an Kapital und industriellen Interessen zu mobilisieren. Doch angesichts der sozialen und ökonomischen Entwicklungen, vor denen wir heute stehen, wird der Software-Agent, so vermute ich, auf lange Sicht kaum mehr als eine technische Spielerei sein.

Ricardo Petrella[5] träumt davon, bis zum Jahr 2010 drei Milliarden Wasserhähne rund um den Globus zu installieren und damit das Wasserproblem der acht Milliarden Erdbewohner zu lösen. Ich träume davon, den COMRIS-Papagei in der ganzen Welt anzusiedeln und den Menschen dadurch einen besseren Zugang zur Information und bessere Möglichkeiten zur sozialen und politischen Teilnahme zu geben. Unser Leben wird auch in Zukunft in der realen und nicht in einer virtuellen Welt stattfinden. Die virtuellen Welten, die wir erschaffen, sollten deshalb im Dienste eines besseren Lebens in der realen Welt stehen. Die Technologie des persönlichen Informationsmanagements, die ich hier vorgestellt habe, ist ein erster Schritt in diese Richtung.

Anmerkungen

1 Das Material zu diesem Artikel entstand in den letzten zwei Jahren während meiner Arbeit im Labor für Künstliche Intelligenz der Freien Universität von Brüssel (Vrije Universiteit Brussel, VUB) und in der Forschungsgruppe von »Riverland Next Generation«.

2 Es ist üblich, den Begriff »software agent« im Deutschen mit »Software-Agent« wiederzugeben, obwohl das zu Mißverständnissen führen kann. Denn als Agent wird im deutschen Sprachgebrauch üblicherweise ein Spion bezeichnet. Es kann deshalb hilfreich sein, den Begriff mit »Handlungsbevollmächtigter« ins Deutsche zu übertragen.

3 Englisch: Distributed Artificial Intelligence. Man versteht darunter ein Teilgebiet der KI (Künstliche-Intelligenz)-Forschung, das sich mit Techniken und Methoden des verteilten Problemlösens beschäftigt.

4 Das COMRIS-Projekt wird im Rahmen der ESPRIT-LTR Initiative i3 (Intelligent Information Interfaces) von der Europäischen Kommission gefördert und unterstützt.

5 Referatsleiter für die Forschung in den Bereichen »Soziale Integration und Soziale Ausgrenzung in Europa«, Generaldirektion XII in der Europäischen Kommission.

Verschlüsselungstechniken für das Netz
Wie schützt man Vertraulichkeit und Integrität?
von Michaela Huhn und Andreas Pfitzmann

Einleitung

Weltweite Vernetzung, verbesserter Benutzerkomfort und Preisverfall haben von isolierten Datenverarbeitungsanwendungen zu offenen Systemen geführt und die wissenschaftliche Diskutierstube »Internet« in einen globalen, virtuellen Marktplatz verwandelt. Damit hat sich die elektronische Kommunikation, Verarbeitung und Archivierung von Informationen von einem Arbeitsmittel im Hintergrund zu einem in der öffentlichen Verwaltung, der Wirtschaft und bei Privatleuten akzeptierten Medium entwickelt, das herkömmliche Übertragungswege und Speicherungsformen zu verdrängen beginnt. Die einsetzende Verrechtlichung versucht nun, Charakteristika herkömmlicher Verfahren auf die elektronische Kommunikation und Archivierung zu übertragen und eine der letzten Hürden beim Übergang zu einer integrierten elektronischen Archivierung, Verarbeitung und Übermittlung von Informationen zu beseitigen, da hierbei auf eine dem Augenschein direkt zugängliche Darstellung, wie sie etwa der ausgedruckte Vertragstext darstellt, verzichtet werden kann.
Zu den wichtigsten Charakteristika jedweder Telekommunikations- und Archivierungsformen gehört der Schutz der Integrität und Vertraulichkeit von Informationen. Die moderne Kryptographie ist eines der wesentlichen technischen Hilfsmittel, um elektronische Informationen vor unbefugter Kenntnisnahme und unerwünschter Veränderung zu schützen. Die technische Sicherung von Integrität und Vertraulichkeit ist eine grundlegende Voraussetzung für den Übergang zu einer rechtsverbindlichen elektronischen Kommunikation.[1] Im Internet weitverbreitete Verschlüsselungsprogramme wie PGP (Pretty Good Privacy) beweisen, daß der breite Einsatz kryptographischer Techniken heute einfach und ohne größere Leistungseinbußen möglich ist.
Allerdings unterscheidet sich der durch Kryptographie gewährleistete technische Schutz insbesondere bei der Informationsübermittlung von traditionellen Schutzmaßnahmen: In Zeiten des Postmonopols wurden

Integrität und Vertraulichkeit von Briefen und Telefonaten geschützt, indem das Übermittlungsnetz organisatorisch und physikalisch vor dem Eindringen Unbefugter abgeschirmt wurde, und die mit der Übermittlung beschäftigten Postangestellten besonderen Pflichten zur Wahrung des Fernmeldegeheimnisses unterworfen waren. Schutzmaßnahmen waren also in erster Linie dem Netzanbieter Post anvertraut. Dieser staatlich organisierte Schutz konnte für die staatlichen Sicherheitsdienste durch gesetzlich geregelte Eingriffe ins Fernmeldegeheimnis aufgehoben werden. Im Gegensatz dazu liegt der Schutz durch kryptographische Techniken in den Händen des Benutzers. Vorausgesetzt, die verwandten Programme und Endgeräte sind sicher, steht und fällt der Schutz in den neuen Kommunikationsnetzen mit dem Zugang zu den geheim zu haltenden kryptographischen Schlüsseln der einzelnen Benutzer. In Zeiten eines liberalisierten Telekommunikationsmarktes und technisch offener Systeme ist der organisatorische und physikalische Schutz eines staatlichen Fernmeldewesens nicht aufrechtzuerhalten. Die Verlagerung der Schutzmaßnahmen auf den Benutzer ist also eine gegebene Notwendigkeit, auch wenn dadurch auf der anderen Seite die technischen Möglichkeiten der Sicherheitsdienste, das Fernmeldegeheimnis aufzuheben, erheblich eingeschränkt werden.

Die abnehmenden Möglichkeiten des staatlichen Schutzes der Kommunikation können also durch die Zunahme des eigenverantwortlichen Schutzes kompensiert werden, allerdings um den Preis verringerter staatlicher Kontrollmöglichkeiten. Deshalb hat die Erzeugung und Verwaltung kryptographischer Schlüssel, deren Kenntnis für den Zugang zu geschützten Informationen entscheidend ist, eine zentrale Bedeutung bei der Gestaltung kryptographischer Schutzmaßnahmen in der Sicherheitsinfrastruktur eines Telekommunikationssystems. Die politischen Diskussionen um die Gestaltung sind entsprechend kontrovers.

Die Verfechter staatlicher Kontrollmöglichkeiten – Teile des Innenministeriums und der Sicherheitsdienste – fordern, die Organisation der Schlüsselverwaltung so zu regeln, daß den Sicherheitsdiensten die privaten Schlüssel der Benutzer für Überwachungsmaßnahmen zugänglich bleiben. Diese Hintertür für den Staat soll in alle verkäuflichen Produkte und Dienstleistungen eingebaut werden. Manche der Hardliner treten sogar dafür ein, daß die Verwendung von Kryptographie unter Strafe gestellt wird, sofern die Regelung keine solche Hintertür vorsieht. Die Entwicklung in den USA geht bereits in diese Richtung: Mittels Standards für den öffentlichen Bereich und Exportkontrollen für die Hersteller wird von der Regierung starker Druck ausgeübt, in kryptographische Produkte Hintertüren einzubauen. Unter den Schlagworten *Clipper-Chip, Key-Escrow* und neuerdings *Key-Recovery* werden sie seit 1993 diskutiert. Seit Sommer 1997 wird offiziell vom FBI ein Verbot sogenannter starker Kryptographie – worunter man Produkte ohne Hintertür versteht – auch für den Einsatz innerhalb der USA angestrebt.

Die Wirtschaft, das Wirtschafts- und das Forschungsministerium der Bundesregierung sowie die Bürgerrechtsbewegungen fordern dagegen in Deutschland den freien Einsatz starker Kryptographie. Man befürchtet, daß jedwede Hintertür, die das unbemerkte Entschlüsseln von Informationen erlaubt, zum Einfallstor für Datensammler aller Art wird und damit den notwendigen Integritäts- und Vertraulichkeitsschutz erheblich gefährdet. Zusätzlich ist zu erwarten, daß eine für die Verbrechensbekämpfung geschaffene Hintertür gerade im Fall strafrechtlicher Ermittlungen nicht weiter als bis zu einer nächsten kryptographisch verschlossenen Tür führt.

In diesem Artikel wird der Zusammenhang von technischen Aspekten kryptographischer Systeme und Benutzeranforderungen an elektronische Telekommunikations- und Archivierungssysteme diskutiert.[2] Nach einer Darstellung der mathematisch-technischen Grundmuster kryptographischer Verfahren werden Gestaltungs- und Regulierungsmöglichkeiten aufgezeigt und mit den Benutzeranforderungen in Beziehung gesetzt. Das ermöglicht eine Bewertung der zur Zeit in der politischen Diskussion geforderten Maßnahmen zur Kryptoreglementierung aus technischer Sicht. Als Resümee ergibt sich: Eine gesetzliche Reglementierung von Kryptographie zum Zwecke der Verbrechensbekämpfung muß ihr Ziel verfehlen. Sie hat außerdem gravierende Nachteile für die informationelle Selbstbestimmung und Sicherheit der Bürger sowie für die Schutzinteressen der Wirtschaft.

1. Kryptographische und steganographische Systeme

Neben der Grundforderung, daß ein Kommunikationssystem die angebotenen Kommunikationsmöglichkeiten zuverlässig zur Verfügung stellt, haben Benutzer häufig zwei weitere Interessen:

- Die Kommunikation bzw. zumindest die Kommunikationsinhalte sollen Unbefugten nicht bekannt werden (Vertraulichkeit).
- Es soll nachprüfbar sein, ob die empfangene Information unverfälscht

diejenige ist, die abgeschickt wurde (Integrität). Für manche Anwendungen ist es sogar notwendig, daß der Empfänger die Unverfälschtheit gegenüber Dritten beweisen kann.
Nur wenn diesen Anforderungen in den neuen Kommunikationsnetzen Rechnung getragen wird, ist der Übergang von Briefpost zu E-Mail oder die Abwicklung von Bestell- und Zahlungsvorgängen über das Internet verantwortbar.
Sofern sie auf vertrauenswürdigen Endgeräten aufbauen, sind Kryptographie und Steganographie wesentliche technische Hilfsmittel, um Vertraulichkeit und Integrität auch bei Kommunikation über offene Netze zu gewährleisten. Mit Hilfe der Kryptographie können Nachrichten so verschlüsselt werden, daß Unbefugte zwar von ihrer Existenz erfahren, ihre Inhalte aber weder verstehen noch verändern können. Im Gegensatz dazu versteckt die Steganographie die geheimzuhaltenden Nachrichten, so daß Unbefugte nicht einmal von ihrer Existenz wissen.

In diesem Absatz wird ein Überblick über die informationstechnische Struktur kryptographischer und steganographischer Systeme gegeben. Unterschieden wird zwischen Systemen zur vertraulichen Übermittlung von Information (*Konzelationssysteme*) und Systemen zur Sicherstellung der Integrität übermittelter Information (*Authentikationssysteme*). Darüber hinaus gibt es eine technische Unterscheidung zwischen sogenannten *symmetrischen* Verfahren, die nur den beiden Teilnehmern – und sonst hoffentlich niemandem – bekannte Schlüssel verwenden sowie *asymmetrischen* Verfahren, bei denen der Schlüssel in einen geheimen – nur dem Teilnehmer bekannten – und einen öffentlichen Teil zerfällt (*public key cryptography*). Allen beschriebenen Systemen ist gemein, daß sie ein öffentlich bekanntes Verfahren verwenden, und der Schutz durch individuelle Schlüssel erreicht wird. Alle beschriebenen Systemtypen können sowohl in Hardware als auch in Software realisiert werden.
Bei der Bewertung der Sicherheit kryptographischer Systeme unterscheiden wir zwischen Bereichen, in denen das System vor äußeren Angriffen schützen kann – im folgenden Angriffsbereich genannt – und Bereichen, die mit Hilfe anderer Maßnahmen geschützt werden müssen – im folgenden Vertrauensbereich genannt. Versagt der Schutz des Vertrauensbereichs, kann das beste kryptographische oder steganographische System dem Teilnehmer keinerlei Sicherheit bieten. In einer Anwendung wird ein Vertrauensbereich häufig über ein dem Teilnehmer individuell zugeordnetes vertrauenswürdiges Benutzerendgerät (Chipkarte, Personal Or-

ganizer, PDA, Laptop etc.) realisiert. Es muß nicht nur gewährleistet sein, daß in Benutzerendgeräten keine die Sicherheit unterlaufende Soft- oder Hardware eingebaut ist, sondern auch, daß normale Nebeneffekte der Gerätefunktion nicht ausgenutzt werden können.[3] Wenn die Geräte schon bei regulärem Betrieb in den Wirkungsbereich anderer übergeben werden, bietet sich automatisch eine noch größere Anzahl von Möglichkeiten zur kriminellen Verwendung einzelner Funktionen.

1.1 Systeme zur vertraulichen Übermittlung von Information (Konzelationssysteme)

Das älteste, bekannteste und nach wie vor gebräuchlichste kryptographische System ist das symmetrische Konzelationssystem (Abb. 1). Wie alle kryptographischen Systeme besteht es aus drei Algorithmen, die öffentlich bekannt sein sollten. Grau hinterlegt sind die Bereiche, in denen die Parameter der Algorithmen geheim gehalten werden müssen, etwa die Zufallszahl, die die Schlüsselerzeugung parametrisiert und der Schlüssel, der die Ver- und Entschlüsselung steuert.[4] Bekannte Vertreter symmetrischer kryptographischer Konzelationssysteme sind DES und IDEA [Schn-96]. Für symmetrische Konzelation sind effiziente Implementierungen verfügbar, die für hohe Übertragungsraten geeignet sind, und daher auch die Verschlüsselung von Sprache oder Videokonferenzdaten zulassen.

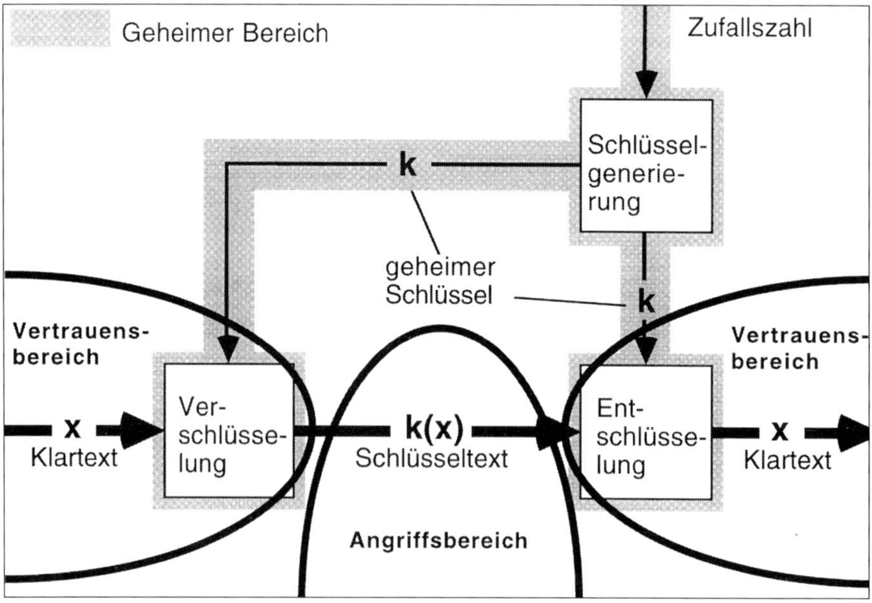

Abb 1: Symmetrisches kryptographisches Konzelationssystem

Jeder Teilnehmer *A* tauscht bei der Anmeldung zum offenen System einen Schlüssel mit einer zentralen Instanz *Z* aus, etwa k_{AZ}. Wenn nun *A* mit *B* kommunizieren will und noch keinen gemeinsamen Schlüssel mit *B* hat, so fragt er bei *Z* an. *Z* generiert einen Schlüssel *k* und schickt ihn sowohl an *A* als auch an *B*, und zwar mit k_{AZ} bzw. k_{BZ} verschlüsselt (Abb. 2). Von da an können *A* und *B* den Schlüssel *k* benutzen, um in beide Richtungen verschlüsselte Nachrichten zu schicken. Vertraulichkeit gegenüber der zentralen Instanz kann mit diesem Verfahren nicht gewährleistet werden, denn außer *A* und *B* kann auch *Z* alle Nachrichten entschlüsseln.

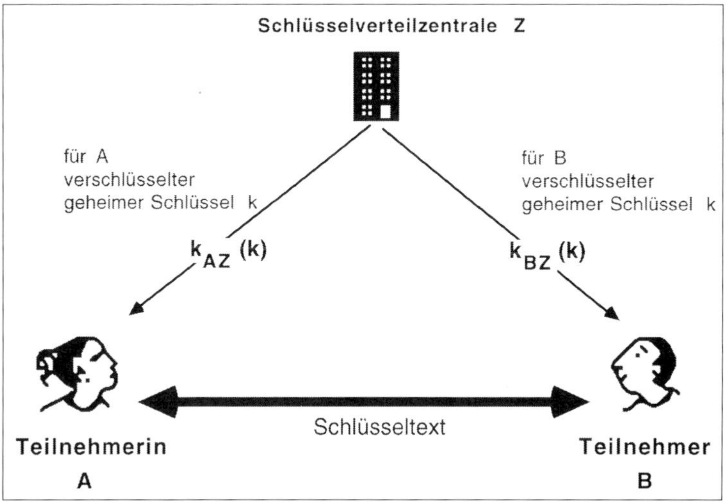

Abb 2: Schlüsselverteilung bei symmetrischen Konzelationssystemen

Asymmetrische Konzelationssysteme beruhen auf einfach zu berechnenden mathematischen Funktionen, die zur Zeit nur unter extrem hohem Rechenaufwand umkehrbar sind.[5] Bekannte Vertreter sind RSA und ElGamal [Schn-96]. Heutige asymmetrische Konzelationssysteme verursachen einen um den Faktor 10^2 bis 10^3 höheren Rechenaufwand als symmetrische. Deshalb ist die Kombination mit symmetrischen Verfahren geschickt: Zu Beginn einer Sitzung wird über ein asymmetrisches Konzelationssystem ein Schlüssel vereinbart, mit dem dann die eigentliche Kommunikation über ein symmetrisches Verfahren verschlüsselt wird.

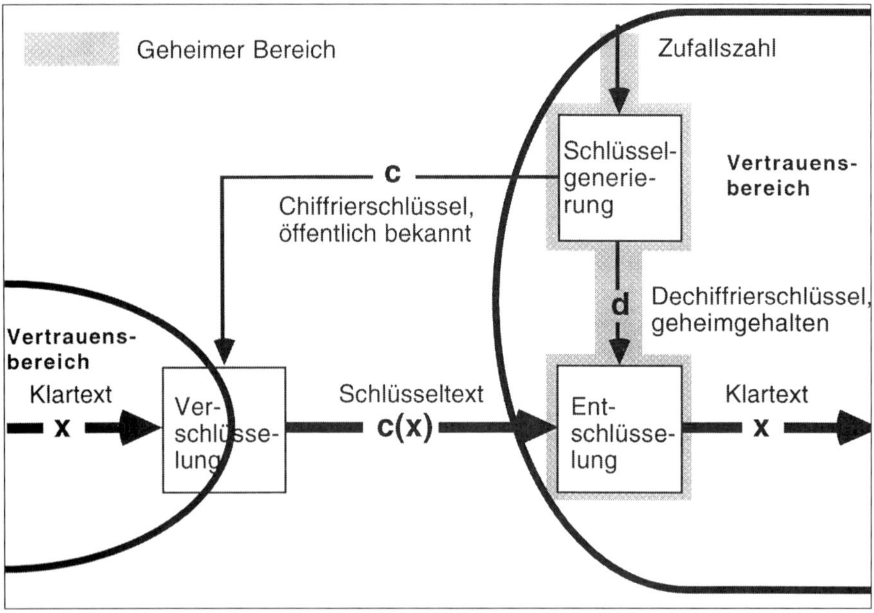

Abb 3: Asymmetrisches kryptographisches Konzelationssystem

Zum asymmetrischen Ver- und Entschlüsseln sind verschiedene Schlüssel *c* und *d* erforderlich, und nur *d* muß geheimgehalten werden. Das Verfahren steht und fällt mit der Annahme, daß *d* nicht mit vertretbarem Rechenaufwand (und damit Kapitaleinsatz) aus *c* oder dem Abhören verschlüsselter Nachrichten zu ermitteln ist. Asymmetrische Verfahren ermöglichen eine sehr einfache Schlüsselverteilung: Jeder Teilnehmer *A* kann sich selbst ein Schlüsselpaar (c_A, d_A) generieren und muß den geheimen Dechiffrierschlüssel d_A nie anderen mitteilen.[6] Der sogenannte öffentliche Schlüssel c_A muß nur noch in einem öffentlich zugänglichen Schlüsselregister, etwa einer Online-Datenbank, eingetragen werden, aus dem andere Teilnehmer ihn abrufen können, um damit Nachrichten an *A* zu verschlüsseln. Mit c_A verschlüsselte Nachrichten kann ausschließlich *A* (nicht aber das Schlüsselregister) entschlüsseln.

Während bei der Verwendung von Kryptographie in der Regel im Kommunikationsnetz erkennbar ist, ob gerade vertraulich oder authentisiert kommuniziert wird, ist dies bei Steganographie nicht der Fall. Steganographische Konzelationssysteme betten geheimzuhaltende Nachrichten in harmlos wirkende Hüllnachrichten ein (Abb. 4), so daß für Außenstehende, die nur den Stegotext beobachten, nicht einmal die Existenz der geheimen Nachricht erkennbar ist – und damit auch nicht ihr Inhalt. Insbesondere Multimedia-Kommunikation (siehe etwa [West-97]), aber auch bereits das normale ISDN-Telefon [MöPS-94] bieten eine große Anzahl geeigneter Hüllnachrichten.

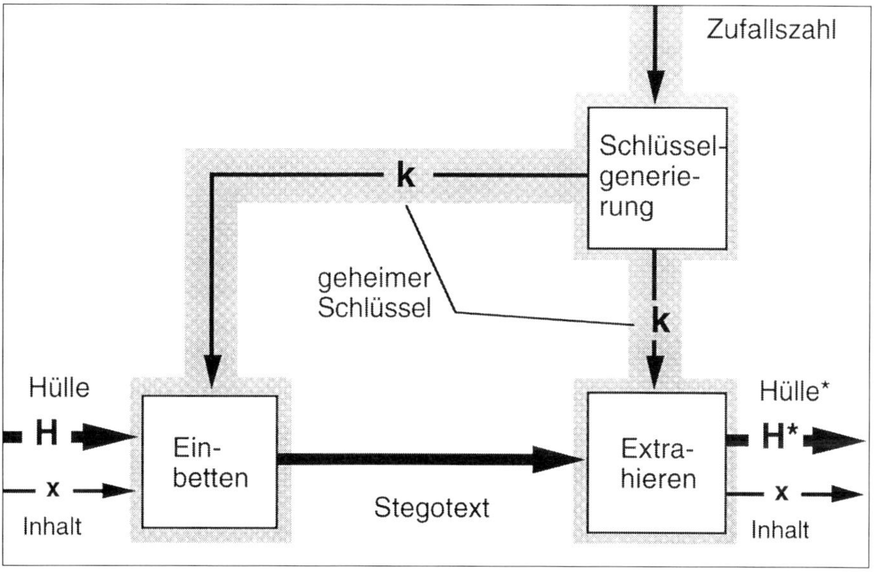

Abb 4: Symmetrisches steganographisches Konzelationssystem

1.2 Systeme zur Sicherstellung der Integrität übermittelter Information (Authentikationssysteme)

Authentikationssysteme stellen die Integrität einer Nachricht sicher, schützen aber in der Regel nicht die Vertraulichkeit. Sie sollen gewährleisten, daß der Inhalt eines elektronischen Dokuments nicht unbemerkt manipuliert werden kann. Auch hier unterscheidet man erneut symmetrische und asymmetrische Verfahren. Ein symmetrisches kryptographisches Authentikationssystem ist in Abbildung 5 dargestellt. An eine Nachricht wird ein Prüfteil (MAC, Message Authentication Code) angehängt. Der Empfänger kann aus der Nachricht *x* und dem Schlüssel *k* ebenfalls den MAC bilden und prüfen, ob dieser mit dem Empfangenen übereinstimmt. Die Schlüsselverteilung kann – mit analogen Problemen – wie bei symmetrischen Konzelationssystemen erfolgen. Die Integrität einer Nachricht ist nur insoweit gewährleistet, als ausgeschlossen werden kann, daß unter (unerlaubter) Zuhilfenahme der Schlüsselverteilzentrale gefälschte Nachrichten in Umlauf gebracht werden.

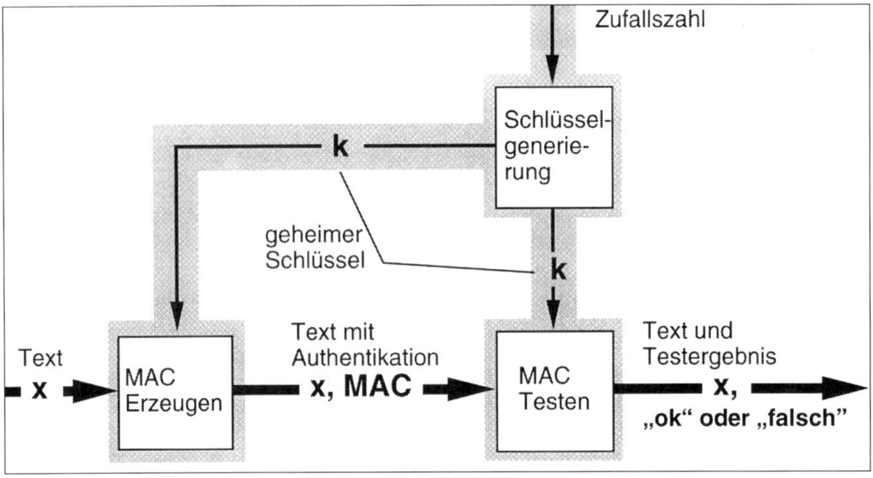

Abb 5: Symmetrisches kryptographisches Authentikationssystem

Asymmetrische kryptographische Authentikationssysteme, auch als digitale Signatursysteme bekannt, vereinfachen zunächst die Schlüsselverteilung analog zu asymmetrischen Konzelationssystemen (Abb. 6). Ihr Hauptvorteil ist aber ein anderer: Der Empfänger einer Nachricht kann gegenüber Dritten beweisen, daß die Nachricht von dem ausgewiesenen Absender *A* kam, sofern Testschlüssel t_A öffentlich bekannt ist, was etwa von einem Schlüsselregister gerichtsverwertbar beglaubigt werden könnte. Dies ist bei symmetrischen Authentikationssystemen nicht möglich: Selbst wenn die Schlüsselverteilzentrale bestätigt, daß *A* und *B* den gemeinsamen Schlüssel *k* hatten, kann *B* den MAC auch selbst erzeugt haben. Bei digitalen Signatursystemen ist jedoch *A* der einzige, der die Signatur erzeugen kann. Daher sind digitale Signatursysteme eine Voraussetzung für die Rechtsverbindlichkeit elektronisch abgewickelter Handlungen.

Im Gegensatz zur symmetrischen Authentikation wird allerdings ein zusätzlicher Testalgorithmus benötigt, weil dem Empfänger der geheime Schlüssel *s* nicht vorliegt. Für Signatursysteme sind Schlüsselregister (Certification Authorities) notwendig, um den Zusammenhang zwischen Schlüssel und Teilnehmer zu beglaubigen. Schlüsselregister, Schlüssel und zugehörige rechtsverbindliche Beglaubigungen bilden zusammen die Infrastruktur des elektronischen Rechtsverkehrs – und, wie wir sehen werden, der Sicherheit in offenen Netzen schlechthin. Die technisch-organisatorische Realisierung dieser Sicherheitsinfrastruktur steht im Zentrum der politischen Diskussion über die gesetzliche Regelung kryp-

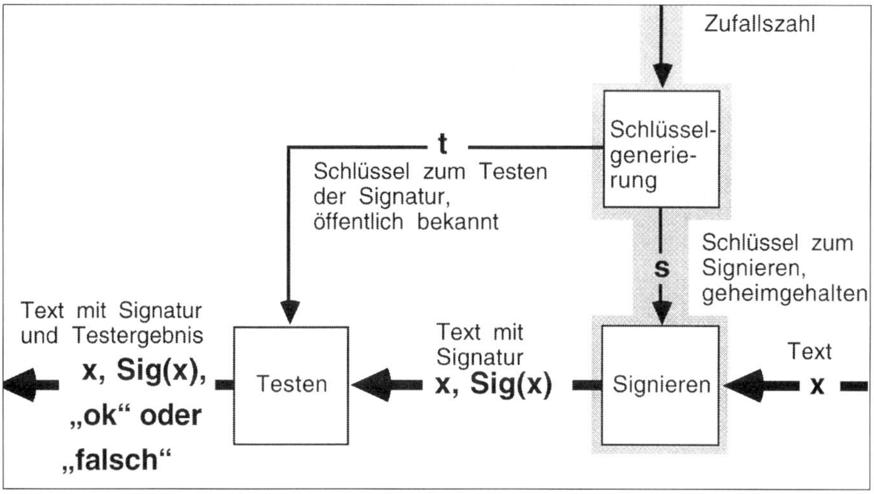

Abb 6: Digitales Signatursystem

tographischer Anwendungen. Selbsterzeugte und lediglich privat ausgetauschte Signaturschlüssel können zwar zur Authentikation zwischen den Partnern benutzt werden, sind aber im Streitfall nicht zum Beweis geeignet. Steganographische Authentikationssysteme sind unter dem Namen *Watermarking* bekannt. Sie werden für die Wahrnehmung von Urheberrechten an digitaler Information eine wichtige Rolle spielen.

2. Technische Randbedingungen kryptographischer Verfahren

Im Folgenden sollen auf Grundlage der Funktionsprinzipien kryptographischer und steganographischer Verfahren die wichtigsten Anforderungen und technischen Gestaltungsmöglichkeiten diskutiert werden, die für die aktuelle Diskussion um eine Kryptoregulierung von Bedeutung sind.

2.1 Benutzeranforderungen an Signatur- und Konzelationsschlüssel

Digitale Signatursysteme werden zur Zeit für den elektronischen Rechtsverkehr[7] und die elektronische Archivierung eingeführt. Für beide Anwendungsbereiche ergeben sich Zertifizierungsanforderungen an Signaturschlüssel, die neben den kryptographischen Eigenschaften des Signatursystems Voraussetzung für die Rechtsverbindlichkeit digital signierter Dokumente sind. So muß der Empfänger einer signierten Nachricht nicht nur prüfen können, daß Nachricht und Signatur zum öffentlichen Testschlüssel passen, sondern er muß den öffentlichen Testschlüssel auch nachweisbar einer Person zuordnen können.[8] Dabei sollen sogenannte »Trust Center«, also technisch-organisatorische Einheiten, die vertrauenswürdige, der Sicherheit dienliche Dienstleistungen erbringen, die Funktion einer Certification Authority wahrnehmen. Man kann die Erzeugung der Signaturschlüsselpaare in Trust Centern zur Voraussetzung machen, um am elektronischen Rechtsverkehr teilzunehmen.[9] Damit wäre dann die Möglichkeit gegeben, alle geheimen Signierschlüssel in den Trust Centern zu speichern. Die Verwendbarkeit von Signatursystemen im elektronischen Rechtsverkehr beruht auf der Sicherheit, daß außer dem Besitzer eines geheimen Signaturschlüssels niemand die betreffende Signatur erzeugen kann. Die Möglichkeit des Zugriffs auf geheime Signaturschlüssel würde das Fälschen von Beweismitteln erlauben und damit die ganze Sicherheitsinfrastruktur entwerten, auf der der elektronische Rechtsverkehr beruht.

Schlüsselpaare für Konzelation, also zum Vertraulichkeitsschutz, müssen nicht in einem rechtlich bindenden Sinne zertifiziert werden. Es mag sinnvoll sein, beim Aufbau einer Infrastruktur Schlüsselzertifizierungen einzusetzen, um die Authentizität der verwalteten Schlüssel zu sichern. Damit kann verhindert werden, daß Personen unter falschen Namen öffentliche Konzelationsschlüssel bereitstellen und auf diese Weise in den Besitz vertraulicher Nachrichten gelangen. Die Sicherheit für die Benutzer von Konzelationssystemen besteht darin, daß sie sich gegenseitig der Authentizität der öffentlichen Konzelationsschlüssel sicher sind, und nicht, daß sie diese vor Gericht nachweisen können. Daher können Kommunikationspartner, sobald es ihnen gelungen ist, einmal Schlüssel auszutauschen[10], deren Authentizität sie vertrauen, jedes beliebige Konzelationssystem zur weiteren vertraulichen Kommunikation verwenden. Die Erzeugung von Schlüsselpaaren in sogenannten Trust Centern kann also für Konzelation nicht erzwungen werden, denn niemand ist beim Gebrauch der Konzelationsschlüssel auf Zertifikate von Trust Centern angewiesen.

Im folgenden werden wir darlegen, daß Benutzer einen Schlüsselaustausch für eine gegenüber Dritten vertrauliche Konzelation ohne Einschränkung ihrer Anforderungen eigenständig realisieren können. Voraussetzung ist, daß sie die vorhandene Sicherheitsinfrastruktur für den elektronischen Rechtsverkehr oder Konzelationssysteme verwenden, bei denen eine Hinterlegung der geheimen Konzelationsschlüssel vorgesehen ist.

2.2 Digitale Signaturen ermöglichen den Austausch von Konzelationsschlüsseln

Jede Sicherheitsinfrastruktur für digitale Signaturen ermöglicht den sicheren Austausch von Schlüsseln für Konzelation: Nach bekannten Algorithmen [Schn-96], die bereits in allgemein verfügbaren Programmen implementiert sind (z.B. Pretty Good Privacy – PGP), kann jeder für Konzelation geeignete Schlüsselpaare generieren. Danach kann jeder seine öffentlichen Konzelationsschlüssel selbst zertifizieren, also die Authentizität des Konzelationsschlüssels für andere überprüfbar machen, indem er etwa folgende Nachricht digital signiert: »Der öffentliche Schlüssel ... gehört ... « (in Abb. 7 die Nachricht $sA\ (A,c_A)$). Eine Sicherheitsinfrastruktur für digitale Signaturen erlaubt nun jedem, die Unverfälschtheit dieser Nachricht zu prüfen[11] und sich so zu vergewissern, daß alles, was damit verschlüsselt wird, nur vom Inhaber des Schlüsselpaares wieder entschlüsselt werden kann. Will man verhindern, daß ein Signatursystem in dieser Weise verwendet wird, gibt es nur eine Möglichkeit, wie man die Sicherheit der Signatur untergraben kann: Man bringt digital signierte Nachrichten in Umlauf, bei denen der Unterzeichner nicht identisch ist mit dem Eigentümer des Signierschlüssels. Damit wäre natürlich jede Rechtsverbindlichkeit von Dokumenten, die in diesem System signiert wurden, hinfällig.

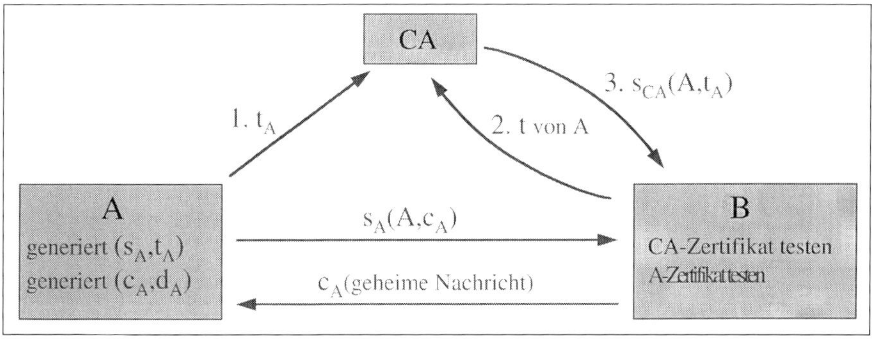

Abb 7: Sichere digitale Signaturen ermöglichen teilnehmerautonome sichere Konzelation

Konzelationsschlüssel, die mit Hilfe einer Sicherheitsinfrastruktur für digitale Signaturen verbreitet wurden, ermöglichen es, sowohl den Austausch vertraulicher Nachrichten als auch Schlüssel für symmetrische Konzelationssysteme herzustellen. Mit diesen kann dann effizienter konzeliert werden.

2.3 Key-Escrow-Systeme können zum zunächst unerkennbaren Schlüsselaustausch verwendet werden

Ähnlich wie sichere digitale Signaturen zum sicheren Austausch von Schlüsseln für Konzelation verwendet werden können, kann auch jedes Konzelationssystem, also insbesondere auch jedes Key-Escrow- und Key-Recovery-System, bei dem den Sicherheitsdiensten der Zugang zu den geheimen Schlüsseln ermöglicht werden kann, dazu benutzt werden, um Schlüssel für zusätzlich zu verwendende Konzelationssysteme zu vereinbaren (Abb. 8). Statt einem Konzelationssystem direkt die vertraulich zu haltenden Nachrichten zu übergeben, wird zunächst ein öffentlicher Konzelationsschlüssel redundant kodiert übertragen. Der Empfänger überprüft den Schlüssel, ähnlich dem Prüfen des Zertifikates bei Verwendung digitaler Signaturen. Sofern er keine Verfälschung des öffentlichen Schlüssels feststellt, verwendet er den öffentlichen Schlüssel entweder, um geheim zu haltende Nachrichten zu verschlüsseln (Abb. 8, 2. Pfeil), oder aber zum Austausch eines weiteren Schlüssels für ein symmetrisches Konzelationssystem, mit dem dann effizienter verschlüsselt werden kann (Abb. 8, 4. Pfeil). Bei der weiteren Kommunikation werden dann die mit dem aufgesetzten Konzelationssystem bereits verschlüsselten Nachrichten mit dem zugrundeliegenden Key-Escrow-Konzelationssystem ein weiteres Mal verschlüsselt, wie dies in Abbildung 8 mit dem 3. und 4. Pfeil angedeutet wird.

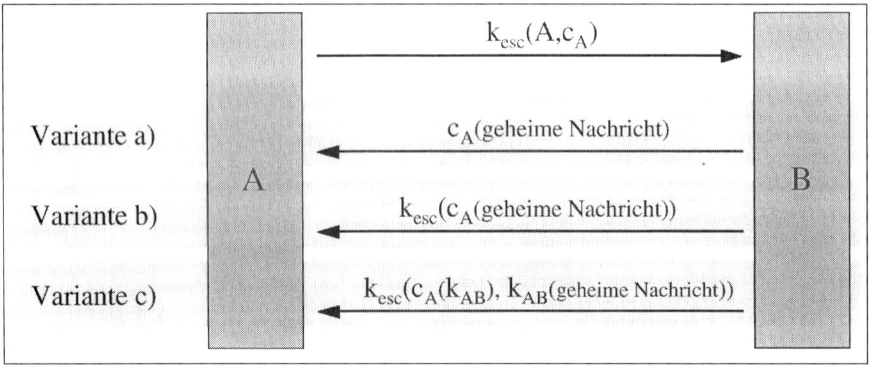

Abb 8: Key-Escrow-Konzelation ohne Dauerüberwachung ermöglicht Schlüsselaustausch und damit a) »normale« Konzelation, b) asymmmetrische Konzelation ohne Key-Escrow und c) symmetrische Konzelation ohne Key-Escrow.

Die Verwendung zusätzlicher Verschlüsselungsmaßnahmen kann erst dann entdeckt werden, wenn die Schlüssel eines Key-Escrow-Systems herausgegeben und zum Entschlüsseln des Fernmeldeverkehrs benutzt wurden, was nach geltendem Recht eine Erlaubnis zur Überwachung des Fernmeldeverkehrs voraussetzt. Key-Escrow ist – wenn die Schlüsselherausgabe tatsächlich so zurückhaltend gehandhabt wird, wie in der öffentlichen Diskussion immer wieder betont wird – für die Ermittlungen der Sicherheitsbehörden, des Verfassungsschutzes, des Bundesnachrichtendienstes und MADs vermutlich kaum hilfreich, da gerade in den Fällen, wo Key-Escrow die Entschlüsselung von Nachrichten ermöglichen soll, höchstens die Verwendung zusätzlicher Verschlüsselungssysteme festgestellt werden kann. Daher wird neben der Einführung von Key-Escrow auch das Verbot anderer Verschlüsselungsverfahren diskutiert, was die Problematik allerdings in keiner Weise löst: Wird die Überwachung des Fernmeldeverkehrs zurückhaltend gehandhabt, so wird ein Übertreten des Kryptoverbots häufig »zu spät«« bemerkt werden. Ein ernsthafter Durchsetzungsversuch des Kryptoverbots setzt also eine weitgehende Aushöhlung des Fernmeldegeheimnisses voraus. Doch selbst dann können sich Teilnehmer steganographischer Techniken bedienen (siehe unten), bei denen die Verwendung eines Verschlüsselungssystems praktisch nicht nachweisbar ist.

Daneben ist zu berücksichtigen, daß alle Stellen und Personen, die Kenntnis von dem geheimen Konzelationsschlüssel eines Benutzers erhalten haben, alle zu diesem Schlüssel gehörigen Nachrichten entschlüsseln können. Im Unterschied zu traditionellen Überwachungstechniken gerät damit das Ende einer Abhöraktion diffus, da die Kenntnis eines Schlüssels nicht rückholbar ist. Die zentrale Speicherung dieser sensiblen Informationen bei Key-Escrow-Agencies und Bedarfsträgern macht diese gegebenenfalls zu einem vielversprechenden Angriffspunkt für Wirtschaftsspionage und andere kriminelle Aktivitäten.

Kurzum: Key-Escrow wäre zur Verbrechensbekämpfung weitestgehend wirkungslos, auf der anderen Seite würde es einen kaum zu realisierenden technischen[12] und organisatorischen[13] Aufwand erfordern, um die Aushöhlung der Rechte der Bürger und eine Steigerung der informationellen Verletzbarkeit von Wirtschaft und Gesellschaft in vertretbaren Grenzen zu halten.

2.4 Steganographie: Vertrauliche Nachrichten zu finden, ist unmöglich

Wie in Absatz 1.1 erläutert, können Nachrichten nicht nur durch kryptographische Konzelationssysteme vor unerwünschter Kenntnisnahme geschützt werden, sondern auch durch Steganographie. Dabei wird die zu schützende Nachricht in einer anderen längeren Nachricht versteckt.

Selbst wenn alle Formen unüberwachbarer Kommunikation oder Speicherung verboten würden, wäre dem Anwender von Steganographie der Mißbrauch nicht nachzuweisen, sofern die verwendete Technik gut ist. Steganographie macht sich eine Grundtatsache der menschlichen Kommunikation zunutze, daß nämlich die gleiche Nachricht für unterschiedliche Empfänger eine unterschiedliche Bedeutung haben kann. In den modernen digitalen Kommunikationsnetzen können hocheffiziente Verfahren realisiert werden, mit denen Benutzer, ohne sich persönlich zu treffen und ohne daß es von Dritten nachgewiesen werden kann, Nachrichten austauschen bzw. vereinbaren können, wie sie zukünftig auszutauschende Nachrichten interpretieren wollen. Es ist natürlich auch möglich und erhöht die Sicherheit, wenn man die zu schützende Nachricht vor dem steganographischen Verstecken zusätzlich verschlüsselt. Die bereits verfügbaren oder in Planung befindlichen datenintensiven interaktiven Telekommunikationsanwendungen aus dem Multimedia-Bereich bieten sich als Trägersysteme für steganographische Techniken geradezu an.

2.5 Maßnahmen bei Schlüsselverlust

Der Verlust von Schlüsseln[14], die zum Schutz der Vertraulichkeit oder zur Integritätssicherung bei der Übertragung von Nachrichten verwendet werden, stellt für den Benutzer kein ernsthaftes Problem dar: Können etwa die mit Hilfe eines Konzelationssystems geschützten Daten nicht entschlüsselt werden, so generiert der Empfänger ein neues Schlüsselpaar und teilt dem Sender seinen neuen öffentlichen Konzelationsschlüssel authentisiert mit. Danach verschlüsselt der Sender die Daten unter Zuhilfenahme des neuen Schlüssels noch einmal und überträgt sie erneut. Diese Methode ist weit weniger aufwendig als jede sichere Form des Schlüsselbackups[15] und weitaus sicherer als Key-Escrow- und Key-Recovery-Systeme. Key-Escrow- und Key-Recovery-Systeme halten die geheimen Schlüssel für gesetzlich festgelegte Bedarfsträger, Sicherheitsbehörden und Nachrichtendienste vor, um eventuell eine Überwachung des Fernmeldeverkehrs zu ermöglichen. Als technische Hilfe bei Schlüsselverlust sind sie überflüssig.

Gleiches gilt hinsichtlich der Schlüssel für Signaturen (vgl. Abb. 9). Verliert der Inhaber seinen geheimen Signierschlüssel, kann er nicht mehr passend zu seinem öffentlichen Schlüssel signieren. Er kann aber jederzeit ein neues Schlüsselpaar entwickeln und den neuen öffentlichen Schlüssel zertifizieren lassen. Dieser muß den Empfängern von zukünftig signierten Nachrichten samt Zertifikat mitgeteilt werden. Der Verlust öffentlicher Schlüssel ist praktisch nicht relevant, da ihre Öffentlichkeit beliebig weit verbreitete Speicherung gewährleistet. Bei Schlüsseln zum Schutz der Vertraulichkeit oder der symmetrischen Authentikation längerfristig gespeicherter Daten[16] führt ein Verlust des geheimen Entschlüsselungs- oder Prüfschlüssels in der Regel zum Verlust der Daten bzw. ihrer Prüfbarkeit. Hier muß der Schlüsselinhaber also Vorsorgemaßnahmen wie Schlüsselbackup oder Key-Escrow einplanen.

Schlüsselbackup und Key-Escrow sind nur für Anwendungen sinnvoll, bei denen Daten nicht auf anderem Wege wiederbeschafft werden können, da die Sicherheit der geheimen Schlüssel in jedem Falle sinkt, wenn außer dem Schlüsseleigentümer noch weitere Personen oder Institutionen im Besitz (von Teilen) des geheimen Schlüssels sind.

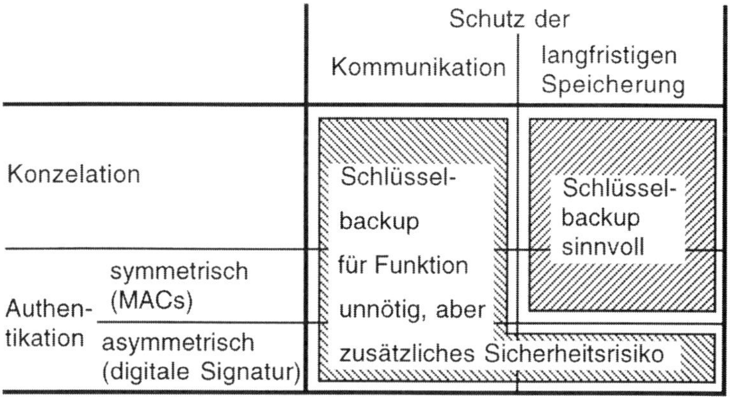

Abb 9: Wo Schlüsselbackup sinnvoll ist, wo unnötig und ein zusätzliches Sicherheitsrisiko.

Zur Archivierung längerfristig gespeicherter Daten können also Schlüsselbackup-Mechanismen sinnvoll sein, die allerdings den Bedürfnissen der Benutzer Rechnung tragen sollten. So sollte jedes Schlüsselbackup technisch und organisatorisch so gestaltet werden, daß der Inhaber des Schlüssels von der Rekonstruktion des Schlüssels zumindest sofort erfährt, wenn nicht gar an ihr mitwirken muß. Nur so bleibt er über die Sicherheit seiner Daten auf dem Laufendem. Dies ist eine wichtige erste Verteidigungslinie gegen Mißbrauch [AABB-97 Kap. 2.3]. Gerade diese Forderung erfüllen Key-Escrow-Systeme nicht.

Benutzern von Verschlüsselung Key-Escrow-Systeme mit dem Argument nahe bringen zu wollen, damit sei auch ihr Schlüsselbackup-Problem gelöst, ist also unseriös: Zwei unabhängige Probleme, denen unterschiedliche Schutzinteressen zugrunde liegen, müssen auseinandergehalten und einzeln gelöst werden.

3. Schlußfolgerungen

Kryptographie ermöglicht jedem, Einzelnen wie Organisationen, Vertraulichkeit und Integrität seiner Informationen auch in Räumen ohne physische Kontrolle effizient selbst zu schützen. Geschieht dies nicht, so können beispielsweise beim Internet weiterhin Tausende neugieriger Systemverwalter den E-Mail-Verkehr mitlesen und Geheimdienste die elektronische Kommunikation weiterhin sehr bequem für Zwecke der Wirtschaftsspionage auswerten. Ohne sichere Kryptographie kann Information im Netz beliebig manipuliert werden.

Die dezentrale Natur globaler digitaler Kommunikationsnetze hat den Nationalstaaten Kontroll- und Schutzmöglichkeiten entzogen. Kryptographie gibt dem Einzelnen die Möglichkeit zurück, seine Informationen selbst zu schützen. In einer Informationsgesellschaft geht Kryptographie deshalb alle an, da alle von ihrer (Un-)Sicherheit betroffen sind!

Der Einsatz von Kryptographie wird deutlich sicherer, wenn Benutzer die für Kryptographie nötigen Schlüssel von ihren Geräten selbst erzeugen lassen. Das oft gehörte Argument, die Schlüsselerzeugung gehöre zum Zwecke der Verbrechensbekämpfung zusammen mit einer Aufbewahrung auch der geheimen Schlüssel zu den Aufgaben von staatlich autorisierten Trust Centern, ist aus den dargelegten technischen Gründen nicht haltbar. Das Argument, dies diene sogar den Interessen des Nutzers, entpuppt sich bei genauer Betrachtung als unzutreffend. Entsprechendes gilt auch für Key-Escrow.

Eine Regulierung kryptographischer Techniken zur Konzelation mit dem Ziel der Verbrechensbekämpfung ist nicht sinnvoll, da eine Kryptoreglementierung nicht wirksam durchsetzbar ist, aber die Sicherheitsinteressen von Bürgern, Wirtschaft und Gesellschaft empfindlich beeinträchtigt. Die im Signaturgesetz vorgenommene fördernde Regulierung von Kryptographie zur Integritätssicherung und Beweiseignung digitaler Dokumente ist zu begrüßen.

Anmerkungen

1 So wird etwa in dem im August 1997 in Kraft getretenen Signaturgesetz auf als sicher bewertete kryptographische Verfahren Bezug genommen.

2 Teile dieses Artikels sind Überarbeitungen aus den früheren Artikeln »Krypto(de)regulierung; *DANA, Datenschutz-Nachrichten*; Deutsche Vereinigung für Datenschutz 19/6 (1996) 4-13 und »Technische Randbedingungen jeder Kryptoregulierung« in *DuD, Datenschutz und Datensicherheit*, Vieweg 20/1 (1996) 23-26.

3 In praktischen Experimenten konnten beispielsweise durch kurzfristige Erhöhung des an Chipkarten angelegten Taktes Fehlfunktionen gezielt herbeigeführt und aus einer einstelligen Zahl von manipulierten Transaktionen große Teile des geheimzuhaltenden Schlüssels bestimmt werden. Ross J. Anderson, Markus G. Kuhn: *Improved Differential Fault Analysis* (Ankündigung 15. Nov. 1996).

4 Da geheime Parameter bei der Ausführung geheimzuhalten sind, sind die betreffenden Algorithmen ebenfalls grau hinterlegt.

5 Das bekannteste Beispiel ist die Multiplikation: Während es vergleichsweise einfach ist, das Produkt zweier großer Primzahlen (>150 Stellen) zu bilden, gibt es nur sehr rechenaufwendige Algorithmen, um aus einem Produkt die Faktoren zu ermitteln. Daher können solche Funktionen zum Verschlüsseln verwendet werden.

6 Am sichersten geschieht die Schlüsselgenerierung in dem Gerät, das den geheimen Schlüssel später verwenden soll. Da Geräte, die asymmetrische Entschlüsselung durchführen können, auch zur Schlüsselgenerierung in der Lage sind, sollte der Vertrauensbereich wie in Abb. 3 dargestellt realisiert werden.

7 Das Gesetz zur digitalen Signatur (Art. 3 des Informations- und Kommunikationsdienste-Gesetzes [IuKDG]) trat zum 1. Aug. 1997 in Kraft.

8 Daher werden der öffentliche Testschlüssel und die Identität der inhabenden Person von einer Certification Authority digital signiert, was als Zertifizierung des öffentlichen Schlüssels bezeichnet wird. Um solche Zertifikate überprüfen zu können, muß der Empfänger einer signierten Nachricht eventuell weitere Zertifikate einhoien. Der entstehende Zertifizierungsbaum ist beispielsweise in X.509 und in eingeschränkter Form im Gesetz zur digitalen Signatur (bzw. der zugehörigen Verordnung) beschrieben.

9 Dies ist allerdings nicht empfehlenswert, da zentrale Systemkomponenten, auf denen die Ausführung verschiedener voneinander unabhängiger Teilaufgaben konzentriert wird, immer auch Schwachpunkte einer Sicherheitsarchitektur bilden (vgl. [FJPP-95]) und es vereinfacht die Zertifizierung auch nicht.

10 Z.B. mit Hilfe der staatlich bereitgestellten Sicherheitsinfrastruktur, aber auch durch persönlichen Austausch von Schlüsseln.

11 Indem er sowohl das Zertifikat sCA(A,tA) der Certification Authority testet wie auch das Zertifikat, das sich Teilnehmer A selbst ausgestellt hat.

12 Wie soll eine Zugriffskontrolle in den Datenbanken der Key-Escrow-Agencies fehlerfrei realisiert werden und gleichzeitig ein kurzfristiger Zugriff auf die Schlüssel möglich bleiben? Die Erfahrung, daß bisher jedes größere technische System Fehler enthielt, lehrt, daß derartige Risikozusammenballungen vermieden werden sollten.

13 Es ist erstaunlich, daß gerade die Bedarfsträger Key-Escrow fordern, deren Erfolge und Skandale doch häufig auf der Erfahrung »Jeder Mensch hat seinen Preis« beruhen.

14 Relevant für unsere Betrachtungen ist die Situation, daß Schlüssel vollständig verloren sind. Falls die Schlüssel in unbefugte Hände geraten können, sind weitere geeignete Maßnahmen zu ergreifen, etwa das Führen von Sperrlisten durch die Stellen, die Schlüssel zertifiziert haben. Bevor Teilnehmer Schlüssel verwenden, müssen sie bei der Stelle, die sie zertifiziert hat, nachfragen, ob der Schlüssel nicht gesperrt ist.

15 Hierzu kann jeder seine eigenen geheimen Schlüssel mit einem Schwellwertschema in Teile zerlegen und einzelne Teile an ihm vertrauenswürdig scheinende Freunde, Organisationen etc. weitergeben. Zur Rekonstruktion ist dann eine vom Teilnehmer vor der Zerlegung gewählte Mindestzahl an Teilen nötig. Bei geschickter Wahl dieser Mindestzahl können einerseits wenige doch nicht vertrauenswürdige Teilverwahrer den geheimen Schlüssel nicht rekonstruieren, andererseits verhindert der Verlust einzelner Teile nicht die Rekonstruktion.

16 Etwa für Archivierungszwecke, z.B. in Grundbuchämtern oder im Gesundheitswesen.

Literatur

AABB-97: Hal Abelson, Ross Anderson, Steven M. Bellovin, Josh Benaloh, Matt Blaze, Whitfield Diffie, John Gilmore, Peter G. Neumann, Ronald L. Rivest, Jeffery I. Schiller, Bruce Schneier: *The Risks of Key Recovery, Key Escrow, and Trusted Third Party Encryption*; Final Report – 27 May 1997; [http://theory.lcs.mit.edu/~rivest/publications.html].

FJPP-95: Hannes Federrath, Anja Jerichow, Andreas Pfitzmann, Birgit Pfitzmann: »Mehrseitig sichere Schlüsselerzeugung«; in: P. Horster (Hrsg.); Trust Center; Proc. der Arbeitskonferenz Trust Center 95; DuD Fachbeiträge, Vieweg, Wiesbaden 1995, 117–131.

HuPf-96: Michaela Huhn, Andreas Pfitzmann: Krypto(de)regulierung; DANA, *Datenschutz-Nachrichten*; Deutsche Vereinigung für Datenschutz 19/6 (1996) 4–13.

MöPS-94: Steffen Möller, Andreas Pfitzmann, Ingo Stierand: »Rechnergestützte Steganographie: Wie sie funktioniert und warum folglich jede Reglementierung von Verschlüsselung unsinnig ist«; *Datenschutz und Datensicherung* DuD 18/6 (1994) 318-326.

Schn-96: Bruce Schneier: *Applied Cryptography: Protocols, Algorithms, and Source Code in C*; John Wiley & Sons, (2nd ed.) New York 1996.

West-97: Andreas Westfeld: »Steganographie am Beispiel einer Videokonferenz«; in: G. Müller, A. Pfitzmann (Hrsg.); *Mehrseitige Sicherheit in der Kommunikationstechnik*; Addison-Wesley, 1997, 507-525.

Geistige Landkarten

Von Daten über Informationen zum Wissen

von Ernst Pöppel

Wenn ich reise und an einen Ort komme, an dem ich vorher noch nicht war, dann bin ich mir in den ersten Stunden, manchmal Tagen, selbst entfremdet. Anderen scheint es ähnlich zu gehen. Wir haben Schwierigkeiten anzukommen, trotz der Faszinationen, die nach einer langen Reise auf uns warten mögen. Es dauert eine gewisse Zeit, um diese Entfremdung zu überwinden und wieder »bei sich« zu sein. Jeder hat seine eigenen Rituale des Ankommens, um sich in der fremden Stadt, dem neuen Land zu »verorten«, um sich an dem neuen Ort wohl zu fühlen und wieder kompetent und handlungsfähig zu sein, wie er es von sich gewohnt ist. Der Kunst des Gastgebers (wenn es einen solchen gibt) kann es gelingen, dem Ankommenden diese Sicherheit des neuen Ortes auf eine möglichst selbstverständliche Weise zu vermitteln.

Ich habe, um wirklich anzukommen, meine eigene Strategie entwickelt: Ich muß den neuen Ort »ergehen«, ich muß mich bewegen, damit ich weiß, wo ich bin, und damit ich spüre, wer ich eigentlich bin. Ich muß also meine Identität zurechtrücken, die durch die Reise »verrückt« wurde, und erreiche dies durch Aktivität, durch Spazierengehen in den Straßen oder Parks oder durch das Wandern im Land. Danach erst kenne ich den Ort, ich weiß wo Norden und Süden ist, und habe herausgefunden, wo es einen Buchladen gibt, wo der Markt und wo Restaurants sind, und – was man häufig unterschätzt – ich habe die Geräusche der Stadt und ihren Geruch in mich aufgenommen. Ich habe mir durch multisensorische Aktivität, durch Gehen, Sehen, Hören und Riechen, eine »geistige Landkarte« erworben, die mir den neuen Ort in meiner Vorstellung vermittelt. Entscheidend für diese neue Verortung ist, daß ich wirklich gegangen bin, und daß ich meinen Weg selbst geplant habe. Von jemandem zur Orientierung im Auto herumgefahren zu werden oder mit jemandem »mitzugehen« mag für eine erste Annäherung nützlich und angenehm sein, doch hat das Kennenlernen durch Fremdinitiative längst nicht die verankernde Wirkung wie das persönliche Ergehen, denn um mich sicher zu fühlen und handlungsfähig zu sein, muß der neue Ort mit seinen Merkmalen ein Teil von mir werden. Meine neue »geistige Landkarte« enthält nicht nur Information über den Ort (wo sich etwas befindet). Durch das eigene Ergehen habe ich auch darüber hinaus für einzelne Merkmale des Ortes (Häuser, Straßen, Plätze, Parks, Bäume) auch Bewertungen vorgenommen, die für meine innere Befindlichkeit an diesem Ort wichtig sind. Im Japanischen gibt es für diese Art der Verortung ein eigenes Wort: Der japanische Begriff *Basho* (zu deutsch Feld, Ort, Raum) meint nicht einen äußeren Ort, sondern macht deutlich, daß der Ort, an dem ich mich befinde, ein Teil von mir, gleichsam auf mich zurückgekoppelt ist. Um zu verstehen, was gemeint ist, möge der geneigte Leser sich seine eigene Frustration in modernen Artefakt-Städten vergegenwärtigen: Da man in ihnen nicht gehen kann, bleiben sie für uns immer Positionen im cartesianischen Koordinatensystem, statt zu Orten mit einer geistigen Landkarte zu werden.

In der Tat mag diese Spannung zwischen dem subjektiv bedeutsamen Ort, der durch eine geistige Landkarte gekennzeichnet ist, und dem abstrakten Ort im Koordinatensystem einer Landkarte auf die Wirkungsgeschichte von René Descartes zurückgehen. Das cartesianische Denken hat dazu geführt, daß wir eine scharfe Trennung ziehen zwischen Subjekt und Objekt, zwischen subjektivem Erleben und physikalisch beschreibbarer Welt, und daß wir die Welt um uns mit einer quasi-wissenschaftlichen, distanzierten Einstellung betrachten und die erlebnismäßige Verbindung zur Welt um uns, mit der wir über unsere Sinnesorgane verbunden sind, vernachlässigen. Im naturwissenschaftlichen Denken westlicher Prägung hat sich eine Grundeinstellung breitgemacht, die diese auf der Subjekt/Objekt-Spaltung beruhende Betrachtung von Sachverhalten als einzige Wirklichkeitserfahrung anerkennen möchte. Eine moderne Wirkung dieses Rationalismus cartesianischer Prägung war die Annahme der klassischen Forschung der Künstlichen Intelligenz (KI), der menschliche Geist ließe sich in seiner gesamten Tätigkeit präzise und eindeutig durch explizite Symbole repräsentieren. Obwohl dieses KI-Programm gescheitert ist, geistern jene Grundannahmen immer noch durch unsere Köpfe, die davon ausgehen, daß unser Wissen in seiner Gesamtheit repräsentiert werden könne, wenn man sich an das Aufsuchen expliziter Algorithmen halte, und daß es für die Abbildung menschlichen Wissens genüge, expliziten, also formalisierbaren Prinzipien zu gehorchen. Der Erfolg dieser Vorgehensweise, insbesondere der unverkennbare Teilerfolg in den Computerwissenschaften, hat dazu geführt, daß man eine Teilmenge menschlichen Wissens für das Ganze hält.

Für diese Teilmenge des rationalen, bewußten, expliziten, sprachlich verfügbaren, symbolisierungsfähigen Wissens werden durch das Werk von Descartes selbst Strategien seiner Erforschung und seiner Repräsentation nahegelegt. In seinem Essay »Von der Methode« (*Discours de la méthode*) legt Descartes vier Regeln des Denkens nahe, die unseren Umgang mit gedanklichen Problemen noch heute kennzeichnen. In der ersten Regel betont er, daß beim Umgang mit einem Problem die Gedanken klar und deutlich (»claire et distincte«) formuliert werden müssen. Zweitens muß ein Problem in seine Teile zerlegt werden, wenn es als Ganzes nicht gelöst werden kann. Drittens soll man vom Einfachen zum Schwierigen fortschreiten, und viertens soll man alles berücksichtigen, was zum Problemfeld gehört. Descartes stellt also die Forderung nach Vollständigkeit der Betrachtung. Das Bemerkenswerte an diesen Regeln, die für uns völlig selbstverständlich, ja fast banal klingen, ist, daß wir in der Tradition des Rationalismus, in der wir stehen, meinen, man könne diese Forderungen tatsächlich erfüllen. Wir glauben, man könne Probleme tatsächlich klar und deutlich formulieren und in Untermengen von Teilproblemen aufteilen. Wir sind überzeugt davon, das Einfache vom Schwierigen trennen zu können, bevor wir das Problem überhaupt angegangen haben, und tatsächlich »alles im Griff« haben zu können. Wir nehmen also implizit einen »deus ex machina« an, gleichsam einen verborgenen Apparat des Wissensmanagements, der uns auf dem rechten Weg hält und uns auf angemessene Weise mit noch ungelösten Problemen umgehen läßt. Im Bestreben, solchen vermeintlich cartesianischen Forderungen nachzukommen, nehmen wir nur eine Teilmenge menschlichen Wissens, das »semantische« oder explizite Wissen, in den Blick und machen uns zu Karikaturen unserer selbst. Wenn wir hingegen die Gesamtheit des menschlichen Wissens betrachten, müssen wir uns eingestehen, daß wir von der Erfüllung der cartesianischen Forderungen weit entfernt sind und sie auf der Grundlage des praktizierten Reduktionismus auch gar nicht erfüllen können.

Ich halte es für unwahrscheinlich, daß wir für das Internet »geistige Landkarten« entwickeln können, die sich nur an explizitem Wissen orientieren und nur dieses einfangen. Die augenblickliche Informationsverarbeitung in den neuen Medien orientiert sich noch immer an der Teilmenge menschlicher Möglichkeiten, wie sie sich aus der rationalistischen Tradition ergeben hat. Wir glauben, durch die Verfügbarkeit moderner Technologie, durch angemessenen Einsatz expliziter Algorithmen und durch schnelle Suchmaschinen Zugang zum weltweiten Wissen zu erlangen, und gehen davon aus, daß sich die gedankliche Strukturierung des menschlichen Wissens von selbst erledigt. Ich glaube nicht, daß das der Fall sein wird, und habe meine Ausführungen deshalb mit dem Hinweis auf die Bedeutung der Verortung begonnen.

Für mich ist das immer wieder neue Erleben des Aufbaus einer persönlichen Landkarte mit ihrer spezifischen Geographie nicht nur eine Metapher für den Aufbau »geistiger Landkarten«, wie wir sie für die Nutzung neuer Medien dringend benötigen. Wir Menschen sind sehr viel stärker sensomotorische Wesen, als wir üblicherweise meinen. Dies zu betonen, ist angesichts der rasanten Entwicklungen im Bereich multimedialer Techniken und der Bereitstellung von immer mehr Fernsehkanälen wohl nicht ganz unwichtig. Für die Gestaltung unseres Wissens ist entscheidend, daß wir wirklich handeln und unsere Handlungen auch mit eigener Initiative verbinden. Eine Tätigkeit in einer rein virtuellen Umgebung führt vermutlich zu einer geringeren Nachhaltigkeit des subjektiv verfügbaren Wissens. Wenn ich einer Situation nur passiv ausgeliefert bin, baut sich in mir kein Wissen auf, und wenn ich von einem Fernsehkanal zum nächsten »zappe«, bin ich danach »so klug als wie zuvor« (vielleicht auch weniger). Ich bin damit kein Sonderfall der menschlichen Spezies; vielmehr hat die Tatsache, daß man sich passiv von Kanal zu Kanal treiben läßt, mit dem Fehlen der Orientierung und der »geistigen Landkarte« zu tun. Man zappt zum nächsten Kanal, weil man ständig denkt, man könnte etwas verpassen. Es ist wie eine Sucht nach dem Neuen, das in dem Augenblick, in dem es erscheint, bereits veraltet ist. Bei dem orientierungslosen Gleiten durch Datenströme, die uns nur bedeutsam erscheinen, an sich jedoch irrelevant sind, hakt sich der Geist nur selten irgendwo so lange fest, daß sich neues Wissen in einem mentalen Bezugssystem, einer geistige Landkarte, einprägen kann.

Nichts anderes bedeutet das Surfen im Internet. Das Wort ist im übrigen eine verführerische Beschönigung der Fakten, da das Surfen eher mit unregelmäßigem Rudern auf einem See im Nebel vergleichbar ist: Man sieht das Ufer nicht, und leider ist das Ruder nicht mit der Pinne verbunden; man meint zu steuern, treibt aber in Wirklichkeit ruder- und richtungslos dahin. Ein Ruderschlag folgt dem anderen und vermittelt den Eindruck, tatsächlich aktiv zu sein, während man sich bei hoher Schlagzahl tatsächlich auf der Stelle oder im Kreise oder in eine zufällige Richtung bewegt. Beim Rudern durchs Internet gibt ein Wort das andere, so daß man immerzu auf neue Fährten gesetzt wird, die man vorher nicht kannte und die nirgendwo hinführen. Der »Genuß-Surfer« wandert, angeregt von ständig neuen Assoziationen und Gedankenspielen, durch ein ungeordnetes Netz von Informationen, das anders als sein Vorbild, das Spinnennetz, ohne Struktur ist. Wenn man sich, nachdem man die nach stundenlangem Surfen sich einstellende physiologische Erschöpfung eine Zeit lang ignoriert hatte, dann doch irgendwann einmal von den nicht enden wollenden Informationsmöglichkeiten löst, merkt man schnell, daß nur ein Fluß optischer (und vielleicht akustischer) Daten durch das Gehirn gezogen ist, der keinen bleibenden Eindruck hinterlassen hat. Es ist nach einer solchen langen und ermüdenden Tätigkeit etwas beschämend, wenn man sich eingestehen muß, daß das meiste von dem, was man glaubte aufgenommen zu haben, schon wieder verloren ist, und daß die Orte, die man besucht hat, nur in Umrissen und häufig nicht einmal in der richtigen Reihenfolge wiedergegeben werden können. Daß man in solchen Fällen noch am ehesten über die technischen Probleme sprechen kann, die aufgetreten sind, hat unter anderem damit zu tun, daß solche Probleme ein Ärgernis sind und eine entsprechende Emotion auslösen, die dann als einzige mentale Kategorie heraussticht.

Es ist für mich eine der großen negativen Faszinationen der letzten zehn Jahre, daß die Diskussionen vieler junger Wissenschaftler, die täglich mehrere Stunden im Internet herumirren und ihre E-Mails abarbeiten, nicht mehr über das Was, also die Inhalte des Wissens, geführt werden, sondern daß das Wie der Informationsverarbeitung in das Zentrum des Interesses gerückt ist, und daß sie nach solchen Tätigkeiten auch häufig glauben, besonders viel gearbeitet zu haben. Durch die Möglichkeit der neuen, weltumgreifenden Kommunikation ist eine Zeitvernichtungsmaschine entstanden, deren Auswirkungen – beispielsweise auf die Kreativität junger Menschen – wir noch gar nicht kennen. Ich übertreibe bewußt und spreche gemäß der 90-zu-10-Regel von den 90 Prozent der weniger Kompetenten, die von den modernen Technologien offensichtlich chronisch überfordert sind. Außer Frage steht dabei, daß es eine Minderheit gibt, die insbesondere die Möglichkeiten des Internet kreativ für das Verfolgen wichtiger inhaltlicher Fragen nutzt.

Nach meiner Auffassung können die neuen Technologien nur dann produktiv in unserer Gesellschaft genutzt werden, wenn ein paar Kleinigkeiten, die unseren geistigen Apparat betreffen, berücksichtigt werden. Die Verfügbarkeit einer Technologie an sich bedeutet noch gar nichts. Auf diese Randbedingungen des Menschlichen muß man aufmerksam machen, soll die zweifellos faszinierende Möglichkeit der weltweiten Vernetzung und der damit gegebenen globalen Kommunikation ein Teil unserer selbst werden. Die Bedingungen des Menschlichen lassen sich als

Forderungen an die Entwickler von Hardware, Software und »Brainware« oder »Knowware« formulieren. Im Augenblick ist man auf die Entwicklung von Software fixiert und vergißt die Bedeutung von Hardware und Knowware.

In der Tat ist letztere Komponente, die die menschliche Seite kennzeichnet und für die Gestaltung des Wissens zentral ist, bisher kaum in den Blick getreten und wird nowhere verfolgt. An erster Stelle ist hier die Vernachlässigung der Bildschirmtechnologie zu beklagen. Fachleute sind immer wieder überrascht, daß kaum jemand Texte nur am Bildschirm liest, sondern daß selbst E-Mails meist ausgedruckt werden. Man nimmt an, daß dies mit unserer traditionellen Bindung an das Buch und den gedruckten Text zu tun hat, und geht davon aus, daß sich diese altmodische Gewohnheit im Laufe der Zeit, wenn neue Generationen in die selbstverständliche Nutzung des Internet hineingewachsen sind, von selbst erledigen wird. Man vergißt dabei sehr einfache ergonomische Prinzipien: Es könnte nämlich durchaus sein, daß die optische Verfügbarkeit der Daten auf dem Bildschirm sub-optimal ist. Die physikalisch definierten Zeichen auf dem Bildschirm, die Sequenzen von Buchstaben und Piktogrammen, werden von einer Netzhaut verarbeitet, für die wie für jedes andere System Optimalitätskriterien gelten. Die Fragen nach der Größe des Bildschirms und dem Sehwinkel, der von ihm eingenommen wird, nach Kontrast, Farbe und Größe der Zeichen sowie nach dem technologische Modus ihrer Repräsentation müssen aus arbeitsökonomischer Sicht geklärt werden. Es ist zum Beispiel erstaunlich, daß die verwendeten Farbcodes für Zeichen im Internet häufig einfachsten Regeln der Sinnesphysiologie widersprechen. Farbkombinationen, bei denen eine Farbe den Hintergrund, eine andere die zu vermittelnde Information repräsentiert, sind beispielsweise sehr viel schlechter lesbar als das altertümliche Schwarz (Buchstaben) auf Weiß (Grund). Die technisch möglich gewordene Datenrepräsentation verfehlt mit einer ästhetisierenden Farbgestaltung, die die Lesbarkeit von Texten vermindert, ihren Zweck. Voraussetzung dafür, daß aus Daten Informationen und aus diesen Wissen werden kann, ist die einfache physiologische Verfügbarkeit von Daten. Die Optimierung der ergonomischen Seite der menschlichen Datenverarbeitung hat also einen wichtigen Stellenwert für zukünftige Entwicklungen.

Geistige Landkarten können in den neuen Medien erst dann aufgebaut werden, wenn das Problem der »optischen Landkarten« auf dem Bildschirm befriedigend gelöst ist. Die vermutlich wichtigste Kulturtechnik für die moderne Kommunikations- und Wissensgesellschaft ist das Lesen,

da es die Grundbedingung für die Aufnahme von Wissen ist. Man muß lesen können, um aus Texten und Bildern auf dem Bildschirm Sinn entnehmen zu können. Damit die für das Lesen erforderlichen »sakkadischen« Augenbewegungen angemessen eingesetzt werden können, müssen Bildschirmoberflächen so gestaltet sein, daß der Blick nicht unnötig umherschweifen muß. Die graphische Aufbereitung muß der inhaltlichen Repräsentation des Wissens, der geistigen Landkarte also, entsprechen. Vermutlich sollten aus neuro-anatomischen Gründen – dieses muß man genauer untersuchen – Textteile auf dem Bildschirm eher auf der rechten Seite, Bildteile dagegen eher auf der linken Seite repräsentiert werden.
Der Grund hierfür ist, daß die auf der Netzhaut abgebildete Information die beiden Gehirnhälften in unterschiedlicher Weise bedient: Was rechts im Bild ist, wird in der linken Gehirnhälfte verarbeitet, was links im Bild ist, wandert nach rechts. Da die beiden Gehirnhälften jeweils dominant sind für sequentielle (links) bzw. topographische Informationsverarbeitung (rechts), würde eine solche Anordnung der Daten auf dem Bildschirm die primäre Informationsverarbeitung vermutlich verbessern. Man könnte die für Textaufnahme und Bildverarbeitung notwendigen Augenbewegungen ökonomischer steuern, und der Aufbau von Wissen würde erleichtert werden. Für die Gestaltung von Bildschirmoberflächen spielt das Wissen darüber, wie das Gesichtsfeld im Gehirn repräsentiert wird, allerdings keine Rolle.
Ein anderer Gesichtspunkt ergibt sich aus modernen Befunden über die zeitliche Verarbeitung von Information im menschlichen Gehirn. Unser Gehirn ist mit einem automatischen Mechanismus der temporalen Integration ausgestattet, der sequentielle Information jeweils für nur wenige Sekunden (üblicherweise bis zu etwa drei Sekunden) zu Arbeitspaketen zusammenfaßt. Dieser präsemantische Integrationsprozeß zeigt sich in unserem Gedächtnis, in der Sprache, in der Programmierung von Bewegungen, im Sehen und im Hören: Wir können unmittelbar gegebene Information nur für wenige Sekunden fehlerfrei festhalten; in der spontanen Sprache werden jeweils syntaktische Einheiten von nur wenigen Sekunden vom Gehirn vorprogrammiert; intentionale Bewegungen (z. B. jemandem die Hand geben) dauern in allen Kulturen der Welt nur wenige Sekunden; der Blick auf etwas Neues erschöpft sich nach wenigen Sekunden; umgekehrt wird unser nächster Blick geradezu von allem magisch angezogen, was im Gesichtsfeld neu auftaucht. Neurophysiologische Experimente mit modernster Technologie (beispielsweise mit dem neuen bildgebenden Verfahren Magnetoenzephalographie) legen nahe, daß das

menschliche Gehirn im Rhythmus von wenigen Sekunden seine Sinneskanäle öffnet, um Neues aufzunehmen, und in regelmäßigen Abständen von innen heraus fragt: »Was gibt es Neues in der Welt?«. Wir sind bei der Aufnahme von Daten aus der Welt über unsere Sinneswerkzeuge also keine passiven Automaten, in die Sinnesdaten oder Informationen hineinströmen, sondern in uns ist immer schon Wissen repräsentiert, das im regelmäßigen Wechsel durch Öffnen der Sinneskanäle auf Beständigkeit überprüft wird. Hier zeigt sich ein radikaler Wandel gegenüber der cartesianischen Tradition unseres Selbstverständnisses: Wir selbst sind es, die auf der Grundlage von Hypothesen über Weltzustände die Welt gestalten, und diese Hypothesen tragen wir in uns. Wir sind also keine »Maschinen« in jenem Sinn, daß die geistigen Landkarten, die unser Wissen repräsentieren, in jedem Augenblick neu aufgebaut werden müssen. Sie sind im gegenwärtigen Erleben schon da, und Neues wird an einem passenden Ort der geistigen Landkarte niedergelegt.

Diese Autonomie im Wissensabgleich ist ein Wesensmerkmal unseres Geistes, das auf der neuronalen Maschinerie des Gehirns beruht. Dieser Sachverhalt ist bisher in der Internet-Welt nicht aufgegriffen worden. Man konfrontiert uns im Gegenteil mit einer Technologie, die sich an einem 300 Jahre alten Bild vom Menschen und seiner Informationsverarbeitung orientiert. Neue Erkenntnisse darüber, wie wir Wissen als »Knowware« aufbauen, kommen darin nicht vor. Bisher sind wir bei der Nutzung des Internet passiv dem Medium und der Art, wie es Information bereitstellt, ausgeliefert. Wir geben einen Befehl ein, stellen eine Frage und verharren geduldig in der Warteschleife, ohne zu wissen, wann wir mit einer Antwort rechnen können. Die Forderung nach schnelleren Übertragungsmechanismen und das Suchen nach schnelleren Algorithmen ist nicht nur Ausdruck wirtschaftlicher Überlegungen, sondern spiegelt die Tatsache wider, daß wir nicht warten können, nicht warten wollen und auch nicht warten sollen. Das Grundprinzip unserer Informationsaufnahme, aktiv nachzufragen, wird vom Internet jeden Augenblick beleidigt. Wenn wir orientierungslos auf eine Antwort aus dem Netz warten, dann ist das nicht nur lästig, sondern erzeugt auch eine Spannung in uns, die zu körperlicher Aktivation mit erhöhtem Muskeltonus führt, was erklärt, warum so mancher von der Arbeit im Internet Muskelkater bekommt. Es ist erfreulich, daß sich nun eine deutsche Arbeitsgruppe dieses Problems angenommen hat und die Interaktion mit dem Netz so gestalten will, daß das Bedürfnis des Nutzers nach regelmäßigen Zeitschritten berücksichtigt wird.

Das Beispiel der zeitlichen Informationsverarbeitung zeigt, daß die Daten im Netz bisher als eine vom Menschen getrennte Domäne behandelt werden. Die cartesianische Trennung zwischen Subjekt und Objekt ist hier immer noch in reiner Form verwirklicht. Das bestehende technologische Szenario fordert von uns, daß wir unsere Informationsverarbeitung und Wissensstrukturierung an die gegebenen technologischen Prinzipien anpassen. Wie wäre es, wenn wir das Prinzip einmal umdrehen und eine Software entwickeln würden, die es erlaubt, geistige Landkarten so aufzubauen, wie es uns unsere Entwicklungsgeschichte von vielen Millionen Jahren gelehrt hat? Ich bin überzeugt, daß die Nutzung des Internet nur dann ein Teil unseres alltäglichen Lebens werden wird, wenn wir daran gehen, die Universalien der menschlichen Informationsverarbeitung ernst zu nehmen, d. h. nicht darauf zu setzen, daß sich unsere Anatomie und Physiologie an technologische Prinzipien anpassen werden. Dies zu tun, wäre ohnehin vergeblich, da die Prinzipien neuronaler Informationsverarbeitung außerordentlich konservativ und resistent gegenüber Veränderungen sind.

Aus diesen Bemerkungen geht hervor, daß das menschliche Gehirn als eine nicht-triviale, durch Ökonomie gekennzeichnete Maschine angesehen werden muß. Jeder Augenblick des bewußten Erlebens ist gekennzeichnet durch das Wirken eines mentalen Bezugssystems, in dem unser Wissen repräsentiert ist und das durch Informationen von außen, die über die Sinneswerkzeuge bereitgestellt werden, moduliert wird. Das Wissen in diesem Gegenwartsfenster von nur wenigen Sekunden ist dreifacher Art: Es kann zum einen, sofern es sich auf semantisches Wissen bezieht, reflexiver Natur sein. Diese Form des Wissens meint man üblicherweise, wenn man vom Wissen in der cartesianischen Tradition spricht. Von gleicher Bedeutung ist die zweite Form des Wissens, das Handlungswissen, das uns nicht unbedingt bewußt verfügbar sein muß. Dieses Wissen bezieht sich auf unser Können, bleibt implizit und spiegelt sich manchmal in unseren Intuitionen wider. Ein Experte zeichnet sich dadurch aus, daß er vor allem diese Form des Wissens beherrscht, und sich nicht nur auf explizites Wissen verläßt. Die dritte Form des Wissens ist das persönliche Vorstellungswissen, das auch als episodisches Wissen bezeichnet wird. Diese Form des Wissens macht unsere Identität aus und ist untrennbar von uns. Diese Untrennbarkeit gilt auch für das implizite Handlungswissen. Nur für das explizite Wissen gilt, daß es unabhängig von uns existiert.

Wenn ich geistige Landkarten aufbaue, dann geht es nicht nur darum, explizites Wissen in abstrakter Weise zu strukturieren. Die drei Wissensmodi müssen in meinem Erleben zu meinem persönlichen Wissen verbunden werden. Die geistige Landkarte, die ich in mir aufbaue, ist bildhaft und begrifflich zugleich, und sie ist auf das engste mit meinem Handeln und meinem Können verbunden. Bisher tun wir so, als könnten – oder sollten – wir die einzelnen Wissensmodi getrennt behandeln. Für den Aufbau der mentalen Bezugssysteme, die die persönlichen geistigen Landkarten repräsentieren, ist aber die aktive Auseinandersetzung mit Sachverhalten erforderlich. Nur wenn ich es selbst bin, der diese Landkarte gestaltet, wird sie zu meiner eigenen Landkarte, die für mich einen persönlichen Wert darstellt.

Der zukünftige Reiz des Internet liegt darin, uns diesen Zugang zu uns selbst und unseren Wissenslandschaften zu erleichtern. Aus Bildschirmdaten gewonnene Informationen sind Ausgangsmaterial, nicht Wissen. Dieses muß jeder einzelne für sich in einer für ihn geeigneten Weise strukturieren. Für diese Strukturierung müssen Angebote gemacht werden – der Nutzer darf damit nicht allein gelassen werden. Modelle für solche Strukturierungen gibt es viele. Unabhängig davon, ob man bildlichen oder begrifflichen Ordnungsschemata, hierarchischen Bäumen oder heterarchischen Vernetzungen den Vorzug gibt, muß es in jedem Fall darum gehen, dem menschlichen Gehirn und seiner Art der Wissensgenerierung entgegenzukommen, d. h. es müssen mentale Kategorien oder Klassen bereitgestellt werden, die uns von überflüssigen Details befreien und uns Orientierung geben in einer Welt, die auf der Grundlage geistiger Landkarten aufbaut.

Netzmanager

Zwar gilt das Internet einerseits als Multimedium seiner Nutzer, die es in einer ebenso unabgesprochenen wie kollektiven Anstrengung täglich verändern und erweitern. Wie auch die Beiträge in diesem Buch gezeigt haben, existiert andererseits in Sachen Zivilisierung des Cyberspace eine enorme Erwartungshaltung, deren Adressat häufig Politik, nicht selten aber auch Wirtschaft heißt. Doch welche Konzepte und Visionen – jenseits einer profitorientierten Kapitalisierung des Netzgeschehens – verbinden die Global Players mit dem Engagement ihrer Unternehmen und Institutionen?
Fünf beispielhafte Gespräche sollen den State of the Art in den obersten Etagen des Netzmanagements illustrieren: Mit **Horst Teltschik**, BMW-Manager und Deutschlands einziger politischer Unternehmensvorstand, sprach der Hamburger Journalist *Uwe Jean Heuser* über fehlende Fachkompetenz im politischen Establishment sowie über die Notwendigkeit einer neuen Offensive des vernetzten Denkens. *Anja Gild* besuchte **Ekkehard Gerlach**, Bereichsleiter Multimedia von o.tel.o und Leiter des Pilotprojekts InfoCity NRW, und ließ sich Ziele und Visionen des europaweit größten Multimedia-Vorhabens erläutern. Über »natürliche Wissensvorsprünge« in der globalen Kommunikationsgesellschaft und deutsche Wettbewerbsfähigkeit sprach der Münchner Journalist *Tim Cole* mit **Klaus Mangold**, Vorstandsvorsitzender der Daimler-Benz InterServices (debis) AG. Welche Rolle spielt die Idee des offenen Internet für ein Unternehmen wie Microsoft? *Ruth Henke* fragte bei **Richard Roy** nach, Vorsitzender der Geschäftsführung von Microsoft Deutschland. **Karl Hinrich Vöge** schließlich, Bereichsleiter Anwendungsprojekte bei der Telekom-Tochter DeTeBerkom GmbH in Berlin, erläutert im Gespräch mit *Uwe Jean Heuser* seine Vision einer flexiblen Dienstleistungsgesellschaft, die auf den Faktoren Telearbeit und temporäre Beschäftigung basiert.

Das Wichtigste ist vernetztes Denken

Horst Teltschik im Gespräch mit Uwe Jean Heuser

Herr Teltschik, die Dampfmaschine hat viele Jahrzehnte für die industrielle Revolution gebraucht, der vernetzte Computer verwandelt in nur wenigen Jahren Wirtschaft und Gesellschaft. Ist das für den einzelnen Betroffenen wie für die Politik insgesamt noch zu bewältigen?

Ein solcher Umbruch muß dazu führen, daß die Bürger weniger Sicherheit empfinden und sich um ihre persönliche Zukunft in der Informationsgesellschaft sorgen. Derzeit haben wir so viel Wandel, daß jeder auf die eine oder andere Art betroffen ist. Der Bürger wartet jetzt auf Antworten, die ihm die Politik freilich derzeit schuldig bleibt – und die Globalisierung der Wirtschaft verstärkt seine Angst.

Wo soll er die Antworten suchen?

Politiker, Unternehmen und auch Gewerkschaften müssen dem Einzelnen nicht nur seine Zukunftschancen erklären, sondern ihm auch zeigen, wie er mit den Risiken fertig wird. Zudem müssen sie dafür sorgen, daß er sich in seiner gewohnten Lebensumwelt halbwegs sicher fühlt.

Sie weisen den großen Institutionen große Verantwortung zu. Dabei könnte doch auch der Einzelne die Chancen der Vernetzung – von mehr Selbstbestimmtheit bis zu neuen Konsumwegen – von sich aus ergreifen. Wie kommt es, daß das Glas der Informationsgesellschaft in Deutschland immer halbleer und nie halbvoll ist?

Das ist wohl Teil der deutschen Mentalität. Das Volk der Dichter und Denker prüft ein Problem so lange, bis sämtliche Risiken genau ausgeleuchtet sind. Chancen werden oft zu spät wahrgenommen. Amerikaner dagegen bilden eine Task Force und versuchen, ein Problem so rasch wie möglich zu lösen. Dabei kalkulieren sie Mißerfolge durchaus ein, während die meisten Deutschen enorme Angst vor falschen Entscheidungen haben.

Hinzu kommt, daß die Bundesrepublik über viele Jahre erfolgreich war: Der Wohlstand ist stetig gewachsen und vermittelte Sicherheit. Jetzt wird das alles in Frage gestellt. Das ist wie in einem Unternehmen, das noch keine Krise durchlaufen hat: Warum, so lautet die Frage, sollen wir etwas ändern? Es verlief doch auch bisher alles zufriedenstellend. So stellen wir uns zu spät auf Veränderungen ein und tun uns schwer, veraltete Strukturen zu verändern – in der Sozialversicherung ebenso wie im Steuersystem.

Was müßte die Regierung als erstes angehen, damit die Chancen der digitalen Revolution in Deutschland genutzt und auch in Arbeitsplätze umgesetzt werden?

Neben einer deutlichen Verringerung der Steuerlast müßten vor allem die gesetzlichen Auflagen für Innovationen und Unternehmensgründungen drastisch verringert werden. Arbeitsplätze müssen vor allem von neuen Firmen kommen. Wenn aber in Deutschland ein Student in einer Garagenfirma Software zu entwickeln beginnt, klopft am nächsten Tag ein Aufsichtsbeamter an die Tür, um zu kontrollieren, ob alle Vorschriften auch eingehalten werden.

Der vernetzte Computer unterstützt verschiedenste neue Arbeitsformen – von der Telearbeit über mehr Teilzeitarbeit bis hin zu neuer Selbständigkeit von ehemaligen Angestellten, die nun freiberuflich ihre Dienste anbieten. Doch die deutsche Wirtschaft kommt auch in dieser Richtung kaum voran.

Allgemeine Aufrufe und Klagen helfen da nicht weiter. Es wird nur vorangehen, wenn die Unternehmen solche Arbeitsplätze einrichten und zeigen, welche Vorteile damit verbunden sind. Bei BMW haben wir alle Arten von Tele- und Teilzeitjobs – von täglicher Zeitreduzierung bis zum Sabbatical – geschaffen. Auf der Grundlage dieser Erfahrungen lassen sich die neuen Arbeitsformen dann ausbauen.

Helfen die Gewerkschaften dabei?

In der Regel verlangsamen sie den Wandel. Sie befürchten, daß sie ein Stück ihrer Macht aufgeben und bestehende Verträge ändern müssen. Telearbeiter lassen sich nicht so leicht organisieren wie eine herkömmliche Betriebsbelegschaft – und neue Selbständige schon gar nicht. So hat zwar der Betriebsrat bei uns ein Mitspracherecht bei der Arbeitszeitgestaltung der Mitarbeiter – was bei den daheim oder unterwegs tätigen Telearbeitern jedoch ein Ding der Unmöglichkeit ist. Da kommt dann schnell der Vorwurf der Ausbeutung, während die neuen Chancen durch mehr Selbständigkeit und Entscheidungsfreiheit für den einzelnen Mitarbeiter übersehen werden.

Arbeitsforscher meinen, daß die Erwerbstätigen sich in der Informationsgesellschaft in drei Gruppen teilen: die immer erfolgreicheren selbständigen Wissensarbeiter, die schrumpfende Gruppe der sozial abgesicherten Mitarbeiter großer Unternehmen und die wachsende Gruppe der Nomadenarbeiter, die auf sich gestellt nur für einzelne Projekte oder auf Zeit arbeiten dürfen. Wie wollen Sie diese Risikogruppe des digitalen Zeitalters absichern?

Sofern sie es können, sollten sie sich wie sonstige Selbständige selbst versichern. Für alle anderen müssen Staat und Tarifparteien die sozialen Sicherungssysteme entsprechend anpassen und eine grundlegende Sicherung wie die Sozialhilfe beibehalten.

Auch ihren festen Angestellten können die Unternehmen keinen lebenslangen Arbeitsplatz mehr garantieren …

… stattdessen müssen sie stärker auf den »employee value« setzen und nicht nur auf »shareholder value«. Sie müssen also in die Fähigkeiten ihrer Mitarbeiter investieren, damit diese jederzeit im Unternehmen oder am Markt einen neuen Job finden können. Zudem können sie Mitarbeitern größere Sicherheit geben, wenn sie ihnen mehr Verantwortung übertragen. Wenn jeder selbst stärker für den Unternehmenserfolg verantwortlich ist, verliert er Angst und nutzt seine Kreativitätsspielräume besser.

Computernetze verändern nicht nur die Arbeit, sondern auch den Vertrieb. Müssen hiesige Industrieunternehmen das Internet intensiver nutzen?

Allerdings. In den Vereinigten Staaten gibt es schon einen Automobilhändler im Netz. Dort wählt der Kunde sein Modell aus, und dann teilt ihm der Netzhändler mit, welche Filiale in seiner Nähe genau dieses Auto wann und zu welchem Preis liefern kann. Das ist eine völlig neue Dienstleistung, die der Kunde bislang selbst erbringen mußte. Die meisten Firmen müssen diese Möglichkeiten intensiver als bisher nutzen und ausbauen. Sonst werden es andere für sie tun.

Reformstau auf allen Ebenen. Läßt sich die Lähmung der Politik angesichts der Informationsrevolution überhaupt noch aufheben?

Die Politik allein ist einem solchen Wandel, der traditionelle Grenzen sprengt und große Mengen neuen Wissens erfordert, nicht gewachsen. Als ich in Bonn war, sollte das Kabinett beispielsweise über ein neues Weltraumkonzept entscheiden. Dabei wußten die Einzelnen viel zu wenig, um wirklich kompetent darüber zu befinden. Ähnlich war es bei anderen neuen Technologiefeldern – bis hin zu Computernetzen. Politiker müssen in ständigem Austausch mit der Wirtschaft die Strukturen der veränderten Wirklichkeit anpassen. Dabei haben die Unternehmen aber auch eine Bringschuld. Sie sollten ihre Erfahrungen in Ratschläge umsetzen und sich mit den Politikern auseinandersetzen, statt nur im Nachhinein die Unzulänglichkeit des Gesetzgebers anzuprangern.

Eine neue konzertierte Aktion der Informationsgesellschaft?

Es ist mir egal, wie man das nennt. Aber Politiker, Unternehmen und Gewerkschaften müssen zusammenarbeiten, müssen ständig voneinander lernen. Die Politik allein ist auf solchen neuen Gebieten extrem langsam und oft überfordert. Ich habe viele Technologieprojekte in Bonn betreut. Sie glauben gar nicht, wie lange es gedauert hat, bis Regierung und Parlament Computer eingesetzt haben. Der Politik fehlt in vielen Fällen die fachliche Kompetenz, um rasch und richtig entscheiden zu können.

Um im Konzert erfolgreich zu sein, müßten die Vertreter aller Gruppen zurückstecken und – einer Ihrer Schlüsselbegriffe – ein Stück Machtverlust akzeptieren.

Das beginnt mit mehr Bereitschaft zu Offenheit und Kooperation über Ressortgrenzen hinweg. Ich habe schon in Bonn dafür plädiert, die traditionellen Grenzen zwischen den Ministerressorts abzuschaffen. Sie stimmen nicht mehr, und nur in der Zusammenarbeit lassen sich die neuen Themen erfassen. Aber dem steht der Egoismus einzelner Politiker und Beamter im Wege.

Sie verlangen, daß Politiker wie auch Manager vernetzt denken und handeln. Aber dafür sind sie kaum ausgebildet.

In der Tat hat der Um- und Ausbau unserer Bildung auf dem Weg in die Informationsgesellschaft erste Priorität. Das fängt in der Grundschule an.

Wollen Sie dort schon Computer einführen?

Natürlich. Heute fordern die Schulen weniger, als die Schüler von allein zu Hause tun. Dahinter steht oft auch die Furcht von Lehrern und Kultusbeamten, die mit Computern weniger anfangen können als die Schüler.

Auch Sie müßten also einen Machtverlust hinnehmen …

… und vernetzt denken lernen. Heute wird leider – bis hin zum Studium – vernetztes Denken nicht bewußt gelehrt. Ein Chemiker muß aber lernen, auch mit Biologen oder Physikern zusammenzuarbeiten. Sonst bekommt er künftige Probleme nicht in den Griff. Die alten Fachgrenzen müssen allseits aufgebrochen werden.

InfoCity NRW

Was erwartet der Homo Connectus vom Netz?

Ekkehard Gerlach im Gespräch mit Anja Gild

Herr Gerlach, Sie sind Projektleiter von InfoCity NRW. Welchen Zweck verfolgen Sie mit diesem Angebot?

Die privaten Telekommunikationsunternehmen in Deutschland versuchen, mit der Deutschen Telekom in Wettbewerb zu treten. Das ist bei Sprach- und Datenübertragungen aufgrund der bisherigen Monopolstellung der Telekom nicht ganz einfach. In innovativen Bereichen, wozu auch Multimedia gehört, ist das hingegen viel eher möglich. Die privaten Unternehmen werden also speziell all jene Bereiche ins Auge fassen, die sich durch besondere Intransparenz auszeichnen. Sie werden versuchen, hier ihre eigenen Schlußfolgerungen zu ziehen und tragfähige Geschäftskonzepte für die Zukunft zu entwickeln. Dabei muß man sich überlegen, wie man mit diesen neuen Bereichen umgeht. Ein Pilotprojekt wie InfoCity NRW stellt praktisch die einzige reale Möglichkeit dar, die neuen Märkte zu untersuchen.

InfoCity NRW ist das europaweit größte Multimedia-Pilotprojekt. Sie beabsichtigen, in der Pilotphase bis zu 10000 Haushalte und Nutzer an das Breitbandnetz anzuschließen.

Technisch gesehen haben wir das Ziel von 10000 angeschlossenen Haushalten Anfang 1998 erreicht. Ob man diese Haushalte dann aber tatsächlich alle als Nutzer bezeichnen kann, ist eine andere Frage. Es gibt dabei durchaus Leute, die sich das Angebot nur einmal anschauen und weiter keinen Gebrauch davon machen wollen. Wer das Angebot tatsächlich nutzt, läßt sich erst im Nachhinein sagen. Bisher ist das einzige, was wir sicher feststellen können, die Zahl der technischen Anschlüsse.

Wer kann an dem Pilotprojekt teilnehmen, wer kann also Nutzer der bisherigen Angebote von InfoCity NRW werden?

Wir schließen die Haushalte an, die über eine KOAX-Kabel-Antenne verfügen. Mit diesen Kabeln werden Fernsehsignale übertragen. Unser Hauptansatz ist der Aufbau eines Netzes ohne technische Einschränkungen. Die Verwendung von KOAX-Kabel-Antennen ist offensichtlich ein guter Weg, farbige Bewegtbilder von hoher Qualität in die Haushalte zu übertragen. Die Haushalte mit KOAX-Kabeln sind übrigens von uns selbst erschlossen. Wir sind nach der Telekom in Deutschland mit zwei Millionen angeschlossenen Haushalten der größte TV-Kabelbetreiber. Von diesen zwei Millionen Kabelanschlüssen liegen rund 100000 im Rhein-Ruhr-Raum. Von diesen haben wir bestimmte Haushalte unter topographischen Gesichtspunkten als Pilotgruppe ausgewählt.

Welche Inhalte und Dienstleistungsangebote findet der Nutzer bei InfoCity NRW?

Von den insgesamt fünfzehn Anwendungskategorien, die im Zusammenhang mit Multimedia genannt werden, eignen sich für ein stabiles Geschäftskonzept auf Dauer wahrscheinlich höchstens fünf oder sechs – dazu gehören Teleshopping, Tourismus, Telemedizin und Information »on demand«. Letzteres ist ein finanziell kritischer Bereich, da die Unternehmen hier wertvolle Information zur Verfügung stellen, für die sie eine angemessene Vergütung brauchen. Im Internet herrscht aber, wie wir wissen, die weit verbreitete »Kostet-mich-nichts«-Mentalität. Vielleicht gehört auch noch der Bereich der interaktiven Spiele und des Entertainment zu den Gebieten, die sich für ein Geschäftskonzept eignen. Der WDR hat hier beispielsweise für die Pilotphase eine spezielle Programmvorschau entwickelt und könnte zum Beispiel am Morgen Bewegtbildauschnitte von Filmen zeigen, die erst am Abend laufen.

Ich höre heraus, daß Sie bezüglich der Angebote, die man dauerhaft bei InfoCity implementieren könnte, noch suchen.

Das versteht sich bei einem Pilotprojekt von selbst. Unsere Hauptzielsetzung ist es, aus den vielen möglichen Multimedia-Angeboten die 10 Prozent herauszufiltern, die weiterzuverfolgen es sich lohnt. Man muß aber mehr als diese zehn Prozent ausprobieren, wenn man herausfinden will, welche Dienstleistungen von privaten und professionellen Anwendern wirklich in Anspruch genommen werden und für welche die Anwender auch bereit sind zu bezahlen.

Heißt das, daß Sie Angebote, die nicht dauerhaft nachgefragt werden, durch andere ersetzen werden?

Das ist zuallererst eine Frage der Strategie unserer Inhaltepartner. Wir sind ein Konsortium von 15 Unternehmen, Inhalteanbieter gibt es rund 100. Wenn ein Anbieter feststellt, daß ein bestimmtes inhaltliches Angebot nicht nachgefragt wird, dann muß er entscheiden, ob er es rausnimmt oder weiterführt.

Wer sind Ihre Partner?

Aus dem Fernsehbereich sind es RTL, ZDF und WDR. Dann sind es große Medienunternehmen, aber auch kleinere Verlage, Unternehmen aus dem Spielebereich, aus dem Versandhandelsbereich der Otto-Versand, außerdem Banken und Versicherungsgesellschaften – im Prinzip sollte aus jedem Bereich mindestens ein Unternehmen mit seinem Angebot vertreten sein.

Sind in dem Pilotprojekt auch Bildungsinhalte vorgesehen?

Auf jeden Fall. Für den Bereich des Distance-Learning (Fernlernen) ist unser Partner die Fernuniversität Hagen.

Würde es sich bei 10 000 Nutzern nicht auch anbieten, Informationen und Dienstleistungsangebote kommunaler Institutionen aufzunehmen, die den Bürgern z.B. Behördengänge ersparen?

Wir sind gerade dabei, das »Multimediaprojekt Gelsenkirchen« mit einer virtuellen KFZ-Zulassungsstelle zu integrieren. Autohändler können dort elektronisch KFZ-Nummernschilder für Kundenwagen bestellen und die Fahrzeuge an- und ummelden. Lediglich das Abholen der Schilder geschieht noch persönlich. Die Stadt Gelsenkirchen will damit so etwas wie eine »vorverlagerte Stadtverwaltung« erproben. Wir sind noch auf der Suche nach neuen Möglichkeiten dieser Art. Ich habe gemeinsam mit einigen Stadtverwaltungen die möglichen Service-Angebote aus dem kommunalen Bereich durchforstet. Die meisten eignen sich entweder nicht für die multimediale Aufbereitung, oder Multimedia würde keinen Mehrwert darstellen, für den die Nutzer bereit wären zu zahlen. Außerdem fehlt den Kommunen für die multimediale Aufbereitung das Geld. Sie nutzen das Netz eher, um sich als innovative Gemeinden zu präsentieren.

Sie sehen also nicht, daß sich durch multimediale Aufbereitung kommunaler Informationen ein Mehrwert erzielen ließe?

Ich sehe einen Nutzen, aber keinen bepreisbaren Mehrwert. Eine Forschungsgruppe hat kürzlich auf einem Kongreß ein politisches Projekt vorgestellt, das sehr überzeugend war. Die Gruppe arbeitet mit dem Rat einer mittelgroßen Stadt zusammen, um herauszufinden, ob und wie man die Arbeit der Räte durch den Einsatz von Telekommunikation effizienter gestalten kann. Sie speisen beispielsweise die für die Vorbereitung einer Ratssitzung notwendigen Unterlagen in einen Server ein. Die einzelnen Ratsmitglieder können sich dann alle Informationen unabhängig von den Bürozeiten auf ihren Laptops zu Hause aufrufen. Sie können sich also auch am Wochenende informieren und konsultieren und die Unterlagen weiterbearbeiten. Die beteiligten Ratsmitglieder haben übereinstimmend den Nutzen, oder, wenn Sie so wollen, den inhaltlichen Mehrwert des neuen Informationsangebots bestätigt.

Bleibt also die Frage der Finanzierbarkeit. Könnte das Finanzierungsmodell der Digitalen Stadt Amsterdam hier vielleicht ein Beispiel sein? Die wird von der Amsterdamer Stadtverwaltung dafür bezahlt, daß sie bestimmte Serviceleistungen zur Verfügung stellt.

Fragen Sie mal die deutschen Städte, ob die im Moment Geld haben für solche Projekte! Derartige Projekte sind bisher von der Initiative einzelner Personen abhängig, die davon überzeugt sind, daß virtuelle kommunale Dienste sinnvoll und mehrwertig sind.

Sind für das Wahljahr 1998 irgendwelche politischen Angebote bei InfoCity NRW geplant, soll es zum Beispiel wahlbegleitende Serviceangebote geben?

Das glaube ich nicht, da es ja eine Menge kostenloser Angebote im Internet geben wird. Die Frage ist überhaupt, wie man zu tragfähigen Geschäftskonzepten für Multimedia-Dienstleistungen kommen kann, solange bepreisbare Inhalte im Internet kostenlos angeboten werden. Wie kompliziert das Thema ist, können Sie an einem konkreten Beispiel sehen: Ein großes deutsches Medienunternehmen hat einen ziemlich umfangreichen Veranstaltungskalender erstellt und ihn im Netz gegen Bezahlung ohne sonderlichen Erfolg angeboten. Dann kam ein großes amerikanisches Unternehmen auf die Idee, den »weltweit größten Veranstaltungsservice« zu kreieren, und hat zu diesem Zweck die weltweit vorhandenen Angebote, auch den besagten deutschen Veranstaltungskalender, auf seine Seiten geholt. Es kann seinen Service nun kostenlos anbieten, da seine Internetseiten so gut frequentiert sind, daß es keine Mühe macht, dafür Anzeigen zu bekommen.

Wer heute die Angebote der InfoCity NRW nutzen möchte, muß sich ein Abonnement zulegen. Was beinhaltet und was kostet es?

Unternehmen werden in Multimedia-Dienste nur dann investieren, wenn sie daraus ein Geschäft machen können. Die Partner von InfoCity NRW haben sich deshalb gemeinsam überlegt, wie sie Inhalte, Telekommunikationsdienstleistungen und Technik bepreisen können. Wir haben uns dann entschieden, bestimmte Preispunkte festzusetzen und zu beobachten, ob die Nutzer bereit sind, Dienste zu diesen Preispunkten anzufragen. Wir bieten die Dienste zunächst für eine Flat-Rate von 9,95 Mark im Monat an, plus Extragebühren für Premium-Services, das heißt für Inhalte, deren Angebot für den Anbieter teuer ist. Ob die Leute bereit sind, diese Gebühren zu bezahlen, läßt sich zum gegenwärtigen Zeitpunkt noch nicht beantworten. Die Einführung des Pricings ist ein sukzessiver Prozeß, der auch von der Intensität der Marketingmaßnahmen abhängt. Einen wesentlichen Anschub hat es zum Beispiel dadurch gegeben, daß wir die Dienste außer für Nutzer der Breitbandnetze auch für ISDN-Nutzer geöffnet haben.

Gibt es besondere Marketingstrategien, um das Interesse der Testhaushalte an den Dienstleistungen und Abonnements zu fördern?

Eines unserer erklärten Ziele ist es, herauszufinden, wie man Multimedia vermarkten kann. Der Verkauf »über den Tresen« funktioniert hier offensichtlich nicht. Wenn Sie zu den Leuten sagen, »wir haben hier einen Online-Multimedia-Dienst, möchten Sie die Angebote für 9,95 Mark im Monat kaufen?«, dann werden Sie bei den meisten auf Unverständnis stoßen. Also muß man sich andere Marketingmaßnahmen überlegen. Man muß in die Kabelgebiete hineingehen und die Leute direkt ansprechen. Man muß ihnen erklären, worum es bei dem Projekt geht. Wir haben in den Gebieten auch Straßenfeste veranstaltet, um den potentiellen Nutzern zu zeigen, was Online-Multimedia überhaupt ist, weil die meisten das ja gar nicht wissen.

Wie finanziert sich das Projekt heute, und an welches Finanzierungsmodell ist für die Zukunft gedacht?

Das Pilotprojekt wird überwiegend von den beteiligten Unternehmen finanziert. Es gibt zwei kleine Unterprojekte, die von der Europäischen Kommission gefördert werden. Und an der Schnittstelle zum Kunden gibt es auch noch eine Förderung des Landes Nordrhein-Westfalen. Hier wird eine Reihe von kleinen und mittleren Unternehmen gefördert, die in den Multimediamarkt hinein möchten und in der Hauptsache Dienstleistungen im Hard- und Softwarebereich anbieten.

Ihre Partner, die das Pilotprojekt mitfinanzieren, erwarten sich mit Sicherheit einen Gewinn aus dem Projekt, der sich vermutlich über den Abonnementpreis nicht realisieren läßt.

Der Gewinn liegt bei diesem Projekt woanders. Die Frage ist doch: Ist Multimedia eine Utopie, oder ist es etwas Reales? Es gibt ja genügend Leute, die bereits sehr viel Geld in Multimedia- und Online-Projekte investiert und verloren haben. In unserem Fall, wo sowohl die Technik wie die Inhalte aufwendig sind, ist das Risiko, viel Geld zu verlieren, noch größer. Dadurch, daß sich Netzbetreiber und Inhaltsanbieter zusammengetan haben, minimieren sich aber die Risiken, und auch die Summen, die von jedem der Partner einzusetzen sind, sind kleiner. Sollte sich herausstellen, daß das Projekt nicht funktioniert, dann sind die Verluste für die beteiligten Unternehmen geringer, als wenn sie das Projekt im Alleingang durchgeführt hätten. Außerdem hat sie das Engagement bei InfoCity NRW dann vor einem falschen Investment bewahrt, durch das sie möglicherweise viel Geld verloren hätten. Darin liegt der eigentliche Gewinn dieses Pilotprojekts.

Werden Netzdienste, wie InfoCity NRW sie zur Verfügung stellt, größere gesellschaftliche Veränderungen mit sich bringen?

Es kann tatsächlich zu größeren Veränderungen kommen, vorausgesetzt, die Hochgeschwindigkeitsnetze werden in absehbarer Zeit auf breiterer Basis eingeführt, und es werden Inhalte entwickelt, die für die Anwender einen Mehrwert darstellen. Wir haben ein gutes Beispiel aus der Tourismusbranche in unserem Netz. Der potentielle Kunde kann sich, ob im Reisebüro oder zu Hause, zunächst einmal ein Bewegtbild von der Ferienlandschaft ansehen und sich Detailinformationen zu dieser Landschaft aufrufen. Er kann sich natürlich auch das Hotel ansehen, die Zimmer, und den Urlaub dann auch direkt online buchen. Daß Informationen aus unterschiedlichen Medien (Bewegtbild, Foto, Text, Ton) zusammenkommen und nahtlos hintereinander aufgerufen werden können, wird bei InfoCity NRW erstmals erprobt. Wenn sich herausstellt, daß das Tourismusprojekt funktioniert und die Leute das Angebot als Mehrwert ansehen, dann wird das mit Sicherheit Auswirkungen haben.

Glauben Sie, daß Sie mit der Größe und Komplexität von InfoCity NRW im Multimediabereich ein ernstzunehmender Konkurrent für die Deutsche Telekom werden können?

Die Frage ist nicht leicht zu beantworten. Ein kleiner, neuer Telekommunikationsanbieter hat im Rahmen der Deregulierung des Telekommunikationsbereichs nur dann eine Chance, wenn er beweglich und innovativ ist. Die Erfahrungen im Telekommunikationsbereich zeigen, daß der Wettbewerb durch die Ideen privater Anbieter wie o.tel.o belebt wird, wenn Sie etwa an das Berliner Pilotprojekt zum werbefinanzierten Telefonieren denken, oder an den Versuch, den Internetzugang kostenfrei zu halten, indem man ihn durch Werbung finanziert. Das alles würde es nicht geben, wenn am Markt nur ein einziges Unternehmen vorhanden wäre. Da liegen die großen Chancen der privaten Anbieter.

Chancen und Risiken eines global operierenden Unternehmens

Klaus Mangold im Gespräch mit Tim Cole

Herr Dr. Mangold, im Zeitalter globaler Märkte stellt sich vielen deutschen Unternehmen die Standortfrage neu. Liegt das Heil für deutsche Unternehmen wirklich im Ausland? Ist Deutschland als Standort nur noch zweite Wahl?

Deutschland, Europa, die ganze Welt sieht sich in der Tat einer umfassenden wirtschaftlichen Globalisierung gegenüber, die sich seit kurzer Zeit mit einer atemberaubenden Geschwindigkeit entwickelt. Die deutsche Wirtschaft ist seit jeher stärker mit der Weltwirtschaft verflochten als viele andere Volkswirtschaften. Die Chancen, die die Globalisierung bietet, nicht zu nutzen, hieße zur Vernichtung deutscher Arbeitsplätze beizutragen. Gerade die Öffnung der asiatischen und osteuropäischen Märkte im Zuge der Globalisierung hat uns nämlich zahlreiche neue Chancen im Exportgeschäft eröffnet.

Dennoch glauben gerade in Deutschland viele, in der Globalisierung ein Bedrohungspotential zu erkennen.

Wir sollten den Begriff »Globalisierung« nicht zum Mythos machen, denn Globalisierung ist im Grunde kein neuer Vorgang, nur die Dimension hat sich verändert. Bereits vor 175 Jahren hat der englische Volkswirtschaftler David Ricardo der Ökonomie die Erkenntnis vermittelt, daß internationaler Güterhandel zwischen Ländern kein Nullsummenspiel ist, sondern in allen daran beteiligten Ländern positive Effekte hervorruft. Seitdem hat der grenzüberschreitende Handel – zunächst nur mit Waren, später auch mit Dienstleistungen – kontinuierlich zugenommen. Ich brauche Ihnen nicht zu sagen, daß vor allem wir in Deutschland in den letzten 50 Jahren hiervon in einem besonderen Maße profitiert haben.

Viel schneller als beim grenzüberschreitenden Warenhandel baute sich allerdings später die Globalisierung der internationalen Finanzmärkte auf. Die weltweite Öffnung und Liberalisierung der Finanzmärkte ermöglichte ein beeindruckendes Anschwellen der internationalen Kapital- und Finanzströme, das sich mittlerweile von der Entwicklung des Warenhandels weitgehend abgekoppelt hat. Handel ist heute 24 Stunden am Tag und rund um den Globus möglich, Transaktionen werden nahezu zeitgleich ausgeführt. Seit ein paar Jahren befinden wir uns in einer dritten, durchgreifenden Globalisierungswelle, deren Auswirkungen auch in der Presse regelmäßig für neue Schlagzeilen sorgen. Ich meine damit die geradezu explodierenden Investitionsströme über die nationalstaatlichen Grenzen hinweg.

Welche Auswirkungen hat diese dritte Globalisierungswelle?

Der weltweite Bestand an ausländischen Direktinvestitionen hat sich innerhalb von knapp 15 Jahren fast verfünffacht und ist Ende 1994 auf 2400 Milliarden US-Dollar angewachsen. Insbesondere seit Mitte der 80er Jahre hat sich das Tempo hierbei in einer beeindruckenden Weise beschleunigt. Zwischenzeitlich erlebten wir bei den Direktinvestitionen jährliche Zuwachsraten von durchschnittlich 30 Prozent. So richtig deutlich wird die neue Qualität dieser Globalisierungswelle, wenn man im Vergleich dazu die Entwicklung der Warenexporte sieht, die im vergangenen Jahrzehnt mit durchschnittlich zehn Prozent pro Jahr auch beeindruckend zugelegt haben, aber vom Zuwachs der Investitionsströme geradezu abgehängt worden sind. Weltweit sind heute 39 000 multinationale Unternehmen (ohne Banken und Versicherungen) mit ihren ca. 270 000 ausländischen Tochter- und Beteiligungsgesellschaften wirtschaftlich tätig. Der Umsatz der 200 größten Konzerne beträgt 7,1 Billionen US-Dollar und ist damit größer als das amerikanische Bruttoinlandsprodukt.

Deutschland hat als traditionelles Exportland sicher von der Globalisierung der Warenwirtschaft, der Finanzmärkte und der Investitionsströme überdurchschnittlich profitiert. Im Informationszeitalter sind aber vor allem Dienstleistungen gefragt – können Dienstleistungen im Rahmen der Gobalisierung überhaupt eine wichtige Rolle spielen?

Es wird oft vergessen, welche Bedeutung die Globalisierung für die Dienstleistungen hat. Und umgekehrt genauso: Es wird nicht bedacht, welche Bedeutung die Dienstleistungen für die Globalisierung haben. Wie Sie wissen, ist heute in allen entwickelten Volkswirtschaften der Dienstleistungssektor der mit Abstand größte Wirtschaftsbereich. Der weltweite Strukturwandel hat dazu geführt, daß der Anteil der Dienstleistungen am Weltsozialprodukt von 1970–94 um 20 Prozentpunkte auf nunmehr 65 Prozent gewachsen ist. In den entwickelten Volkswirtschaften der OECD-Länder liegt diese Quote sogar bei 70 Prozent. Diese »Dienstleistungsrevolution«, die wir erleben, ist neben der Globalisierung der zweite bedeutsame Trend, dem unsere Volkswirtschaften gegenüberstehen. Diese beiden Trends hängen ganz eng zusammen. Sie verstärken sich wechselseitig. Der technische Fortschritt auf dem Gebiet der Informations- und Kommunikationstechnologien hat es möglich gemacht, viele wissensbasierte Dienstleistungen über große Entfernungen bereitzustellen und damit auch international handelbar zu machen. Denken Sie beispielsweise an die Möglichkeiten, die uns Videokonferenzen über große Entfernungen hinweg für Beratungsleistungen, Gesundheits- oder Bildungsdienste bieten. Wir nutzen dies zum Beispiel bei Daimler-Benz für die Weiterqualifikation von Mitarbeitern in Stuttgart, die per Videokonferenz wöchentlich von einem Management-Professor unterrichtet werden, der sich in San Francisco befindet. Dies ist ein Beispiel für modernen Dienstleistungshandel, dem keine Grenzen gesetzt sind.

Das kann man als Chance oder als Risiko sehen: Als Chance für ausländische Dienstleister nämlich, sich verstärkt in Deutschland auszubreiten. Warum ist die deutsche Dienstleistungsbilanz so stark im Defizit?

Dies hat vorrangig damit zu tun, daß Tourismus von der Statistik als Import bzw. Export von Dienstleistungen aufgefaßt wird. Und da wir Deutschen »Reiseweltmeister« sind, schlägt der hohe negative Saldo des Reiseverkehrs – 1996 waren es fast 53 Milliarden Mark – entsprechend negativ auf die gesamte Dienstleistungsbilanz durch. Es sei in diesem Zusammenhang übrigens die Frage erlaubt, ob diese grenzüberschreitende Reiselust unserer deutschen Mitbürger eventuell nicht nur klimatisch begründet ist, sondern auch etwas mit der besseren Dienstleistungskultur zu tun hat, die sie offenbar eher im Ausland vorfinden als in heimischen Gefilden.

Selbst wenn man einmal den Reiseverkehr außen vor läßt und sozusagen den »reinen« deutschen Dienstleistungshandel betrachtet, ergibt sich doch ein Bild, das zum Nachdenken veranlaßt.

Noch vor zehn Jahren existierte in der bereinigten Dienstleistungsbilanz ein Überschuß von rund 4,5 Milliarden Mark. Aber seit 1988 importiert Deutschland auch ohne Berücksichtigung des Reiseverkehrs und der nicht marktbestimmten Regierungsleistungen mehr Dienstleistungen als es exportiert. Insbesondere fällt auf, daß Deutschland bei etlichen modernen Dienstleistungen ein Handelsdefizit aufweist.

Im Vergleich zu den expandierenden und zukunftsorientierten Bereichen des Dienstleistungswelthandels mit EDV, Forschung und Entwicklung und technischen Dienstleistungen wuchsen von 1986 bis heute die deutschen Importe jeweils schneller als die Exporte. Beispielsweise hat es bei den Ingenieur- und technischen Dienstleistungen von 1986 bis 1995 einen Swing zugunsten des Imports von 1,4 Milliarden Mark gegeben.

Dies hat zur Folge, daß Deutschland, das selbsternannte »Land der Ingenieure«, auf diesem Gebiet heute ein Netto-Importeur ist. Der Erfolg, den die deutsche Volkswirtschaft auf den Weltmärkten bei Industriegütern aufweist, ist bislang beim Dienstleistungshandel nicht vorhanden. Beim Export von Waren rangiert Deutschland mit einem Weltmarktanteil von rund zehn Prozent auf dem zweiten Platz hinter den USA. Am Weltexport von gewerblichen Dienstleistungen dagegen besitzt Deutschland seit etlichen Jahren fast unverändert einen Anteil von lediglich 5,9 Prozent und belegte damit 1995 den vierten Platz unter allen Exportnationen von Dienstleistungen.

Es heißt, die Globalisierung erfasse alle Bereiche unseres Wirtschaftslebens. Was haben wir noch zu erwarten?

Hinter den schon laufenden Globalisierungswellen von Gütern, Finanzen, Direktinvestitionen und Dienstleistungen rollt bereits eine neue Welle der Globalisierung, nämlich von Forschung und Entwicklung. Diese Dynamik hat in Europa kaum jemand zur Kenntnis genommen. Gut ausgebildete Forscher und Entwickler gibt es auf der ganzen Welt. Mit Hilfe der neuen Informations- und Kommunikationstechniken ist es möglich, ihr Wissen und Können in den internationalen Arbeitsverbund zu integrieren. Auch hier herrscht neuerdings ein Preis- und Leistungswettbewerb. Die Daimler-Benz AG betreibt aus diesem Grund bereits Forschungszentren in Palo Alto, Portland, Shanghai und neuerdings auch im südindischen Bangalore. Dabei geht es uns darum, die kreativsten und klügsten Köpfe weltweit zu finden.

Wir verfügen in Europa eben nicht über einen naturgegebenen Vorsprung in Wissenschaft und Können. Wir müssen uns diesen Vorsprung immer wieder neu erkämpfen. Das ist eine ständige Aufgabe – für Regierung und Wirtschaft gleichermaßen.

Globalisierung wird häufig als ein anderes Wort für Rationalisierung verstanden, als Verlagerung deutscher Arbeitsplätze ins Ausland.

Globalisierung bedeutet selbstverständlich auch konsequentes Realisieren von komparativen Kostenvorteilen. Nehmen Sie ein Beispiel aus dem Automobilbereich, nämlich die Produktion des leichten LKW MB 700. Dieses Fahrzeug ist als typisches Verteilerfahrzeug für den asiatischen Raum konzipiert und wird in Indonesien montiert. Die Zulieferungen für dieses Fahrzeug sind wahrhaft international: Motorenteile kommen aus Brasilien, Gelenkwellen aus USA, die hydraulische Lenkung aus Japan, Räder aus Korea, Blechteile aus Spanien, Kurbelwellen aus Südafrika, die Kühlschläuche schließlich kommen aus der Türkei.

Und was kommt aus Deutschland, werden Sie fragen? Nun: Immerhin Fahrgestelle, Achsenteile, Bremstrommeln und natürlich das Know-how, aus diesem Puzzle ein Fahrzeug zusammenzustellen, das den Kosten- und Qualitätsvergleich mit unseren asiatischen Konkurrenten nicht zu scheuen braucht.

Das heißt aber auch, daß in Deutschland Arbeitsplätze abgebaut werden. Ist Globalisierung also nichts anderes als schleichende Arbeitsplatzvernichtung?

Ich bin überzeugt, daß dies nicht der Fall ist. Im Gegenteil: Wir stellen vielmehr fest, daß diese globalen Aggregatekooperationen komplementär sind zu den Produkten, die wir hier in Deutschland herstellen. Die Globalisierungsstrategien der deutschen Industrie sichern also vielmehr in der übergroßen Zahl der Fälle bestehende Arbeitsplätze in Deutschland. So werden z. B. die Motoren für die M-Klasse von Mercedes, die in Alabama (USA) produziert wird, in Stuttgart hergestellt. Die Fakten zeigen auch, daß Daimler-Benz noch immer ein Konzern mit starker Heimatbasis ist: 80 Prozent unserer Wertschöpfung vollzieht sich am Standort Deutschland, 60 Prozent unseres Konzernumsatzes machen wir in Deutschland und Europa, und nur etwa 15 Prozent des Konzernumsatzes haben wir im letzten Jahr in den Wachstumsmärkten Asiens realisieren können. Den Anteil in Asien wollen wir im übrigen in den nächsten Jahren substantiell ausweiten.

Welches sind die größten Herausforderungen für den Unternehmer an der Schwelle zum dritten Jahrtausend?

Ich bin überzeugt, daß die unternehmerische Welt – aber auch die Gesellschaft insgesamt – geprägt sein wird von Vielseitigkeit, Flexibilität und Schnelligkeit. Wir müssen und wir werden die Fähigkeit erringen, uns auf die neuen Bedingungen einzurichten, die die zusammenwachsende Welt mit sich bringt. Nur so können wir die Chancen nutzen, die uns dieser Prozeß bietet. Genauso wie der Produktionsfaktor Boden im Laufe der Entwicklung bei uns an Bedeutung verloren hat, wird der Einfluß der beiden Produktionsfaktoren Kapital und Arbeit, die die industrielle Revolution geprägt haben, zurückgehen. Statt dessen werden die Faktoren Wissen, Kommunikation und Vernetzung die entscheidenden Bausteine in der Welt von morgen sein. Die »Ressource Mensch« wird daher einen noch höheren Stellenwert erhalten.

Setzt das nicht eine hohe Lernfähigkeit seitens der Betroffenen voraus, und ist die Bereitschaft dafür in Deutschland vorhanden?

In der globalen Wirtschaft der Zukunft wird die Gesellschaft ihren

Bürgern – und ein erfolgreiches Unternehmen seinen Mitarbeitern – verstärkt Möglichkeiten für lebenslanges Lernen bieten. Weil Wissen der Rohstoff der Zukunft ist, kommt der Bildung eine eminent wichtige Bedeutung zu. Hier ist auch der Staat gefordert, in Partnerschaft mit den Unternehmen Konzepte für erfolgreiche Lernprozesse in die Praxis umzusetzen.

Glauben Sie, daß unsere derzeitigen sozialen Strukturen eine solche Entwicklung möglich machen, oder ist nicht eine grundlegende Strukturreform in Deutschland die Voraussetzung für erfolgreiches Agieren in globalen Märkten?

Unternehmen, Gewerkschaften und Politik werden liebgewonnene Rollenmuster über Bord werfen müssen. Erfolgreiche Unternehmen werden nicht den Fehler machen, die Globalisierung der Wirtschaft für einen Gang zurück in den Manchester-Kapitalismus des vorigen Jahrhunderts zu mißbrauchen. Die »lean production« dient vielmehr dazu, Produktivitätsreserven zu erschließen. Sie ist kein Selbstzweck, mit dem etwa die wichtigste Ressource »Mitarbeiter« unterminiert wird. Gewerkschaften werden die Reste ihrer vorhandenen Wagenburg-Mentalität aufgeben und sich insgesamt flexibler zeigen. Der Politik kommt dabei die bedeutsame Aufgabe zu, die teilweise widerstrebenden Interessen zusammenzuführen und neue Partnerschaften zu entwickeln. Die richtigen Antworten für die neuen Bedingungen auf den Weltmärkten als Unternehmen zu finden, liegt aber in unserer eigenen Hand. Märkte, Produkte und Unternehmensstrukturen müssen ständig auf diese Herausforderung abgestimmt werden. Wir können uns nicht hinter irgendwelchen imaginären Schutzmauern verstecken oder auf ein Abflauen hoffen. Im Gegenteil, unsere Pflicht als Unternehmer ist es vielmehr, diese Veränderungen als Herausforderungen zu begreifen und das Unternehmen so umzugestalten, daß es diese Chancen nutzen kann. Global handeln, heißt in diesem Sinne also auch immer lokal handeln: In den einzelnen Märkten der Welt, aber trotzdem und gerade auch deswegen in Deutschland.

Computerfirmen haben auch eine gesellschaftliche Verantwortung

Richard Roy im Gespräch mit Ruth Henke

Herr Roy, Microsoft engagiert sich in jüngster Zeit zunehmend an Schulen und Hochschulen, stellt Software für Internetzugang und Unterricht bereit. Welche Gründe gibt es für dieses Engagement?

Wir müssen den Schülern die Chance geben, mit den neuen Technologien umzugehen und damit zu lernen. Wir binden den PC in Deutschland noch viel zu wenig in Unterricht und Lehre ein und trainieren auch die Lehrer nicht genügend, die neuen Technologien sinnvoll in den Unterricht zu integrieren. Deshalb unterstützt Microsoft Initiativen wie »Schulen ans Netz«, und Bill Gates hat mit der Stiftung des »Road Ahead«-Preises, der an deutsche Schulen mit vorbildlichen Internet-Projekten verliehen wird, auch ein Zeichen in diese Richtung gesetzt. Wir haben schließlich eine gesellschaftspolitische Verantwortung in dem Land, in dem wir Geschäfte machen.

Welche Kompetenzen außer den rein technischen können Computer und Internet bei den Jugendlichen fördern?

PC und Internet sind ein gutes Werkzeug, um Wissen auf eine andere, bessere, individuellere Art und Weise zu vermitteln; und sie machen das Lernen unabhängig von Zeit und Ort. In Zukunft können beispielsweise Spezialfächer, die nicht überall gelehrt werden können, weil nicht an allen Orten die in diesen Fächern ausgebildeten Lehrer zur Verfügung stehen, mit dem Netz gelehrt und gelernt werden. Wir können die Technologie also einmal für ein breiteres Lehrangebot nutzen und zum anderen den Schülern damit auch die Chance geben, über das Netz mit anderen Schülern zu kommunizieren, um beispielsweise mit ihnen zusammen die Hausaufgaben zu machen. Diese Fähigkeiten der Teamorientierung und des gemeinschaftlichen Umsetzens von Wissen werden auch im Arbeitsleben immer wichtiger. Wir haben es heute in der Industrie viel stärker mit vernetzten Strukturen zu tun als noch vor wenigen Jahren. Leider gehört aber diese Art des Arbeitens und Lernens noch nicht zum Standardrepertoire der Schulen. Natürlich ist der Computer kein Ersatz für Schule. Man kann zwar mit dem PC im Team zusammenarbeiten, aber soziale Kompetenz erwirbt man sich im direkten Umgang mit anderen Menschen.

Wenn das Denken und Arbeiten in vernetzten Strukturen, wie Sie sagen, so wichtig ist, wie kommt es dann, daß Microsoft erst so spät auf das Internet reagiert hat, das ja das vernetzte Medium schlechthin ist?

So etwas kann sehr schnell passieren. Diese Industrie erzeugt ja Paradigmen am laufenden Band, und wenn Sie die Tragweite auch nur einer einzigen dieser Entwicklungen nicht rechtzeitig erfassen, sind Sie morgen nur noch eine Fußnote in der Geschichte der Informationstechnologie. Es ist aber so, daß Microsoft in dem Moment, in dem wir erkannt haben, daß das Internet die Basis für zukünftige Innovation sein wird, massiv in Netztechnologie und -software investiert hat. Wir können, wenn es darauf ankommt, sehr schnell reagieren und wettbewerbsfähige Produkte auf den Markt bringen.

Worin sehen Sie die Bedeutung des Internet, außer daß es ein neuer Marktplatz für die Unternehmen der Informations- und Kommunikationstechnologie ist?

Das Internet wird als Kommunikationsplattform, über die Sie weltweit Informationen austauschen können, mehr und mehr zum professionellen Medium für Unternehmenskommunikation, geschäftliche Transaktionen, Kundenbetreuung und elektronischen Handel. Es wird auch zunehmend wichtiger als Plattform der Medienbranche. In Zukunft werden sehr viel mehr Menschen Informationen aus dem Internet beziehen als aus den Printmedien, da Online-Informationen den Vorteil haben, daß man sie besser auf individuelle Bedürfnisse zuschneiden kann. Massenkommunikation, wie wir sie heute kennen, wird erheblich an Bedeutung verlieren, weil das Netz völlig ungeahnte Möglichkeiten der Individualisierung schafft. Die Individualisierung von Information ist auch ein starker Motor für die Software-Entwicklung, wofür die immer ausgefeilteren Suchsysteme und die neuen Push-Technologien ein Beispiel sind.

Bill Gates spricht in seinem Buch davon, das Internet werde unsere Kultur ähnlich dramatisch verändern wie die Erfindung des Buchdrucks. In welche Richtung muß man sich die Veränderungen vorstellen?

Wir können uns noch überhaupt keine Vorstellung davon machen; wir wissen nur, daß es radikale Änderungen geben wird. Wenn Sie Gutenberg nach dem Potential seiner Erfindung gefragt hätten, was wäre seine Antwort gewesen? Er hätte vermutlich gesagt: Wir können jetzt das Wort Gottes einfacher verbreiten als je zuvor, weil wir Bibeln herstellen können. Und was hat der Druck mit beweglichen Lettern dann tatsächlich bewirkt? Den Sturz der Feudalordnung und der kirchlichen Macht, den Ausbruch der Französischen Revolution und die Verbreitung von Pressefreiheit und Demokratie. Wenn Sie weltweit über Länder- und Kulturgrenzen hinweg mit anderen Menschen kommunizieren können, wird das natürlich einen starken Einfluß auf unsere Kultur haben. Nehmen Sie eine Firma wie Microsoft. Hier benutzen die Mitarbeiter das Netz bereits sehr intensiv, um sich schnell und unbürokratisch per E-Mail miteinander auszutauschen. Oder nehmen Sie die Microsoft Website. Die deutschen Web-Seiten werden im Monat von rund 3,7 Millionen Menschen, Kunden oder ganz allgemein Interessierten, besucht. Solche Beispiele sind ein deutliches Zeichen dafür, daß das Internet in Zukunft eine sehr bestimmende Größe sein wird, wenn auch nicht in seiner heutigen Erscheinungsform.

Das Internet konnte sich auch deshalb so rasch entwickeln, weil es unabhängig von den unterschiedlichen Computerplattformen funktioniert, und weil firmenübergreifende Softwarestandards einen weltweiten, reibungslosen Datenaustausch zulassen. Der Wettbewerb zwischen Netscape und Microsoft um die führende Browsertechnologie bringt nun aber eine Einschränkung der Offenheit, Nutzern des Netscape-Navigators bleiben manche Internet-Angebote von Microsoft verschlossen. Welche Politik verfolgt Microsoft hier auf lange Sicht?

Wir verfolgen keine Politik, wir versuchen lediglich, für den Konsumenten einen optimalen Browser zu entwickeln. Und dann läßt es die komplexe Software eben ab einem bestimmten Punkt nicht mehr zu, daß man einfach den Browser austauscht. Das bedeutet dann auch, daß man nicht automatisch jedes Angebot hundertprozentig nutzen kann. Ich kenne jedenfalls kein komplexes Produkt, das auf der Basis des kleinsten gemeinsamen Nenners entwickelt wurde. Wir unterstützen mit dem Internet-Explorer 4.0 einerseits exakt die definierten Internet-Standards und treiben andererseits aber auch die Entwicklung möglicher neuer Standards voran. Es ist nicht unser Problem, sondern das der Firma Netscape, wenn sie die von uns entwickelten neuen Standards noch nicht in ihre Produkte integriert hat und ihre Nutzer deshalb Probleme haben, bestimmte Internet-Angebote aufzurufen.

Microsoft wird also die Standards, die für das Internet entwickelt werden, vorbehaltlos unterstützen?

Wir werden auch in Zukunft versuchen, innovative neue Standards für das Internet zu entwickeln, die bisherige Technologien verbessern bzw. ersetzen können. Wir arbeiten beispielsweise daran, daß Videos leichter über das Internet zu laden sind und werden mit Sicherheit auch in die Entwicklung von Dienstleistungen investieren, die dem Nutzer das Informationsangebot individuell zuschneiden. Wir leben schließlich davon, daß wir innovativ sind.

Fünf große Firmen der Computerbranche – Sun, Novell, IBM, Oracle und Netscape – deren Credo das offene Internet ist, haben sich zusammengetan, um gemeinsam neue Internet-Standards zu entwickeln. Bill Gates war eingeladen, sich an dem Projekt zu beteiligen, hat aber abgelehnt. Wie steht Microsoft der Idee des offenen Internet gegenüber?

Mindestens drei der genannten Firmen haben mit dem offenen Internet nur bedingt etwas zu tun. Sie versuchen lediglich, einen Standard zu schaffen, der sich um das Konzept »Netzcomputer« und die Programmiersprache Java rankt. Dabei geht es in erster Linie um die Frage, wessen Software-Architektur sich in Zukunft als Standard durchsetzt. Mit dem offenen Internet hat das nichts zu tun. Dieser Begriff ist lediglich das Mäntelchen, um einen Gegenstandard zu dem im Markt durchgesetzten Microsoft-Standard zu propagieren.

Viele Computernutzer klagen darüber, daß die Software immer komplexer wird und sie sie deshalb noch weniger verstehen. Das gilt auch für die Internet-Programme, die mit immer mehr Funktionen ausgestattet werden. Muß man, um die Hemmschwelle gegenüber dem Computer zu senken, nicht eher über die Vereinfachung von Software nachdenken?

Das Dilemma läßt sich doch folgendermaßen formulieren: Wenn wir wollen, daß immer mehr Menschen mit dem PC immer mehr Dinge tun können, dann brauchen wir einerseits immer komplexere Software, aber andererseits auch immer einfachere Bedienbarkeit. Was machen Sie beispielsweise, wenn Sie einen Text lesen möchten, den jemand mit einem komplexen Java-Textverarbeitungsmodul erstellt hat? Wenn sie nicht ein ähnlich komplexes Modul zur Verfügung haben, sondern beispielsweise einen Netzcomputer, dann sagt der Ihnen: »Tut mir leid, das Applet habe ich nicht«, und die E-Mail ist dann für Sie nicht lesbar.

Was wäre denn aus Ihrer Sicht in Zukunft eine sinnvolle Alternative zu komplexen Programmen? Welche Strategie verfolgt Microsoft hier?

Microsofts Strategie ist relativ einfach: Man muß dem Nutzer viele verschiedene Optionen in einem Softwarepaket zur Verfügung stellen, und das ganze muß so präsentiert sein, daß der Nutzer alle Optionen ohne ein spezielles Training anwenden kann. Komplexe Programme wird man in Zukunft beispielsweise über gesprochene Befehle steuern können.

Auch das Internet selbst leidet unter zu viel Komplexität und droht, an der Fülle der Informationen zu ersticken. Gibt es bei Microsoft über die Technik hinaus auch Vorstellungen, wie man das Netz selbst benutzerfreundlicher gestalten könnte?

Wenn Sie heute zwei oder drei Stichworte eingeben, erhalten Sie eine undifferenzierte und unüberschaubare Flut von Informationen, die überwiegend nutzlos sind und die Sie nicht verwerten können. Wir brauchen also eine andere Qualität bei den Suchmaschinen. Erste Ansätze in die richtige Richtung lassen sich an dem neuen Internet-Explorer erkennen, der mit der Push-Technologie arbeitet und Informationen zu bestimmten Themenkreisen nach den individuellen Bedürfnissen des Nutzers auswählt. Der Nutzer kann sich seine Themenkanäle selbst definieren, und die ausgewählten Nachrichten erscheinen dann automatisch auf seinem Monitor. Meine Vision wäre eine Suchmaschine, der ich auf eine sehr einfache Weise beschreiben kann, was ich suche, und die dann in der Lage ist, nach diesen Angaben eine effektive Informationsauswahl zu treffen. Sie muß außerdem, wenn ich dies wünsche, die Daten automatisch aktualisieren und in einem bestimmten Turnus zur Verfügung stellen können.

Ein anderes Thema, was Hersteller und Nutzer gleichermaßen interessiert, ist die Verschlüsselung von Daten, bei der man sich ebenfalls um internationale Standards bemüht. Nun ist die Verschlüsselung an sich aber umstritten. Die Netzbenutzer fordern zu Recht, daß ihre persönlichen Daten oder geschäftlichen Transfers vor unerwünschten Einblicken geschützt werden. Die Technologie-Industrie möchte zum Teil Verschlüsselungsprogramme optional in die Betriebssysteme einbauen. Die Regierungen hingegen möchten dies verhindern und sich die Möglichkeit offenhalten, auf alle Daten jederzeit zugreifen zu können. Welche Position vertritt hier Microsoft?

Als Technologielieferant werden wir grundsätzlich alles tun, um möglichst viele gute Verschlüsselungsverfahren zur Verfügung zu stellen. Wir wollen das Internet sicher machen, was zum Beispiel eine der Grundvoraussetzungen für jede Art von elektronischem Handel ist. Die Entscheidung liegt aber letzten Endes nicht bei uns, sondern beim Gesetzgeber. Die Regierungen sollten aber bei allen Regulierungsmaßnahmen, die das Internet betreffen, genau überlegen, inwieweit sie positive oder negative Konsequenzen auf die Wirtschaft haben. Wenn die Regelungen streng sind, besteht die Gefahr, daß komplette Serversysteme samt ihrem Angebot sofort in ein anderes Land mit weniger scharfen Gesetzen verlagert werden. Hier ist eine globale Gesetzgebung nötig, die das notwendige Minimum an Kontrolle festlegt.

Welches wäre dieses Minimum? Was müßte unbedingt gewährleistet sein?

Der Nutzer muß zumindest die Möglichkeit haben, seine private Korrespondenz vor allen Zugriffen von außen zu schützen. Wenn das nicht gegeben ist, wird das Medium Internet auf Dauer keine Chance haben.

Konkret würde das bedeuten, man würde seine E-Mail beispielsweise ungestraft mit dem PGP-Programm (Pretty Good Privacy) verschlüsseln dürfen?

Ja. Die meisten Versuche, das Internet gesetzlich regulieren zu wollen, sind aus technischen Gründen sowieso von vorneherein zum Scheitern verurteilt. Es wird immer Möglichkeiten geben, Gesetze zu umgehen. Es gibt beispielsweise schon heute Technologien, die keinen eindeutigen Kryptographie-Schlüssel mehr besitzen, weil ein Zufallsgenerator die Verschlüsselung vornimmt. Wie wollen Sie das gesetzlich regeln? Da würde sich jemand schon strafbar machen, nur weil seine Hardware alle fünf Minuten automatisch den Schlüssel ändert. Es gibt aber aus meiner Sicht noch einen weiteren Grund für die Politik, sich bei der Regulierung zurückzuhalten. Unsere Branche ist von extrem kurzen Innovationszyklen geprägt. Wie wollen die Regierungen bei diesem Tempo mit ihren Gesetzen und Verordnungen Schritt halten?

In den USA gibt es eine heftige Debatte darüber, wie frei das Internet sein sollte bzw. wieviel Zensur der Staat ausüben soll und darf. Welche Position vertritt Microsoft in dieser Frage?

Es gibt mit Sicherheit kritische Themen, beispielsweise muß man natürlich der Verbreitung von Kinderpornographie oder von rechtsradikalen Thesen via Internet entgegenwirken. Aber Zensurmaßnahmen sind da wenig effektiv und eine generelle Zensur des Internet mit Sicherheit falsch. Wer soll letztendlich darüber entscheiden, was zensiert wird? Effizienter sind technische Methoden. Schon heute gibt es die Möglichkeit, Filter einzusetzen, die unerwünschte Inhalte aus dem Netz herausfischen, so daß die Nutzer den Zugang zu bestimmten Web-Seiten auf ihren PCs sperren.

Im Mittelpunkt steht der Mensch

Karl Hinrich Vöge im Gespräch mit Uwe Jean Heuser

Herr Vöge, die Berliner Tochter der Deutschen Telekom »Berkom« entwickelt neue Dienstleistungen in den digitalen Netzen. Welche Innovation begeistert Sie besonders?

Das sind beispielsweise neue Dienste wie das Telecare-Projekt, das wir fördern und kürzlich auf einer Tagung online vorgestellt haben. Ein Therapeut behandelte dabei über Computernetz einen vom Schlaganfall geschädigten Patienten, machte Übungen mit ihm. Auf diese Weise könnte die Rehabilitation von immerhin 300 000 Schlaganfallpatienten pro Jahr in Deutschland erleichtert werden. Das ist Telematik der intelligentesten Art: Der Mensch beziehungsweise der Experte steht im Mittelpunkt; er ist viel wichtiger als die unterstützende Technik. Dieses Rezept gilt allgemein.

Viele Telearbeitsprojekte sind bislang gescheitert. Worauf muß man vor allem achten, wenn neue Telejobs eingerichtet werden sollen?

Einmal gibt es den klassischen Fall alternierender Telearbeit: Man arbeitet teils zu Hause, teils im Unternehmen. Dabei geht es nur darum, das Know-how von Mitarbeiter und Firma zeitweise miteinander zu verbinden. Das rechnet sich auf Anhieb nur, wenn das Unternehmen so Büroraum einspart. Weil es im Grunde nur der Bestandssicherung dient, entsteht dadurch noch keine wirklich neue Arbeitsform.

Reine Telearbeit, bei der wirklich neue Strukturen entstehen, findet in Deutschland leider kaum statt. Höchstens einige Hunderttausend solcher Stellen sind bisher entstanden. Das liegt am rigiden Arbeitsrecht, an überhöhten Sicherheitsstandards wie auch am Mittelbau in den Firmen, der fürchtet, daß die Telearbeiter an ihm vorbei mit dem Unternehmen kommunizieren. Man müßte also die Organisation vollkommen verändern, müßte weg von der Leistungsbezahlung zur reinen Arbeitsbezahlung. Der Erwerbstätige wird dann nur noch nach dem Ergebnis bezahlt, das er der Firma übermittelt, nicht nach der Arbeitszeit.

Dann kaufen die Unternehmen Arbeit nur noch ein, solange sie diese wirklich brauchen.

Gewerkschafter wie Topmanager verstehen langsam, daß man Arbeit zunehmend auf Zeit kaufen muß. Deshalb blüht auch die Zeitarbeit. Wir unterstützen eine entsprechende Arbeitsvermittlung unter dem Stichwort »Telearbeit-Service-Center«. Die Telekom wird die innovative Telearbeit weiter fördern, indem sie die Voraussetzungen dafür schafft, daß Menschen Arbeit vermitteln und verkaufen können. Dabei entsteht auch ein neues Berufsbild des Arbeitsmaklers, der vermittelt, berät, auf den Einzelnen eingeht.

Der Mensch als Anbieter der eigenen Arbeitskraft zum aktuellen Marktwert: Mit Ihren Projekten bahnen Sie dieser Philosophie den Weg – und machen Arbeit wesentlich unsicherer.

Ich kenne einen amerikanischen Professor, der seinen Kindern geraten hat, niemals ein festes Arbeitsverhältnis anzunehmen. Das hat ihnen sehr geholfen. So etwas ist hier kaum vorstellbar, weil wir der Jugend immer noch das Gegenteil erzählen. Doch das Umdenken muß und wird auch hier einsetzen. Wir werden keine lebenslangen Jobs mehr haben, sondern uns unsere Arbeit von Projekt zu Projekt suchen müssen. Natürlich wirft das auch Fragen sozialer Sicherheit auf. Aber man muß die Wahrheit sagen: Schon heute, so schätzen wir, arbeiten sechs bis acht Millionen Menschen in Deutschland derart wechselhaft. Und es werden mehr werden.

Glauben Sie denn, daß der größte Teil der Erwerbstätigen sich so selbständig auf dem Arbeitsmarkt behaupten kann?

Nein. Das verhindert schon die hiesige Ausbildung. Auf der anderen Seite werden viele Erwerbstätige als Anwender von der Informationstechnik profitieren. Und wir wissen alle, daß sich die Industriegesellschaft langsam auflöst. In solchen Phasen entsteht immer ein Übergangsproblem. Wie früher die Landarbeiter müssen heute Arbeitnehmer aus der Güterproduktion umlernen. Sie brauchen Aus- und Weiterbildung. Der Staat muß ihnen zudem helfen, den Mut aufzubringen, sich via Computernetz anzubieten und ihre Arbeit gegebenenfalls online zu verrichten. Aber in der Tat: Die deutsche Volkswirtschaft ist auf diesen Wandel nicht eingestellt.

Was machen Sie in diesem Szenario mit den heute 30- bis 50jährigen?

Sie bekommen soziale Probleme, wie sie ähnlich bei der Integration der Erwerbstätigen aus den neuen Bundesländern aufgetreten sind. Wir müssen diese Generation mehr fordern und dann auch tatsächlich einsetzen. Aber trotz aller Hilfe werden nicht alle diesen Wandel vollziehen können. Indes begeben sich Senioren heute schon begeistert ins Internet, weil sie dort hervorragend kommunizieren können. Im Grunde kann man jedem die Benutzung vernetzter Computer nahebringen.

Kümmert sich die Berkom in der Regel um die sozialen und psychologischen Folgen ihrer Projekte?

Indirekt immer. Wir haben in jedem Projekt bisher mindestens vier Partner gehabt – einschließlich echter Endkunden. Wenn die bestimmte Dinge nicht mitmachen, lernen wir davon besonders viel, denn sie machen die sozialen Erfahrungen, auf die wir dann reagieren können.

Trotzdem öffnen Sie mit der Telematik internationaler Arbeitskonkurrenz neue Wege: Hiesige Buchhalter oder technische Zeichner müssen immer öfter den Vergleich mit Wettbewerbern aus Indien oder Argentinien aushalten.

Diese Entwicklung läßt sich nicht aufhalten. Deutschland hat den Beginn des Internet weitgehend verschlafen. Wir haben nicht gesehen, daß die Forschungsförderer aus dem Pentagon in den achtziger und neunziger Jahren mit vielen Millionen Dollar jährlich diese Datenautobahn aufgebaut haben, die uns jetzt alles ermöglicht, Text-, Bild- und Sprachübermittlung. Dadurch ist der Wettbewerb auf vielen Märkten global geworden. Das Gute dabei ist, wir bekommen endlich auch den Wettbewerb, den wir brauchen – in der Softwareentwicklung wie auch in der gesamten Produktionsorganisation. VW und Lufthansa kaufen jetzt elektronische Dienstleistungen von weither ein, Daimler Benz arbeitet mit indischen Softwarezentren zusammen.

Damit werden hierzulande Dienstleistungen obsolet, die lange als Zukunftsjobs gegolten haben.

In der Tat sind die unmittelbaren handwerklichen Fähigkeiten für viele Dienstleistungen andernorts auch entstanden – und sind teilweise sogar besser als hier. Damit werden einige Arbeitsplätze vollkommen exportiert. Wir müssen die Telematik daher nutzen, um Mehrwertdienste zu schaffen, die uns einen erneuten Vorsprung bringen. Sei es nun durch die Vernetzung von Schulen und Arbeit oder durch die Entwicklung neuer Informationsdienste. Warum exportieren wir nicht unser Schul- oder Gesundheitssystem, Gebiete, auf denen wir weltweit Spitze sind? Wir haben die neuen Chancen noch nicht richtig ergriffen, denn auch wir können über die Netze unsere Stärken besser vermarkten. Die Technik ist weltweit verfügbar, morgen auch breitbandig. Nun gilt es, sie zu nutzen, um die eigenen Stärken global anzubieten.

In allem, was Sie sagen, steckt indirekt die Forderung nach besserer und intensiverer Bildung. Die Telekom unterstützt ja auch die Initiative »Schulen ans Netz«. Aber ein paar Computer in den Schulen aufzustellen reicht nicht, der Wandel muß doch viel tiefer gehen …

Bildung in Schule und Hochschule ist ein regulierter Markt. Bevor man da Wettbewerb schaffen kann, muß die notwendige Infrastruktur bereitgestellt werden. Das ist auch die Philosophie von »Schulen ans Netz«. Die Schulen bekommen die Möglichkeit, sich die Telematik zu erschließen, und können dann die notwendigen Curricula entwickeln. Alle brauchen dieselben telematischen Ausgangsbedingungen – übrigens nicht nur die Schulen, sondern beispielsweise auch die Ärzte.

McKinsey-Chairman Herbert Henzler sagt, daß die beamteten Lehrer in Deutschland die Jugend in die Abhängigkeit schulen. Da hilft der Anschluß an die Infobahn allein wenig.

In unserem Großprojekt »Comenius« mit fünf Berliner Schulen merken wir, daß viele Probleme gleichzeitig angegangen werden müssen. Schulbücher und überhaupt das Konzept vorgebbarer Schulmaterialen werden infrage gestellt. Netzunterstütztes Lernen kratzt ebenso am Herrschaftswissen wie an der ganzen Ausbildung der Lehrer. Deshalb müssen die Lehrer auch intensiv fortgebildet werden. Das Wichtigste aber: Die Schule endet nicht am Schultor, sondern geht zu Hause weiter. Da wird der Nachmittagsunterricht – Eltern zahlen für die außerschulische Nachhilfe jährlich insgesamt drei Milliarden Mark -- oft bedeutender als die Vormittagsschule. Das Elternhaus muß ein Teil der Schule werden, und die Schüler müssen zu Hause mit den gleichen Mitteln und zu gleichen Preisen digital kommunizieren können wie im Klassenzimmer.

Das wäre teuer.

Die Gesellschaft verzichtet auf die Einnahme von Schulgebühren. Warum sollte man also Schülern nicht auch eine bedingte Gebührenfreiheit gewähren, solange sie sich im Schulnetz bewegen?

Wer soll das bezahlen?

Kein Sponsor jedenfalls. Die Industrie hilft nur beim Einstieg in die neue Technologie, kann aber nicht bereitstehen, wenn der Wettbewerb erst einmal entfacht ist. Zu finanzieren ist die Ausstattung durch Umschichtung der Gesamtbudgets in Schulen wie in Elternhäusern. Wer kauft den Kindern künftig die Schulcomputer? Die Oma oder andere Familienmitglieder werden die genauso bezahlen, wie sie heute Schulranzen oder Füllfederhalter bezahlen.

Die Telekom hat selbst eine Verantwortung für die Grundversorgung der Haushalte und für den vernunftbegabten Umgang mit dem neuen Medium.

Sie hat nicht nur eine Verantwortung dafür, sondern als dominierender Netzbetreiber auch ein elementares Interesse daran. Wenn die Mehrwertdienste in Schule und anderen Institutionen entstehen, will die Telekom damit künftig Geld verdienen. Daher ist sie interessiert zu lernen, wie man die Telematik dort am besten einrichtet und wie sie sich langfristig tragen kann. Zudem braucht sie kundige Partner – zum Beispiel Lehrer, die etwas von Informatik verstehen. Daher legt sie viel Wert auf Aus- und Weiterbildung.

Nur langsam entstehen die ersten Telematikprojekte für politische Arbeit und direkte Demokratie. Welche Möglichkeiten liegen darin?

Elektronisches Wählen, wie in Versuchen in Amerika erprobt, leuchtet mir nicht ein. So kann man nicht mit Demokratie umgehen. Wenn die Demokratie stark ist, wird sie derlei nicht zulassen. Ganz anders sieht es bei der Unterstützung parlamentarischer Arbeit aus. Abgeordnete und Beamte folgen sehr einfachen Verhaltensstrukturen, die man größtenteils telematisch unterstützen kann, wie zum Beispiel die Bearbeitung eines Vorganges. Über einen Bauantrag zu befinden, könnte dann sehr viel schneller gehen. Oder die freiwillige Gemeindearbeit, auch dort könnte der Computer helfen. Staatsdiener und auch normale Bürger werden die Technik aber nur nutzen, wenn sie ihnen dabei hilft, unmittelbar auf Einzelprobleme einzugehen. Wenn es sich hingegen nur um mehr Information in bunterer Form handelt, wird das Angebot gar nicht ankommen.

Angenommen, Politiker, Lehrer, Schüler, Konsumenten werden die Technik sinnvoll nutzen und als bereichernd akzeptieren. Kann die Informationsgesellschaft dann zum ökologischen Paradies werden?

Nein, die Umwelt hat schon so gelitten, daß höchste Aufmerksamkeit geboten ist. Und es gibt ganz einfach Dinge, die Telematik nicht schafft. In der Medizin etwa gibt es derzeit noch keine telematische Möglichkeit, akut todesgefährdeten Menschen wirklich zu helfen. In solchen Grenzbereichen muß die Technik passen. Die Ökologie ist auch so ein Grenzbereich. Fahren Sie mal durch Los Angeles, das ist eine nahezu fabriklose Stadt – und die Ökologie ist trotzdem hin. Ich hoffe aber, die kommenden Generationen können die Telematik so weit beherrschen, daß sie mit der Natur statt gegen sie arbeiten werden.

Netzpraxis

An theoretischen Einsichten, auf welche Weise die neuen Technologien auf die politische Praxis und Kommunikation Einfluß nehmen werden, mangelt es nicht – davon legen die Texte dieses Buches beredtes Zeugnis ab. Wie sich Theorien in der Praxis bewähren, wo man im Zweifel dauernd mit Unzulänglichkeiten zu kämpfen und Idealvorstellungen an reale Gegebenheiten anzupassen hat, davon handelt der folgende Teil dieses Buches. Vorgestellt werden Projekte, die zum Teil aus der Frühphase des Internet stammen und wegweisende Konzepte entwickelt und umgesetzt haben. Diese »early adopters« (Kubicek) stehen für zum Teil sehr unterschiedliche gesellschaftliche Ansätze, Gemeinschaften und Aufgaben. Was sie eint – und heraushebt aus dem üblichen poltischen Web-Angebot – ist die Tatsache, daß sie ein überzeugendes inhaltliches Konzept verfolgen, das sich auf Ziele wie Stärkung der lokalen Bürgergesellschaft und regionaler Interessen, politische Mitsprache und Verbesserung des nationalen Bildungsangebots richtet.
Die Mehrzahl der Projekte stammt naturgemäß aus Ländern des angelsächsischen Sprachraums, da diese nicht nur bei der Hardware- und Softwareentwicklung, sondern auch bei den Anwendungen als Schrittmacher fungieren. Hinzu kommt, daß junge Gesellschaften wie die USA, Kanada und Australien kaum Technikangst kennen und eher bereit sind, sich an neue Erfordernisse anzupassen. Interessanterweise sind es die Flächenstaaten (Canada, Australien, in Europa Finnland), die hier am innovativsten sind und die Möglichkeiten der neuen Technologien konsequent für die Stärkung ihrer Gemeinschaften und ihres Standortes im globalen Wettbewerb nutzen. Aber auch autokratische Inselstaaten wie Malaysia und Singapur haben die Vorteile des neuen Mediums schon lange für sich entdeckt und ein dichtes nationales Netz geknüpft. Deutschland schneidet im internationalen Vergleich eher bescheiden ab. Die Möglichkeiten des neuen Mediums wurden hierzulande von den wirtschaftlichen und politischen Akteuren lange verkannt.
In Europa stammen die beiden innovativsten politischen Projekte bezeichnenderweise aus Athen, der Wiege der Demokratie, und der Schweiz, dem Land, dessen basisdemokratische Verfassung für viele Netzcommunities in den USA als beispielhaft gilt. Für das viel beachtete **Perikles Network** hat sich

eine Gruppe griechischer Wissenschaftler die attische Demokratie als Vorbild genommen und vesucht auf dieser Grundlage ein sicheres technisches Werkzeug für elektronische Bürgerentscheide zu entwickeln. Das Schweizer Projekt **politics.ch** hingegen ist der Versuch eines Züricher Medienkonzerns, Licht in das Dunkel der Schweizer Tagespolitik zu bringen und das politische Personal und die politischen Entscheidungen für die Bürger transparent zu machen. In Deutschland, wo zwar alle Parteien inzwischen ihre Website haben, darauf aber selten mehr anbieten als »elektronisches Glanzpapier«, fällt einzig der **Virtuelle Ortsverein** (VOV) der SPD aus dem Rahmen, der neue Formen der politischen Kommunikation erprobt.

Für neue Wege in Sachen politischer Information und Kommunikation steht das Projekt **Minnesota E-Democracy** im Twin Cities Free-Net. Mit dem **Seattle Community Network** wird hingegen der Prototyp des amerikanischen Bürgernetzwerks (vgl. auch das bei Schuler erwähnte Cleveland Free-Net) vorgestellt. Das in Europa am erfolgreichste und innovativste Bürgernetzwerk ist **De Digitale Stad** (DDS) in Amsterdam, die ihren 50 000 Nutzern freien Internetzugang und E-Mail-Adresse anbietet. In Deutschland heben sich, obgleich sie nur wenig von der Komplexität und Nutzerfreundlichkeit des holländischen Vorbilds aufweisen, die Stadtnetze von Mannheim und Bremen positiv von den üblichen Städteangeboten ab. Bei **Mannheim Internetional** und **Bremen Online** wird Bürgernähe zumindest bei den Serviceangeboten der städtischen Verwaltung groß geschrieben.

In welchem Maß auch kleine Gruppen in der Lage sind, mit intelligenten Konzepten an der effektiven Ausgestaltung des nationalen Communication Highway mitzuwirken, zeigt das Beispiel des **FreeNet Finland**. Das europaweit am besten vernetzte Land fällt noch durch ein weiteres innovatives Projekt auf. Mit der **Multicultural Library** (MCL), der ersten multilingualen Bibliothek Europas, leistet Finnland einen eigenwilligen und engagierten Beitrag zur europäischen Integration. Auch in den USA hat die Sorge um die Zukunft und die Bildung der Kinder Eltern und Lehrer zur Gründung eines Bildungsnetzes animiert. Das **Global Schoolhouse** stellt Curricula und gemeinsame Arbeitsplattformen zur Verfügung und gewährt Eltern und Lehrern praktische Hilfestellung beim Umgang mit Computern und Internet. Eine interessante regionale Filiation, die große Teile des amerikanischen Angebots übernimmt, ist jetzt mit dem **Aussie SchoolHouse** in Australien entstanden.

Wie die Regierung eines dünn besiedelten Flächenstaates, der zudem das Problem nationaler Zweisprachigkeit hat, das Netz intelligent für Integration, Bürgernähe und die Stärkung der Region nutzen kann, erkennt man am

Beispiel **Canada Governments Online** (siehe dazu auch den Beitrag von Simpson/Faruqui). Mit Malaysia und Singapur werden demgegenüber zwei Regierungsnetze vorgestellt, die zeigen, daß auch autokratische Systeme die Möglichkeiten der neuen Technologien effizient nutzen und dabei sogar so etwas wie Bürgerbezogenheit und -nähe herstellen können. Mit einem ganz anderen Aspekt des Netzes befassen sich die Netzwerke dreier Non-Profit-Organisationen, die den Schluß dieses Projektüberblicks bilden: die **Benton-Foundation** in Washington und die deutsche Organisation **Forum InformatikerInnen für Frieden und gesellschaftliche Verantwortung** (FIfF) und ihr amerikanisches Pendant **Computer Professionals for Social Responsibility** (CPSR). Sie alle wollen sicherstellen, daß bei der Ausgestaltung des Communication Highway auch die Interessen der Nutzer ausreichend berücksichtigt werden.

Wegweisende Projekte
18 Beispiele
von Anja Gild und Christa Maar

Das Perikles Network in Athen

»Elektronische Medien können keine Antwort geben auf die Frage, wie man zu einer besseren oder direkteren Demokratie kommt. Sie sind lediglich die Plattform, von der aus man Formen der demokratischen Praxis wiedererfinden kann.«

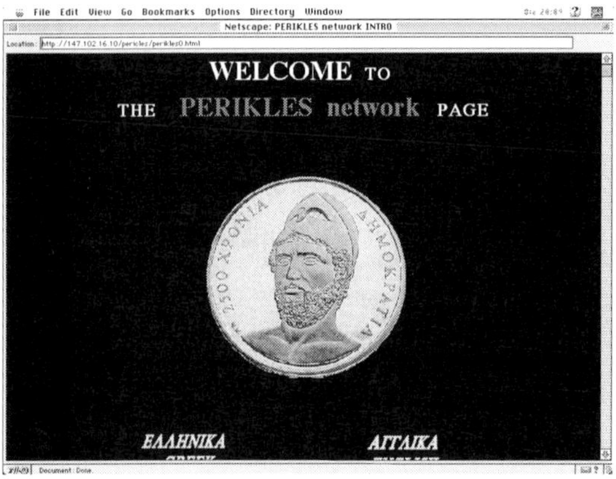

http://147.102.16.10/pericles/perikles0.html

Eine Gruppe griechischer Wissenschaftler hat es sich zur Aufgabe gemacht, ein zuverlässiges und sicheres System für elektronische Bürgerentscheide zu entwickeln. Die Idee zu einem politischen Netzwerk, das auf den Grundprinzipien der athenischen Demokratieaufbaut, datiert aus dem Jahr 1990. Eine Gruppe von Informatikern, Kommunikationswissenschaftlern und Juristen der Technischen Universität Athen wollte dem in allen europäischen Ländern vorhandenen Gefühl der Politikverdrossenheit entgegenwirken. Daraus entwickelte sich die Idee des Perikles Network. Perikles ist ein technisches System, das den Bürgern in allen europäischen Ländern die Möglichkeit bieten soll, sich auf regionaler, nationaler und europäischer Ebene an politischen Entscheidungen zu beteiligen. Besonderen Wert legen seine Entwickler auf die Tatsache, daß das System die hohen Ansprüche an Authentizität und Datenschutz, die für die Legitimität demokratischer Abstimmungsprozesse Voraussetzung sind, erfüllt. Außerdem begreifen sie Technologie nicht als Motor des demokratischen Prozesses sondern lediglich als ein Werkzeug, das Transparenz und Beteiligung möglich macht. Veränderungen erwarten sich die Macher von Perikles vor allem im Hinblick auf die Akzeptanz und das Vertrauen der

Öffentlichkeit. Sie glauben, daß das Perikles-System das demokratische Bewußtsein der Bürger und ihr regionales Zugehörigkeitsgefühl stärken wird, und daß politische Entscheidungen durch das Feedback der öffentlichen Meinung eine andere Qualität erhalten werden.

Da für die Entwicklung eines solchen Systems viel Vor- und Vermittlungsarbeit und ein entsprechendes Budget notwendig sind, haben die Initiatoren den zeitlichen Rahmen auf 10 Jahre angesetzt. Zwischenzeitlich ist das Perikles Network von der Technischen Universität Athen übernommen und auf Konferenzen in ganz Europa vorgestellt worden. Eine Reihe europäischer Städte hat bereits die Absicht geäußert, das System in ihr regionales Netz zu integrieren.

Der Entwicklungsplan für das Perikles Network sieht vier Phasen vor:

- In der ersten Phase sollen City Networks mit speziell für diesen Zweck aufgestellten öffentlichen Abstimmungsterminals entstehen, die rund um die Uhr für alle Bürger zugänglich sind. Die Bürger können hier über eine Reihe von lokalen politischen Themen abstimmen. Da es sich nicht um eine Meinungsumfrage sondern um eine Abstimmung mit bindender politischer Wirkung handelt, darf jeder Bürger über jedes Thema nur einmal abstimmen. Jeder Wahlbezirk hat einen Wahlvorstand, der die Abstimmungsergebnisse mittels eines geheimen Codes in das Netzwerk zur Weiterbearbeitung eingibt.
- In der zweiten Phase hat der Bürger die Möglichkeit, selbst Themen vorzuschlagen, die in der Liste der abzustimmenden Themen aufgenommen werden sollen. Er muß allerdings eine bestimmte Anzahl von Gleichgesinnten finden, die seinen Themenvorschlag unterstützen.
- In der dritten Phase werden die Bürgerentscheide transparent gemacht. Wie die Bürger abgestimmt haben, läßt sich dann auch auf dem Heimcomputer abrufen.
- Die vierte Phase sieht vor, daß die Bürger sich untereinander über die infrage stehenden Themen per Telekonferenz austauschen.

»Werden Sie Weltbürger, werden Sie Mitglied des Perikles Network... Wählen wird für Sie dann nicht mehr das sein, was es zuvor war...« – die Aufforderung, mit der die Initiatoren auf ihrer Website Mitglieder anwerben, zeugt von hochgespannten Erwartungen. Die Frage ist, ob die Politiker bereit sind, das Wagnis direkter Abstimmungen einzugehen, und ob auf der anderen Seite die Bürger in der Lage sind, die Chancen des Feedback aktiv zu nutzen.

politics.ch – www.politics.ch

In keinem anderen Land hat der Bürger über Volksabstimmungen und Bürgerversammlungen so viel Möglichkeiten der direkten politischen Einflußnahme wie in der Schweiz. Aber auch hier gilt, was für alle demokratischen Systeme gilt: Es fehlt an genügend Information über die Hintergründe von politischen Entscheidungen, und es fehlt vor allem an Transparenz der Institutionen und der Entscheider. Der *Züricher Tages Anzeiger* hat ein politisches Online-Projekt initiiert, das versucht, den Bürgern zu mehr Einblick in Funktion und Arbeit ihres politischen Systems zu verhelfen, mit dem Ziel, die Qualität der politischen Debatte und Meinungsbildung speziell im Vorfeld von Wahl- und Abstimmungsereignissen zu verbessern.

www.politics.ch

Der Bürger kann sich mittels eines komplexen Schaubildes einen Überblick über das politische System verschaffen, erhält eine Vielzahl nützlicher Informationen zu den einzelnen Politikern und erfährt, wie die Parlamentarier bei welchen Gesetzesvorlagen abgestimmt haben. Er hat außerdem die Möglichkeit, die Abstimmungen im Nationalrat nachzuvollziehen und seine eigene Ansicht mit der der Abgeordneten zu vergleichen: Er kann seine Voten zu beliebig vielen Vorlagen an eine ständig aktualisierte Datenbank schicken und erhält dann eine »Hitparade« von Voten von Nationalräten, die mit seiner Meinung übereinstimmen.

Was besonders besticht, ist der Grad an Transparenz, der hier hergestellt wird. Die Nationalräte sind nicht nur, wie in anderen Ländern, mit Namen, Ausbildung, ehemaligen und jetzigen Ämtern genannt, ihre Webpage enthält auch ein relativ komplexes Persönlichkeitsprofil: Außer Angaben zu Parteizugehörigkeit, Abstimmungsverhalten und Präferenzen der politischen Themen findet man dort auch Angaben über das geschätzte Jahreseinkommen, evtl. vorhandenes Aktienkapital und Firmenbeteiligungen sowie über die Mitgliedschaften in Aufsichtsräten, Verbänden und Stiftungen.

Darüber hinaus gibt es auch Online-Umfragen zu aktuellen politischen

Themen, die, wie etwa die jüngste über einen möglichen EU-Beitritt der Schweiz, den Politikern einen Einblick in die aktuelle politische Stimmung im Land geben. Wer sich an der Umfrage beteiligen möchte, muß zuvor für demoskopische Zwecke detaillierte Angaben zu seiner Person machen, kann jedoch auf Wunsch anonym bleiben. Der Effekt ist: Dem gläsernen Politiker sitzt ein gläserner Bürger gegenüber.

Der Virtuelle Ortsverein der SPD – www.vov.de

Im Juni 1995 von dem SPD-Bundestagsabgeordneten Jörg Tauss gegründet, war VOV am Anfang eine reine Privatinitiative. Weder die Partei noch der Bundestag hatten einen Server, ein Universitätsserver kam für ein politisches Projekt nicht in Frage, man war also auf einen privaten Internet-Provider angewiesen und mußte das gesamte Vorhaben mit Privatgeld finanzieren. Der Virtuelle Ortsverein machte aber bald von sich reden, weil hier mit Erfolg erstmals neue Interaktionsformen mit den Wählern erprobt wurden.

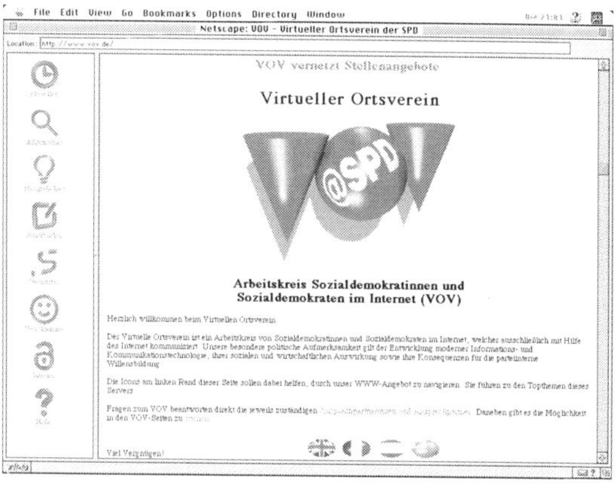

www.vov.de

Seinen ersten Auftritt vor großem Publikum hatte der VOV im November 1995 auf dem SPD-Parteitag in Mannheim, wo viele Parteimitglieder über die Webseite des VOV mit dem Internet erstmals in Berührung kamen – und, ein Novum in der Geschichte der Partei, erstmals wurden auf der VOV-Website für die interessierte Netzöffentlichkeit die Reden und Parteitagsbeschlüsse sofort online veröffentlicht.

Heute ist der VOV fester Bestandteil der SPD und als »Arbeitskreis beim Parteivorstand« mit dem erklärten Ziel etabliert, das Medium Internet als »neue Form der politischen Aktivität« zu nutzen. Die über 600 Mitglieder, die ausschließlich mit Hilfe des Netzes kommunizieren, richten ihre Aufmerksamkeit besonders auf »die Entwicklung moderner Informations- und Kommunikationstechnologie, ihre soziale und wirtschaftliche Auswirkung sowie ihre Konsequenzen für die parteiinterne Willensbildung«. Momentane thematische Schwerpunkte sind: Computer in den Schulen, Bekämpfung der Arbeitslosigkeit, Vernetzung der Partei, Netz-Zensur,

Datenschutz und Datensicherheit, allgemeiner Netz-Zugang, Erstellung einer Internetcharta.

Twin Cities Free-Net und Minnesota E-Democracy – www.freenet.msp.mn.us und www.e-democracy.org

Wenn sich der Einzelne gesellschaftlich zunehmend isoliert, kann das Netz vielleicht eine neue Identifikation mit der lokalen Gemeinde stiften – dachten sich die Initiatoren des Twin Cities Free-Net, als sie das kommunale Bürgernetz der Zwillingsstädte Minnesota und St. Pauls im US-Staat Minnesota im Mai 1995 aus der Taufe hoben. Entsprechend begannen die 40 ehrenamtlichen Helfer, eine Plattform zu schaffen, auf der sich Bürger, Wirtschaft und staatliche und städtische Institutionen miteinander vernetzen und in Kontakt treten konnten, wobei von Anfang an großer Wert auf die Beteiligung der Bürger gelegt wurde. Die lokalen Stadt- und Gemeindenetze der Region sowie einzelne Institutionen, Dienstleister und Unternehmen erhielten die Möglichkeit, sich mit Hilfe des Free-Net ihren Internetauftritt zu verschaffen und sich für organisationsinterne oder lokalpolitische Diskussionen Speicherplatz zu reservieren. Ihre Adressen sind sowohl alphabetisch wie über ein Stichwortverzeichnis abrufbar.

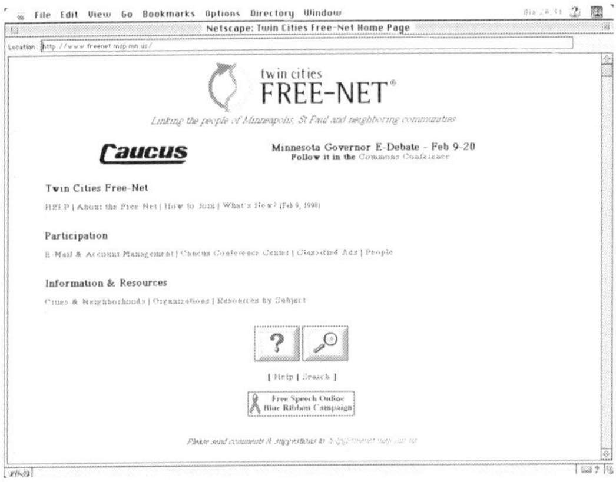

www.freenet.msp.mn.us

Die Bürger erhielten die Möglichkeit des kostenlosen E-Mail-Zugangs und gezielter Angebote, um die lokale Kommunikation und Einbindung zu verbessern und sie zur aktiven Beteiligung anzuregen: Ein Online-Anzeigenmarkt kann von jedem abgefragt und mit eigenen Angeboten bereichert werden; im Kommunikationszentrum, dem »Caucus Conference Center«, bestimmen die Bürger die Fragen selbst, über die sie sich mit anderen austauschen wollen (hier geht es in der Hauptsache um Alltägliches wie Haus, Garten oder Kinder), während die Konferenzräume nach Themen benannt sind, und hier wird ernsthaft über sozialpolitische Fragen oder Probleme diskutiert.

Als wesentlicher Bestandteil des Kommunikationskonzeptes für die Bürger ist heute das Projekt »Minnesota E-Democracy« (Elektronische Demo-

kratie) in das Twin Cities Free-Net integriert, das 1994 im Vorfeld der Gouverneurswahlen begann und seither kontinuierlich alle Wahlen online begleitet. Das Projekt verdankt sein Entstehen dem Engagement seines heutigen Direktors Steven Clift, der mit diesem politischen Netzwerk einen inzwischen international bekannten und vielfach nachgeahmten Prototyp in Sachen Wählerinformation und Bürgerbeteiligung kreierte. Minnesota E-Democracy enthält die weltweit erste Website mit Rund-um-die-Uhr-Informationen zur Wahl. Seit 1996 sind die Angebote unter dem Dach einer virtuellen Town Hall (Rathaus) untergebracht: In der »Lobby« findet man allgemeine Informationen zu Wahl, Wahlvorgang und -einschreibung und zum E-Democracy-Projekt selbst. Im »Open Floor«, dem zentralen Begegnungsraum der Town Hall, den man sich als eine Art offenen Innenhof denken kann, sind alle Formen von Kommunikation und Interaktivität angesiedelt. Hier kann der Nutzer über E-Mail oder Web-basierte Foren mit Bürgern und Politikern in Kontakt treten und Meinungen und Gedanken austauschen. Auf dem »Podium« erhält man detaillierte Informationen zu den zur Wahl stehenden Kandidaten und kann direkt Fragen an sie richten.
Ein direkter Ableger von Minnesota E-Democracy ist »UK Citizen Online Democracy«, das von dem an der Entwicklung des Minnesota-Projektes beteiligten Briten Scott Aikens begleitend zu den britischen Unterhauswahlen im Frühjahr 1997 in Großbritannien ins Leben gerufen wurde.

Seattle Community Network– http://www.scn.org

Seattle im Bundesstaat Washington, Sitz der Softwarefirma Microsoft, hat mehr Bürgernetze hervorgebracht als irgendeine andere Stadt der USA. Das größte und komplexeste ist das Seattle Community Network (SCN). SCN wurde von einer Gruppe Internetaktivisten aus dem regionalen Board von CPSR (Computer Professionals for Social Responsibility) gestartet, darunter der in diesem Buch mit einem Beitrag vertretene Douglas Schuler. Da die Bürger von Anfang an über diverse Interessenverbände auf einer möglichst breiten Basis in die Planung einbezogen wurden, reflektieren Aufbau und Struktur des Netzes viel von ihren alltäglichen Bedürfnissen. Am Anfang standen Idee und Engagement einiger weniger Personen. Inzwischen sind in die Ausgestaltung des Netzes so gut wie alle gesellschaftlichen Gruppen involviert, und die Inhalte werden sowohl von öffentlichen Institutionen wie Bildungseinrichtungen, Bibliotheken, Sozialdiensten zur Verfügung gestellt als auch von der lokalen und regionalen Geschäftswelt und den Interessensvertretungen der Bürger.

Das Netz bietet kostenlosen Zugang und E-Mail-Adressen für alle Bürger. Für bedürftige Mitbürger versucht man, in der Industrie Paten zu finden, die bei der Finanzierung des Telefonanschlusses und der Telefongebühren helfen. Ein ausführliches Hilfsprogramm auf der Hompage bietet technische Hilfen aller Art an. Man findet dort neben einem Internetführer, der das Auffinden von Suchmaschinen, Gelben Seiten, Bibliotheksverzeichnissen, Adressen, Newsgroups und Internet-Chats für den Nutzer übernimmt, auch so etwas Nützliches wie Kurse in HTML-Programmierung und -Editing, um die eigenen Informationen für das Netz aufzubereiten.

www.scn.org

Auffallend großen Raum nimmt das Angebot an jobbezogenen Informationen und Dienstleistungen ein. Auf der Seite »Seattle Area Employment Guide« kann der Bürger sämtliche Stellenangebote der Region abrufen, unabhängig davon, ob sie von einer privaten Jobvermittlung, dem Anzeigenteil einer Zeitung oder von den Unternehmen direkt zur Verfügung gestellt werden. Alle großen Unternehmen sind auf dieser Seite mit einer eigenen Jobseite vertreten, Angebote, die kleinere Gruppen betreffen (z.B. Senioren, Lehrer, Taubstumme, Kunst- und Design-Erfahrene), in gesonderten Rubriken ausgewiesen.

Auf der Seite »SCN Community Pages« finden die Bürger der Region ein umfangreiches Angebot zu allen Themen, die für die Menschen und das Leben in einer Großstadt wichtig sind. Neben Informationen aus Politik, Bildung, Kultur und Gesundheit spielen hier Themen, die sich um Wissenschaft, Technologie und Freizeit drehen, eine große Rolle sowie die Informationen kleiner und mittelständischer Unternehmen. Vor allem für sie ist dieses Netz interessant, da sie ihre Angebote individualisieren und neuen Käuferschichten zugänglich machen können. Jedes Unternehmen kann sich elektronisch auf dem »Marktplatz« registrieren lassen und seine Produkte anbieten. Das Vitalste sind aber die Bürger selbst. Nahezu alle gesellschaftlichen Gruppen und Gruppierungen haben hier ihr eigenes Netz im Netz. Ethnische, religiöse und geschlechtliche Minderheiten finden ebenso ein Forum zum Informationsaustausch wie

Gemeinschaften, die sich mit ökologischen und Menschenrechtsfragen oder mit Literatur und Kunst befassen. Entsprechend bunt ist das Angebot: Es gibt eine Möbeltauschbörse für Obdachlose, ein chinesisches Kulturzentrum, ein Frauenhaus, ein Netz für Familien und Jugendliche sowie spezielle Hilfsangebote für Behinderte, Alte, Eltern mit kleinen Kindern, arbeitslose Jugendliche, Krebs- und AIDS-Kranke ... Die Palette der Informations- und Kommunikationsangebote ist umfangreich und kaum übersehbar und befindet sich, da die Bürger die Inhalte in Eigeninitiative und -verantwortung mitgestalten, in ständigem Wandel. Jeder registrierte Nutzer kann sich zudem mit seiner persönlichen Webpage in das Einwohnerregister eintragen und auf diese Weise neue Nachbarschaftskontakte herstellen – eine Möglichkeit, die von vielen Einwohnern genutzt wird. Die Homepage von SCN fungiert für die Bewohner der Region Seattle sozusagen als zentraler Treffpunkt, von dem aus man seine Spaziergänge zu den anderen Plätzen der virtuellen Stadt unternimmt.

Hinter allem steht die Idee, daß man die gesellschaftliche und wirtschaftliche Kraft der lokalen und regionalen Gemeinschaft durch solche Netzwerke verstärken kann. Das Hauptgewicht für die Initiatoren und ehrenamtlichen Organisatoren liegt deshalb auf drei Dingen: der Zugangsmöglichkeit für alle, dem Angebot bürgernaher Dienstleistungen und der Stärkung demokratischer Beteiligung. Das Netz wird von freiwilligen Mitarbeitern unterhalten und aktualisiert, die die Bürger auch in öffentlich zugänglichen Kursen im Gebrauch von E-Mail und in der HTML-Programmierung unterrichten. Um auch denjenigen Bürgern, die keine Computer besitzen, Zugang zum Netz zu geben, sind in allen öffentlichen Bibliotheken der Region Computerterminals aufgestellt. Ausgebildete Helfer unterweisen auch dort die Bürger im Umgang mit dem System.

De Digitale Stad – www.dds.nl

Das Stadtnetz von Amsterdam, »De Digitale Stad« (dds), ist das älteste und komplexeste europäische Bürgernetz. Obwohl die meisten Neugründungen sich direkt oder indirekt an dds orientieren, erreicht bislang kein anderes Stadtnetz auch nur annähernd den Grad an Komplexität und Bürgernähe, den das berühmte Vorbild auszeichnet.

Anders als andere Stadtnetze ging die Gründung der dds nicht von der Stadt oder einer städtischen Institution aus, sondern verdankt sich der privaten Initiative einiger Internetbegeisterter, die an die Entwicklung des neuen Mediums eine gesellschaftliche Vision knüpften. Entsprechend gestalteten sie das lokale Netzwerk mit einer flexiblen, nach unten und oben offenen Architektur, die keine Hierarchie kennt und sich praktisch in alle Richtungen erweitern läßt. Das gleiche gilt für die Inhalte, die Dienste und Informations- und Kommunikationsangebote, die in Abstimmung mit den Wünschen der lokalen Community entstehen, für die das Netz hauptsächlich gemacht ist. Hier liegt mit Sicherheit auch der Schlüssel zum Erfolg des Modells dds. Sie hat heute 60000 eingeschriebene Nutzer und wächst ständig weiter. Die holländischsprachigen »Einwohner« sind in der Mehrzahl, aber nur etwa ein Viertel stammt aus dem Stadtgebiet von Amsterdam.

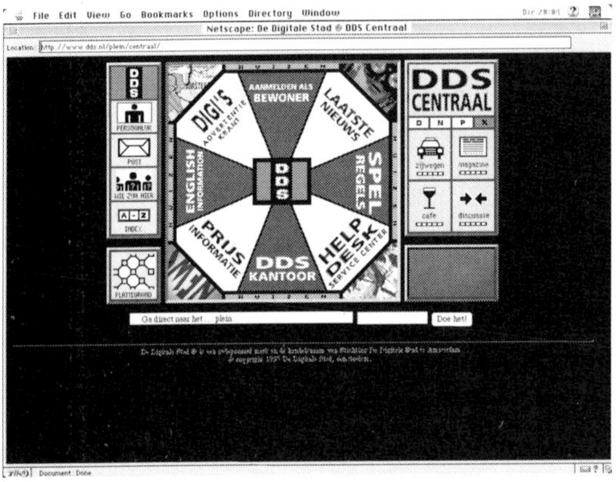

www.dds.nl

Das Netz ist ein echtes Bürgernetz in dem Sinn, daß alle Angebote von Bürgern für Bürger gemacht sind. Es ist für die »Einwohner« relativ einfach, eigene Informations- und Kommunikationsangebote zu plazieren, da das technische System viele Möglichkeiten zur Interaktion bietet. Die registrierten Nutzer erhalten eine E-Mail-Adresse und kostenlosen Internetzugang. Was die Inhalte anbetrifft, so herrscht hier Meinungsfreiheit, und in Sachen unerwünschter Angebote (z.B. Rechtsradikalismus und Kinderpornographie) setzt man auf Selbstorganisation und Netiquette, die von ausformulierten »Spielregeln« begleitet sind. Sie verweisen z.B. darauf, daß Anbieter pornographischer Inhalte auf den Plätzen oder in den Häusern von dds automatisch von der Liste der »Einwohner« (und damit der subventionierten Zugänge) gestrichen werden. Und wer ungefragt Reklame auf den Plätzen von dds anbringt, wird darauf aufmerksam gemacht, daß dafür eine Gebühr anfällt, deren Höhe der Nutzer der ausgehängten Preisliste entnehmen möge.

Es gibt in dieser digitalen Stadt nahezu alle Informations- und Kommunikationsangebote, die es in einer realen Stadt auch gibt, ob es sich dabei um den Bereich Arbeit und Gesundheit handelt, um Bildung und Kultur oder um Unterhaltung. Da die Bewohner von dds eher zu den aktiveren Bürgern gehören und ständig neue Informationsangebote hineinstellen, wird das Angebot immer verzweigter, vielschichtiger und komplexer und damit auch unübersichtlicher. Der Neuankömmling hat es in dieser Stadt nicht ganz leicht und wird eine Weile brauchen, bis er die Vielschichtigkeit des Systems durchschaut und einen Gewinn für sich daraus ziehen kann. Für den neugierigen Touristen, der die digitale Stadt auf einem Kurzbesuch kennenlernen möchte, ist das Schlendern über ihre Plätze und der Gang durch die vielen verschiedenen Häuser wie das Öffnen einer Wundertüte. Das Leben in dieser Stadt ist so bunt wie das Leben in einer realen Stadt, nur daß das wirkliche Leben keine Caféhäuser kennt, die sich an den Vorlieben ihrer Nutzer orientieren: Bevor man eintritt, muß man sich entscheiden, welcher der eigenen Vorlieben man den Vorzug gibt und ob man lieber das Café für Musik- oder Literaturliebhaber besuchen möchte oder das Radfahrer-, Frauen-, Studenten- oder Homosexuellencafé.

MANNHEIM INTERNETional – www.mannheim.de

»Der eine wartet, daß die Zeit sich wandelt,
der andere packt sie kräftig an und handelt.«
Dante

Das Dichterzitat hat der Mannheimer Oberbürgermeister Gerhard Widder einem Text vorangestellt, in dem er die Virtualisierung und Straffung der Mannheimer Verwaltung begründet. Warum baut eine Stadt ein virtuelles Rathaus? Der Mannheimer OB hat darauf eine einleuchtende Antwort: Die Finanzlage ist schlecht, die Verwaltung ist ineffizient, und die Bürger sind unzufrieden mit den Leistungen der Verwaltung. Was liegt also näher, als neue Wege auszuprobieren?

www.mannheim.de

MANNHEIM INTERNETional ist alles in allem erstaunlich. Es beginnt auf der Eingangsseite mit aktuellen Notizen und Anzeigen, doch die Themenstruktur der Programmleiste läßt bereits erkennen, daß sich mehr und Nützlicheres dahinter verbirgt. Oberflächlich gesehen hat Mannheim ein Internet-Rathaus wie viele Städte: Man kann sich die Zusammensetzung des Stadtrates ansehen oder die Öffnungen der Ämter erfragen. Allerdings

fällt auch bei diesem Angebot bereits ein Bemühen um mehr Bürgernähe und Transparenz auf, wenn man die Bürger beispielsweise an den Tagesordnungspunkten der Gemeinderatssitzungen teilhaben läßt oder ihnen die Haushaltsdaten zur Kenntnis gibt.
Je tiefer man einsteigt, desto deutlicher wird, daß in Mannheim eine Art Internetfieber grassiert, das offenbar viele Stellen erfaßt hat. Selbstverständlich gibt es ein eigenes Schulnetz, in dem man so schöne Dinge finden kann wie das Barockprojekt der 11. Klasse des Peter-Petersen-Gymnasiums [http://www.uni-karlsruhe.de/~za146/barock/themen.htm] und ein Jugendnetz [http://www.majo.de], in dem die Jugendlichen sich über die Zugangsmöglichkeiten in städtischen Internetcafés informieren können. Es gibt eine »Offensive für mehr Ausbildung« mit einer Angebots- und Nachfrage-Börse für Unternehmen und Ausbildungsplatzsuchende und einen »Solidarpakt ausländische Betriebe«, die oft ausbildungswillig sind, ohne über die notwendigen Voraussetzungen zu verfügen, und denen man in einem »Ausbildungsverbund« die Möglichkeit geben will, dies auch zu tun. Was Mannheim zudem von anderen Städten unterscheidet, sind die Angebote, die im »Internet-Rathaus« unter der Rubrik »Online-Dienste« angeboten werden. Der Bürger kann hier sein Aufgebot bestellen, sich elektronisch an- und abmelden, sein Kraftfahrzeug ummelden, die Ausleihzeit in der Stadtbibliothek verlängern oder Abfallbehälter und Wunschkennzeichen für sein Auto bestellen. Und für alle Fragen, die er an die städtischen Stellen hat, gibt es ein virtuelles Bürgerbüro, das als »heißer Draht« zur Stadtverwaltung fungiert und das er per E-Mail erreichen kann.

Bremen.Online – www.bremen.de

»Wie weit sind wir wirklich beim Einstieg in die Informationsgesellschaft?« fragte sich die Fachhochschule für Verwaltung in Speyer und stellte Kriterien für einen Web-Test der Kommunen und Bundesländer in Deutschland auf. Ganz unten, an der Basis der Pyramide, rangieren Selbstdarstellung, externe Informationen, Wirtschafts- und Behördeninformationen. Weiter oben, zur Spitze der Pyramide hin, sind all diejenigen Informationen angesiedelt, die für eine breite Öffentlichkeit sinnvoll und nützlich sind, eine Stufe darüber rangiert die interaktive Kommunikation (E-Mail, Navigationshilfen, elektronische Leistungs- und Ordnungsverwaltung). Mit 16 Punkten am höchsten bewertet (im Vergleich zu einem Punkt für Selbstdarstellung) ist die Partizipation (Diskussionsforen für Bürger, Parteien, Vereine, Wirtschaft) und bildet damit die absolute Spitze der Pyramide. Der Web-Vergleich der Hochschule Speyer ergab im Sommer 1997 für den Web-Auftritt Bremens im Städtevergleich den ersten Platz, im Ländervergleich den zweiten.

Was ist nun das Besondere am Bremer Online-Angebot? Womit hat es sich diesen Rang verdient? Was besticht, ist vor allem die Tatsache, daß es den Initiatoren – jedenfalls bis zu einem gewissen Grad – gelungen ist, den erklärten Anspruch, ein Netz für die Bremer Bürger zu sein (»bremen.online gehört den Bremerinnen und Bremern. Es soll das gesamte Leben widerspiegeln«), in die Tat umzusetzen. Zum erheblichen Teil ist das darauf zurückzuführen, daß die zentrale Datenbank, die auch die Suchmaschine bedient, nach umgangssprachlichen Schlagwörtern verwaltet wird, und daß es eine Redaktion gibt, die darüber wacht, daß dies auch so bleibt und alle neu eingespeisten Informationen ebenfalls unter plausiblen, leicht verständlichen Schlagworten einsortiert werden. Das Stichwortverzeichnis ist so umfangreich, daß der Nutzer weder Spezialausdrücke kennen noch irgendein anderes Vorwissen haben muß.

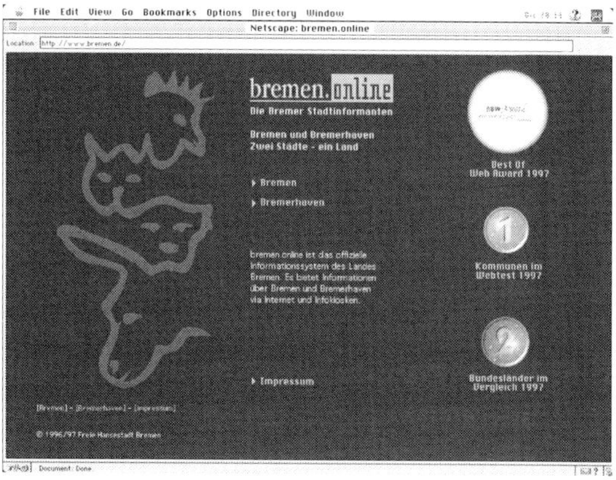

www.bremen.de

Nutzerfreundlichkeit und Nützlichkeit des Angebots stehen im Vordergrund. Allerdings sind die Dienste bis auf das Schwarze Brett, an das man seine Notizen per E-Mail pinnen kann, vorerst nicht sonderlich interaktiv. Stattdessen erhält man zu jeder Institution, jedem Amt, jeder Schule, jedem Hotel usw. eine separate Webpage, die nicht nur die üblichen Angaben wie Adresse, Telefon- und Faxnummer, Ansprechpartner und Öffnungszeiten enthält, sondern auch über Bus- und Bahnverbindung sowie die zugehörige Haltestelle informiert. Und zum Reizthema Arbeit findet man Angebote wie »Arbeit statt Sozialhilfe«, »Arbeitsbeschaffungsmaßnahmen«, »Arbeitslosen-Selbsthilfe« und »Arbeitsloseninitiativen« sowie eine Liste der aktuellen städtischen Stellenangebote.

Singulär im deutschen Städteangebot ist auch die konsequente Zielgruppenorientierung. Auf der Homepage entscheidet sich der Nutzer, ob er bremen.online als Einwohner, Tourist oder Wirtschaftstreibender besuchen möchte. Der Business-Mann findet alle interessanten Wirtschaftsdaten, ein umfangreiches Angebot Bremer Unternehmen mit entsprechenden Navigationshilfen sowie nützliche Zusatzangebote wie eine Innovations-Agentur, die Interessenten über Forschungs-, Wirtschafts- und EU-Förderungen berät. Im Tourismus-Angebot ist auch an den eiligen Geschäftsreisenden gedacht, der einen »Bremen in 3 Minuten«-Crashkurs in Geschichte, Kultur und Wissenschaft absolvieren kann. Für die Zukunft hat man sich vorgenommen, das System »zum Ausgangspunkt einer bürgernahen Verwaltung zu machen« und den Ausbau dialogorientierter Systeme voranzutreiben, so daß in allen Bereichen Dienstleistungen online abgewickelt werden können.

FreeNET Finland – www.freenet.hut.fi

Auf dem europäischen Kontinent führt der dünn besiedelte Flächenstaat Finnland mit Abstand, wenn es um die Anzahl von Internetanschlüssen und Computern pro Haushalt geht. Da die Regierung die Wichtigkeit der neuen Informations- und Kommunikationswerkzeuge früh erkannte, ist es um so erstaunlicher, daß sich das Netz mit der zahlenmäßig größten Nutzergemeinde, das FreeNET Finland, einer privaten Initiative finnischer Bürger verdankt.

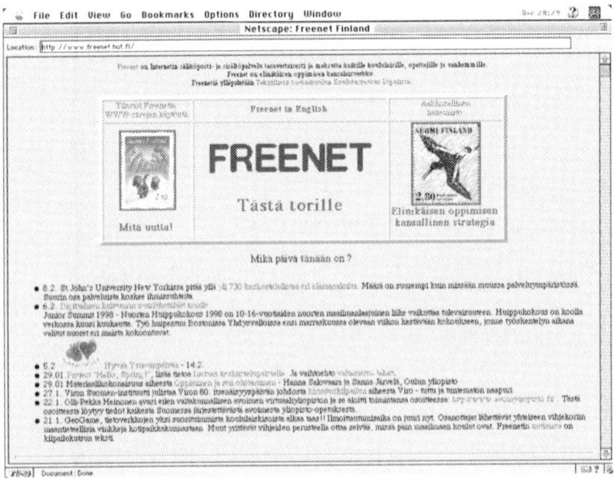

www.freenet.hut.fl

Das FreeNET, das heute 65 000 Bürgern einen kostenfreien Internet- und E-Mail-Zugang gewährt, war ursprünglich als Aus- und Weiterbildungsnetz für Schüler, Lehrer und Eltern mit dem Ziel konzipiert, den Einsatz neuer Medien im Unterricht zu fördern. Da man zum Lernen Lernangebote benötigt, ging es den Initiatoren in erster Linie darum, geeignete Inhalte und Projekte ausfindig zu machen und intelligente Lernumgebungen zur Verfügung zu stellen. Das FreeNET entstand im Jahr 1993 aus einer Eltern-Lehrer-Initiative. Es wird betreut vom Lifelong Learning Institute Dipoli der Technischen Universität Helsinki, das auch für die Inhalte verantwortlich zeichnet. Seit einiger Zeit wird das FreeNET nun nach dem Vorbild amerikanischer Community Networks zunehmend zum allgemeinen Bürgernetz ausgebaut, das sich mit seinen Angeboten an alle Bürger Finnlands richtet.

Die inhaltliche Organisation der Website orientiert sich – ähnlich der Digitalen Stadt Amsterdam – an der aus dem Alltag vertrauten Stadtstruktur. Das Zentrum des FreeNET wird von einem öffentlichen Platz gebildet, um den herum sich eine Anzahl von Häusern mit unterschiedlichen Angeboten gruppiert: Es gibt ein Café für die sozialen Kontakte, ein Postamt für den E-Mail-Verkehr, ein Bildungszentrum, das eine virtuelle Schule mit entsprechenden Lernangeboten beherbergt, eine Bibliothek, die Links zu vielen Online-Veröffentlichungen bietet, ein Haus für die Eltern-Schule-Kooperation, einen Spielplatz für die Jüngsten, ein Haus für Umweltfragen und ein Flughafengebäude für die Abwicklung der realen Reisen. Aber auch die Web-Angebote der Staatsregierung und der Kommunen sind in einem der Häuser untergebracht, so daß die Bürger praktisch alle finnischen Netzangebote auf der Homepage des FreeNET zur Verfügung haben.
Da es ursprünglich als Bildungsnetz konzipiert war, bilden die Aus- und Weiterbildungsangebote naturgemäß weiterhin den Schwerpunkt des Netzes. Interessant ist dabei vor allem die Tatsache, daß hier mit einem Minimum an personellem und finanziellem Aufwand ein Maximum an Effizienz erzielt wurde. Es handelt sich bei den Angeboten nur zu einem kleinen Teil um original finnische Angebote. Bei dem größeren Teil handelt es sich um intelligent strukturierte Link-Sammlungen, die zu den weltweit interessantesten Projekten verschiedener Themenbereiche führen. Die Tatsache, daß dadurch die meisten Angebote in englischer Sprache sind, scheint in Finnland anders als in Deutschland keine Rolle zu spielen. Will man sich beispielsweise über die Mendelschen Vererbungsgesetze informieren, wird man mit dem entsprechenden Projekt der Washington University in Seattle verlinkt, und das Studium der Meereswelt betreibt man auf der Sea World-Website der Busch Entertainment Corporation, die dafür Lernprojekte, Datenbanken und Videos zur Verfügung stellt. Möchte man sich mit alten Kulturen befassen, so bietet sich dafür u.a. das »Exploring Ancient World Cultures«-Projekt der Universität Evansville an, das auch über eine Anzahl von Datenbanken zu diesem Thema verfügt. Zum Lernen von Englisch, Spanisch, Französisch, Russisch und Schwedisch führt eine Link-Sammlung zu Angeboten in den jeweiligen Sprachkreisen. Da sich die virtuellen Lernangebote auch auf die Bereiche Mathematik, Technik, Kunst, Literatur und Philosophie erstrecken, stellen sie generell eine ideale Ergänzung zum traditionellen Schulunterricht dar und sind andererseits auch eine geeignete Ressource der Weiterbildung, die jeder Bürger nun von zu Hause aus betreiben kann. Ein Pilotprojekt des Lifelong Learning Institute Dipoli untersucht

gegenwärtig, inwieweit sich die virtuelle Lernumgebung im Hinblick auf Minderheiten (etwa hochbegabte oder behinderte Kinder oder solche, die zeitweise im Ausland leben) noch effizienter gestalten läßt.

Zum Schluß sei noch erwähnt, daß Finnland, was die Vernetzung der Schulen und die Ausstattung der einzelnen Schüler mit Computern angeht, so gut wie weltweit führend ist. Das finnische Bildungsministerium hat mit einer 1995 entwickelten Strategie für lebenslanges Lernen und die Vernetzung der Bildungsinstitutionen erreicht, daß 1996 bereits 66 Prozent aller finnischen Schulen am Netz waren. Zum Vergleich: In Deutschland waren es zu diesem Zeitpunkt nicht mehr als zwei Prozent.

Multicultural Library – www.lib.hel.fi/mcl/

Finnland ist nicht nur das europäische Land, das über die höchste Pro-Kopf-Rate an Computern und über eine flächendeckende Schulvernetzung verfügt, es ist auch der erste europäische Staat, der den multikulturellen Aspekt Europas ernst genommen und mit der Gründung einer multilingualen Bibliothek beantwortet hat.

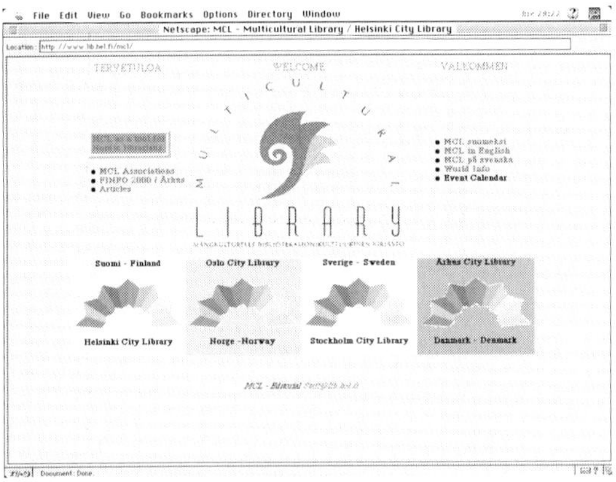

www.lib.hel.fl/mcl/

Die MCL (Multicultural Library) wurde im Herbst 1996 als gemeinsame Initiative der städtischen Bibliotheken von Helsinki (Finnland) und Oslo (Norwegen) gegründet. Inzwischen haben sich die städtischen Bibliotheken von Stockholm (Schweden) und Arhus (Dänemark) angeschlossen. Ziel des Joint Ventures ist es, »die Informationen der öffentlichen Bibliotheken Nordeuropas, insbesondere ihre multilingualen Angebote, via Internet für alle Interessenten verfügbar zu machen. Dabei soll ein besonderes Augenmerk auf die spezifischen Informationsbedürfnisse der in den nordischen Ländern wohnenden Fremden gelegt werden.«

Das Projekt ist Teil der öffentlichen Förderprogramme »Cultural Finland« und »Finland into Information Society« und wird finanziell vom finnischen Erziehungsministerium unterstützt. Die MCL-Homepage ist dreisprachig (Englisch, Finnisch, Schwedisch), und ihre Angebote werden von den beteiligten Bibliotheken gemeinsam gestaltet. Die Homepages

für die regionalen Informationsangebote werden hingegen von jedem Land eigenverantwortlich produziert und aktualisiert.
Die Eingangsseiten auf der Homepage der städtischen Bibliothek von Helsinki sind in nicht weniger als 15 verschiedenen Sprachen abgefaßt. Der Besucher kann sich dort über die Benutzungs- und Ausleihmodalitäten nicht nur auf Englisch, Französisch, Spanisch, Schwedisch, Russisch und Deutsch informieren, sondern auch auf Estnisch, Türkisch, Arabisch, Kurdisch, Bosnisch, Chinesisch, Vietnamesisch und Somalisch. Es wird vermutlich noch eine Zeit lang dauern, bis das ambitionierte Projekt durchgehend multilingual funktioniert und der Benutzer sich wirklich alle wichtigen Informationen in seiner eigenen Sprache abrufen kann.

Global Schoolhouse (USA) und Aussie SchoolHouse (Australien) – www.gsn.org und www.ash.org.au

Gerne und häufig wird übersehen, daß Kinder zwar mühelos den Umgang mit Computern und Multimedia lernen können, daß dies aber wenig hilft, wenn Lehrer und Eltern nicht mitziehen, um den Computer als alltägliches Werkzeug in den Unterricht zu integrieren.
Wie geht man mit dem Computer um? Wie programmiert man eine Webpage und stellt sie ins Netz? Wie organisiert man eine Mailingliste oder moderiert einen Chat? Und wie sollten multimediale Curricula aussehen? Antwort auf solche und ähnliche Fragen gibt das amerikanische Projekt »The-Global-Schoolhouse«, das von dem Software-Unternehmen Microsoft gesponsert wird. Es wurde 1992 als virtuelles Schulhaus gegründet, das Lehrer, Schüler und Eltern zu lebenslangem Lernen zusammenführt und miteinander vernetzt. Die Angebote reichen von multimedialen Projekten und Curricula über die kostenlose Verwaltung der Homepage bis zum Angebot einer Online-Tour durch die virtuellen Welten der Avatare und Roboterteleskope. Es gibt einen Schulwettbewerb für den innovativen Einsatz von Computertechnologie (»Schule des 21. Jahrhunderts«); hier werden Schulen ausgezeichnet, die sich beispielsweise

www.gsn.org

mit neuen Formen kooperativen Lernens befassen, Abendschulen für Eltern einrichten, oder behinderte Schüler (anstatt sie wie bisher mit dem Bus zu einer Schule in einer anderen Stadt zu fahren) jetzt mit Erfolg daheim unterrichten. Speziell auf Unterrichtsbedürfnisse zugeschnittene Hilfsprogramme ermöglichen es den Lehrern, sich die notwendige Software herunterzuladen, um Webprojekte für den Unterricht zu konzipieren.

Der australische Ableger des Global Schoolhouse-Projekts, das »Aussie SchoolHouse«, geht noch einen Schritt weiter. Wer die neuen Techniken noch nicht beherrscht, findet hier ein komplettes Angebot an Trainingskursen in Sachen Basiswissen. Man kann Online-Kurse für HTML- und Design-Programmierung belegen, man kann lernen, eine Mailing-Liste zu managen oder interaktive Chatrooms und Foren einzurichten und zu moderieren. Man wird in Netiquette unterwiesen und findet Links zu allen im Web vertretenen Schulen und Bildungsinstitutionen Australiens sowie ein komplettes E-Mail-Verzeichnis der Lehrer. Es gibt ein Suchprogramm für Themen, die sich auf die Nutzung des Internet im Unterricht beziehen und eine Seite mit Projekten und Curricula, die gute Beispiele enthalten, wie man das Internet auf spielerische Weise in den Unterricht integriert.

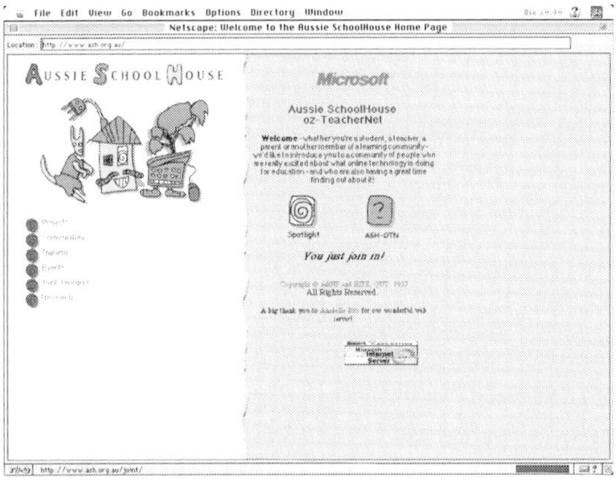

www.ash.org.au

Ziel des gesamten Schoolhouse-Projektes ist es, strategische Partnerschaften mit Universitäten, staatlichen Institutionen und der Industrie einzugehen, um ein möglichst großes Netzwerk zu schaffen, aus dem sich im Laufe der Zeit ein neues Bildungsprogramm für die gesamte Gesellschaft entwickelt.

Canadian Governments Online – www.intergov.gc.ca und strategis.ic.gc.ca

Kanada gehört flächenmäßig zu den größten Staaten, zählt aber nur etwa ein Drittel der Einwohner der Bundesrepublik und hat damit ein natürliches Problem in Sachen Staat-Bürger-Kommunikation. Hinzu kommt die Zweisprachigkeit und die damit verbundene Problematik der kulturellen und politischen Differenzen zwischen dem französischsprachigen und dem englischsprachigen Bevölkerungsteil. Da zusätzlich der starke Nachbar USA das wirtschaftliche und kulturelle Geschehen auf dem Kontinent bestimmt, gab es für die Regierung von Kanada gleich drei gravierende Gründe, als weltweit erstes Land ein flächendeckendes nationales Netzwerk in Angriff zu nehmen. Entstanden ist ein hochkomplexes Netz, das bis in die entferntesten Winkel und Gemeinden hinein reicht und mit der konsequenten Vernetzung von Verwaltung, Politik, Bildung und Wirtschaft weltweit an der Spitze rangiert.

Die kanadische Regierung entwickelte die ersten Aktivitäten bereits 1994 auf der Grundlage eines 5-Jahres-Plans, der die elektronische Vernetzung und bürgerfreundliche Gestaltung aller öffentlichen Institutionen vorsah (»Blueprint for Renewing Government Services using Information Technology«). Wichtige Elemente dieses Plans waren: Bürgernähe der Institutionen, Transparenz, Teilhabe der Bürger an der Information und am Entscheidungsprozeß und die Möglichkeit lebenslangen Lernens. Darüber hinaus sollte das Netz natürlich auch der Förderung der einheimischen Wirtschaft und der Schaffung von Arbeitsplätzen dienen.

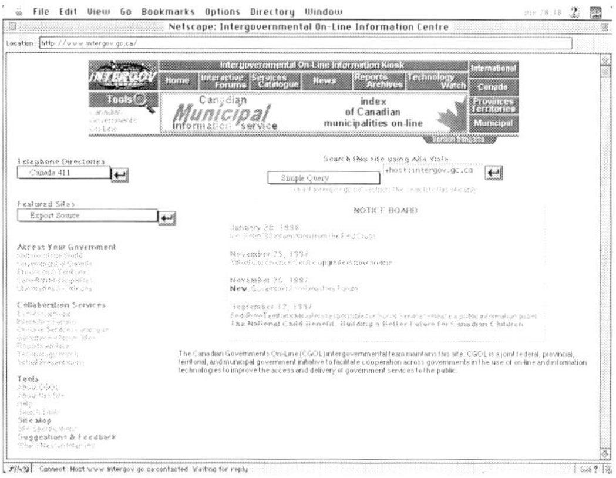

www.Intergov.gc.ca

Anfang 1995 schlossen sich Vertreter der Zentralregierung und der 10 Provinzregierungen sowie der kanadischen Kommunen zusammen, um über Kooperationsmöglichkeiten und Synergieeffekte bei der Vernetzung der Behörden, der Bildungsinstitutionen, der Forschung und der Wirtschaft nachzudenken. Es entstand das Projekt »Canadian Governments Online« (CGOL). Als die Zentralregierung am Jahresende 1995 die mittlerweile entstandenen Provinz- und Kommunalnetze unter dem Dach einer »Intergovernmental On-Line«-Website zusammenführte, waren diese zum Teil schon weit fortgeschritten. Der Erfolg war entsprechend. Die neue Website »intergov.gc.ca« konnte bereits in den ersten drei Monaten vier Millionen Zugriffe verbuchen.

»Intergovernmental On-Line« ist zweisprachig (der Nutzer kann zwischen einer französischsprachigen und einer englischsprachigen Version wählen). Die Homepage bietet den Bürgern Zugang zu den Institutionen der

Zentralregierung, der Provinzregierungen und der Kommunen, aber auch zu den Regierungen aller anderen Länder. In den Fällen, wo noch kein Regierungsnetz vorhanden ist, wird das Land von einer anderen Institution vertreten (beispielsweise China durch das Nicht-Regierungsnetz »AsianNet-China«). Damit die Bürger die Informationen, Dienstleistungen und Datenbanken auch finden, stehen ihnen eine Reihe spezifizierter Suchprogramme zur Verfügung.
Einen Schwerpunkt des Angebots bilden die Bereiche Bildung und Arbeit. Die Homepage bietet Links zu allen kanadischen Universitäten und Colleges, zu den virtuellen Aus- und Weiterbildungsangeboten und zu den Förderprogrammen im Bereich Bildung und Forschung. Es gibt eine Jobbörse mit Arbeitsangeboten aus ganz Kanada und eine Praktikumsbörse, die Studenten Stellen in Unternehmen vermittelt. Kleine und mittlere Unternehmen haben die Möglichkeit, sich im »Business Service Center« aus mehr als 150 Angeboten das passende Förderprogramm auszuwählen oder sich mit den aktuellen Entwicklungen in der Technologie- und Computerbranche vertraut zu machen.
Die Angebote, die sich allgemein an den Bürger wenden, bieten eine Vielzahl an bürgernahen Serviceleistungen. Der »Dienstleistungskatalog« bietet nicht nur eine größere Auswahl von Datenbanken, Statistiken und Entwicklungsplänen sondern auch eine komplette Liste der Neuveröffentlichungen. In einem virtuellen »Konferenzzentrum« können die Bürger außerdem eigene Vorschläge zur Verbesserung staatlicher Dienstleistungen einbringen und spezielle Probleme wie eine »bürgernahe Polizei« diskutieren. Es gibt selbstverständlich Links zu allen Parlamentsabgeordneten, Ministern und zum Premierminister. Bei letzterem findet man auf der Homepage nicht nur einen kompletten Lebenslauf sondern auch eine Aufforderung, Fragen per E-Mail an ihn zu richten. Und um Wiederholungen zu vermeiden, kann man in einem »Postzimmer« nachlesen, welche Themen in den letzten Wochen behandelt wurden.
Eine besondere Rolle bei der Entwicklung des nationalen Netzes spielt das kanadische Wirtschaftsministerium, auf dessen Initiative viele der neuen Informations- und Dienstleistungsangebote direkt oder indirekt zurückgehen. Auch der bereits von Richard Simpson und Natasha Faruqui beschriebene »Information Highway Advisory Council« verdankt sein Entstehen einer Initiative von Wirtschaftsminister John Manley. Manley hat, um die Wettbewerbs- und Innovationsfähigkeit der kanadischen Industrie insgesamt zu fördern und speziell die kleinen und mittleren Unternehmen in die Vernetzungsstrategie einzubinden, eine zusätzliche

Initiative unter dem Namen »strategis« gestartet. Auf der Homepage von »strategis.ic.gc.ca« sind so gut wie alle Informationen, Dienste und Datenbanken versammelt, die für die Wirtschaftstreibenden in Kanada wichtig sind. Unternehmen finden hier nicht nur komplette Datenbanken kanadischer Unternehmen, sie können sich auch Rat holen, wie sie ihr Kapital aufstocken und welche Förderprogramme sie in Anspruch nehmen können oder was bei Geschäftsbeziehungen mit anderen Ländern und Kulturen zu beachten ist. »strategis« verlinkt sie mit der APEC (Asia Pacific Economic Cooperation) und stellt ihnen einen Konvertierungsdienst für die Umrechnung in fremde Währungen zur Verfügung. Für die Übersetzung in fremde Sprachen steht ein Wörterbuch und eine Liste von Profiübersetzern zur Verfügung, bei rechtlichen Problemen gibt die Rubrik »Gesetze und Regulierungen« Auskunft. Bei Patent- und Lizenzfragen stehen Datenbanken sowohl der kanadischen Patente wie von 35 000 lizensierungsfähigen Technologieprodukten aus 40 Ländern bereit. Man kann sich sowohl über Förderprogramme für seine Forschungs- und Entwicklungsvorhaben informieren als auch nach strategischen Partnerschaften Ausschau halten, und potentielle Exporteure erhalten nützliche Ratschläge, an welchen Orten Bedarf für Produkte und Dienstleistungen besteht bzw. die Erfolgschancen am größten sind. Auf diese Weise erhalten auch die kanadischen Kleinunternehmer eine Chance, sich am globalen Wettbewerb zu beteiligen.

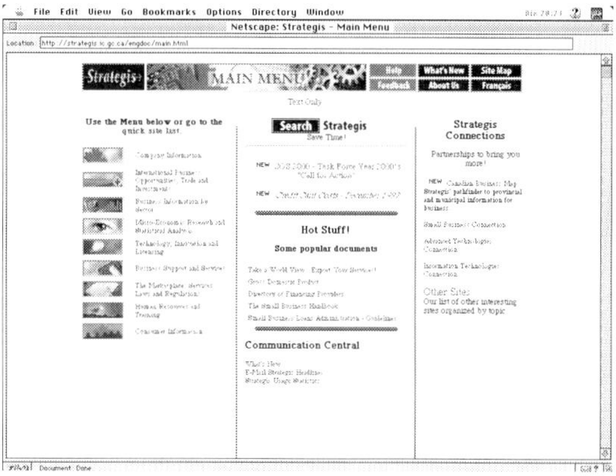

www.strategis.ic.gc.ca

Das Überraschendste ist aber die Art und Weise, wie hier Bildung und Industrie zusammengeführt werden und der Staat sich als strategischer Arbeitsvermittler zwischen Schulen, Universität und Industrie betätigt. Studenten, die einen qualifizierten Job suchen, können dies noch während des Studiums tun, indem sie in einen Online-Fragebogen ihre Qualifikationen und Berufswünsche eintragen, während Unternehmen auf der anderen Seite die Möglichkeit haben, bei der Suche nach geeigneten Universitätsbewerbern mit spezifizierten Anforderungsprofilen zu arbeiten. Die Studenten erhalten zudem die staatlich geförderte Möglichkeit, während des Studiums praktische Erfahrungen mit den neuen Medien zu sammeln, indem sie kleinen und mittleren Unternehmen helfen, sich ans Netz anzuschließen und sich mit den wichtigsten Online-Informationen vertraut zu machen.

Malaysia und Singapur Governments Online – www.jaring.my und www.gov.sg sowie www.tampines.org.sg

Zu den »early adopters«, wie Kubicek sie in seinem Beitrag nennt, gehören die asiatischen Staaten Malaysia und Singapur. Beide Regierungen verfolgen ehrgeizige Modernisierungspläne: Der Inselstaat Malaysia hat sich mit dem Programm »Vision 2020« das Ziel gesetzt, spätestens bis zu diesem Zeitpunkt westlichen Lebensstandard zu erreichen; der Stadtstaat Singapur hat sich die informationstechnologische Offensive »IT 2000« verordnet, um bis dahin zur »intelligenten Insel« zu werden. Beide Regierungen sehen Informationstechnologie und Internet als effizientes Instrumentarium, um das Bildungsniveau der Bevölkerung anzuheben, den Handel zu globalisieren und dem Land insgesamt zu größeren Chancen im globalen Wettbewerb zu verhelfen, und haben deshalb große Mittel in die technische und inhaltliche Infrastruktur gepumpt. Das hat dazu geführt, daß binnen zwei Jahren komplexe landesweite Netzwerke entstanden sind. Die Einparteien-Regierungen beider Länder vollziehen dabei einen Balance-Akt zwischen Reglementierung und Bürgernetz. Einerseits versucht der Staat, die Kontrolle über die Inhalte zu behalten, indem er die Einwahlknoten limitiert und Filterprogramme für ausländische Angebote einbaut. Andererseits fördert er Maßnahmen, die helfen sollen, das Netz für alle Bürger nutzbar zu machen, und bietet eine Fülle von bürgernahen Diensten an. Es wird interessant sein zu beobachten, ob sich diese Balance auf Dauer halten läßt.

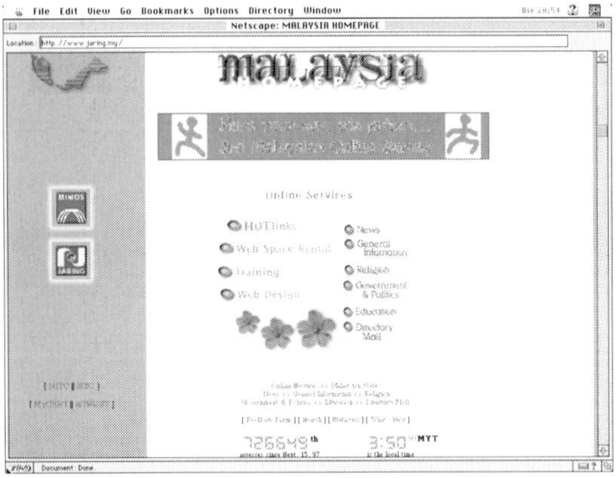

www.jaring.my

Auf der Homepage Malaysias stellt – neben Wirtschaft, Politik und Religion – die Bildung einen der Schwerpunkte dar. Beinahe alle Schulen Malaysias sind am Netz, die meisten haben sogar ihre eigene Homepage. Den Lehrern werden, um diese für den Unterricht mit den neuen Medien zu schulen, virtuelle Trainingsprogramme angeboten. Derjenige Teil der Bevölkerung, der über keinen eigenen Internetzugang verfügt, hat die Möglichkeit des kostenfreien Zugangs in den öffentlichen Bibliotheken.

Neben einem umfangreichen Sport-, Kultur-, Unterhaltungs- und Medienangebot, das jeder westlichen Großstadt zur Ehre gereichen würde, fällt im malaysischen Netz besonders die Fülle von Informationen und Dienstleistungen im Gesundheitsbereich auf. Zu den Links zu öffentlichen Institutionen und den Homepages der Krankenhäuser (die meist detaillierte Informationen über Abteilungen, Dienstleistungen, Sprechstunden usw. enthalten und auch per E-Mail erreicht werden können) bietet das Gesundheitsnetz eine Reihe weiterer Informationen und Dienste. So kann der Bürger etwa in einer Datenbank den passenden Arzt und Spezialisten in seiner näheren Umgebung ausfindig machen, eine Vergiftungs- und AIDS-Beratung in Anspruch nehmen, sich über Diabetes, Krebs- und Viruserkrankungen informieren oder sich auf den Beratungsseiten für Drogenprobleme, Kindesmißbrauch und Depression mit Erste-Hilfe-Ratschlägen und Spezialadressen versorgen lassen.

Für den Europäer, der weiß, wie schwer sich die heimische Industrie mit der Adaption des Netzes tut, ist es interessant zu sehen, wie offensiv ein Schwellenland wie Malaysia die spezifischen Chancen des Internet für die Entwicklung seiner Wirtschaft nutzt. Viele der kleinen und mittleren Unternehmen sind im Wirtschaftsnetz der Regierung mit einer eigenen Homepage vertreten, die interessierten Käufern detaillierte Produktinformationen und -abbildungen liefert. Vor allem diese Unternehmen sind es, die vom malaysischen Netz profitieren, ohne welches sie kaum die Möglichkeit hätten, sich an das internationale Wirtschaftsnetz anzuschließen.

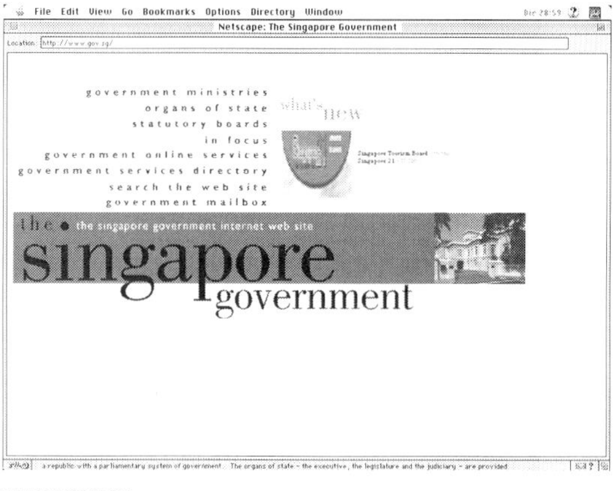

www.gov.sg

Im Unterschied zum malaysischen Netz weist das Regierungsnetz des benachbarten Singapur ein hohes Maß an Interaktivität auf. Zwar ist auch hier die Einbindung der einheimischen Wirtschaft in den Welthandel oberstes Ziel, doch hat die Regierung dieses kleinen Stadtstaates (600 km²) darüber hinaus begriffen, daß ein Land, das über keine natürlichen Ressourcen außer seinen Menschen verfügt, pfleglich mit diesem Gut umgehen muß. Es wurde eine eigene Institution für die Verbesserung des öffentlichen Dienstes gegründet (»Public Service for the 21st Century«), die sich darum bemüht, die staatlichen Dienstleistungen bürgerfreundlicher und effizienter zu gestalten und das Personal im Umgang mit den Bürgern zu schulen. Diese Bemühungen schlagen sich auch in vielen Netzangeboten nieder. Bereits auf der Homepage werden dem Bürger die Dienste eines »intelligenten Agenten« angeboten, der ihm die Suche nach den für ihn wichtigen Informationen erleichtern soll. Für manche Dienste ist das persönliche Erscheinen auf den Ämtern nicht mehr erforderlich. Beispielsweise kann man ein Reisevisum online beantragen, und der geeignete Kindergartenplatz läßt sich auf dem Straßenplan des entsprechenden Stadtviertels im Internet aussuchen, und das Kind kann dann auch elektronisch dort angemeldet werden.

Unter den vielen bürgerfreundlichen Diensten fallen insbesondere die Angebote des Wohnungsbauministeriums und des Familien- und Gemeinschaftsministeriums auf. Bei ersterem erhält der Bürger etwa Auskunft über alle öffentlichen Wohnungsbauprojekte, die geplant oder im Bau sind, und wo welche Wohnungen bezogen werden können. Auf der Website des Familien- und Gemeinschaftsministeriums erfährt man vieles über Wohlfahrtsleistungen für Familien, Kinder, Alte oder Behinderte und kann sich über die Modalitäten von Eheschließungen zwischen Partnern verschiedener Religionen informieren.

Der neue Stadtteil Tampines, der im Osten Singapurs auf einer Brache entstanden ist, hat sich von Anfang an sein eigenes Netz im Netz geschaffen. »Tampines Webtown« ist mit seinem umfangreichen Angebot an Gemeinschaftseinrichtungen und -diensten praktisch ein Spiegelbild der real existierenden Stadt. Es gibt eine Shopping-Mall, ein Schwarzes Brett für die Kleinanzeigen, eine Bibliothek, ein Bildungszentrum, einen Kinderspielplatz und Orte für die Unterhaltung. Die Jugend kann sich mit Hilfe von Online-Anzeigen Freunde im Stadtviertel suchen, wer Partnerschaftsprobleme hat, holt sich Rat beim Psychologen, und im Community Clubhaus erfährt man, was an Aus- und Weiterbildungskursen für Erwachsene, Kinder oder Senioren angeboten wird. Um das Netz für möglichst viele Bürger von Tampines verfügbar zu machen, werden kostenfreie Einführungskurse und Zugangsmöglichkeiten in der Bibliothek angeboten.

Benton Foundation – www.benton.org

> »Multimedia, Mikrochips und Megabits werden die Art, wie wir leben, lernen, arbeiten und uns unterhalten, von Grund auf verändern. Obwohl die Presse ausführlich berichtet, fehlt eine öffentliche Diskussion darüber, wie wir die neuen Werkzeuge im Dienste des Interesses der Allgemeinheit nutzen können.«
>
> Benton Foundation

»Kommunikation im Interesse der Allgemeinheit« (»Communications in the Public Interest«) überschreibt die Benton Foundation, eine gemeinnützige, parteiunabhängige Einrichtung mit Sitz in Washington, ihr Programm. Sie wurde 1981 von dem privaten Medienunternehmer und Verleger der *Encyclopedia Britannica*, Charles Benton, mit dem Ziel gegründet, den Interessen der Öffentlichkeit in der entstehenden neuen Medienlandschaft Gehör zu verschaffen. Die Foundation beschreibt sich selbst als eine Art Versuchslaboratorium, das als Schnittstelle zwischen den Anbietern und Anwendern von Kommunikationstechnologie einerseits und der Regierung andererseits fungiert und die Interessen beider in Rahmenbedingungen festhält.

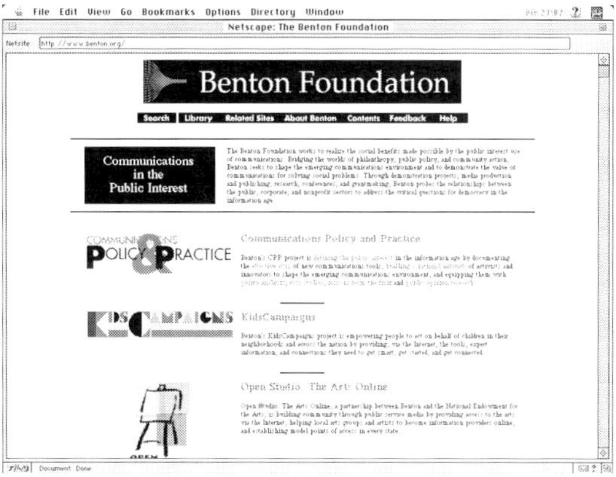

www.benton.org

Im Rahmen dieses Versuchslaboratoriums sind in den vergangenen Jahren so interessante politische Projekte entstanden wie ein jährliches Film- und Video-Festival, das Produktionen von Non-Profit-Organisationen vorstellt; ein Medienworkshop, in dem die Vertreter solcher Organisationen lernen, wie sie ihre Anliegen öffentlich vermitteln können; oder ein »Gipfelgespräch«, das führende Vertreter aus Regierungs- und Bürgerorganisationen zum Diskurs über die Ausgestaltung des Communication Highway zusammenführt.

Hauptanliegen aller Benton-Projekte ist es, neue Kommunikationsstrukturen zur Vernetzung von Non-Profit-Organisationen zu erproben. Innovative Beispiele sind hier etwa das »KidsCampaigns«-Projekt, das mehr als 350 amerikanische Kinder-Organisationen verbindet, und das »Teleconferencing«-Projekt, das virtuelle Gesprächsrunden zu aktuellen Themen initiiert und beim Thema »Gewalt gegen Kinder« die erstaunliche Zahl von

30 000 teilnehmenden Studenten aus dem sozialwissenschaftlichen Bereich registrieren konnte.

Die meisten Programm-Schwerpunkte sind unter dem Titel »CommunicationsPolicy« auf der Benton-Homepage zusammengefaßt. Hier findet man auch eine umfangreiche virtuelle Bibliothek zu Bürger- und anderen Non-Profit-Netzen. Einen breiten Raum nehmen hier die Debatte um das amerikanische Telekommunikationsgesetz und die Frage der informationellen Grundversorgung ein. Das »CommunicationsPolicy«-Programm hat den Anspruch, einen konstruktiven Beitrag zu einer »Informationsgesellschaft der Bürger« zu leisten. Entsprechend beschäftigt man sich intensiv mit den praktischen Fragen, wie neue Medien für mehr Effektivität der öffentlichen Dienstleistungen zu nutzen oder für die Verstärkung des öffentlichen Dialogs und der Bürgerbeteiligung einzusetzen sind. Bei der Diskussion konkreter Projekte – z. B. die kulturellen Einrichtungen mit öffentlichen Internetzugängen auszustatten, um auch Künstlern und anderen im Kulturbereich Tätigen die Gelegenheit zum Umgang mit den neuen Medien zu geben (Projekt »Open Studio«) – spielen Erfahrungsberichte aus den verschiedenen Bereichen eine wesentliche Rolle (»Lessons Learned«). Auch an die direkte Bürgerbeteiligung ist gedacht. In der Rubrik »Destination Democracy« findet sich ein detaillierter Fragebogen zum Thema »Neue Wege der Wahlkampffinanzierung«.

Die Benton Foundation hat sich in den 16 Jahren ihres Bestehens den Ruf erworben, auf den Gebieten, die sie vertritt, ein kompetenter Gesprächs- und Beratungspartner zu sein, dem entsprechend auch ein politisches Mitspracherecht zukommt. Gegenwärtige Partner von Benton sind die staatliche Nationale Stiftung für Kunst (NEA), der Nationale Anzeigenrat (Advertising Council) und die Nationale Telekommunikations- und Informationsbehörde, mit der zusammen eine Konferenz für innovative Gemeinschaftsnetzwerke veranstaltet wird. Die Foundation führt außerdem die Arbeit des früheren Beratungsgremiums der Nationalen Informationsinfrastruktur (NII) fort. Finanziell wird Bentons Arbeit von einer Reihe von Stiftungen sowie von privaten Unternehmen der Kommunikationsindustrie unterstützt.

FIfF (Deutschland) und CPSR (USA) – www.fiff.de und www.cpsr.org/dox/home.html

Sie gehören in ihren Ländern zu den einflußreichsten unabhängigen Non-Profit-Organisationen, sie tragen so programmatische Namen wie »Forum InformatikerInnen für Frieden und gesellschaftliche Verantwortung« (FIfF) in Deutschland oder »Computer Professionals for Social Responsibility« (CPSR) in den USA – und sie vereinen eine hohe Sach- und Fachkompetenz in ihren Reihen, die sich überall dort einmischt, wo für zukünftige Entwicklungen der Informationsgesellschaft bedeutsame Entscheidungen fallen. »Wir wollen, daß Informatik im Dienst einer lebenswerten Welt steht«, lautet ein Leitgedanke des FIfF. »Der Gemeinschaft dienen – Eine Vision für die nationale Informationsinfrastruktur, die das Interesse der Öffentlichkeit widerspiegelt« überschrieb CPSR programmatisch ein Papier, das sich kritisch mit der Regierungsinitiative NII (National Information Infrastructure) auseinandersetzte.

www.flff.de

Was die Experten, die sich in diesen beiden Vereinen zusammengeschlossen haben, antreibt, ist die Sorge, die Informationsgesellschaft könne sich zum Nutzen weniger und zum Nachteil vieler entwickeln. Um Einfluß zu nehmen und politischen Druck ausüben zu können, muß man sich mit möglichst vielen gleichgesinnten Experten zusammenschließen. Das tun die beiden Vereine.

Am Anfang des deutschen Expertennetzwerks FIfF stand das Engagement von ca. 200 Informatikerinnen und Informatikern sowie Fachleuten aus der Datenverarbeitung, die sich über die Verflechtung von Informatik und Militär sorgten und im Jahre 1984 einen Interessensverband gründeten. Heute hat der Verband über 1000 Mitglieder – und behält zwar weiter die Rüstungsindustrie im Auge, doch hat sich der Schwerpunkt des Interesses stärker auf die gesellschaftlichen Auswirkungen der Informationstechnologien verlagert. Man beschäftigt sich kritisch mit Themen wie neue Arbeitsformen, Computer und Demokratie, Computersicherheit, Datenschutz, Kryptographie, Urheberrecht, Chipkarten, rechtliche Regelungen.

Einmal im Jahr veranstaltet das FIfF eine Tagung mit Workshops zu bestimmten Schwerpunktthemen. Der Verband veröffentlicht Bücher und die Vierteljahres-Computerzeitschrift FIfF-Kommunikation. Die Mitglieder werden über aktuelle Veranstaltungen, Themen und Entscheidungen über eine Mailing-Liste und die ständig aktualisierte Homepage informiert.

Das FifF kooperiert auf nationaler und internationaler Ebene mit gleichgesinnten Initiativen.

Starker Partner und Vorbild ist das amerikanische Netzwerk CPSR. Zwei der führenden Mitglieder von CPSR, die Computerwissenschaftler Joseph Weizenbaum und Alan Borning, halfen aktiv bei der Gründung des FIfF mit. Auch beim CPSR gaben Computerexperten den Anstoß zur Gründung. Die Gründungsidee entstand im Jahre 1981 im Forschungsinstitut Xerox PARC in Palo Alto, Kalifornien, wo eine Gruppe von Wissenschaftlern aus Sorge vor den Auswirkungen eines Atomkrieges ein internes elektronisches Mail-System zum Diskussionsforum umfunktionierte. 1983 gründete sich daraus die Non-Profit-Organisation CPSR.

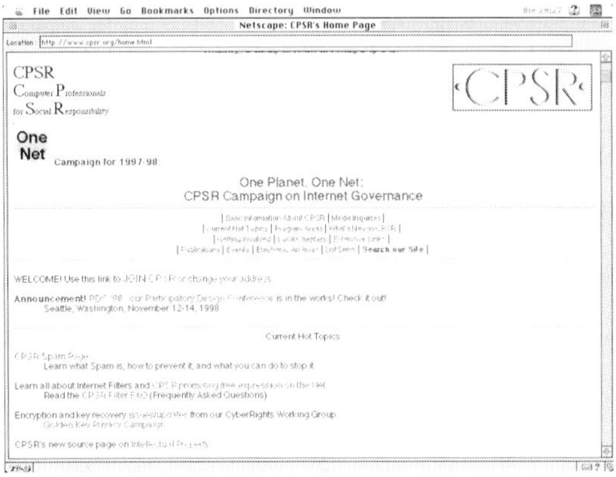

www.cpsr.org

Die thematischen Schwerpunkte haben sich, ähnlich wie bei FIfF, mittlerweile auf allgemeine gesellschaftliche Fragen in Verbindung mit der Informationstechnologie verlagert. Neben der erwähnten Auseinandersetzung mit der Initiative der amerikanischen Regierung (NII, National Information Infrastructure) sind es vor allem Themen wie Datenschutz, Verschlüsselung, freie Meinungsäußerung, Computer am Arbeitsplatz, Technikpolitik, Entmilitarisierung der Technologieentwicklung, für die sich die Mitglieder der Organisation engagieren. Seit Oktober 1997 läuft eine neue Kampagne unter dem Titel »One Planet, One Net«, mit der CPSR den Versuch unternimmt, die wichtigsten Prinzipien für die Internet-Ära auszuformulieren und zur Diskussion zu stellen. Um Einfluß auf technologiepolitische Entscheidungen zu nehmen, arbeiten die Mitglieder von CPSR in diversen politischen Gremien mit oder fungieren auch als Einzelberater von Entscheidern. Zentrale Figur im Vorstandsgremium ist die bekannte Internet-Aktivistin Marsha Woodbury, die das informationstechnologische Institut an der Universität von Illinois leitet.

Weitere Inseln im Datenstrom

von Christoph Bieber

Wer mit der quantitativen Reichhaltigkeit maschineller Suchstrategien konkurrieren möchte, steht von Beginn an auf verlorenem Posten. Diese Erfahrung spiegeln die zahlreichen Offline-Katalogisierungsversuche wider, die die Inhalte des Netzes zwischen Buchdeckel zwängen wollen, als »Yellow Pages«, Web-Verzeichnis oder »Best of the Web«. Ihre Begrenztheit wird spätestens ein Vierteljahr nach Erscheinen deutlich, wenn ein Großteil der angebotenen Links abgelaufen oder umgezogen ist. Was aber ist dann überhaupt der Sinn einer offline präsentierten Internet-Recherche?

Trotz hektischer Aktivität auf dem Gebiet der Künstlichen Intelligenz geben die Online-Suchanfragen noch immer Grund zur Verzweiflung – oder zum Schmunzeln. Ist die quantitative Suchleistung schlichtweg phänomenal (bis zu 50 Millionen Dokumente werden momentan während halbwegs erträglicher Wartezeiten untersucht), so läßt die Qualität der Suchresultate nicht selten zu wünschen übrig. Es mangelt den Search Engines – wie von verschiedenen Autoren dieses Buches bereits überzeugend dargelegt – noch immer an der Fähigkeit, den Kontext einer Suche zu erfassen, den nicht via Tastatur geäußerten Sinnzusammenhang, für den Informationen benötigt werden. Suchmaschinen und Web-Verzeichnisse leisten vorzügliche Dienste, wenn es um eine allgemeine Orientierung im Netz geht – soll die Suchanfrage aber als zielgerichteter Prozeß Licht ins Datendunkel bringen, stoßen die Yahoos, Hotbots, Altavistas oder Fireballs der Netzwelt an ihre Grenzen. »Menschliche Suchmaschinen« sind glücklicherweise mit einer gewissen Kontextsensitivität ausgestattet, was ein Ausschließen redundanter, abseitiger oder lückenhafter Angebote ermöglicht. Die Beispiele sind daher eine subjektive Auswahl notwendiger, nützlicher, interessanter und zuweilen im Wortsinne merk-würdiger Web-Sites. Dabei wurde der Geschichte, Struktur und Zielvorgabe solcher Projekte besondere Aufmerksamkeit zuteil, die als »early adopters« (Kubicek) gewissermaßen schon als Klassiker der vernetzten politischen Kommunikation gelten dürfen.

Größter Feind solcher Offline-Verweislisten ist natürlich die Kurzlebigkeit des computervermittelten Informations-, Kommunikations- und Unterhaltungsraumes. Ein großer Teil der ausgewählten Angebote hat sich inzwischen zu

Informationsinseln im Datenstrom entwickelt, weshalb zumindest mit einer gewissen Dauerhaftigkeit zu rechnen ist. Führen dennoch Verweise ins Leere, so sollte die Suche nach den verantwortlichen Anbietern weiterhelfen.
Die Kategorisierung der Links erfolgte gemäß einer tentativen Ordnung, die Angebote traditioneller politischer Akteure erfaßt, deren nicht-institutionalisierte Korrektive berücksichtigt und schließlich originären Orten von Politik im Netz gegenüberstellt. Erweitert wird die Auflistung durch die Vorstellung von Bürgernetzen und digitalen Städten, die ein lokal verwurzeltes Rückgrat der Netzwelt darstellen können. Politikbezogene Spezialmedien und aus dem Netzgeschehen hervorgegangene Online-Magazine dokumentierten die »Media Coverage« der Thematik. Großes Interesse kommt auch dem Bereich der wissenschaftlichen Auseinandersetzung zu, wobei hier gerade der deutschsprachige Raum noch in den akademischen Kinderschuhen zu stecken scheint. Abgerundet wird die Liste durch Verweise auf den netzinternen Selbstorganisationsprozeß, statistische und demografische Eckdaten sowie weitere Datenquellen, Bibliotheken und Archive.
Den Geboten des neuen Mediums folgend, existiert schließlich auch eine Online-Version des Link-Dossiers »Internet & Politik«, die Kommentare und Verweise für die Vernetzten zugänglich macht. Unter den Adressen VInCI (www.uni-giessen.de/fb03/vinci) oder Bollmann (www.bollmann.de) sind die Recherche-Resultate einsehbar und sollten nicht links liegen gelassen werden.

Politische Akteure

Die digitalen Dependancen politischer Akteure aus der ganzen Welt gehören längst zum festen Bestandteil der Netzwelt. Die Zahl dieser Angebote wächst ständig an, dabei differenzieren sich die Angebote besonders in vertikaler Richtung aus und reichen bis in kommunale Organisationsebenen hinein. Stichprobenhaft werden einige Akteure der Bundesebene sowie die im Bundestag vertretenen Parteien genannt. Außerdem werden einige Gremien und Einrichtungen vorgestellt, die den Weg in die Informationsgesellschaft offiziell mitbestimmen sollen.

Bundespräsident – www.bundespraesident.de
Der Begriff der »virtuellen Visitenkarte« wurde hier wörtlich genommen. Auf der Homepage des deutschen Staatsoberhauptes macht sich Bildmaterial breit, das weitere Informationsangebot fällt mit Reden und Terminankündigungen recht dürftig aus.

Bundesregierung – www.bundesregierung.de
Eine unübersichtliche Online-Broschüre mit Pressemitteilungen, Informationsmaterial und Links zu allen Bundesministerien.

Bundestag – www.bundestag.de
Die Abteilung »Elektronische Hausinformationssyteme« präsentiert das Parlament der Bundesrepublik Deutschland auch im Internet und müht sich um ein Vollprogramm mit Arbeitsberichten, aktuellen Meldungen, Online-Veranstaltungen (Politiker-Chats, Diskussionsforen), Abgeordnetendatenbank und Verweisen zu den Bundestagsfraktionen. Ein interessantes Feature ist »Das Informationssystem für Parlamentarische Vorgänge« (DIP), wenngleich die Bedienung dieser Protokoll- und Gesetzdatenbank recht kompliziert ausgefallen ist.

Enquete-Kommission »Zukunft der Medien« – http://www.bundestag.de/gremien/14344x.htm
Die Anfang 1996 gebildete Enquete-Kommission des Deutschen Bundestages untersucht ökonomische, soziale und kulturelle Auswirkungen der Informatisierung. Auf der Web-Site sind Protokolle mehrerer Hearings archiviert, Themen sind u. a Urheberrecht, Datensicherheit oder Jugendschutz.

Initiative Informationsgesellschaft Deutschland (IID) – www.iid.de
Auf der Homepage der IID werden einschlägige Arbeiten, Projekte und Förderprogramme unter Federführung des Bundesministeriums für Bildung, Wissenschaft, Forschung und Technologie vorgestellt. Neben Informationen zur Arbeit des Rates für Forschung, Technologie und Innovation werden auch Materialien zum »Jahr 2000-Problem« angeboten.

Information Society Project Office (ISPO) – www.cec.ispo.de
Die ISPO versteht sich als Markt- und Umschlagplatz für Ideen und Projekte zur Informationsgesellschaft. Im Vordergrund stehen eine einfache, praxisnahe Nutzbarkeit des Angebotes, die Vermittlung internationaler Kontakte zwischen Organisationen, Körperschaften und Personen, zudem sollen die Aktivitäten ein breiteres öffentliches Interesse stimulieren.

CDU – www.cdu.de
Die professionelle Präsentation der CDU erzielt die höchsten Zugriffszahlen unter den Partei-Angeboten. Neben zahlreichen Eigeninformationen,

Download-Angeboten und Pressemitteilungen setzen tagesaktuelle Meldungen aus der Parteizentrale sowie lebendige Diskussionsforen den grafisch soliden Online-Auftritt leicht von den anderen Partei-Angeboten ab.

CSU – www.csu.de

Die CSU unterhält ein Angebot, das die Standard-Inhalte von Partei-Präsentationen umfaßt. Ein Gewinnspiel zum Thema »Bayern« suggeriert Interaktivität und will die Besucher an das Angebot binden, sprengt dafür aber so manchen technischen Rahmen.

SPD – www.spd.de

Frisch gestylt nach dem Relaunch im Herbst 1997 geht das Angebot der SPD ins Wahlkampfjahr. Technisch spätestens seit dem Parteitag auf dem neuesten Stand, ist nun unter dem Namen »Klartext« auch hier ein – allerdings kennwortgeschütztes – Diskussionsforum eingerichtet worden.

FDP/Die Liberalen – www.liberale.de

Das Angebot der Liberalen ist keine reine Parteizentrale sondern vereinigt Partei, Bundestagsfraktion, Junge Liberale und Friedrich-Naumann-Stiftung im blau-gelben Layout unter einem Dach. Als Herzstück des Angebotes gilt auch hier das Diskussionsforum.

Grüne / Bündnis 90 – www.gruene.de

Die Grünen bieten neben Grundsatz- und Programm-Informationen relativ ausführliche Materialsammlungen zu »grünaktuellen Themen« wie etwa der Klima-Konferenz von Kyoto oder gentechnisch veränderte Lebensmittel. Außerdem ist die Mitgliederzeitung *schrägstrich* online verfügbar.

PDS – www.pds-online.de

Etwas zu spät kümmerte sich die PDS um ihren Online-Auftritt und muß daher einen Namenszusatz als Ballast mitführen. Gelegentliche Aktionen wie Live-Chats sind dokumentiert, an einer Ausweitung des Angebotes wird gearbeitet.

Initiativen, Vereine, Non-Profit-Organisationen

Wichtiger Bestandteil in der sich formierenden Netz-Landschaft sind die Angebote von Initiativen, Vereinen und Non-Profit-Organisationen, die mit inhaltsstarken Web-Sites als informative Eckpfeiler und politische Korrektive wirken können.

Akademie zum 3. Jahrtausend – www.akademie3000.de/politics
Die Burda-Akademie liefert eine beispielhafte und grafisch ansprechende Online-Begleitung der realen Tagung vom Februar 1997. Zahlreiche Redebeiträge sind dokumentiert, außerdem bieten Links und Literatur weiterführende Materialien an. Zudem liegt dort die während der Konferenz erarbeitete »Münchner Erklärung« zur Einsicht und Diskussion aus.

Initiative Informationsgesellschaft – Medien – Demokratie (IMD) – staff-www.uni-marburg.de/~rillingr/imd/imd.html
Die IMD legte schon im Januar 1996 mit einer großen Konferenz den Grundstein für ihre Arbeit, deren Schwerpunkt auf der demokratischen Gestaltung der Informationsgesellschaft liegt. Die Mitglieder der IMD stammen u.a. aus Wissenschaft, Politik und Verbänden. Wichtiger Bestandteil der Initiative ist die Mailing-Liste IMD-L, die mehrere hundert TeilnehmerInnen verzeichnet.

Schulen ans Netz – www.san-ev.de
Die bundesweite Initiative zielt auf die Öffnung von Schulen durch Kooperation und Kommunikation mit anderen Bildungseinrichtungen, die Förderung auch außerschulischen Lernens unter den Bedingungen der Informationsgesellschaft und befaßt sich mit neuen, multimedialen Lehr- und Lernformen. Neben der Verbesserung der technischen Infrastruktur steht auch die Entwicklung geeigneter Qualifizierungsmaßnahmen für die Lehrerschaft im Mittelpunkt.

Center for Democracy and Technology – www.cdt.org
Das CDT residiert in Washington und kümmert sich um die Entwicklung und Erhaltung von Bürgerrechten und demokratischen Werten in Verbindung mit neuen Informations- und Kommunikationstechnologien. Die Web-Site stellt im Online-Archiv umfassendes Informationsmaterial bereit.

Electronic Frontier Foundation – www.eff.org
Diese »digitale Bürgerrechtsorganisation« stellt das Recht auf freie Meinungsäußerung in das Zentrum ihres Interesses. Angeboten werden ein Dokument- und Datei-Archiv, außerdem gibt es umfangreiche Verweis-Listen.

HateWatch – http://hatewatch.org/
HateWatch sammelt und kommentiert die große Zahl der sogenannten »Hate-Sites«, die diskriminierende Inhalte im Netz verbreiten. Das Spektrum umfaßt rassistische Gruppierungen, Verschwörungstheorien und rechtsradikale Angebote.

Politische Projekte

Das Schlagwort der elektronischen Demokratie hat inzwischen große Popularität erreicht, entsprechende illustrative Online-Angebote zu finden, fällt hingegen nicht selten schwer. In den USA unternehmen einige Projekte den Versuch, politische Online-Aktivitäten direkt in den politischen Prozeß einzugliedern.

Vote Smart – www.vote-smart.org
Die USA-weite Datenbank bietet Online-Informationen zu über 13 000 Politikern; gesammelt werden Präsidentschafts-, Kongreß-, Governeurswahlen sowie Wahlen in den Einzelstaaten. Das Spektrum reicht von Biografien, Wahlkampfthemen und Kampagnen-Finanzierungen bis zu den Wahlerfolgen und -mißerfolgen.

CitizenPower – www.auburn.edu/tann/cp
Ein textstarkes Online-Magazin mit akademischem Einschlag und Schwerpunkt auf Teledemokratie und direkter Demokratie. Die Beiträge geben einen Überblick zu Aktivititäten im Netz und stammen nicht nur aus den USA. Die Texte werden ergänzt von E-Mail-Korrespondenzen, Buchbesprechungen sowie einem »Multimedia-Store«.

Highway 1 – www.highway1.org
Diese stark von der Computerindustrie geförderte Organisation führt Mitgliedern von US-Senat und -Repräsentantenhaus die Möglichkeiten neuer Medien konkret vor Augen. In den vorzüglich ausgestatteten Washingto-

ner Schulungsräumen werden Online-Konferenzen veranstaltet, Politiker-Chats betreut oder PR-Arbeiter in Internet-Arbeitstechniken eingeführt. Das WWW-Angebot hält neben einer »virtual Tour« durch die Räumlichkeiten eine umfangreiche Zusammenstellung aktueller Wahlen bereit.

California Voter Foundation – www.webcom.com/cvf
Die CVF bietet Online-Informationen zu Wahlen und Volksabstimmungen verschiedenster politischer Ebenen im Bundesstaat Kalifornien an. Zu finden sind neben Verweisen zu den entsprechenden WWW-Seiten auch Anmelde-, Hintergrund- und Finanzierungsinformationen zu einzelnen Kampagnen und Plebisziten.

Studentenprotest – www.studentenproteste.org und www.streik.de
Im Herbst 1997 formierte sich im Zuge der Studentenproteste eine schlagkräftige Kommunikationsinfrastruktur im Netz. Die zahlreichen WWW-Seiten stellten Material zur fälligen Hochschulreform bereit, dienten der Planung und zuweilen auch der Durchführung von Protestaktionen und liefern noch immer umfassende Streik-Chroniken. Im Netz ermöglichen inzwischen übergreifende Angebote den Einstieg in die Online-Protestwelt.

Krypto.de – www.krypto.de
Ein weiteres Beispiel für eine Online-Kampagne. Ziel der Netzbasis krypto.de ist die umfassende Information über die Entwicklung der Telekommunikationsgesetzgebung und die Erleichterung des Einstiegs in die technisch anspruchsvolle Problematik. Schwerpunkte sind Datenschutz, Kryptografie, deren technische Grundlagen und politische Regulierungsanstrengungen.

Verein zur Förderung politischen Handelns – www.ipd.ira.uka.de/vfh/welcome.html
Dieses an jüngere Nutzergruppen gerichtete Angebot zielt auf die Förderung der politischen Bildung junger Erwachsener und der politischen Kultur in Deutschland. Die Web-Site dient der Vorstellung und Vorbereitung des Seminar- und Bildungsangebotes und stellt eine detaillierte und aktuelle Auflistung politischer Ressourcen im Internet zur Verfügung.

Politik Forum Deutschland – www.Politik-Forum.de
Das – parteiunabhängige – Politik Forum bietet einige Diskussionsforen

und Online-Umfragen an, die von kleineren Materialsammlungen ergänzt werden. Das Angebot ist ein Beispiel für ein typisches Online-Projekt »von unten«, das der Förderung des politischen Meinungsaustauschs dienen soll und mit den »großen« Angeboten der etablierten Parteien konkurriert.

Digitale Städte – Community Networks

Auf lokaler Ebene können digitale Städte und Community Networks ein starkes Rückgrat der Netzgesellschaft bilden. Während das Modell der »Bürgernetze« sehr stark auf dezentrale und kommunikative Elemente setzt, stellen kommerzielle Stadtinformationsangebote das andere Ende des Spektrums dar. Unter dem Begriff der »virtuellen Rathäuser« werden jene Projekte zusammengefaßt, die »amtliche« Kommunikation zwischen Verwaltung und Bürgern mit Hilfe von Online-Angeboten zu verbessern suchen. In Deutschland befinden sie sich noch in der Experimentierphase.

Stadtnetz für Münster (publikom) – www.muenster.de

Besonders interessant ist hier die politische Konstruktion des Angebotes, das frühzeitig über den Stadtrat als kommunales Informationsangebot installiert wurde. Auch hier standen Elemente der Community Networks Pate.

Bayern Online – www.bayern.de

Das landesweit angelegte Projekt ist in seiner Größenordnung einzigartig in Deutschland. In allen bayerischen Landkreisen sollen Bürgernetzvereine einen flächendeckenden Anschluß ans Internet ermöglichen. Offenbar verträgt sich die dezentrale Vernetzungsstruktur mit der bundesweit einzigen Online-Polizeistreife »Steffen« [www.polizei.bayern.de].

The Center for Civic Networking (CCN) – www.civicnet.org/

Das CCN führt wissenschaftliche Untersuchungen, Bildungsprogramme, Beratungen und Einzelprojekte durch, die sich mit der Entwicklung einer Informations-Infrastruktur auf lokaler Ebene befassen. Dabei stehen soziale und ökonomische Problemfelder im Vordergrund.

The WELL – www.well.com/

Der »Whole Earth 'lectronic Link« ist die typische Online-Gemeinschaft kalifornischer Prägung. Das regionale Netzwerk wurde besonders durch die Arbeiten von Howard Rheingold bekannt, inzwischen präsentiert es sich auch mit einer WWW-Oberfläche. Die Seiten der WWW-Mitglieder sind häufig Fundgruben für die unterschiedlichsten Interessenfelder – nicht selten mit hippieskem Hintergrund.

Cyber District Association – www.cyberdistrict.org
Die Vereinigung mehrerer junger Firmen aus dem Multimedia-Sektor weist auf eine neue und bisher typisch amerikanische Form der digitalen Urbanisierung hin. In unmittelbarer Nähe zueinander reurbanisieren die »New Media-Start-Ups« ein reales Stadtviertel in Boston.

Spezialmedien

Spezielle politische Medienangebote sind im deutschen Teil des Netzes eine Rarität. Dagegen hat besonders der Präsidentschaftswahlkampf des Jahres 1996 seine Spuren in der amerikanischen Netzlandschaft hinterlassen. Ob die Bundestagswahl 1998 ähnliche Folgen haben wird, muß sich zeigen.

Woche im Bundestag – www.bundestag.de/wib/wib.htm
Die Online-Ausgabe der »wib« enthält Berichte über im Parlament eingebrachte Vorlagen, Berichte über Beratungen in Ausschüssen und Plenumsentscheidungen. Aktuelle Tagesmeldungen werden im Unterpunkt »heute im bundestag« angeboten.

Bundeszentrale für politische Bildung – www.bpb.de
Die Bundeszentrale für politische Bildung erlaubt online nur teilweise Einblick in die unterschiedlichen Arbeitsgebiete. Ein Bestellservice für die Publikationen ist zwar eingerichtet, doch bislang noch recht umständlich zu nutzen.

Friedrich-Ebert-Stiftung: Politische Kommunikation – www-fes.gmd.de/kommunikation/index_gr.html
Die Friedrich-Ebert-Stiftung unterhält eine der umfangreichsten deutschen Verweis-Sammlungen zum Thema Politik und politische Kommunikation im Internet. Zunehmend werden Specials zu aktuellen Themen präsentiert und – dies ist besonders selten – einzelne Web-Angebote kommentiert.

AllPolitics – www.allpolitics.com
Die Gemeinschaftsproduktion von CNN und Time liefert eine tagesaktuelle Rundumberichterstattung aus der (vorwiegend amerikanischen) Welt der Politik. Mit umfangreichen Hintergrundinformationen und adäquaten Präsentationsformen (Online-Dossiers, Diskussionsforen, Chats, Live-Transkriptionen wichtiger Events etc.) setzt das Angebot bislang Maßstäbe hinsichtlich politikbezogener Internet-Berichterstattung.

Wired News – www.wired.com
Der Online-Nachrichtendienst aus dem Hause Wired liefert Neuigkeiten und Insider-Berichte aus der digitalen Welt zunächst als Info-Happen per E-Mail. Bei Interesse können im WWW die Meldungen aus Rubriken wie Wirtschaft, Politik, Technogie oder Kultur vollständig nachgelesen werden.

C-SPAN – www.c-span.org
Das amerikanische Parlamentsfernsehen glänzt vor allem mit Real-Audio-Übertragungen aus dem laufenden Programm. Von Montag bis Freitag können »Soundbites« zu aktuellen Ereignissen abgerufen werden.

democracy.net – www.democracy.net
Hauptziel von democracy.net ist die Verstärkung einer Bürgerbeteiligung im demokratischen Prozeß mit Hilfe des Internet. Dazu überträgt democracy.net Anhörungen vor dem Kongreß und Fragestunden mit ausgesuchten Politikern. Diese sogenannten »interactive cybercasts« werden archiviert, es können Transkripte, Video- und Audio-Files abgerufen werden.

Online-Magazine

Online-Publikationen mit regelmäßigen Erscheinungsterminen sind in Deutschland noch immer Mangelware, in den USA haben sie sich längst etablieren können und verzeichnen hohe Zugriffszahlen.

Telepolis – www.heise.de/tp/
Der Münchner Heise-Verlag ist die Heimat des ersten deutschsprachigen Online-Magazins, das zuerst im Internet und danach mit einer Print-Ausgabe (Bollmann Verlag) erschienen ist. Die Beiträge zu Netzkultur, -politik, -philosophie und zuweilen auch -technik sind kenntnisreich und ausführlich, werden in einer unaufdringlich-schlichten Umgebung prä-

sentiert und nutzen dennoch aktuelle Netz-Präsentationsformen. Themenausgaben markieren aktuelle Highlights und das Archiv ist auf eine respektable Größe angewachsen.

Netzwelt – www.spiegel.de
Eher nachrichtenorientiert ist das zweite deutsche Online-Magazin, das im Rahmengewirr des Spiegel-Angebots ein wenig untergeht. Die Themen sind etwas technischer und weniger theoretisch ausgelegt als bei Telepolis, eine umfangreiche Link-Liste und Surftips weisen auf eine stärkere Service-Orientierung hin.

HotWired – www.hotwired.com
HotWired unterhält die klassische Form des Online-Magazins mit längeren Artikeln, Reportagen und Nachrichten, außerdem werden zu vielen Themen Diskussionsforen angeboten.

FEED – www.feedmag.com
Das in New York produzierte elektronische Magazin bringt häufig ausführliche Texte zu brisanten Themen aus der Netzwelt, die gut recherchiert und mit kommentierten Links ergänzt sind.

Slate – www.slate.com
Die grafisch sehr elegante Online-Publikation aus dem Hause Microsoft will an die Tradition etablierter amerikanischer Magazine anknüpfen. Der etwas gesetztere Netz-Journalismus kokettiert mit der Ästhetik einer Print-Ausgabe und enthält Cover, Seitenangaben und eine Version zum Ausdrucken.

CTHEORY – www.ctheory.com
Deutlich theoretischer gibt sich das Online-Magazin CTHEORY, das – in den USA eine Seltenheit – auch europäische Autoren zu Wort kommen läßt. Hier geht es häufiger um medientheoretische und netzphilosophische Angelegenheiten, die grafische Aufmachung spielt anders als bei den kommerziellen Angeboten keine große Rolle.

Internet World – www.internetworld.com
Diese eher technikorientierte Publikation ist stark praxisbezogen und liefert z. B. Tests wichtiger Online-Angebote und -Einrichtungen wie Suchmaschinen, Online-Diensten oder Web-Verzeichnissen.

Wissenschaft

Der Bereich Wissenschaft stellt zunächst die wesentlichen Orte der bisherigen Forschung zum Thema »Internet und Politik« in Deutschland vor und nennt einige sozialwissenschaftliche Institute mit weiterführenden Daten- und Literatur- oder Verweissammlungen. Der zweite Teil beschreibt einige Angebote aus der amerikanischen Forschungslandschaft, die ähnliche Themen behandeln oder erst im Prozeß der wissenschaftlichen Auseinandersetzung entstanden sind.

Forschungsgruppe Telekommunikation
– http://tklab6.informatik.uni-bremen.de/
Hier stehen zur Zeit die Themenblöcke Bürger- und Stadtinformationsdienste, Informationelle Grundversorgung und die Vernetzung von Schulen im Zentrum der Forschung. Die Web-Site dokumentiert ausführlich zahlreiche Tagungen, Projekte und Publikationen aus diesem in Deutschland wohl etabliertesten Arbeitszusammenhang.

Wissenschaft + Politik (W+P)
– http://staff-www.uni-marburg.de/~rillingr/root1.html
Die einschlägige Adresse für akademische Informationssuchende zum Thema Internet und Politik findet sich im Angebot von W+P. Neben Verweis-Listen zu Größe, Zusammensetzung, Soziologie oder Ökonomie des Internet stellt die Spezial-Sammlung »Netze und Demokratie« einen reichhaltigen Fundus an wissenschaftlichen Texten, Web-Sites und Projekten bereit.

Virtuelles Institut für Cultur und Information (VInCI)
– www.uni-giessen.de/fb03/vinci
VInCI wurde entwickelt von der Gießener Forschungsgruppe SPoKK (Symbolische Politik, Kultur und Kommunikation), ist nicht unmittelbar an eine reale Forschungseinrichtung angegliedert und in einzelne Labore unterteilt. Einen Schwerpunkt der Arbeit stellt die Vernetzung wissenschaftlicher Ressourcen dar, dazu werden ausführliche Literatur- und kommentierte Link-Listen angeboten, außerdem finden sich themenorientierte Textsammlungen mit Arbeiten junger WissenschaftlerInnen. Das »NetzLabor« behandelt praxisnah Themen aus dem Bereich Internet und Politik, das »GenerationsLabor« untersucht die Felder Jugend und Bildung in der Informationsgesellschaft.

Projektgruppe Kulturraum Internet – duplox.wz-berlin.de
An das Wissenschaftszentrum Berlin angegliedert, setzt die interdisziplinäre Forschungsgruppe (Ethnologie, Soziologie, Politikwissenschaft) einen Schwerpunkt auf Kommunikation im Netz, politische Selbstorganisationsprozesse und die Ausbildung einer netzspezifischen Kultur. Die Untersuchungsfelder sind vor allem Newsgroups, das Internet Relay Chat, MUDs sowie technische Standardisierungsprozesse.

Max-Planck-Institut für Gesellschaftsforschung (MPIfG) – www.mpi-fg-koeln.mpg.de
Die Arbeiten am MPIfG richten sich auf eine empirisch fundierte Theorie der Steuerbarkeit gesellschaftlicher Entwicklung. Vor diesem Hintergrund wird u.a die Entwicklung von Computernetzen untersucht. Außerdem finden sich ausführliche Online-Informationsquellen für Sozialwissenschaftler.

Institut für Informatik und Gesellschaft (IIG) – http://www.iig.uni-freiburg.de/
Die Abteilung Telematik am Freiburger IIG beschäftigt sich mit der technischen Entwicklung, den wirtschaftlichen Potentialen und den gesellschaftlichen Wechselwirkungen der rechnergestützten Telekommunikation.

Arbeitsstelle Medien und Politik – http://www.sozialwiss.uni-hamburg.de/Ipw/a-stelle.htm
Die Forschungsschwerpunkte der Arbeitsstelle liegen auf dem Zusammenspiel von Medienökonomie und Medienpolitik in Europa und den USA. Gegenstand der Untersuchungen sind Konzepte interaktiven Fernsehens, der Information Superhighway sowie Wettbewerbs- und Regulierungsfragen.

Deutsche Vereinigung für Politische Wissenschaft (DVPW) – http://arthur.ifs.th-darmstadt.de/dvpw/
Die DVPW ist bisher nur mit einer »Visitenkarte« im Internet vertreten, es finden sich Verweise auf Aktivitäten, Publikationen und einzelne Arbeitsgruppen. Hervorzuheben ist die AG Computervermittelte Öffentliche Kommunikation, hier findet sich eine sehr ausführliche Verweis- und Literaturliste zu diesem Themenschwerpunkt.

Gesellschaft Sozialwissenschaftlicher Infrastruktureinrichtungen (GESIS) – http://www.social-science-gesis.de/
Die GESIS erbringt als Infrastruktureinrichtung überregional und international grundlegende sozialwissenschaftliche Dienstleistungen für Wissenschaft und Praxis. Über die GESIS-Seite sind erreichbar das Informationszentrum Sozialwissenschaften (IZ) in Bonn, das Zentralarchiv für empirische Sozialforschung (ZA) in Köln sowie das Zentrum für Umfragen Methoden und Analysen (ZUMA) in Mannheim.

Otto-Suhr-Institut FU Berlin – http://www.sowifo.fu-berlin.de/osi/
Das »OSI« unterhält einen umfangreichen Web-Service und bietet neben den üblichen Informationen zur eigenen Forschungsarbeit in der »Virtuellen Bibliothek« des Bibliotheks- und Informationssystems kommentierte Links für Politikwissenschaftler.

Institut für Politikwissenschaft, Universität Tübingen – www.uni-tuebingen.de/uni/spi/urlpool.htm
Die Liste der Uni Tübingen ist sehr umfangreich, weist eine detaillierte Gliederung auf und kommentiert in vielen Fällen die angebotenen Verweise. Nützlich ist die Sammlung »Politikwissenschaft im WWW« auch, weil Verweise auf andere Link-Listen und allgemeine Informationen zum Internet angeboten werden.

Literaturliste Internetbuecher – medweb.uni-muenster.de/zbm/liti
Diese inzwischen recht stattliche Literaturliste sammelt Besprechungen aktueller Literatur. Die archivierten Rezensionen umfassen ein breit gestreutes Spektrum, fallen jedoch häufig sehr knapp aus.

Kennedy School of Government: Online Political Information Network – www.ksg.harvard.edu/~ksgpress/opinhome.htm
Das Online Political Information Network stellt die mustergültige Ausgabe eines politikwissenschaftlichen »Surfbretts« dar. Das Angebot wurde im Rahmen einer Projektarbeit entwickelt und erhielt zahlreiche Auszeichnungen der Fachpresse.

Coordinating the Internet – ksgwww.harvard.edu/iip/cai/cisupp.html
In Verbindung mit einer traditionellen Buchveröffentlichung zeigen sich hier die ergänzenden Möglichkeiten des Internet. Als Resultat einer Konferenz an der Harvard University entstand diese weiterführende Seite mit

Verweisen zu Autoren, Basismaterialien und anderen Forschungsprojekten.

Cyberspace Law Institute (CLI) – www.cli.org
Das CLI steht als Beispiel für den Trend, virtuelle Forschungsinstitute zu errichten und bezeichnet sich als »think tank without a tank«. Der Arbeitsschwerpunkt liegt hier auf der politischen Organisation des Netzes und der Ausbildung interner Ordnungsmechanismen.

Center for the Study of Online Community – http://netscan.sscnet.ucla.edu/csoc/
Das Center for the Study of Online Community hat sich auf Studien spezialisiert, die untersuchen, in welcher Weise Computer und Netzwerke auf die Bildung von Gruppen, Organisationen und Institutionen einwirken. Angeboten werden Materialien aus dem universitären Umfeld des Centers (Seminarapparate, Mailing-Listen, Protokolle von Online-Seminarsitzungen etc.).

Netz-Organisation

Im historischen Prozeß der Entwicklung des Internet haben zahlreiche Organisationen tragende Rollen übernommen. Entstanden ist daraus die »Internet Acronym Soup«, ein Wirrwarr von Abkürzungen, unter der die verschiedenen Gruppen firmieren. Ein kurzer Überblick stellt die wichtigsten Akteure vor.

Internet Society (ISOC) – www.isoc.org
Die ISOC ist maßgeblich an der Koordinierung der Standardisierungsprozesse im Internet beteiligt. Die Web-Site bietet einen allgemeinen und einführenden Einstieg in die Welt und die Geschichte des Netzes.

Federal Networking Council (FNC) – www.fnc.gov/
Im FNC sind Repräsentanten verschiedener Bundesbehörden der USA zusammengefaßt (z. B. NASA, National Science Foundation, Bildungsministerium etc.), die Einfluß auf die Entwicklung und »Verwaltung« des Internet nehmen.

Internet Assigned Numbers Authority (IANA) – www.iana.org/
Die – nicht unumstrittene – IANA wurde von der ISOC und der FNC ein-

gesetzt und übernimmt die Verantwortung für die Vergabe internationaler Top-Level-Domains (iTLD) wie ».com«, ».net« oder ».org«. Diese weltweit gültigen Internet-Adressen entwickeln sich zur immer wertvolleren Ressource, da sie eines der seltenen knappen Güter im Netz darstellen.

Internet Engineering Task Force (IETF) – www.ietf.org/
In der IETF ist die technische Netz-Elite vereinigt und treibt die Entwicklung des »Internet Protocol next generation« (IPng) voran. Die Debatten um die Festlegung neuer Übertragungsstandards sind öffentlich einsehbar und erlauben einen Blick auf die technische Zukunft des Internet.

World Wide Web Consortium (W3C) – www.w3.org/
Das W3C gilt als der »Geburtsort« des World Wide Web, hier tüftelt das Team um den Web-Erfinder Tim Berners-Lee an technischen Neuerungen, ein Beispiel ist die Empfehlung des neuen HTML-Standards 4.0.

International Network Information Center (InternNIC) – rs.internic.net
Das InterNIC registriert die Namensvergabe in den USA, unterhält ein grosses Verweis-Archiv, das öffentlich zugängliche Datenbanken, allgemeine Internet-Ressourcen und thematisch geordnete Verzeichnisse enthält.

Request for Comments (RFC) – www.isi.edu/rfc-editor/
Bei den RFCs handelt es sich um eine Publikationsreihe, die die Resultate der Arbeiten des IETF zur Findung einheitlicher Übertragungsstandards dokumentiert. RFCs sind zu einer netzinternen Institution geworden, die nicht selten als das »Grundgesetz« der Online-Welt bezeichnet wird.

InterNIC Deutschland – www.nic.de
Die hiesige Dependance der Namensvergabestelle liefert aktuelle Zahlen und Statistiken zur Entwicklung des Internet in Deutschland. Abgefragt werden können u.a. die Zahl der angeschlossenen Host-Rechner oder die bereits vergebenen Domain-Namen.

Matrix Information and Directory Services (MIDS) – www.mids.org
MIDS bietet – zum Teil gegen Gebühr – ausgezeichnete Präsentationsmaterialien (z.B. Folien, Poster und Computerpräsentationen) zu Internet-Demografie, Statistiken zur Host-Verteilung und Schwerpunkten des Datenverkehrs an. Die Eckdaten der Untersuchungen und Appetithappen werden direkt veröffentlicht.

Das Netz und seine Benutzer

Mit dem Aufstieg des Internet nahmen auch Studien zur Erfassung und Abbildung der Nutzerschaft einen rasanten Aufschwung. Es existiert eine Vielzahl von »Online-Surveys«, bei denen häufig das Problem der »Selbstselektion« auftritt. Im Netz müssen die Befragten die Umfragen meist aktiv aufsuchen und verhindern so die Repräsentativität der Studie. Ähnlich ambivalent muß man themenbezogene Meinungsumfragen einschätzen, die ein kurzfristiges Stimmungsbild abgeben sollen. In Deutschland noch wenig verbreitet ist die ausführliche Darlegung statistischer Materialien, die über eine WWW-Oberfläche in Eigenregie bearbeitet werden können.

GVU Center's WWW User Survey
– www.cc.gatech.edu/gvu/user_surveys/
Der GVU-Survey ist eine der ältesten Studien zur Internet-Nutzung. In der nunmehr 8. Auflage von 1997 wurden mehr als 10000 Teilnehmer befragt. Die am Georgia Institute of Technology durchgeführten Untersuchungen gelten als richtungsweisend für viele weitere Netz-Erhebungen.

The Netizen: Special Report – www.hotwired.com/special/citizen/
Die Dezember-Ausgabe 1997 von *Wired* berichtete ausführlich über die Ergebnisse einer breit angelegten Umfrage. Demzufolge sind die digitalen Bürger »optimistisch, tolerant, friedensliebend und dem Wandel zutiefst verpflichtet«. Die Online-Version enthält nicht nur die kompletten Umfrage-Resultate, sondern auch eine lebhafte E-Mail-Diskussion. Die kritische Rezeption dieser Studie hat in Deutschland (*Telepolis*) nicht lange auf sich warten lassen.

W3B – www.w3b.de/
Die W3B-Erhebung ist eine deutsche Studie, die selbstselektiv arbeitet und Daten zur demografischen Zusammensetzung der Internet-Nutzer dokumentiert. In der vierten Auflage der Studie 1997 nahmen über 16000 deutschsprachige Internet-Nutzer teil, die wichtigsten Ergebnisse sind online einsehbar.

Giessener-WWW-Fragebogenseite
– www.psychol.uni-giessen.de/~Batinic/survey/frageb1.htm
Die umfangreiche und sehr aktuelle Site ist mit einer »Metaliste« die Drehscheibe der Umfragen-Welt, stellt die Erhebung der Woche vor und

gibt den Internet-Umfragen-Newsletter heraus. Das gesammelte Know-how fließt auch in eigene Umfragen ein, z. B. die »3-Länder-Internet-Umfrage« in Deutschland, Japan und den USA.

Votelink – www.votelink.com

Hier finden Online-Meinungsumfragen zu verschiedenen Themenstellungen (aus Bereichen wie »World«, »Politics«, »Business«) statt. Interessant sind eher Präsentation und Vorgehensweise als die konkreten Abstimmungen.

Statistisches Bundesamt Wiesbaden – www.statistik-bund.de/

Das Statistische Bundesamt liefert wichtige Basisdaten zu demografischer Entwicklung, Konjunktur, Arbeitslosenzahlen und weitere Wirtschaftsindikatoren. Oft erhält man nur einen Zugriff auf die Pressemitteilungen mit den wichtigsten Zahlen und tabellarischen Auflistungen, gute grafische Darstellungen sind selten.

infas – www.infas.de

Infas Sozialforschung präsentiert Zusammenfassungen aktueller und archivierter Studien. Allerdings sind bislang nur Ausschnitte und Informationshappen online verfügbar, ein großer Teil der Site dient noch der Selbstdarstellung.

Weitere Datenquellen

Political Resources on the Net – www.agora.stm.it/politic/

Die »Politische Ecke« im Netz wird von Italien aus betreut. Das »massige« Angebot listet weltweit politische Ressourcen auf und ist nach Regionen und einzelnen Ländern geordnet.

Library of Congress – www.loc.org

Die altehrwürdige amerikanische Kongreßbibliothek unterhält einen der meistbesuchten Internet-Server überhaupt. Neben der Möglichkeit zur Katalog-Recherche sind die aktuellen Online-Ausstellungen sehenswert.

Encyclopaedia Britannica – www.eb.com

Die Encyclopaedia Britannica bietet ein sehr ausgefeiltes Online-Angebot, das teilweise jedoch gebührenpflichtig ist. Der frei zugängliche Teil deutet mit opulenten »Sonderausstellungen« die Reichhaltigkeit des Angebotes an.

The World Factbook
– www.odci.gov/cia/publications/nsolo/wfb-all.htm

Hier werden aktuelle geografische, politische, wirtschaftliche und demografische Daten zu allen Ländern der Erde angeboten. Die aktuelle Jahresausgabe (z. Zt. ist der Jahrgang 1996 verfügbar) des kompletten »Factbook« kann auch auf die eigene Festplatte geladen werden.

Internet Archive – www.archive.org

Hier werden Internet-spezifische Materialien gelagert, auch wenn sie von den ursprünglichen Rechnern längst wieder verschwunden sind. Über das Internet-Archiv lassen sich zum Beispiel noch immer die Online-Präsentationen zur vergangenen Präsidentschaftswahl einsehen.

Anhang

Glossar

Arpanet Advanced Research Agency Network; vom amerikanischen Verteidigungsministerium gefördertes Vorläufernetz des Internet.

ASCII (American Standard Code for Information Interchange) Standard, der es aufgrund der Umrechnung von Zeichen in einen Zahlencode ermöglicht, Texte zwischen verschiedenen Systemen auszutauschen.

ASCII-Tabelle Tabelle, die die ASCII-Zeichen darstellt.

ATM Asynchronous Transfer Mode, nutzt besonders kleine Datenzellen oder -Pakete konstanter Größe, um gleichzeitig Video-, Audio-, und Computerdaten flüssiger (25 bis 622 Mbps) über das Internet zu übertragen als bisher. Da es im Unterschied zum gegenwärtigen Internet-Protokoll (TCP/IP) eine fixe Transportroute festlegt, beschleunigt es zwar die Datenübertragung, ist aber unflexibel gegenüber schwankendem Datenaufkommen.

Avatar Kunstfigur für Online-Spiele, der man nicht nur den eigenen Namen geben, sondern deren Aussehen man auch gestalten kann, indem man einzelne Elemente aus einer Graphik-Datei auswählt.

Backbone »Rückgrat« eines Rechnernetzes, meist mit hoher Übertragungsgeschwindigkeit.

Bandbreite Datenmenge, die pro Sekunde transportiert wird. Bei Digital-Geräten wird sie meist in Bits oder Bytes pro Sekunde (bps) ausgedrückt. Analog-Geräte dagegen weisen die Rate in Schwingungen pro Sekunde oder Hertz (Hz) aus.

BelWü Baden-Württemberg Extended LAN; Landeshochschulnetz der Baden-Württembergischen Landesregierung.

Benutzerkennung Auch UID (User Identity) oder E-Mail-Adresse genannt. Die Mitgliedsnummer, durch die jeder Benutzer eine weltweit einmalige Adresse hat.

BMBF Bundesministerium für Bildung, Wissenschaft, Forschung und Technologie (= heutiger Name des Ministeriums).

BMFT Bundesministerium für Forschung und Technologie (= früherer Name).

Bottom-up-Methode Verfahren zur Entwicklung von Organisations- und Programmstrukturen durch Zusammenfügen von Einzelaufgaben zu einem Gesamtkonzept. Diese Methode ist allein für sich in der Regel nicht erfolgreich einsetzbar und dient vor allem der Ergänzung der Top-down-Methode.

bps, auch **Bit/s** Bit pro Sekunde. Maß für die Übertragungsgeschwindigkeit auf einer Datenleitung. Während moderne Modems mit bis zu 28 800 bps Daten übertragen, schafft ISDN 64 000 bps.

Browser Software zum Lokalisieren und Wiedergeben von Web-Seiten. Drei der populärsten Browser sind der Netscape Navigator, Microsoft Internet Explorer und Spyglass Mosaic.

Bulletin Board System Bulletin Board Systeme sind per Computer und Modem zusammengeschaltete Treffpunkte und Konferenzsysteme, in denen die TeilnehmerInnen miteinander diskutieren, elektronische Post austauschen oder Nachrichten und Ankündigungen für andere Nutzer hinterlassen können. Der deutsche Begriff für Bulletin Board System ist Mailbox.

CCITT Comité Consultatif International de Télégraphie et Télephonie.

CERN Das Europäische Zentrum für Hochenergiephysik in Genf (Schweiz). Hier wurde das HTTP-Protokoll entwickelt.

CSNET Computer Science Network; von den US-amerikanischen Hochschulen initiierter weltweiter E-Mail-Verbund.

Cyberspace Von Gibson in seiner Kurzgeschichte »Burning Chrome« 1980 geprägter Begriff, der die Online-Welt beschreibt.

DARPA Im Auftrag der U.S. Defense Advanced Research Projects Agency wurde 1969 das erste Datenpaket-vermittelte System entwickelt: Arpanet. Vorläufer des heutigen Internet.

DATEX-P Öffentlicher Datenkommunikationsdienst der Bundespost/Deutschen Telekom auf Basis X.25.

DESY Deutsches Elektronen Synchroton; Großforschungseinrichtung mit Sitz in Hamburg.

DFN Deutsches Forschungsnetz; vom BMFT/BMBF gefördertes Verbundprojekt und gleichnamiger Verein.

EARN European Academic Research Network; von der Firma IBM initiiertes europäisches Wissenschaftsnetz.

Ethernet für lokale Netze (local-area network, LAN) weitverbreitetes Standard-Übertragungsverfahren (Protokoll). Es wurde 1976 von Xerox in Zusammenarbeit mit DEC and Intel entwickelt. Neuentwicklungen wie das Fast Ethernet unterstützen Datenraten von 100 Mbps.

EUNET Europäisches Unix Network; kooperatives europäisches Netz von UNIX-Rechnern.

FTP (File Transfer Protocol) Protokoll und Programm, das die Dateiübertragung zwischen zwei Computersystemen regelt und auf TCP basiert.

Hochenergiephysik Forschungsdisziplin, die die physikalischen Gesetze studiert, die bei hohen Teilchenenergien herrschen.

Host (wörtlich: Wirt, Gastgeber, Hausherr) Der Hauptcomputer in einem Netzwerk, der das Netzwerk und die daran angeschlossenen Computer steuert und überwacht, also der Server; bei der Datenfernübertragung (DFÜ) ist der Host der angerufene Computer.

HTML Mit Hilfe der Hypertext Markup Language entwickeln Autoren ihre Web-Seiten. Diese so genannte Seitenbeschreibungs-Sprache macht erst das Verknüpfen von Inhalten im World Wide Web möglich.

HTTP Hypertext Transfer Protocol, das dem World Wide Web zugrunde liegende Protokoll. Definiert wie Nachrichten formatiert und verschickt werden. Zum Beispiel löst das Eintragen einer Web Adresse (URL) in einen Browser einen HTTP-Befehl aus, der den entsprechenden Web-Server anweist, eine Kopie der angeforderten Seite zu übertragen. Neue Technolgien wie ActiveX, Java, JavaScript und Cookies versuchen, mehr Intelligenz in diese starre Interaktion zu bringen.

Hypercard Hypertext-System für Macintosh, 1987 vorgestellt von Apple.

Hypertext Datenbank-System, 1960 erfunden von Ted Nelson ((Xanadu), das Datenobjekte unterschiedlichster Art und Herkunft (Text, Bilder, Musik, Programme, etc.) über sogenannte Hyperlinks miteinander verknüpft. Das Web basiert auf dem Hypertext-Prinzip.

Interface Das deutsche Wort für Interface ist »Schnittstelle«. In der Computersprache ist eine Schnittstelle ein Übergang zwischen zwei Bereichen eines Systems oder zwischen zwei Systemen. Sie sorgt für den reibungslosen Ablauf des Austausches von Informationen, Impulsen oder Signalen, indem sie die Unterschiede zwischen den Systemen ausgleicht.

IP Internet Protocol; verbindungsloses Netzwerkprotokoll zur Übertragung von Datenpaketen im Internet.

ISDN Integrated Services Digital Network; Dienste-integrierendes digitales Netz, Standard und gleichnamiges Fernmeldenetz der Deutschen Bundespost/Telekom.

ISO International Standardization Organization

ISP Internet Service Provider

JANET Joint Academic Network; englisches Wissenschaftsnetz.

Künstliche Intelligenz (KI) Künstliche Intelligenz ist im weitesten Sinn die Beschäftigung mit Intelligenz als einem Zusammenwirken verschiedener informationsverarbeitender Fähigkeiten. Die KI versucht eine Großzahl von Intelligenzleistungen nachzubilden und sie auf Computer zu übertragen. KI-Systeme sind z.B. computerunterstütze Systeme zur Spracherkennung, Lehr- und Lernsysteme, Expertensysteme, aber auch freibewegliche Roboter.

LAN Local Area Network; lokales Rechnernetz.

Mbps Abk. für Megabit pro Sekunde.

Mirror Aus Gründen der Kostensenkung und Leistungsauslastung gibt es zahlreiche Server, die den Inhalt anderer Server spiegeln. Solche Server nennt man Mirror. Mirror kopieren in bestimmten Zeitintervallen ganze Verzeichnisbäume anderer, meist ausländischer Server. So kann eine Verbindung zu einem Server in den USA meist umgangen sowie Zeit und Geld gespart werden.

MUD Ein Begriff aus der Spielewelt. MUD steht für Multi User Dungeons, sinngemäß »Mehrbenutzer-Phantasiespiele«. Gemeint sind interaktive Rollenspiele, die von den Mitspielern selbst aktiv mitgestaltet werden können.

Multitasking (wörtlich: Verarbeitung von mehreren Tasks [dt. Aufgaben]): Die parallele Ausführung von zwei oder mehr Anwendungsprogrammen.

Newsgroup Nachrichtenbrett, an dem die Teinehmer bestimmte oder wechselnde Themen diskutieren.

Nextstep Betriebssystem von Next, das der schnellen Anwendungsentwicklung den Weg ebnen sollte. Trotz unbestrittener technischer Klasse erreichte das System keine bedeutenden Marktanteile. Eine Rennaissance verspricht das neue auf der Grundlage von Nextstep entwickelte Apple-Betriebssystem Rhapsody OS.

NSFNET (National Science Foundation Network): Von der US-amerikanischen National Science Foundation gefördertes Wissenschaftsnetz und gleichnamiger Backbone.

OSI Open Systems Interconnection; von der ISO standardisiertes Architekturmodell für die Kommunikation in vernetzten offenen Systemen.

Protokoll Satz von Regeln oder Standards, die den Ablauf der Datenübertragung steuern.

Remailer Anonymer Wiederversender. Macht aus E-Mail eine E-Mail ohne Absenderangabe. Die eigene E-Mail-Adresse wird ausgefiltert, der Inhalt der Mail bleibt unangetastet.

RFC Request for Comments; Vorschlag für einen Internet- Standard.

Schnittstelle Verbindungen der Systemeinheit eines Rechners zu Peripheriegeräten. Es gibt serielle und parallele Schnittstellen.

TCP/IP Abk. für Transport Control Protocol / Internet Protocol, in den 70er Jahren entworfene Protokoll-Sammlung für das Internet. TCP regelt den Auf- und Abbau der Verbindungen zwischen den einzelnen Knotenrechnern. Es steuert den Datenfluß und stellt Vollständigkeit der Datenübertragung sicher. IP dagegen ist für Organisation und Adressierung der mitunter heterogenen Datenpakete zuständig.

Telematik Kunstwort, das zunächst im Französischen geprägt wurde aus *télécommunication* und *informatique*. Es bringt das Zusammenwachsen von Telekommunikation und Informatisierung (Datenverarbeitung) zum Ausdruck.

Telnet Der älteste und technisch simpelste (rein textorientiert aufgebaute) Internet-Dienst. Telnet stellt quasi einen Terminal-Emulator zur Verfügung, mit dem es möglich ist, sich in Internet-Rechner einzuwählen und dort zu arbeiten, als säße man an einem lokalen Arbeitsplatz.

TEN-34 TransEuropean Network; europäischer Wissenschafts-Backbone und gleichnamiges Konsortium, z. Zt. mit 34 Mbps-Geschwindigkeit.

Top-down-Methode Methode für den Programmentwurf, bei der von einer Gesamtaufgabenstellung ausgegangen und diese stufenweise immer stärker in Unteraufgaben zergliedert wird, so daß eine baumartige Zerlegung der Gesamtaufgabe stattfindet. Die Methode wird insbesondere in der strukturierten Systementwicklung und strukturierten Programmierung angewendet. Gegenteil: Bottom-up-Methode.

Usenet User's Network: Internationale Diskusssionsforen im Internet, die untereinander sogenannte News austauschen. Diese Newsgroups sind mit den Diskussionsforen der Online-Dienste vergleichbar.

ÜRF Überregionales Forschungsprogramm Informatik des BMFT.

URL Abk. für Uniform Resource Locator, Adress-Schema für Dokumente und andere Ressourcen im World Wide Web.

Virtuelle Realität (VR) Computergenerierte, interaktive, dreidimensionale Welt, in der der Computer als Fenster zu einer alternativen Wirklichkeit dient. Der Besucher dringt mit dem Start des Programms in diese Welt ein und kommuniziert interaktiv mit ihr.

WAN Wide Area Network; Weitverkehrs-Rechnernetz.

Well (Whole Earth 'Lectronic Link) Name einer US-amerikanischen Kult-Mailbox in San Francisco, gegründet von Ex-Hippies.

WiN Wissenschaftsnetz des DFN-Vereins (9.6/64/128 kbps, 2Mbps, 34/155 Mbps).

X-Windows Grafische Benutzeroberfläche mit Fenstertechnik für Unix-Betriebssysteme.

X.25 CCITT/ISO Standard eines Netzwerkprotokolls für paketvermittelte Datenkommunikationsdienste.

Xanadu Weltumspannendes, universelles Hypertext-System, das an Leistungsfähigkeit über den Rahmen des World Wide Web hinausgeht. Seit den 90er Jahren ist es um diese Idee des Computervisionärs Ted Nelson ruhig geworden.

Xerox PARC US-Forschungsinstitut in Palo Alto, Kalifornien. Entwickelte in den 70er Jahren das WIMP-Prinzip (Windows, ICONS, Mouse, point-and-click) und damit den Vorläufer aller benutzerfreundlichen, grafischen Oberflächen wie Windows oder Apples OS.

Ausgewählte Literatur

Abramson, Jeffrey B. u.a. (1988): *The Electronic Commonwealth. The Impact of New Media Technologies on Democratic Politics,* New York.

Agentur Bilwet (1993): *Medien Archiv,* Mannheim.

Arterton, Christopher F. (1987): *Teledemocracy: Can Technology Protect Democracy?,* Newbury Park.

Barber, Benjamin (1984, dt. 1994): *Strong Democracy: Participatory Politics for a New Age*, Berkeley.

Barth, Thomas (1997): *Soziale Kontrolle in der Informationsgesellschaft. Systemtheorie, Foucault und die Computerfreaks als Gegenmacht zum Panoptismus der Computer- und Multimedia-Kultur,* Pfaffenweiler.

Beniger, James R. (1986): *The Control Revolution,* Cambridge/Mass.

Bohman, James (1996): *Public Deliberation. Pluralism, Complexity, and Democracy,* Cambridge/Mass.

Bollmann, Stefan (Hrsg.) (1995): *Kursbuch Neue Medien. Trends in Wirtschaft und Politik, Wissenschaft und Kultur,* Mannheim.

Bollmann, Stefan / Christiane Heibach (Hrsg.) (1996): *Kursbuch Internet. Anschlüsse an Wirtschaft und Politik, Wissenschaft und Kultur,* Mannheim.

Bonchek, Mark (1997): *From Broadcast to Netcast: The Internet and the Flow of Political Information*, Cambridge/Mass.

Bowen, Charles (1996): *Modem Nation. The Handbook of Grassroots Activism Online,* New York.

Boyer, Christine M. (1996): *Cybercities. Visual Perception in the Age of Electronic Communication*, New York.

Brook, James/Boal, Iain A. (1996): *Resisting the Virtual Life. The Culture and Politics of Information*, San Francisco.

Browning, Graeme (1997): *Electronic Democracy. Using the Internet to Influence American Politics*, Witton/CT.

Buchstein, Hubertus (1996): »Bittere Bytes: Cyberbürger und Demokratietheorie«. In: *Deutsche Zeitschrift für Philosophie*, Bd. 44, H. 2, S. 583–607.

Bulmahn, E. et al. (Hrsg.) (1996): *Informationsgesellschaft – Medien – Demokratie. Kritik – Positionen – Visionen*, Marburg.

Calhoun, Craig (Hrsg.) (1993): *Habermas and the Public Sphere*, Cambridge/Mass.

Casey, Cris (1996): *The Hill on the Net. Congress Enters the Information Age,* Boston.

Castells, Manuel (1996): *The Information Age: Economy, Society and Culture* (Volume I). *The Rise of the Network Society*, Malden.

Ders. (1997): *The Information Age: Economy, Society and Culture* (Volume II). *The Power of Identity*, Malden.

Ders. (1998): *The Information Age: Economy, Society and Culture* (Volume III). *End of Millenium*, Malden.

Corrado, Anthony/Charles M. Firestone (Hrsg.) (1996): *Elections in Cyberspace: Toward a New Era in American Politics*, Washington D.C.

Dahl, Robert (1989): *Democracy and Its Critics*, New Haven.

Dahlgren, P. (1995): *Television and the Public Sphere: Citizenship, Democracy and the Media*, London.

de Sola Pool, Ithiel (1988): *Technologies of Freedom*, Cambridge/Mass.

Debation, Bernhard (1997): »Elektronische Öffentlichkeiten. Über Informationsselektion und Identität in virtuellen Gemeinschaften«. In: *FIFF-Kommunikation*, H. 4, S. 23-26.

Dery, Mark (1996): *Cyber. Die Kultur der Zukunft*, Berlin.

Doheny-Farina, Stephen (1996): *The Wired Neighborhood*, New Haven/London.

Druckrey, Timothey (Hrsg.) (1996): *Electronic Culture. Technology and Visual Representation*, New York.

Dyson, Esther (1997, dt. 1997): *Release 2.0. Design for Living in the Digital Age*, New York.

Franck, Georg (1998): *Ökonomie der Aufmerksamkeit*, München.

Grossman, Lawrence (1995): *The Electronic Republic. Reshaping Democracy in the Information Age*, New York.

Hagen, Martin (1997): *Elektronische Demokratie. Computernetzwerke und politische Theorie in den USA*, Münster.

Heuser, Uwe Jean (1996): *Tausend Welten. Die Auflösung der Gesellschaft im digitalen Zeitalter*, Berlin.

Hill, Kevin A. (1998): *Cyberpolitics. Citizen Activism in the Age of the Internet (People, Passions, & Power)*, New York.

Iglhaut, Stefan / Medosch, Armin / Rötzer, Florian (Hrsg.) (1996): *Stadt am Netz. Ansichten von Telepolis*, Mannheim.

Johnson, Steven (1997): *Interface Culture*, San Francisco.

Jones, Steve (Hrsg.) (1995): *Cybersociety*, New York.

Kahin, Brian/James Keller (Hrsg.) (1995): *Public Access to the Internet*, Cambridge/Mass.

Dies. (Hrsg.) (1997): *Coordinating the Internet*, Cambridge/Mass.

Kahin, Brian / Neeson, Charles (Hrsg.) (1997): *Borders in Cyberspace: Information Policy and the Global Information Infrastructure*, Cambridge/Mass.

Katz, Jon (1997): *Media Rants. Postpolitics in the Digital Nation*, San Francisco.

Kelly, Kevin (1997): *Das Ende der Kontrolle. Die biologische Wende in Wirtschaft, Technik und Gesellschaft*, Mannheim.

Kleinsteuber, Hans J. (Hrsg.) (1996): *Der Information-Superhighway*, Opladen.
Koch, C. (1996): »Letzte Nachricht von der Öffentlichkeit«. In: *Kursbuch* 125, Reinbek .
Kroker, Arthur und Marielouise (1996): *Hacking the Future & Kalifornischer Epilog*, Wien.
Kubicek, Herbert u.a. (Hrsg.) (1997): *The Social Shaping of Information Superhighways. European and American Roads to the Information Society*, Frankfurt / New York.
Leonhard, Andrew (1997): *Bots. The Origin of New Species*, San Francisco.
Lévy, Pierre (1997): *Die kollektive Intelligenz. Eine Anthropologie des Cyberspace*, Mannheim.
Ders. (1996): *Qu'est-ce-que le virtuel?*, Paris.
Ders. (1993): *Les technologies de l'intelligence*, Paris.
Loader, Brian D. (Hrsg.) (1997): *The Governance of Cyberspace*, London, London / New York.
Ders. (Hrsg.) (1998): *Cyberspace divide: Equality, Agency and Policy in the Information Society,* New York, London / New York.
Lovink, G./P. Schultz: »Aufruf zur Netzkritik. Ein Zwischenbericht«. In: nettime (Hrsg.): *Netzkritik. Materialen zur Internet-Debatte*, Berlin 1997.
Ludlow, Peter (1996): *High Noon on the Electronic Frontier. Conceptional Issues in Cyberspace*, Cambridge/Mass.
Lütz, Sabine (1997): »Die Rückkehr des Nationalstaates? Kapitalmarktregulierung im Zeichen der Internationalisierung von Finanzmärkten«. In: *Politische Vierteljahresschrift*, Bd. 38, H. 3, S. 475-497
Maar, Christa / Rötzer, Florian (Hrsg.) (1997): Virtual Cities. *Die Neuerfindung der Stadt im Zeitalter der globalen Vernetzung*, Basel / Boston / Berlin.
Margolis, Michael u.a. (1997): »Campaining on the Internet. Parties and Candidates on the World Wide Web in the 1996 Primary Season«. In: *The Harvard International Journal of Press and Politics*, Bd. 2, H. 1, S. 51-79.
Miller, Steven E. (1996): *Civilizing Cyberspace. Policy, Power, and the Information Superhighway*, Reading/Mass.
Münker, S. / Roesler, A. (Hrsg.) (1997): *Mythos Internet*, Frankfurt.
Negroponte, Nicholas (1995): *Total Digital*, München.
nettime (Hrsg.) (1997): *Netzkritik. Materialen zur Internet-Debatte*, Berlin.
Neuman, William R. /McKnight, Lee / Solomon, Richard Jay (1997): *The Gordian Knot. Political Gridlock on the Information Highway*, Cambridge/Mass.
Neymanns, Harald (1996): *Internet: Chancen und Möglichkeiten demokratischer Nutzung*, Berlin.
Porter, Alan L./Read, William H. (1998): *The Information Revolution. Current and Future Consequences*, Greenwich.
Rash, Wayne (1997): *Politics on the Nets. Wiring the Political Process*, New York.

Rilling, Rainer (1996): »Internet und Demokratie«. In: *WSI Mitteilungen*, Bd. 50, H.3, S. 194–205.

Rötzer, Florian (1996): *Die Telepolis. Urbanität im digitalen Zeitalter*, Mannheim.

Sassen, Saskia (1996): *Loosing Control? Sovereignity in the Age of Globalization*, New York.

Saward, M. (1994): »Democratic Theory and Indices of Democratization«. In: Beetham, D. (Hrsg.): *Defining and Measuring Democracy*, London, S.6 ff.

Scheer, Léo (1997): *Die virtuelle Demokratie*, Hamburg.

Schiller, Herbert I. (1996): *Information Inequality*, New York / London.

Schuler, Douglas (1996): *New Community Networks. Wired for Change*, Reading / Mass.

Sclove, Richard E. (1995): *Democracy and Technology*, New York/London.

Staglianú, Riccardo : *Circo Internet. Manuale critico per il nuovo millennio*, Mailand.

Strange, Susan (1996): *The Retreat of the State. The Diffusion of Power in the World Economy*, Cambridge/Mass.

Sussman, Gerald (1997): *Communication, Technology and Politics in the Information Age*, Thousand Oaks.

Telepolis 1 (1997): *Soft Life*, Mannheim.

Telepolis 4–5 (1998): *Das Kapital der Zukunft?*, Köln.

Thompson, B. (1995): »Watching the virtual detectives«: In: *.net* 8 (Juli 95).

Transit 13 (1997): *Medien und Demokratie*, Frankfurt am Main.

Turkle, Sherry (1998): *Leben im Netz. Identität im Zeitalter des Internet*, Reinbek.

van den Daele, W./Neidhardt, F. (1996): »Regierung durch Diskussion« – Über Versuche, mit Argumenten Politik zu machen. In: dies. (Hrsg): *Kommunikation und Entscheidung. Politische Funktionen öffentlicher Meinungsbildung und diskursiver Verfahren*, WZB-Jahrbuch 1996, Berlin, S. 9 ff.

Wetzstein, Thomas A. et al. (1995): *Datenreisende. Die Kultur der Computernetze*, Opladen.

Winkler, Hartmut (1997): *Docuverse. Zu einer Medientheorie der Computer*, München.

Zolo, D. (1997): *Die demokratische Fürstenherrschaft. Für eine realistische Theorie der Politik*, Göttingen.

Die Beitragenden

Martin Bangemann hat Rechtswissenschaften studiert und ist Mitglied der Europäischen Kommission in Brüssel, wo er für die Generaldirektionen III und XIII verantwortlich ist und das Information Society Project Office (ISPO) gegründet hat [http://www.ispo.cec.be/]. Er war Vorsitzender der Baden-Württembergischen FDP von 1974–78, Vorsitzender der Bundes-FDP von 1984–88, Bundeswirtschaftsminister von 1984–88 und Vizepräsident der Europäischen Kommission 1989–1993. (Web-pages: http://europa.eu.int/en/comm/ und http://www2.echo.lu/dg13/)

Benjamin R. Barber ist Professor für Politikwissenschaft an der Rutgers University in New Brunswick, NJ, wo er das Walt Whitman Center for the Culture and Politics of Democracy leitet. Mitglied diverser Beratergremien für Fragen der Bildung, Bürgerrechte und Demokratie. Beratung von Politikern in den USA und Europa (z.B. Bill Clinton, Roman Herzog, Regierung von Canada, Sozialministerium des Landes Baden-Württemberg). Autor von Theaterstücken, Opernlibretti und Fernsehsendungen für PBS (USA) und Channel Four (Großbritannien). (Web-pages: http://www.rutgers.edu/)
Veröffentlichungen: *A Place for Us: How to civilize Society and make Democracy strong,* 1998; *A Passion for Democracy: American Essays*, 1998; *Jihad versus McWorld*, 1995 (deutsch: *Coca Cola und Heiliger Krieg,* 1996); *An Aristocracy of Everyone: The Politics of Education and the Future of America,* 1992; *The Conquest of politics: Liberal Philosophy in Democratic Times,* 1988; *Strong Democracy,*1984 (deutsch: *Starke Demokratie,* 1994).

Christoph Bieber promoviert an der Justus-Liebig-Universität Gießen über politische Projekte im Internet. Er ist Mitherausgeber des *Kursbuch Jugendkultur,* 1997, und schreibt u. a. für *Transit* und *Junge Welt.*

Robert Cailliau ist Informatiker und leitet das World-Wide-Web Office am Europäischen Labor für Teilchenphysik (CERN) in Genf. Kooperation mit Tim Berners-Lee führte 1989 zur Entwicklung des World-Wide-Web (WWW) und der ersten Internet-Browser. Mitarbeit am EU-Projekt ›Web for Schools‹ und verantwortlich für das erste völlig WWW-gestützte EU-Projekt WISE. Gründungsmitglied der ersten Internationalen WWW-Konferenz (1994) in Genf, später ›Woodstock of the Web‹ genannt, deren Vorsitzender er bis heute ist. Auszeich-

nung mit dem Software System Award 1995. (Web-page: http://www.cern.ch/WebOffice/People/Cailliau)
Veröffentlichungen: *Le WWW et son Consortium. Entretiens de la Technologie,* Paris, 1996; *The World-Wide-Web today*. Proceedings of UserForum Belnet, Brussels, 1995; *World-Wide-Web – Computing in High-Energy Physics,* Annecy, 1992 (mit Berners-Lee).

Andrew Howard Clement ist Professor an der Fakultät für Information Studies der Universität von Toronto und leitet das Information Policy Research Project. Koordinator der ›Information Highway Working Group‹, einer Koalition von kanadischen Non-Profit-Organisationen, die in der politischen Debatte Kanadas die Interessen der Bürger vertreten. Mitorganisator der Participatory Design Conference 1996 (PDC '96) in Cambridge, MA. Vorsitzender der Arbeitsgruppe Computers and Work der International Federation for Information Processing. (http://www.fis.utoronto.ca/people/faculty/clement/)
Veröffentlichungen: *NetWORKing: Connecting Workers in and between Organizations,* Conference Proceedings, 1993 (Hrsg. mit Kolm und Wagner); *Information System, Work and Organization Design,* Conference Proceedings, 1991 (Hrsg. mit van den Besselaar und Jarvinen); *The Information Society: Evolving Landscapes,* 1990 (Hrsg. mit Berleur, Sizer, Whitehouse).

Tim Cole ist Chefredakteur des Business-Magazins NET INVESTOR.
Veröffentlichung: *Internet Praxis,* 1995.

Esther Dyson hat Ökonomie studiert und ist Eigentümerin der Firma Edventure Holdings in New York, die sich insbesondere mit der Entwicklung des Internet auf den entstehenden Märkten in Zentral- und Osteuropa befaßt. Sie gibt den exklusiven Newsletter *Release 1.0* heraus und veranstaltet einmal jährlich ein Internet-Forum für das internationale Top-Management. Sie ist Vorsitzende der Electronic Frontier Foundation (EFF) und Mitglied des Gremiums, das die amerikanische Regierung bei der National Information Infrastructure (NII) berät. 1996 ausgezeichnet mit der Von-Neumann-Medaille. (Web-page: http://www.edventure.com)
Veröffentlichungen: *Release 2.0: A Design for Living in the Digital Age,* 1997 (deutsch: *Release 2.0. Die Internet-Gesellschaft*); Essays in diversen Ausgaben des Newsletter *Release 1.0.*

Natasha Faruqui ist in Ottawa als freie Beraterin für telekommunikationspolitische Fragen tätig. Mitarbeit beim kanadischen Information Highway Advisory Council (IHAC) und Mitglied der Electronic Commerce Task Force des kanadischen Wirtschaftsministeriums.

Veröffentlichung: »The Internet: Advancing the Information Highway« in: *Preparing Canadian for a Digital World: Final Report of the IHAC*, September 1997.

James S. Fishkin ist Professor für Politikwissenschaft, Recht und Philosophie an der University of Texas in Austin und Begründer einer neuen telematischen Methode der qualifizierten politischen Meinungsumfrage (»deliberative opinion poll«).
Veröffentlichungen: *The Voice of the People: Public Opinion and Democracy,* 1995; *The Dialogue of Justice,* 1992; *Democracy and Deliberation: New Directions for Democratic Reform,* 1991.

Holger Floeting hat Geographie studiert und ist als wissenschaftlicher Mitarbeiter und Projektleiter am Deutschen Institut für Urbanistik in Berlin tätig.
Veröffentlichungen: »Städte in der Dienstleistungs- und Informationsgesellschaft« (mit Grabow) in: *Städte vor neuen Herausforderungen,* 1997 (Hrsg. Egeln und Seitz); »Auf dem Weg zur virtuellen Stadt?« in: *Informationen zur Raumentwicklung,* Heft 9/1997 (mit Grabow).

Ekkehard Gerlach hat Volkswirtschaft studiert und ist Bereichsleiter Multimedia bei der Vebacom-Tochter o.tel.o communications GmbH & Co in Düsseldorf. Er leitet das Testprojekt Infocity NRW, das Bedürfnisse und Wünsche der Nutzer von Multimedia-Diensten erforscht. Er ist außerdem bei Vebacom zuständig für Corporate Networks und Value Added Services. (Web-pages: http://www.infocity.de/start.htm und http://www.vebacom.de)

Anja Gild hat Germanistik und Kommunikationswissenschaften studiert und arbeitet als freie Journalistin.

Busso Grabow hat Wirtschafts- und Sozialwissenschaften studiert und ist als wissenschaftlicher Mitarbeiter und Projektleiter am Deutschen Institut für Urbanistik in Berlin tätig. (Web-page: http://www.difu.de)
Veröffentlichungen: *Städte ohne Produktion? Das Fallbeispiel Potsdam,* 1997 (mit Henckel und Kühn); *Die Zukunft des Dienstleistungssektors in den Städten* (Hrsg.), 1996; *Entwicklungschancen deutscher Städte – Die Folgen der Vereinigung,* 1993 (mit Henckel u. a.).

Andrew Graham ist Professor für Wirtschaftswissenschaften am Balliol College in Oxford, dessen geschäftsführender Direktor er ist. Ökonomischer Berater der Labour Party. Berater des britischen Premierministers 1967–69 und 1974–76. Mitglied des Beratergremiums des Instititute for Public Policy. Leiter des Forschungsprojekts The Information Superhighway: Market structure, access and citizenship. (Web-pages: http://www.balliol.ox.ac.uk/)

Veröffentlichungen: *Broadcasting, Society and Policy in the Multimedia Age,* 1997 (mit Davies); »Public Policy and the Information Superhighway: The Case of the UK« in: *National Information Initiatives: Visions and Policy Design 1996* (Hrsg. Kahin undWilson); »Exchange Rates and Gatekeepers« in: *The Cross Media Revolution: Ownership and Control,* 1996 (Hrsg. Congdon u.a.).

Lawrence K. Grossmann hat Jura studiert und war Präsident von PBS (Public Broadcasting Service) und NBC News. Gegenwärtig ist er Präsident von PBS Horizons Cable Network in New York.
Veröffentlichungen: *The Electronic Republic,* 1996; »Reflections on Life along the Electronic Superhighway« in: *Media Studies Journal,* Winter 1994; *Learning to Live with Electronic Democracy,* 1992; »The First Amendment in the Cable and Satellite Age« in: *Columbia Journalism Review,* 1991.

Ruth Henke, Historikerin und Computerspezialistin, arbeitet als Fachjournalistin in der Wissenschaftsredaktion des Magazins *Focus.*

Joachim Jens Hesse hat Volkswirtschaft, Öffentliches Recht und Politikwissenschaft studiert und ist Professor für Europäische Politik und Vergleichende Regierungslehre am Nuffield College in Oxford. Seit 1996 geschäftsführender Direktor des von den Berliner Universitäten neu gegründeten Europäischen Zentrums für Staatswissenschaften und Staatspraxis. Berater der OECD, der Europäischen Union, der UN, des International Labour Office und der Weltbank.
Veröffentlichungen: *Zur Neuordnung der Europäischen Union: Die Regierungskonferenz 1996/97,* 1997 (mit Grimm, Jochimsen und Scharpf); *Rebuilding the State. Public Sector Reform in Central and Eastern Europe,* 1996/97; *Regionen in Europa,* 1996/97; *Federalising Europe?,* 1996 (mit Wright); *Constitutional Policy and Change in Europe,* 1995 (mit Johnson); *Der überforderte Staat,* 1994 (mit Ellwein).

Uwe Jean Heuser ist Wirtschaftswissenschaftler und als Journalist in der Wirtschaftsredaktion der Wochenzeitung *Die Zeit* tätig. Veröffentlichungen: *Tausend Welten – Die Auflösung der Gesellschaft im digitalen Zeitalter,* 1996; *High Definition Television: Case Study and Analysis of the International Standardization Process,* Dissertation, 1993.

Michaela Huhn hat Informatik studiert und ist als wissenschaftliche Mitarbeiterin am Institut für Informatik der Universität Hildesheim tätig. Mitarbeit im GI-Präsidiums-Arbeitskreis »Datenschutz und IT-Sicherheit«.
Veröffentlichungen: »Kryptoregulierung« in: *Wirtschaftsinformatik* 39/1997 (mit Wicke, Pfitzmann, Stahlknecht); »Technische Randbedingungen jeder Kryptoregulierung« in: *Datenschutz und Datensicherheit* 20/1/1996 (mit Pfitz-

mann); »Kryptographie – Plädoyer gegen verbindliche staatliche Regulierung« in: *Datenschutz-Berater* 1/1996 (mit Pfitzmann).

Heinz Kleger ist Professor für politische Theorie an der Wirtschafts- und Sozialwissenschaftlichen Fakultät der Universität Potsdam. Herausgeber der Reihe »Europäische Urbanität – Politik der Städte«, Mitherausgeber der Reihe »Krise und sozialer Wandel«. Wissenschaftspreis Berlin-Brandenburg 1996. (Webpage: http://enterprise.rz.uni-potsdam.de/u/ls_poltheorie/index.htm)
Veröffentlichungen: *Transnationale Staatsbürgerschaft,* 1997; *Metropolitane Transformation durch urbane Regime,* 1996; *Der neue Ungehorsam. Widerstände und politische Verpflichtung in einer lernfähigen Demokratie,* 1993.

Johannes Kollbeck studiert Publizistik und Kommunikationswissenschaft an der Universität Münster und ist parlamentarischer Mitarbeiter beim Deutschen Bundestag.
Veröffentlichungen: *Deutschlands Weg in die Informationsgesellschaft. Herausforderungen und Perspektiven für Wirtschaft, Wissenschaft, Recht und Politik,* 1996 (Hrsg. mit Tauss und Mönikes); »(Welt-)Gesellschaft und Mediensystem. Zur Funktion und Evolution internationaler Medienkommunikation« in: *Internationale Kommunikation,* 1996 (Hrsg. Meckel und Kriener).

Herbert Kubicek ist Professor für angewandte Informatik an der Universität Bremen und leitet die interdisziplinäre Forschungsgruppe Telekommunikation. Mitglied des Gesprächskreises »Arbeit und Technik« des BMBF; Mitglied des Wissenschaftlichen Beirats des Wissenschaftszentrums Berlin für Sozialforschung; Vertreter der Bundesrepublik Deutschland im COST-A4 Management Committee »Social Shaping of Technology«; Mitglied der Enquete-Kommission »Zukunft der Medien in Wirtschaft und Gesellschaft« des Deutschen Bundestages; Mitglied der Medienkommission von Bündnis 90/Die Grünen. (Web-page: http://infosoc.informatik.uni-bremen.de)
Veröffentlichungen: *Jahrbuch Telekommunikation und Gesellschaft,* Jahrgänge 1994–97 (Hrsg. mit Müller, Neumann, Raubold, Roßnagel); *The Social Shaping of Information Superhighways* (Hrsg. mit Dutton und Williams); *Wertkarten im Zahlungsverkehr,* 1995 (mit Klein); *Daten- und Verbraucherschutz bei Telekommunikationsdienstleistungen in der EG,* 1993 (Hrsg.); *Perspektive Techniksteuerung,* 1993 (Hrsg. mit Seeger); http://www.stadtinfo.de (mit Mitarbeitern).

Claus Leggewie ist Professor für Politikwissenschaft an der Universität Gießen und war 1995–98 Inhaber des neu geschaffenen Max-Weber-Lehrstuhls am Center for European Studies der New York University. Korrespondierendes Mitglied am Institut für die Wissenschaft vom Menschen in Wien. Herausgeber der Zeitschriften *Transit,* Wien, und *Blätter für deutsche und internationale Politik,* Bonn.

Veröffentlichungen: *America First? Der Fall einer konservativen Revolution*, 1997; *Die 89er. Porträt einer Generation*, 1996; *Republikschutz. Maßstäbe für die Verteidigung der Demokratie* (mit Meier), 1995; *Wozu Politikwissenschaft? Über das Neue in der Politik*, 1994 (Hrsg.); *Über das Böse*, 1994; *Die Republikaner*, 1989.

Geert Lovink ist Medientheoretiker und lebt in Amsterdam. Gründete 1994 zusammen mit einer Gruppe von Internetaktivisten die erste digitale Stadt Europas, das Bürgernetzwerk De Digitale Stad Amsterdam. Mitglied von Adilkno (Foundation for the Advancement of Illegal Knowledge). Organisator der Konferenzen »Next Five Minutes« in Amsterdam (1993 und 1996), »Ex Oriente Lux« in Bukarest (1993), »Metaforum« in Budapest (1994–96) und »Interface 3« in Hamburg (1995). Mitinitiator des Netzkritik-Projekts »Nettime«. Koordinator des »Hybrid WorkSpace«-Projekts der Documenta X, 1997. (Web-pages: http://www.dds.nl; http://www.thing.desk.nl/bilwet)
Veröffentlichungen: *Netzkritik*, 1997 (Hrsg.); *Der Datendandy*, 1994; *Medien Archiv*, 1993; *Hör zu oder stirb*, 1992; *Bewegungslehre*, 1991. Außerdem zahlreiche Internet-Veröffentlichungen.

Christa Maar ist Kunsthistorikerin und Präsidentin des seit 1994 bestehenden interdisziplinären Think Tank Burda Akademie zum dritten Jahrtausend in München. Sie konzipiert und organisiert interdisziplinäre Projekte, Workshops und Konferenzen, die Wissenschaft, Wirtschaft, Politik und Medien zum Diskurs über wichtige Zukunftsfragen zusammenführen. Konferenzen: CD-ROM und Online, Lernen mit dem Computer (1994); Mind Revolution – Schnittstelle Gehirn/Computer (1995); Telepolis – Die Zukunft der Stadt im Zeichen des Cyberspace (1995); Telepolis – Vilém Flusser Tagung (1995); Internet & Politk – Die Modernisierung der Demokratie durch die elektronischen Medien (1997). Kunst-Projekt Art & Brain (zusammen mit Obrist, Pöppel und Frieß). (Web-page: http://www.akademie3000.de)
Veröffentlichungen: *Die Technik auf dem Weg zur Seele. Forschungen an der Schnittstelle Gehirn/Computer*, 1996 (Hrsg. mit Pöppel und Christaller); *Virtual Cities. Die Neuerfindung der Stadt im Zeitalter der globalen Vernetzung*, 1997 (Hrsg. mit Rötzer); *Mind-Revolution. Hirnforschung im High-Tech-Zeitalter*, 1996 (CD-ROM, Navigo).

Heinz Mandl ist Professor für Empirische Pädagogik und Pädagogische Psychologie an der Ludwig-Maximilians-Universität in München mit dem Arbeitsschwerpunkt Wissensmanagement, multimediale Lernumgebungen und selbstgesteuertes und kooperatives Lernen. (Web-page: http://www.paed.uni-muenchen.de/paed.psyemp.html)
Veröffentlichungen: *Multimediale Lernumgebungen in der betrieblichen Weiterbildung*, 1997 (Hrsg. mit Friedrich, Eigler, Schnotz u.a.); *Psychologie der Erwachse-*

nenbildung. Enzyklopädie der Psychologie, D/I/4, 1997 (Hrsg. mit Weinert); *International perspectives on the design of technology supported learning environments,* 1996 (mit Vosniadou, de Corte, Glaser); »Situiertes Lernen in multimedialen Lernumgebungen« (mit Gruber und Renkl) in: *Information und Lernen mit Multimedia,* 1995 (Hrsg. Issing und Klimsa); »Communities of practice toward expertise: Social foundation of University instruction« (mit Gruber und Renkl) in: *Interactive minds,* 1996 (Hrsg. Baltes und Staudinger).

Klaus Mangold hat Jura und Volkswirtschaft studiert und ist Vorsitzender des Vorstands der Daimler-Benz InterServices (debis) AG in Berlin und Mitglied des Vorstandes der Daimler-Benz AG in Stuttgart.

Robert McClintock ist Professor für Geschichte und Erziehungswissenschaften am Teachers College der Columbia University in New York und leitet das Institute for Learning Technologies. Verantwortlich für die Durchführung der flächendeckenden Vernetzung von Campus, Forschung und Lehre bei der Columbia University. Leitete das Dalton Technology Projekt, das erstmals vernetzte Multimedia-Quellen in Schulcurricula integrierte. Betreuung zahlreicher Netzprojekte an New Yorker Schulen, dabei Einbeziehung von Erziehern, Industrie-Partnern und lokaler Politik. (Web-page: http://www.ilt.columbia.edu)
Veröffentlichungen: *Renewing the Progressive Contract with Posterity: On the Social Construction of Digital Communities,* 1996; *Educating America for the 21st Century: A Strategic Plan for Educational Leadership 1994–2001,* 1994 (mit Taipale); *Power and Pedagogy: Transforming Education Through Information Technologies,* 1992; Internet-Projekt »John Dewey. Democracy and Education«. (Web-page: http://www.ilt.columbia.edu/academic/texts/dewey/)

Eli Noam ist Professor für Finanzwissenschaften und Ökonomie an der Graduate School of Business der Columbia University in New York und leitet das Institute for Tele-Information. Ausgebildeter Funker und Air Force Pilot (Israel). Beauftragter des öffentlichen Dienstes für Telekommunikations- und Energie-Regulierung im Staat New York 1987–90. Berater der amerikanischen und diverser europäischer Regierungen. Mitarbeit u. a. in folgenden US- Regierungsgremien: IRS-Tax Information Systems Modernization; National Computer Laboratory; Telecommunications Technology Committee; National Regulatory Research Institute. (Webpage: http://www.citi.columbia.edu)
Veröffentlichungen: *Beyond Territoriality: The Rise of Globalism and the Future of Localism in Communications,* 1997; *Media Concentration in America,* 1997; *The Last Bottleneck of the Information Revolution: Competing for Attention Span,* 1997; *Interconnecting the Network of Networks,* 1997; *Public Networks, Private Objectives: Policy, Economics, and Technology,* 1997; *Telecommunications in the Pacific Basin,* 1994; *Telecommunications in Europe,* 1992.

Andreas Pfitzmann ist Professor für Informations- und Kodierungstheorie an der Technischen Universität in Dresden. Mitglied im Präsidiumsarbeitskreis »Datenschutz und IT-Sicherheit« der Gesellschaft für Informatik (GI) und Sprecher der Fachgruppe »Verläßliche IT-Systeme«. Mitglied im Herausgeberrat der Zeitschrift *DuD, Datenschutz und Datensicherung, Recht und Sicherheit der Informations- und Kommunikationssysteme* sowie der gleichnamigen Buchreihe. Mitglied des Beratergremiums der Schleswig-Holsteinischen Datenschutzakademie.
Veröffentlichungen: *Mehrseitige Sicherheit in der Kommunikationstechnik, Band 1: Verfahren, Komponenten, Integration,* 1997 (Hrsg. mit Müller); »Steganography: How it works and why therefore any restrictions on cryptography are nonsense, at best« (mit Stierand, Franz u.a.) in: *Information Hiding, First International Workshop,* 1996; »Technische Randbedingungen jeder Kryptoregulierung« (mit Huhn) in: *DuD, Datenschutz und Datensicherheit,* 20/1/1996; »Vertrauenswürdiger Entwurf portabler Benutzerendgeräte und Sicherheitsmodule« (mit B. Pfitzmann, Schunter, Waidner) in: *Verläßliche IT-Systeme,* 1995.

Ernst Pöppel ist Hirnforscher und Professor am Institut für Medizinische Psychologie der Ludwig-Maximilians-Universität in München. Vorstand des neu gegründeten Humanwissenschaftlichen Zentrums der LMU. 1992–97 Vorstandsmitglied des KFA Forschungszentrums in Jülich, verantwortlich für den Bereich Lebenswissenschaften. Initiator interdisziplinärer Projekte, u.a. Art & Brain (zusammen mit Obrist, Maar und Frieß).
Veröffentlichungen: *Die Technik auf dem Weg zur Seele. Forschungen an der Schnittstelle Gehirn/Computer,* 1996 (Hrsg. mit Christaller und Maar); *Zeit und Mensch,* 1996 (Hrsg. mit Kerner); *Geheimnisvoller Kosmos Gehirn,* 1994 (mit Edingshaus); *Grenzen des Bewußtseins,* 1985/88/97; *Lust und Schmerz,* 1982/1993. Ko-Autor der Fernsehserie »Geheimnisvoller Kosmos Gehirn«.

Gabriele Reinmann-Rothmeier hat Psychologie studiert und ist wissenschaftliche Mitarbeiterin an der Fakultät für Psychologie und Pädagogik der Ludwig-Maximilians-Universität in München.
Veröffentlichungen: »Lehren im Erwachsenenalter« (mit Mandl) in: *Enzyklopädie der Psychologie* D/I/4, Psychologie der Erwachsenenbildung, 1997 (Hrsg. Weinert und Mandl); »Problemorientiertes Lernen mit Multimedia« (mit Mandl) und »Selbststeuerung des Lernprozesses mit Multimedia« (mit Mandl) in: *Handbuch Personalentwicklung und Training,* 1997 (Hrsg. Geißler, von Landsberg, Reinartz).

Rainer Rilling lehrt Soziologie an der Universität in Marburg mit Arbeitsschwerpunkt Politische Soziologie des Internet. Mitarbeit am European Popular Science Information Project der EU (http://www.uni-muenster.de/EuropeanPopularScience). Geschäftsführer des Bundes demokratischer Wissenschaftlerin-

nen und Wissenschaftler und Sprecher der Initiative Informationsgesellschaft Medien Demokratie (IMD).
(Web-page: http://staff-www.uni-marburg.de/~rillingr/home.html)
Veröffentlichungen: »Internet und Demokratie« in: WSI-Mitteilungen 3/1997; »EnterNet« in: *Soziologische Ausflüge*, 1996 (Hrsg. mit Ahrweiler und Schellhase); *Informationsgesellschaft – Medien – Demokratie. Kritik – Positionen – Visionen*, 1996 (Hrsg. mit Bulmahn, Hensche, Kubicek u.a.).

Israel Rosenfield hat Medizin, Geschichte und Mathematik studiert und lehrt als Professor für Geschichte am Institut für Geschichtswissenschaft der City University von New York mit Schwerpunkt Medizingeschichte und Hirnforschung, insbesondere Theorie des Bewußtseins, des Gedächtnisses und der Subjektivität.
Veröffentlichungen: »Memory, Language and the Body Image« in: *The Kenyon Review*, Winter 1997; »Neurobiologie Moderne et Sensation: Les Raisons de l'Abandon d'un Concept« in: *La Sensation,* 1997 (Hrsg. Tinoco); *The Strange, Familiar and Forgotten,* 1992 (deutsch: *Das Fremde, das Vertraute und das Vergessene,* 1992); *The Invention of Memory: A New View of the Brain*, 1989.

Richard Roy hat Elektrotechnik studiert und ist Vorsitzender der Geschäftsführung von Microsoft Deutschland in Unterschleißheim. (Web-page: http://www.microsoft.com/germany/)

Herbert Schiller hat Ökonomie studiert und ist Professor emeritus für Kommunikationswissenschaften an der University of California in San Diego. Mitglied des Beratungskomitees des Institute for Media Analysis und der International Association for Mass Communications Research. Mitherausgeber diverser Zeitschriften und Sammelwerke, u. a. *Critical Studies in Mass Communication, Media, Culture and Society, International and Intercultural Communication Annual.*
Veröffentlichungen: *Information Inequality,* New York, 1996; *Invisible Crises,* 1996 (mit Mowlana und Gerbner); *Beyond National Sovereignty. International Communication in the 1990s*, 1993 (mit Nordenstreng); *Triumph of the Image. The Media's War in the Persian Gulf*, 1992 (mit Mowlana und Gerbner); *Mass Communications and American Empire*, 1992.

Barbara Schleihagen ist Bibliothekarin und Direktorin des europäischen Dachverbands der nationalen Bibliotheks-, Informations- und Dokumentationsverbände (EBLIDA) in Brüssel und Den Haag, der die Interessen der Informationsberufe spez. in der Europäischen Kommission und dem Europäischen Parlament wahrnimmt. (Web-page: http://www.kaapeli.fi/(eblida/)
Veröffentlichungen: »EBLIDA und deutsche Bibliotheken« in: *Ressourcen nutzen für neue Aufgaben,* 86. Deutscher Bibliothekartag, 1996 (Hrsg. Wefers); »De-

velopments of European information relays in public libraries in other EU Member States«, in: *European Union Information in Public Libraries in the United Kingdom*, 1996 (mit Marcella u. a.).

Donatus P. Schmidt hat Informationswissenschaft studiert und ist Country Manager Österreich der Sun Microsystems Computer Company. Er war zusammen mit John Gage, dem Mitbegründer von Sun Microsystems und Erfinder des NetDay-Projekts, an der Organisation des kalifornischen NetDay im März 1996 beteiligt. (Web-page: http://www.sun.at)

Douglas Schuler ist Software-Entwickler und Mitbegründer des Seattle Community Network. Er lehrt am Evergreen State College in Olympia. Aktivist beim Verein Computer Professionals for Social Responsibility; Mitarbeit am Institute for Public Policy and Management der Universität Washington.
(Web-page: http://www.scn.org/ip/commnet/doug.html)
Veröffentlichungen: *Reinventing Technology, Rediscovering Community. Critical Explorations of Computing as a Social Practice*, 1997 (Hrsg. mit Agre); *New Community Networks: Wired for Change*, 1996; »Three Ways to Kill Community Networks« in: *Proceedings of the Community Networking Conference*, 1996; *Developing Community Networks*. Workshop handout, 1996. (siehe http://www.scn.org/ip/commnet/workshop.html)

Leslie Regan Shade ist Kommunikationswissenschaftlerin und lehrt an den Universitäten von Ottawa und Carleton. Beratertätigkeit für das kanadische Industrieministerium, die Network Services Development Group, Status of Women Canada sowie für Non-Profit-Organisationen. Mitarbeit am Information Policy-Forschungsprojekt der Universität von Toronto.
Veröffentlichungen: »Access to the Internet for Women's Groups Across Canada« in: *Women, Work and Computerization: Spinning a Web from Past to Future*, 1997 (Hrsg. Grundy u.a.); *Defining and maintaining Universal Access to Basic Network Services: Canadian Experiences in an International Context*, 1996 (mit Clement); »Is there free speech on the Net?« in: *Cultures of Internet – Virtual Spaces, Real Histories, Living Bodies*, 1996 (Hrsg. Shields).

Frank Sieren hat Politikwissenschaft studiert und ist als China-Korrespondent der *Wirtschaftswoche* in Peking tätig.
Veröffentlichungen: *Das Politbüro*, 1990; Essays für *Kursbuch, Süddeutsche Zeitung, Neue Zürcher Zeitung* und *Die Zeit*. Hörfunk-Features für WDR und Deutschlandfunk.

Spiros Simitis ist Professor für Rechtsinformatik und Datenschutz an der Johann Wolfgang Goethe-Universität in Frankfurt und leitet das Institut für Ar-

beits-, Wirtschafts- und Zivilrecht. War Datenschutzbeauftragter des Landes Hessen. Berät diverse öffentliche Institutionen in Datenschutzfragen, darunter die EU.
Veröffentlichungen: *Kommentar zur Datenschutzrichtlinie der Europäischen Union*, 1997; *Principles and Perspectives on European Community Labour Law: Liber Amicorum Bill*, 1997 (mit Davies und Lyon-Caen); *The Impact of the Court of Justice of the European Union on National Labour Laws*, 1996; *Virtual Presence and Untraceability*, 1996; *The Constraints of the Government's Information Demands*, 1995; *The Protection of Genetic Data*, 1994; *Kommentar zum Bundesdatenschutzgesetz*, zuletzt 1992.

Richard Simpson ist geschäftsführender Direktor des dem kanadischen Industrieministerium angegliederten Information Highway Advisory Council (IHAC) in Ottawa, der die Regierung in Fragen der Kommunikationsinfrastruktur berät. (Web-page: http://info.ic.gc.ca/)
Veröffentlichungen: *Making Government a ›Model User‹ of the Information Highway – Canada's Progress to Date, Public Administration and Development*, 1997; »Telecoms in Education – A Distance Learning Network for Small States«, *Intermedia*, XXII, 2/1994.

Christa Daryl Slaton ist Professorin für Politikwissenschaft am Department of Political Science der Auburn University in Alabama und berät die Stadtverwaltung in Fragen der Bürgerbeteiligung und des Konfliktmanagements. Initiierte die ersten Televoting-Projekte mit qualifizierter Beratung (deliberative televoting) in Hawaii (Hawaii Health Decisions, 1983 und 1985), New Zealand (1981) und Los Angeles (Southern California Association of Governments, 1982). (Web-page: http://www.auburn.edu/tann/)
Veröffentlichungen: *Electronic Town Meetings: The Democratic Evolution in Political Communications*, 1998 (mit Becker); *Transformational Politics: Theory, Study, and Practice*, 1998 (mit Schwerin und Woolpert); »Democracy's Quantum Leap«, in: *Demos* 3, 1994; *Televote: Expanding Citizen Participation in the Quantum Age*, 1992.

Tibor Szendrei ist Herausgeber der Online-Version von *HVG*, Ungarns führender Wochenzeitschrift für Politik und Wirtschaft. In den 80er Jahren war er Mitherausgeber von *Daily News/Neueste Nachrichten*, einer zweisprachigen Tageszeitung der Hungarian News Agency MIT. Herausgeber von *The Hungarian Observer*, der ersten englischsprachigen Monatszeitschrift Ungarns (1989), *Budapest Week*, der ersten englischsprachigen Wochenzeitschrift (1991), und *Hungary around the Clock*, eines täglichen englischsprachigen Nachrichtendienstes (1993). (Web-page: http://www.hvg.hu)
Veröffentlichungen: *The Expatriate's Handbook to Hungary*, 1993/94 (Mithrsg.); *Good Living Guide to Hungary*, 1994.

Jörg Tauss ist Mitglied des Deutschen Bundestages in Bonn und Begründer des Virtuellen Ortsvereins der SPD. Er war der erste Abgeordnete mit Internet- und E-Mail-Anschluß. Teilnahme am Forschungsprojekt »Abgeordnete im Netz« der Freien Universität Berlin. Mitglied im Ausschuß für Bildung, Wissenschaft, Forschung, Technologie und Technikfolgenabschätzung des Deutschen Bundestags. Stellvertretendes Mitglied in der Enquete-Kommission »Zukunft der Medien in Wirtschaft und Gesellschaft – Deutschlands Weg in die Informationsgesellschaft«. (Web-page: http:www.bawue.spd.de/intertauss/)
Veröffentlichung: *Deutschlands Weg in die Informationsgesellschaft*, 1996 (mit Kollbeck und Mönikes).

Horst Teltschik hat Politikwissenschaft, Geschichte und Völkerrecht studiert und ist Vorstandsmitglied für Wirtschaft und Politik der BMW AG in München. Vorsitzender der Herbert Quandt-Stiftung. War bis 1991 aktiver Politiker in Bonn, wo er u. a. Büroleiter des Vorsitzenden der CDU-Bundestagsfraktion und stellvertretender Chef des Bundeskanzleramts war. (Web-page: http://www. bmw.de)

Walter van de Velde ist Professor für Künstliche Intelligenz und war bis 1997 Ko-Direktor des Artificial Intelligence Laboratory der Freien Universität Brüssel mit Arbeitsschwerpunkt kooperative, lernfähige Agenten. Gegenwärtig Manager Intellectual Property der Riverland's Research Group. Mitglied der Flemish Science Foundation. Mitbegründer des IT-Unternehmens Knowledge Technologies, das in die Cap Gemini-Gruppe integriert ist. Ko-Organisator der Konferenz Agents' World '98 in Paris. (Web-page: http://arti.vub.ac.be/~walter)
Veröffentlichungen: »Competition for Attention« (mit Geldof und Schooten) in: *Proceedings of the International Workshop on Agent Theories, Architectures and Languages*, 1997; »Co-habited mixed realities« in: *Proceedings of the IJCAI workshop on Social Interaction and Communityware*, Japan,1997; »Socially emotional: Using emotions to ground social interaction« (mit Canamero) in: *Working Notes of the AAAI'97 Fall Symposium on Socially Intelligent Agents,* MIT, 1997.

Karl Hinrich Vöge hat Nachrichtentechnik studiert und ist Bereichsleiter Anwendungsprojekte bei der Telekom-Tochter DeTeBerkom GmbH in Berlin. Leiter verschiedener Kompetenz-Zentren (Telearbeit, Schulen ans Netz, Telemedizin) bei der Deutschen Telekom. Chairman RACE und Telematic Systems bei der EU.

Christian Wernicke hat nach journalistischer Ausbildung Volkswirtschaft und Politikwissenschaften studiert. Er ist als Europa-Korrespondent in Brüssel für *Die Zeit* tätig.

Werner Zorn ist deutscher Internet-Pionier und Professor für Informatik am Institut für Betriebs- und Dialogsysteme der Universität Karlsruhe. Gründer von Xlink, einem der führenden deutschen Internet Service Provider. Gutachter für die Enquete-Kommission Zukunft der Medien in Wirtschaft und Gesellschaft. Veröffentlichungen: »Internet in Deutschland – ein Trauerspiel« in: *VDI Nachrichten*, 27.6.97; »Internet in Deutschland – kritische Analyse und Empfehlungen«, Vortrag vor der Enquete-Kommission Zukunft der Medien, 13.1.97; »Internet: Erfolgsfaktor für den Mittelstand« in: Systems '96, Tagungsband, 1996; »Methodische Leistungsanalyse von Rechensystemen« (mit Haas) in: *Handbuch der Informatik*, 1995 (Hrsg. Endres, Krallmann, Schnupp).

Übersetzungen:

Döring Sprachdienst (Simpson); Ingrid Fischer-Schreiber (Cailliau, Fishkin, McClintock, Schiller, Szendrei); Cornelius Görres (Graham); Thomas Hartl (Schuler); Brigitte Hoenig (van de Velde); Hartmut Schickert (Barber, Noam, Slaton); Hainer Kober (Grossman, Lovink, Rosenfield); Robert Pitscheneder (Clement).

E-Mail: Bollmann_Verlag@compuserve.com
Lektorat: Claudio Gallio
Umschlaggestaltung: Walter Hellmann, Tandem Design, Hamburg
Gesetzt aus der Stone
Gestaltung nach einem Entwurf von Lisa Neuhalfen, Berlin
Belichtung, Druck und Bindung: Bercker, Kevelaer
Gedruckt auf Papier aus 100% chlorfrei gebleichten Faserstoffen
Printed in Germany
ISBN 3-89658-101-5